복 있는 사람

오직 여호와의 율법을 즐거워하여 그 율법을 주야로 묵상하는 자로다.
저는 시냇가에 심은 나무가 시절을 좇아 과실을 맺으며 그 잎사귀가 마르지 아니함 같으니
그 행사가 다 형통하리로다.(시편 1:2-3)

거룩

J. C. Ryle
Holiness

거룩

J. C. 라일 지음 | 장호준 옮김

복 있는 사람

거룩

2009년 7월 9일 초판 1쇄 발행
2024년 8월 28일 초판 13쇄 발행

지은이 J. C. 라일
옮긴이 장호준
펴낸이 박종현

(주) 복 있는 사람
서울특별시 마포구 연남동 246-21(성미산로 23길 26-6)
Tel 723-7183(편집), 723-7734(영업·마케팅) | Fax 723-7184
hismessage@naver.com
등록 1998년 1월 19일 제1-2280호

ISBN 979-11-7083-154-9

Holiness

by J. C. Ryle
Copyright ⓒ 2001 by Charles Nolan Publishers
Originally published in English under the title *Holiness*
First Published in 1877
Revised & enlarged in 1879
This edition published in 2001 by Charles Nolan Publishers
Moscow, Idaho, U.S.A.
All rights reserved.

Translated and used by the permission of Charles Nolan Publishers.
Korean Copyright ⓒ 2009 by The Blessed People Publishing Inc., Seoul, Korea.

이 책의 한국어판 저작권은 Charles Nolan Publishers와 독점 계약한 복 있는 사람이 소유합니다.
저작권법에 의하여 한국 내에서 보호를 받는 저작물이므로 무단 전재와 복제를 금합니다.

차례

추천의 글 D. M. 로이드 존스 __9

머리말 __13

서론 __19

1장 죄 __41

2장 성화 __67

3장 거룩 __101

4장 싸움 __135

5장 비용 __167

6장 성장 __197

7장 확신 __225

8장 모세, 우리의 모범 __283

9장 롯, 우리를 일깨우는 경고 __311

10장 기억해야 할 여인 __339

11장 그리스도인의 가장 위대한 트로피 __373

12장 바다를 잠잠하게 하신 분 __399

13장 그리스도가 세우신 교회 __435

14장 이 땅의 교회를 향한 경고 __459

15장 네가 나를 사랑하느냐 __481

16장 그리스도 밖에 __505

17장 영적 목마름 __521

18장 측량할 수 없는 그리스도의 풍성함 __555

19장 때를 분별함 __579

20장 모든 것 되시는 그리스도 __611

21장 거룩에 관한 로버트 트레일과 토머스 브룩스의 글 __645

주 __661

추천의 글

오랫동안 복음주의 진영에서 보아 온 가장 희망적이고 고무적인 모습 가운데 하나는, J. C. 라일Ryle 주교의 저서에 대한 관심이 새롭게 고조되고 있다는 사실입니다.

그는 당대에도 개혁주의적 복음 신앙을 대표하고 이끌어 가는 탁월한 사람으로 많은 사랑을 받았습니다. 그런데 어찌된 일인지 현대 복음주의자들에게만은 그의 이름과 저서들이 잘 알려지지 않았습니다. 제가 알기로 그가 쓴 책들은 모두 절판되어 영국에서는 헌책도 구하기가 어렵습니다.

이런 면에 있어서, 거의 동시대를 살았던 모울Moule 주교*와 라

---

* 핸들리 모울Handley Carr Glyn Moule(1841-1920). 1901년에 더럼Durham의 주교가 된 그는 케직Keswick 사경회의 강사였고, "더 높은 수준의 삶 운동Higher Life Movement"에 적극 참여했다.

일 주교의 상이한 운명은 항상 저에게 흥미로운 주제였습니다. 하지만 라일 주교에 대한 관심이 다시 살아나고 있고, 그의 저서들을 재출간하라는 요청이 새롭게 일어나고 있습니다.

그의 저서를 읽어 본 사람이라면 누구나 "거룩"을 주제로 한 이 위대한 책을 새롭게 출간한 것에 고마워할 것입니다. 20여 년 전 헌책방에서 이 책을 우연히 발견하고 읽으면서 누렸던 영적·정신적 만족감을 저는 도무지 잊을 수 없습니다.

그 어떤 서론이나 소개의 말도 사실은 필요 없습니다. 제가 할 일이라고는 라일 주교 자신이 쓴 머리말을 읽도록 독자 여러분을 촉구하는 것뿐입니다. 이 머리말은 그가 이 책을 쓸 수밖에 없었던 당시의 상황을 잘 말해 주는 귀중한 자료입니다.

라일 주교의 논증 방식이나 문체가 가진 특징은 분명합니다. 성경 중심적 강해 설교에 있어서 그는 발군입니다. 그의 설교나 강론은 항상 그렇습니다. 어떤 한 이론으로 시작하여 다양한 성경 구절들을 그 이론에 꿰어 맞추려 하지 않습니다. 그의 설교는 항상 성경 말씀과 더불어 시작하고 말씀을 풀어 갑니다. 최고의 강해 설교입니다. 그의 글은 항상 논리적이고 교리를 명징하게 드러냅니다. 강하고 설득력 있으며, 흔히들 "경건서적"으로 대변되는 감상적인 부류와는 완전히 구별됩니다.

라일 주교는 17세기의 위대한 청교도들이 파 놓은 샘물을 깊이 들이마셨습니다. 그의 저서들은 오늘날의 독자가 아주 쉽게 읽을 수 있는 현대적 형태로 주어진, 참된 청교도 신학의 정수라고 말하는 것이 더 정확할 것입니다.

라일의 위대한 스승들과 마찬가지로, 그는 거룩에 이르는 수월한 길이나, 거룩하게 되는 전매특허 같은 규칙 따위는 전혀 이야기하지 않습니다. 오히려 "의에 주리고 목마른" 것만이 "충만하게" 되는 필수 불가결한 조건이라고 항상 결론짓습니다. 부디 이 책이 널리 읽혀서, 하나님의 이름이 더 영화롭게 되고 존귀하게 되기를 바랍니다.

1952년
D. M. 로이드 존스

머리말

여러분이 들고 있는 이 책은 2년 전에 출간되어 많은 그리스도인들의 환영을 받았던 작은 책의 증보판입니다. 기존의 내용에 많은 주제들을 덧붙인 관계로 이전 책의 두 배 분량이 되었습니다. 사실 이 책의 절반은 전혀 새로운 내용이라고 할 수 있습니다.

   성경이 말하는 거룩이 무엇인지 알고자 하는 사람은 이 책에 있는 설교들을 통해 많은 도움을 얻을 수 있을 것입니다. 거룩을 추구하는 사람이 마주치게 되는 고난이나 시험이 무엇인지, 참된 거룩의 본질이 무엇인지를 이 설교들을 통해 분명히 조명하지 못한다면, 그것은 전적으로 저의 책임입니다. 무엇보다도, 이 설교들을 통해 그리스도와의 연합이 거룩의 원천이라는 위대한 진리를 깨닫기를 바라고, 거룩한 삶을 살기 위해 분투하는 모든 사람에게 주어지는 예수 그리스도의 위로가 얼마나 풍성한지 신앙이 약한 신자도 알게 되기를 바랍니다.

거룩이라는 중요한 주제에 대해 오늘날 기독교인들이 어떤 태도를 취하고 있는지는 이 책 초판의 머리말에서 이미 언급했습니다. 이 땅에서 신앙을 고백하는 많은 사람들이 처참할 정도로 낮은 수준의 삶을 살아가고 있고, 실천적 거룩에 마땅한 관심을 기울이지 않는다는 사실을 시간이 갈수록 더 분명히 깨닫습니다. 게다가, 신자의 영적 삶의 수준을 고양시키고자 하는 선의를 가진 사람의 열정적인 노력도 "지식을 따른 것이 아닐" 뿐 아니라(롬 10:2), 이러한 노력이 오히려 더 해로운 영향을 끼치고 있다는 사실도 점점 더 분명해지고 있습니다. 제 말이 무슨 의미인지 말씀드리겠습니다.

이른바 "더 높은 수준의 삶"이나 "성별 집회consecration meetings"라는 이름으로 모이기는 쉽습니다. 인간의 본성을 주의 깊게 살펴보고, 미국의 천막 집회에 대한 글을 읽어 보고, "종교적 감정religious affections"*이라 불리는 현상을 연구해 본 사람이라면 이 말의 의미를 알 것입니다. 여자들이나 생소한 설교자들이 들려주는 감정을 자극하고 흥분시키는 연설, 큰소리로 부르는 노래, 열기에 찬 방, 사람들로 꽉 찬 천막, 주변을 둘러싼 사람들의 상기된 얼굴에서 받는 강렬한 반종교적semi-religious 느낌들, 밤늦게까지 계속되는 모임, 공개적인 신앙 간증 등, 이 모든 것이 당시에는 매우 흥미롭고 좋은 것처럼 보입니다. 하지만 정작 중요한 것은, 이것들이 정말 분명한 근거와 실체가 있어서 지속적으로 이어지는가 하는 것입니다. 이와

---

* 이 주제에 관한 조나단 에드워즈Jonathan Edwards의 글을 보라.

관련해서 몇 가지 묻고 싶은 것이 있습니다.

이런 집회에 참여했던 사람이 가정에서도 이전보다 더 거룩하고, 온유하고, 욕심이 없고, 애정이 넘치고, 친절하고, 자기를 부인하는 그리스도를 닮은 사람이 되었습니까? 주신 은혜에 만족하며, 하나님께서 허락하지 않으신 것들에는 더 이상 욕심을 부리지 않습니까? 그의 부모나 남편, 그리고 친척들이나 친구들이 그와 함께 지내는 것을 이전보다 더 원하고 편하게 느낍니까? 요란스럽고 흥분을 일으킬 만한 것이 없이도 고요한 은혜의 방편을 누리고 차분한 주일을 보내고 있습니까? 무엇보다도, 자신의 신앙과 세세한 부분에서 완전히 일치하지 않는 사람을 이전보다 더 사랑으로 대하고 있습니까?

이는 엄중하고도 심각한 물음이며, 깊이 성찰해 봐야 할 물음입니다. 저 역시 누구 못지않게 이 나라에 참된 실천적 거룩을 진작시키고 싶습니다. 저와 협력하지는 못하지만 실천적 거룩을 진작시키려고 애쓰는 많은 사람들의 열정과 노력을 기꺼이 인정하고 존중합니다. 하지만 거룩한 삶의 진작을 기치로 내세우는 오늘날의 엄청난 "대중 집회"들을 통해, 한 사람 한 사람이 과연 가정의 경건과 개인적인 성경 읽기와 기도에 힘쓰고 하나님과 동행하는 삶을 살아가게 되는지 의심스럽습니다. 만약 그런 집회에 어떤 실제적인 가치가 있다면, 그런 집회에 참여한 사람은 더 나은 남편과 아내, 더 나은 아버지와 어머니, 더 나은 아들과 딸, 더 나은 형제와 자매, 더 나은 고용주와 피고용인이 되었을 것입니다. 그런 집회를 통해 더 나은 사람이 되었다는 분명한 증거를 보고 싶습니다. 그러나 제 생각에, 가정이나 혼자만의 은밀한 곳에서 그리스도인으로 일관되게 남아 있는 것보다 공적인 모임과 장소에서 서로 마음이 맞는 그리스도인끼리 노래하고 기도하는 가운데 그리스도인으로 드러나는 것이 훨씬 더 쉽습니다. 후자는 은혜가 없이도 본성에 의해서 가능하지만, 전자는 은혜가 없이는 될 수 없습니다. 그러나 오늘날 성경이 "회심conversion"에 대해 무엇이라고 말하는지 보십시오. "하나님의 말씀의 초보"(히 5:12)조차 알지 못하면서 "성별consecration"에 대해 이야기하는 사람이 얼마나 많은지 모릅니다.

    서글픈 사실이지만, 이 머리말을 읽는 사람 가운데 많은 이들이 제 말에 동의하지 않을 것입니다. 이른바 "신령한 삶을 위한 운동spiritual life movement"의 일환으로 진행되는 이런 거대한 집회들은 아직 신앙이 어린 그리스도인에게 특별히 더 매력적으로 다가갈 것입니다. 열정과 자극과 흥분이 그들에게는 더 자연스럽습니다. 그래서 그들은 이렇게 말합니다. "무엇이 해롭다는 것인가?" 그렇습니다. 우리는 서로 다르다고 인정할 수밖에 없습니다. 아마 제가 이들만 했을 때 저도 크게 다르지 않았을 것입니다. 하지만 그들도 저처럼 나이가 든 후에는 제 말에 공감할 것입니다.

    결론적으로, 이 책을 읽는 독자들에게 드리고 싶은 말씀은 다른 사람을 판단함에 있어서 사랑으로 하자는 것입니다. 이른바 "신령한 삶"이라 일컬어지는 작금의 운동을 통해서 거룩이 진작될 수 있다고 믿는 사람에게 제가 드리고 싶은 말씀은 사랑밖에 없다는 것입니다. 그들이 잘한다면, 저는 그저 감사할 따름입니다. 제 자신에게, 그리고 저와 생각을 같이 하는 사람들에게 바라는 것은 그들을 사랑으로 대하자는 것입니다. 누가 옳고 그른지는 마지막 날에 분명히 드러날 것입니다. 진지하게 우리와 동역할 수 없는 사람이라 하여 적개심을 품고 미워한다면, 그것은 참된 거룩에 대해 우리 스스로가 무지하다는 반증입니다.

1879년 10월
스트래드브로크에서
J. C. 라일

서론

이 책에 있는 20편의 설교는, 오늘날 많은 관심을 불러일으키는 주제인 **성경적 거룩**scriptural holiness을 진작시키고자 하는 작은 노력의 일환입니다. 이는 그리스도를 사랑하고 그분의 나라를 세상에 확장하려는 사람이라면 누구나 힘을 보태야 할 대의입니다. 누구나 무엇이라도 할 수 있습니다. 저도 이 일에 미력이나마 보태려고 합니다.

직접적으로 논쟁과 관련된 것은 가급적 이 설교들에 포함시키지 않았습니다. 현대의 교사들과 저서의 실명은 되도록 언급하지 않았습니다. 제가 한 성경 연구, 개인적인 묵상, 성령의 조명하심을 구하는 기도, 그리고 옛 목회자의 저서로부터 얻은 결과들을 담아내는 것으로 그쳤습니다. 혹시 제가 여전히 잘못 알고 있는 부분이 있다면, 죽기 전에라도 제대로 알 수 있게 되기를 바랍니다. 우리 모두는 보화를 가졌지만 질그릇에 담고 있어 부분적으로 볼 수밖에 없습니다. 항상 기꺼이 배우는 자가 되기를 원합니다.

거룩한 삶을 살고 하나님께 전적으로 성별된 삶을 사는 것은 지난 수년 동안 이 땅의 그리스도인에게 큰 관심거리가 아니었습니다. 너무나 많은 사람들이 정치적 논쟁이나 당파심, 세속성과 같은 것에 마음을 빼앗겨 경건한 마음이 많이 무뎌졌습니다. 안타깝게도, 개인적 경건이라는 주제는 저만큼 뒷전으로 물러나게 되었고, 삶의 수준은 많은 부분에서 처참하리만큼 곤두박질쳤습니다. "우리 구주 하나님의 교훈을 빛나게" 하고(딛 2:10), 우리의 일상 습관과 성품으로 이 교훈을 더욱 아름답고 사랑스럽게 하는 일이 너무나 중요한데도 쉽게 간과되고 있습니다. "신앙이 있다"는 사람이 신앙이 없는 사람에 비해 그다지 호감을 주지도 못할 뿐 아니라, 오히려 더 이기적이고 착하지도 않다고 세상 사람들은 불평합니다. 하지만 이는 괜한 소리가 아닙니다. 위치나 비중을 생각해 볼 때, 성화 sanctification는 칭의 justification만큼이나 중요합니다. 개신교가 아무리 바르게 가르치고 있다 해도 삶이 따르지 않으면 아무 소용없습니다. 무익하다 못해 오히려 더 해롭습니다. 예리하고 날카로운 세상 사람들은 그런 가르침을 거짓되고 공허하다고 멸시하고, 급기야 기독교 신앙 자체를 싫어합니다. 우리 모두가 **성경이 말하는 거룩**이 온전히 회복되기를 바라고 있음을 분명히 압니다. 이 주제에 대한 관심이 고조되고 있어서 얼마나 감사한지 모릅니다.

하지만 거룩이라는 주제는 바른 기초 위에서 다루어져야 합니다. 성경적 거룩에 대한 관심이 미숙하고 부당하고 편향된 주장으로 손상되어서는 안됩니다. 이런 주장이 넘쳐 난다고 해서 놀라서도 안됩니다. 사탄은 참된 거룩의 능력을 잘 압니다. 거룩에 대한 관심이 일어나면 자기 나라가 얼마나 치명적인 타격을 받을지도 잘 알고 있습니다. 그래서 사탄은 하나님의 진리 가운데 유독 이 부분에 대한 논쟁과 갈등을 조장하려고 합니다. 지난날 칭의에 대한 사람들의 생각을 혼란스럽게 하고 신비적으로 만드는 데 사탄이 성공했던 것처럼, 오늘날에도 성화에 대한 "무지한 말로 생각을 어둡게" 하려고 애쓰고 있습니다(욥 38:2). 주께서 사탄을 꾸짖으시기를 원합니다! 하지만 악을 통해서도 선이 이루어지며, 논쟁을 통해 진리가 도출되며, 성화에 대한 다양한 의견들로 인해 우리가 더욱더 성경을 탐구하고, 더 기도하고, "성령의 생각"(롬 8:27)이 무엇인지 알기 위해 더욱 부지런히 힘쓸 것이라는 기대를 가져 봅니다.

저는 오늘날 성화라는 주제에 특별히 관심을 기울이는 분들에게 입문적인 지침이라도 제공하는 것이 저의 의무라고 생각하며 이 책을 펴냅니다. 물론 어떤 면에서 저의 지침이 단정적으로 다가갈 수도 있고, 그것 때문에 마음이 상하는 사람들도 있을 것입니다. 하지만 하나님의 진리에 관한 문제에서는 어느 정도 그런 것을 감수할 수밖에 없습니다. 그래서 저는 물음의 형태로 몇 가지 지침을 제시하겠습니다. 여러분은 이 지침을 "이 시대를 향해 던지는 거룩에 관한 경고Cautions for the Times on the Subject of Holiness"[1]라고 생각하시기를 바랍니다.

1. 성화 교리를 다루는 많은 사람들이 오직 믿음만이 우리에게 필요

하다고 하는데, 이것이 과연 지혜로운 일인지 묻고 싶습니다. 회심한 사람의 거룩은 개인적인 노력과 전혀 상관없이 오직 믿음을 통해서만 이루어진다고 대담하게 주장하는 사람이 많은데, 과연 이런 주장이 지혜로운 것입니까? 저는 그것이 궁금합니다.

그리스도를 믿는 믿음은 모든 거룩의 뿌리입니다. 거룩한 삶의 첫걸음은 그리스도를 믿는 것입니다. 믿음을 갖기까지는 한 톨의 거룩도 거둘 수 없습니다. 믿음을 통한 그리스도와의 연합은 거룩한 삶의 시작일 뿐 아니라, 거룩한 삶을 이어가는 비밀입니다. 그리스도인은 하나님의 아들을 믿는 믿음으로 이 땅을 살아가야 합니다. 믿음은 우리 마음을 정결하게 합니다. 믿음은 이 세상을 이기는 승리입니다. 믿음으로 신자는 좋은 평판을 얻습니다. 제대로 교육받은 그리스도인 가운데 이 모든 진리를 부정할 사람은 아무도 없습니다. 하지만 성경은 참된 그리스도인의 거룩을 위해서는 믿음뿐 아니라 개인적인 노력도 필요하다고 가르칩니다. "내가 육체 가운데 사는 것은…… 하나님의 아들을 믿는 믿음 안에서 사는 것이라"(갈 2:20)고 말했던 사도가, 성경의 다른 곳에서는 자신이 "싸운다", "달음박질한다", "몸을 쳐서 복종하게 한다"고 말합니다(고전 9:26, 27). 그것만이 아닙니다. "자신을 깨끗하게 하자"고도 하고(고후 7:1), "힘쓸지니"라고도 하고(히 4:11), "모든 무거운 것을 벗어 버리자"고도 합니다(히 12:1). 더구나 믿음이 우리를 의롭게 justify 하는 것과 같은 방식으로 우리를 거룩하게 sanctify도 할 것이라는 가르침은 성경 어디에서도 찾아볼 수 없습니다! 의롭다 함을 얻는 믿음은 "일을 하는 것이 아니라", 그저 그리스도를 의지하고 신뢰하는 은혜입니다(롬 4:5). 하지만 성결하게 하는 믿음은 삶으로 역사하는 은혜입니다. 이 믿음은 "사랑으로 역사하고"(갈 5:6), 시계태엽과 같이 속사람 전체를 움직입니다. 요컨대, "믿음으로 거룩하게 된다sanctified by faith"는 표현은 신약성경에서 단 한번 발견됩니다. 예수께서 사울에게 이렇게 말씀하셨습니다. "내가 너를 구원하여 그들에게 보내어…… 〔그들로 하여금〕 죄 사함과 나를 믿어 거룩하게 된sanctified by faith 무리 가운데서 기업을 얻게 하리라"(행 26:17-18). 여기에서 "나를 믿어"라는 구절은 바로 뒤에 따라오는 "거룩하게 된"이라는 말만 꾸미는 것이 아니라, 그 앞에 있는 "죄 사함"까지를 포함한 전체 문장을 수식한다는 헨리 앨포드Henry Alford[2]의 해석에 동의합니다. 그렇게 볼 때, 이 구절의 의미는 이렇습니다. "나를 믿어 거룩하게 된 무리 가운데서 죄 사함과 기업을 얻게 하리라"(행 26:18과 행 20:32을 비교해 보십시오).

"믿음으로 말미암은 거룩holiness by faith"이라는 표현은 신약성경 어디에도 없습니다. 하나님 앞에 의롭다 함을 받는 데 꼭 필요한 한 가지가 그리스도를 믿는 믿음이라는 사실에는 이론의 여지가 없습니다. 믿는 모든 사람은 의롭게 됩니다. "일을 아니할지라도 믿는 자에게" 의가 전가됩니다(롬 4:5). "믿음만이 의롭게 한다faith alone justifies"는 말은 지극히 바르고 성경적이지만, "믿음만이 거룩하게 한다faith alone sanctifies"는 말은 그렇게 바르지도 성경적이지도 않습니다. 이 말에 대해 많은 설명을 할 수도 있겠지만, 다음 한 가지면 족할 것입니다. 사람이 의롭게 되는 것은 "율법의 행위에 있지 않고 믿음으로" 된다고 사도 바울이 말합니다(롬 3:28). 반면에 우리의 거룩함도 "율법의 행위에 있지 않고 믿음으로" 말미암는다는 말은 단 한번도 들어보지 못했습니다. 오히려, 야고보 사도는 우리가 의롭게 되었음을 사람 앞에 **가시적이고 분명하게** 의롭게 되었다고 드러낼 수 있는 믿음은, "행함이 없으면 그 자체가 죽은" 믿음이라고 분명하게 말합니다(약 2:17).³ 거룩한 삶에 있어서 "행위"를 무시하는 사람이 누가 있느냐고 항변하는 사람도 있지만, 그렇게 말하고 마는 것보다 이 부분을 더 확실히 하는 것이 좋을 것입니다.

2. 산상수훈이나 사도 바울이 쓴 대부분의 서신들 후반부에서 볼 수 있듯이, 일상에서의 **거룩함**에 대한 많은 **실천적인 권고**를 약화시키는 것이 과연 지혜로운가 하는 것입니다. 그렇게 하는 것이 하나님의 말씀을 균형 있게 사용하는 것인지 의심스럽습니다.

 스스로 신자라고 고백하는 사람들은 누구든지 날마다 자기를 구별하고 하나님과 교제하는 삶에 힘써야 합니다. 우리가 날마다 맞닥뜨리는 짐을—그것이 크든 작든—주 예수 그리스도께 가지고 가서 그분께 맡겨 드리는 습관을 들여야 합니다. 제대로 가르침을 받은 하나님의 자녀라면 이 말을 부정할 사람은 아무도 없습니다. 하지만 양심을 아프게 하지도 않고 감정을 상하게 하지도 못하는, 거룩한 삶에 대한 **일반적인 권고** 이상의 것이 우리에게 필요하다고 신약성경은 분명히 가르칩니다. 이 주제를 다루는 사람이라면, 일상에서 거룩함을 빚어 내는 특정한 요소와 **세부적인 권고**를 신자에게 분명하고 온전하게 제시하고 강조해야 합니다. 참된 거룩은 단지 믿음과 느낌의 문제가 아니라, 능동적인 행함과 수동적인 은혜가 우리의 행함과 태도를 통해 나타나는 것입니다. 참된 거룩은 우리의 말과 성품, 본성적 필요와 성향을 통해 그리고 부모와 자녀, 주인과 종, 남편과 아내, 통치자와 백성으로서의 우리의 행위를 통해 나타납니다. 우리의 몸가짐, 시간 사용, 일터에서의 행동, 아플 때나 건강할 때의 행동을 통해, 부요할 때와 가난할 때 우리의 처신 등을 통해 나타납니다. 오래전 경건한 저자들은 이 모든 문제를 속속들이 다루었습니다. 우리가 무엇을 믿고 느껴야 하는지, 어떻게 해야 우리 마음에 거룩이 뿌리내리는지에 대한 원론적인 언급 정도로 만족하지 않았습니다. 그들은 더 깊이 파고들어 갔고, 더 세부적으로 나아갔습니다. 그리스도 안에 거하는 거룩한 사람이 가정이나 직장에서 무엇을 하고 어떻게 지내야 하는지에 대해 구체적으로 언급했습니다. 요즘 일어나고 있는 운동이 이런 가르침에 충분히 관심을 기울이고 있는지 의문입니다. 사람들은 "자기를 내려놓는 헌신과 믿음으로 거룩하게 된다"는 요지의 열정적인 외침을 듣고 나서 "놀라운 은혜"를 받았다고, 드디어 "더 높은 수준의 삶"의 길을 찾았다고 떠벌립니다. 그런데 정작 그들의 가족과 친구들이 볼 때 일상의 행실과 성품에서 진보와 변화가 나타나지 않는다면, 그리스도가 전파되는 데 막대한 해를 끼칠 뿐입니다. 참된 거룩은 단지 내적인 감흥이나 감동으로 되는 것이 아닙니다. 눈물이 흐르고 탄식하고 흥분하고 맥박이 빨라진다고 되는 것도 아닙니다. 자기가 좋아하는 설교자와 교파에 대해 강한 애착을 느끼고, 우리와 의견이 맞서는 모든 사람과 기꺼이 싸우려는 분명한 태도가 있다고 되는 것도 아닙니다. 거룩은 "그리스도의 형상the image of Christ"을 덧입는 것으로,

자신의 개인적인 삶과 습관과 성품과 행실을 통해 다른 사람에게 나타내 보이는 것입니다(롬 8:29).

3. 모호하고 막연한 말로 **완전**perfection을 이야기하고, 성경적으로나 사람의 경험으로나 전혀 근거 없는 **거룩의 표준**standard of holiness을 이 땅에서 얻을 수 있는 양 그리스도인을 다그치는 것이 지혜롭습니까? 저는 그것이 궁금합니다.

성경을 주의 깊게 읽는 사람이라면, 신자에게 "하나님을 두려워하는 가운데서 거룩함을 온전히 이루어" 가고(고후 7:1), "완전한 데로 나아가고"(히 6:2), "온전하게 되라"고(고후 13:11) 권면하는 것을 부정할 사람은 없을 것입니다. 그러나 성경에서 생각이나 말, 행실, 태도로 짓는 죄로부터 완전하고 흠 없는 자유를 얻을 수 있다고 하는 문자적인 완전을 가르치는 구절은 하나도 보지 못했습니다. 그뿐 아니라, 아담의 후손 가운데 이 세상에서 그것을 얻은 사람이 있다는 소리를 전혀 들어보지 못했습니다. 온전한 지식과 전반적으로 조화로운 관계, 교리적인 완벽함 등은 경건한 하나님의 백성 가운데서 이따금씩 발견됩니다. 하지만 모든 세대를 통틀어 가장 탁월한 하나님의 성도라 할지라도 스스로 **절대적이고 문자적인 완전**에 이르렀다고 할 수 없었습니다! 오히려 그들은 자신의 전적인 무가치와 불완전을 항상 절감했습니다. 신령한 빛을 더 누리는 사람일수록, 무수하게 많은 흠과 부족함을 자신에게서 보았습니다. 더 많은 은혜를 받은 사람일수록, 더 큰 "겸손으로 허리를 동"였습니다(벧전 5:5).

성경에 생애가 상세히 기록된 사람 치고 절대적이고 문자적인 완전에 이르렀다고 말할 수 있는 사람이 누구입니까? 그들 중 스스로 불완전에서 벗어났다고 말하는 사람이 누가 있습니까? 오히려 다윗과 사도 바울, 사도 요한과 같은 사람들은 강한 어조로 자기 마음에서 느낀 연약함과 죄악을 이야기하고 있지 않습니까? 현대의 거룩한 사람들은 한결같이 놀라운 겸손의 소유자들이었습니다. 순교자 존 브래드퍼드John Bradford, 리처드 후커Richard Hooker, 제임스 어서James Usher, 리처드 백스터Richard Baxter, 새뮤얼 러더퍼드Samuel Lutherford, 로버트 맥체인Robert McCheyne 같은 이들보다 더 거룩한 사람을 본 적이 있습니까? 이들은 자신들의 편지와 저서들에서, 스스로를 "자비와 은혜에 빚진 자"로 적고 있습니다. 그리고 이들이 자신을 일컫는 말 가운데 가장 멀게 느꼈던 말이 바로 완전이라는 단어였습니다!

이런 사실에 비추어 볼 때, 오늘날 많이 사용하고 있는 **완전**과 관계된 말에 의문을 제기할 수밖에 없습니다. 또한 이런 말을 사용하는 사람은 죄의 본질이나 하나님의 성품, 자신의 마음, 성경, 용어의 정의 등에 무지하다고 생각할 수밖에 없습니다. 처음 믿음을 갖게 되었을 때는 '큰 죄에 빠진 날 위해'(찬송가 339장)와 같은 찬송이 맞았지만, 지금 자신은 그 찬송을 부를 단계는 지났고, 그 내용은 자기가 지금 경험하고 있는 수준과 맞지 않다고 시큰둥하게 말하는 사람은 그 영혼이 아주 건강하지 않다고 생각할 수밖에 없습니다! 육신을 입고 있는 동안에도 "죄를 짓지 않고 살 수 있다"고 하면서, 자신은 "지난 3개월 동안 죄악된 생각을 전혀 하지 않았다"고 말하는 사람은, 아주 무지하다고 생각할 수밖에 없습니다! 저는 이런 가르침을 거부합니다. 이런 가르침은 유익하지 않을 뿐 아니라 아주 해롭습니다. 이런 가르침이 진리가 아니고 잘못된 것이라는 사실을 간파한 세상의 지각 있는 사람들은 기독교 신앙을 무시하고 거부합니다. 있지도 않은 "완전"에 이르지 못하는 것 때문에 선한 하나님의 자녀들이 침륜에 빠지기도 합니다. 반대로 이런 가르침으로 인해 연약한 형제들이 아무것도 아닌데도 자신이 무언가 되는 것처럼 착각하여 한껏 부풀어 오르기도 합니다. 한마디로, 이런 가르침은 위험한 속임수에 불과합니다.

4. **로마서 7장의 내용**이 성숙한 그리스도인의 경험을 묘사한 것이 아니고, 아직 회심하지 못한 사람이나 연약한 초신자의 경험이라고 억지 주장을 하는 것이 과연 지혜롭습니까? 그것이 궁금합니다.

이 문제는 사도 바울이 서신을 기록한 이래로 1,800년 동안 논란거리였습니다. 현대의 탁월한 기독교 작가들은 말할 것도 없고, 약 백여 년 전에 살았던 존 웨슬리John Wesley와 찰스 웨슬리Charles Wesley, 존 플레처John Fletcher까지도 로마서 7장이 사도 바울 자신의 현재 경험을 기록한 것이 아니라고 단호히 주장했다는 것을 잘 압니다. 많은 사람들이 이 본문을 저와 다르게 본다는 것을 잘 압니다. 그런데 사도 바울의 로마서 7장 기록은, 모든 시대의 성숙한 성도들이 자기 경험을 기록해 놓은 것과 정확히 일치합니다. 오히려 이 기록은 거듭나지 않은 사람이나 연약한 신자의 입에서는 결코 나올 수 없는 말입니다. 저는 그렇게 생각합니다. 하지만 지금 로마서

7장을 세세하게 논의할 마음은 없습니다.[4]

　제가 강조하고 싶은 것은, 교회사의 탁월한 주석가들 대부분이 한결같이 로마서 7장을 성숙한 신자의 고백으로 본다는 사실입니다. 물론 예외가 있기는 합니다. 여기에 반대하는 주석가들 대부분은 소키누스주의자Socinians, 아르미니우스주의자Arminians, 로마 가톨릭교도Romanists입니다. 대부분의 종교개혁자들과 청교도들과 탁월한 현대의 복음주의 신학자들은 그렇지 않습니다. 물론 항상 옳은 사람은 없습니다. 종교개혁자들이나 청교도들이나 현대 신학자들이 잘못 해석할 수도 있고, 로마 가톨릭교도나 소키누스주의자나 아르미니우스주의자가 옳을 수도 있습니다! 예수께서는 누구도 "지도자라 칭함을 받지 말라"고 말씀하셨습니다(마 23:10). 저는 지금 종교개혁자들이나 청교도들을 "지도자"라고 말하는 것이 아닙니다. 이 주제를 다룬 그들의 글을 읽어 보고, 할 수 있는 한 그들의 주장을 한번 뒤집어 보라는 것입니다. 그런데 아직까지 그들의 주장을 뒤집은 사람을 보지 못했습니다! 그들이 바라는 것은 인간의 "교리dogmas"나 인간의 "가르침doctrines"에서 비롯된 대답이 아닙니다. 중요한 것은 과연 "성경 본문이 의미하는 바가 무엇인가", "로마서 7장을 어떻게 해석해야 하는가", "이 말씀의 참된 의미가 무엇인가" 하는 것입니다. 우리는 이 본문에 대한 역사적 논의가 아직도 계속되고 있다는 사실을 기억해야 합니다. 한편에는 종교개혁자들과 청교도들의 견해와 해석이 있고, 다른 한편에는 로마 가톨릭교도와 소키누스주의자와 아르미니우스주의자의 견해와 해석이 있습니다.

로마서 7장에 대한 아르미니우스주의 해석을 지지하는 사람이 최근에 자신들과 반대되는 견해에 대해 비아냥거리고, 조소하고, 무시하는 듯한 말로 일관했습니다. 제 생각에 이 논의에서 그런 식으로 말하는 것은 아주 적절하지 않을 뿐 아니라, 그렇게 말하는 사람이 옹호하는 견해에 대해서까지 의심하게 만듭니다. 진리를 변호하는 데는 그런 무기가 필요 없습니다. 동의하지 않는 견해가 있다 해서 무례하게 일갈할 필요는 없습니다. 종교개혁자들과 청교도들이 지지하는 견해가 19세기를 사는 모든 사람의 생각을 사로잡지 못한다 해도 무시하는 말을 해서는 안됩니다.

5. 오늘날 "**우리 안에 계시는 그리스도**Christ in us" 교리를 말하는 사람이 흔히 사용하는 말은 과연 지혜로운 말입니까? 저는 그것이 궁금합니다. 이 교리가 성경에서 의도한 것 이상으로 높아져 있지는 않습니까? 사실 그것이 우려됩니다.

신약성경을 주의 깊게 읽는 독자라면, 참된 신자는 그리스도와 하나요, 그리스도가 그 안에 거하신다는 사실을 전혀 부인하지 않을 것입니다. 다시 말하면, 이것은 그리스도와 신자의 신비로운 연합입니다. 신자는 그리스도와 함께 죽어서, 그와 함께 장사되고, 그와 함께 다시 살고, 그와 함께 하늘에 앉혔습니다. 그리스도가 "우리 안에" 계시다는 사실을 분명히 가르치는 성경 구절이 다섯 군데 있습니다(롬 8:9-10, 갈 2:20, 4:19, 엡 3:17, 골 3:11). 우리는 이 구절들이 의미하는 바를 잘 알아야 합니다. "믿음으로 말미암아 그리스도께서 우리[너희] 마음에 계시고"(엡 3:17), 성령으로 우리 안에서 자신의 일을 해가신다는 사실은 누가 봐도 명확하고 분명합니다. 하지만 이런 의미를 넘어서 신자 안에 거하시는 그리스도의 신비로운 내주하심을 말할 때는 그 의미를 더욱더 주의 깊게 살펴야 합니다. 그렇지 않으면, 자칫 성령의 사역을 무시하게 됩니다. 선택은 성부 하나님의 고유한 사역이요, 대속과 화해와 중보는 성자 하나님의 고유한 사역이요, 성화는 성령 하나님의 고유한 사역입니다. 우리는 예수께서 떠나고 나면 그분을 대신하여 영원히 "우리와 함께 거하실abide with us" 또 다른 보혜사를 보내겠다고 하신 약속을 잊어서는 안됩니다(요 14:16). 다시 말해, 우리가 그리스도를 영화롭게 한다고 하는 것이, 자칫 그리스도께서 우리에게 주신 특별하고도 고유한 선물인 성령을 함부로 하는 결과를 낳을 수도 있다는 것입니다. 하나님이신 그리스도는 우리 마음에도 계시고, 천국에도 계시고, 두세 사람이 그 이름으로 모인 곳에도 계시고, 어디에나 계십니다. 그럼에도 불구하고 우리는, 우리의 머리와 대제사장 되시는 부활하신 그리스도께서 그분의 재림 때까지 하늘 보좌 우편에서 우리를 위해 중보하고 계시고, 그분이 떠나시면서 보내겠다고 약속하신 성령을 통해 지금도 그분의 백성 마음에서 역사하신다는 사실을 잊지 말아야 합니다(요 15:26). 로마서 8장 9절과 10절을 비교해 보면, 이 사실이 확연히 드러납니다. 이 말씀을 통해 볼 때, "우리 안에 계시는 그리스도"는 다름 아닌 "그의 성령으로 말미암아" 우리 안에 거하시는 그리스도입니다. 무엇보다도, 사도 요한의 말은 이 사실을 가장 극명하게 드러냅니다. "우리에게 주신 성령으로 말미암아 그가 우리 안에 거하시는 줄을 우리가 아느니라"(요일 3:24).

제 말에 오해가 없기를 바랍니다. "우리 안에 계시는 그리스도"라는 말이 비성경적이라는 의미가 아닙니다. 이 말의 의미에 대해 필요 이상의 가치를 두게 될 경우, 성경의 의미와 부합하지 않을 수도 있고, 우리도 모르는 사이 큰 위험을 야기할 수도 있다는 말입니다. 오늘날 많은 사람들이 이 말의 의미를 제대로 알지 못하고 무분별하게 사용하여, 전능하신 성령의 역사를 손상시키고 무색하게 만드는 것이 두렵습니다. 이 부분에 대해 제가 너무 유난스럽게 반응한다고 생각하는 독자는, 새뮤얼 러더퍼드의 「영적인 적그리스도 *The Spiritual Antichrist*」라는 책을 보시기 바랍니다. 이 책에 보면, 신자 안에 "거하시는 그리스도"의 교리에 대한 잘못된 가르침으로 인해 두 세기 전에 극단적 이단이 일어났음을 알 수 있습니다. 러더퍼드가 맞서 싸웠던 솔트마쉬Saltmarsh[5]나 델Dell, 타운Towne 같은 거짓 교사들의 가르침은, 처음에 "우리 안에 계시는 그리스도"라는 개념에서 출발해 반율법주의antinomianism와 광신주의fanaticism의 가장 악독한 형태로 변해 갔습니다. 회개하고, 믿고, 행하는 것은 신자 자신이 하는 것이 아니라 **그 안에 사는 그리스도**가 한다는 이들의 주장을 보면, 이들이 신자 개인의 삶과 인격을 어느 정도까지 분리해 놓고 있는지 알 수 있습니다! 이 끔찍한 오류는 "이제는 내가 사는 것이 아니요 오직 내 안에 그리스도께서 사시는 것이라"(갈 2:20)와 같은 말씀을 무리하게 푸는 데서 비롯되었습니다. 그 결과, 이런 가르침을 따랐던 사람들은 자신이 무엇을 하든 그 일에 대한 책임이 자신에게 없다는 결론에 이르렀습니다. 신자는 죽어서 이미 장사되었고, 그리스도만이 그들 안에 살면서, 그들을 위해 모든 것을 한다는 것입니다! 결과적으로 그들은 아무런 가책도 없이 육신의 안락함만을 구가하고, 아무 거리낌 없이 죄를 짓기 시작했습니다! 왜곡되고 과장된 진리는 가장 위험한 이단들의 어미가 될 수도 있음을 잊어서는 안됩니다. "우리 안에 계신 그리스도"라는 말을 할 때는 그것이 무슨 의미인지 먼저 잘 설명해 주어야 합니다. 오늘날 이 일을 소홀히 하는 사람이 많습니다.

6. 오늘날 많은 사람들이 **회심과 성별 또는 회심과 "더 높은 수준의 삶"**을 서로 전혀 다른 것으로 생각하고 분명하게 선을 긋는 것을 봅니다. 이 둘을 완전히 구분하는 것이 과연 지혜로운 일입니까? 하나님의 말씀에 이 두 가지가 구분되어 있습니까? 저는 그것이 궁금합니다.

물론 이런 가르침은 전혀 새로운 것이 아닙니다. 로마 가톨릭 저자들은 교회를 죄인, 회심자, 성도의 세 부류로 나눌 수 있다고 주장해 왔습니다. 오늘날 현대 교사들도 신앙을 고백하는 그리스도인을 회심하지 않은 자, 회심한 자, 완전한 성화의 삶을 살아가는 "더 높은 수준의 삶"에 도달한 자의 세 부류로 나누기도 합니다. 제가 보기에 이런 구분은 예나 지금이나 별로 다르지 않아 보입니다! 하지만 이런 구분이 새로운 것이든 예전부터 있어 온 것이든, 로마 가톨릭에서 비롯되었든 성공회에서 비롯되었든 간에 중요한 것은 성경에서 그 근거를 전혀 찾아볼 수 없다는 점입니다. 성경은 항상 사람을 두 부류로 나눕니다. 산 자와 죄 가운데 죽은 자, 신자와 불신자, 회심한 자와 회심하지 않은 자, 좁은 길로 가는 자와 넓은 길로 가는 자, 지혜로운 자와 미련한 자, 하나님의 자녀와 마귀의 자녀로만 나눕니다. 하지만 이 큰 두 범주 **안에 있는** 사람들의 죄와 은혜의 정도는 각각 다르고 다양합니다. 그러나 그 차이가 본질적인 것은 아닙니다. 이를테면, 한 승강기인데 서 있는 높이가 서로 다른 것에 불과합니다. 물론 이 두 범주 사이에는 무한한 간극이 있습니다. 생명과 사망, 빛과 어둠, 천국과 지옥의 차이만큼이나 멉니다. 하지만 사람을 세 가지 범주로 나눈다는 말은 성경에서 전혀 들어 본 적이 없습니다! 저는 성경이 전혀 언급하지 않는 희한한 구분을 인정할 수 없을 뿐 아니라, 두 번째 회심second conversion이라는 개념을 몹시 싫어합니다.

은혜는 정도마다 큰 차이가 있고 영적인 삶은 항상 성장하는 것이기 때문에, 신자는 은혜 안에 자라기 위해 항상 힘써야 합니다. 하지만 신자가 신비로운 변화transition를 통해 단번에 **완전한 성별**과 지복의 상태에 이르게 된다는 이론은 받아들일 수 없습니다. 이런 주장은 너무나 인위적으로 보입니다. 성경에서 이런 식의 변화에 대해 언급하는 구절을 전혀 찾아볼 수 없습니다. 은혜·지식·믿음·사랑·거룩·겸손·영적인 마음이 점진적으로 성장하는 것은 성경이 분명히 가르치고 있고, 많은 성도들의 삶이 잘 보여주고 있습니다. 하지만 갑작스럽고도 즉각적인 변화를 통해 신자가 회심에서 **성별**로 급작스럽게 건너뛴다는 말은 성경 어디에서도 보지 못했습니다. 하나님 앞에 성별되지 않은 사람이 하나님께 **회심**한다는 것이 가능한지 잘 모르겠습니다! 물론 은혜가 더할수록 하나님 앞에 더 성별되는 것이 사실입니다. 하지만 회심하고 거듭난 후에 성별되지 않는다면 회심은 도대체 무슨 의미인지 모르겠습니다. 성별이 없는 회심과 거듭남은 도대체 어떤 것입니까? 성별이 없는 회심이 있습니까! 회심이 가진 엄청난 은총을 폄하하고 얕보는 것은 아닙니까? 두 번째 회심으로서의 "더 높은 수준의 삶"[6]을 신자에게 촉구하는 사람은, 성경이 새 생명, 새 창조, 영적인 부활이라고 일컫는 위대한 처음 변화의 길이와 넓이와 깊이와 높이를 경시하는 것은 아닙니까? 최근에 "성별"에 대해 많은 사람이 목소리를 높이는 것을 봅니다. 이들이 만약 "회심"이 무엇인지 알면서도 이렇게 말하는 것이라면, 그들은 회심에 대해 아주 수준 낮고 부적당한 견해를 갖고 있는 것이 틀림없습니다. 요컨대, 그런 주장을 듣다 보면, 이들이 말하는 **성별**되는 때가 바로 이들이 처음 실제로 **회심**하는 때라는 것을 알 수 있습니다!

솔직히 말씀드리면, 저는 차라리 "옛길"을 따르겠습니다(렘 6:16). 몸과 마음과 영혼을 그리스도께 성별하고 더욱 헌신함으로 은혜 안에서 지속적으로 **성장**할 가능성과 앞으로 전진해야 할 절대적 필요를, 회심한 모든 사람에게 해마다 역설하는 편이 더 지혜롭고 안전하게 보입니다. 대부분의 신자가 지금 누리고 있는 것보다 더 많은 거룩과 하늘의 기쁨을 이 땅에서도 누릴 수 있다는 사실을 반드시 가르쳐야 합니다. 그러나 저는 그 어떤 회심한 사람에게도 **두 번째 회심**이 필요하다거나, 획기적인 거룩함을 이루어 이 땅에서도 완전한 성별을 누릴 수 있다고 말하지 않을 것입니다. 왜냐하면 성경 어디에도 그런 가르침을 볼 수 없기 때문입니다. 또한 그런 가르침은 겸비한 마음을 가진 사람을 더욱 짓누를 뿐 아니라, 경박하고 무지하고 자기를 속이는 사람을 부추겨 아주 위험한 상태에 이르게 할 것이 분명하기 때문입니다.

7. 마지막으로, 신자에게 죄와 씨름하고 싸우기보다는 전적으로 "**자신을 하나님께 드리고**yield themselves to God", 그리스도의 손에 자신을 맡기기만 하라고 가르치는 것이 과연 지혜로운 것입니까? 말씀이 그렇게 말하고 있습니까? 저는 그것이 궁금합니다.

신자의 의무로서 "너희 자신을 드리라"고 하는 표현은 신약성경 단 한 군데서 찾아볼 수 있습니다. 바로 로마서 6장입니다. 13-19절까지 여섯 절에 걸쳐 총 다섯 번 등장합니다. 하지만 여기에서도 "우리 자신을 타자에게 수동적으로 맡기라"는 의미는 아닙니다. 그리스어를 배운 학생이라면 이 본문의 의미가 오히려, 적극적으로 우리 자신을 드려 섬김과 유익과 소용이 되게 하라는 것을 알 수 있습니다(롬 12:1). 그러므로 "자신을 하나님께 드린다"는 말은 이 로마서의 표현과는 전혀 상관이 없습니다. 또한 신약성경의 서신서 전체를 통틀어 서른 군데 정도에서, 신자는 그리스도께서 우리에게 바라시는 일에 온 힘을 다 쏟아야 할 책임이 있고, 이 일을 위해 개인적인 모든 노력을 경주해야 한다고 분명히 가르치고 있습니다. 하지만, 그 어디에서도 수동적인 주체로서 그저 자신을 드리기만 하라고 말하지 않습니다. 오히려 일어나 일하라고 말씀합니다. 거룩한 침노, 갈등, 전쟁, 싸움, 군사의 삶, 씨름 등을 참된 그리스도인의 표지로 언급합니다. 에베소서 6장에 나오는 "그리스도인의 전신갑주"에 대한 이야기만으로도 이 문제에 대한 충분한 대답이 된다고 생각하는 사람도 있습니다.7 개인적인 노력 없이 그저 "하나님께 자신을 드리기"만 하면 된다는 성화에 대한 가르침은, 정확히 17세기 반율법주의적 광신자들의 가르침과 같습니다(러더퍼드가 「영적인 적그리스도」에서 언급한 내용으로 이미 말씀드렸습니다). 그들의 가르침 중에서도 가장 해로운 형태라고 할 수 있습니다. 또한 그 가르침은 「천로역정 Pilgrim's Progress」같이 검증된 책의 전체 교훈을 완전히 뒤집는 것입니다. 그 가르침을 받아들이는 것은 존 번연John Bunyan의 고전을 불태워 버리는 것과 다를 바 없습니다! 「천로역정」에 나오는 그리스도인이 전혀 씨름하거나 싸우지도 않고 그저 **자신을 하나님께 드리는** 사람이었다면, 저는 성경적 풍유allegory로 가득 찬 이 책을 헛되이 읽은 것입니다. 사람들은 전혀 다른 두 개의 사실인 칭의와 성화를 계속해서 혼동할 것이 분명합니다. 칭의를 통해 사람에게 요구할 말은 "믿으라, 그저 믿기만 하라"는 것이고, 성화를 통해 요구할 말은 "깨어 기도하고 싸우라"는 것입니다.

서론은 이 정도로 마무리하려고 합니다. 오늘의 기독교 현실에 슬픔과 우려를 안고 서론을 마무리한다는 것을 말씀드리지 않을 수 없습니다. 오늘날 기독교 신앙을 가졌다는 사람의 태도를 보면 우려되는 것이 참 많습니다. 그들의 미래를 생각하면 두려움이 앞섭니다.

　많은 사람들이 놀라울 정도로 성경에 무지하고, 따라서 신앙도 견고하지 못합니다. 이런 사람들은 어린아이와 같이 "온갖 교훈의 풍조에 흔들리거나 이리저리 밀려" 다닐 수밖에 없습니다(엡 4:14). 아테네 사람들과 같이 무엇인가 새로운 것에만 관심이 있을 뿐, 일반적인 것이나 우리 조상들을 통해 다져진 것에는 병적인 염증을 느낍니다. 새로운 목소리나 현대적인 가르침을 듣기 위해서는 구름처럼 몰려들지만, 자신이 듣는 것이 과연 진리인지에 대해서는 숙고하지 않습니다. 사람들은 감정을 불러일으키고, 선정적이고, 선풍적인 인기를 끄는 가르침을 끊임없이 열망합니다. 그들에게는 일종의 산발적이고 감정적인 기독교에 대한 건강하지 못한 욕구가 있습니다. 많은 사람들의 신앙생활은 사도 베드로가 말한 "온유하고 안정한 심령"(벧전 3:4)과는 전혀 상관이 없고 영적으로 술 취해 사는 것과 다르지 않습니다. 많은 사람들이 과장된 찬양으로 쉴 새 없이 감정을 자극해 주고, 감정에 격해 큰소리로 울 수 있는 군중집회 같은 것에만 관심을 둡니다. 교리의 차이를 전혀 분별할 수 없게 만드는 무지가 팽배해 있습니다. 설교자가 "똑똑하고" "열정적"이기만 하면 다른 것은 별로 문제될 것이 없습니다. 여러분이 만약 이런 것에 대해 조금이라도 문제 삼기라도 하면, 이내 여러분은 "편협하고 관대하지 못한" 사람으로 여겨질 뿐입니다! 이런 사람의 눈에는 D. L. 무디Moody와 토머스 하웨이스Thomas Haweis, 스탠리Stanley 학장과 참사 리든Lidden, 알렉산더 매코노치Alexander Heriot Mackonochie와 피어설 스미스Pearsall Smith 같은 사람이 별로 다르지 않게 보일 것입니다. 너무나 슬픈 사실입니다. 하지만 이보다 더 슬픈 사실은, 진심으로 거룩을 증진하고자 했던 사람이 서로에 대한 오해와 반목으로 하나 둘씩 떨어져 나가기 시작했다는 것입니다. 우리는 정말 큰 곤경에 처해 있습니다.

저는 더 이상 젊은 목회자가 아니라는 사실을 잘 압니다. 생각이 굳어져서 새로운 교리를 쉽게 받아들이지 못하는지도 모릅니다. 저는 "묵은 것이 좋다"고 생각합니다(눅 5:39). 저는 복음주의 신학의 구학파old school에 속해 있습니다. 따라서, 리처드 십스Richard Sibbes와 토머스 맨턴Thomas Manton이 쓴「믿음의 삶Life of Faith」이나 윌리엄 로매인William Romaine이 쓴「믿음의 삶, 노정 그리고 승리 The Life, Walk, and Triumph of Faith」에서 발견되는 성화에 대한 가르침으로 만족합니다. 그러나 거룩에 대한 새로운 견해를 받아들인 후배들 사이에 까닭 없는 분리가 계속되지 않았으면 좋겠습니다. 그들이 오늘날 그리스도인의 삶에 대한 더 고상한 표준이 필요하다고 생각합니까? 저도 그렇게 생각합니다. 그들이 거룩에 대해 더 강하고 분명하고 온전한 가르침이 필요하다고 생각합니까? 저도 그렇게 생각합니다. 그들이 칭의뿐 아니라 성화의 저자와 뿌리이신 그리스도가 더 높임을 받아야 한다고 생각합니까? 저도 그렇게 생각합니다. 신자가 믿음으로 살도록 더 많이 권면받아야 한다고 생각합니까? 저도 그렇게 생각합니다. 행복과 의미 있는 섬김의 비밀로서 하나님과의 친밀한 교제를 신자에게 더 촉구해야 한다고 생각합니까? 저도 그렇게 생각합니다. 이 모든 일에 있어서 우리의 생각이 같습니다. 하지만 만약 이들이 여기에서 더 나아가려고 한다면, 저는 그들이 가는 길을 주의하라고 당부할 뿐 아니라, 그들이 그렇게 하는 이유가 무엇인지 분명히 설명해 보라고 요구할 것입니다.

마지막으로, 생소하고 기괴한 용어와 어구로 성화를 가르치는 것을 반대하지 않을 수 없습니다. 거룩을 증진하려는 운동은 결코 새로 만들어 낸 표현이나 편향된 진술을 통해 되는 것이 아닙니다.

특정한 본문에 집착하거나 한 진리를 위해 다른 진리를 희생하고, 본문을 풍유적으로 해석하여 인위적으로 조화시킨다고 되는 것도 아닙니다. 성령이 의도하시지 않은 의미를 끌어내거나, 우리가 보는 것처럼 보지 못하거나, 정확히 우리와 같은 방식으로 일하지 않는 사람을 폄하하거나 신랄하게 비난한다고 되는 것도 아닙니다. 이런 태도는 평화를 이루기는커녕, 오히려 많은 사람을 밖으로 내몰아 더 멀어지게 합니다. 참된 성화를 증진하는 데 도움이 되기보다 오히려 방해거리가 됩니다. 하나님의 자녀들을 다투게 하고 이간시키는 거룩 운동은 일단 의심해야 합니다. 그리스도를 위해, 진리와 사랑의 이름으로, 우리는 거룩뿐 아니라 평화도 추구해야 합니다. "하나님이 짝 지어 주신 것을 사람이 나누지 못할지니라"(마 19:6, 막 10:9).

영국의 그리스도인에게서 개인적인 거룩이 더해 가는 것이야말로 제 마음의 소원이고, 날마다 하나님께 드리는 저의 간구입니다. 거룩에 자라기 위해 힘쓰는 모든 사람이 성경을 더욱 균형 있게 읽고, 교리를 신중하게 분별하고, "헛된 것을 버리고 귀한 것"을 분별하기 위해 더욱 힘쓰고 분발할 것을 믿습니다(렘 16:19).

1장
죄

죄는 불법이라. (요일 3:4)

기독교에서 말하는 거룩이 무엇인지 바로 알고 싶다면, 죄라고 하는 엄청난 주제를 고찰하는 데서부터 시작하십시오. 높은 건물을 지으려면 기초를 깊이 파야 합니다. 기초가 잘못되면 치명적인 해를 입기 때문입니다. 거룩에 대한 잘못된 견해들은 주로 인간의 타락에 대한 그릇된 이해에서 비롯되는 경우가 많습니다. 그러므로 먼저 죄에 대해 몇 가지를 분명히 언급하고, 거룩에 대해 계속해 가는 것이 옳을 것입니다.

구원에 이르게 하는 기독교의 뿌리는 죄에 대한 바른 지식이라는 것이 명백한 진리입니다. 이 지식이 없는 칭의, 회심, 성화에 대한 가르침은 "언어와 명칭"(행 18:15)의 문제에 불과할 뿐, 그 어떤 깨달음도 주지 못합니다. 하나님께서 어떤 사람을 그리스도 안에 있는 새로운 피조물이 되게 하실 때, 가장 먼저 그 마음을 조명하여 자신이 죄책 아래 있는 죄인이라는 사실을 보게 하시는 것도 바로 이 때문입니다. 창세기에서 물질적인 창조가 "빛"으로 시작되었던 것처럼(창 1:3), 영적인 창조 역시 그렇습니다. 하나님께서 성령의 사역을 통해 "하나님의 영광을 아는 빛을 우리 마음에 비추"심으로 영적인 생명이 시작됩니다(고후 4:6). 오늘날 대부분의 오류와 이단, 거짓 교리는 죄에 대한 모호하고 불분명한 이해에서 비롯되었습니다. 자기 영혼의 질병이 얼마나 위험한 것인지 모르는 사람은 거짓되고 불완전한 치료책만으로 만족합니다. 그런데 이는 그리 놀랄 일도 아닙니다. 19세기 교회를 통틀어 가장 부족한 것이 바로 죄에 대한 더 분명하고 온전한 가르침입니다.

1. **죄에 대한 정의**와 더불어 이 주제를 시작하겠습니다. 우리 모두는 "죄", "죄인"이라는 말에 익숙합니다. 세상에 실존하는 "죄"에 대해 자주 이야기하고, "죄"지은 사람에 대해서도 자주 말합니다. 하지만 어떤 의미로 말합니까? 이런 말의 의미를 제대로 알고 사용합니까? 바로 이 점에 있어서 많은 지적인 혼란과 모호함이 있다는 사실이 두렵습니다. 가능한 한 간명하게 죄를 정의해 보겠습니다.

성공회 종교강령 제9조에서 천명하는 바와 같이, 일반적으로 "죄"는 다음과 같이 정의합니다.

죄는 아담의 후손들에게 본성적으로 야기되는 것으로, 각 사람에게 있는 본성의 타락과 거짓됨을 일컫는다. 죄로 말미암아 인간은 원래의 의original righteousness에서 아주 멀리 떠나 있고, 본성적으로 악을 향해 기울어져 있어서, 육체의 소욕이 항상 영혼의 소욕을 거스른다. 그러므로 세상에 태어난 모든 사람은 하나님의 진노와 정죄를 받을 만하다.

요컨대, 죄는 계층과 지위, 이름과 나라, 백성과 방언을 막론하고 온 인류에게 드리워진 엄청난 도덕적 질병입니다. 여인에게서 난 자 가운데 오직 한 사람만이 이 질병으로부터 자유로울 뿐, 누구도 자유롭지 못합니다. 그 한 사람이 바로 주 예수 그리스도라는 사실은 제가 굳이 말씀드리지 않아도 될 것입니다.

더 구체적으로 말하면, 하나님의 생각과 법에 완벽히 합치하지 않는 모든 상상과 생각과 말과 행동이 다 "죄"입니다. 성경이 말하는 바와 같이, "죄"는 "불법the transgression of the law"입니다(요일 3:4). 우리 안팎에서 하나님의 계시된 뜻과 성품에 완벽하게 합치하지 못하는 것은 아무리 사소하고 미미한 불일치도 죄이며, 이로 인해 우리는 하나님의 목전에 죄인으로 드러납니다.

물론 주의 깊게 성경을 읽는 사람이라면, 현저하게 드러나는 사악한 행위가 아니더라도 사람은 그 마음과 생각으로 하나님의 법을 어길 수 있다는 사실을 이미 알고 있을 것입니다. 우리 주님은 이미 산상수훈을 통해 그 점을 명백히 하셨습니다(마 5:21-28). 심지어 한 시인도 그렇게 말했습니다. "항상 웃으면서도 악한惡漢일 수 있다."*

신약성경을 면밀하게 연구하는 사람이라면, 죄에는 행함commission으로 짓는 죄와 행하지 않음omission으로 짓는 죄가 있음을 잘 알고 있을 것입니다. 공동기도서를 통해 아는 바와 같이, 우리는 "해서는 안될 일을 함"으로 죄를 지을 뿐 아니라, 실제로 "마땅히 해야 할 일을 하지 않고 간과함"으로 죄를 짓습니다. 마태복음에서 우리 주님은 이 점을 분명히 합니다. "저주를 받은 자들아, 나를 떠나 마귀와 그 사자들을 위하여 예비된 영영한 불에 들어가라. 내가 주릴 때에 너희가 먹을 것을 주지 아니하였고 목마를 때에 마시게 하지 아니하였고"(마 25:41-42). 경건한 어셔Usher 대주교는 숨을 거두기 바로 직전에, 참으로 심오하고도 사려 깊은 기도를 했습니다. "주여, 나의 모든 죄를 용서하시되, 특별히 내가 하지 않음으로 지은 모든 죄를 용서하소서."

하지만 사람은 죄를 지으면서도 그것을 죄로 알지 못할 수도 있고, 죄책 아래 있으면서도 스스로 죄 없다고 착각할 수도 있습니다. "우리가 죄를 죄로 알고 의식할 수 있을 때까지, 죄는 우리에게 죄가 아니다"는 현대의 주장을 뒷받침하는 그 어떤 증거도 성경에서 발견할 수 없습니다. 오히려 너무나 부당하게 홀대받는 책인 레위기 4장과 5장, 그리고 민수기 15장은 무지에서 비롯된 죄 역시 백성을 부정하게 만들 뿐 아니라 속죄가 필요하다고 가르칩니다(레 4:1-35, 5:14-19, 민 15:25-29). "그 주인의 뜻을 몰라서 행하지 못한 종"이라 할지라도 그 알지 못한 것 때문에 죄를 면하지 못하고, 오히려 그

---

* 윌리엄 셰익스피어William Shakespeare의 「햄릿*Hamlet*」 1막 5장에서.

역시 "매를 맞는" 심판을 피하지 못한다고 우리 주님은 분명히 가르치십니다(눅 12:48). 비참하리만큼 불완전한 우리의 지식과 자각만으로 자기 죄악됨을 헤아리는 척도로 삼으려 한다면, 이는 아주 위험한 생각입니다. 레위기에 대해 더 깊이 연구하면 우리에게 많은 유익이 있을 것입니다.

2. "죄"라고 불리는 이 엄청난 도덕적 질병의 **근원과 원천**에 대해 몇 가지 더 말씀드리겠습니다. 그리스도인이라 자처하는 많은 사람들이 이 점에 대해 너무나 불완전하고 그릇된 생각을 가지고 있어 두렵습니다. 이 문제는 그냥 지나칠 수 없습니다. 우선 인간의 죄악됨은 밖으로부터 기인한 것이 아니라, 그 속에서 비롯되었음을 분명히 해둡시다. 어렸을 때 잘못 받은 교육 때문이 아닙니다. 나약한 그리스도인이 되뇌는 말처럼 나쁜 친구들이나 그릇된 본보기에서 기인한 것도 아닙니다. 결코 그렇지 않습니다! 죄는 우리의 첫 조상인 아담과 하와로부터 물려받은 유전병과도 같습니다. 우리 모두는 이 병을 가지고 태어납니다. "하나님의 형상을 따라" 지어져(창 1:26-27) 죄가 없고 의로웠던 우리의 첫 조상이 원래의 의에서 떨어져 죄로 가득하게 되었습니다. 그때로부터 지금까지 모든 남자와 여자는 타락한 아담과 하와의 형상을 따라 태어나고, 악을 향해 치닫는 본성과 마음을 물려받습니다. "한 사람으로 말미암아 죄가 세상에 들어오고"(롬 5:12), "육으로 난 것은 육이요"(요 3:6), "본질상 진노의 자녀이었더니"(엡 2:3), "육신의 생각은 하나님과 원수가 되나니"(롬 8:7), "속에서 곧 사람의 마음에서 나오는 것은 악한 생각 곧 음

란"입니다(막 7:21). 갓 태어난 천진난만한 아기를 보고 가족들이 "천사" 같다고 하고 "때묻지 않았다"고 말하지만, 이 아이도 어린 "죄인"에 지나지 않습니다. 아! 요람에 누어 방긋 미소 짓고 까르르 웃기도 하는 이 작은 피조물이 그 마음에 온갖 종류의 사악한 종자를 다 갖고 있다니요! 하지만 조금만 주의를 기울이고 살펴보면, 그 키와 생각이 자라감에 따라 악한 것을 향해 끊임없이 달려가는 반면, 선한 것으로부터는 늘 뒷걸음질 치는 성향이 있음을 금방 알게 될 것입니다. 그 속에 속임과 악한 성향, 이기심, 방자함, 완고함, 탐욕, 시기, 질투, 정욕의 싹과 조짐을 보게 될 것입니다. 그러나 이것들을 탐닉하도록 내버려 두면 엄청난 속도로 무성하게 자라납니다. 누가 이 아이에게 그런 것을 가르쳤습니까? 이 아이는 어디에서 그런 것을 배웠습니까? 성경만이 이 물음에 대답을 줍니다! 자기 자녀들에 대해 이렇게 말하는 어리석은 부모들이 있습니다. "내 아이는 원래 **바탕이 착한 아이**인데 나쁜 아이들의 영향을 받아서 그렇게 되었어. 공교육이 문제야. 선생님들이 아이들에게 소홀해서 그렇지, 원래는 천성적으로 착한 아이야." 하지만 불행하게도 정반대입니다. 모든 죄의 첫 번째 원인은 그 아이의 타락한 본성 때문이지 결코 학교나 친구 때문이 아닙니다.

3. 인간에게 있는 이 엄청난 도덕적 질병인 "죄"의 정도에 대해 오해하지 않도록 조심해야 합니다. 성경만이 죄의 정도에 대한 믿을 수 있는 근거를 제시하고 있습니다. "그의 마음으로 생각하는 모든 계획이" 본성적으로 "항상 악할 뿐"입니다(창 6:5). "만물보다 거짓되

고 심히 부패한 것은 마음"입니다(렘 17:9). 죄는 우리의 모든 도덕적 성향과 지적 기능에 창궐한 질병입니다. 사고와 정서, 추론의 능력과 의지가 어떤 식으로든 죄로 오염되었습니다. 양심조차도 확실한 안내자로 의지하기에는 너무나 어두워져 있습니다. 성령의 조명을 받지 않는다면 양심 역시 우리를 잘못된 길로 인도할 뿐입니다. 요컨대, "발바닥에서 머리까지 성한 곳이 없"습니다(사 1:6). 공손함과 예의 바름, 점잖은 매너, 단정한 몸가짐, 교양 등과 같은 얄팍한 덮개로 죄라는 질병을 가릴 수는 있지만, 죄는 이미 성향과 체질에까지 깊이 전이되어 있습니다.

물론 인간에게는 많은 위대하고 고상한 기능들이 여전히 남아 있어서, 예술과 과학과 문학 등에서 엄청난 능력을 나타내 보이고 있습니다. 하지만 영적인 일에 대해서는 완전히 "죽어서", 그에게 하나님을 향한 본성적 지식과 사랑과 경외함이 없습니다. 인간에게 있는 가장 탁월한 것조차도 타락으로 심하게 오염되어 있어서, 그것이 오히려 **타락**의 사실과 정도를 더욱더 부각시킬 뿐입니다. 동일한 피조물인데, 어떤 일에 있어서는 너무나 고상하고, 어떤 일에서는 너무나 저급합니다. 너무나 위대하면서, 한편으로는 너무나 옹졸합니다. 너무나 고귀하면서, 또한 너무나 천박합니다. 웅장한 것을 고안하고 만들어 내는 데는 탁월하면서도, 그 마음의 성향은 너무도 저급하고 비굴합니다. 이집트의 카르나크Carnac와 룩소르Luxor*에 있는 건축물, 아테네의 파르테논 신전 같은 웅장한 건축물

---

* 이집트 상부 나일강 동쪽 강가에 있는 신적 유적지로 고대 이집트의 테베Thebes 시가 있었던 곳—옮긴이.

을 설계하고 세울 만큼 탁월한 능력이 있는 반면, 거기서 악한 신들과 새, 짐승, 기는 것들을 숭배합니다. 아이스킬로스Aeschylus와 소포클레스Sophocles의 비극 작품들을 만들어 내고, 투키디데스Thucydides의 역사서와 같은 걸작들을 써 내려가면서도, 로마서 1장에 묘사된 것과 같은 혐오스러운 죄악에 사로잡혀 살아갑니다. 이 모든 것은 "기록된 하나님의 말씀"(39개조 종교강령 제20조)을 비웃고, 우리를 성경 숭배자라 놀려대는 사람에게 풀리지 않는 수수께끼입니다. 오직 성경을 가진 우리만이 이 매듭을 풀 수 있습니다. 인간은 완전히 훼파된 성전과도 같아서, 한때 하나님께서 거하셨던 장엄함을 흔적으로만 갖고 있을 뿐입니다. 산산이 부서진 창문과 기둥들이 복도 여기저기 널브러져 있습니다. 지금은 처음 만들어졌을 때의 장엄한 모습을 어렴풋하게만 짐작할 수 있습니다. 성전 이 끝에서 저 끝까지 남은 것이라고는 고귀한 지위에서 떨어져 버린 쇠락한 영예뿐입니다. 원죄와 타락의 끔찍한 결과에 대한 성경의 가르침만이 인간이 처한 복잡한 문제를 설명할 수 있습니다.

이 사실 외에도 죄는 **모든 인류의 보편적 질병**이라는 사실이 세상 구석구석에서 확인되고 있습니다. 동에서 서, 극에서 극에 이르기까지 이 지구를 샅샅이 살펴보십시오. 이 땅의 모든 대륙에 자리 잡은 나라들을 다 살펴보십시오. 무론 대소하고 가장 높은 자리에서 가장 천한 자리에 이르기까지 모든 계층과 지위의 사람들을 모든 환경과 조건에서 한번 살펴보십시오. 결과는 항상 동일할 것입니다. 유럽과 아시아, 아프리카와 아메리카뿐 아니라 태평양의 외딴섬들도 살펴보십시오. 동양의 호사품과 서양의 예술과 문학에 대해 전혀 알지 못하고, 책과 돈, 증기기관과 화약에 대해 전혀 들어보지 못한 사람이 사는 섬들이 계속 발견되고 있습니다. 그런 섬들은 현대 문명의 악덕에 전혀 물들지 않았지만, 가장 악독한 형태의 정욕과 잔혹함, 속임과 미신으로 가득 차 있습니다. 그런 섬에 살고 있는 사람 역시, 다른 것은 몰라도 죄짓는 법은 이미 다 알고 있습니다! 어디에 있든지 인간의 마음은 항상 본성적으로 "만물보다 거짓되고 심히 부패"합니다(렘 17:9). 죄가 휘두르는 권세와 죄가 가진 보편성은, 인간의 기원에 대한 창세기의 계시와 모세의 설명을 가장 강력하게 뒷받침해 줍니다. 인류는 모두 한 부모에게서 났고 그들이 타락했다는 사실을 인정하면(창세기 3장이 전하는 말처럼), 인간이 있는 모든 곳에서 드러나는 인간 본성의 상태를 쉽게 이해할 수 있습니다. 많은 사람들과 같이, 이 사실을 부정하면 그 즉시 우리는 도무지 풀리지 않는 난관에 봉착합니다. 인간 타락의 균일성uniformity과 보편성으로 인해 도무지 풀리지 않는 엄청난 "불신앙의 어려움"[1]이 초래된 것입니다.

회심하여 성령의 주권 아래 있는 사람도 여전히 그 속에 완고함이 있는 것을 보면, 죄의 정도와 능력이 얼마나 대단한지 알 수 있습니다. 성공회 신앙고백 제9조가 이 사실을 잘 말해 줍니다. "오염된 본성은 사라지지 않습니다. 심지어 중생한 자에게도 여전히 남아 있습니다." 인간 타락의 뿌리는 너무도 깊이 드리워져 있어서 우리가 거듭나서 새롭게 되고, "깨끗하게 되고, 성화되고, 의롭게 되어" 그리스도의 산 지체가 된 이후에도, 집 안의 벽 곳곳에 남아 있는 나병처럼 우리 마음 저 밑바닥에 여전히 살아 있습니다. 이 육신 장막

이 무너질 때까지는 결코 그것을 완전히 없앨 수 없습니다. 물론 죄는 더 이상 신자의 마음을 **지배**하지 못합니다. 새로운 은혜의 원리에서 비롯된 넘치는 능력이 죄를 억제하고 다스리고 십자가에 못 박아 죽입니다. 신자의 삶은 실패의 삶이 아니라 승리의 삶입니다. 하지만 신자의 마음에서 끊임없이 계속되는 몸부림, 매일의 사투, 속사람을 지키기 위한 빈틈없는 경계, 영과 육의 싸움, 자신만이 아는 내면의 "탄식" 같은 모든 것들이, 바로 죄가 얼마나 거대한 능력과 끈질긴 생명력을 가졌는지를 보여줍니다. 십자가에 못 박혔지만 여전히 살아서 역사하는 저 원수는 과연 힘이 세고 강한 놈입니다! 이 사실을 깨닫는 사람은 복이 있습니다. 이런 사람은 그리스도 예수 안에서 기뻐하지만 육체를 신뢰하지는 않습니다. "우리에게 승리를 주신 하나님, 감사합니다"라고 말하면서도, 시험에 빠지지 않도록 깨어 기도하기를 결코 잊지 않습니다.

4. **죄책과 죄의 악독함과 무례함**이 하나님의 목전에 어떻게 드러나는지에 대해서는 "별로 드릴 말씀이 없습니다." 이렇게 말하는 데는 다 이유가 있습니다. 본질상 유한한 인간은 자신이 맞닥뜨려야 할 거룩하고 완전하신 분의 목전에서 죄의 악독함이 어떻게 드러나는지 실감할 길이 없기 때문입니다. 하나님은 "그의 천사라도 미련하다"고 하시며(욥 4:18), "하늘이라도 그가 보기에 부정하"며(욥 15:15), 행실뿐 아니라 중심의 생각과 동기를 감찰하시고, "중심이 진실함을 원하시는" 분입니다(시 51:6). 반면에, 죄 가운데 태어나 끊임없는 불완전과 나약함과 우둔함으로 죄인들과 더불어 살다가

이내 사라질 피조물인 우리가 죄악의 무시무시함에 대해 이해해 본들 그것은 너무나 불완전할 뿐입니다. 우리는 죄를 헤아릴 수도, 측량할 수도 없습니다. 눈먼 사람이 티치아노나 라파엘로의 걸작품과 마을 게시판에 있는 영국 여왕의 얼굴을 분간할 리 만무합니다. 청각 장애인은 장난감 호루라기 소리와 대성당의 오르간 소리를 구분할 수 없습니다. 역겨운 냄새를 풍기는 짐승은 그 냄새가 사람에게 얼마나 역겨운지 도무지 알지 못합니다. 짐승들끼리도 서로 알지 못합니다. 현미경으로 보든지, 망원경으로 보든지 하나님이 지으신 피조물은 완전합니다. 목성과 같은 행성과 그 위성을 한 치의 오차도 없이 해를 중심으로 운행하게 하시는 솜씨 하며, 지면을 기어 다니는 가장 작은 곤충을 지으신 솜씨 또한 모두 완전합니다. 그 솜씨가 절대적으로 완전하신 하나님의 목전에 죄가 얼마나 악독한 것인지, 타락한 인간은 이 사실을 분명히 마음에 새겨 두어야 합니다. 죄는 하나님께서 "미워하는 가증한 일"이며(렘 44:4), 하나님은 "눈이 정결하시므로 악을 차마 보지 못하시며 패역을 차마 보지 못하시어"(합 1:13), 하나님의 율법을 거스르는 가장 경미한 행위로도 "모두 범한 자"가 되고(약 2:10), "범죄하는 그 영혼은 죽으리라" 하시며(겔 18:4, 롬 6:23), 하나님은 "사람의 은밀한 것을 심판"하시고(롬 2:16), 지옥에서는 "구더기도 죽지 않고 불도 꺼지지 않으며"(막 9:48), "악인들이 스올로 돌아가"(시 9:17) "영벌에 처해질 것"이며(마 25:46), "무엇이든지 속된 것은 결단코 천국에 들어가지 못"할 것입니다(계 21:27). 긍휼에 풍성하신 하나님께서 이런 말씀을 기록하신 것을 볼 때, 참으로 두렵지 않을 수 없습니다!

우리 주 예수 그리스도의 고난과 십자가, 그리고 그분의 대속과 속죄에 대한 성경의 모든 가르침이야말로, 인간의 죄악됨에 대한 결정적이고도 분명한 증거입니다. 하나님의 아들의 보혈로만 온전히 값을 치를 수 있는 것을 보면, 인간의 죄책은 끔찍하리만큼 사악한 것임에 틀림없습니다. 우리 죄로 말미암아 예수께서 겟세마네에서 고통 가운데 신음하시고 피를 땀같이 흘리셨으며, 골고다에서 "나의 하나님, 나의 하나님, 어찌하여 나를 버리셨나이까?" 하고 부르짖으셨다면(마 27:46), 우리 죄의 무게는 도대체 얼마나 된다는 것입니까? 부활의 날에 깨어난 우리 앞에 드러날 죄의 모습과, 그날에 회고할 우리의 허물과 부족함만큼 우리를 더 놀라게 할 것도 없을 것입니다. 그리스도가 다시 오시는 그날에야 우리는 비로소 "죄의 심히 죄악됨"을 온전히 실감할 것입니다(롬 7:13). 조지 윗필드 George Whitefield의 말대로, "천국에서의 찬송은 '하나님께서 행하신 일이 어찌 그리 크냐!'"라는 감탄이 될 것입니다(민 23:23).

5. 죄에 대해 살피고 있는 우리가 결코 간과해서는 안 될 한 가지가 더 남아 있습니다. 그것은 바로 죄의 **기만성**입니다. 이는 매우 중요한 부분입니다. 하지만 그 중요성에 비해 그리 주목받지 못하고 있습니다. 죄를 대할 때, 우리는 실제 하나님의 목전에 드러난 죄의 모습보다 한사코 덜 심각하고 덜 위험한 것으로 보려고 합니다. 죄를 과소평가하여 변명하고, 죄책을 경시하는 경향이 있습니다. 이것은 죄를 기만하는 것입니다. "이건 아주 사소한 죄일 뿐이야! 하나님은 자비로우신 분이야! 하나님은 사람이 실수한 것을 마음에 담아 두

시는 그런 옹졸한 분이 아니야! 우리가 나쁜 의도로 그런 건 아니잖아! 사람이 어떻게 그렇게 정확히 할 수 있어! 그렇게 나쁠 게 또 뭐야! 다른 사람이 하는 대로 했을 뿐이야!" 우리가 흔히 듣는 말이 아닙니까? 사람들은 하나님이 영혼을 파괴하는 사악한 것으로 규정하신 것들을 돌려 말하기 위해 부드러운 단어들을 고안해 냈습니다. "날랜", "명랑한", "황량한", "불안정한", "부주의한", "느슨한"과 같은 말이 내포하는 바가 무엇입니까? 이런 단어를 통해 우리는, 죄는 하나님께서 말씀하신 것처럼 죄악된 것이 아니고, 실제로 해로운 것도 아니라고 스스로 속고 또 그렇게 믿고 살아갑니다. 바르지 못한 모범으로 자녀를 양육하는 신자, 그리고 재물을 사랑하고 유혹을 가볍게 보고 가정의 신앙수준이 낮아지는 것을 용인함으로써 초래될 결과에 대해 눈감아 버리는 신자에게서 이런 성향을 볼 수 있습니다. 우리 영혼의 질병이 가진 고도의 기만성을 충분히 인식하지 못할까 두렵습니다. 죄에 빠지게 하는 유혹이 우리에게 다가와 "나는 너를 지옥에서 영원히 파멸시킬 불구대천의 원수다"라고 말하며 그 본색을 드러낼 리 만무합니다. 그러나 우리는 이 사실을 너무나 쉽게 잊어버립니다. 죄는 가룟 유다처럼 부드러운 입맞춤으로 찾아옵니다. 요압과 같이 두 팔을 벌리며 아첨하는 말로 다가옵니다. 하나님께서 금하신 실과는 하와의 눈에 보암직도 하고 탐스럽기까지 했지만, 이 실과 때문에 그녀는 에덴동산에서 쫓겨나야 했습니다. 궁전 지붕에서 한가롭게 거니는 것이 다윗에게는 그리 위험해 보이지 않았지만, 그 뒤로 간음과 살인이 따라 들어왔습니다. 처음부터 죄가 죄로 드러나는 경우는 거의 없습니다. 그러므로 시험에 들지 않기 위해 깨어 기도합시다. 사악함에 세련된 이름을 붙일 수는 있어도, 하나님의 목전에 드러난 그 본질과 성향까지 바꿀 수는 없습니다. 사도 바울의 말을 기억합시다. "매일 피차 권면하여 너희 중에 누구든지 죄의 유혹으로 완고하게 되지 않도록 하라"(히 3:13). "선하신 주님, 세상과 육체와 마귀의 **속임수**로부터 우리를 구하소서." 우리는 이 지혜로운 기도를 항상 되뇌어야 합니다.

논의를 더 하기 전에, 이 주제와 관련하여 너무나 분명하게 떠오른 두 가지 생각을 간략하게 언급하겠습니다.

우선, 우리 모두에게 **겸손**과 **자기비하**가 필요한 분명한 이유가 무엇인지 생각해 보십시오. 성경을 펼쳐 놓고 앉아 성경에 나타난 죄의 모습들을 보며, 우리가 하나님의 목전에 얼마나 많은 죄책을 가진 사악하고 타락한 죄인인지 숙고해 봅시다. 중생, 거듭남, 회심이라 불리는 완전한 마음의 변화가 우리에게 얼마나 필요합니까! 우리가 최상의 상태에 있다 해도 우리에게 얼마나 많은 결함과 불완전함이 덕지덕지 붙어 있습니까! "거룩함이 없이는 아무도 주를 보지 못하리라"는 말씀이 얼마나 엄중한지요!(히 12:14) 우리가 저지른 죄는 말할 것도 없고, 행하지 않음으로 지은 죄를 생각해 볼 때, 앞으로 매일 밤을 저 가련한 세리처럼 "하나님이여, 불쌍히 여기소서. 나는 죄인이로소이다"라고 부르짖어야 할 이유가 충분하지 않습니까!(눅 18:13) 공동기도서에 나와 있는 일반적인 죄 고백과 성찬 때 드리는 죄 고백의 내용은 신앙을 고백하는 모든 그리스도인의 실제 상황에 얼마나 적합합니까! 교인들이 성찬으로 나아가기 전에 고백하는 공동기도서의 내용은, 하나님의 자녀들에게 아주 적절합니다.

우리의 잘못을 돌아보면 너무나 고통스럽고, 그 짐이 너무도 무거워 도무지 견딜 수가 없습니다. 자비로우신 우리 아버지, 우리를 불쌍히 여기소서. 우리를 불쌍히 여기소서. 하나님의 아들 우리 주 예수 그리스도로 말미암아 우리의 지난 모든 잘못을 용서하소서.

세상에서 가장 거룩한 성도라 해도 마지막 순간까지 그는 하나님의 은혜와 자비에 빚진 자요, 비참한 죄인일 뿐입니다! 리처드 후커는 다음과 같은 말로 칭의에 대한 설교를 시작하는데, 이는 제가 전적으로 동감하는 바입니다.

> 우리가 행하는 가장 거룩하고 선한 일들은 과연 어떻습니까? 기도할 때만큼 우리 마음이 하나님을 향하는 때도 없지만, 이때조차도 하나님을 향한 우리의 사랑은 얼마나 자주 분산되는지요! 우리의 기도를 들으시는 하나님의 광대한 위엄에 대해 우리가 갖는 경외감은 어찌 그리도 미미한지요! 우리 자신의 핍절함과 곤궁함에 대한 가책과 연민은 거의 찾아볼 수 없습니다! 하나님의 온화한 자비에서 나오는 달콤한 감화를 맛보지도 못하고 기도를 마치는 때가 얼마나 많은지요! "나에게 와서 부르짖으라"는 그 말씀이 마치 우리에게 부담스러운 짐이라도 되는 것처럼, 마지못해 기도를 시작했다가 냉큼 기도를 끝내 버리는 때는 또 얼마나 많은지요! 제 말이 좀 심하다고 생각할 수도 있지만, 한 가지 묻겠습니다. 각자 자기 자신에게 한번 대답해 보십시오. 50명에서 시작해서 10명의 의인만 있어도 소돔 성을 멸하지 않겠다고 아브라함에게 제안하셨던 하나님께서, 우리 조

상 아담의 타락 이후 모든 세대를 통틀어 단 한 번이라도, 그 어떤 흠이나 티가 없이 순전하게 행동한 사람이 단 한 명이라도 있어서, 이 사람 때문에라도 모든 인간과 천사들이 당할 고통을 없이하겠다고 제안하신다면, 천사와 인류를 건져 낼 이런 대속물을 사람의 아들들 가운데서 찾을 수 있을 것 같습니까? 없습니다. 우리의 가장 탁월한 행실이라 할지라도, 거기에는 용서받아야 할 것만이 있을 뿐입니다.[2]

그렇습니다. 빛에 이를수록 더 많은 죄악을 보게 되고, 천국에 가까울수록 더욱 겸손해지기 마련입니다. 교회사의 위인들을 연구해 보면, 브래드퍼드나 러더퍼드, 맥체인 같은 탁월한 성도들은 항상 가장 겸손한 사람이었다는 사실을 발견하게 됩니다.

다른 한편으로, **하나님의 영광스러운 은혜의 복음에 대해 우리가 얼마나 감사해야** 하는지 살펴보십시오. 광범위하고도 뿌리 깊은 영혼의 질병을 위한 치료책이 계시되었습니다. 죄와 더불어, 예수 그리스도를 통해 우리에게 주어진 강력한 처방인 구원을 동시에 바라볼 수만 있다면, 죄를 대면하여 그 본질과 기원과 권세와 범위와 악함을 탐구하는 것을 두려워하지 않을 수 있습니다. 아무리 죄가 넘쳐 난다 해도, 은혜는 더욱더 넘쳐 납니다. 그렇습니다. 성부와 성자와 성령이 참여하신 영원한 구속의 언약을 통해서 은혜가 넘쳐 납니다. 의롭고 완전한 하나님이시며 완전한 사람이신 예수 그리스도, 그 언약의 중보자를 통해서 넘쳐 납니다. 우리의 죄를 위해 죽으시고 우리를 의롭게 하시기 위해 다시 살아나신 그분의 공로를 통해서 넘쳐 납니다. 그분이 성취하신 대제사장·대속자·치료자·목자장·

중보자의 직분을 통해서 넘쳐 납니다. 모든 죄에서 우리를 깨끗하게 하는 그분의 보혈을 통해서 넘쳐 납니다. 그리스도께서 획득하신 영원한 의를 통해서 넘쳐 납니다. 하나님 보좌 우편에서 우리의 대표자로서 드리는 끊임없는 중보기도를 통해서 넘쳐 납니다. 죄인의 괴수조차도 구원하시는 그분의 능력, 가장 악한 자나 가장 약한 자도 기꺼이 받으시고 담당하시는 그분의 자원함을 통해서 넘쳐 납니다. 자기 백성의 마음에 보내셔서 그들을 새롭게 하시고, 성결하게 하시고, 옛것은 다 지나가게 하시고 모든 것을 새롭게 하시는 성령 하나님의 은혜를 통해서 넘쳐 납니다. 흉악한 죄의 질병을 치료할 풍성하고, 완전하고, 흠 잡을 데 없는 묘약이 이 모든 것을 통해서—아, 이 얼마나 보잘것없는 묘사입니까!—넘쳐 납니다. 죄를 제대로 보면 참으로 무시무시하고 끔찍한 것이 사실이지만, 동시에 예수 그리스도를 바로 볼 수만 있다면 누구도 낙망하거나 좌절할 필요가 없습니다. 저 옛날 청교도인 존 플라벨John Flavel이 그의 탁월한 저서 「생명의 샘Fountain of Life」에서 많은 장을 "예수 그리스도로 말미암아 하나님을 송축합니다"라는 감동적인 송영으로 마무리한 것도 그리 놀랄 일이 아닙니다.

이 엄청난 주제를 마무리하면서, 변죽만 울렸다는 느낌을 지울 수가 없습니다. 이 주제는 사실 이런 글로 다 다룰 수 없습니다. 이 주제를 좀더 분명하고 철저히 다룬 책을 보기 원하는 사람은, 존 오웬John Owen, 앤서니 버제스Anthony Burgess, 스테판 차녹Stephan Charnock, 맨턴, 그리고 다른 청교도 거성들이 쓴 체험 신학의 걸작들을 보시기 바랍니다. 이런 주제를 다루는 데 있어 그 누구도 청교도에 비견될 수 없기 때문입니다. 죄 교리에서 오늘날 유용하게 적용할 수 있는 몇 가지 실천적 지침들을 제시하고 이 장을 맺으려고 합니다.

(1) 먼저, 죄에 대한 성경적 이해는 우리 시대에 만연하는 **모호하고 흐릿하고 막연하고 몽롱한 신학에 대한 가장 좋은 해결책입니다.** 많은 사람들이 기독교 신앙을 천명하고 있습니다. 이런 사람들에 대해 현저하게 무엇이 잘못되었다고 말할 수 없지만, 작금의 현실을 제대로 된 온전한 신앙이라고 보기는 어렵습니다. "그리스도에 대해 가르치고, 은혜에 대해 가르치고, 믿음과 회개와 거룩에 대해서도 가르치기"는 하지만 성경에 있는 "그대로" 가르치는 것은 아닙니다. 그 가르침은 성경에 부합하지도 않고, 합당하지도 않습니다. 휴 라티머Hugh Latimer가 말했듯이, "뒤범벅"의 일종으로 선한 것이 없습니다. 이런 기독교는 일상의 행동에 영향을 주지 못하고, 위로도 주지 못할 뿐 아니라, 죽을 때도 평화를 누리게 하지 못합니다. 이런 기독교 신앙에 착념해 온 사람 가운데 숨을 거두면서 자신들이 반석 위에 있지 못한 것을 깨닫기도 하지만, 그때는 너무 늦습니다. 이런 그릇된 신앙을 고치고 회복할 수 있는 가장 합당한 길은, 죄의 죄악됨에 대한 성경의 옛 가르침을 확고히 하는 것입니다. 인간은 자신이 지옥의 위험에 처해 있다는 것을 실감하기까지는, 결코 천국을 향해 결연히 돌아서지 않을 것이며, 순례자로 이 땅을 살아가지도 않을 것입니다. 유치원에서든, 중고등학교에서든, 대학교에서든, 죄에 대한 성경의 옛 가르침을 힘써 회복해야 합니다. "사람이 율법을 적법하게만 쓰면 선한 것"이며(딤전 1:8), "율법으로는 죄를 깨

닫는다"는 사실을 잊지 말아야 합니다(롬 3:20, 7:7). 율법의 요구들을 앞세워 사람이 귀 기울이게 해야 합니다. 십계명의 뜻을 자세히 풀고 분명히 밝혀서 그 계명들이 요구하는바, 그 길이와 넓이와 깊이와 높이를 나타내야 합니다. 산상수훈에서 우리 주님이 취하셨던 방법이 바로 이것입니다. 그분의 방법을 따르는 것보다 더 나은 길이 어디 있겠습니까. 인간은 자신이 왜 주님께 나아와야 하는지, 자신의 필요가 무엇인지 분명히 알기 전에는, 결코 예수님께 나아와 그분과 함께 거하려 하지도 않고, 그분을 위해 살려고 하지도 않습니다. 우리는 이 사실을 알고 주님의 방식을 따라야 합니다. 성령이 예수께로 이끄시는 자들은 다름 아닌 성령이 죄를 깨닫게 하시는 자들입니다. 죄에 대한 철저한 확신이 없는 사람은 잠시 예수께로 나아와 그분을 따르는 것처럼 보일지라도, 이내 그 자리를 떠나 세상으로 돌아가고 맙니다.

(2) 다음으로, 죄에 대한 성경적 이해는 요즘 유행하는 **터무니없이 관용적이고 자유주의적인 신학에 대한 가장 좋은 해결책입니다.** 교리와 신조를 거부하고 신앙의 모든 경계를 무너뜨리는 것이 현대 사조의 경향입니다. 일단 새로운 생각을 가진 열정적인 선생이라면 그 견해가 얼마나 이질적이고 파괴적이든 간에, 먼저 그를 신뢰하고 그에 대한 판단을 유보하는 것이 기품 있고 지혜로운 것처럼 여겨지는 시대가 되었습니다. 한마디로 모든 것이 진리이고, 틀린 것은 아무것도 없습니다! 모두가 옳고, 잘못된 사람은 아무도 없습니다! 멸망받는 사람은 단 한 명도 없고, 모두가 구원에 이를 것 같습니다! 그리스도의 대속과 속죄, 마귀의 인격성, 성경의 기적, 미래

에 있을 심판의 영원성과 실재성과 같이 중요한 신앙의 주춧돌이, 현대 과학과 보조를 같이 하기에는 너무나 거추장스러운 것처럼 여겨져, 기독교라는 배 밖으로 내던져지고 있습니다. 이 위대한 진리를 편들기라도 하면, 여러분은 이내 편협하고, 교양 없고, 시대에 뒤떨어진 신학적 골동품 정도로 취급받을 것입니다! 성경을 한 구절이라도 인용해 보십시오. 유대인의 책 한 권에 모든 진리가 다 들어 있는 것은 아니며, 성경이 완성된 이후로도 많은 새로운 발견들이 계속되어 왔다고 반박할 것입니다! 죄의 본질, 죄의 실재성, 죄의 악독함, 죄의 권세, 그리고 죄책에 대해 쉬지 않고 언급하는 것만이, 현대의 이런 역병에 대한 처방입니다. 이런 **관용적** 견해를 가진 사람의 양심에 계속 도전하고, 분명한 물음에 분명하게 답할 것을 요구해야 합니다. 병들었을 때나 임종의 순간에, 또는 숨을 거두는 부모의 머리맡에 앉아 있거나, 사랑하는 아내와 자녀의 무덤 앞에 있을 때, 그들이 가장 좋아하는 견해들이 과연 어떤 위로를 줄 수 있는지 가슴에 손을 얹고 대답하도록 요구해야 합니다. 분명한 가르침이 없는 모호한 **열정**이 과연 지금과 같은 시대에 평화를 줄 수 있는지 물어야 합니다. 세상의 모든 과학과 철학, 자유로운 연구가 답을 줄 수 없으므로 때때로 고통스럽지 않은지 물어봐야 합니다. 그런 고통스러움은 그들의 연구에 죄와 죄책과 타락을 계산해 넣지 않았기 때문에 생긴 것이라고 말해 주어야 합니다. 무엇보다도, 인간의 멸망과 그리스도의 구속, 그리고 예수님을 믿는 어린아이와 같은 믿음이 아니고는 그 어떤 것으로도 쉼을 얻을 수 없다는 것을 말해 주어야 합니다.

(3) 지난 25년 동안 홍수처럼 영국 전역을 휩쓸며 많은 것들을 쓸어가 버린 **감각적이고 의식적儀式的이고 형식적인 기독교에 대한 가장 좋은 해결책** 또한 죄에 대한 바른 이해입니다. 양심이 온전히 일깨워지지 못한 사람에게는 이와 같은 신앙 체계가 다소 매력적일 수 있습니다. 하지만 일단 우리의 양심에 각성이 일어나면, 우리는 오감에 호소하는 의식적인 기독교만으로 만족할 수 없게 됩니다. 배고프지 않은 어린아이는 신기한 장난감이나 인형, 요란한 소리만으로도 쉽게 잠잠해지거나 재미있어 할 수 있습니다. 하지만 일단 배고픔이라는 본능의 욕구가 깨어나면, 음식만이 그 아이를 잠재울 수 있습니다. 영혼에 관한 한, 어느 누구도 예외가 없습니다. 자연적 상태에 있는 사람은 음악, 꽃, 촛불, 향, 종교적 기치, 행진, 아름다운 예복, 신앙고백문, 그리고 인위적인 반¥가톨릭적semi-catholic 의식만으로도 충분히 의미를 찾지만, 일단 "죽은 자들 가운데서 깨어 살아난" 사람은 그런 것들로는 결코 만족하지 못합니다. 허망한 종교적 행위로 시간을 허비하는 것처럼 보일 뿐입니다. 일단 자기 죄를 깨닫게 되면, 그 죄에서 자기를 **구원할** 자를 찾을 수밖에 없습니다. 죽음을 선고받은 환자처럼, 자신의 병을 고칠 탁월한 의사를 찾는 것이 가장 시급하고 중요한 일이 됩니다. 생명의 떡에 굶주리고 목마를 수밖에 없습니다. 조금 당돌하게 들릴지도 모르지만, 만약 영국 사람이 죄의 본질과 악독함과 죄악됨에 대해 조금이라도 더 완전하고 분명히 알았다면, 지난 사반세기 동안에 생겨난 반¥가톨릭적인 교회들의 5분의 4는 결코 생겨나지 않았을 것입니다.

(4) 요즘에 회자되고 있는 **그리스도인의 완전을 지나치게 주장하**

는 이론들에 대한 해결책도 죄에 대한 바른 이해를 통해서 가능합니다. 여기에 대해서는 길게 말하지 않겠습니다. 이런 주장을 하는 사람들의 마음을 상하게 할 의도는 전혀 없습니다. 그들이 다름 아닌 삶의 모든 영역에서의 일관성과 그리스도인의 성품을 이루는 모든 은혜에 집중하는 것이라면, 그들의 주장에 귀 기울일 뿐 아니라 전적으로 동의할 수밖에 없습니다. 참으로 우리는 높은 곳을 바라보아야 합니다. 하지만 신자가 이 땅에서도 죄로부터 완전한 자유에 이를 수 있고, 하나님과의 교제를 수년 동안 방해받지 않고 변함없이 지속할 수 있으며, 수개월 동안 단 한 차례의 악한 생각도 하지 않고 살아갈 수 있다고 주장한다면, 저는 그 주장이 매우 **비성경적**이라고 말할 수밖에 없습니다. 게다가, 이런 생각은 그 생각을 하는 사람 자신에게 가장 위험할 수 있습니다. 또한 그는 구원을 간절히 바라는 사람을 억누르고 낙담하게 하고 뒷걸음질 치게 할 수 있습니다. 하나님의 말씀에는, 우리가 몸을 입고 이 땅을 살아가는 동안 완전에 이를 수 있음을 암시하는 구절은 성경에 단 한 구절도 없습니다. 성공회 종교강령 제19조는 분명히 말합니다.

> 그리스도만이 죄가 없으시고, 우리 모두는 비록 그리스도 안에서 세례를 받고 거듭났다 할지라도 많은 일에서 죄를 범한다. 만약 우리가 스스로 죄 없다 하면, 우리는 스스로를 속이는 자요 진리가 우리 속에 없는 것이다.

앞에서 사용한 표현을 빌리면 이러합니다.

우리의 가장 탁월한 행위조차도 불완전합니다. 우리는 마땅히 사랑해야 할 만큼 우리 마음과 뜻과 힘을 다해 하나님을 사랑하지 않습니다. 마땅히 경외해야 할 만큼 하나님을 경외하지도 않습니다. 기도할 때조차도 불완전한 것투성이입니다. 나누고, 용서하고, 믿고, 희망하고, 살아가는 일에 있어서도 그렇습니다. 생각이나 말이나 행실에서도 마찬가지입니다. 마귀와 세상과 육체에 대해도 싸워야 할 만큼 싸우지 않습니다. 그러므로 우리는 자신의 불완전한 상태를 솔직히 고백하는 일을 부끄러워하지 말아야 합니다.

다시 한번 말하면, 사람의 마음을 가리는 완전이라는 일시적인 망상에 대한 가장 좋은 처방은, 죄의 본질과 기만성, 그리고 죄의 죄악됨에 대한 온전하고 명백하고 분명한 이해를 갖는 것뿐입니다.

(5) 마지막으로, 오늘날 교회에 만연한 **개인의 거룩에 대한 저급한 견해에 대한 좋은 해결책**은 죄에 대한 성경적 이해입니다. 이 주제를 다루는 일이 매우 고통스럽고 미묘하다는 것을 잘 압니다. 그러나 비켜 갈 마음은 전혀 없습니다. 가슴 아픈 일이지만, 이 나라에서 그리스도인으로 살아가는 사람의 삶의 수준이 점점 무너져 내리고 있음을 인정할 수밖에 없습니다. 그리스도를 본받은 자비와 양선, 이타성과 온유함, 친절함, 자기부인, 선량함, 선을 위한 열심, 세상과의 분리 등은 마땅히 환영받아야 할 만큼 환영받지 못하고 있고, 우리 조상들의 시대에 비해 평가절하되고 있는 현실입니다.

이런 상황을 초래한 원인을 다 다룰 수는 없지만, 원인이라 생각되는 몇 가지를 함께 숙고해 보고자 합니다. 특정한 형태의 기계적 신앙고백이 만연하게 되자, 사람들은 신앙을 고백하는 일에 상대적으로 부담을 덜 갖게 되었습니다. 이로 인해 좁고 깊었던 길이 넓고 얕은 길이 되어 버렸습니다. 겉으로는 많은 사람을 얻었지만, 질적으로는 많은 것을 잃은 것입니다. 지난 사반세기 동안 엄청난 부의 증가로 세속성과 방종, 안락함에 대한 추구가 만연하게 되었습니다. 한때 사치로 여겨지던 것이 지금은 삶을 편안하게 해주는 없어서는 안될 것이 되었고, 결과적으로 자기부인과 "고난받"는 것은 낯선 것이 되어 버렸습니다(딤후 2:3). 이 세대를 특징짓는 무수한 논란들로 인해, 우리의 관심이 분산되고 영적인 삶은 점점 힘을 잃어가고 있습니다. 정통 교리를 추구하고 있다는 사실에 안주하여 매일의 경건생활을 소홀히 했습니다. 이 모든 것이 원인이라면, 틀림없이 그로 인해 어떤 결과가 초래될 것입니다. 이를 부정할 수 없습니다. 지난 수년 동안 신자들의 개인적 거룩의 표준은 우리 조상들의 때보다 더 낮아졌고, 이로 인해 **성령께서 근심하십니다!** 이런 모든 상황에서 우리에게 필요한 것은, 더 많은 겸손과 성찰입니다.

    이 상황에 대한 최선의 해결책을 말씀드리겠습니다. 복음주의 교회가 아닌 다른 교파들은 스스로 판단해 보십시오. 복음주의 회중을 위한 치료책은, 죄의 본질과 죄악됨을 분명히 이해하는 것이라고 저는 믿습니다. 우리의 영적인 삶을 회복하기 위해 이집트로 다시 돌아갈 필요도 없고, 로마 가톨릭적인 의식을 빌려 오지 않아도 됩니다. 참회 제도를 다시 회복시킬 필요도 없고, 수도원주의나 금욕주의로 돌아갈 필요도 없습니다. 그런 것들은 아무 소용이 없습니다! 우리는 순수하게 회개하고 가장 우선적으로 할 일을 해야 합니다. 첫 번째 원리인 "옛길"로 돌이켜야 합니다(렘 6:16). 하나님 앞에 겸손히 자리하고, 하나님 목전에서 죄가 무엇인지 봐야 합니다. 주님께서 무엇을 죄라고 하시는지, 무엇을 "하나님의 뜻을 행하는 것"이라고 하시는지 잘 살펴야 합니다(요 7:17). 그러고 나서 부주의하고 안이하게 세상적인 삶을 영위하면서도, 동시에 복음주의 교인이라 자처하며 복음주의 원리들을 주장하는 것이 **얼마든지 가능하다는** 것을 깨달아야 합니다! 일단 죄가 우리가 생각하던 것보다 훨씬 더 악하고, 훨씬 더 우리에게 가까이 있고, 우리에게 착 달라붙어 있음을 깨닫게 되면, 우리는 그리스도께로 더 가까이 나가게 될 것입니다. 그리스도께 더 가까이 가게 되면, 우리는 그분의 충만으로 인해 더 깊이 받아 마시게 될 것입니다. 사도 바울이 그랬던 것처럼, "하나님의 아들을 믿는 믿음 안에서 사는" 법을 더 온전히 배우게 될 것입니다(갈 2:20). 예수를 믿는 믿음의 삶을 배워 그분 안에 거하게 되면, 우리는 더 많은 열매를 맺게 될 것입니다. 우리는 그리스도인의 본분에 맞게 더 잘 준비되고, 시험에 더 인내하고, 우리의 보잘것없고 약한 마음을 더욱더 깨어 살피고, 모든 일상의 사사로운 일에도 주님과 같이 행하는 자신을 발견하게 될 것입니다. 그리스도께서 우리를 위해 얼마나 많은 일을 하셨는지 깨닫는 만큼, 그리스도를 위해 살려고 힘쓸 것입니다. 많이 용서받은 만큼 더 많이 사랑하게 됩니다. 요컨대, 사도 바울이 말한 대로 말입니다. "우리가 다 수건을 벗은 얼굴로 거울을 보는 것 같이 주의 영광을 보매 그와 같은 형상으로 변화하여 영광에서 영광에 이르니 곧 주의 영으로 말미암음이니라"(고후 3:18).

우리 시대의 특징 가운데 하나는, 거룩에 대한 관심이 증대되고 있다는 사실입니다. "신령한 삶"을 증진하고자 하는 논의들을 자주 볼 수 있습니다. 의회 토론회에 해마다 "신령한 삶"이라는 주제가 제출됩니다. 이에 대한 많은 관심과 연구가 나라 전체에서 일어나고 있습니다. 참으로 감사할 일입니다. 신령한 삶과 개인적인 거룩을 증진시키는 데 보탬이 되는 바른 원리에 기반을 둔 운동이라면, 그것이 어떤 것이든 영국 교회에 큰 복이 될 것입니다. 우리 안에 있는 비극적인 분열을 해소하고, 서로를 하나되게 하는 데 크게 도움이 될 것입니다. 이로 인해 성령의 은혜가 새롭게 부어질 수도 있습니다. 이는 나중에 "죽은 자 가운데서 살아나는 것"으로 나타나게 될 것입니다(롬 11:15). 하지만 제가 서두에 말했던 것처럼, 우리가 높이 지어져 가려면 반드시 먼저 낮아져야 합니다. 더 높은 표준의 거룩에 이르는 첫걸음은, 죄의 엄청난 죄악됨을 더 철저하게 깨닫는 것입니다.

2장

성화

그들을 진리로 거룩하게 하옵소서. (요 17:17)
하나님의 뜻은 이것이니 너희의 거룩함이라. (살전 4:3)

성화sanctification는 많은 사람들이 꺼리는 주제임이 분명합니다. 성화에 대해 비아냥거리며 관심조차 기울이지 않는 사람도 있습니다. 하지만 "성도"가 되거나 "거룩한" 사람이 되는 것에 관심을 기울이지 않는 태도는 잘못된 것입니다. 성화는 적이 아니라 벗입니다.

우리 영혼의 가장 중요한 주제가 성화입니다. 성경이 진리라면, "성화되지" 못하는 한 우리는 구원에 이르지 못할 것입니다. 성경에 따르면, 기독교 신앙을 고백하며 살아가는 모든 사람의 구원에 꼭 필요한 세 가지는, 칭의와 중생과 성화입니다. 하나님의 자녀에게서는 이 세 가지가 모두 발견됩니다. 하나님의 자녀는 거듭나서 의롭다 함을 받고 성화됩니다. 이 세 가지 가운데 하나라도 결여된 사람은 하나님이 보시기에 참된 그리스도인이 아닙니다. 만약 그런 상태로 숨을 거둔다면, 천국에 이르지 못할 뿐 아니라 마지막 날에 영화롭게 될 수도 없습니다.

성화는 우리 시대에 특히 필요한 주제입니다. 성화 전반에 관한 이상한 가르침들이 최근에 많이 생겨났습니다. 성화와 칭의를 구분하지 못하고 혼동하는 사람도 많은 것 같습니다. 또 어떤 사람은 값없이 받은 은혜에 대한 열정을 빙자하여 성화의 가르침을 쓸모없는 것으로 만들어 버리기도 합니다. 하지만 이런 행위는 사실상 값없이 받은 은혜를 경시하는 것입니다. "행위works"가 칭의에 개입할까 너무 두려워한 나머지, 신앙생활에서 아예 "행위"를 배제하는 사람도 있습니다. 성화에 대한 나름의 잘못된 기준을 가지고 자기가 원하는 것을 얻겠다는 헛된 희망으로 이 교회 저 교회, 이 예배 저 예배, 이 교단 저 교단을 계속해서 옮겨 다니다가, 참된 성화에 이르지 못하고 생을 허비해 버리는 사람도 있습니다. 이런 상황에서 복음의 중심 교리인 성화에 대해 차분하게 고찰해 보는 것은 우리 영혼에 너무나 중요한 일입니다. 우리가 살펴볼 것은 다음과 같습니다.

1. 성화의 참된 본질
2. 성화의 가시적 표지들
3. **칭의와 성화의 공통점과 차이점**

신앙이 없고 이 세상에만 관심 있는 사람이 이 주제에 관심이나 가질 수 있을지 모르겠습니다. 이는 단지 "언어와 명칭"(행 18:15)에 관한 문제이고 미묘한 말장난에 불과해서, 무엇을 믿고 무엇을 주장하는가 하는 것은 전혀 중요한 문제가 아니라고 생각할지도 모릅니다. 하지만 만약 신중하고 사려 깊고 현명한 그리스도인이라면, 성화에 대한 분명한 관념을 갖는 것이 얼마나 가치 있는 일인지 곧 깨달을 것입니다.

1. 우선, **성화의 본질**을 살펴봅시다. 성경에서 "성화된" 사람이라 할 때, 이 말이 의미하는 바는 무엇일까요?

예수께서 어떤 사람을 참된 신자로 부르실 때, 성령을 통해 신자에게 역사하시는 영적인 일을 성화라고 합니다. 예수는 하나님의 부르심을 받은 사람의 죄를 보혈로 깨끗하게 하실 뿐 아니라, 죄와 세상을 향한 본성적 사랑에서 *그를 분리시키시고*, 그의 마음에 새로운 원리를 심으셔서 삶의 실제적인 경건을 이루어 가십니다. 성령이 "말씀으로 하지 않고"(벧전 3:1) 고난이나 섭리적인 임재를 통해 일하시는 때도 있지만, 일반적으로는 하나님의 말씀을 방편으로 역사를 이루어 가십니다. 그리스도께서 성령으로 말미암아 역사하시는 사람을 일컬어, 성경은 "성화된" 사람이라고 합니다.[1]

예수 그리스도의 삶과 죽음과 부활이 단지 자기 백성의 죄를 용서하고 그들을 의롭게 하기 위해서 이루어졌다고 생각하는 사람은 아직 배워야 할 것이 많습니다. 이런 사람은 스스로 인식하든 못하든 복되신 우리 주님을 부끄럽게 하고, 불완전한 구주로 만드는 것입니다. 주 예수께서는 자기 백성에게 필요한 모든 것을 이루셨습니다. 대속의 죽음을 통해 죄의 **죄책**에서 그들을 건지셨을 뿐 아니라, 그들의 마음에 성령을 보내심으로 죄의 **지배**에서도 건지셨습니다. 그들을 의롭다 하셨을 뿐 아니라 거룩하게 하셨습니다. 주님은 그들의 "의로움"이 되셨을 뿐 아니라 "거룩함sanctification"이 되셨습니다(고전 1:30). 성경이 말하는 것을 들어 보십시오. "그들을 위하여 내가 나를 거룩하게 하오니 이는 그들도 진리로 거룩함을 얻게 하려 함이니이다"(요 17:19). "그리스도께서 교회를 사랑하시고 그 교회를 위하여 자신을 주심 같이 하라. 이는 곧 교회를 물로 씻어 말씀으로 깨끗하게 하사 거룩하게 하시고"(엡 5:25-26). "그가 우리를 대신하여 자신을 주심은 모든 불법에서 우리를 속량하시고 우리를 깨끗하게 하사 선한 일에 열심히 하는 자기 백성이 되게 하려 하심이니라"(딛 2:14). "친히 나무에 달려 그 몸으로 우리 죄를 담당하셨으니 이는 우리로 죄에 대하여 죽고 의에 대하여 살게 하려 하심이라"(벧전 2:24). "너희를 이제는 그의 육체의 죽음으로 말미암아 화목하게 하사 너희를 거룩하고 흠 없고 책망할 것이 없는 자로 그 앞에 세우고자 하셨으니"(골 1:21-22). 다섯 개의 본문들을 주의 깊게 살펴보십시오. 이 말씀들이 의미하는 바는, 그리스도께서 자기 백성의 칭의를 일궈 내신 것과 마찬가지로 그들의 성화도 이루셨다는 것입니다. 이 두 가지 모두 예수 그리스도를 중보로 하여 "영원한 언약을 세우사 만사에 구비하고 견고하게" 하셨습니다(삼하 23:5). 성경은 그리스도를 "거룩하게 하시는 자", 그 백성을 "거룩하게 함을 입은 자"로 칭하고 있습니다(히 2:11).

    우리가 다룰 이 주제는 너무나 심오하고 중대하기 때문에, 잘 지키고 보존해야 할 뿐 아니라 모든 부분에서 그 경계를 명확히 해두어야 합니다. 구원의 핵심 가르침은 아무리 예리하게 다듬고 밝히 드러내도 지나침이 없습니다. 많은 그리스도인들이 혼동하고 있는 가르침을 명확히 정리해 주고 신앙 진리들의 관계를 상세히 풀어 주는 것은, 우리의 신학을 엄밀하게 하는 한 방법입니다. 바로 이러한 이유로, 저는 주저 없이 성경에서 성화의 본질을 밝히는 데 도움이 될 만한 일련의 명제와 언명들을 도출해 내서 여러분 앞에 제시하겠습니다.

 (1) 성화는 그리스도인이 참된 믿음을 통해 **그리스도와의 생명의 연합**에 참여함으로 생겨나는 불변의 결과입니다. "그가 내 안에 내가 그 안에 있으면 이 사람이 열매를 많이 맺나니"(요 15:5). 열매를 맺지 못하는 포도나무 가지는 더 이상 살아 있는 가지가 아닙니다. 마음과 삶에 영향을 미치지 못하는 그리스도와의 연합은 하나님 앞에 아무 의미도 없는 형식적인 연합일 뿐입니다. 인격을 성화하지 못하는 믿음은 마귀의 믿음과 다르지 않습니다. 이는 "열매가 없는 죽은 믿음"입니다. 하나님으로부터 온 선물이 아닙니다. 택함을 받은 자들의 믿음이 아닙니다. 요컨대, 삶의 성화가 없으면 그리스도를 믿는 참 믿음이라고 할 수 없습니다. 참된 믿음은 사랑으로 역사합니다. 참된 믿음을 가진 사람은 구속받은 것에 깊이 감사하며 주님을 위해 살아갑니다. 자신을 위해 죽으신 분을 위해 아무리 수고하고 힘써도 여전히 부족하게 여겨질 뿐입니다. 많이 용서받았기 때문에 많이 사랑합니다. 예수의 보혈로 깨끗하게 된 사람은 빛 가운데 행합니다. 그리스도에 대한 산 소망을 가진 자는,

그분의 깨끗하심 같이 자신을 깨끗하게 합니다(약 2:17-20, 딛 1:1, 갈 5:6, 요일 1:7, 3:3).

(2) 성화는 **중생의 귀결이요 필연적인 결과**입니다. 거듭난 사람은 새로운 피조물이 되었고, 새로운 본성과 원리를 따라 항상 새 생명 가운데 행합니다. 거듭났지만 여전히 죄 가운데 지내고 세상을 따라 부주의한 삶을 살 수도 있다는 가르침은, 중생의 감각을 모르는 신학자들이 만들어 낸 것일 뿐입니다. 성경은 결코 그렇게 말하지 않습니다. 오히려 사도 요한은 하나님께로부터 난 자는 죄를 짓지 않고, 의를 행하며, 형제를 사랑하고, 자신을 지키며, 세상을 이긴다고 분명히 말합니다(요일 2:29, 3:9-14, 5:4-18). 요컨대, 성화가 없는 곳에는 중생도 없으며, 거룩한 삶이 없다면 새 생명도 없는 것입니다. 이것은 분명 많은 사람들에게 어려운 말이겠지만, 쉽든 어렵든 이는 명백한 성경의 진리입니다. "하나님께로부터 난 자마다 죄를 짓지 아니하나니 이는 하나님의 씨가 그의 속에 거함이요, 그도 범죄하지 못하는 것은 하나님께로부터 났음이라"(요일 3:9).

(3) 성화야말로 구원의 핵심요소인 **성령의 내주하심을 가장 확실히 보여주는 증거**입니다. "누구든지 그리스도의 영이 없으면 그리스도의 사람이 아니라"(롬 8:9). 사람의 영혼에 거하시는 성령은 결코 졸거나 주무시지 않고, 항상 신자의 마음과 성품과 삶에 열매를 맺게 하심으로 자신의 존재를 나타내십니다. 사도 바울은 "오직 성령의 열매는 사랑과 희락과 화평과 오래 참음과 자비와 양선과 충성과 온유와 절제니"라고 말합니다(갈 5:22). 이 같은 열매가 발견되는 바로 그곳이 성령이 계신 곳입니다. 반면에, 이 같은 열매가 없는 사

람은 하나님 앞에 죽은 사람입니다. 성령은 바람에 비유됩니다. 성령은 바람과 마찬가지로 육신의 눈으로 볼 수 있는 분이 아닙니다. 물결과 나무와 연기에 미치는 영향으로 바람이 부는 것을 알듯이, 사람의 행실에 미치는 결과로 성령이 계신 것을 알 수 있습니다. "성령으로 행하지" 않으면서도 자기 안에 성령이 계시다고 믿는 것은 터무니없는 소리입니다(갈 5:25). 거룩한 삶이 없는 곳에는 성령도 계시지 않다는 말이 너무 일방적이고 단호하게 들릴지도 모르겠습니다. 그러나 분명한 것은, 그리스도의 백성에게 나타나는 성령의 인치심이 성화라는 사실입니다. 누구든지 "하나님의 영으로 인도함을 받는 사람"만이 "하나님의 자녀"입니다(롬 8:14).

(4) 성화는 **하나님의 택하심을 받았다는 확실한 표지**입니다. 하나님은 자신이 택하신 자들의 숫자와 이름을 사람에게는 알리지 않으시고 자신의 권능으로 지혜롭게 감추어 두셨습니다. 이 땅에서는 생명책을 뒤적여 자기 이름이 적혀 있는지 알아보도록 허락하지 않으셨습니다. 하지만 택함을 받았는지를 알 수 있는 분명한 한 가지 길을 주셨습니다. 택함을 받은 사람은 거룩한 삶을 통해 알려지고 구별된다는 것입니다. 그들은 "거룩하게 하심으로……택하심을 받은 자들"이고(벧전 1:2), "성령의 거룩하게 하심과 진리를 믿음으로 구원을 받게" 하려고 택함을 받은 자들이며(살후 2:13), "하나님의 아들의 형상을 본받게 하기 위하여 미리 정하"신 자들이며(롬 8:29), "거룩하고 흠이 없게 하시려고 창세 전에 그리스도 안에서 택함"을 받은 자들입니다(엡 1:4). 데살로니가 신자의 "믿음의 역사와 사랑의 수고와……소망의 인내"를 본 사도 바울이 "너희를 택하심을 아

노라"고 말한 이유가 바로 여기 있습니다(살전 1:3-4). 습관을 따라 고의로 죄 가운데 살면서 하나님의 택함을 받은 자라고 자긍하는 사람이 있다면, 그는 자신을 속이고 사악한 신성모독의 말을 지껄이는 것입니다. 물론 누가 **정말** 택함받은 자인지 명확하게 알기는 어렵습니다. 겉으로는 신앙 안에 있는 것처럼 보이는 많은 사람이 결국 부패한 마음을 가진 외식자로 드러나기도 합니다. 하지만 최소한 성화의 모양이 드러나지 않는 곳에는 택함도 없다는 것은 분명합니다. 성령이 "모든 택함받은 하나님의 백성을 성화한다"고 교리문답은 정확하고 지혜롭게 가르칩니다.

(5) 성화는 **항상 눈에 보이게 드러납니다.** 교회의 위대한 머리이신 그리스도로부터 흘러내리는 성화는, 그리스도처럼 "숨겨지지 못"합니다(마 5:14). "나무는 각각 그 열매로 아나니"(눅 6:44). 참으로 성화된 사람은 겸손으로 옷 입어 스스로에게서는 오직 연약함과 부족함만 보게 됩니다. 시내 산에서 내려온 후에도 자기 얼굴이 빛나는 것을 전혀 의식하지 못했던 모세처럼 말입니다. 잘 알려진 양과 염소의 비유에서, 의인이 주인의 칭찬과 관심을 받을 만한 일을 행한 적이 없다고 말한 것과 같습니다. "우리가 어느 때에 주께서 주리신 것을 보고 음식을 대접하였나이까?"(마 25:37) 하지만, 스스로 알았든 몰랐든 주변 사람들은 언제나 그에게서 다른 사람들과는 다른 성품과 태도, 인격과 삶의 습관을 보았던 것입니다. 삶에서 거룩한 모습을 나타내지 못해도 "성화된" 사람일 수 있다는 생각은 전혀 터무니없는 것이며, "성화"라는 말을 잘못 사용하고 있는 것입니다. 빛이 매우 작고 희미할 수는 있습니다. 하지만 어두운 방에서는

아무리 작은 불빛이라도 눈에 띄게 마련입니다. 아무리 미약한 생명이라도 박동이 있다면 느낄 수 있는 것처럼 말입니다. 성화된 사람도 마찬가지입니다. 스스로는 깨닫지 못해도, 그에게 있는 성결함은 어느 정도 느껴지고 보여지게 됩니다. 세속성과 죄 외에는 아무것도 드러나지 않는 "성도"는 일종의 괴물입니다. 성경은 이런 사람을 전혀 성도로 인정하지 않습니다!

(6) 성화는 **모든 신도들 개개인의 책임**입니다. 하나님께서는 이 땅에 사는 모든 사람들에게 책임을 물으실 것입니다. 모든 잃어버린 자들은 마지막 날에 핑계하지 못하고 그 입을 다물게 될 것입니다. 누구에게 떠밀려서가 아니라 스스로 선택해서 "제 목숨을 잃"어버렸기 때문입니다(마 16:26). 그러나 신자에게는 거룩한 삶을 살아야 할 특별한 의무와 책임이 있습니다. 신자는 거듭나지 못하여 눈멀고 생명 없는 사람과 다릅니다. 신자는 하나님 앞에 살아 있는 자입니다. 빛과 지식, 새로운 원리를 가진 자입니다. 그들이 거룩하게 드러나지 않는다면, 그들 자신의 책임이 아니고 무엇이겠습니까? 그들이 거룩하지 않다면, 자기 자신 말고 또 누구를 탓하겠습니까? 은혜와 새 마음과 새 본성을 주신 하나님께서는, 하나님의 영광을 위해 살지 않는 그들에게 어떤 핑계도 듣지 않으실 것입니다. 사람은 이 사실을 자주 망각합니다. 기독교 신앙을 고백하면서도 가만히 앉아서 매우 낮은 수준의 성화—만약 그런 것이 있기라도 하다면—에 만족하고 천연덕스럽게 "이제 더 이상 내가 할 수 있는 것은 아무것도 없어"라고 말하는 사람이 있다면, 그는 정말 무지하고도 불쌍한 사람입니다. 이런 속임수에 넘어가지 않기 위해 우리는

항상 깨어 조심해야 합니다. 하나님의 말씀은 신자를 항상 책임 있는 존재로서 교훈합니다. 죄인을 구원하신 구주께서 성령으로 우리를 부르시고 새롭게 하는 은혜를 주셨다면, 그분은 또한 우리가 잠들지 않고 그 은혜를 사용하기를 바라십니다. 이 사실을 잊음으로 많은 신자가 "성령을 근심하게 하고"(엡 4:30), 스스로 무익하고 위로를 누리지 못하는 그리스도인이 되는 것입니다.

(7) 성화는 점점 자라가는 것이고 그 정도가 사람마다 다릅니다. 어떤 사람은 거룩함에 성큼성큼 자라나서 같은 기간에 다른 사람보다 월등한 성화에 이르기도 합니다. 처음 믿었을 때보다 더 용서받고 더 의롭게 되고 싶어도, 신자는 처음보다 더 용서받거나 더 의롭게 될 수는 없습니다. 하지만 확실히 더 성화되어 갈 수는 있습니다. 그의 새로운 본성에서 모든 은혜가 더 강해지고, 더 커지고, 더 깊어지기 때문입니다. 이것이 바로 예수께서 제자들을 위한 마지막 기도에서, "그들을 진리로 거룩하게 하옵소서"라고 기도하신 의미입니다(요 17:17). 그리고 이것이 바로 사도 바울이 데살로니가 교회를 위해 "평강의 하나님이 친히 너희를 온전히 거룩하게 하시"도록 기도한 의미입니다(살전 5:23). 두 가지 경우 모두에서 사용된 이 표현은 분명히 증대되는 성화의 가능성을 염두에 둔 것입니다. 반면에 "저들을 의롭게 하옵소서"라는 말이 신자에게 적용되는 경우는 성경에 한번도 나오지 않는데, 신자는 지금 모습보다 더 의롭게 될 수는 없기 때문입니다. 성경에서 "전가된 성화imputed sanctification"라는 가르침을 찾아볼 수 없습니다. 이런 가르침은 서로 다른 두 가지인 칭의와 성화를 혼동하는 것이며, 매우 해로운 결과를 초래합니다. 특

히 이런 가르침은 모든 탁월한 그리스도인의 경험과도 완전히 상반됩니다. 하나님의 거룩한 성도들이 동의하는 것이 있다면, 영적인 삶을 살기 시작한 이래로 그들은 더 보고, 더 알고, 더 느끼고, 더 행하고, 더 회개하고, 더 믿는다는 것입니다. 이는 하나님과 가까이 동행하는 정도에 비례합니다. 사도 바울의 격려대로, 그들은 "은혜 안에서 자라"고(벧후 3:18), "더욱 많이 힘쓰"게 됩니다(살전 4:1).

(8) 성화는 성경에서 말하는 은혜의 방편을 얼마나 부지런히 사용하느냐에 크게 좌우됩니다. 여기서 "방편"이라 함은 성경 읽기, 개인 기도, 정기적인 공예배 참석, 정기적으로 설교 듣기, 정기적인 성찬 참여 등을 말합니다. 이런 일에 주의를 기울이지 않는 사람은 성화에 있어 큰 진보를 기대할 수 없습니다. 탁월한 성도들 가운데 이런 일을 소홀히 하는 사람을 단 한 명도 보지 못했습니다. 이 방편은 성령이 영혼에 새로운 은혜를 공급하시고, 속사람에 시작하신 일을 견고하게 하시는 지정된 통로입니다. 이것을 율법주의적 가르침이라고 말하는 사람도 있을 것입니다. 그러나 저는 "고통이 없이는 영적인 유익도 없다"는 믿음에서 결코 물러서지 않을 것입니다. 성경 읽기와 기도와 주일을 잘 누리는 일에 소홀하면서 성결에 있어 큰 진보를 기대하는 신자는, 밭에 씨를 뿌려 놓고 추수 때까지 전혀 밭을 돌보지 않으면서 한 해 농사가 잘되기를 바라는 농부와 다르지 않습니다. 우리 하나님은 친히 정하신 방편을 통해 일하시는 분이시기 때문에, 자신이 너무 고매하고 영적이어서 은혜의 방편 없이도 성장할 수 있다고 생각하는 사람에게는 결코 복을 주시지 않을 것입니다.

(9) 성화되었다고 해서 **내면의 큰 영적 투쟁이 없는 것은 아닙니다**. 여기서 투쟁이라 함은, 모든 신자의 마음에서 일어나는 옛 본성과 새 본성, 육체와 영의 사투를 의미합니다(갈 5:17). 이런 싸움을 깊이 인식하고 정신적인 불안함을 느낀다고 해서, 그 사람이 성화되지 않은 것은 아닙니다. 전혀 그렇지 않습니다. 오히려, 이는 우리가 건강한 상태에 있으며, 죽지 않고 살아 있다는 증거입니다. 참된 그리스도인에게는 양심의 평화뿐 아니라 내면의 전쟁도 있습니다. 양심의 평화뿐 아니라 내면의 투쟁을 통해서 참된 그리스도인임이 드러납니다. 저의 이런 주장과, 선한 의도로 "죄 없는 완전"을 주장하는 몇몇 그리스도인의 견해가 상반된다는 것을 잘 압니다. 하지만 어쩔 수 없습니다. 로마서 7장에 기록된 바울의 말이 저의 주장을 뒷받침해 주고 있습니다. 여러분도 이 장을 주의 깊게 연구해 보면 좋겠습니다. 로마서 7장은 회심하지 않은 사람이나 어리고 불안정한 그리스도인의 말이 아니고, 하나님과 친밀한 교제 가운데 있는 성숙한 그리스도인의 경험을 묘사하고 있습니다. 이런 사람만이 "내 속사람으로는 하나님의 법을 즐거워하되"라고 말할 수 있습니다(롬 7:22). 지금까지 가장 탁월한 삶을 살았던 그리스도의 종들도 그들의 경험으로 제 말을 확증해 주고 있습니다. 그들의 일기와 자서전과 삶이 그 증거입니다. 저는 이 모든 것을 믿습니다. 내면의 갈등이 결코 그 사람이 거룩하지 않다는 증거가 될 수 없습니다. 또 내면의 갈등으로부터 자유롭지 못하다 하여 스스로 성화되지 않았다고 생각할 필요도 없습니다. 이런 자유는 이 땅이 아닌 천국에서만 누립니다. 가장 탁월한 신자라 해도, 그의 마음은 서로 대적하는 두

군대 진영의 피비린내 나는 싸움터일 뿐입니다. 모든 교인들은 성공회 종교강령 제13조*와 제15조를 잘 숙고해 봐야 합니다. "본성의 부패는 중생한 자에게도 여전히 남아 있다." "그리스도 안에서 거듭나고 세례를 받은 우리도 많은 죄를 짓는다. 그러므로 만약 우리가 죄 없다 하면 우리는 스스로를 속이는 것이고, 진리가 우리 속에 없는 것이다."²

(10) 성화를 통해 **사람이 의롭게 되지는 않지만, 성화는 하나님을 기쁘시게 합니다.** 이 말이 의아하게 들리겠지만 사실입니다. 이제까지 살았던 가장 거룩한 성도의 가장 거룩한 행위조차도 불완전하고 결점투성이입니다. 그 동기가 그릇되었든, 그 실천이 불완전하든, 아니면 그 자체로도, 하나님의 진노와 정죄에 합당한 "그럴싸한 죄"일 뿐입니다. 성도의 거룩한 행위로 인해 하나님의 심판의 맹렬함을 견딜 수 있고, 죄를 보상할 수도 있고, 천국을 상으로 받을 수 있을 것이라고 여기는 것은 정말 어리석은 생각입니다. "율법의 행위로 그의 앞에 의롭다 하심을 얻을 육체가 없나니……사람이 의롭다 하심을 얻는 것은 율법의 행위에 있지 않고 믿음으로 되는 줄 우리가 인정하노라"(롬 3:20-28). 우리로 하나님 앞에 설 수 있도록 하는 유일한 의는 우리 자신의 것이 아닙니다. 우리의 대속자요 대표자이신 우리 주님 예수 그리스도의 완전한 의뿐입니다. 우리로 천국에 들어가도록 하는 유일한 권리는, 우리의 행실이 아닌 그분의 공로를 통해서만 얻습니다. 이 진리를 위해서는 기꺼이 죽을 수도 있어야 합

---

* 웨스트민스터 신앙고백 제17조(성도의 견인)를 참조하라—옮긴이.

니다. 하지만 성화된 사람의 거룩한 행실은, 비록 그것이 불완전하다 할지라도 하나님을 너무나 기쁘시게 한다고 성경은 분명히 말합니다. "하나님은 이 같은 제사를 기뻐하시느니라"(히 13:16). "모든 일에 부모에게 순종하라. 이는 주 안에서 기쁘게 하는 것이니라"(골 3:20). "우리가 그의 계명을 지키고 그 앞에서 기뻐하시는 것을 행함이라"(요일 3:22). 우리에게 큰 위로가 되는 이 가르침을 잊어버리지 맙시다. 단지 데이지 꽃을 꺾어오거나 방안을 아장아장 걸어 다니기만 해도 부모가 어린 자녀의 노력에 기뻐하듯이, 우리의 천부께서도 믿는 자녀의 보잘것없는 행위를 기뻐하십니다. 하나님은 단순히 행실의 질이나 양을 보시는 것이 아니라, 동기와 원리와 의도를 살피십니다. 하나님은 자녀들을 자신의 사랑하는 독생자의 지체로 여기시고, 그 아들로 말미암아 그들을 눈동자같이 기뻐하십니다. 이 주제를 더 논의하고자 하는 교인은 성공회 종교강령 제12조*를 공부하면 좋을 것입니다.

(11) **성화는 위대한 심판 날에 우리의 성품을 뒷받침하는 가장 절대적인 증거로 드러날 것입니다.** 우리가 가진 믿음이 삶에서 성화되는 것으로 드러나지 않는다면, 우리가 예수를 믿는다고 아무리 주장해도 아무 소용없습니다. 위대한 백 보좌 앞에서 생명책들이 펼쳐지고, 무덤이 그 갇힌 자들을 내어 놓고, 죽은 자들이 하나님의 법정에서 심판받을 그때, 필요한 한 가지 증거는 바로 성화입니다. 그리스도를 믿는 우리의 믿음이 참되고 진실하다는 증거가 없다면,

---

* 웨스트민스터 신앙고백 제14조(성화)와 제16조(선한 행위)를 보라. 신자의 선행의 가치에 대해서는 하이델베르크 교리문답 제86문과 제87문을 보라—옮긴이.

우리의 부활은 단지 정죄를 위한 것이 될 것입니다. 그날에 효력 있는 유일한 증거는 오직 성화입니다. 우리가 어떻게 말했는지는 문제가 되지 않습니다. 오직 어떻게 살았고, 무엇을 했는가가 관건이 될 것입니다. 이 점에 있어서 아무도 스스로를 기만하지 말아야 합니다. 미래에 확실히 심판이 있을 것입니다. 이때, 사람의 "행위"와 "행실"만이 고려되고 검토될 것입니다(요 5:29, 고후 5:10, 계 20:13). 행위가 우리를 의롭게 하는 것이 아니기 때문에 행위는 중요하지 않다고 생각하는 사람이 있다면, 그는 크게 잘못 알고 있는 것입니다. 그가 닫힌 눈을 새롭게 뜨지 않는다면, 은혜받은 자라는 증거도 없이 하나님의 심판대 앞에 서서 값을 치러야 할 것입니다. 차라리 나지 않았으면 더 좋았을 걸 하고 생각할 것입니다.

(12) 마지막으로, 성화는 **천국으로 가는 우리의 훈련과 준비를 위해서 절대적으로 필요합니다.** 대부분의 사람은 죽은 후 천국에 가기를 바랍니다. 하지만 천국에 이르렀을 때, 자신이 천국을 즐거워할 수 있을지 고민하고 두려워하는 사람은 거의 없습니다. 천국은 본질상 거룩한 곳입니다. 천국에 사는 모든 사람, 그들이 하는 모든 일이 다 거룩합니다. 천국에서 정말 행복하려면, 이 땅에 있는 동안 천국을 위한 준비와 훈련이 필요하다는 것은 분명합니다. 사람이 죽으면 가게 된다는 연옥purgatory이라는 곳에서 죄인이 성도로 변한다고 하지만, 이는 사람이 만들어 낸 거짓말입니다. 성경 어디에도 연옥을 이야기하는 곳은 없습니다. 죽은 후에 영광 가운데 성도로 드러나기를 바란다면, 살아 있을 때 성도가 되어야 합니다. 많은 사람들이 마지막 숨을 거두는 사람에게 유일하게 필요한 것은, 앞으

로 그들이 맞이할 놀라운 변화에 맞게 그들을 준비시켜 주는 죄 용서와 사죄 선언이라고 생각합니다. 하지만 이는 순전히 속임수입니다. 우리의 구원을 위해서는 그리스도의 공로뿐 아니라 성령의 사역도 필요합니다. 대속의 피도 필요하지만, 마음을 새롭게 하는 것도 필요합니다. 우리는 의롭게 되어야 할 뿐 아니라 성화되어야 합니다. 죽음의 침상에서 사람은, "주께서 내 죄를 용서해 주시고 나에게 안식을 주시기만 바랄 뿐이다"라고 흔히 말합니다. 하지만 우리에게 천국을 즐거워하는 마음이 없다면, 천국에서 누리는 안식은 우리와 전혀 상관없습니다! 천국에 이른다 한들, 성화되지 못한 사람이 그곳에서 할 수 있는 일이 무엇이겠습니까? 이는 우리가 분명히 대답해야 할 의미 있는 물음입니다. 본질적으로 자신과 맞지 않는 곳에서 행복을 느끼기란 거의 불가능합니다. 자기를 둘러싼 모든 것이 자기 성향과 습관, 성품과 맞지 않는데, 기쁨을 누릴 사람이 어디 있습니까? 새장에서 독수리가 행복해 하고, 양이 물속에서 기뻐하고, 올빼미가 이글거리는 정오의 태양을 반겨 맞으며, 물고기가 마른땅에서 춤추기 전까지는, 성화되지 못한 사람이 천국을 기뻐할 수 있다고 인정할 수 없습니다.³

지금까지 성화에 관한 12개의 명제를 그것이 참이라는 분명한 확신과 더불어 제시했습니다. 여러분에게 이 명제들을 깊이 상고할 것을 부탁드립니다. 각각의 명제에 대한 논의를 더 확장시킬 수도 있고, 더 충분히 다루어 보아도 좋겠습니다. 모두 개인적으로 숙고하고 고찰해 보기에 좋은 주제입니다. 그중 어떤 것은 논란의 여지도 있고 모순되게 보일 수도 있습니다. 그러나 그 어느 것도 부정되거나 그릇된 것으로 드러나지는 않을 것입니다. 여러분에게 요청합니다. 편견 없이 공정하게 제 말에 귀 기울여 주십시오. 그러면 틀림없이 성화에 대한 분명한 견해를 얻는 데 도움이 될 것입니다.

2. 이제 제가 제시한 두 번째 요점인 **성화의 가시적 증거**를 살펴보겠습니다. 한마디로, 성화된 사람에게서 드러나는 표지는 무엇입니까? 그 사람에게서 우리가 볼 수 있는 것은 무엇입니까?

성화라는 주제 가운데서도 이 부분은 매우 광범위하고 어려운 부분입니다. 요점을 살펴보기 위해서는 많은 세부적인 것들을 다 언급해야 할 만큼 매우 광범위합니다. 지면이 모자랄 정도입니다. 게다가 이 요점을 다루다 보면 많은 사람을 화나게 할 수밖에 없습니다. 하지만 어떤 위험을 무릅쓰더라도 진리를 말해야 합니다. 특히 오늘 이 시대가 주목해야 할 진리이기 때문입니다.

(1) **신앙에 대해 많이 이야기하는** 것이 참된 성화는 아닙니다. 잊지 마십시오. 교육의 기회가 많아지고 설교가 난무하는 시대일수록 이런 경고의 목소리를 높이는 것이 꼭 필요합니다. 복음의 진리에 대해 너무 많이 들은 나머지, 사람들은 기독교 용어와 어투에 무분별하게 익숙해져 있습니다. 때때로 복음의 가르침에 대해 거침없이 말하는 사람을 보면, 참된 그리스도인으로 착각할 정도입니다. 한편으로는 세상을 위해 살면서 죄에게 종 노릇 하고, 다른 한편으로는 "회심, 구주, 복음, 평화, 값없는 은혜" 등에 대해 거침없이 쏟아 놓는 사람들의 경박하고 무정한 말을 듣는 것은 참으로 메스껍고 혐오스럽습니다. 하나님 보시기에 그런 말은 가증스러울 뿐 아니라,

하나님을 향한 저주나 욕설, 비방과 다르지 않습니다. 하나님을 섬기도록 우리에게 허락된 지체는 혀만이 아닙니다. 하나님은 자기 백성이 단지 빈 그릇이 되거나 울리는 꽹과리나 징이 되기를 원하지 않으십니다. "말과 혀로만"이 아니라, "행함과 진실함으로" 성화되어야 합니다(요일 3:18).

(2) 참된 성화는 일시적인 종교적 감정에 있지 않습니다. 이 또한 경고가 필요한 부분입니다. 전국 곳곳에서 열리는 선교 대회와 부흥회에 많은 사람들이 참여하고 있고, 큰 반향을 불러일으키고 있습니다. 이런 집회가 새로운 활력이 되어 교회가 다시 회복되는 것처럼 보입니다. 이는 하나님께 감사드릴 일입니다. 하지만 이런 일이 이로운 것만은 아닙니다. 위험도 따릅니다. 알곡이 뿌려진 곳에 마귀가 가라지를 뿌릴 것이 분명하기 때문입니다. 많은 사람들이 마음에서는 어떤 실제적인 변화도 없는데, 복음 설교에 감동을 받고 큰 깨달음을 얻은 것처럼 보이는 것이 두렵습니다. 옆에서 사람들이 흐느끼고 기뻐하고 감동하는 것을 보고 덩달아 일종의 동물적인 흥분을 느끼는 것일 수 있기 때문입니다. 이들이 느끼는 아픔과 이들이 맛보았다는 평화는 단지 표면적인 감흥일 뿐입니다. 이런 사람은 돌짝밭과 같은 마음으로 복음을 들은 자처럼, 기쁨으로 말씀을 받기는 하지만 이내 복음을 떠나 세상으로 다시 돌아가 이전보다 더 나쁘고 완고한 마음이 되어 버립니다(마 13:20). 요나의 박넝쿨처럼, 이들은 하룻밤 사이에 피었다가 금세 사라져 버립니다. 사람의 상처를 건성으로 치료해 주고, 평안이 없는데도 "평안하다, 평안하다" 하는 시대를 사는 우리는 조심해야 합니다(렘 6:14, 8:11). 신앙에 새롭게

관심을 보이는 모든 사람이 성령의 깊고, 견고하게 하고, 성화하는 역사에 미치지 못하는 것은 그 무엇에도 만족하지 말도록 촉구해야 합니다. 거짓된 종교적 열광 뒤에는 치명적인 영적 질병이 따라옵니다. 마귀는 열광적인 부흥의 분위기에 일시적으로 주춤할 뿐, 그가 머물던 집으로 금세 다시 돌아오고, 종국에는 처음보다 더 나빠집니다. 성급하게 시작했을 때 치르게 될 대가도 계산해 보지 않고, 롯의 아내처럼 주춤주춤 뒤를 돌아보다가 세상으로 다시 돌아가느니, 차라리 천 배나 늦게 시작해도 견고히 "말씀에 거하는" 것이 낫습니다(요 8:31). 몇 가지 종교적 감정을 느낀 것을 가지고 자신이 성령으로 거듭나고 성화되었다고 상상하는 것보다 더 위험한 상태는 없습니다.

(3) 참된 성화는 **겉으로 드러나는 형식**이나 외면적 헌신에 있지 않습니다. 불행하게도, 많은 사람들이 이런 생각에 속아 넘어가고 있습니다. 수많은 사람들이 교회 예배에 빠지지 않고 잘 참석하며, 성찬식에 잘 참여하고, 금식과 성인의 날을 준수하고, 공예배 중에 연신 고개를 끄덕이며 아멘을 연발하는 등 예배에 집중하는 모습을 보이고, 자발적인 금욕과 자기부인, 그리고 특별한 의상이나 십자가 형상, 그림 등을 사용하는 외형적 신앙생활에 참된 거룩이 있다고 생각합니다. 물론, 진실한 동기에서 이렇게 하는 사람도 있습니다. 눈에 보이는 여러 행위들이 실제로 자기 영혼에 도움이 된다고 믿기도 합니다. 하지만 많은 경우, 겉으로 드러나는 **종교성**이 내면의 거룩을 대신하게 될까 두렵습니다. 저는 외적인 의로움이 마음의 성화를 이루어 내지 못한다고 확신합니다. 더욱이, 외적이고 감

각적이고 형식적인 기독교를 좇아가는 많은 사람들이 세속에 몰두하고, 부끄러운 줄도 모르고 허영과 자만으로 치닫는 것을 볼 때, 이 주제에 대해 더 분명하게 말해야 할 필요를 절감합니다. 실제 성화는 극히 미미하면서도, "외적인 신앙 활동"만 많을 수 있기 때문입니다(딤전 4:8).

(4) 성화는 우리 삶의 자리에서 물러나 사회적 의무를 거부하는 것이 아닙니다. 모든 세대마다 거룩을 추구한다는 구실로 많은 사람들이 사회적 의무를 거부했습니다. 광야에 묻혀 지냈던 은자들이나 수도원에 틀어박혀 살았던 사람들은, 자신들이 죄로부터 도망쳐 월등히 높은 수준의 거룩에 다다를 것이라고 생각했습니다. 그들이 깨닫지 못한 사실이 있습니다. 우리가 어딜 가든 모든 악의 뿌리가 우리 마음에 드리워져 있기 때문에, 방문에 아무리 대못질을 하고 틀어박혀 있어도 마귀를 막아 내지 못한다는 것입니다. 수도사나 수녀가 되고, 자선 기관에 속하는 것이 성화에 이르는 지름길은 아닙니다. 갈등과 어려움을 회피하는 것이 참된 거룩은 아닙니다. 오히려 그것을 받아들이고 극복하는 것이 거룩입니다. 그리스도는 자신으로부터 비롯된 은혜가 보살핌받을 때만 자라는 온실의 화초와 같은 것이 아니라, 어떠한 삶의 여건에서도 무성하게 자라는 강하고 굳센 것이라는 사실을 자기 백성을 통해 나타내기를 원하십니다. 거룩은 하나님께서 우리를 부르신 바로 그곳에서—부패한 것들 가운데 뿌려진 소금처럼, 어둠 속에 밝혀진 등불처럼—주어진 의무를 다하는 것입니다. 이것이야말로 성화의 기초적인 요소입니다. 동굴 속으로 숨어 버리는 사람은 성화된 사람이 아닙니다. 가정에

서, 거리에서, 거래처와 사업장에서 주인 또는 종업원으로서, 아비 또는 자녀로서 하나님을 영화롭게 하는 사람이, 바로 성경이 말하는 성화된 사람입니다. 우리 주님은 마지막에 이렇게 기도하셨습니다. "내가 비옵는 것은 그들을 세상에서 데려가시기를 위함이 아니요 다만 악에 빠지지 않게 보전하시기를 위함이니이다"(요 17:15).

(5) 성화는 **가끔 우발적으로 바른 행동을 하는 것이** 아닙니다. 성화는 지속적으로 내면에 역사하는 새로운 하늘의 원리입니다. 성화는 사람의 크고 작은 일상의 모든 행위에 흘러넘치는 것입니다. 성화의 처소는 마음입니다. 우리 몸의 심장처럼, 성화는 우리의 모든 성품에 일정하게 영향을 끼칩니다. 성화는 외부로부터 힘을 받아 물을 퍼내는 펌프와는 다릅니다. 오히려 끊임없이 솟아나는 샘같이, 속으로부터 자연스럽고 자발적으로 항상 흘러나옵니다. 심지어 헤롯조차도 세례 요한의 말을 듣고는 많은 일을 했습니다(막 6:20). 비록 그의 마음이 하나님 보시기에 크게 잘못되어 있었지만 말입니다. 오늘날도 돌발적인 충동으로 이른바 "선"을 행하는 사람이 있습니다. 가정의 우환이나 질병, 재난 등을 통해 갑작스레 일깨워진 양심을 따라 올바르게 행하는 사람도 있습니다. 하지만 지각 있는 사람이라면 누구나, 그들이 아직 회개하지 않았고 "성화"에 대해 무지하다는 것을 분명히 알 수 있습니다. 참된 성도는 히스기야처럼 모든 일에 하나님의 계명을 옳게 여기고(대하 31:21), 전심으로 "모든 거짓 행위를 미워"합니다(시 119:104).

(6) 성화는 **하나님의 법을 항상 존귀하게 여기고**, 삶의 규칙으로 삼아 그 법에 순종하며 살려고 항상 힘쓰는 것입니다. 율법이나 십

계명을 지킨다고 의로워지는 것이 아니기 때문에, 그리스도인은 율법이나 십계명과 상관없다고 생각하는 것은 매우 큰 오해입니다. 성령은 율법을 통해 신자에게 죄를 확신하게 하시고, 칭의를 위해 그리스도께로 이끄십니다. 성령은 또한 친절한 안내자로서, 신자가 성화를 추구하면서 율법을 신령하게 사용하도록 이끄십니다. 우리 주 예수 그리스도는 결코 십계명을 경시하신 적이 없습니다. 오히려 그분의 공적인 첫 설교인 산상수훈에서 십계명을 설명해 주셨고, 그 계명들이 요구하는 엄밀한 의미를 밝혀 주셨습니다. 사도 바울도 율법을 가볍게 여기지 않았습니다. 오히려 그는, "율법은 사람이 그것을 적법하게만 쓰면 선한 것"이라고 말했고(딤전 1:8), "내 속사람으로는 하나님의 법을 즐거워하되"라고 했습니다(롬 7:22). 스스로 성도라 하면서 십계명을 가볍게 여기고, 거짓말하고, 외식하고, 속이고, 분내고, 비방하고, 술 취하고, 제7계명을 어기는 사람은 철저하게 속고 있는 것입니다. 이런 사람은 마지막 날에 자신을 "성도"라 증명할 수 없을 것입니다!

(7) 성화는 **그리스도의 뜻을 행하고**, 삶을 통해 보여주신 그분의 가르침을 따라 살려고 **부단히 애쓰는** 것입니다. 특히 이런 가르침은 산상수훈과 사복음서에서 찾아볼 수 있습니다. 사복음서와 산상설교가 거룩을 진작시키기 위한 목적으로 쓰여진 것이 아니기 때문에 그리스도인이 일상에서 그런 가르침에 주목할 필요가 없다고 여기는 사람은 미치광이와 다를 바 없습니다. 적어도 너무나 무지한 사람임에 틀림없습니다. 사람의 말을 듣거나 책을 읽고서, 주님은 이 땅에서 **교리**만 가르치셨을 뿐 다른 사람을 가르치기 위해 실천적 의

무들을 남겨 두신 것은 아니라고 말하는 사람이 있습니다! 하지만 사복음서를 조금만 안다면 이런 생각이 전혀 잘못된 것임을 알 수 있습니다. 우리 주님의 가르침에는 제자들이 어떤 사람이 되어야 하고, 어떻게 행해야 하는지가 끊임없이 제시되고 있습니다. 진실로 성화된 사람이라면 결코 이 사실을 잊지 않을 것입니다. 우리가 섬기는 주님은 말씀하셨습니다. "너희는 내가 명하는 대로 행하면 곧 나의 친구라"(요 15:14).

(8) 성화는 **사도 바울이 자신의 편지에서 교회 앞에 제시한 표준에** 까지 이르는 삶을 살려고 항상 애쓰는 것입니다. 이 표준은 그의 서신들 거의 마지막 부분에서 발견됩니다. 많은 사람들이 사도 바울의 편지는 교리적 진술투성이고, 칭의, 선택, 예정, 예언 등과 같은 논쟁적 주제로 채워져 있다고 생각합니다. 그러나 이는 완전히 잘못된 생각이며, 우리가 사는 종말의 때에 팽배한 성경적 무지를 반증하는 서글픈 모습입니다. 사도 바울의 편지를 읽었다 해도, 그 속에서 모든 관계에서 행할 그리스도인의 마땅한 도리와 습관, 성품, 그리고 서로를 대하는 태도에 대한 분명하고도 실천적인 지침을 발견하지 못했다면, 그 사람은 그 편지를 제대로 읽은 것이 아닙니다. 이런 지침은 신앙을 고백하는 그리스도인을 위한 영원한 안내로, 하나님께서 친히 영감을 주신 것입니다. 이런 지침에 주목하지 않는 사람은 교인은 될 수 있을지언정, 성경이 말하는 "성화된" 사람은 결코 아닙니다.

(9) 성화는 우리 주님이 자신의 삶을 통해 너무나 아름답게 보여주신 **능동적 은혜에 대한 관심**, 특히 사랑의 은혜에 대한 끊임없는

관심을 통해 나타납니다. "새 계명을 너희에게 주노니 서로 사랑하라. 내가 너희를 사랑한 것 같이 너희도 서로 사랑하라. 너희가 서로 사랑하면 이로써 모든 사람이 너희가 내 제자인 줄 알리라"(요 13:34-35). 성화된 사람은 이 세상에서 선하게 살려고 합니다. 주변의 모든 사람의 행복은 더해 주고 슬픔은 덜어 주려고 애씁니다. 또한 모든 사람을 친절과 사랑으로 대하셨던 주님을 닮으려고 노력합니다. 말로만 아니라, 기회를 얻는 대로 자기부인의 수고와 실천을 통해 그렇게 합니다. 하지만 다른 사람보다 더 고상한 지식을 갖고 있다는 자만에 빠져, 주일날 가장 좋은 옷을 입고 "훌륭한 교인"이라는 칭찬을 받으며 교회나 예배에 갈 수만 있다면 다른 사람이야 헤엄을 치든 빠져 죽든, 천국을 가든 지옥을 가든 전혀 상관없는 이기적인 신앙고백자들은 성화가 무엇인지 모르는 사람입니다. 이 땅에서는 스스로 성도라 여길 수 있을지 몰라도, 천국에서는 결코 성도가 아닙니다. 그리스도는 자신을 본받지 않는 사람의 구주로는 나타나지 않으실 것입니다. 구원하는 믿음과 실제 회심의 은혜는 항상 그리스도의 형상을 닮게 합니다(골 3:10).[4]

(10) 마지막으로, 성화는 기독교의 **수동적 은혜에 대한 끊임없는 관심**을 통해 나타납니다. 수동적 은혜라 함은, 특히 하나님의 뜻에 순종하고, 서로를 용납하는 것을 통해 드러나는 은혜를 말합니다. 성경에서 이 은혜가 얼마나 많이 언급되고 얼마나 중요한 자리를 차지하는지 알려면 신약성경을 주의 깊게 살펴봐야 합니다. 사도 바울은 우리 주 예수 그리스도의 모범을 우리에게 본으로 제시하기 위해 이 점을 특별히 강조했습니다. "그리스도도 너희를 위하여 고난을

받으사 너희에게 본을 끼쳐 그 자취를 따라오게 하려 하셨느니라. 그는 죄를 범하지 아니하시고 그 입에 거짓도 없으시며 욕을 당하시되 맞대어 욕하지 아니하시고 고난을 당하시되 위협하지 아니하시고 오직 공의로 심판하시는 이에게 부탁하시며"(벧전 2:21-23). 이는 또한 주기도문을 통해 우리가 고백하는 바입니다. "우리가 우리에게 죄 지은 자를 사하여 준 것 같이 우리 죄를 사하여 주시옵고"(마 6:12, 눅 11:4). 사도 바울이 말한 성령의 아홉 가지 열매 가운데 3분의 1—오래 참음, 자비, 양선—을 이 부분이 차지하고 있습니다(갈 5:22). 이 열매들은 분명히 수동적인 은혜입니다. 오늘날 그리스도인은 이 수동적인 은혜에 대해 충분히 숙고하지 않습니다. 수동적인 은혜를 얻는 것이 능동적인 은혜를 얻는 것보다 더 어렵지만, 수동적인 은혜야말로 세상에 가장 큰 영향을 미칩니다. 성경이 강조하는 오래 참음과 자비와 양선과 용서를 본받아 살지 않으면서 성화를 논하는 것은 불가능합니다. 습관적으로 성마르게 짜증 내거나 항상 신랄한 말로 주변 사람을 불편하게 하는 사람, 앙심을 품은 사람, 악의적인 사람은 그 속이 세상으로 가득 차 있는 사람입니다! 이런 사람은 마땅히 알아야 할 만큼 성화에 대해 알지 못하는 사람입니다.

지금까지 살펴본 것이 바로 성화된 사람에게서 나타나는 가시적인 표지입니다. 물론 이런 표지가 모든 하나님의 백성에게 동일하게 나타나는 것은 아닙니다. 가장 잘 나타난다 하더라도, 그것이 온전하고 완전하게 드러난 것은 아닙니다. 하지만 분명한 것은, 이것이 성경이 말하는 성화의 표지라는 사실입니다. 이것에 대해 알지 못하는 사람이 있다면 자신에게 과연 은혜가 있는지 의심해 볼 필요가 있습니다. 다른 사람이 무엇이라고 말하든지, 제 생각은 확고합니다. 진정한 성화는 눈에 보이게 드러나는 것이며, 많든 적든 간에 제가 지금까지 설명하려고 애썼던 것들이 성화된 사람의 표지입니다.

3. 이제 마지막으로, **칭의와 성화 사이의 구별**에 대해 숙고해 보겠습니다. 이 둘은 어떤 점에서 일치하고, 어떤 점에서 다릅니까?

지금 우리가 살필 이 대목은 성화와 관련해서 아주 중요한 부분입니다. 물론, 여러분 모두가 동의하지 않을지도 모릅니다. 그런데 이 부분을 다루지 않고 넘어갈 수는 없기 때문에 간략하게나마 다루겠습니다. 아주 많은 사람들이 피상적인 신앙에 익숙해져서, 신학적으로 민감한 구별을 "언어와 명칭"의 문제로 치부합니다(행 18:15). 하지만 자기 영혼에 대해 진지하게 생각하는 사람은, 오히려 기독교 가르침들 사이의 "차이점을 분별하지" 않는 것 때문에 많이 불안해 합니다. 특히 평화를 사랑하는 사람은 이 문제에 대한 분명한 견해를 제시해 줄 것을 부탁하기도 합니다. 칭의와 성화는 별개라는 사실을 항상 기억해야 합니다. 하지만 이 둘 사이에는 일치하는 점도 있고, **다른** 점도 있습니다. 이제 살펴보겠습니다.

칭의와 성화는 어떤 점에서 서로 같습니까?

(1) 칭의와 성화는 모두 하나님께서 값없이 주시는 은혜입니다. 신자가 완전히 의롭게 되고 성화되는 것은 하나님께서 주시는 선물입니다.

(2) 칭의와 성화는 모두 그리스도가 영원한 언약을 통해 자기 백

성을 위해 이루신 위대한 구원 사역의 한 부분입니다. 그리스도는 용서와 거룩이 흘러나오는 생명의 샘입니다.

(3) 칭의와 성화는 모두 동일한 사람에게서 발견됩니다. 의롭게 된 사람은 항상 성화된 사람이고, 성화된 사람은 항상 의롭게 된 사람입니다. 하나님께서 이 둘을 짝 지어 주셨고, 결코 나뉠 수 없습니다.

(4) 칭의와 성화는 모두 동시에 시작됩니다. 의롭다 여김을 받은 그때에 또한 성화하게 됩니다. 느끼지 못할 수도 있지만 사실입니다.

(5) 칭의와 성화는 모두 구원에 꼭 필요합니다. 누구든지 천국에 이르기 위해서는 용서와 더불어 새로워진 마음이 있어야 하고, 그리스도의 보혈과 더불어 성령의 은혜가 있어야 합니다. 영원한 영광의 이름을 가질 뿐 아니라 그 이름에 걸맞는 사람이 되어야 합니다. 칭의가 구원에 필요한 만큼 성화도 꼭 필요합니다.

칭의와 성화는 이와 같은 점에서 서로 일치합니다. 이제 그림을 뒤집어서 무엇이 서로 다른지 살펴보겠습니다.

(1) 칭의는 주 예수 그리스도로 말미암아 **의롭다 여김을 받는 것**입니다. 성화는 그 정도가 아주 미약할지라도 내면에서 실제로 **의롭게 되는 것**입니다.

(2) 칭의를 통해 우리가 얻는 의로움은 **우리 자신의 것이 아닙니다.** 그것은 믿음으로 말미암아 우리에게 전가되어 누리게 되는, 위대한 중보자인 그리스도의 영원하고도 완전한 의로움입니다. 성화를 통해 우리가 얻는 의로움은 성령을 통해 우리에게 전해지고 우리

안에 새겨진 것이지만, 여전히 많은 불완전과 연약함으로 점철된 **우리 자신**의 의로움입니다.

(3) 칭의는 우리 자신의 공로가 개입할 여지가 없습니다. 한 가지 필요한 것은, 그리스도를 믿는 단순한 믿음입니다. 성화에서는 우리 자신의 행위가 아주 중요합니다. 하나님은 우리에게 애쓰고, 힘쓰고, 분투하고, 깨어 기도하라고 명령하십니다.

(4) 칭의는 완성되고 완전한 일이며, 사람은 그가 믿는 바로 그 순간에 완전히 의롭게 됩니다. 이와 비교해 볼 때, 성화는 불완전한 일이고, 천국에 이르기까지는 완전해지지 않습니다.

(5) 칭의는 더 이상 자라나지 않습니다. 사람이 완전한 영광에 이를 때에도, 그가 처음 믿음으로 그리스도께 나아왔을 때 이상으로 더 의롭게 되지는 않습니다. 성화는 분명히 점진적인 사역입니다. 삶이 지속되는 한 계속해서 자라고 확장합니다.

(6) 칭의는 우리의 **인격**, 하나님 앞에 우리가 서는 것, 그리고 우리가 **죄책**으로부터 구원받는 것과 관련되어 있습니다. 성화는 우리의 **본성**과 마음의 도덕적 갱신과 관련이 있습니다.

(7) 칭의는 우리에게 천국의 권세를 주고, 천국에 들어갈 담력을 줍니다. 성화는 우리로 천국에 합당하게 합니다. 우리가 천국에 살게 될 때 천국을 누리도록 우리를 준비시킵니다.

(8) 칭의는 우리 **밖에서** 행하시는 하나님의 행위로, 다른 사람이 쉽게 분별하지 못합니다. 성화는 우리 **안에서** 행하시는 하나님의 사역으로, 사람의 눈에 명백히 드러나 숨기지 못합니다.

여러분은 이런 차이점에 주목하시기를 바랍니다. 불안해 하지 않아도 될 많은 사람들이 불안해 하고 어둠 속에 있는 이유는, 그들이 칭의와 성화를 계속해서 혼동하고 구분하지 못하기 때문입니다. 칭의와 성화는 분명히 서로 다릅니다. 하지만 나뉘어질 수 없기에, 이 둘 중 하나에 참여한 사람은 두 가지 모두에 참여한 사람입니다. 절대 이 두 가지를 혼동해서도 안되고, 이 둘의 차이를 잊어서도 안 됩니다.

몇 가지 분명한 적용점을 제시하고 이 주제를 마무리하겠습니다. 이제까지 성화의 본질과 가시적인 표지에 대해 살펴보았습니다. 여러분이 실제로 적용할 수 있는 것은 어떤 것입니까?

(1) 우선, **신앙을 고백하는 많은 그리스도인이 처한 위험에 대해** 자각해야 합니다. "거룩함이 없이는 아무도 주를 보지 못하리라"고 했습니다(히 12:14). 성화 없이는 구원도 없습니다. 신앙이라 불리는 것들 가운데 쓸모없는 것이 얼마나 많습니까! 교회를 다니거나 예배에 참석하는 사람들 가운데 멸망으로 인도하는 넓은 길을 가는 사람이 얼마나 많은지 모릅니다! 참으로 두렵고, 끔찍하고, 놀라운 생각입니다. 오, 설교자들과 교사들은 자신들의 눈을 열어 주변에 있는 영혼들의 상태를 깨달아야 합니다! "임박한 진노를 피하라"는 말에 귀를 기울여야 합니다!(마 3:7, 눅 3:7) 성화되지 못한 영혼이 구원받고 천국에 갈 수 있다면, 성경이 잘못된 것입니다. 하지만 성경은 진실하며 거짓말을 못합니다! 그 결말이 어떻겠습니까!

(2) 다음으로, **우리 각자의 상태를 분명히 알고, 스스로 성화되었**다 느끼고 알기까지는 결코 쉬지 맙시다. 우리가 좋아하는 것이 무

엇입니까? 우리는 무엇을 선택하고, 무엇을 소중히 여기고 기뻐합니까! 이는 우리 자신을 시험해 볼 수 있는 아주 중요한 물음입니다. 지금 우리가 무엇을 바라고 기대하는지, 죽기 전에 어떤 사람이 되기를 원하는지는 그리 중요하지 않습니다. 지금 우리는 어떤 사람입니까? 우리는 지금 무엇을 하고 있습니까? 성화되었습니까? 아닙니까? 만약 아니라면, 모든 것이 우리 자신의 잘못입니다.

(3) 성화되기를 바란다면 우리가 갈 길은 명확하고 분명합니다. **바로 그리스도와 함께 시작해야 합니다.** 핑계가 아닌 전적인 필요를 가지고 믿음으로 그분께 자기 영혼을 드리며, 하나님과의 평화와 화해를 구하러 그리스도께 가야 합니다. 탁월한 의사의 손에 자신을 맡기듯이 우리를 그분의 손에 맡기고, 자비와 은혜를 구하며 울부짖어야 합니다. 자신을 내세울 무엇인가가 우리 안에 생길 때까지 기다릴 필요가 없습니다. 성화를 위한 첫걸음 역시 칭의와 다르지 않습니다. 믿음으로 그리스도께 나아가는 것입니다. 우리가 먼저 살아야 다른 사람을 살릴 수 있습니다.

(4) 거룩에 더욱 자라가고 더 성화되기를 원한다면, **항상 처음처럼 계속 전진해야 합니다.** 항상 새롭게 그리스도를 붙들어야 합니다. 그분은 모든 지체에게 생명과 힘을 주시는 머리입니다(엡 4:15). 날마다 하나님의 아들을 믿는 믿음으로 살고, 자기 백성에게 주시겠다고 약속하신 은혜와 능력을 충만하신 그분으로부터 날마다 얻는 것이야말로 점진적인 성화의 위대한 비밀입니다. 머뭇거리고 정체되어 있는 것처럼 보이는 신자는 일반적으로 예수님과의 친밀한 교제를 소홀히 하고, 성령을 근심시키는 일을 하고 있습니다.

십자가에 못 박히시기 바로 전날 밤에 "그들을 진리로 거룩하게 하옵소서" 하고 기도하셨던 그분은, 우리가 더욱 거룩해지기를 바라십니다(요 17:17). 도움을 얻고자 믿음으로 나오는 모든 사람을 도와주기를 무한히 원하십니다.

(5) 이 땅에서는 우리 자신의 마음에 **너무 많은 기대를 하지 말아야 합니다.** 우리는 기껏해야 자기 자신에 대해 날마다 겸손해야 할 이유밖에는 찾을 것이 없고, 매 시간 자비와 은혜를 필요로 하는 빚진 자라는 것을 발견할 뿐입니다. 빛이 많을수록 우리 자신의 불완전을 더 볼 수 있습니다. 처음 시작했을 때도 죄인이었고, 앞으로도 우리 자신에게서 발견할 것이라고는 죄인의 모습뿐입니다. 새롭게 되고, 용서받고, 의롭다 함을 입었지만, 마지막 순간까지 우리는 여전히 죄인입니다. 흠 없이 완전해지는 일이 아직 우리를 기다립니다. 우리가 천국을 갈망하는 이유가 바로 이 때문입니다.

(6) 마지막으로, 높은 표준의 거룩에 다다르기 위해 분투하고 **성화를 중요시하는 것을** 부끄러워하지 맙시다. 어떤 사람은 비참하리만큼 미미한 거룩에 만족해 하고, 또 어떤 사람은 전혀 거룩하게 살지 않으면서도 부끄러워하지 않습니다. 방앗간에 매인 말처럼, 교회당과 예배 주변을 맴돌며 이리저리 오갈 뿐, 도무지 자라지를 않습니다. 옛길에 우뚝 서서 탁월한 거룩을 추구하고, 담대하게 다른 사람에게 함께 거룩한 길을 가자고 요청합시다. 이 길만이 참 행복으로 가는 유일한 길입니다.

누가 무슨 말을 하든, 거룩이 행복입니다. 가장 위로가 넘치는 일생을 산 사람은 다름 아닌 **성화된** 사람이라고 확신합니다. 물론 참된 그리스도인임에도 불구하고, 질병과 가정의 어려움과 다른 알 수 없는 여러 이유로 천국에 이르기까지 거의 모든 날들을 어떤 위로도 느끼지 못한 채 슬픔으로 먹고 마시는 사람도 있습니다. 하지만 이는 예외적인 경우입니다. 일반적으로 삶 전체를 보면, "성화된" 사람이 세상에서 가장 행복한 사람이라는 것이 사실로 드러납니다. 그는 세상이 줄 수도 없고 앗아갈 수도 없는 견고한 위로를 누립니다. "지혜의 길은 즐거운 길이요"(잠 3:17). "주의 법을 사랑하는 자에게는 큰 평안이 있으니"(시 119:165). 거짓을 발할 수 없는 분이 이렇게 말씀합니다. "내 멍에는 쉽고 내 짐은 가벼움이라"(마 11:30). 또한 성경은 말합니다. "악인에게는 평강이 없다"(사 48:22).

첨언添言

성화는 너무도 깊고 중요한 주제입니다. 중요한 만큼 성화에 대한 오해도 참 많습니다. 그래서 저는 전반적인 성화의 교리를 더 면밀히 연구하고자 하는 사람에게, 존 오웬의 「성령론*The Holy Spirit*」을 강력히 추천합니다. 이 주제를 단행본으로 이렇게 완벽하게 다룬 사람이 없습니다.

오늘날 사람들이 오웬의 저서들을 달가워하지 않고, 전혀 거리낌 없이 그를 청교도라고 비아냥거린다는 것을 잘 압니다! 하지만 공화정 시대에 옥스퍼드의 크라이스트 교회의 주임사제였던 저 위대한 신학자가 이런 취급을 받다니요! 오웬은 성경에 대한 바른 지식과 학식에 있어, 지금 그를 폄하하는 사람들과는 비교할 수 없을 만큼 탁월했습니다. 체험적experimental⁵ 신학을 연구하려는 사람이라면, 이 주제를 성경적으로 깊이 있고 철저하게 다루는 존 오웬과 그와 동시대를 살았던 몇몇 사람의 저서를 능가할 다른 저서가 없다는 것을 발견할 것입니다.

3장

거룩

거룩함을 따르라. 이것이 없이는 아무도 주를 보지 못하리라. (히 12:14)

이제 우리는 실천적 거룩practical holiness이라는 중요한 주제를 다룰 것입니다. 이 주제는 신앙을 고백하는 모든 그리스도인들이 귀 기울여야 할 엄중한 물음을 담고 있습니다. "우리는 거룩한가? 우리는 주님을 뵐 수 있을 것인가?"

케케묵은 물음이라 무시하지 마십시오. 지혜자는 말합니다. "울 때가 있고 웃을 때가 있으며…… 잠잠할 때가 있고 말할 때가 있으며"(전 3:4, 7). 하지만 사람이 거룩하지 않아도 되는 날은 단 하루, 단 한순간도 없습니다. 그렇지 않습니까?

모든 계층과 상황을 막론하고, 이 물음은 누구에게나 해당됩니다. 부자도 있고 가난한 사람도 있습니다. 배운 사람과 배우지 못한 사람, 주인과 종도 있습니다. 하지만 사람이 거룩하지 않아도 되는 상황, 거룩하지 않아도 되는 지위나 신분 따위는 없습니다. 그렇지 않습니까?

위의 물음에 대답해 보십시오. 하나님 앞에서 우리는 마땅히 거룩해야 할 만큼 거룩합니까? 소란스럽고 분주하게 오가는 세상에서 잠시 걸음을 멈추고 단 몇 분이라도 거룩의 문제를 숙고해 봅시다. 좀더 대중적이고 인기 있는 주제를 택했다면 한결 다루기가 수월했을 것입니다. 그러나 우리 영혼에 이보다 더 시의적절하고 합당한 주제는 없습니다. 하나님께서는 "거룩함을 따르라. 이것이 없이는 아무도 주를 보지 못하리라"고 분명히 말씀하십니다(히 12:14).

이제 우리는 참된 거룩이 무엇이고, 참된 거룩이 왜 필요한지, 그리고 결론적으로 거룩에 이르는 유일한 길은 무엇인지 알아보려고 합니다. 하나님께서 우리를 도우시기를 바랍니다. 앞 장에서는 이 주제에 대해 교리적 측면에서 접근했습니다. 이번에는 좀더 평이하고 실천적인 관점에서 제시해 보도록 하겠습니다.

1. 먼저, 무엇이 참되고 실천적인 거룩인지, 다시 말해, 하나님께서는 어떤 사람을 거룩하다고 하시는지 살펴보겠습니다.

많이 힘쓰고 애쓰면서도 결코 참된 거룩에 이르지 못하는 사람이 있습니다. 그에게 지식이 없어서가 아닙니다. 발람에게도 지식은 있었습니다. 위대한 신앙고백이 없어서도 아닙니다. 가룟 유다도 신앙고백을 했습니다. 많은 일을 한다고 되는 것도 아닙니다. 헤롯도 많은 일을 했습니다. 어떤 신앙의 문제에 열심을 낸다고 되는 것도 아닙니다. 예후가 그랬습니다. 도덕의 문제도 아니고, 겉으로 드러나는 행실의 문제도 아닙니다. 젊은 부자 관원이 그런 사람이었습니다. 설교 듣기를 즐겨한다고 되는 것도 아닙니다. 에스겔이 활동하던 시대의 유대인이 그랬습니다. 경건한 사람과 함께 일한다고 되는 것도 아닙니다. 요압과 게하시가 그랬고, 데마가 그랬습니다. 그러나 이들 중 어느 누구도 거룩하지 않습니다! 이런 특징만으로는 거룩하다고 말할 수 없습니다. 이런 특징 가운데 어느 한 가지를 가졌다 해도, 그것 때문에 주님을 볼 수 있는 것은 아닙니다.

그렇다면 무엇이 참되고 실천적인 거룩입니까? 참으로 답하기 어려운 물음입니다. 성경에 부합하게 거룩을 정의하는 것이 어렵다는 것이 아닙니다. 저는 거룩에 대해 마땅히 해야 할 말을 다 하지 못할 뿐 아니라, 불완전한 견해를 피력하게 될까 두렵습니다. 또는 거룩에 대해 허튼 말을 해서 해를 끼칠까 두렵습니다. 그럼에도 불구하고, 우리 마음의 눈이 분명히 깨닫고 볼 수 있도록 거룩에 대해 말해 보도록 하겠습니다. 하지만 제가 말한 모든 것은 기껏해야 빈약하고 불완전한 설명일 뿐이라는 사실을 잊지 마십시오.

(1) 성경에 드러난 **하나님의 생각을** 마음에 **품는 습성이** 거룩입니다. 하나님의 판단과 합치하는—그분이 미워하시는 것을 미워하고, 사랑하시는 것을 사랑하는—습관이고, 이 세상의 모든 것을 하나님의 말씀의 잣대로 판단하는 성향입니다. 하나님의 생각에 전적으로 부합한 사람이 가장 거룩한 사람입니다.

(2) 거룩한 사람은 **죄로 드러난** 모든 것을 피하고, 알려진 모든 **계명을 지키려고 애씁니다.** 그는 하나님을 향해 분명히 돌아선 사람이

고, 온 마음으로 그분의 뜻을 행하고자 하며, 세상을 실망시키는 것보다 하나님을 슬프게 하는 것을 더 두려워하고, 그분의 모든 길을 사랑하는 사람입니다. "속사람으로는 하나님의 법을 즐거워"한다고 말한 바울과 같은 것을 느끼는 사람입니다(롬 7:22). "내가 범사에 모든 주의 법도들을 바르게 여기고 모든 거짓 행위를 미워"한다고 말한 다윗과 같은 마음을 가진 사람입니다(시 119:128).

(3) 거룩한 사람은 **우리 주 예수 그리스도처럼 되고자 분투합니다.** 날마다 그분을 믿어 평강과 능력을 받아 누릴 뿐 아니라, 그분의 마음을 품고 "그분의 형상을 본받고"자 애쓰는 사람입니다(롬 8:29). 그는 그리스도가 우리를 용서하신 것 같이, 다른 사람을 용납하고자 합니다. 그리스도가 자기를 기쁘게 하지 않으신 것처럼, 자신을 기쁘게 하지 않으려고 합니다. 그리스도가 우리를 사랑하신 것처럼, 사랑하며 살려고 합니다. 그는 그리스도가 자기를 비워 스스로 낮아지신 것처럼, 마음을 낮은 곳에 두고 겸손하려고 합니다. 그리스도가 항상 진리의 신실한 증인으로 사셨던 것을 기억합니다. 그리스도가 자기 자신의 뜻을 행하기 위해 오신 것이 아니라는 사실을 기억합니다(요 6:55). 성부의 뜻을 행하는 것이 그리스도의 음료와 양식이었다는 것을 기억합니다. 그리스도가 다른 이들을 섬기기 위해 항상 자신을 부인하셨다는 것을 기억합니다. 말도 안되는 거짓 고소 앞에서도 그분은 온유하고 오래 참으셨다는 사실을 기억합니다. 유력한 자보다 경건하고 가난한 자를 더 귀히 여기셨다는 것을 기억합니다. 그리스도가 죄인을 향한 긍휼과 사랑이 충만하셨다는 것을 기억합니다. 타협하지 않고 담대하게 죄를 거부하셨다는 것을

기억합니다. 사람의 인정과 칭찬을 받을 수 있었음에도 결코 그것을 구하지 않으셨다는 것을 기억합니다. 세속적인 사람과 구별되셨음을 기억합니다. 기도하기를 쉬지 않으셨다는 것을 기억합니다. 가장 가까운 사람이라 해도 하나님의 뜻을 행하는 것을 가로막도록 내버려 두지 않으셨다는 것을 기억합니다. 거룩한 사람은 이런 사실을 잊지 않습니다. 그는 그분의 삶으로 자신의 남은 삶의 여정을 채우려고 힘씁니다. "그의 안에 산다고 하는 자는 그가 행하시는 대로 자기도 행할지니라"(요일 2:6)고 한 사도 요한의 말과 "그리스도도 너희를 위하여 고난을 받으사 너희에게 본을 끼쳐 그 자취를 따라오게 하려 하셨느니라"(벧전 2:21)는 사도 베드로의 말을 가슴 깊이 새깁니다. 우리의 구원과 본이 되신 그리스도를 자신의 "모든 것으로" 삼은 사람은 복이 있습니다! 사람이 만약 "그리스도가 나와 같은 처지에 있었다면 어떻게 말씀하시고, 어떻게 행동하셨을까?" 하고 더 자주 물으면, 더 많은 세월을 아끼고, 더 많은 죄를 막게 될 것입니다.

(4) 거룩한 사람은 **온유함**과 오래 참음과 양선과 인내와 친절한 성품을 추구하고 혀를 다스리려고 애씁니다. 많이 용납하고 많이 감당하되, 자신의 권리를 주장하는 데는 더딥니다. 시므이가 저주를 퍼부을 때 다윗이 보여주었던 태도가 좋은 예입니다(삼하 16:10). 아론과 미리암의 비난 앞에 섰던 모세 역시 좋은 모범입니다(민 12:3).

(5) 거룩한 사람은 **자기를 부인**하고 **절제**합니다. 육신의 정욕을 죽이고, 애착과 욕심을 십자가에 못 박고, 색욕을 억제하고, 정욕을 제한하기를 힘써서 언제든 그것들이 제멋대로 나대지 못하게 합니

다. 오, "너희는 스스로 조심하라. 그렇지 않으면 방탕함과 술 취함과 생활의 염려로 마음이 둔하여지고"라고 하신 그리스도의 말씀은 얼마나 적절합니까!(눅 21:34) "내가 내 몸을 쳐 복종하게 함은 내가 남에게 전파한 후에 자신이 도리어 버림을 당할까 두려워함이로다"라는 사도 바울의 말은 또 어떻습니까!(고전 9:27)

(6) 거룩한 사람은 **사랑과 형제 우애**에 애씁니다. 다른 사람이 자기에게 말했으면 하는 대로 말하고, 대접받고 싶은 대로 다른 사람을 대접하는 황금률을 따라 살려고 노력합니다. 형제 사랑에 힘씁니다. 곧 형제의 몸과 성품과 감정과 영혼과 그의 모든 소유를 소중히 여깁니다. 사도 바울은 "남을 사랑하는 자는 율법을 다 이루었느니라"고 말합니다(롬 13:8). 이런 사람은 모든 거짓말과 비방과 뒷담화와 속임수와 부정직과 부정한 거래를 혐오하되, 지극히 사소한 것도 싫어합니다. 성전에서 사용하는 세겔과 규빗은 일상적으로 사용하는 단위보다 더 큰 가치를 가집니다. 거룩한 사람은 모든 외적인 행실과 품위로 자기 신앙을 더 빛나게 하고, 주변 모든 사람이 보기에 더욱 사랑스럽고 아름답게 변해 갑니다. 하지만 신앙을 가졌다고 하는 이 시대의 많은 그리스도인들의 행실을 산상수훈이나 고린도전서 13장과 나란히 놓고 비교해 보면, 이 복된 말씀들은 차라리 우리를 정죄하는 말씀과도 같습니다. 이 일을 어찌하면 좋단 말입니까!

(7) 거룩한 사람은 **다른 사람을 자비와 박애**charity의 정신으로 대하려고 애씁니다. 하루 종일 할 일 없이 빈둥거리거나 하지 않습니다. 다른 사람에게 해를 끼치지 않는 정도에서 만족하지 않고, 선

을 베풀려고 합니다. 할 수 있는 한 자기 세대에 유익한 사람이 되고, 주변의 영적 궁핍함과 비참함을 덜어 주려고 애씁니다. 이런 사람은 도르가처럼 행합니다. "선행과 구제하는 일이 심히 많더니"(행 9:36). 그녀는 선행과 구제를 이야기하고 제안하는 것만으로 그친 것이 아니라, **실제로 행동했습니다**. 이런 사람은 또한 사도 바울과 같습니다. 그는 말했습니다. "내가 너희 영혼을 위하여 크게 기뻐하므로 재물을 사용하고 또 내 자신까지도 내어 주리니 너희를 더욱 사랑할수록 나는 사랑을 덜 받겠느냐"(고후 12:15).

(8) 거룩한 사람은 **순전한 마음을 추구**합니다. 영혼이 더럽게 되거나 부정하게 되는 것을 가장 두려워하여, 그렇게 될 만한 모든 것을 피합니다. 자신의 마음은 조그만 불똥이 튀어도 금방 타오르는 부싯깃과 같음을 잘 알기 때문에, 유혹의 불꽃이 마음에 튀지 않도록 부단히 노력합니다. 다윗 같은 사람도 넘어졌는데 감히 누가 자신할 수 있겠습니까? 구약의 의식법the ceremonial law에서도 많은 통찰을 얻을 수 있습니다. 이 법 아래에서는 뼈나 시체나 무덤이나 질병에 걸린 사람에 닿기만 해도 즉시 하나님의 목전에 부정하게 됩니다. 물론 오늘날에는 이런 법이 상징과 표상으로 주어져서, 문자 그대로 지키려고 하는 그리스도인은 거의 없지만 말입니다.

(9) 거룩한 사람은 **하나님을 경외**합니다. 하나님을 경외한다는 것은, 벌 받을까 무서울 때만 일하고 그럴 염려가 없을 때는 게으름을 피우는 노예근성에서 비롯된 두려움을 의미하지 않습니다. 오히려, 아버지를 사랑하기 때문에 항상 아버지 목전에 있는 것처럼 행하는 아들로서의 두려움을 말합니다. 이에 대한 좋은 모범으로는 느

헤미야가 있습니다! 그는 예루살렘의 총독이 되었을 때, 전임자들처럼 유대인에게 세금을 부과하고 돈을 거두어들일 수 있었습니다. 그렇게 한다고 해서 아무도 그를 비난할 사람은 없었습니다. 하지만 그는 이렇게 말했습니다. "나는 하나님을 경외하므로 이같이 행하지 아니하고"(느 5:15).

(10) 거룩한 사람은 **겸손합니다**. 마음을 낮은 데 두고 항상 다른 사람을 자기보다 더 낫게 여깁니다. 다른 사람의 마음보다 자기 자신의 마음에서 더 많은 악을 발견합니다. 거룩한 사람은 "나는 티끌이나 재와 같사오나"라고 말하는 아브라함의 마음을 이해합니다(창 18:27). "나는 미천하오니"라고 말했던 욥의 마음도 이해합니다(욥 40:4). "죄인 중에 내가 괴수니라"고 말했던 바울의 마음에 공감합니다(딤전 1:15). 그리스도의 신실한 순교자였던 거룩한 브래드퍼드는 때때로 "가장 비천한 죄인, 존 브래드퍼드"라는 말로 자신의 편지를 마무리하곤 했습니다. 인자함으로 유명했던 그림쇼 William Grimshaw가 만년에 죽음의 침상에서 남긴 마지막 말은 "무익한 종은 이제 떠납니다"라는 것이었습니다.

(11) 거룩한 사람은 **삶의 모든 의무와 관계에 있어서 신실함**을 추구합니다. 거룩한 사람은 자기 영혼을 전혀 고려하지 않는 사람보다 더 고상한 동기를 갖고 있기 때문에, 자기의무를 다할 뿐 아니라 다른 사람의 필요도 담당하려고 합니다. "무슨 일을 하든지 마음을 다하여 주께 하듯 하고"(골 3:23), "부지런하여 게으르지 말고 열심을 품고 주를 섬기라"(롬 12:11)는 바울의 말을 잊어서는 안됩니다. 거룩한 사람은 모든 일을 잘해야 합니다. 더 잘할 수 있었는데도 태

만함으로 못한 일이 있다면 부끄러워해야 합니다. 다니엘처럼, 거룩한 사람은 "하나님의 율법"에 대한 것 외에 다른 일에 있어서도 비난받고 고소당할 여지를 남기지 않습니다(단 6:5). 그들은 좋은 남편과 좋은 아내, 좋은 부모와 좋은 자녀, 좋은 상사와 좋은 부하, 선한 이웃, 좋은 친구, 착한 국민, 그리고 사적으로든 공적으로든 선한 사람이 되기 위해 힘써야 하고, 직장에서나 가정에서나 올바르게 행동해야 합니다. 이런 열매를 맺지 못하는 거룩이라면, 이는 정말 보잘것없는 것입니다. 주 예수께서는 제자들에게 "남보다 더하는 것이 무엇이냐?"고 아주 엄중히 물으셨습니다(마 5:47).

(12) 마지막으로, 거룩한 사람은 **영적 사고방식**을 갖기 위해 힘씁니다. 위에 있는 것에 마음을 두고, 이 땅의 것은 느슨하게 붙잡으려고 노력합니다. 그렇다고 살아가면서 해야 하는 일들을 소홀히 하지는 않습니다. 하지만 그 마음과 생각의 우선순위를 장차 오는 삶에 둡니다. 하늘에 보화를 둔 사람처럼 살려고 하고, 본향을 향해 길을 나선 나그네와 이방인처럼 이 세상을 살아갑니다. 기도와 성경과 하늘 백성의 모임을 통해 하나님과 교제하기 위해 힘씁니다. 거룩한 사람은 이런 일에서 가장 큰 즐거움을 얻기 때문입니다. 무슨 일이든, 어디에서든, 누구와 있든, 자신을 하나님께로 가까이 이끄는 것일수록 더욱더 소중히 여깁니다. "나의 영혼이 주를 가까이 따르니"(시 63:8), "여호와는 나의 분깃이시니"(시 119:57)라고 노래하는 다윗과 같은 감흥을 갖게 됩니다.

지금까지 거룩의 특징들을 대략적으로 살펴보았습니다. 이와 같은 것들이 "거룩하다" 일컫는 사람이 **추구하는** 성품입니다. 그러므로 거룩한 사람에게는 이런 특징들이 나타나게 됩니다.

제 말을 오해하는 사람이 없기를 바랍니다. 제 뜻이 잘못 전달되지 않기를 바랍니다. 거룩에 대한 저의 설명 때문에 낙담하는 여린 양심이 없기를 바랍니다. 의로운 마음을 가진 사람을 근심에 빠지게 할 뜻은 추호도 없습니다. 어떤 신자 앞에도 걸림돌을 놓고 싶지는 않습니다.

하지만 아무리 거룩한 삶을 산다 해도, **남아 있는 죄**indwelling sin의 가능성까지 사라진 것은 아닙니다. 결코 아닙니다. 거룩한 사람이 가장 비참하게 여기는 것은, 항상 "사망의 몸"과 함께 지내야 한다는 사실입니다(롬 7:24). 선한 일을 할 때도 그에게 "악이 함께 있"습니다(롬 7:21). 옛 사람이 사사건건 그를 방해합니다. 내딛는 발걸음마다 그를 뒤로 물러나게 하려고 합니다. 하지만 그는 다른 사람과 달리 남아 있는 죄와 타협하지 않습니다. 이것이 거룩한 사람이 갖는 탁월함입니다. 오히려 이 죄를 미워하고, 슬퍼하고, 벗어 버리려고 합니다. 거룩한 사람에게서 드러나는 성화의 사역은 예루살렘 성벽과 같습니다. "곤란한 동안에"도 성은 계속해서 중건되었듯이 말입니다(단 9:25).

저는 갑자기 거룩이 무르익어 완성될 수 있다고 생각하지 않습니다. 이제까지 제가 설명한 많은 은혜들이 활짝 핀 사람만을 거룩한 사람이라 부를 수 있다고 생각하지 않습니다. 결코 그렇지 않습니다. 성화는 **점진적인 사역**입니다. 어떤 사람에게 있는 은혜는 잎사귀와 같고, 어떤 사람에게 있는 은혜는 이삭과 같고, 어떤 사람에게 있는 은혜는 이삭 속에 완전히 여문 알곡과 같습니다. 모든 은혜에는 그 시작이 있습니다. "작은 일의 날"이라고 멸시하지 말아야 합니다(슥 4:10). 아무리 온전해도 이 땅에서 성화는 불완전한 사역일 수밖에 없습니다. 지금까지 살았던 가장 탁월한 성도의 역사라 할지라도 끝까지 읽어 보면 "하지만", "그럼에도 불구하고" 같은 말을 무수히 보게 됩니다. 우리가 하늘 예루살렘에 이르기까지는 금에도 불순물이 있기 마련이며, 빛이 비출 때 구름이 그 빛을 가릴 수밖에 없습니다. 가장 밝게 빛나는 태양일지라도 표면에는 흑점이 있습니다. 가장 거룩한 사람도 성역의 저울에 달아 보면 많은 흠과 결점이 드러납니다. 그들의 삶은 죄와 세상과 마귀와의 끊임없는 전쟁입니다. 때로는 전쟁에서 이기지 못하고, 오히려 정복당할 때도 있습니다. 육체는 항상 성령을 대적하고, 성령은 육체를 대적합니다(갈 5:17). 우리는 모두 실수가 많습니다(약 3:2).

하지만 이 모든 사실에도 불구하고, 부족하게나마 앞서 묘사한 성품을 갖는 것이야말로 모든 참된 그리스도인이 중심으로 바라는 바요, 간절한 기도 제목입니다. 비록 다다르지 못한다 해도, 그들은 계속 전진합니다. 얻지 못한다 해도, 그들은 항상 추구합니다. 이것이 현재의 모습은 아니라 해도, 그들이 항상 거룩을 위해 힘쓰고 애씁니다.

저는 참된 거룩이야말로 위대한 실재라고 담대하고 확신있게 말할 수 있습니다. 참된 거룩은 사람 안에 있는 실재로서 주변 사람의 눈에 드러나 보이고, 그들이 알 수 있고, 느낄 수 있습니다. 거룩은 빛입니다. 만약 거룩이 있다면, 그것은 스스로 자기를 드러낼 것입니다. 거룩은 소금입니다. 만약 거룩이 있다면, 그 맛이 느껴질 것입니다. 거룩은 값비싼 향유입니다. 만약 거룩이 있다면, 그 향기를 피해 숨을 수 없습니다.

신앙을 고백하는 그리스도인도 때로는 뒤로 미끄러지고, 죽은 자와 같이 될 수 있음을 염두에 두어야 합니다. 이 끝에서 저 끝을 연결해 주는 것이 길이지만, 그 길에는 많은 굴곡과 고비가 있습니다. 사람이 진실로 거룩하다 해도 많은 연약함으로 인해 좌로나 우로 치우칠 수 있습니다. 그러나 불순물이 섞였다고 해서 금이 아닐 수는 없습니다. 희미하고 어둡다 해도 빛은 빛입니다. 아직 어리고 연약한 은혜라고 해서 그것이 은혜가 아닐 수는 없습니다. 그러나 아무리 그렇다 해도, 고의로 자신을 죄에 방임하면서 겸비하지 않고 부끄러워하지 않는 사람을 "거룩하다"고 할 수 있을지 모르겠습니다. 의무라고 알려진 일을 습관적으로 무시하고, 하나님께서 하지 말라고 명령한 것을 고의로 행하는 사람을 "거룩하다"고 할 수 없습니다. 오웬은 다음과 같이 잘 말해 주었습니다. "죄를 가장 무거운 짐, 슬픔, 어려움으로 여기지 않는 사람이 어떻게 참된 신자일 수 있는지 나는 이해할 수 없다."

이러한 것이 바로 실천적 거룩을 이루는 주된 특성입니다. 우리가 이 특성을 잘 알고 있는지, 우리 자신을 면밀히 살펴보고 스스로를 입증해 봐야 합니다.

2. 다음으로, **실천적 거룩이 매우 중요한 몇 가지 이유**를 설명해 보겠습니다.

거룩이 우리를 구원합니까? 거룩이 죄를 없이하고, 죄책을 덮으며, 범과를 속량하고, 우리가 하나님께 진 빚을 갚습니까? 아닙니다. 손톱만큼도 그렇게 못합니다. 거룩이 이런 일을 할 수 있다고 말할 수 없습니다. 거룩은 이런 일 가운데 어느 하나도 할 수 없습니다. 가장 탁월한 성도라 해도 전혀 "무익한 종"일 뿐입니다(눅 17:10). 우리가 가장 순전한 일을 해도 하나님의 거룩한 법의 빛 아래 놓이면 누더기와 같이 드러날 뿐입니다. 예수께서 입혀 주신 세마포와 믿음만이 우리의 유일한 의입니다. 그리스도의 이름이 우리의 유일한 자랑입니다. 우리 이름이 어린양의 생명책에 기록된 것 때문에 우리는 천국에 갑니다. 우리가 거룩하다 해도 우리는 여전히 죄인일 수밖에 없습니다. 우리가 하는 가장 탁월한 일조차도 불완전하고 오염되어 있습니다. 그 동기는 그릇되었으며, 그 행위는 결점투성이입니다. 율법의 행위로는 그 어떤 아담의 후손도 결코 의롭게 될 수 없습니다. "너희는 그 은혜에 의하여 믿음으로 말미암아 구원을 받았으니 이것은 너희에게서 난 것이 아니요 하나님의 선물이라. 행위에서 난 것이 아니니 이는 누구든지 자랑하지 못하게 함이라"(엡 2:8-9).

그렇다면 왜 거룩이 그토록 중요합니까? 사도가 "거룩함이 없이는 주님을 볼 수 없다"고 말한 이유는 무엇입니까? 몇 가지 이유를 들어 보겠습니다.

(1) 우리가 거룩해야 하는 이유는, **하나님께서 성경을 통해 분명히 명령하셨기** 때문입니다. 주님은 자기 백성에게 말씀하셨습니다. "너희 의가 서기관과 바리새인보다 더 낫지 못하면 결코 천국에 들어가지 못하리라"(마 5:20). "하늘에 계신 너희 아버지의 온전하심과 같이 너희도 온전하라"(마 5:48). 바울은 데살로니가 교회에게 말합니

다. "하나님의 뜻은 이것이니 너희의 거룩함이라"(살전 4:3). 베드로는 말합니다. "오직 너희를 부르신 거룩한 이처럼 너희도 모든 행실에 거룩한 자가 되라. 기록되었으되 내가 거룩하니 너희도 거룩할지어다 하셨느니라"(벧전 1:15-16). 알렉산더 레이턴Alexander Leighton은 "이 점에서 복음과 율법이 일치한다"고 말했습니다.

(2) 우리가 거룩해야 하는 이유는, **그리스도께서 세상에 오신 위대한 한 가지 이유와 목적이 거룩이기 때문입니다**. 바울은 고린도 교회에게 이렇게 씁니다. "그가 모든 사람을 대신하여 죽으심은 살아 있는 자들로 하여금 다시는 그들 자신을 위하여 살지 않고 오직 그들을 대신하여 죽었다가 다시 살아나신 이를 위하여 살게 하려 함이라"(고후 5:15). 그는 에베소 교회에, "그리스도께서 교회를 사랑하시고 그 교회를 위하여 자신을 주심은…… 깨끗하게 하사 거룩하게 하"시려는 것이라고 말합니다(엡 5:25-26). 그리고 디도에게는 이렇게 말합니다. "그가 우리를 대신하여 자신을 주심은 모든 불법에서 우리를 속량하시고 우리를 깨끗하게 하사 선한 일을 열심히 하는 자기 백성이 되게 하려 하심이라"(딛 2:14). 한마디로, 사람이 죄책으로부터 구원받는 것은 말하면서 그 마음이 죄의 지배에서 벗어나는 것에 대해 말하지 않는다면, 성경의 모든 증거에 반하는 것입니다. 신자는 "성령이 거룩하게 하심으로" 택함받은 자가 됩니다(벧전 1:2). 신자는 "하나님의 아들의 형상을 본받게 하기 위하여 미리 정하"심을 받았습니다(롬 8:29). 신자가 택함을 받은 것은 "거룩하게" 되기 위해서입니다(엡 1:4). 신자의 부르심 또한 "거룩한 부르심"입니다(딤후 1:9). 신자가 고난을 받는 이유도 "거룩하심에 참여하게"

하기 위한 것입니다(히 12:10). 예수님은 완전한 구주이십니다. 그분은 단순히 신자의 죄책만을 제하시는 것이 아닙니다. 죄의 권세를 파하는 일도 하셨습니다.

(3) 우리가 거룩해야 하는 이유는, **주 예수 그리스도를 믿는 구원의 믿음을 가졌다는 유일하게 바른 증거가 거룩**이기 때문입니다. 성공회 종교강령 제12조는 말합니다. "선행이 우리 죄를 없이하지 못하고, 하나님의 심판의 맹렬함을 견디게 할 수는 없다. 그러나 선행은 그리스도 안에서 하나님이 기뻐하시고 받으실 만한 일이고, 참되고 생명력 있는 믿음으로부터 솟아나는 것이다. 열매로 나무를 알듯이, 선행을 통해 믿음이 살아 있다는 것이 분명히 증거된다." 야고보 사도는 죽은 믿음—입술의 고백만 있고, 성품에는 전혀 영향을 주지 않는—을 경고합니다(약 2:17). 구원 얻는 참된 믿음은 이와는 전혀 다릅니다. 참된 믿음은 항상 그 열매를 통해 드러납니다. 참된 믿음은 거룩하게 합니다. 사랑으로 역사하고, 세상을 이깁니다. 마음을 청결하게 합니다. 사람들은 임종 시에 나타난 믿음의 증거들에 대해 말하기를 좋아합니다. 죽음에 대한 두려움, 고통과 연약함 가운데 고백한 말을 듣고 안도합니다. 고백한 당사자도 자신의 고백에 위로를 얻고 눈을 감았을 것입니다. 하지만 십중팔구 그런 증거는 신뢰할 만하지 못합니다. 아주 드문 경우를 제외하고, 사람은 대체로 자기가 살아온 그대로 죽습니다. 우리가 그리스도와 하나이고, 그리스도께서 우리 안에 계시다는 유일하고도 안전한 증거는 거룩한 삶입니다. 일반적으로 주님을 위해 살아온 사람이 죽을 때도 주님 안에서 숨을 거둡니다. 의인의 죽음을 맞이하고 싶습

니까? 나태한 욕구에 머물러 있지 말고 주님을 따라 사십시오. "자신의 마음과 삶을 정결하게 할 만한 영광스러운 희망을 발견하지 못한 사람의 상태는 허망하고, 그의 믿음은 건전하지 못하다"고 한 로버트 트레일Robert Traill의 말은 진실입니다.

(4) 우리가 거룩해야 하는 이유는, **주 예수 그리스도를 신실하게 사랑하는 유일한 증거가** 거룩이기 때문입니다. 요한복음 14-15장에서 주님은 분명히 말씀하십니다. "너희가 나를 사랑하면 나의 계명을 지키리라"(요 14:15). "나의 계명을 지키는 자라야 나를 사랑하는 자니"(요 14:21). "사람이 나를 사랑하면 내 말을 지키리니"(요 14:23). "너희는 내가 명하는 대로 행하면 곧 나의 친구라"(요 15:14). 이보다 더 분명한 말씀도 없습니다. 이 명백한 말씀을 무시하는 사람에게 화가 있을 것입니다! 예수께서 죄로 말미암아 고난 당하셨다는 것을 알면서도 여전히 그 고난을 불러온 장본인인 죄와 짝하는 영혼은 온전하지 못합니다. 예수님의 머리를 찌른 가시면류관은 우리 죄로 만든 것입니다. 우리 주님의 손과 발과 옆구리를 찌른 것도 죄입니다. 그분을 겟세마네와 갈보리 십자가로 데려가 무덤으로 이끌어 내린 것도 우리의 죄입니다. 오른손을 잘라 버리고 오른 눈을 빼내어 버리기까지 죄를 미워하지 않는다면, 또 죄를 없애기 위해 노력하지 않는다면 우리 마음은 싸늘하게 식은 무정한 마음임에 틀림없습니다.

(5) 우리가 거룩해야 하는 이유는, **하나님의 참된 자녀 된 유일하고 건전한 증거가** 거룩이기 때문입니다. 이 세상에 태어나는 아이들은 하나같이 그 부모를 닮습니다. 물론 사람에 따라 닮는 정도가

다르기는 해도, 누가 어느 집 아이인지 알아볼 수 없을 정도는 아닙니다. 하나님의 자녀도 마찬가지입니다. 주 예수님은 말씀하십니다. "너희가 아브라함의 자손이면 아브라함이 행한 일을 할 것이거늘", "하나님이 너희 아버지였으면 너희가 나를 사랑하였으리니"(요 8:39, 42). 하늘 아버지를 닮지 않은 사람이 스스로 하나님의 "자녀"라 말해 봐야 헛된 것입니다. 거룩에 대해 알지 못하는 사람은 자기가 원하는 대로 합니다. 성령은 그런 사람과 함께하지 않습니다. 그렇다면 우리는 죽은 것입니다. 우리는 다시 살아나야 합니다. 우리는 잃어버린 자입니다. 다시 회복되어야 합니다. "하나님의 영으로 인도함을 받는 사람은 곧 하나님의 아들이라"(롬 8:14). 삶으로 자신이 어느 가문 사람인지 나타낼 수 있어야 합니다. 사람들이 우리의 착한 행실을 통해, 우리가 거룩하신 분의 참 자녀라는 것을 알 수 있어야 합니다. 그렇지 않으면 우리의 자녀 됨은 공허한 이름뿐입니다. "거룩한 삶으로 당신의 혈통을 증거하지 못한다면, 당신이 하나님으로부터 난 자이며 당신에게 왕족의 피가 흐른다고 말하지 말라"고 윌리엄 거널William Gurnall은 말했습니다.

(6) 우리가 거룩해야 하는 이유는, **이것이야말로 다른 사람을 위하는 가장 좋은 길**이기 때문입니다. 우리는 자신만을 위해 사는 사람들이 아닙니다. 우리의 삶은 항상 우리를 지켜보는 주변 사람에게 해를 주거나 유익이 되거나 둘 중 하나입니다. 우리의 삶은 우리 주변 사람들에게 하는 무언無言의 설교입니다. 우리의 삶이 때로 하나님의 뜻을 이루는 설교가 아니라, 마귀의 뜻을 이루는 도구가 되는 것이 서글픕니다. 신자의 거룩한 삶은 우리가 인식하는 것보다 그

리스도의 나라에 훨씬 더 많은 영향을 미칩니다. 사람들로 생각하고 느끼게 하는 실재가 거룩한 삶에 있습니다. 거룩한 삶에는 다른 무엇으로도 대신할 수 없는 무게와 영향력이 있습니다. 거룩한 삶은 신앙을 아름답게 합니다. 멀리서도 보이는 등대처럼 사람들이 숙고하도록 합니다. 심판 날에는 "말로 말미암지 않고" 거룩한 행실로 인해 구원을 얻은 사람을 많이 보게 될 것입니다(벧전 3:1). 사람들에게 복음의 교리를 말하면, 그 말에 귀 기울이는 사람이 거의 없습니다. 그 말을 이해하는 사람은 더더욱 없을 것입니다. 하지만 당신의 삶은 누구도 거부하지 못할 논증입니다. 거룩한 삶에는 가장 못 배운 사람이라도 받아들일 수밖에 없는 의미가 있습니다. 칭의 교리를 이해하지 못하는 사람도 사랑은 이해할 수 있습니다.

거룩하지도 못하고 신실하지도 못한 그리스도인의 삶은, 우리가 알고 있는 것보다 훨씬 더 많은 해악을 끼칩니다. 그런 사람들은 사탄의 가장 좋은 동역자입니다. 이들은 목사가 입술로 쌓아 올린 건물을 삶으로 무너뜨립니다. 복음의 병거 바퀴가 굴러가지 못하도록 합니다. 그들의 삶은 세상 자녀들이 끝까지 그대로 남아 있을 좋은 핑계거리가 됩니다. 얼마 전에 믿지 않는 한 상인이 이렇게 말했습니다. "나는 믿고 싶은 마음이 전혀 없습니다. 어떤 손님은 오기만 하면 항상 복음, 믿음, 선택, 복된 약속 등을 말해요. 그런데 그들은 기회만 있으면 1펜스라도 깎으려고 한단 말이에요. 신앙이 있다는 사람이 그렇게 하는 것을 보면, 믿는 것이 무슨 의미가 있는지 잘 모르겠어요." 이런 말을 인용하게 되어서 참 유감입니다. 그리스도인의 삶으로 인해 그리스도의 이름이 너무 자주 욕을 먹습니다. 우리 행실 때문에 잃어버린 영혼들의 피값을 물지 않도록 조심해야 합니다. 규모 없고 나태한 생활로 영혼들을 죽이지 않도록 우리를 구원하소서! 거룩해야 할 다른 명분이 없다면, 다른 사람을 위해서라도 거룩하려고 노력해야 합니다!

(7) 우리가 거룩해야 하는 이유는, **지금 누리는 위로가 거룩에 많이 좌우되기** 때문입니다. 이 사실은 아무리 강조해도 지나침이 없습니다. 안타깝게도 우리는 죄와 슬픔, 거룩과 행복, 성화와 위로 사이가 얼마나 긴밀한지 자주 잊어버립니다. 하나님께서는 그 풍성한 지혜로 우리의 안녕과 선행을 아주 밀접하게 해놓으셨습니다. 자비가 풍성하신 하나님은 사람이 이 세상에서도 거룩해지는 것에 **관심**을 갖게 하셨습니다. 우리의 칭의는 행위로 말미암지 않습니다. 우리의 부르심과 선택 역시 우리의 행위를 따라 되는 것이 아닙니다. 하지만 선한 일에 무관심하고 거룩한 삶을 살려고 힘쓰지 않으면서, 자신의 칭의를 아주 생생하게 **느끼고** 부르심에 **확신**을 갖고 있다는 것은 부질없는 소리입니다. "우리가 하나님의 계명을 지키면 이것으로 우리가 하나님을 참으로 알고 있음을 알게 됩니다"(요일 2:3, 새번역). "이렇게 함으로써 우리는 우리가 진리에서 났음을 우리는 알게 되고 하나님 앞에서 확신을 가지게 될 것입니다"(요일 3:19, 새번역). 어둡고 흐린 날에도 금방 햇빛이 비칠 것을 기대합니다. 그리스도를 온전히 따르지 못하고 있는 신자라 해도 그리스도로부터 오는 강한 위로를 기대할 수 있습니다. 제자들은 위험을 피하고자 주님을 버리고 도망했습니다. 하지만, 오히려 그들은 비참하고 슬펐습니다. 얼마 지나지 않아, 제자들은 사람들 앞에서 용감하게 주님을 고백했습

니다. 매 맞고 감옥에 던져졌습니다. 하지만 그들은 "그 이름을 위하여 능욕받는 일에 합당한 자로 여기심을 기뻐" 했습니다(행 5:41). 오, 다른 이유가 없다면, 우리 자신을 위해서라도 거룩하려고 애씁시다! 예수님을 가장 온전히 따르는 사람은, 항상 가장 편안하게 주님을 따를 것입니다.

(8) 마지막으로, 우리가 거룩해야 하는 이유는, **이 땅에서 거룩하지 않으면 천국을 준비할 기회가 없기 때문입니다.** 천국은 거룩한 곳입니다. 천국의 주님은 거룩하신 분입니다. 천사는 거룩한 피조물입니다. 천국의 모든 것은 거룩이 깃들어 있습니다. 요한계시록은 분명히 말합니다. "속된 것은 무엇이나 그 도시에 들어가지 못하고 가증한 일과 거짓을 행하는 자도 절대로 거기에 들어가지 못합니다"(계 21:27, 새번역).

여러분에게 호소합니다. 우리가 거룩해지지 않고 죽는다면, 어떻게 우리가 천국에서 편하고 행복할 수 있겠습니까? 죽음이 우리를 변화시키지 않습니다. 무덤 역시 아무것도 변화시키지 못합니다. 각자가 숨을 거둘 때의 그 성품으로 다시 일어나게 됩니다. 지금 여기서 거룩에 대해 외인이라면, 우리가 머물 곳은 어디에도 없습니다.

거룩이 없이 천국에 들어가도록 허락되었다고 칩시다. 그곳에서 무엇을 하실 것입니까? 거기서 여러분이 누릴 즐거움은 무엇입니까? 거룩한 모든 성도들 중 누구에게 가며, 누구 곁에 앉겠습니까? 그곳에서 신자가 누리는 즐거움은 여러분이 누리는 것과 다릅니다. 좋아하는 것도 다르고, 성품도 다릅니다. 여러분이 이 땅에서 거룩하지 못했다면, 어떻게 그곳에서 행복하게 살 수 있겠습니까? 아마 **지금** 여러분은 경망스럽고, 부주의하고, 세상에만 집착하고, 탐욕스럽고, 방탕하고, 쾌락만 추구하고, 불경한 사람과 함께 있는 것이 좋을지 모르겠습니다. 그런데 천국에는 그런 사람이 단 한 명도 없습니다.

아마 **지금** 하나님을 믿는 성도들이 너무 엄격하고, 까다롭고, 진지한 사람들처럼 여겨져, 그들과 함께 있기를 싫어할지도 모르겠습니다. 하지만, 천국에는 이런 사람만 있는데 어떡합니까?

아마 **지금** 성경을 읽고, 기도하고, 찬양하는 것이 지루하고, 우울하고, 어리석게 보이고, 가끔 어쩔 수 없이 하는 정도로 달갑지 않은 일일지도 모르겠습니다. 안식일인 주일이 부담스럽고 지루하고, 하나님을 예배하는 시간은 아무리 짧아도 너무 번거롭고 버거울 수도 있습니다. 하지만 기억하십시오. 천국은 영원한 안식일입니다. 천국에 사는 사람은 "거룩하다, 거룩하다, 거룩하다, 주 하나님 곧 전능하신 이여" 하고 밤낮 부릅니다(계 4:8). 어린양의 노래를 쉬지 않습니다. 거룩하지 않은 사람이 이런 일을 즐겨 할 리가 만무합니다.

평생 다윗이나 바울이나 요한이 반대했던 일을 일삼았던 사람이 그들을 다시 만나는 것이 기쁠까요? 그들과 즐겁게 이야기하면서 자기와 공통점이 참 많다고 여기겠습니까? 그리스도를 죽게 한 죄와 짝하고, 그리스도의 원수들을 사랑하고, 그리스도의 친구들을 멸시한 사람이 십자가에 못 박히신 그리스도를 기쁨으로 만나 뵐 수 있을까요? 그분 앞에 나아가 "이는 우리의 하나님이시라.…… 우리가 그를 기다렸으니 우리는 그의 구원을 기뻐하며 즐거워하리라"고 확신 가운데 외칠 수 있겠습니까?(사 25:9) 그 혀가 수치로 그 입천장에 달라붙어 버린 거룩하지 못한 사람은 그 자리에서 제발 빨리 쫓겨나는 것만 바라지 않겠습니까? 알지 못하는 낯선 땅에 있는 이방인처럼 느낄 것입니다. 그리스도의 거룩한 양 떼 가운데 있는 검은 염소처럼 스스로 여겨질 것입니다. 스랍과 그룹들, 천사들과 천사장의 노래, 그리고 천국의 모든 소리가 도무지 알아들을 수 없는 말로 들릴 것입니다. 천국의 공기도 너무 답답하게 느껴질 것입니다.

다른 사람은 어떻게 생각할지 모르지만, 거룩하지 못한 사람에게 천국은 가장 불행한 장소가 될 것이 분명합니다. 사람들은 막연하게 "천국에 가고 싶다"고 말합니다. 하지만 그들은 지금 자신이 말하는 것이 무슨 의미인지 모릅니다. "빛 가운데 있는 성도의 기업을 얻기에" 합당하게 되어야 합니다(골 1:12). 우리의 마음이 어느 정도는 일치를 이루어야 합니다. 영광의 거룩한 날에 들어가기 위해서는 은혜의 학교에서 받는 훈련을 통과해야 합니다. 지금 우리의 삶을 통해서 천국에 합한 마음이 되어야 합니다. 천국의 미각을 갖고 있어야 합니다. 그렇지 않으면 나가오는 삶을 천국에서 누리지 못할 것입니다.

논의를 더 하기 전에 몇 가지 적용점을 말하고자 합니다.

(1) 여러분에게 묻습니다. **여러분은 거룩합니까?** 오늘 여러분에게 묻는 물음을 잘 들으십시오. 지금까지 이야기해 온 거룩에 대해 조금이라도 알고 있습니까?

여러분이 교회에 매주 가는지, 세례를 받았는지, 성찬에는 참여하는지, 그리스도인이란 이름을 갖고 있는지 묻는 것이 아닙니다. 이 모든 것 이상의 무엇이 있는지 묻는 것입니다. **여러분은 거룩합니까? 아니면 거룩하지 않습니까?**

거룩한 사람을 분별할 수 있는지, 또는 거룩한 사람의 전기를 읽는 것을 좋아하는지, 거룩한 것에 대해 말하기를 즐겨 하는지, 책상에 경건서적이 놓여 있는지, 거룩해지고 싶은 의향이 있는지, 언젠가는 거룩해질 것이라는 희망을 갖고 있는지 묻는 것이 아닙니다. 그 이상의 것을 묻고 있습니다. **이 말을 듣고 있는 여러분은 지금 거룩합니까? 아니면 거룩하지 않습니까?**

이렇게 직설적이고 강하게 묻는 이유는, 성경이 "거룩함이 없이는 아무도 하나님을 볼 수 없다"고 말하기 때문입니다. 제 생각이 아닙니다. 성경에 기록되어 있는 것입니다. 사람의 의견이나 말이 아닙니다. 하나님의 말씀입니다. **"거룩해지지 않고서는 아무도 주님을 뵙지 못할 것입니다"**(히 12:14, 새번역).

얼마나 엄중하고도 예리한 물음입니까! 이 물음과 함께 떠오른 그림이 있습니다. 세상의 많은 사람들이 죄악과 함께 뒹굴고 있는 모습입니다. 그리스도인이라고 자처하는 사람들이 대부분 실상은 그 이름만 가진 것을 봅니다. 성경을 펼쳐서 성령께서 하신 말씀을 들읍시다. "거룩함이 없이는 아무도 주를 보지 못할 것이다."

이 말씀은 분명 우리의 마음을 살피고 우리의 삶을 되돌아보게 합니다. 우리 안에 엄중한 생각을 불러일으키고, 기도의 자리로 나아가게 합니다.

"많은 사람들이 짐작하는 것보다 이 일에 대해 문제의식을 갖고 자주 생각했다"고 말함으로 이 물음을 비껴가고 싶을지 모르겠습니다. 그런 당신에게 분명히 말합니다. "요점은 그것이 아닙니다. 지옥에 있는 저 가련한 영혼도 그 정도는 다 했습니다. 중요한 것은 당신이 무엇을 생각하고 느끼는지가 아니라, 무엇을 하고 있는가 하는 것입니다."

당신은 이렇게 말합니다. "모든 그리스도인이 그렇게 거룩하게 되어야 한다고 말하는 것은 아니지 않습니까? 당신이 이제까지 설명한 것은 탁월한 성도나 특별한 은사를 가진 사람에게 해당되는 것입니다." 분명히 말합니다. 성경 어디에도 그런 말은 없습니다. "주를 향하여 이 소망을 **가진 자마다** 그의 깨끗하심과 같이 자기를 깨끗하게 하느니라"고 합니다(요일 3:3). "거룩해지지 않고서는, **아무도** 주님을 뵙지 못할 것입니다."

그렇게까지 거룩해지는 것은 불가능하다 하고, 이 땅에서는 우리의 의무를 다할 수 없다고 말할지도 모르겠습니다. 그 말에 저는 이렇게 대답합니다. "당신은 잘못 알고 있습니다. 모든 것이 **가능합니다**. 그리스도가 함께하시면 못할 것이 없습니다. 많은 사람들이 그렇게 **해왔습니다**. 다윗, 오바댜, 다니엘, 그리고 네로의 집에서 종으로 있던 사람들 모두가 그것을 증명합니다."

정말 거룩하다면, 다른 사람과 어딘가 좀 다른 것이 틀림없다고 말할지도 모르겠습니다. 그 말에 저는 이렇게 대답합니다. "맞습니다. 당신도 다른 사람과 다르게 되어야 합니다. 그리스도의 참된 종들은 항상 주변의 세상과는 다른 사람, 곧 거룩한 나라요, 구별된 백성이었습니다. 당신도 구원받으려면 그렇게 되어야 합니다."

"그렇다면 구원받는 사람이 몇이나 되겠습니까?"라고 의아해 할 수도 있습니다. "맞습니다. 산상수훈을 통해 이미 들었지 않습니까?" 주 예수께서는 1,800년 전에 이미 말씀하셨습니다. "생명으로 인도하는 문은 좁고 길이 협착하여 찾는 자가 적음이라"(마 7:14). 구원받는 자가 적을 것입니다. 구원을 얻기 위해 수고하는 자가 적기 때문입니다. "썩지 않고 더럽지 않고 쇠하지 아니하는 유업"(벧전 1:4)을 등질지언정, 사람들은 잠시 동안도 죄의 즐거움과 자신의 길을 버리지 않을 것입니다. 예수께서 말씀하십니다. "너희가 영생을 얻기 위하여 내게 오기를 원하지 아니하는도다"(요 5:40).

"길이 너무 좁다니, 너무 어려운 말 아닙니까?"고 말한다면 저는 이렇게 대답합니다. "예, 하지만 산상수훈에서 그렇게 말합니다." 주 예수께서 1,800년 전에 이미 말씀하셨습니다. 예수님의 제자가 되려는 사람은 날마다 자기 십자가를 지고, 자신의 손과 발을 잘라 버릴 준비가 되어 있어야 한다고 말입니다. 다른 일에서와 마찬가지로, 신앙에서도 "고통이 없이 얻을 수 있는 것은 아무것도 없습니다."[1] 가치 있는 것치고 대가 없이 얻을 수 있는 것은 없습니다.

제가 분명히 말할 수 있는 사실은, 주님을 보기 원한다면 거룩해야 한다는 것입니다. 거룩하지 못하다면, 우리에게 있는 신앙은 도대체 무엇이란 말입니까? 단순히 그리스도인이라는 이름이나 지식을 가지고 있어서는 안됩니다. 그리스도인의 **성품** 또한 가지고 있어야 합니다. 천국에서 성도로 발견되고자 한다면, 이 땅에서도 성도여야 합니다. 하나님은 한 걸음도 물러서지 않으실 것입니다. "거룩함이 없이는 아무도 주를 보지 못하리라." "교황의 달력Pope's calendar은 이미 죽은 자들만을 성인으로 만들 수 있다. 하지만, 성경은 살아 있는 자들에게 성도가 될 것을 요구한다"고 윌리엄 젠킨 William Jenkyn은 말합니다. 오웬은 이렇게 말합니다. "스스로를 속이지 말아야 한다. 성화는 주 그리스도의 행위를 힘입어 구원에 이른 사람에게 꼭 필요한 자질이다. 주님은 친히 이 땅에서 성화한 사람만을 천국으로 데려가신다. 살아 계신 머리께서는 죽은 지체를 허락하지 않으신다."

성경에서 주님이 "너희가 다시 태어나야 한다고" 하실 때 의아하게 여기지 말아야 합니다(요 3:7). 그리스도인이라 자처하는 많은 사람에게 완전한 변화—새 마음과 새 본성—가 필요합니다. 구원받고 싶다면 말입니다. 옛것은 지나가고 새로운 피조물이 되어야 합니다. "거룩함이 없이는", 그가 누구든지 간에, "아무도 주를 보지 못합니다."

(2) 다음으로 제가 여러분에게 묻고 싶은 것은, "**거룩의 중요성에 대해 과연 얼마만큼 느끼고 있는가?**" 하는 것입니다.

이 주제를 대하는 이 시대의 성향이 염려됩니다. 주님의 백성이 이 주제에 걸맞는 생각과 관심을 기울이고 있는지 의심스럽습니다. 우리는 은혜 안에서 자라간다는 교리를 간과합니다. 사람이 신앙을 고백하면서도 여전히 은혜가 없고 하나님 앞에 죽은 자일 수도 있다는 사실을 충분히 생각하지 않는 경향이 있습니다. 가룟 유다도 겉으로는 여느 사도와 다르지 않았다고 믿습니다. 주께서 제자 중 하나가 배반할 것이라고 말씀하셨을 때, "그 사람이 유다 맞지요?"라고 물은 사람은 아무도 없었습니다. 사데 교회와 라오디게아 교회도 우리에게 많은 것을 시사합니다.

    거룩을 또 다른 우상으로 삼고 싶은 마음은 추호도 없습니다. 그리스도를 그 보좌에서 끌어내리고 그 자리에 거룩을 앉히고 싶지 않습니다. 그러나 성화는 겉으로 드러나는 것 이상으로 이 시대가 더 많이 생각해야 할 주제라고 확신합니다. 그래서 여러분에게 이토록 강력하게 도전하는 것입니다. 하나님께서 칭의와 성화를 하나 되게 하셨다는 사실을 사람들은 자주 잊습니다. 이 둘은 서로 구별되고 다른 것이 분명하지만, 결코 따로 있지 않습니다. 의롭다 함을 받은 사람은 모두 성화되고, 성화된 모든 사람은 의로운 사람입니다. 하나님이 짝 지어 주신 것을 사람이 나눌 수 없습니다. 여러분에게 성화의 표지가 없다면 여러분의 칭의에 대해 말하지 마십시오. **여러분 안에 있는 성령의 역사를 보여줄 수 없다면, 그리스도의 사역이 여러분을 위한** 것이라 자랑하지 마십시오. 그리스도와 성령께서 서로 나누어질 수 있다고 생각하지 마십시오. 많은 신자가 이 사실을 알고 있겠지만, 다시 한번 상기시키는 것이 유익하다고 여겨집니다. 이는 반드시 우리의 삶으로 증거해야 할 진리입니다. "거룩하게 살기를 힘쓰십시오. 거룩해지지 않고서는, 아무도 주님을 뵙지 못할 것입니다"(히 12:14, 새번역). 이 말씀을 항상 잊지 마십시오.

    가끔 신자가 이 주제에 대해 지나치게 예민한 것을 볼 수 있습니다. 솔직히 신자가 거룩이라는 주제를 부담스러워하지 않기를 바랍니다. 실제로 이 주제를 다루는 것을 아주 위험하게 여겨, 너무 소극적으로 다루는 사람도 있습니다! 하지만 그리스도를 "길이요 진리요 생명"으로 높이는 우리가, 그분의 백성의 성품이 어떠해야 할지에 대해 아무리 강하게 말한들 뭐가 잘못됐습니까? 러더퍼드는 이 점에 대해 잘 말해 주었습니다. "그리스도인의 의무와 성화를 깎아 내리는 것은 은혜의 방편이 아니다. 믿음과 행함은 피로 맺어진 친구다."

참 두렵기도 하지만, 이런 말을 하지 않을 수가 없습니다. 만약 그리스도가 지금 이 땅에 계신다면, 그분의 설교가 **율법적**이었을 것이라고 생각하는 사람이 있을 것입니다. 만일 지금 바울이 편지를 쓴다면, 편지의 후반부는 차라리 쓰지 않는 것이 좋겠다고 생각하는 사람도 있을 것입니다. 아마 꽤 많은 사람이 그렇게 생각할 것입니다. 그러나 우리는 기억해야 합니다. 예수께서 산상수훈을 **설교하셨습니다**. 에베소서는 네 장이 아니라 여섯 장으로 된 편지입니다. 이렇게 말할 수밖에 없는 것이 서글프지만, 할 수 없습니다.

200년 전에 크라이스트 교회를 담임하던 위대한 신학자 존 오웬이 이런 말을 했습니다. 여기저기 다니며 자신의 타락한 본성에 대해 푸념을 늘어놓고 만나는 사람마다 붙들고 자신은 아무것도 할 수 없는 죄인이라고 이야기하는 것이, 자기가 가진 신앙의 전부인 것처럼 보이는 사람들이 있다고 말입니다. 200년이 지난 오늘날에도 이 말을 적용할 수 있는 신자가 너무 많은 것 같아 두렵습니다. 물론, 성경에는 그런 불평을 인정하는 구절이 있습니다. 사도 바울과 같은 삶을 살아오고, 그가 했던 것처럼 죄와 세상에 대해 선한 싸움을 싸운 사람이 그런 말을 했다면 백번 이해가 됩니다. 그러나 이런 사람들의 삶을 보면 자신의 영적 게으름과 나태함을 가리기 위한 구실과 변명거리에 불과한 것을 알 수 있습니다. 그런 불평을 결코 용납할 수 없습니다. 바울처럼 "오호라, 나는 곤고한 사람이로다"(롬 7:24)라고 말하려면, 그와 더불어 "푯대를 향하여……달려가노라"(빌 3:14)고 말할 수 있어야 합니다. 다른 일에서는 바울을 본받지 않으면서, 한 가지 일에서만 바울의 모범을 차용해서는 안됩니다.

다른 사람들보다 제가 더 낫다고 은근히 추켜세우는 것이 아닙니다. 누가 "도대체 당신이 뭔데 이런 식으로 글을 쓰는가?"라고 묻는다면, 저는 "정말 보잘것없는 피조물일 뿐입니다"라고 대답할 수밖에 없습니다. 성경을 읽을 때마다 많은 신자들이 더 신령하고, 더 거룩하고, 더 단호하고, 하늘에 더 마음을 두고, 더 온전한 마음이 되기를 소원합니다. 신자가 순례자의 마음을 더 많이 가져 단호하게 세상과 구별되고, 더 분명한 천국의 삶을 살아내고, 하나님과 더 가까이 동행하게 되기를 원합니다. 제가 이런 글을 쓰는 이유도 바로 그것입니다.

오늘날 더 높은 표준의 개인적 거룩이 필요하지 않습니까? 인내와 열정은 다 어디 갔습니까? 사랑과 믿음의 역사는 도대체 어디로 간 것입니까? 지난 시대에 도드라졌던 신앙의 능력은 어디 있습니까? 그 옛날 세상을 뒤흔들고, 성도들을 세상과 구별하게 했던 분명한 품격은 어디로 갔습니까? 확실히 우리가 가진 은은 찌꺼기가 되었습니다. 우리의 포도주는 물 탄 포도주가 되었습니다. 우리의 소금은 짠맛을 거의 잃었습니다. 모두가 반쯤 잠들어 몽롱합니다. 밤이 다 가고, 여명이 가까워 옵니다. 잠들지 말고 모두 깨어 있으십시다. 눈을 더 크게 뜨고, "모든 무거운 것과 얽매이기 쉬운 죄를 벗어" 버립시다(히 12:1). "하나님을 두려워하는 가운데서 거룩함을 온전히 이루어 육과 영의 온갖 더러운 것에서 자신을 깨끗하게" 합시다(고후 7:1). 오웬은 말합니다. "그리스도가 죽으셨는데 어찌 죄가 살아 있을 수 있으며, 그분이 이 세상에서 못 박히셨는데, 어찌 우리가 세상을 사랑할 수 있겠는가? 오, 그리스도의 십자가로 말미암아 세상에 대해 못 박히고, 세상은 그에 대해 못 박힌 사람의 영혼을 어디에서 찾아볼 수 있단 말인가!"

3. 마지막으로, 거룩해지기를 열망하는 모든 사람에게 몇 가지 권면을 드립니다.

거룩하고 싶습니까? 새로운 피조물이 되고 싶습니까? **그리스도와 더불어 시작하십시오.** 자기 죄와 연약함을 절감하고 그리스도께 피하기까지 여러분은 아무것도 할 수 없습니다. 아무런 진보도 이룰 수 없습니다. 주님은 모든 거룩의 뿌리입니다. 시작입니다. 거룩해지는 유일한 길은 믿음으로 그분께 나와 그분과 합하는 것입니다. 그리스도는 자기 백성에게 지혜와 의로움이 되실 뿐 아니라, 성화도 되십니다. 사람은 때때로 먼저 스스로 거룩하게 하려다가 일을 그르칩니다. 애쓰고 수고할 뿐 아니라 많은 변화도 시도해 봅니다. 그러나 혈루병에 걸린 여인이 그리스도를 만나기 전에 그랬던 것처럼 "아무 효험이 없고 도리어 더 중하여"질 뿐입니다(막 5:26). 헛되이 수고하고, 헛되이 달음박질칩니다. 하지만 놀랄 일도 아닙니다. 처음부터 시작이 잘못되었습니다. 쌓아 올릴수록 더 빨리 무너져 내리는 모래벽을 쌓았던 것입니다. 물이 들어차는 배에 고인 물을 퍼내고 있습니다. 아무리 퍼내도 헛수고입니다. 그 누구라도 바울이 놓은 "거룩"의 기초인 예수 그리스도 외에 다른 기초를 놓을 수 없습니다. "그리스도를 떠나서는 아무것도 할 수 없"습니다(요 15:5). 트레일은 다음과 같이 분명히 말합니다. "그리스도와 상관없는 지혜는 정죄받을 어리석음이다. 그리스도와 상관없는 의로움은 죄책과 정죄다. 그리스도와 상관없는 성화는 죄와 더러움이다. 그리스도와 상관없는 구속은 속박과 예속일 뿐이다."

거룩함을 얻고 싶습니까? 거룩해지기를 온 마음으로 바라고 있습니까? 신의 성품에 참여한 사람이 되고 싶습니까? 그리스도께로 가십시오. 그 무엇도, 그 누구도 기다리지 마십시오. 지체하지도 마십시오. 다 준비된 후에 가려고 하지 마십시오. 가서 그분께 이 아름다운 찬송으로 여러분의 마음을 대신하십시오.

> 빈손 들고 앞에 가 십자가를 붙드네.
> 의가 없는 자라도 도와주심 바라고
> 생명 샘에 나가니 맘을 씻어 주소서.*

그리스도께로 나아가기 전까지는 우리의 성화 사역에 벽돌 한 장, 돌 하나도 놓이지 않을 것입니다. 거룩은 믿는 백성에게 주시는 하나님의 특별한 선물입니다. 거룩은 백성들의 마음에 성령을 보내신 그리스도께서 그 성령을 통해 마음에 행하시는 역사입니다. 그분은 백성의 죄를 사하실 뿐 아니라, "회개함을 주시려고 임금과 구주로"

---

* 찬송가 188장 3절.

세워졌습니다(행 5:31). "영접하는 자 곧 그 이름을 믿는 자들에게는 하나님의 자녀가 되는 권세를 주셨으니"(요 1:12). 거룩은 혈통으로도 되지 않습니다. 부모가 자녀를 거룩하게 할 수 없습니다. 육체의 뜻으로 되지 않습니다. 사람은 스스로 거룩해질 수 없습니다. 사람의 뜻으로도 되지 않습니다. 목사에게 세례를 받아 거룩하게 되는 것도 아닙니다(요 1:13). 거룩은 그리스도로부터 옵니다. 그분과 이루는 생명의 연합의 결과입니다. 참 포도나무에 접붙여진 가지에서 맺힌 열매입니다. 그리스도께로 가서 이렇게 말씀드리십시오. "주님, 나의 죄과로부터 저를 구하실 뿐 아니라, 주께서 약속하신 성령을 보내사 죄의 권세에서도 구원해 주십시오."

앞으로도 계속 거룩한 사람으로 남고 싶습니까? **그리스도 안에 거하십시오.** 주님은 말씀하십니다. "내 안에 거하라. 나도 너희 안에 거하리라.…… 그가 내 안에 내가 그 안에 거하면 사람이 열매를 많이 맺나니"(요 15:4-5). 그리스도를 모든 충만으로 충만하게 하시는 것은 하나님의 기쁨입니다. 그리스도에게 있는 충만은 성도의 모든 필요를 채우고도 남습니다. 그분은 위대한 의사입니다. 한결같이 온전하기를 바란다면, 날마다 한결같이 그분께 나아가야 합니다. 그분은 여러분이 매일 먹을 만나입니다. 여러분이 매일 마셔야 할 샘물이 나는 반석입니다. 광야 같은 이 세상을 이기고 다 지나가기 위해 날마다 붙들고 기대야 할 강한 팔입니다. 그분께 깊이 뿌리를 내려야 할 뿐 아니라, 그분을 기초로 **지어져야** 합니다. 바울은 참으로 하나님의 사람—거룩한 사람, 열매를 풍성히 맺는 성숙한 그리스도인—이었습니다. 비결이 무엇입니까? 그리스도가 그의 "모든 것의 모든 것"이었습니다(엡 1:23). 항상 "예수를 바라"보았습니다(히 12:2). "내게 능력 주시는 자 안에서 내가 모든 것을 할 수 있느니라"고 말했습니다(빌 4:13). 또한 사도 바울은 "이제는 내가 사는 것이 아니요 오직 내 안에 그리스도께서 사시는 것이라. 이제 내가 육체 가운데 사는 것은…… 하나님의 아들을 믿는 믿음 안에서 사는 것이라"고 했습니다(갈 2:20).

여러분이 바울이 고백한 이런 일을 귀로만 듣는 것이 아니라, 체득하여 알 수 있기를 바랍니다! 지금까지 우리가 느꼈던 것보다 더 절실하게 거룩의 중요성을 절감하기 바랍니다! 우리의 남은 해年가 우리의 영혼과 더불어 거룩한 해가 되기를 바랍니다. 행복한 해가 되기를 바랍니다! 우리는 살아도 주를 위해 살고, 죽어도 주를 위해 죽습니다. 그분이 다시 오실 때, 우리 모두가 흠과 점이 없는 평화 가운데 발견되기를 바랍니다!

4장

싸움

믿음의 선한 싸움을 싸우라. (딤전 6:12)

싸움만큼 사람의 관심을 끄는 것도 없습니다. 사람들은 남녀노소, 빈부, 학식, 지위 고하를 막론하고 전쟁, 전투, 싸움에 큰 흥미를 느낍니다.

어느 모로 보나 이는 분명한 사실입니다. 영국 사람이면서도 워털루Waterloo 전투나 잉커만Inkermann 전투, 발라클라바Balaclava나 러크나우Lucknow 전투에 대해 전혀 관심이 없는 사람이 있다면, 그는 무심한 사람입니다. 보불전쟁 때 스당Sedan과 스트라스부르Strasburg, 메츠Metz, 파리에서 벌어졌던 전투에 대해 듣고도 전혀 놀라지 않는 사람은 둔감하고 무정한 사람입니다.

하지만 이제까지 일어났던 그 어느 전쟁보다 훨씬 더 중요한 전쟁이 있습니다. 이 전쟁은 두세 나라 정도가 개입된 것이 아닙니다. 남녀 할 것 없이 이 세상에 태어난 모든 그리스도인이 참여하는 전쟁입니다. 구원받기 원하는 사람은 누구나 자기 영혼과 관련해서 반드시 싸워야 하는 싸움입니다. 바로 **영적** 전쟁입니다.

그런데 많은 사람들이 이 전쟁에 대해서 모르고 있는 것 같습니다. 사람들에게 이 전쟁에 대해 말해 보십시오. 여러분은 이내 이상한 사람이나 광신자, 바보로 취급받을 것입니다. 하지만 이 전쟁은 세상이 이제까지 보아 온 여느 전쟁보다 실제적인 전쟁입니다. 이 전쟁에도 백병전이 있고 부상도 입습니다. 잠을 물리치고 보초도 서야 합니다. 피곤이 몰려오기도 합니다. 공격을 당할 때도 있고, 공세를 퍼부을 때도 있습니다. 승리도 있고, 패배도 있습니다. 무엇보다도, 이 전쟁은 가공할 만한 분명한 **결과**가 따릅니다. 이 땅에서 치르는 전쟁의 결과는 일시적이고, 또 회복이 가능합니다. 이와 달리, 영적 전쟁의 결과는 영원히 돌이킬 수 없습니다.

바울도 이 전쟁에 대해 디모데에게 급박하게 적어 보낸 적이 있습니다. "믿음의 선한 싸움을 싸우라. 영생을 취하라"(딤전 6:12). 이 장은 전쟁에 관한 장입니다. 여기서 나는 성화와 거룩을 이 주제와 긴밀하게 관련지어 말해 보겠습니다. 참된 거룩의 본질을 이해하고자 하는 사람은, 그리스도인이 "전쟁의 사람"이라는 사실을 반드시 알아야 합니다(삼상 16:18, 출 15:3).

1. 이 주제와 관련해서 첫 번째 드릴 말씀은, **참된 기독교는 싸움**이라는 사실입니다.

참된 기독교! "참된"이란 말을 생각해 봅시다. 세상에는 참되고 진정한 기독교 신앙이 아닌 많은 것들이 종교라는 이름으로 통용되고 있습니다. 검열도 통과하고 나태한 양심을 만족스럽게 했는지는 모르지만, 양화good money는 아닙니다. 1,800년 전에 기독교 신앙이라고 불렸던 것은 이런 것과는 달랐습니다. 수많은 사람들이 매 주일 교회에 가서 예배를 드리고 스스로를 그리스도인이라 부릅니다. 그들의 이름이 세례 명부에 올라 있습니다. 살아 있는 동안에는 그리스도인이라 불립니다. 목사의 주례로 교회에서 결혼식을 올립니다. 죽을 때도 그리스도인으로서 장례를 치르려고 합니다. 하지만 그들의 신앙에는 어떤 "싸움"도 없습니다! 그들은 영적 분투, 노력, 갈등, 자기부인, 깨어 있음, 긴장 같은 것은 전혀 알지 못합니다. 이런 기독교가 사람은 만족시킬 수 있을지 모르겠습니다. 이런 신앙을 반대하는 사람을 매우 경직되고 완고한 사람이라 여깁니다. 하지만 이것은 결코 성경이 말하는 기독교 신앙이 아닙니다. 예수께서 세우시고 사도들이 전파한 신앙이 아닙니다. 진정한 거룩을 이루는 종교도 아닙니다. 참된 기독교 신앙은 "싸움"입니다.

참된 그리스도인은 용사라고 불립니다. 처음 회심하는 날부터 마지막 숨을 거두는 그날까지 용사로 살아야만 합니다. 편하고 느슨하고 나태한 신앙으로 살 수 없습니다. 천국으로 난 길을 가는 동안 편한 마차를 타고 여행을 즐기는 사람처럼 졸아서는 안됩니다. 기독교의 표준을 이 세상 자녀로부터 취한다면 그 정도의 생각으로도 만족할 수 있을지는 모르겠습니다. 하지만, 하나님의 말씀은 그런 신앙을 결코 인정하지 않습니다. 성경을 신앙과 실천의 기준으로 삼았다면, 이 문제에 대해 어떤 선택을 하고 어떤 길을 가야 할지는 분명합니다. 그는 "싸워야 합니다."

그리스도인 용사가 싸우는 대상이 무엇입니까? 다른 그리스도인과 싸우는 것이 아닙니다. 다른 그리스도인과 끝없이 논쟁하고 다투는 것이 신앙이라고 여기는 사람도 있습니다! 교회와 교회, 채플과 채플, 종파와 종파, 교파와 교파, 당파와 당파 간의 싸움에 끼어들지 않으면 만족할 수 없는 사람은 아직 자신이 알아야 할 것이 무엇인지 전혀 모르는 사람입니다. 교회의 종교강령, 예전법, 의식서가 제대로 해석되었는지 확인하기 위한 절차로 때로 법에 호소할 수도 있습니다. 하지만 일반적으로, 그리스도인이 서로 분쟁하고, 다툼으로 정력을 허비하고, 사소한 언쟁에 시간을 소진하는 것처럼 죄를 도와주는 것도 없습니다.

정말 그래서는 안됩니다! 그리스도인의 주된 싸움의 대상은 세상과 육체와 마귀입니다. 이것은 그리스도인의 영원한 적입니다. 그리스도인이 반드시 싸워야 하는 원수입니다. 이것을 이기지 못하면, 다른 승리는 모두 다 소용없습니다. 천사와 같은 본성을 가진 타락하지 않은 사람이라면, 이 전쟁은 본질적인 것이 아닐 것입니다. 하지만 타락한 마음과 지칠 줄 모르는 마귀와 미혹하는 세상에 대해서는 반드시 "싸워야" 합니다. 그렇지 않으면 패배합니다.

육체와 싸워야 합니다. 회심한 후라도 우리 속에는 악을 향해 치닫는 본성이 있습니다. 마음은 연약하고 물과 같이 불안정합니다. 이 세상에 사는 동안 완전한 마음을 기대하지 마십시오. 이 땅에서 완전한 마음을 기대한다면, 여러분은 속고 있는 것입니다. 우리 마음이 곁길로 가지 못하도록 주님은 명령하십니다. "깨어 있어 기도하라"(막 14:38). 영은 기꺼이 그렇게 하려고 하지만 육신이 약합니다. 우리는 기도 가운데 매일 씨름하고 분투해야 합니다. 바울의 외침을 들어 보십시오. "내가 내 몸을 쳐 복종하게 함은"(고전 9:27). "내 지체 속에서 한 다른 법이 내 마음의 법과 싸워 내 지체 속에 있는 죄의 법으로 나를 사로잡는 것을 보는도다. 오호라, 나는 곤고한 사람이로다. 이 사망의 몸에서 누가 나를 건져내랴"(롬 7:23-24). "그리스도 예수의 사람들은 육체와 함께 그 정욕과 탐심을 십자가에 못 박았느니라"(갈 5:24). "땅에 있는 지체를 죽이라"(골 3:5).

*세상*과 싸워야 합니다. 날마다 세상이라는 강력한 원수의 교묘한 영향력에 맞서 싸워야 합니다. 날마다 싸우지 않으면 삼켜지고 맙니다. 세상의 좋은 것들에 대한 모든 애착, 세상의 조롱과 비난에 대한 두려움, 세상에 뒤처지지 않으려는 은밀한 욕구, 다른 사람이 세상에서 하는 것처럼 하고 싶은 은근한 바람, 차지도 덥지도 않으려는 생각 등은 천국으로 가는 길에서 그리스도인을 에워싸고 있는 영적 원수들입니다. 우리는 이 원수들과 싸워 반드시 이겨야 합니다. "세상과 벗 된 것이 하나님과 원수 됨을 알지 못하느냐. 그런즉 누구든지 세상과 벗이 되고자 하는 자는 스스로 하나님과 원수 되는 것이니라"(약 4:4). "누구든지 세상을 사랑하면 아버지의 사랑이 그 안에 있지 아니하니"(요일 2:15). "세상이 나를 대하여 십자가에 못 박히고 내가 또한 세상을 대해 그러하니라"(갈 6:14). "무릇 하나님께로부터 난 자마다 세상을 이기느니라"(요일 5:4). "너희는 이 세대를 본받지 말고"(롬 12:2).

마귀와 싸워야 합니다. 우리의 옛 원수는 죽지 않았습니다. 아담과 하와의 타락 이래로, 마귀는 "땅을 두루 돌아 여기저기" 다니며(욥 1:7), 사람의 영혼을 파멸시키는 한 가지 큰 목적을 이루기 위해 애쓰고 있습니다. 졸지도 자지도 않습니다. 항상 "우는 사자 같이 두루 다니며 삼킬 자를 찾아"다닙니다(벧전 5:8). 눈으로 볼 수 없는 원수인 마귀는 항상 우리 가까이에 있습니다. 우리가 다니는 길과 침실을 어슬렁거리며 우리의 모든 행실을 엿봅니다. 처음부터 "살인한 자요 거짓말쟁이"인 그는 우리를 지옥에 보내기 위해 밤낮으로 애씁니다(요 8:44). 때로는 미신에 빠지게 하고, 때로는 반역을 일으키게 하고, 때로는 이런 계략 저런 계책으로 항상 우리 영혼을 공격합니다. "사탄이 너희를 밀 까부르듯 하려고 요구했으나"(눅 22:31). 구원에 이르기 위해서는 날마다 원수와 맞서야 합니다. 깨어 기도하고, 금식하고, "하나님의 전신갑주"를 입고 싸울 때 원수가 떠나갑니다(엡 6:11). 매일 싸우지 않으면 무장한 강한 원수 마귀는 결코 우리 마음에서 떠나가지 않을 것입니다.

제 말이 너무 지나치다고 생각할 사람이 있을지도 모르겠습니다. 사실을 너무 과장한다고 생각할 수도 있습니다. 하지만 지금 여러분은 마음속으로, '이 나라에 사는 사람은 이런 어려움이나 전쟁이나 전투 없이도 천국에 갈 수 있는 것 아니냐'고 은밀히 속삭이는 것입니다. 제 말을 조금만 더 들어 보십시오. 하나님 편에 서서 할 말이 있습니다. 영국에 살았던 가장 지혜로운 사람*의 금언을 기억

---

* 웰링턴 공작 Arthur Wellesley, the 1st Duke of Wellington.

하십시오. "전쟁 중에 적을 과소평가하고, 전쟁을 사소한 것으로 여기는 것이야말로 가장 최악의 실수다." 그리스도인의 전쟁은 결코 가볍게 여길 문제가 아닙니다. 제 말을 잘 들어 보십시오. 성경이 어떻게 말합니까? "믿음의 선한 싸움을 싸우라. 영생을 취하라" (딤전 6:12). "너는 그리스도 예수의 좋은 병사로 나와 함께 고난을 받으라"(딤후 2:3). "마귀의 간계를 능히 대적하기 위하여 하나님의 전신갑주를 입으라. 우리의 씨름은 혈과 육을 상대하는 것이 아니요 통치자들과 권세들과 이 어둠의 세상 주관자들과 하늘에 있는 악의 영들을 상대함이라. 그러므로 하나님의 전신갑주를 취하라. 이는 악한 날에 너희가 능히 대적하고 모든 일을 행한 후에 서기 위함이라"(엡 6:11-13). "좁은 문으로 들어가기를 힘쓰라"(눅 13:24). "썩을 양식을 위하여 일하지 말고 영생하도록 있는 양식을 위하여 하라"(요 6:27). "내가 세상에 화평을 주러 온 줄로 생각하지 말라. 화평이 아니요 검을 주러 왔노라"(마 10:34). "검 없는 자는 겉옷을 팔아 살지어다"(눅 22:36). "깨어 믿음에 굳게 서서 남자답게 강건하여라"(고전 16:13). "선한 싸움을 싸우며 믿음과 착한 양심을 가지라"(딤전 1:18-19). 이 성경 말씀들은 너무도 분명하고 확실합니다. 오해할 여지가 없습니다. 이 말씀들을 기꺼이 받아들이고자 하면, 여기에 위대한 교훈 한 가지가 있다는 것을 알 수 있습니다. 바로 참된 기독교 신앙은 분투와 싸움과 전쟁이라는 사실입니다. "싸움"을 터부시하고, 그저 가만히 앉아서 "하나님께 우리 자신을 드리기만 하면" 되는 것처럼 가르치는 사람은 성경을 오해하고 있습니다. 큰 실수를 저지르고 있습니다. 성공회 예배에서 세례를 베풀 때

하는 말이 무엇입니까? 이 예배 의식이 영감 없는 지루한 예배라는 것은 분명합니다. 아무 감흥도 없이 작곡된 노래처럼 흠이 많은 것도 사실입니다. 하지만 전 세계에 흩어져 스스로 성공회 교인이라 자처하고 신앙을 고백하는 수백만의 사람들은, 성공회에 새로 들어온 모든 회원에게 하는 이 말을 비중 있게 받아들여야 합니다.

> 내가 성부와 성자와 성령의 이름으로 세례를 주노라.……이 아이가 앞으로 십자가에 달리신 그리스도를 고백하기를 부끄러워하지 않고, 그리스도의 깃발 아래서 죄와 세상과 마귀를 대적하여 용감하게 **싸우고**, 그 목숨이 다하기까지 그리스도의 신실한 군사와 종으로 살아갈 것이라는 표시로, 내가 이 아이에게 십자가의 성호로서 축복하노라.

물론 우리는 많은 경우 세례가 단순히 어떤 형식으로 그친다는 것을 알고 있습니다. 부모들은 기도하지 않고 아무 믿음도 없이 자기 자녀를 세례반으로 데려옵니다. 이렇게 세례를 받아서는 아무 복도 받지 못하는데 말입니다. 세례를 일종의 약처럼 **기계적으로** 작용하는 것으로 여기고, 부모가 경건하든 말든, 기도로 준비했든 아니든 간에 세례 받은 자녀는 다 동일한 복을 받을 것이라는 생각은 큰 착각입니다. 한 가지만은 분명합니다. 모든 세례 받은 교인은 자신의 고백대로 "예수 그리스도의 군사"이고, "그리스도의 깃발 아래서 죄와 세상과 마귀를 대적하여 싸우기로" 약속했습니다. 제 말이 의심스럽다면, 자신이 고백하는 공동기도서를 찾아 읽고 그 내용을 표시해 가며 익히십시오. 열심 있는 교인에게서 발견되는 가장 큰 문제는, 자신이 고백하는 공동기도서의 내용에 대해 전적으로 무지하다는 것입니다.

성공회 교인이든 아니든 간에 분명한 한 가지는, 그리스도인의 싸움은 엄청난 실재이며, 매우 중요한 주제라는 사실입니다. 천국에 이르는 것과는 전혀 상관없고 사람마다 그 의견이 다를 수 있는 교회 정치나 교회 의식儀式에 대한 문제가 아닙니다. 이것은 우리에게 반드시 필요한 일입니다. 우리는 반드시 싸워야 합니다. 주 예수 그리스도가 소아시아 일곱 교회에 쓰신 편지를 보면, "이기는 자" 외에 그 누구도 약속을 받지 못합니다(계 2:7, 11, 17, 26, 3:5, 12, 21, 21:7). 은혜가 있는 곳에는 싸움이 따릅니다. 신자는 용사입니다. 싸움이 없는 거룩은 없습니다. 싸우는 영혼만이 구원받은 영혼으로 항상 드러날 것입니다.

이 싸움은 **절대적으로 필요한** 싸움입니다. 이 전쟁에서 중립을 지키거나 가만히 앉아 있을 수 있다고 생각하지 마십시오. 세상 나라들끼리의 전쟁에서는 그런 태도를 취할 수 있지만, 영혼이 달린 이 싸움에서는 꿈도 꾸지 마십시오. 그리스도인의 싸움에서 내정불간섭의 원칙을 의연하게 표명한다든지, 정치인들이 좋아하는 대로 "막연한 기대를 갖고 일이 되어 가는 것을 관망해 보자"[1]는 식의 생각은 아무 소용이 없습니다. "평화를 사랑하는 사람"이라는 이유로 병사로서의 의무를 회피할 수 없습니다. 세상과 마귀와 육체와 평화하는 것은 하나님과 원수되는 것입니다. 파멸로 이어지는 대로를 가는 것입니다. 선택의 여지가 없습니다. 싸우든가, 아니면 잃어버린 자가 되든가 할 뿐입니다.

이 싸움에는 **누구나 예외가 없습니다**. 지위, 계층, 나이와 상관없이 누구도 예외가 없고, 피할 수도 없습니다. 목사든 회중이든, 설교자든 청중이든, 늙은이든 젊은이든, 지위가 높든 낮든, 부자든 가난한 자든, 귀족이든 평민이든, 왕이든 신하든, 지주든 소작인이든, 많이 배웠든 못 배웠든 모두 똑같이 무장하고 전쟁터로 나가야 합니다. 모든 사람의 **마음**은 본성적으로 자만심, 불신, 게으름, 세속성, 죄로 가득합니다. 우리의 영혼을 채가려는 올무, 덫, 웅덩이로 가득 찬 **세상**을 살아가고 있습니다. 사악한 **마귀**가 쉬지 않고 주변을 어슬렁거립니다. 궁전에 있는 여왕에서부터 구빈원救貧院에 머무는 거지에 이르기까지, 구원받고자 하는 모든 사람은 싸워야 합니다.

우리는 **끊임없이** 싸워야 합니다. 쉬는 시간도, 일시적인 휴전이나 정전도 없습니다. 주일만이 아니라 주중에도, 공적으로뿐 아니라 사적으로도, 외출해서뿐 아니라 가정에서도, 나라를 다스리는 큰일에서뿐 아니라 자기 성미를 다스리고 혀를 길들이는 작은 일에서도, 그리스도인의 싸움은 쉬지 않고 계속되어야 합니다. 우리가 싸워야 하는 마귀는 쉬지도 않고, 졸지도 자지도 않습니다. 우리의 숨이 붙어 있는 한, 우리가 적진에 있음을 잊지 말고 한시도 무기를 손에서 놓지 말아야 합니다. 한 성도가 마지막 숨을 거두면서 이렇게 말했습니다. "사탄은 요단 강 언덕까지 나를 따라와 발뒤꿈치를 잡는구나."

잘 들어 보십시오. 우리 개개인의 신앙이 실제적이고, 진실되고, 참된 것이 되도록 부지런히 살펴야 합니다. 그리스도인이라 불리는 많은 사람에게서 드러나는 가장 슬픈 증후는, 그들의 신앙에는 갈등과 싸움이 전혀 없다는 사실입니다. 먹고, 마시고, 입고, 일하고, 즐기고, 벌고, 쓰고, 일주일에 겨우 한두 번 형식적인 예배를 드리는 것이 전부입니다. 엄청난 영적 전쟁—전투를 위해 깨어 있는 것이나, 그로 인한 고통, 고민, 긴장, 투쟁, 다툼—에 대해서 전혀 알지 못하는 것 같습니다. 이렇게 되지 않도록 주의합시다. "강한 자가 무장을 하고 자기 집을 지킬 때에는 그 소유가 안전"하다고 안심할 때가 영혼에게는 가장 해로운 때입니다(눅 11:21). 마귀의 올무에 잡히면 아무 저항도 못하고 그 뜻대로 하게 됩니다(딤후 2:26). 죄수가 미처 보지도 느끼지도 못하는 사슬이, 사실은 그 죄수에게 가장 해로운 것입니다.

내면의 싸움과 갈등이 무엇인지 조금이라도 아는 사람은 비로소 자기 영혼에 대해 안도할 수 있습니다. 진정한 기독교적 거룩에 반드시 동반하는 것이 바로 이런 싸움과 갈등이기 때문입니다. 물론 이런 것들이 다는 아닐지라도, 중요한 것임에는 틀림없습니다. 우리 마음 중심에 신령한 투쟁이 있습니까? 육체의 소욕과 성령의 소욕이 서로를 거스르고 대적하여 여러분이 하고자 하는 바를 못하고 있습니까?(갈 5:17) 여러분 안에 서로를 지배하려고 애쓰는 두 가지 원리가 있음을 느낍니까? 속사람이 투쟁하는 것을 느끼고 있습니까? 그렇다면, 하나님께 감사합시다! 이것은 좋은 징조입니다. 성화의 위대한 사역이 일어나고 있다는 강력한 증거입니다. 모든 진정한 성도는 용사입니다. 무정함과 침체, 무감각과 냉담함이 아니면 다 좋습니다. 그렇다면 우리는 다른 많은 사람들보다 더 나은 상태에 있는 것입니다. 대부분의 그리스도인들은 이런 느낌이 무엇인지 전혀 알지 못합니다. 우리는 분명히 사탄과 동류가 아닙니다. 세상 나라의 왕들처럼, 사탄은 자기의 지배 아래 있는 자들과는 싸우지 않습니다. 사탄이 우리를 공격한다면, 이는 오히려 우리가 희망이 있는 사람이라는 증거입니다. 이렇게 되면 하나님의 자녀에게 있는 두 가지 위대한 표지 가운데 하나를 갖게 되는 것입니다. **내면의 평화뿐 아니라 내면의 싸움도 우리가 하나님의 자녀라는 표지가 됩니다.**

2. 이 주제와 관련해서 두 번째로 드릴 말씀은, **참된 기독교 신앙은 믿음의 싸움**이라는 사실입니다.

그리스도인의 전쟁은 이 세상의 갈등과 전혀 다릅니다. 그리스도인의 전쟁은 강한 팔, 날카로운 눈, 민첩한 발에 달려 있지 않습니다. 육체를 무기로 삼지 않고, 영적인 무기로 싸우는 전쟁입니다. 믿음이라는 경첩에 승리가 여닫힙니다. 전쟁의 성공 여부는 전적으로 믿음에 달려 있습니다.

기록된 하나님의 진리에 대한 전반적인 믿음은, 그리스도인 용사의 성품을 형성하는 주요한 기초입니다. 지금 나의 모습, 행동, 사고, 희망, 행위는 단순한 한 가지 사실, 성경에서 분명하게 계시되고 드러난 명제를 내가 믿는가에 달려 있습니다. "하나님께 나아가는 자는 반드시 그가 계신 것과 또한 그가 자기를 찾는 자들에게 상 주시는 이심을 믿어야 할지니라"(히 11:6).

교리가 없는 신앙이 오늘날 많은 사람들 사이에서 회자되고 있습니다. 처음에는 이 말이 매우 좋게 들릴지 모르지만, 이는 멀리 서서 볼 때만 좋게 보이는 것과 같습니다. 일단 이 말을 차분히 숙고하고 살펴보십시오. 이런 신앙은 존재할 수 없다는 것을 알게 됩니다. 뼈와 힘줄이 없는 몸에 대해 이야기하는 것과 마찬가지입니다. **어떤 것을 믿지 않고서는 그 누구도 아무 일도 할 수 없습니다.** 아무것도 될 수 없습니다. 이신론자들의 비참하고 불편한 견해를 주장하는 사람들조차 무언가를 믿는다고 고백할 수밖에 없습니다. 교의학과 그리스도인의 고지식함을 비통하게 비웃는 그들조차도 일종의 믿음을 갖고 있습니다.

믿음은 바로 참된 그리스도인이 가진 영적 존재의 중추입니다. 자신이 구체적으로 믿는 위대한 원리를 마음 깊이 새기지 않고서는, 그 누구도 세상과 육체와 마귀에 대해 치열하게 싸울 수 없습니다. 그 원리가 무엇인지 제대로 알지 못할 수도 있고, 분명히 정의하거나 서술하지 못할 수도 있습니다. 그러나 그것은—그들이 의식하든 않든—그들 마음에 분명히 자리하고 신앙의 뿌리를 형성합니다. 부유하든 가난하든, 배운 자이든 못 배운 자든, 죄와 용감하게 싸우고 그 죄를 넘어서려고 고군분투하는 사람은 마음에 자기가 믿는 분명하고도 위대한 원리가 있다고 확신해도 됩니다. 다음의 시를 쓴 시인은 아주 영리한 사람일지는 몰라도, 신학자로서는 아주 부족합니다.

무자비하게 열심만 내는 사람은 신앙의 형식을 따지지만
삶이 바른 사람은 그릇될 수가 없다.*

믿음이나 신앙하는 바가 없이 바른 삶과 같은 것은 있을 수 없습니다.

그리스도인 용사가 가지는 특징의 핵심과 원천은, **주 예수 그리스도의 인격과 사역과 직분에 대한 특별한 믿음**입니다.

그리스도인 용사는, 눈에 보이지는 않지만 자기를 사랑하사 십자가에 달리시고, 자기를 대신해 빚을 갚아 주시고, 죄를 다 담당하시고, 범과를 짊어지시고, 자신을 위해 다시 살아나시고, 하늘에 오르셔서 자기를 위한 중보자로서 하나님 보좌 우편에 앉으신 구주를 믿음으로 바라봅니다. 이런 예수님을 보고 그분께 의지하고 매달립니다. 평화와 희망을 맛보고 기꺼이 그 영혼의 원수와 대적하여 싸웁니다.

그리스도인 용사는, 자기에게 있는 많은 죄와 여린 마음과 미혹하는 세상과 분요한 마귀를 봅니다. 만약 그가 보는 것이 이런 것뿐이라면, 그는 좌절할 수밖에 없습니다. 하지만 그는 또한 강하신 구주, 중보하시는 구주, 긍휼이 많으신 구주를 보고, 그분의 보혈과 의로움과 영원한 제사장 직분을 봅니다. 그리고 이 모든 것이 자기 자신을 위한 것이라고 믿습니다. 그는 모든 무거운 짐을 그분께 맡깁니다. 이렇게 믿음으로 예수님을 본 사람은, 언젠가 "우리를 사랑하시는 이로 말미암아 우리가 넉넉히 이기느니라"는 확신 가운데 들뜬 마음으로 싸움을 계속해 갑니다(롬 8:37).

그리스도의 임재와 기꺼운 도우심을 항상 생생하게 믿는 것이야말

---

* 알렉산더 포프Alexander Pope의 '인간론An Essay on Man'에서.

로 그리스도인 용사가 성공적으로 싸우는 비결입니다.

　믿음에는 분량이 있다는 사실을 잊어서는 안됩니다. 모든 사람이 동일한 정도로 믿는 것이 아닙니다. 심지어 같은 사람이라 해도 믿음에 기복이 있습니다. 믿는 정도도 때에 따라 다릅니다. 믿음의 분량에 따라 잘 싸우기도 하고, 못 싸우기도 합니다. 이기기도 하고, 후퇴를 경험하기도 합니다. 승리를 거두기도 하고, 패배하기도 합니다. 큰 믿음을 가진 사람은 항상 행복하고 위로가 넘치는 용사가 될 것입니다. 그리스도의 사랑과 보호에 대한 확신이야말로 전쟁에서 비롯되는 많은 걱정을 덜어 줍니다. 깨어 죄를 대적하고 죄와의 싸움에서 오는 피곤함을 이기는 데는, 그리스도가 자기 편이고 반드시 승리할 것이라고 확신하는 것보다 더 좋은 것은 없습니다. "믿음의 방패"는 악한 자의 모든 화전을 물리칩니다(엡 6:16). 이런 사람이 바로 "내가 믿는 자를 내가 안다"고 말할 수 있습니다. 고난의 순간에 "부끄러워하지 않는다"고 말할 수 있습니다(딤후 1:12). "우리가 낙심하지 아니하노니……우리가 잠시 받는 환난의 경한 것이 지극히 크고 영원한 영광의 중한 것을 우리에게 이루게 함이니"라고 말한 사람이 같은 펜으로 "우리가 주목하는 것은 보이는 것이 아니요 보이지 않는 것이니 보이는 것은 잠깐이요 보이지 않는 것은 영원함이라"고도 썼습니다(고후 4:16-18). "내가……하나님의 아들을 믿는 믿음 안에서 사는 것이라"(갈 2:20)고 말한 사람이, 같은 편지에서 "세상이 나를 대하여 십자가에 못 박히고 내가 또한 세상을 대하여 그러하니라"(갈 6:14)고 말합니다. "내게 사는 것이 그리스도"(빌 1:21)라고 말한 이가 같은 편지에서 또 이렇게 말했습니다. "어떠한 형편에든지 나는 자족하기를 배웠노니…… 내게 능력 주시는 자 안에서 내가 모든 것을 할 수 있느니라"(빌 4:11, 13). 믿음이 클수록 더 큰 승리가 있습니다! 믿음이 클수록 더 큰 내면의 평화가 있습니다!

믿음의 가치와 중요성은 아무리 강조해도 지나치지 않습니다. 사도 베드로가 믿음을 가리키면서 "보배로운"이라는 수식어를 붙인 것은 너무나 잘한 일입니다(벧후 1:1). 그리스도인 용사들이 믿음으로 얻은 승리의 100분의 1만 제대로 나열하려고 해도 시간이 부족할 것입니다.

히브리서 11장을 주의 깊게 읽어 보십시오. 동정녀 마리아의 몸에서 나신 그리스도께서 복음을 통해 생명과 불멸을 온전히 드러내시기 훨씬 전에 살았던 아벨로부터 모세에 이르는, 위대한 인물들의 긴 목록을 주목해 보십시오. 그들이 어떻게 세상과 육체와 마귀와 싸워 이겼는지 보십시오. 이들은 모두 믿음을 통해 승리를 얻었습니다. 그들은 약속된 메시아를 고대했습니다. 보이지 않는 분을 보았던 것입니다. "옛 조상들은 믿음이 있었기에 좋은 증언을 받았습니다"(히 11:2, 새번역).

초대교회사를 펼쳐 보십시오. 초대 그리스도인들이 어떻게 죽기까지 믿음에 견고히 서서, 이교 황제들의 맹렬한 핍박에도 흔들리지 않았는지 보십시오. 그리스도를 부인하느니 차라리 죽기를 각오한 폴리캅Polycarp*과 이그나티우스Ignatius 같은 사람이 수세기

---

* 트라야누스 황제의 통치 기간(98-117)에 순교한 초기 교부—옮긴이.

동안 계속해서 일어났습니다. 세금이나 감옥도, 고문이나 불이나 칼마저도 이 고귀한 순교자 군대의 정신을 꺾을 수는 없었습니다. 세상의 지배자였던 로마 전체의 힘으로도 팔레스타인에서 몇몇 어부와 세리로부터 시작된 신앙을 없애지 못했습니다! 이처럼, 보이지 않는 예수를 **믿는 신앙**이 바로 교회의 힘이라는 사실을 기억합시다. 그들은 믿음으로 이겼습니다.

개신교 종교개혁 이야기를 살펴보십시오. 종교개혁을 주도했던 존 위클리프John Wycliffe, 얀 후스Jan Hus, 마르틴 루터Martin Luther, 니콜라스 리들리Nicholas Ridley, 라티머, 존 후퍼John Hooper의 삶을 연구해 보십시오. 이 용맹스러운 그리스도의 용사들이 어떻게 수많은 적들을 대항해 견고하게 서서 흔들리지 않았는지, 어떻게 자신들의 믿는 원리를 지키기 위해 죽음도 마다하지 않았는지 보십시오. 이들이 얼마나 치열하게 싸웠습니까! 이들의 주장은 얼마나 분명했습니까! 이들이 견뎌야 했던 반대는 얼마나 격렬했습니까! 무장하고 달려드는 세상을 감당한 그들의 불굴의 의지는 또 어떻습니까! 보이지 않는 예수를 **믿는 신앙**이 바로 이들이 보여준 힘의 비결이었음을 우리는 기억해야 합니다. 그들은 믿음으로 이겼습니다.

지난 수백 년 동안 교회사에 큰 자취를 남겼던 사람들을 생각해 보십시오. 웨슬리와 윗필드, 헨리 벤Henry Venn the elder, 그리고 로매인과 같은 사람들이, 유력한 사람들과 당시에 그리스도인이라고 자칭하는 대부분의 사람들로부터 오는 반대와 핍박과 조롱과 비난에 어떻게 맞섰는지, 어떻게 이 땅에 기독교 신앙을 다시 불러일으켰는지 보십시오. 윌리엄 윌버포스William Wilberforce, 헨리 해브로크Henry Havelock, 그리고 헤들리 비카스Hedley Vicars 같은 사람이 열악한 상황에서 어떻게 그리스도를 증거하고, 하원 회의장이나 군대 식당에서조차 그리스도의 깃발을 높이 휘날렸는지 보십시오. 어떻게 이런 숭고한 증인들이 마지막까지 움츠러들지 않고 심지어 자신들을 대적했던 사람의 존경까지 얻어 냈는지 잘 보십시오. 보이지 않는 그리스도를 믿는 **신앙**이 이 모든 사람들의 핵심적인 특징이었습니다. 이들은 믿음으로 살았고, 행동했고, 서 있었으며, 이겼습니다.

그리스도인 용사로 살고 싶습니까? 믿음을 위해 기도하십시오. 믿음은 하나님의 선물입니다. 그리고 이 선물을 구한 사람은 반드시 응답을 받습니다. 기도하기 전에 반드시 믿어야 합니다. 신앙대로 살지 않는 것은 믿지 않기 때문입니다. 믿음은 천국으로 가는 첫걸음입니다.

그리스도인 용사로서 성공적이고 순조로운 싸움을 싸우고 싶습니까? 항상 믿음이 자라도록 기도하십시오. 날마다 그리스도 안에 거하고, 그리스도와 더 가까워지고, 그리스도를 더 굳게 붙잡으십시오. 제자들이 드렸던 기도를 날마다 드리십시오. "우리에게 믿음을 더하소서"(눅 17:5). 혹 믿음이 있다면, 부지런히 그 믿음을 살피십시오. 믿음은 전체 요새의 안전이 달린 최후의 보루이자, 사탄이 가장 공격하기 좋아하는 곳입니다. 믿음이 점령당하면, 모든 것이 사탄의 수중에 들어가기 때문입니다. 생명을 사랑한다면, 특히 이 믿음에 대한 경계를 늦추지 말아야 합니다.

3. 이 주제와 관련해서 마지막으로 드릴 말씀은, **참된 기독교는 선한 싸움**이라는 것입니다.

"선한"이라는 말을 전쟁에 적용한다는 것이 다소 흥미롭습니다. 세상의 모든 전쟁은 정도의 차이만 있을 뿐 악합니다. 어쩔 수 없이 싸워야 하는 경우도 있지만—국가의 자유를 보호하고, 강한 나라가 약한 나라를 짓밟지 못하도록 하는 경우—전쟁은 여전히 악합니다. 많은 사람들이 피를 흘리고 엄청난 고통을 당합니다. 수많은 사람들이 전혀 준비도 못한 채 갑작스런 죽음을 맞이합니다. 사람에게 있는 가장 나쁜 격정을 밖으로 끄집어냅니다. 엄청난 재산 손실과 파괴가 일어납니다. 평화로운 가정이 과부와 고아로 넘쳐 납니다. 수많은 사람들이 가난에 허덕이고 과도한 징세에 시달리는 국가적 재난이 초래됩니다. 모든 사회질서가 파괴됩니다. 복음 사역과 기독교 선교의 성장이 방해받습니다. 요컨대, 전쟁은 측량할 수 없는 거대한 악입니다. 따라서, 기도하는 모든 사람은 밤낮으로 "우리 시대에 평화를 주옵소서" 하고 기도해야 합니다(공동기도서). 하지만 전혀 악하지 않고 절대적으로 "선한" 전쟁이 있습니다. 그 전쟁은 그리스도인의 전쟁입니다. 이 전쟁은 혈과 육에 대한 것이 아닌 영혼의 싸움입니다.

그리스도인이 싸우는 싸움이 "선한 싸움"인 이유는 무엇입니까? 그리스도인의 전쟁은 어떤 점에서 이 세상의 전쟁보다 더 우월합니까? 이 문제를 하나씩 살펴보겠습니다. 이 주제는 그냥 지나치거나 덮어 둘 문제가 아닙니다. 싸움의 대가도 계산해 보지 않은 채 전쟁에 뛰어드는 사람이 없기 바랍니다. 저는 돌려 말하고 싶지 않습니다. 거룩하여 주님을 보기 원하는 사람은 반드시 싸워야 합니다. 그리스도인의 싸움은 비록 영적이기는 하지만 실제적이고 치열한 싸움입니다. 이 싸움은 용기와 담대함과 인내가 필요합니다. 하지만 일단 싸움이 시작되면, 거기에는 넘치는 위로가 있다는 사실을 꼭 알기 바랍니다. 성경이 아무 이유나 근거도 없이 그리스도인의 싸움을 "선한 싸움"이라 하지 않습니다. 이제 그 이유를 살펴보겠습니다.

(1) 그리스도인의 싸움이 선한 이유는, **가장 선한 대장의 지휘 아래 싸우기 때문입니다**. 모든 신자를 이끄는 사령관이요 지도자는, 하나님이신 우리 주 예수 그리스도이십니다. 그분은 완전한 지혜와 무한한 사랑, 전능한 능력의 구주이십니다. 우리 구원의 대장은 자기를 따르는 용사들을 항상 승리로 이끄십니다. 그분은 무의미한 행동을 하지 않으십니다. 판단에 착오가 없으시고, 실수가 없으십니다. 그분의 시선은 가장 위대한 자에서부터 가장 비천한 자에 이르기까지, 자기를 따르는 모든 자에게 머뭅니다. 이 군대에서는 가장 비천한 자도 관심을 받습니다. 가장 연약하고 병약한 자도 구원에 이르기까지 돌봄을 받고, 기억되고, 보호받습니다. 자신의 보혈로 구속한 영혼들을 너무나 소중히 여겨 결코 버리거나 잃어버리지 않습니다. 이것이 선한 싸움이 아니고 무엇이겠습니까!

(2) 그리스도인의 싸움이 선한 이유는, **가장 선한 도움을 힘입어 싸우기 때문입니다**. 신자 개개인은 본질적으로 약한 자이기 때문에, 성령이 그 안에 거하시고, 그 몸은 성령의 전이 됩니다. 성부 하나님의 택함을 받고, 성자의 보혈로 깨끗함을 받고, 성령으로 새롭게 된

신자는 자기 힘으로만 전투에 나가지 않습니다. 결코 혼자서 나가는 일도 없습니다. 성령 하나님이 날마다 그를 가르치시고, 인도하시고, 이끄십니다. 성부 하나님이 전능하신 능력으로 그를 보호하십니다. 성자 하나님은 모세가 르비딤 골짜기에서 싸우는 이스라엘을 위해 중보한 것처럼, 매 순간 우리를 위해 중보하십니다. 이 삼겹줄은 결코 끊어질 수 없습니다! 날마다 우리에게 보내시는 보급품은 중단됨이 없고 부족함도 없습니다. 일용할 양식과 음료가 충분합니다. 신자는 원래 벌레같이 약합니다. 하지만, 그가 주님 안에 있으면 위대한 작전을 수행합니다. 이것이 선한 싸움이 아니고 무엇이겠습니까!

(3) 그리스도인의 싸움이 선한 이유는, **가장 선한 약속과 더불어 싸우기 때문**입니다. 모든 신자는 지극히 위대하고 소중한 약속을 갖고 있습니다. 그리스도 안에서 모두 "예"와 "아멘"인 그 약속은 분명히 성취될 약속입니다. 식언치 않을 뿐 아니라, 능히 그 약속을 지킬 수 있는 분이 주신 약속이기 때문입니다. "죄가 너희를 주장하지 못하리니"(롬 6:14). "평강의 하나님께서 속히 사탄을 너희 발아래에서 상하게 하시리라"(롬 16:20). "너희 안에서 착한 일을 시작하신 이가 그리스도 예수의 날까지 이루실 줄을 우리는 확신하노라"(빌 1:6). "네가 물 가운데로 지날 때에 내가 너와 함께할 것이라. 강을 건널 때에 물이 너를 침몰하지 못할 것이며"(사 43:2). "내가 그들에게 영생을 주노니 영원히 멸망하지 아니할 것이요 또 그들을 내 손에서 빼앗을 자가 없느니라"(요 10:28). "내게 오는 자는 내가 결코 내쫓지 아니하리라"(요 6:37). "내가 결코 너희를 버리지 아니하고

너희를 떠나지 아니하리라"(히 13:5). "내가 확신하노니 사망이나 생명이나……현재 일이나 미래 일이나……우리를 우리 주 그리스도 예수 안에 있는 하나님의 사랑에서 끊을 수 없으리라"(롬 8:38-39). 이 얼마나 보석처럼 귀한 말씀입니까! 러크나우의 전투처럼, 지원군이 온다는 소식은 포위된 도시를 방어하는 군사들의 사기를 북돋아 초인적인 능력을 발휘하게 하지 않겠습니까? "어두워지기 전에 지원병을 보내겠다"는 약속이 워털루 전투에서 엄청난 승리를 가능하게 했다는 말을 들어보지 못했습니까? 하지만 신자에게 있는 하나님의 영원한 약속이라는 부요한 보화에 비하면, 그런 모든 약속은 아무것도 아닙니다. 이것이 선한 싸움이 아니고 무엇이겠습니까!

(4) 그리스도인의 싸움이 선한 이유는, **가장 선한 결과를 가져오는 싸움이기 때문**입니다. 물론 이 싸움에는 엄청난 사투와 고통스러운 갈등이 있습니다. 상처와 부상이 있고, 불침번과 굶주림, 피로 등이 따릅니다. 하지만 모든 신자는 하나같이 "우리를 사랑하시는 이로 말미암아 넉넉히 이〔김〕"니다(롬 8:37). 그리스도의 용사 중 어느 누구도 실종되어 영원히 잃어버리거나, 죽어서 전장에 남겨지지 않습니다. 그리스도의 군대에서는 사병이나 장교나 할 것 없이 슬픔을 당하거나 눈물을 흘릴 필요가 없습니다. 전쟁 마지막 날이 저물 때까지 살아남아 명부에 올라 있는 이름이나, 전쟁을 시작한 첫날 아침에 명부에 있었던 이름이 차이가 없기 때문입니다. 영국 근위대는 위풍당당한 모습으로 런던을 떠나 크리미아 원정에 나섰지만, 많은 전우들이 그 뼈를 낯선 땅에 묻고 다시는 런던 땅을 밟지 못했습니다. 하지만 "하나님이 계획하시고 지으실 터가 있는 성"에

다다를 그리스도의 군대의 모습은 이와 확연히 다를 것입니다(히 11:10). 한 명도 잃어버린바 되지 않을 것입니다. 우리의 위대한 대장의 말씀은 사실로 드러날 것입니다. "아버지께서 내게 주신 자 중에서 하나도 잃지 아니하였사옵나이다"(요 18:9). 이것이 선한 싸움이 아니고 무엇이겠습니까!

(5) 그리스도인의 싸움이 선한 이유는, **그 싸움에 참여한 영혼에게 선하기 때문**입니다. 다른 모든 전쟁은 군인들을 악하게 만들고, 품위를 떨어뜨리고, 도덕적으로 문란하게 하는 경향이 있습니다. 이런 전쟁은 사람에게서 악한 격정을 불러일으킵니다. 양심을 둔하게 하고, 도덕과 신앙의 기초를 약화시킵니다. 오직 그리스도인의 싸움만이 사람에게 남아 있는 가장 선한 것들을 불러일으킵니다. 겸손과 박애를 일깨우고, 이기심과 세속성을 가라앉힙니다. 위에 있는 것들에 마음을 두도록 합니다. 노인과 병중에 있는 사람, 그리고 임종을 맞은 사람은 죄와 세상과 마귀에 대항해 그리스도의 군사로 싸운 것을 후회하지 않습니다. 오히려 더 일찍 그리스도를 섬기지 못한 것을 안타까워할 따름입니다. 임종을 앞둔 필립 헨리Philip Henry는 가족들에게 이렇게 말했습니다. "그리스도를 섬기며 보낸 삶이야말로 이 땅에서 사람이 누릴 수 있는 가장 행복한 삶이라는 사실을 잊지 말거라." 이는 비단 이 훌륭한 성도만의 경험은 아닐 것입니다. 이것이 선한 싸움이 아니고 무엇이겠습니까!

(6) 그리스도인의 싸움이 선한 이유는, **세상에 유익이 되기 때문**입니다. 다른 모든 전쟁은 세상을 파괴하고, 황폐하게 하고, 해를 끼칩니다. 병력이 이동하는 곳에 있는 주민들은 이로 인해 큰 어려움

을 겪습니다. 군대가 주둔하는 곳마다 피폐해지고, 해를 입습니다. 필연적으로 사람들이 부당한 취급을 받고, 감정과 도덕이 큰 손상을 입습니다. 하지만 그리스도인 용사들이 사람들에게 끼치는 영향은 이와 전혀 다릅니다. 어디에 있든 그들은 사람들에게 복이 됩니다. 그들이 머무는 곳마다 신앙과 도덕의 표준이 고양됩니다. 언제나 예외 없이 술 취함과 안식일을 범하는 것과 방탕과 부정직이 억제됩니다. 적들조차도 그들을 주목하고 존중하게 됩니다. 군대가 주둔하는 곳에 한번 가 보십시오. 주둔군이 이웃에게 도움이 되는 것을 거의 보지 못했습니다. 하지만 어디를 가든 소수의 참된 그리스도인의 존재가 그 이웃에게 복이 되고 있음을 보게 될 것입니다. 이것이 선한 싸움이 아니고 무엇이겠습니까!

(7) 마지막으로, 그리스도인의 싸움이 선한 이유는, **이 싸움을 싸우는 모든 사람에게 영광스러운 상급이 주어지기 때문입니다.** 그리스도가 모든 신실한 백성에게 주실 상급을 누가 짐작할 수 있겠습니까? 사람 앞에서 자신을 시인한 사람을 위해 우리의 하늘 대장이 예비하신 좋은 것들을 누가 짐작이나 할 수 있겠습니까? 조국은 임무를 잘 수행하고 돌아온 병사에게 무공훈장과 연금과 귀족의 작위와 영예와 직함을 수여합니다. 하지만 영원히 계속될 무엇인가를 줄 수 있는 나라는 어디에도 없습니다. 무덤 너머에까지 가져갈 수 있는 것을 줄 수 있는 나라도 없습니다. 블레넘Blenheim*과 스트래스필드세이Strathfieldsay* 같은 궁전에서 즐기는 것도 단지 몇 년뿐입니다. 아무리 용감한 장군이나 병사도 언젠가는 "공포의 왕"[2]에게 굴복해야만 합니다. 하지만 그리스도의 깃발 아래서 죄와 세상과

마귀를 대항해서 싸운 사람들의 처지는 이와 비교할 수 없습니다. 이 땅에서는 사람들의 부러움을 받지 못하고 외로운 죽음을 맞이할 수도 있습니다. 하지만 훨씬 더 나은 영광이 이들을 기다립니다. 그들이 훨씬 더 많이 인내했기 때문입니다. 그들은 "시들지 아니하는 영광의 관"을 얻게 될 것입니다(벧전 5:4). 이것이 선한 싸움이 아니고 무엇이겠습니까!

그리스도인의 싸움은 선한 싸움—정말로, 참으로, 단연코 선합니다—이라는 사실을 마음에 새기십시오. 우리는 아직 그 일부만을 볼 뿐입니다. 싸움은 보지만, 아직 그 종국을 보지는 못합니다. 전투는 보지만, 상급은 보지 못합니다. 십자가는 보지만, 면류관은 보지 못합니다. 세상에서 멸시를 받으면서도 어려움을 감내하고 상한 마음으로 겸손히 기도하는 사람은 보지만, 그들에게 미소 지으며 역사하시는 하나님의 손길과 이들을 위해 예비된 영광의 나라는 보지 못합니다. 아직 드러나지 않았기 때문입니다. 보이는 것만으로 판단하지 맙시다. 그리스도인의 싸움은 우리 눈에 드러나는 것보다 더 선합니다.

몇 가지 실천적 적용점을 끝으로 전체 주제를 결론지으려고 합니다. 이 시대는 싸움과 다툼에만 몰두해 있는 것처럼 보입니다. 이런 시대를 사는 것이 우리의 몫으로 주어졌습니다. 많은 나라들이 학

---

* 잉글랜드 옥스퍼드셔 주에 있는 말버러 공작the Duke of Marlborough의 저택명—옮긴이.
* 잉글랜드 햄프셔에 있는 웰링턴 공작의 저택명—옮긴이.

대 가운데 신음하고 있습니다. 이런 시대를 사는 목사들은 사람들에게 신령한 전쟁을 기억하라고 분명히 촉구해야 합니다. 이제 영혼의 위대한 싸움에 대해 몇 가지만 말씀드리겠습니다.

(1) 아마도 **여러분은 이 세상에서 보상을 얻기 위해 열심히 분투하고** 있는지 모릅니다. 돈을 얻기 위해, 또는 지위와 권세와 쾌락을 얻기 위해 절치부심하고 있는지도 모릅니다. 그렇다면 조심하십시오. 여러분은 지금 쓰디쓴 절망의 씨를 뿌리고 있습니다. 어떤 일에 마음을 두고 있는지 주의를 기울이지 않으면, 여러분은 슬픔으로 인생을 마감하게 됩니다.

지금 여러분이 걸어가는 길은 이미 수많은 사람들이 지나간 길입니다. 비참함과 영원한 파멸로 난 길이라는 것을 결국 알게 되겠지만, 그때는 너무 늦습니다. 그들 역시 부와 명예와 지위와 출세를 위해 싸우느라, 하나님과 그리스도와 천국과 도래하는 세상에 대해서는 관심을 기울이지 않았습니다. 결과가 어떻게 되었습니까? 그들이 얼마나 큰 착각 속에 살아왔는지 깨달을 뿐입니다. "싸우고 또 싸웠지만, 승리는 우리를 떠났구나" 하고 임종 시에 크게 울부짖을 수밖에 없었던 한 정치인의 쓰라린 마음을 그들도 틀림없이 느낄 것입니다.

자신의 행복을 위해서라도, 오늘 주님의 편에 서기로 결심하십시오. 지난날의 부주의함과 불신은 털어 버리십시오. 정신없고, 부조리한 세상의 길에서 벗어나십시오. 십자가를 지고 그리스도의 좋은 군사가 되십시오. "믿음의 선한 싸움을 싸우십시오." 그래서 안전함과 더불어 행복을 누리십시오.

신앙의 원리와 전혀 상관없는 이 세상 자녀들이 자유를 얻기 위해 어떻게 하는지 보십시오. 그리스, 로마, 스위스, 티롤Tyrolese* 사람들은 가진 모든 것을 다 잃더라도, 심지어 목숨까지 버릴지언정, 결코 다른 나라의 멍에 아래로 들어가기를 거절하지 않았습니까? 이들의 모습이 도전이 되지 않습니까? 썩어 없어지는 관을 위해 사람이 이렇게까지 한다면, 영원한 면류관을 위해 싸우는 우리는 어떠해야 합니까! 노예로 사로잡히는 것이 얼마나 비참한 것인지 잊지 않도록 항상 깨어 있으십시오. 생명과 행복과 자유를 위해 일어나 싸우십시오.

그리스도의 깃발 아래로 모여 그의 군대가 되는 것을 두려워하지 마십시오. 여러분을 구원하신 저 위대한 대장께서는 누구를 막론하고 자기에게 나오는 자를 거절하지 않으십니다. 아둘람 동굴에서의 다윗처럼, 아무리 스스로 합당하지 않게 여기는 사람이라도 자기에게 모여드는 자들을 기꺼이 받으십니다. 누가 되었든지 간에, 회개하고 믿는 사람이라면, 너무 악해서 그리스도의 군대에 입대하지 못할 사람은 없습니다. 그분은 믿음으로 나아오는 사람을 모두 받아들이십니다. 옷을 입히고 무장하고 훈련하여 마침내 승리를 누리게 하십니다. 두려워하지 말고 바로 오늘 시작하십시오. 아직 여러분을 위한 여지가 충분합니다.

일단 그리스도의 군대로 등록했다면, 싸우기를 두려워하지 마십시오. 용사로서 더 철저하고 더 온전한 마음을 가질수록, 더 편한

---

* 오스트리아 서쪽에 자리 잡은 지역으로 알프스 산맥이 지나는 고지대. 1800년대에는 오스트리아와 이탈리아가 끊임없이 서로 뺏고 뺏기는 지역이었다—옮긴이.

마음으로 싸울 수 있습니다. 물론 싸움이 채 끝나기도 전에 기진하고, 어려운 때를 만날 것입니다. 하지만 이런 것들이 여러분을 주장하지 못하도록 하십시오. 여러분을 대적하는 모든 것보다, 여러분을 위하시는 그분이 더 크십니다. 영원한 자유냐 아니면 영원한 소각이냐는 여러분의 선택입니다. 자유를 택하고, 마지막 순간까지 싸우십시오.

(2) 여러분은 그리스도인의 **싸움**이 무엇인지 이미 알고 있고, 연단을 통해 이미 그의 용사로 증명된 사람일 수도 있습니다. 그렇다면 전우의 충고와 격려를 받아들이십시오. 여러분에게뿐 아니라 저 자신에게 하는 말입니다. 여러분의 예전 모습을 떠올리며 마음을 새롭게 다잡으십시오. 아무리 기억하고 또 기억해도 나쁘지 않은 것들이 있습니다.

싸움에 이기려면 하나님의 전신갑주를 입고, 죽을 때까지 무장을 풀어서는 안됩니다. 단 하나의 무기라도 아무데나 팽개쳐서는 안됩니다. 진리의 허리띠, 의의 흉배, 믿음의 방패, 성령의 검, 희망의 투구와 같은 무기는 하나같이 다 필요한 것들입니다(엡 6:14-17). 단 하루도 이 무기 가운데 하나라도 빠뜨리고 살아서는 안됩니다. 그리스도의 군사로 있다가 200년 전에 숨을 거둔 한 늙은 용사의 말을 잘 기억합시다. "천국에서는 무장을 하는 대신 영광의 옷을 입고 나타날 것이다. 하지만 이 땅에서는 밤낮 없이 전신갑주를 입고 있어야 한다. 무장한 채로 걷고, 일하고, 자고 하는 것이다. 그렇게 하지 않으면 우리는 그리스도의 참된 용사가 아니다."[3]

1,800년 전에 영원한 안식으로 들어간 용사가 영감을 받아서

한 말을 기억합시다. "병사로 복무하는 자는 자기 생활에 얽매이는 자가 하나도 없나니 이는 병사로 모집한 자를 기쁘게 하려 함이라"(딤후 2:4). 이 말을 절대 잊지 맙시다!

얼마 동안은 좋은 군사처럼 보이고 자기가 어떻게 싸웠는지 크게 떠벌리다가, 막상 싸움이 시작되면 수치스럽게 등을 보이고 돌아서는 사람들도 있습니다.

발람과 유다와 데마와 롯의 처를 기억합시다. 우리가 누구든, 얼마나 약하든 상관없이 참되고 성실하고 진정한 실제 용사가 됩시다.

아침이든, 낮이든, 밤이든, 우리의 사랑하는 구주께서 항상 보고 계십니다. 그분은 감당할 수 없는 시험 가운데 있도록 우리를 내버려 두지 않으십니다. 그분 스스로도 시험을 받으셨기 때문에, 우리의 연약함이 무엇인지 다 아실 뿐 아니라 능히 도우실 수 있습니다. 그분 자신이 이 세상의 왕으로부터 공격당하셨기 때문에 다툼과 갈등이 무엇인지 잘 아십니다. 하나님의 아들 예수를 우리의 대제사장으로 가졌으니, 우리의 믿는 도리를 굳게 잡읍시다(히 4:14).

우리 앞서 싸웠던 수많은 용사들이 우리가 싸우는 것과 동일한 싸움을 치렀고, 그들을 사랑하시는 자 덕분에 넉넉히 이겼다는 사실을 기억하십시오. 그들은 어린양의 피로 이겼습니다. 우리도 그렇습니다. 그리스도의 무기는 항상 강력하며, 그분의 마음은 항상 사랑으로 넘쳐 납니다. 우리보다 앞서 간 사람을 구원하신 그분은 영원히 동일하신 분입니다. 그분은 "자기를 힘입어 하나님께 나아가는 자들을 온전히 구원하실 수 있"습니다(히 7:25). 그러니 의심과 두려움을 벗어 버립시다. "믿음과 오래 참음으로 말미암아 약속들을 기업으로 받은 자들을" 따라갑시다(히 6:12). 지금은 우리가 그 기업에 참여하기를 기다리고 있습니다.

마지막으로, 우리에게는 시간이 얼마 없고, 우리 주님의 재림이 임박했음을 기억합시다. 조금만 더 싸우면 마지막 나팔이 울리고, 평화의 왕이 새 땅을 다스리러 오실 것입니다. 조금만 더 애쓰고 힘쓰면, 전쟁과 죄와 슬픔과 사망에 영원한 작별을 고하게 될 것입니다. 그러므로 그때까지 포기하지 말고 싸움시다. 우리 구원의 대장께서 말씀하십니다. "이기는 자는 이것들을 상속으로 받으리라. 나는 그의 하나님이 되고 그는 내 아들이 되리라"(계 21:7). 존 번연이 쓴 「천로역정」의 가장 아름다운 한 부분을 인용하면서 이 장을 마치려고 합니다. 그리스도인은 자신의 지극히 선하고 거룩한 여정의 끝을 이렇게 묘사하고 있습니다.

이 일 후에 진리의 용사 씨가 다른 사람과 같이 부름받았다는 소문이 널리 퍼졌다. 그 부름이 참이라는 표시로 그는 이 말씀을 받았다. "항아리가 샘 곁에서 깨지고"(전 12:6). 그 말씀을 깨닫자, 그는 친구들을 불러 그것을 이야기해 주었다. 그리고 나서 이렇게 말했다. "나는 이제 내 아버지 집으로 가려 하네. 큰 어려움도 있었지만, 여기까지 왔군. 하지만 여기까지 오면서 부닥친 모든 크고 작은 어려움을 후회하지는 않네. 내 순례 길을 뒤따라오는 사람에게 내 검을 줄 뿐 아니라, 그 검을 가질 수 있는 용기와 솜씨도 주겠네. 나는 내게 상 주실 그분의 싸움을 싸운 사람임을 증거하는 상처와 흔적을 몸에 지녔다네." 그가 본향으로 돌아갈 때가 되자, 많은 사람들이 그와 함께 강가로 나갔다. 강으로 들어가면서 그는 이렇게 말했다. "사망아, 너의 쏘는 것이 어디 있느냐"(고전 15:55). 좀더 깊이 들어가면서 그는 이렇게 외쳤다. "무덤아, 너의 승리가 어디 있느냐." 강 건너편에 다다르자, 강 저편에서는 그를 환영하는 나팔소리가 울려 퍼졌다.

이것이 우리의 마지막 모습이 되었으면 좋겠습니다! 싸우지 않으면 우리가 살아가는 동안 거룩하게 되지도 못할 뿐 아니라, 죽었을 때도 영광의 관을 얻지 못합니다. 절대 잊지 마십시오!

5장

비용

너희 중의 누가 망대를 세우고자 할진대 자기의 가진 것이 준공하기까지에 족할는지 먼저 앉아 그 비용을 계산하지 아니하겠느냐. (눅 14:28)

본문은 대단히 중요한 말씀입니다. 매사에 "비용이 얼마나 들까?"라고 자문해 보지 않고 사는 사람은 거의 없습니다.

땅을 매입하고, 집을 짓고, 가구를 들이고, 계획을 세우고, 이사를 하고, 자녀를 교육할 때, 장래를 내다보고 숙고하는 것이 현명하고 지혜롭습니다. 많은 사람들이 먼저 "비용이 얼마나 들까?"라고 자문해 본다면, 비교적 많은 인생의 슬픔과 어려움을 덜 수 있을 것입니다.

하지만 "비용을 계산하는 것"이 특별히 중요한 데가 있습니다. 자기 영혼을 구원하는 일입니다. 참된 그리스도인이 되기 위해 치러야 할 비용은 얼마일까요? 진실로 거룩한 사람이 되기 위해 치러야 할 대가는 무엇일까요? 이것은 가장 중요한 물음입니다. 많은 사람들이 시작은 잘한 듯하다가 천국으로 가는 길에서 떠나 결국 영원한 지옥으로 떨어지는 이유는, 이 질문을 하지 않기 때문입니다. 이 주제에 대한 이해를 돕기 위해 다음 몇 가지를 살펴보겠습니다.

1. 참된 그리스도인이 되기 위해 치러야 할 비용
2. 비용을 계산하는 것이 왜 중요한가
3. 비용을 바르게 계산할 수 있는 몇 가지 힌트

우리는 아주 희한한 시대를 살고 있습니다. 신기하리만치 모든 것이 빠르게 전개됩니다. "하루 동안에 무슨 일이 일어날지" 도무지 알 수 없습니다(잠 27:1). 한 해 동안 무슨 일이 일어날지는 더더욱 알 수 없습니다! 우리는 많은 사람들이 신앙을 고백하는 위대한 시대를 살아가고 있습니다. 전국 각처에서 기독교 신앙을 고백하는 사람들이 더 거룩해지기를 열망합니다. 더 높은 차원의 영적인 삶을 갈망합니다. 하지만 기쁨으로 말씀을 받았던 사람이 두 해 또는 세 해가 채 지나기도 전에 신앙에서 떠나 이전에 짓던 죄악으로 다시 돌아가는 것도 아주 흔한 일이 되었습니다. 그들은 거룩한 그리스도인, 견실한 신앙인이 되는 데 "드는 비용"을 계산해 보지 않았습니다. 지금은 자기 자리에 앉아 자주 그 비용을 계산해 봐야 합니다. 자기 영혼의 상태를 점검해 봐야 하는 시대입니다. 거룩해지고 싶은 열망이 있다면 그것은 좋은 조짐입니다. 그런 열망을 주신 하나님께 감사드립니다. 하지만 비용도 계산해 봐야 합니다. 그리스도를 따라 영생으로 가는 길이 즐거운 길인 것은 분명합니다. 하지만 그 길은 좁은 길입니다. 십자가를 짊어진 후에야 면류관이 있다는 사실을 외면하는 것은 어리석은 짓입니다.

1. 참된 그리스도인이 되기 위해 치러야 할 비용이 무엇인지 살펴보겠습니다.

제 취지를 오해하지 마십시오. 그리스도인의 영혼을 구원하는 데 드는 비용을 살펴보자는 것이 아닙니다. 우리를 대속하고 지옥에서 구속하기 위해 하나님의 아들이 보혈을 흘린 것을 잘 압니다. 우리를 구속하기 위해 갈보리에서 예수 그리스도께서 십자가에 달려 죽으셨습니다. 우리는 "값으로 산 것"이 되었습니다(고전 6:20). 그리스도가 "모든 사람을 위하여 자기를 대속물로 주셨"습니다(딤전 2:6). 제가 살펴보려는 것은 전혀 다른 것입니다. 구원받기를 바라는 사람이 반드시 **포기해야** 할 것이 무엇인가 하는 것입니다. 그리스도를 섬기려는 사람이 드려야 할 희생의 분량이 얼마나 되는가 하는 것입니다. 이런 의미에서 치러야 할 비용을 묻는 것입니다. 저는 이것이 가장 중요한 물음이라고 굳게 믿습니다.

단지 표면적인 그리스도인이 되는 데는 많은 비용이 들지 않습니다. 일주일에 두 번 정도 예배에 참석합니다. 주중에도 웬만큼 도덕적으로 삽니다. 주변 사람이 믿는 것만큼만 믿으면 됩니다. 값싸고 쉬운 일입니다. 자기부인이나 희생을 하지 않아도 됩니다. 기독교의 구원이 이런 것이고, 이렇게 함으로써 천국에 갈 수 있다면, 생명의 길을 묘사한 말씀도 바뀌어야 합니다. "천국으로 인도하는 문은 크고 그 길은 광대하니!"

하지만 성경의 표준에 따르면, 참된 그리스도인이 되는 데는 꼭 치러야 할 대가가 있습니다. 원수들과 싸워야 합니다. 전투를 치러야 합니다. 희생을 드려야 합니다. 애굽을 떠나야 합니다. 광야를 지나야 합니다. 십자가를 져야 합니다. 경주를 해야 합니다. 안락의자에 앉아 편하게 천국으로 가는 것이 회심이 아닙니다. 회심을 통해 위대한 갈등이 시작됩니다. 승리를 얻기 위해 엄청난 대가를 치릅니다. "비용을 계산하는 것"이 말할 수 없이 중요한 이유가 바로 여기에 있습니다.

참된 그리스도인이 되기 위해 치러야 하는 비용이 무엇인지 좀 더 자세하고 정확히 살펴보겠습니다. 어떤 사람이 그리스도를 섬기고 따르게 되었다고 합시다. 일련의 고통과 시련, 사람들의 갑작스러운 죽음, 각성하게 하는 설교 등을 통해 그의 양심이 깨어납니다. 영혼의 가치를 깨닫고 참된 그리스도인이 되고자 하는 열망을 갖습니다. 이런 그를 격려하고 분발시킬 것이 많이 있습니다. 아무리 죄가 크고 많다 해도 그의 죄는 값없이 용서되었습니다. 냉랭하게 굳어 있던 마음도 완전히 새로워졌습니다. 그리스도와 성령, 자비, 은혜 같은 모든 것이 그를 위해 예비되었습니다. 그럼에도 불구하고 그에게는 여전히 계산해야 할 비용이 남아 있습니다. 이 사람이 가진 신앙으로 인해 치러야 할 대가가 무엇인지 하나하나 자세히 보겠습니다.

(1) **자기의義**를 버려야 합니다. 모든 자긍심과 오만한 생각을 버려야 합니다. 자신이 선하다는 오만한 생각을 버려야 합니다. 다른

이의 의와 공로에 힘입어 값없이 구원받아야만 하는 가난한 죄인으로 천국을 누리게 된 것을 기뻐해야 합니다. 공동기도서에 나온 대로 "길을 잃은 양처럼 그릇 행하고 잘못된 길로 다녔으며", "마땅히 해야 할 일을 하지 않았고 하지 말아야 할 일을 행했고, 성한 데라고는 하나도 없는" 죄인이라고 말할 수 있어야 합니다. 실제로 그렇게 느껴야 합니다. 자신의 도덕성, 존경받을 만한 점, 기도, 성경 읽기, 교회에 출석하고, 성찬에 참여하는 등 자신이 하는 모든 신앙생활에 대한 신뢰를 버려야 합니다. 오직 예수 그리스도만을 의지해야 합니다.

어떤 사람에게는 이 말이 어렵게만 들릴 것입니다. 한 경건한 농부가 유명한 웨스턴 패빌의 제임스 허비James Hervey에게 이렇게 말했습니다. "선생님, 죄악된 자신을 부정하는 것보다 교만한 자기를 부정하는 것이 더 어렵습니다." 이 농부가 한 말을 우리 마음에 새겨 둡시다. 참된 그리스도인이 되기 위해서는 자기의를 버려야 합니다.

(2) **자기 죄악**을 버려야 합니다. 하나님이 보시기에 그릇된 모든 습관과 행실을 기꺼이 버려야 합니다. 주변 사람이 어떻게 생각하고 말하든 상관없습니다. 죄악에서 떠나야 합니다. 그것을 대적하고 싸워야 합니다. 십자가에 못 박고, 다스려야 합니다. 정직하고 분명하게 해야 합니다. 자기가 사랑하는 특정한 죄와 타협하지 말아야 합니다. 일시적으로만 그 죄를 떠나는 일은 없어야 합니다. 모든 죄를 지독한 원수로 여겨야 합니다. 모든 거짓된 길을 미워해야 합니다. 큰 죄든 작은 죄든, 공개적인 죄든 은밀한 죄든 모든 죄를 완

전히 거부해야 합니다. 매일 힘겹게 죄와 싸워야 합니다. 죄가 자신을 지배하는 것처럼 보일 때라도 결코 포기하지 말아야 합니다. 특히, 지금 자신이 빠져 있는 죄와 끝까지 싸워야 합니다. 성경은 말합니다. "너희는 너희가 범한 모든 죄악을 버리고"(겔 18:31). "죄를 사하고 가난한 자를 긍휼히 여김으로 죄악을 속하소서"(단 4:27). "행악을 그치고"(사 1:16).

이 또한 어렵게 들릴 것입니다. 우리는 때로 죄를 내 자식처럼 끔찍이 사랑합니다. 애착을 가지고 끌어안고 즐거워합니다. 지금 누리고 있는 죄와 결별하는 것은 오른손을 잘라 내고, 오른 눈을 뽑아내는 것처럼 어렵습니다. 하지만 반드시 그렇게 해야 합니다. "악을 씹어 단맛을 즐기고 혀 밑에서 살금살금 녹이면서 아까워서 내뱉지 못하고 입 속으로 우물거리고 있지만", 구원을 얻고자 한다면 반드시 악을 버려야 합니다(욥 20:12, 공동번역). 하나님과 벗하기 위해서는 죄와 싸워야 합니다. 그리스도는 어떤 죄인이든지 기꺼이 받으십니다. 이 사실 또한 마음에 새겨 둡시다. 참된 그리스도인이 되고자 합니까? 지금 자신의 죄와 결별하십시오.

(3) **안락함에 대한 애착**을 버려야 합니다. 천국으로 난 길을 완주하려면, 고통과 어려움을 감내해야 합니다. 진지에 있는 초병처럼, 날마다 눈을 부릅뜨고 깨어 서서 지켜야 합니다. 집에 있을 때나 낯선 사람들 가운데 있을 때도 자기 행실을 살펴야 합니다. 공적이든 사적이든, 누구와 어디에 있든지, 매일 매 순간 자신의 행실에 주의해야 합니다. 시간을 어떻게 보내는지, 어떤 말을 하고 어떤 성품을 나타내는지, 어떤 생각을 하고 지내며 동기가 무엇인지, 모든 관계

에서 자신의 행실이 어떤지 살펴야 합니다. 모든 은혜의 방편을 사용하는 일에 열심을 내야 합니다. 기도와 성경 읽기와 주일 성수를 부지런히 해야 합니다. 이렇게 해도 우리는 완전에 훨씬 못 미칩니다. 그럼에도 어느 것 하나도 소홀히 할 수 없습니다. "게으른 자는 마음으로 원하여도 얻지 못하나 부지런한 자의 마음은 풍족함을 얻느니라"(잠 13:4).

이 말 또한 어렵게 들릴 것입니다. 본성적으로 우리는 신앙생활 하면서 겪는 "어려움"을 달가워하지 않습니다. 어려움을 싫어합니다. 누군가 우리를 대신해서 모든 어려운 일을 해주기를 바랍니다. 다른 사람의 귀한 체험을 자기 것으로 삼고자 하는 "대리적vicarious" 기독교를 은근히 바랍니다. 우리 마음은 노력과 수고를 요하는 것은 무엇이나 달가워하지 않습니다. 하지만 "고통이 없이는 얻는 것도 없는 것"[1]이 우리의 영혼입니다. 그리스도인이 되기 위해서는 안락함에 대한 애착을 버려야 합니다.

(4) 마지막으로, **세상의 평판**을 버려야 합니다. 하나님을 기쁘시게 하는 일이라면 사람의 어떤 악평도 들을 줄 알아야 합니다. 조롱받고, 놀림받고, 비방받고, 핍박받고, 미움을 사기도 할 것입니다. 신앙에서 비롯된 생각과 습관 때문에 멸시를 받고 조롱을 당한다 해도 놀라지 말아야 합니다. 사람들이 자신을 바보, 광신자, 열광자로 여기고, 말을 곡해하고, 행동을 잘못 전하며, 심지어 미쳤다고 해도 놀라지 말아야 합니다. 주께서 말씀하셨습니다. "내가 너희에게 종이 주인보다 더 크지 못하다 한 말을 기억하라. 사람이 나를 박해하였은즉 너희도 박해할 것이요 내 말을 지켰은즉 너희 말도 지킬 것

이라"(요 15:20).

이 말 역시 어렵기만 할 것입니다. 본성적으로 우리는 부당한 대우와 비방을 못 견뎌 하기 때문입니다. 육신을 가진 우리는 좋은 평판 듣기를 원합니다. 그래서 우리를 반대하는 말이나, 근거 없는 소문을 듣는 것이 싫습니다. 따돌림받거나 혼자 있는 것이 항상 불편합니다. 하지만 어쩔 수 없습니다. 제자인 우리도 우리 주님이 마신 잔을 마셔야 합니다. 우리도 "멸시를 받아 사람에게 버림"받는 것이 마땅합니다(사 53:3). 마음에 잘 새겨 두십시오. 그리스도인이 되기 위해서는 세상의 평판을 버려야 합니다.

지금까지 참된 그리스도인이 되기 위해 치러야 할 대가가 무엇인지 살펴보았습니다. 나열한 목록이 쉽지 않다는 것을 잘 압니다. 하지만 하나라도 배제할 만한 것이 있습니까? 자기의와 죄악과 나태함과 세상에 대한 사랑을 여전히 누리면서도, 구원받을 수 있다고 말하는 사람은 정말 담대한 사람입니다!

참된 그리스도인이 되기 위해서는 치러야 할 비용이 많습니다. 생각이 바로 된 사람이라면, 영혼을 구하기 위해 치르는 어떤 비용도 아깝지 않게 여길 것입니다. 침몰하는 배에 탄 선원 중에, 살기 위해 배 밖으로 내던지는 짐을 아까워할 사람은 없습니다. 몸의 한 부분이 썩어 들어가는 사람은 목숨을 구하기 위해 어떤 고통스러운 수술도 감내할 것입니다. 심지어 그 부분을 절단이라도 할 것입니다. 그리스도인은 자신과 천국 사이를 가로막는 것은 무엇이나 기꺼이 포기해야 합니다. 대가를 치르지 않는 종교는 아무 소용없습니다! 십자가 없는 값싼 기독교는 결국 면류관도 없는 쓸모없는 기독교로 드러날 것입니다.

2. 비용을 계산하는 것이 사람의 영혼에 왜 중요한지 살펴보겠습니다.

그리스도가 정하신 의무를 소홀히 하면 항상 그 대가를 치르게 된다는 말로 이 문제를 쉽게 해결할 수도 있습니다. 얼마나 많은 사람들이 일생 동안 구원에 이르는 신앙의 본질을 외면하며 살고, 그리스도인이 되는 비용을 계산하기 싫어하는지를 이야기할 수도 있습니다. 삶이 다하고 기력이 쇠하고서야 위기를 느끼고 하나님께 돌아가려고 애쓰는 수많은 사람들에 대해 이야기할 수도 있습니다. 이런 많은 사람들이 회개와 회심이 생각처럼 쉽지 않고, 참된 그리스도인이 되기 위해서는 "많은 대가"를 치러야 한다는 사실에 얼마나 경악하는지 이야기할 수도 있습니다(행 22:28). 죄에 관대하고, 자긍하고, 안락함과 세상을 사랑하는 습관은 생각보다 떨쳐 버리기가 훨씬 어렵습니다. 조금 싸우다가 절망하여 포기합니다. 아무 희망도 은혜도 없이, 하나님을 만나기에 부적당한 영혼으로 세상을 떠나고 맙니다! 일단 정신 차리고 마음을 먹기만 하면, 믿는 일은 그리 어렵지 않을 것이라고 평생 자신해 왔습니다. 하지만 너무 늦게 눈을 뜨게 되었습니다. 비용을 전혀 계산하지 않았기 때문에 파멸한다는 사실을 이제야 처음 안 것입니다.

이 부분에 대해 특별히 말해 주고 싶은 부류의 사람들이 있습니다. 이들은 아주 위험한 상태에 있습니다. 그 수가 이미 많은 데다가 점점 늘어나고 있습니다. 우리가 관심을 기울여야 할 사람이기에, 이들에 대해 잠깐 서술하겠습니다.

내가 말하려는 사람들은 신앙에 대해 전혀 생각이 없는 사람들이 아닙니다. 오히려 신앙에 대해 많이 생각합니다. 신앙에 대해 무지하지도 않습니다. 신앙의 요점에 대해 아주 잘 알고 있습니다. 하지만 이들의 큰 결점은 믿음의 "뿌리"와 "터"가 부실하다는 것입니다(엡 3:17). 많은 경우 믿는 가정에서 자라고 양육되었기 때문에 간접적으로 얻은 신앙 지식은 많습니다. 그러나 직접 내면의 경험으로부터 얻은 것은 아닙니다. 이런 사람들은 주변의 환경에서 비롯된 감상적 느낌, 본성적 감흥, 그리고 주변의 신앙인처럼 되고 싶은 조급한 마음에 경솔하고 손쉽게 신앙을 고백합니다. 하지만 마음에 분명한 은혜의 역사가 없는 경우가 허다합니다. 이런 사람들이야말로 아주 위험합니다. 성경이 말하는 대로 "그 비용을 계산하도록" 촉구해야 할 사람들이 바로 이들입니다.

"비용을 계산"하지 않았기 때문에 수많은 이스라엘 사람들이 애굽과 가나안 사이 광야에서 비참하게 스러져 갔습니다. 열정과 열심을 가지고 이집트를 나섰습니다. 무엇도 자신들을 가로막지 못할 줄 알았습니다. 하지만 노정에서 여러 위험과 어려움을 마주하자, 그들의 용기는 곧 시들해졌습니다. 한번도 어려움에 대해 생각해 보지 않았던 것입니다. 금방 다다를 것으로 믿었던 약속의 땅이 그들이 생각한 전부였습니다. 그런 그들을 원수들과 여러 가지 결핍과 배고픔과 갈증이 시험하기 시작했습니다. 이들은 곧바로 모세와 하나님을 원망했습니다. 애굽으로 다시 돌아갈 마음까지 간절해졌습니다. 요컨대, 그들은 비용을 계산하지 않았습니다. 이로 인해 모든 것을 잃고 자기 죄 가운데 죽어 간 것입니다.

주 예수 그리스도의 가르침을 직접 들었던 사람들도 "비용을 계산"하지 않았기 때문에, 얼마 지나지 않아 떠나가고 "다시 그와 함께 다니지 않"았습니다(요 6:66). 처음 그분의 설교를 듣고 베푸시는 기적을 보았을 때는 "하나님의 나라가 당장에 나타날 줄로 생각"했습니다(눅 19:11). 그들도 제자들과 운명을 같이하려고 했습니다. 그 결과는 생각하지도 않고 예수님을 따라갔습니다. 하지만 믿기 어려운 가르침을 듣고, 행하기 힘든 어려운 일을 대면하고 참기 힘든 대우를 받으면서, 그들의 믿음은 완전히 무너져 내렸고, 아무 것도 아닌 것으로 증명되었습니다. 한마디로, 그들은 "비용을 계산"하지 않았습니다. 그들의 신앙고백은 파선하고 말았습니다.

비용을 계산하지 않았던 헤롯 왕은 자신의 옛 죄로 다시 돌아갔습니다. 자기 영혼을 파멸로 몰아갔습니다. 그는 세례 요한의 설교를 즐겨 들었습니다. 헤롯은 요한을 의롭고 거룩한 사람으로 여기고 유심히 "관찰"했습니다. 올바르고 선한 일도 많이 했습니다. 그런데 그 역시 자기가 사랑하는 헤로디아가 요한의 생명을 요구하자, 신앙이 여지없이 무너졌습니다. 그런 일은 전혀 생각해 보지 않았던 것입니다(막 6:20). 비용을 계산하지 않았던 것입니다.

데마 역시 비용을 계산하지 않았기 때문에 사도 바울의 곁을 떠났습니다. 복음과 그리스도와 천국을 버렸습니다. 오랫동안 저 위대한 이방인의 사도와 함께 여행했던 그는, 실로 그의 "동역자"였습니다. 하지만 하나님과 벗 됨과 동시에 세상과 짝할 수는 없다는 사실을 알았습니다. 신앙을 버리고 세상으로 돌아갔습니다. 사도 바울은 "데마는 이 세상을 사랑하여 나를 버리고" 갔다고 말했습니다

(딤후 4:10). "비용을 계산"하지 않았던 것입니다.

능력 있는 복음 설교자의 설교를 들었던 사람도 "비용을 계산"하지 않아서 종종 비참한 결말을 드러내는 경우가 있습니다. 설교에 흥분하고 감동되어 실제로 경험하지도 않은 것을 믿는다고 고백합니다. 말씀을 "기뻐하며" 받습니다. 기존 신자도 놀랄 지경입니다. 이들의 열심과 열정은 아무도 못 당할 것 같습니다. 영적 목적을 얼마나 열심히 이야기하고 어찌나 열정적으로 일하는지, 앞서 믿은 신자가 무안할 정도입니다. 그러나 시간이 가고 그런 감흥에 익숙해지면서, 그들은 점점 변하기 시작합니다. 돌밭과 같은 마음을 가진 사람으로 드러나는 것입니다. 주께서 씨 뿌리는 자의 비유에서 정확히 예로 들었던 그 사람으로 드러나는 것입니다. "말씀으로 말미암아 환난이나 박해가 일어날 때에는 곧 넘어지는 자요"(마 13:21). 열심이 조금씩 녹아내립니다. 사랑이 식습니다. 회중석에서 점점 그들을 볼 수 없게 됩니다. 더 이상 그들이 어떻게 되었는지 소식조차 들을 수 없습니다. 왜 그렇게 되었습니까? "비용을 계산"하지 않았기 때문입니다.

종교적 부흥이 한창일 때 신앙을 고백하고 회심한 많은 사람들이 "비용을 계산"하지 않아서 곧 세상으로 다시 돌아갑니다. 신앙을 부끄럽게 합니다. 애초부터 이들은 참된 기독교에 대한 그릇된 관념으로 믿음생활을 시작합니다. 이른바, "그리스도께 가기"만 하면 되는 것이 신앙인 줄 압니다. 강한 내적인 기쁨과 평안을 누리는 것이 전부인 줄 압니다. 하지만 얼마 지나지 않아, 자신이 지고 가야 할 십자가가 있다는 것을 알게 됩니다. 마음에 자기기만이 있다는 것을 압니다. 항상 신자를 넘어뜨리는 데 열심인 마귀가 가까이 있다는 사실을 압니다. 그런데 이 모든 사실이 귀찮고 짜증이 납니다. 냉랭해져서는 다시 자신들의 옛 죄로 돌아갑니다. 왜 그렇습니까? 실제로 성경이 말하는 기독교가 무엇인지 모르기 때문입니다. "비용을 계산" 해야 함을 알지 못한 것입니다.

신앙을 가진 부모의 자녀들이 비용을 계산하지 않기 때문에 악하게 드러나기도 하고, 기독교에 걸림돌이 되기도 합니다. 어렸을 때부터 복음의 형식과 이론에 익숙합니다. 심지어 유아 때부터 위대한 성구를 반복해서 들으며 자랍니다. 매주 듣는 복음의 가르침에 익숙합니다. 주일학교에서 다른 사람을 가르치기도 합니다. 왜 신앙을 가져야 하는지 이유도 모른 채, 신앙을 고백하면서 자랍니다. 신앙을 진지하게 생각하지도 않습니다. 그러다가 성인이 되어 삶이 그들을 압박하기 시작합니다. 그러면 어떤 사람은 아예 모든 종교를 버리고 세상으로 돌아갑니다. 왜 그렇습니까? 기독교 신앙에 따르는 희생에 대해 철저히 이해하지 못했기 때문입니다. "비용을 계산해 보라"는 가르침을 한번도 들어 보지 못했기 때문입니다.

이것은 참 엄중하고도 슬픈 사실입니다. 지금 우리가 살피는 주제가 얼마나 중요한지를 보여줍니다. 거룩해지고 싶다고 하는 모든 사람들에게 비용을 계산하는 것을 강조해야 할 이유를 보여줍니다. 모든 교회에서 이 설교의 주제를 분명하게 강조해야 할 절대적인 필요를 나타냅니다. "비용을 계산하라."

"비용을 계산" 해야 할 의무를 지금보다 더 자주 가르칠 필요가 있습니다. 신앙고백자가 많이 나오는 시대의 특징 가운데 하나는,

오래 참지 못하고 서두른다는 것입니다. 이들이 복음을 통해 바라는 것은, 순간적으로 일어나는 회심과 즉각적으로 느낄 수 있는 평화뿐인 것 같습니다. 이외에 다른 것들은 거의 눈에 들어오지 않습니다. 이런 것들을 얻기 위해 모든 수고를 마다하지 않습니다. 단언하건대, 이렇게 노골적이고 편향된 기독교 신앙은 너무나 해롭습니다.

제 취지를 오해하지 말기 바랍니다. 사람에게 주어지는 구원은 그리스도 예수 안에 있는 풍성하고 값없는 구원입니다. 현재적이고 즉각적인 구원입니다. 전적으로 동의합니다. 즉시 회심해야 하고, 즉시 회심할 것을 촉구해야 한다는 것에도 전적으로 동의합니다. 이것은 양보할 수 없는 진리입니다. 하지만 이런 진리만 따로 뚝 떼어서 말하지는 말아야 합니다. 세상에서 돌아서서 그리스도를 섬기고자 하는 사람들에게, 자신이 지고 가야 하는 것이 무엇인지 정직하게 말해 주어야 합니다. 그리스도의 용사로 싸우는 싸움이 어떤 것인지도 모르는 사람을 그리스도의 군대로 떠밀어서는 안됩니다. 비용을 계산해 보라고 정직하게 말해 주어야 합니다.

이 문제에 대해 우리 주 예수 그리스도께서 어떻게 실천하셨는지 알고 싶습니까? 누가의 기록을 읽어 봅시다. 주님은 말씀하십니다. "수많은 무리가 함께 갈새 예수께서 돌이키사 이르시되 무릇 내게 오는 자가 자기 부모와 처자와 형제와 자매와 더욱이 자기 목숨까지 미워하지 아니하면 능히 내 제자가 되지 못하고 누구든지 자기 십자가를 지고 나를 따르지 않는 자도 능히 내 제자가 되지 못하리라"(눅 14:25-27). 현대의 많은 종교 교사들의 가르침과 이 말씀이 어떻게 조화가 될지 모르겠습니다. 하지만 이 교리는 정오의 해처럼 분명합니다. "비용을 계산해 보라"고 분명히 경고하지 않고 사람을 성급하게 재촉하여 제자도를 고백하게 하지 말라는 것입니다.

앞서 간 탁월한 복음 설교자들이 이 부분에 대해 어떻게 했는지 궁금합니까? 앞에서 언급한 대로, 그들은 모두 하나같이 군중들을 대하시는 예수님의 지혜를 따랐습니다. 루터와 라티머, 백스터, 웨슬리, 윗필드와 존 베리지John Berridge, 롤런드 힐Rowland Hill 같은 사람들은 모두 사람의 마음이 얼마나 기만적인지 예리하게 알아챘습니다. 반짝인다고 다 금은 아닙니다. 죄를 자각하는 것이 곧 회심은 아닙니다. 느낌이 곧 믿음은 아닙니다. 감동이 곧 은혜는 아닙니다. 피어난 모든 꽃이 다 결실하는 것은 아닙니다. 그들은 이런 사실을 잘 알고 있었습니다. 그들은 끊임없이 "미혹받지 말라"고 외쳤습니다(신 11:16, 눅 21:8, 고전 6:9, 15:33, 갈 6:7). "자신의 행실을 주의하여 보라. 부름받기도 전에 먼저 달음박질치지 말라. 비용을 계산해 보라."

선을 행하고자 한다면, 우리 주 예수 그리스도의 발자취 따라가기를 부끄러워하지 말아야 합니다. 할 수만 있다면 열심을 내십시오. 다른 사람의 영혼을 구원할 기회를 얻으십시오. 사람들에게 자신의 행실을 잘 살피도록 권고하십시오. 거룩한 침노로 하나님 앞에 나아와 반역의 무기를 내려놓고 굴복하라고 재촉하십시오. 기꺼이, 값없이 주시는 온전하고도 즉각적인 구원을 받아들이도록 권하십시오. 그리스도와 그분이 주시는 모든 유익을 맞아들이도록 요청하십시오. 하지만 이 모든 일을 진리 가운데 하십시오. 온전한 진리를 말해 주십시오. 병사를 모집하는 일에 천박한 술수를 사용하는 것을 수치스럽게 여기십시오. 멋진 제복과 보수와 영광만 말하지 마십시오. 원수와 전쟁과 무기와 보초를 서는 것과 행군과 훈련에 대해서도 말해 주십시오. 기독교의 한쪽 면만을 말하지 마십시오. 우리의 구속을 위해 그리스도께서 못 박히신 십자가는 말하면서, 우리가 반드시 지고 가야 할 자기부인의 십자가는 뒤로 감추어 두지 마십시오(마 16:24). 기독교가 수반하는 것이 무엇인지 제대로 설명해 주십시오. 회개하고 그리스도께 나아가라고 사람들에게 간청하십시오. 동시에 비용에 대해서도 일러 주십시오.

3. 마지막으로, **비용을 바르게 계산하는 데 도움이 될 몇 가지 힌트를** 드리겠습니다.

이 주제에서 이 부분을 언급하지 않고 지나간다면 정말 후회할 것입니다. 저는 누구도 절망하게 만들고 싶지 않습니다. 그리스도를 섬기는 일에서 뒤로 물러나게 하고 싶지도 않습니다. 모든 사람을 격려하여 십자가를 지고 앞으로 전진하도록 하는 것이 저의 열망입니다. 반드시 비용을 계산해 봅시다. 주의 깊게 계산해 봐야 합니다. 비용을 바르게 계산하고 나서 사방을 둘러보십시오. 우리를 두렵게 할 것은 아무것도 없습니다.

참된 기독교의 비용을 계산할 때, 우리가 항상 염두에 두어야 할 몇 가지가 있습니다. 그리스도의 제자가 되기를 원합니까? 자신이 버려야 할 것이 무엇이고, 받아들여야 할 것이 무엇인지를 낱낱이 적어 보십시오. 하나도 빠뜨리지 마십시오. 그리고 지금 말하는 것을 그 옆에 나란히 적어 보십시오. 정직하고 바르게 하십시오. 결과를 두려워하지 마십시오.

(1) 여러분이 진실하고 거룩한 그리스도인이라면, **이득과 손해**를 생각해 보고 비교해 보십시오. 틀림없이 이 세상에서 잃는 것이 있을 것입니다. 하지만 영원히 죽지 않는 여러분의 영혼은 구원을 얻을 것입니다. 성경은 말합니다. "사람이 만일 온 천하를 얻고도 자기 목숨을 잃으면 무엇이 유익하리요"(막 8:36).

(2) 여러분이 진실하고 거룩한 그리스도인이라면, **칭찬과 비난**을 생각해 보고 비교해 보십시오. 사람에게 비난받을 수는 있지만, 성부 하나님, 성자 예수님, 성령 하나님께는 칭찬받을 것입니다. 여러분을 비난하는 사람은 부정하고, 눈멀고, 오류에 빠지기 쉬운 사람들입니다. 하지만, 여러분을 칭찬하시는 분은 왕 중의 왕이시고, 온 땅을 심판하시는 분입니다. 하나님께서 복 주시는 자야말로 진정한 복을 받는 자입니다. 성경은 말합니다. "나로 말미암아 너희를 욕하고 박해하고 거짓으로 너희를 거슬러 모든 악한 말을 할 때에는 너희에게 복이 있나니 기뻐하고 즐거워하라. 하늘에서 너희의 상이 큼이라"(마 5:11-12).

(3) 여러분이 진실하고 거룩한 그리스도인이라면, **친구와 원수**를 생각해 보고 비교해 보십시오. 한편에는 악인과 마귀가 원수로 있을 것이고, 다른 한편에서는 주 예수 그리스도의 우정과 호의를 받아 누리게 됩니다. 여러분의 원수가 할 수 있는 일이라고는 기껏해야 여러분의 발꿈치를 상하게 하는 것입니다. 크게 소리 지르며 사납게 날뛰고 바다와 땅을 두루 다니며 여러분을 멸망으로 이끌기 위해 동분서주하겠지만, 여러분을 파멸에 이르게 할 수는 없습니

다. 여러분의 친구는 자신을 통해 하나님께 나아오는 그 어떤 자라도 구원하실 수 있습니다. 누구도 그분의 양을 빼앗아 갈 수 없습니다. 성경은 말합니다. "몸을 죽이고 그 후에는 능히 더 못하는 자들을 두려워하지 말라. 마땅히 두려워할 자를 내가 너희에게 보이리니 곧 죽인 후에 또한 지옥에 던져 넣는 권세 있는 그를 두려워하라. 내가 참으로 너희에게 이르노니 그를 두려워하라"(눅 12:4-5).

(4) 여러분이 진실하고 거룩한 그리스도인이라면, **현재의 삶과 미래의 삶**을 생각해 보고 비교해 보십시오. 이 시대는 편안히 쉴 수 있는 시대가 아닙니다. 깨어 기도하고, 싸우고, 분투하고, 믿고, 일할 때입니다. 하지만 그 시대는 곧 끝납니다. 도래하는 시대는 안식과 생명의 시대입니다. 죄는 쫓겨납니다. 사탄이 결박됩니다. 무엇보다도 영원한 안식이 있습니다. 성경은 말합니다. "우리가 잠시 받는 환난의 경한 것이 지극히 크고 영원한 영광의 중한 것을 우리에게 이루게 함이니 우리가 주목하는 것은 보이는 것이 아니요 보이지 않는 것이니 보이는 것은 잠깐이요 보이지 않는 것은 영원함이라"(고후 4:17-18).

(5) 여러분이 진실하고 거룩한 그리스도인이라면, **죄가 주는 쾌락과 하나님을 섬기는 행복**을 생각해 보고 비교해 보십시오. 세상을 사랑하는 사람이 자기 뜻대로 행함으로 얻게 되는 쾌락은 공허하고, 비실재적이고, 만족함이 없습니다. 가시나무에 붙은 불과 같이 잠시 소리를 내며 타오르다가 이내 영원히 사그라지고 맙니다. 그리스도께서 자기 백성에게 주시는 행복은 견고하고, 영원하고, 실재합니다. 건강이나 환경에 좌우되는 행복이 아닙니다. 죽음의 순

간에도 사라지지 않는 행복입니다. 썩지 않을 영원한 면류관을 얻게 하는 행복입니다. 성경은 말합니다. "경건하지 못한 자의 즐거움도 잠깐이니라"(욥 20:5). "우매한 자들의 웃음소리는 솥 밑에서 가시나무가 타는 소리 같으니"(전 7:6). 또한 이렇게도 말합니다. "평안을 너희에게 끼치노니 곧 나의 평안을 너희에게 주노라. 내가 너희에게 주는 것은 세상이 주는 것과 같지 아니하니라. 너희는 마음에 근심하지도 말고 두려워하지도 말라"(요 14:27).

(6) **참된 기독교 신앙에 따르는 어려움과 무덤 너머에서 악한 자의 몫으로 예비된 어려움을 생각해 보고 비교해 보십시오.** 성경 읽고, 기도하고, 회개하고, 믿고, 거룩하게 사는 삶이 고난과 자기부인을 요구한다고 가정해 봅시다. 그렇다 해도 이 모든 것은 회개하지 않고 믿지 않는 자를 위해 예비된 "임박한 진노"와 비교하면 아무것도 아닙니다(마 3:7, 눅 3:7). 지옥에서의 한 날은 십자가를 지고 가는 평생의 삶보다 더 가혹할 것입니다. "구더기도 죽지 않고 불도 꺼지지 아니하는" 고통은 사람이 온전히 감당하거나 묘사할 수 없는 것입니다(막 9:48). 성경은 말합니다. "너는 살았을 때에 좋은 것을 받았고 나사로는 고난을 받았으니 이것을 기억하라. 이제 그는 여기서 위로를 받고 너는 괴로움을 받느니라"(눅 16:25).

(7) 마지막으로, **죄와 세상으로부터 돌이켜 그리스도를 섬기는 사람의 숫자와 그리스도를 버리고 세상으로 떠나간 사람의 숫자를 생각해 보고 비교해 보십시오.** 한편에는 수많은 사람들이 있고, 다른 한편에는 한 명도 없습니다. 많은 이들이 매년 세상의 넓은 길에서 돌이켜 좁은 길로 들어서고 있는 데 반해, 진실하게 좁은 길을 가는 사

람 가운데 그 길이 지겨워 넓은 길로 돌아간 사람은 한 명도 없습니다. 지옥을 향해 내리닫는 걸음은 자주 그 길을 잃어버리지만, 천국으로 난 길을 가는 발걸음은 언제나 한 길을 갑니다. 성경은 말합니다. "악인의 길은 어둠 같아서"(잠 4:19). "사악한 자의 길은 험하니라"(잠 13:15). 또한 이렇게 말합니다. "의인의 길은 돋는 햇살 같아서 크게 빛나 한낮의 광명에 이르거니와"(잠 4:18).

이런 계산을 항상 제대로 할 수 있는 것은 아닙니다. 많은 사람들이 항상 "둘 사이에서 머뭇머뭇"합니다(왕상 18:21). 그리스도를 섬기는 일이 가치 있는 것이라고 확신하지 못합니다. 잃는 것과 얻는 것, 이익과 손해, 슬픔과 기쁨, 도움 될 것과 방해 될 것의 차이가 크게 느껴지지 않아, 하나님을 향해 마음을 정하지 못합니다. 이 위대한 계산을 제대로 할 수 없기 때문에, 항상 그 결과가 분명하지 못합니다. 잘못된 계산을 하고 있는 것입니다.

이러한 잘못이 거듭되는 이유는 무엇입니까? 믿음이 부족하기 때문입니다. 우리 영혼에 관한 바른 결정을 하기 위해서는, 사도 바울이 히브리서 11장에서 묘사한 것과 같은 강력한 원리가 있어야 합니다. "비용을 계산"할 때 이 원리가 어떻게 작용하는지 살펴보겠습니다.

노아는 어떻게 끝까지 방주를 완성할 수 있었습니까? 세상 죄인과 불신자 가운데서 노아는 홀로 서 있었습니다. 조롱과 비난과 냉소를 견뎌야 했습니다. 이 모든 것에 맞서 그의 팔을 강하게 붙들고 끝까지 일을 마치게 했던 힘은 무엇이었습니까? 믿음입니다. 임박한 진노를 그는 믿었습니다. 자신이 짓고 있는 방주 외에 그 어디에도 하나님의 진노를 피할 곳은 없다는 것을 믿었습니다. 믿음이 있었기 때문에 세상의 의견을 매우 하찮게 여겼습니다. 그는 믿음으로 "비용을 계산"했고, 방주를 짓는 것이 유익한 길임을 전혀 의심하지 않았습니다.

모세는 어떻게 바로의 궁전에서 누리는 즐거움을 버리고, 바로의 딸의 아들이라 불리는 영예를 거절할 수 있었습니까? 어떻게 멸시받는 히브리 백성과 운명을 같이하기로 하고, 세상의 모든 것을 버리고 그들과 함께 출애굽의 위대한 역사를 시작할 수 있었습니까? 육신의 눈으로 볼 때, 그는 모든 것을 잃고 있었습니다. 어떻게 모든 것을 잃을 수밖에 없는 일을 하고자 했을까요? 무엇이 그렇게 만든 것입니까? 믿음입니다. 자기에게 일어나는 모든 일을 통해 안전하게 데리고 나가실 분, 바로Pharaoh 위에 계시는 분을 믿었던 것입니다. 자신이 얻게 될 "큰 상"이 이집트의 모든 영화보다 훨씬 더 나은 것이라 믿었습니다(히 10:35). 그는 "보이지 아니하는 자를 보는 것 같이 하여" 믿음으로 "비용을 계산"했습니다(히 11:27). 이집트를 버리고 광야로 떠나가는 것이 더 나은 길임을 알았습니다.

바리새인이었던 사울은 어떻게 그리스도인이 되기로 마음먹었습니까? 그리스도인이 됨으로써 치르게 될 희생은 끔찍한 것이었습니다. 동족 가운데서 누리게 될 전도유망한 것을 모두 버렸습니다. 그는 사람의 호의 대신에, 미움, 적개심, 핍박, 심지어 죽음까지 자초했습니다. 그가 이 모든 것을 마주할 수 있었던 것은 무엇 때문입니까? 믿음입니다. 다마스쿠스로 가는 길에 만난 예수님이, 자신이 포기한 것과는 비교할 수 없이 귀한 분임을 믿었습니다. 다가올 세상에서 주실 영생도 믿었습니다. 믿음으로 그는 "비용을 계산"했습니다. 어느 쪽이 더 이익인지 분명히 알았습니다. 그리스도의 십자가를 지는 것이 더 유익이라는 것을 그는 굳게 믿었습니다.

이런 사실들을 주목해 봅시다. 노아와 모세와 사도 바울로 하여금 그런 결정을 내리게 한 믿음이야말로, 우리 영혼에 대한 바른 결정을 내리게 하는 비밀입니다. 우리가 참된 그리스도인이 되는 비용을 꼼꼼히 계산할 수 있도록 도와주는 것은, 그들을 도왔던 바로 그 믿음입니다. "더욱 큰 은혜를 주시"기를 간구하면 이들이 가졌던 것과 동일한 믿음을 갖게 될 것입니다(약 4:6). 이 믿음을 갖고 볼 때, 우리는 모든 것의 참된 가치를 제대로 볼 수 있습니다. 이 믿음이 충만할 때, 우리는 십자가에 무엇을 더하지도 않고, 면류관에서 무엇을 빼지도 않게 됩니다. 우리의 결론이 모두 옳은 것으로 드러납니다. 우리의 계산은 틀림없이 들어맞게 됩니다.

(1) 결론적으로, 자신의 신앙 때문에 치르고 있는 대가가 무엇인지 진지하게 생각해 보십시오. 아무 대가도 치르지 않고 있을 가능성이 많습니다. 신앙으로 인한 어떤 어려움도 없고, 시간도 들이지 않고, 생각도 없고, 근심도 없고, 고통도 없고, 성경을 읽지도 않고, 기도도 하지 않고, 자기부인도 없고, 갈등도 없고, 노력도 없고, 수고도 하지 않을지 모릅니다. 내 말을 잘 들어 보십시오. 이런 신앙을 가진 여러분의 영혼은 결코 구원에 이를 수 없습니다. 살아 있는 동안에도 평화를 얻지 못하고, 죽을 때도 희망이 없습니다. 고통의 날에 아무 힘도 얻지 못합니다. 임종 때에도 여러분을 북돋아주지 못합니다. 비용을 지불하지 않는 신앙은 가치 없는 신앙입니다. 너무

늦기 전에 깨어나십시오. 깨어 회개하십시오. 깨어 돌이키십시오. 깨어 믿으십시오. 깨어 기도하십시오. "신앙 때문에 당신이 치르고 있는 대가가 무엇인가?"라는 물음에 만족할 만한 대답을 할 수 있을 때까지 쉬지 마십시오.

(2) 하나님을 섬기는 마음을 불러일으킬 동기가 필요하다면, **자신의 영혼 구원을 위해 치러야 할 대가가 무엇인지** 생각하십시오. 하나님의 아들이 여러분이 진 빚을 하나님께 갚고 완전한 구속을 이루기 위해 어떻게 하늘을 떠나 사람이 되시고, 십자가에서 고난당하시고, 무덤에 내려가셨는지를 생각하십시오. 이 모든 것을 생각해 보고, 영생하는 영혼을 소유하는 것은 결코 시시한 문제가 아님을 아십시오. 자기 영혼을 위한 약간의 수고는 정말 가치 있는 일입니다.

아, 게으른 사람이여, 진정 당신은 수고하기가 싫어서 천국을 잃어버리렵니까? 단지 애쓰는 것이 싫어서 영원히 파선하기로 작심했습니까? 비겁하고 무가치한 생각을 버리십시오. 남자답게 일어나십시오. "어떤 대가를 치르더라도, 나는 좁은 문으로 들어가기 위해 최선을 다하겠다"고 스스로에게 말하십시오. 그리스도의 십자가를 바라보고, 용기를 얻으십시오. 죽음과 심판과 영원을 내다보고 진지하게 나아가십시오. 그리스도인이 되기 위해서는 많은 대가를 치르게 될지도 모릅니다. 하지만 이는 확실한 보상이 있을 것입니다.

(3) 여러분 가운데 실제로 자신은 이미 비용을 계산했고 십자가를 지고 간다고 생각하는 사람이 있다면 부탁합니다. **인내하고 계속 행진하십시오.** 마음이 약해지고 절망에 빠져 다 포기하고 싶을 때가 있을 것입니다. 원수들이 너무 많게 느껴지고, 자기를 둘러싼 죄악

이 너무 강하게 느껴질 것입니다. 함께할 친구는 얼마 되지 않고, 길은 너무 좁고 가파릅니다. 어떻게 해야 할지도 모릅니다. 하지만 제가 드릴 말씀은 한 가지입니다. **인내하고 계속 행진하십시오.**

　시간이 얼마 없습니다. 깨어 기도할 시간도, 이 세상이라는 바다에서 떠밀려 다닐 시간도, 죽음과 여러 변화를 맞이할 시간도, 몇 번의 겨울과 여름을 더 맞이할 수 있을지도 잘 모릅니다. 이 모든 것이 얼마 남지 않았고, 이내 끝에 도달할 것입니다. 이제 최후의 싸움을 싸워야 합니다. 그 후에는 더 이상 싸울 필요도 없겠죠.

　그리스도가 우리와 동행하시고 현존하십니다. 이 땅에서 우리가 당하는 모든 어려움을 이겨내는 이유입니다. 지금까지의 우리 모습을 보고 우리 삶의 여정을 뒤돌아보면, 자신의 무기력함에 소스라치게 놀랄 것입니다. 십자가는 무겁게 여긴 반면에, 우리가 받을 면류관은 너무나 작게 여겼다는 사실에 놀랄 것입니다. "비용을 계산"할 때 어느 편에 서는 것이 더 이득일지 항상 고민했다는 사실에 놀랄 것입니다. 자, 기운을 냅시다. 집에 거의 다 와 갑니다. **참된 그리스도인, 견실한 신자가 되는 데는 많은 비용이 듭니다.** 하지만 이는 확실한 보상이 있는 일입니다.

첨언

앞서 언급한 부흥이라는 말을 오해하는 사람이 있을까 싶어 이에 대해 몇 마디 덧붙이고자 합니다.

　신앙의 참된 부흥에 대해 어느 누구보다 제 자신이 더 깊이 감사합니다. 어디에서 누구를 통해 되었든지, 부흥이 있다면 온 마음으로 하나님께 감사함이 마땅합니다. 선포자가 누구든지 "예수가 전파되면" 저는 기쁩니다. 어느 교파에서든 생명의 말씀이 전파되고 영혼이 구원을 받는다면 축하할 일입니다. 하지만 슬프게도, 이 세상에서는 어둠이 없이 온전히 선하기만 한 것은 없습니다. 부흥 운동의 결과로 드러난 것 가운데 하나는 건전하지 못하고 해로운 신학 체계가 생겨났다는 사실입니다. 이 신학 체계의 주된 특징은 이렇습니다. 이들은 신앙에서 다음 세 가지 것을 지나치게 확대하고 강조합니다. 즉 순간의 회심, 회심하지 않은 죄인을 그리스도께로 나오도록 하는 초청, 회심의 증거로서의 내적인 기쁨과 평화 등입니다. 이 세 가지 중요한 진리를 매번 필요 이상으로 끊임없이 내세워서 커다란 해를 끼치고 있다는 사실을 다시 말하지 않을 수 없습니다. 물론, 사람이 즉시 회심하도록 촉구하는 것은 옳습니다. 하지만 이런 유의 회심 외에 다른 회심은 없는 것처럼 호도해서, 갑자기 극적으로 하나님께 회심하지 않으면 전혀 회심하지 않은 것으로 여겨서는 안됩니다. "있는 모습 그대로" 그리스도께로 나아갈 의무는 모든 청중에게 강조되어야 합니다. 이는 복음 설교의 진정한 초석입니다. 하지만 믿는 것뿐 아니라, 회개 역시 강조해야 합니다. 그들이 왜 그리스도께 나아와야 하는지, 무엇을 위해 그리스도께 나아오는지, 그들의 필요가 어디부터 비롯되는지에 대해 알려 주어야 합니다. 그리스도 안에서 누리는 평화와 위로도 선언되어야 합니다. 하지만 강력한 내적 기쁨이나 차원 높은 생각 등이 칭의에 필수적인 것은 아닙니다. 승리에 찬 느낌이 없어도 참된 믿음과 평화는 가능합니다. 기쁨만으로는 결코 확실한 은혜의 증거가 될 수 없습니다.

　　이 신학 체계가 갖는 결점을 다음과 같이 이야기해 볼 수 있습니다. 첫째, 죄인을 회심하게 하는 성령의 역사가 너무나 편협하고 단편적입니다. 모든 참된 회심자가 하나같이 사도 바울이나 빌립보 감옥의 간수처럼 극적이고 즉각적인 회심을 하는 것은 아닙니다. 둘째, 죄인에게 하나님의 율법의 거룩이나 죄의 심각함, 실제 죄책이 무엇인지 충분히 가르치지 않습니다. 그들이 왜 그리스도께로 나아가야 하는지, 그들의 죄가 어떤지에 대해 충분히 알려 주지 않은 상태에서 즉시 "그리스도께로 나아가라"고 말하는 것은 소용이 없습니다. 셋째, 믿음이 제대로 설명되지 않습니다. 어떤 경우에는 믿음을 순전히 느낌과 같은 것이라고 가르칩니다. 다른 경우에는 또 그리스도가 죄인을 위해 죽었다는 것을 믿으면 믿음이 있는 것이라고 가르칩니다. 그러나 마귀도 이 정도의 믿음은 있습니다. 넷째, 내적인 기쁨과 확신의 소유는 믿음의 핵심이라고 말합니다. 하지만 확신이 구원하는 믿음에 꼭 필요한 요소는 아닙니다. 확신이 없이도 믿음은 있을 수 있습니다. 믿자마자 즉시 기뻐하라고 모든 신자에게 강요하는 것이 가장 위험합니다. 어떤 사람은 믿음이 없으면서도 기뻐할 수 있습니다. 하지만 즉시 기뻐하지 못해도 믿음이 있는 사람이 있습니다. 마지막으로, 죄인을 구원함에 있어 하나님의 주권이나 보호하시는 은혜의 필요와 같은 것이 너무나 간과되고 있습니다. 회심이라는 것이 사람들이 바라는 대로 조절되는 것처럼 말하지만, 성경은 이렇게 말합니다. "원하는 자로 말미암음도 아니요 달음박질하는 자로 말미암음도 아니요 오직 긍휼히 여기시는 하나님으로 말미암음이니라"(롬 9:16). 이 신학 체계가 끼치는 해악이 너무도 큽니다. 한편으로, 마음이 여린 많은 그리스도인들을 완전히 낙담하고 좌절하게 합니다. 이 신학 체계가 강조하는 느낌이나 높은 상태에 이르지 못한 것 때문에 자신은 은혜를 받지 못했다고 생각합니다. 다른 한편으로, 은혜 아래 있지 않은 사람이 실상은 동물적인 홍분과 일시적인 감흥으로 스스로를 그리스도인이라고 쉽게 고백합니다. 진정으로 회심한 증거인 양 착각합니다. 이 모든 것을 멸시하는 경박하고, 불경건한 사람들에게 신앙을 싸잡아 비난하고 거부할 새로운 핑계거리를 제공합니다.

이런 개탄할 만한 상태에 대한 해결책은 거의 없습니다. 있다고 해도 그리 요란스럽지도, 새롭지도 않습니다. 첫째, "모든 하나님의 경륜"을 성경이 말하는 대로 그 비중에 따라 제대로 가르치는 것입니다. 특정한 두세 가지 복음에 대한 가르침으로 다른 모든 진리를 가려서는 안됩니다. 둘째, 믿음만 아니라 회개도 온전히 가르쳐야 합니다. 우리 주님과 사도 바울은 이 두 가지 모두를 항상 가르쳤습니다. 셋째, 성령의 다양한 역사를 정직하게 말하고 인정해야 합니다. 즉각적인 회심을 촉구하되, 구원에 꼭 필요한 것처럼 가르쳐서는 안됩니다. 넷째, 즉각적이고 감각적인 평화를 발견했다고 고백하는 사람은 스스로를 잘 살피도록 지도를 받아야 합니다. 느낌이 곧 믿음은 아니고, "참고 선을 행하"는 것이야말로 참된 믿음이라는 위대한 증거임을 기억하도록 해야 합니다(롬 2:7, 요 8:31). 마지막으로, 신앙을 고백하는 사람에게 "비용을 계산"해야 하는 엄중한 의무를 끊임없이 일깨워야 합니다. 그리스도를 섬기는 일에는 평화만

이 아니라 전쟁도 있고, 면류관만이 아니라 십자가도 있음을 정직하고 분명하게 일러 주어야 합니다. 신앙에 있어서 무엇보다도 건강하지 못한 감정적 흥분을 조심해야 합니다. 왜냐하면, 종종 이런 감정은 결국 영혼을 파괴시키고 완전히 죽은 것과 같은 치명적인 결과를 초래하기 때문입니다. 많은 사람들이 갑자기 신앙적으로 감동받고 영향받을 때는 건강하지 못한 흥분도 항상 따라옵니다. 많은 대중이 한꺼번에 회심했다는 소리를 들을 때면, 그 회심이 온전한 회심일지 별로 신뢰가 되지 않습니다. 이런 회심은 이 세대를 다루시는 하나님의 일반적인 방식과 맞지 않아 보입니다. 제가 알기로 한 사람씩 한 사람씩 개인적으로 부르시는 것이 일반적인 하나님의 계획입니다. 그래서 수많은 사람이 동시에 갑자기 회심했다는 소리를 들으면 그 가운데 참으로 회심한 사람이 얼마나 될까 하고 의심이 생깁니다. 최근 뉴질랜드에서 일어난 일에서 볼 수 있듯이, 선교 현장에서 원주민에게 일어나는 가장 건강하고 지속적인 회심은 한꺼번에 이루어지는 것이 아닙니다. 영국에서 일어나는 가장 만족스럽고 확고한 역사를 보더라도, 부흥의 때에 나타나는 모양을 항상 따르지는 않습니다.

오늘날 복음을 설교하는 사람, 특히 부흥과 관련되어 일하는 사람들이 자주 그리고 온전히 설교해 주었으면 하는 성경 본문이 두 군데 있습니다. 하나는 씨 뿌리는 자의 비유입니다. 이 비유가 세 번이나 복음서에 등장하는 이유가 있을 것입니다. 또 다른 본문은 예수께서 "비용을 계산"해 보도록 가르친 부분과, 자기를 따라오는 "많은 군중"에게 하신 말씀입니다. 주목할 것은, 자원해서 따라나서려는 사람을 예수께서 추켜세우거나 자신을 따라오라고 북돋은 적이 없다는 사실입니다. 한번도 그렇게 하지 않으셨습니다. 예수는 그런 사람에게 필요한 것이 무엇인지 잘 아셨습니다. 예수는 그들에게 그 자리에 멈추어 서서 "비용을 계산"해 보라고 하십니다(눅 14:25). 현대 설교자들이 예수께서 하신 것처럼 하고 있는지 확신이 안 섭니다.

6장
성장

오직 우리 주 곧 구주 예수 그리스도의 은혜와 그를 아는 지식에서 자라가라.
(벧후 3:18)

거룩을 다루는 이 책에서 결코 빠뜨릴 수 없는 주제 가운데 하나가 바로 성장입니다. 참된 그리스도인이라면 누구나 이 주제에 깊은 관심을 가져야 합니다. 이 주제와 관련해서 이런 물음을 던져 볼 수 있습니다. 우리는 은혜 안에서 자라가고 있습니까? 신앙생활을 잘하고 있습니까? 신앙의 진보를 나타내고 있습니까?

이 물음은 명목상의 그리스도인이 관심을 가질 만한 것은 아닙니다. 일주일에 한 번, 교회당에 갈 때만 걸치는 옷에 불과한 신앙을 가진 사람이 "은혜 안의 성장"에 관심을 가질 리 없습니다. "그런 사람에게는 이런 일들이 어리석은 일"이기 때문입니다(고전 2:14, 새번역). 하지만 자기 영혼을 소중히 여기고, 신령한 삶에 굶주리고 목마른 사람이라면 누구나 이 물음을 가슴 깊이 새길 수밖에 없습니다. 신앙에 진보가 있습니까? 우리는 자라고 있습니까?

이런 물음이 항상 유익하지만, 특히 더 유용할 때가 있습니다. 주일을 앞둔 토요일 저녁, 성찬식이 있는 주일, 생일, 한 해의 마지막 날 등이 그런 때입니다. 세월은 쏜살같이 지나갑니다. 썰물이 순식간에 빠져나가는 것처럼 인생은 속히 지나갑니다. 우리가 가진 기독교 신앙의 실체가 시험받을 때가 점점 다가옵니다. 이날이 오면 신앙의 기초를 "반석" 위에 두었는지, "모래" 위에 두었는지 드러날 것입니다(마 7:24-27). 때때로 스스로를 살피고, 자기 영혼을 돌아보는 것이 마땅하지 않겠습니까? 우리는 신령한 일에 열매를 맺고 있습니까? 자라가고 있습니까?

이런 물음은 오늘날 더 큰 의미가 있습니다. 요즈음 교리의 어떤 부분과 관련해서 사람들 사이에 조잡하고 기이한 생각이 퍼지고 있습니다. 그중에서도 참된 거룩을 이루는 본질적인 부분인 "은혜 안의 성장"에 있어서는 더더욱 그렇습니다. 이 부분을 전적으로 부정하는 사람이 있습니다. 또 어떤 사람은 별것 아닌 것처럼 교묘한 말로 둘러댑니다. 또 이 부분을 오해해서 자라가는 일을 등한히 하는 사람들도 많습니다. 이런 때에 그리스도인의 성장이라는 중요한 전체 주제를 제대로 살펴보는 것은 아주 유익합니다.

이 주제와 관련해서 제가 제시하고 확증하고자 하는 세 가지를 고찰해 보겠습니다.

1. 은혜 안의 성장의 실재

2. 은혜 안의 성장의 표지
3. 은혜 안의 성장의 방편

여러분이 어떤 사람인지 모르지만, 집중해서 이 책을 읽으라고 당부하고 싶습니다. 제 말을 믿으십시오. 우리가 다루고 있는 이 주제는 단지 사변이나 논쟁의 대상이 아닙니다. 신앙인이라면 누구에게나 아주 실제적인 주제입니다. "성화" 전체의 문제와 긴밀하게 관련되어 있습니다. 참된 성도는 반드시 자라갑니다. 진실하고 거룩한 그리스도인의 영적 건강과 풍성함, 영적 행복과 위안은 영적 성장이라는 주제와 뗄 수가 없습니다.

1. 제가 입증하고자 하는 첫 번째 요점은, **은혜 안의 성장이 실재한다**는 것입니다.

그리스도인이 이 명제를 부인하는 것은 사실 너무도 이상하고 슬픈 일입니다. 하지만 사람은 의지만큼이나 총명도 타락했다는 사실을 기억해야 합니다. **교리**에 대한 의견의 불일치는, 단어의 의미 차이에서 비롯된 경우도 많습니다. 지금 제가 다루는 주제가 그런 경우이기를 바랍니다. 똑같은 내용인데, 제가 말하는 "은혜 안의 성장"의 의미와 제 주장을 부정하는 형제들이 말하는 의미가 서로 다르다고 생각합니다. 따라서 제가 의미하는 바를 설명함으로써 문제를 해결해 보겠습니다.

"은혜 안의 성장"이라고 할 때, 저는 한순간도 그리스도 안에서 신자가 누리는 유익이 자라가는 것을 의미한 적이 없습니다. 신자가 더 안전해지고, 하나님께 더 많이 용납받고, 하나님께 더 많이 보호받는 것을 의미하지도 않습니다. 처음 믿음을 가졌을 때보다 더 의롭게 되고, 더 용서받고, 하나님과 더 평화를 누리는 것을 의미하지도 않습니다. 신자의 칭의는 이미 완성된 완전한 일이라고 이미 분명히 말했습니다. 칭의를 잘 알지도 느끼지도 못하는 가장 연약한 성도조차도, 가장 성숙한 성도와 마찬가지로 완전히 의롭게 되었습니다. 우리의 선택과 부르심, 칭의에는 정도의 차이나 증감이 없습니다. "은혜 안의 성장"이라는 제 말이 **칭의** 안의 성장을 의미한다고 생각하는 사람이 있다면, 그는 제가 말하고자 하는 전체 요점을 완전히 잘못짚은 것입니다. 칭의 문제에 있어서 모든 신자는 그리스도 안에서 완전하다(골 2:10)는 영광스러운 진리를 밝히 증거하고 지키는 일이라면, 저는 어떤 일이라도 감내할 수 있습니다. 믿는 순간부터 신자는 자신의 칭의에 대해 더하거나 뺄 것이 아무것도 없습니다.

"은혜 안의 성장"이라고 할 때는, 성령이 신자의 마음에 부으시는 은혜의 크기, 열정, 힘, 능력, 정도가 자라가는 것을 말합니다. 이런 은혜는 항상 성장하고, 진보하고, 증가하는 것이라고 이미 말했습니다. 회개·믿음·희망·사랑·겸손·열정·용기와 같은 것들은 많을 수도 있고, 적을 수도 있고, 강할 수도 있고, 약할 수도 있고, 왕성할 때도 있고, 무기력할 때도 있고, 한 사람의 삶에서도 각 시기마다 정도가 다르다고 이미 말했습니다. 한 사람이 "은혜 안에서 성장"한다고 할 때, 제가 의미하는 바는 이렇습니다. 죄에 대한 인식이 더 깊어 갑니다. 믿음이 더 강해집니다. 희망이 더 빛나고, 사랑이 더 커집니다. 영적인 마음이 더 두드러집니다. 마음에서 더욱 경건의 능력을 느낄 뿐 아니라, 삶에서 그 능력이 드러납니다. 능력과 믿음과 은혜가 계속해서 자라갑니다. 신자의 이런 상태를 다른 말로 묘사하고 싶은 사람이 있다면 그렇게 하십시오. 그런데 저는 "은혜 안에서 성장"한다는 말이 이런 상태에 대한 참되고 탁월한 묘사라고 생각합니다.

"은혜 안의 성장"이라는 교리를 주장하는 주된 근거는 성경입니다. 성경에 나온 말들에 분명한 의미가 있고, 거기에 "성장"이라는 말이 있다면, 우리는 신자들에게 "자라가라"고 권면해야 합니다. 사도 바울이 무엇이라고 말합니까? "너희의 믿음이 더욱 자라고"(살후 1:3). "형제자매 여러분, 〔우리는〕 여러분이 더욱더 그렇게 하기를……권면합니다"(살전 4:10, 새번역). "하나님을 아는 것에 자라게 하시고"(골 1:10). "너희 믿음이 자라……기를 바라노라"(고후 10:15). "너희도 피차간과 모든 사람에 대한 사랑이 더욱 많아 넘치게 하사"(살전 3:12). "범사에 그에게까지 자랄지라"(엡 4:15). "너희 사랑을……점점 더 풍성하게 하사"(빌 1:9). "너희가 마땅히 어떻게 행하며 하나님을 기쁘시게 할 수 있는지를 우리에게 배웠으니 곧 너희가 행하는 바라. 더욱 많이 힘쓰라"(살전 4:1). 사도 베드로는 무엇이라고 말합니까? "순전하고 신령한 젖을 사모하라. 이는 그로 말미암아 너희로 구원에 이르도록 자라게 하려 함이라"(벧전 2:2). 다른 사람은 이 본문을 어떻게 생각할지 잘 모르겠습니다. 하지만 이 본문은 제가 주장하는 교리를 분명하게 해줄 뿐 아니라 다른 설명을 불가능하게 합니다. 성경은 은혜 안의 성장을 가르칩니다. 성경의 근거에 대해서는 여기서 마무리하겠습니다.

"은혜 안의 성장"이라는 교리를 세우는 또 다른 근거는 "사실과 경험"입니다. 신약성경에 기록된 성도들의 생애를 보면, 은혜의 정도에 차이가 있음을 분명히 알 수 있습니다. 동일한 사람이라도 아이일 때와 성인이 되었을 때의 힘이 다른 것처럼, 동일한 사람이라도 그의 믿음과 지식이 때에 따라 큰 차이가 납니다. 그리스도인에 대해 "약한" 믿음과 "강한" 믿음을, 성경에서 "갓난 아이", "아이", "청년", "아비"라는 말로 표현하는 것을 보면 그 차이가 분명히 드러납니다(벧전 2:2, 요일 2:12-14). 오늘날 신자들을 살펴보아도 똑같은 결론에 이르게 됩니다. 같은 나무라도 묘목과 다 자란 나무가 다른 것처럼, 참된 그리스도인이 처음 회심했을 때의 믿음과 지식의 정도도 지금의 것과 많이 다를 수밖에 없습니다. 그가 받은 은혜는 원리적으로 동일합니다. 하지만 그 은혜는 처음 받은 순간부터 계속 자라납니다. 다른 사람은 어떻게 받아들이는지 모르지만, 이런 사실이야말로 "은혜 안의 성장"이 실재함을 결정적으로 증명하는 것처럼 보입니다.

"은혜 안의 성장"이라는 주제와 관련해서 이 부분을 길게 설명하는 것은 부끄러운 일입니다. 새로 거듭난 사람에게 있는 믿음, 소망, 지식, 거룩은 오래전에 믿은 신자의 것과 전혀 다르지 않기 때문에 더 이상 자라갈 필요가 없다고 주장하는 사람들에게 더 논증해봐야 시간 낭비일 뿐입니다. 새로 거듭난 사람에게 있는 은혜 역시 실재적이기는 하지만, 그렇게 강하지 못합니다. 참된 것이기는 하지만 그렇게 왕성하지 못합니다. 성령이 심으신 씨앗이기는 하지만, 아직 결실하지 못합니다. 어떻게 그런 은혜가 강해질 수 있느냐고 묻는다면, 모든 생명이 겪는 과정과 같은 방식으로 이루어진다고 밖에 할 수 없습니다. 그 방식이란 곧 자라는 것입니다. 이것이 바로 "은혜 안의 성장"이라는 말이 의미하는 것입니다.[1]

이제 좀더 실천적인 관점으로 우리 앞에 있는 큰 주제를 살펴보도록 하겠습니다. "은혜 안의 성장"을 자기 영혼에 무한히 중요한 것으로 보게 되기를 바랍니다. 누가 어떻게 생각하든 간에, "우리는 자라고 있는가?" 하는 물음을 바르게 이해하는 데 가장 큰 관심을 가져야 합니다.

(1) "은혜 안의 성장"은 영적 **건강**과 부요함을 보여주는 최상의 증거입니다. 아이들이 크지 않고, 꽃이나 나무가 자라지 않는다면 무엇인가 잘못된 것이 분명합니다. 동물이나 식물에 건강한 생명이 있다는 것은 항상 성장과 번식을 통해서 드러납니다. 우리 영혼도 마찬가지입니다. 건강한 영혼은 반드시 자라갑니다.[2]

(2) 더욱이, "은혜 안의 성장"은 **행복한** 신앙생활의 한 방편입니다. 하나님께서는 지혜롭게도 거룩에서 자라가는 것과 우리가 누리는 위로가 서로 연관이 있도록 하셨습니다. 은혜롭게도 하나님께서는 신앙의 목표를 높이 두고 재촉하는 것에 신자가 관심하도록 하셨습니다. 신자가 종교를 통해서 누리는 즐거움은 사람마다 큰 차이가 있습니다. 하지만 대개 신앙을 통해서 가장 큰 기쁨과 평화를 누리고, 성령의 가장 분명한 증거가 마음에 있는 사람이 자라간다는 것은 확실합니다.

(3) "은혜 안의 성장"은 다른 사람을 **유익하게 하는** 비밀입니다.

다른 사람에게 선한 영향을 끼치느냐의 여부는, 그들이 우리에게서 무엇을 보느냐에 크게 좌우됩니다. 세상 자녀들은 자신의 눈과 귀로 보고 듣는 것으로 기독교를 판가름합니다. 항상 같은 자리에서, 언제 보아도 같은 잘못과 연약함을 가지고, 항상 같은 죄악에 시달리는 그리스도인이 주변을 이롭게 하는 경우는 거의 드뭅니다. 사람의 마음을 흔들어 일깨우고, 세상으로 하여금 생각하게 하는 사람이야말로 계속적으로 향상되고 전진하는 신자입니다. 이러한 신자의 성장을 볼 때, 사람들은 그에게 생명과 실재가 있다고 생각합니다.[3]

(4) "은혜 안의 성장"은 **하나님을 기쁘시게** 합니다. 우리 같은 피조물에게 지극히 높으신 하나님을 기쁘시게 할 수 있는 무엇이 있다니요. 정말 놀라운 사실입니다. 성경은 은혜 안에서 자라가는 삶이 "하나님을 기쁘시게" 한다고 말합니다(살전 4:1). 또한 "하나님께서 너무나 기뻐하시는" 제사라고 말합니다(히 13:16). 농부는 자신이 애써 가꾼 작물이 무성하게 자라 열매 맺는 것을 보고 싶어 합니다. 반면에 그렇게 애쓴 작물의 발육이 부진하거나 자라지 않는 것처럼 실망스럽고 슬픈 일도 없습니다. 우리 주님은 무엇이라고 말씀하십니까? "나는 참 포도나무요 내 아버지는 농부라.…… 너희가 열매를 많이 맺으면 내 아버지께서 영광을 받으실 것이요 너희는 내 제자가 되리라"(요 15:1, 8). 하나님은 자신의 모든 백성을 기뻐하시지만, 특히 자라가는 백성을 기뻐하십니다.

(5) 무엇보다 "은혜 안의 성장"은 **가능한** 것일 뿐 아니라 신자는 자라가야 할 **책임**이 있습니다. 죄로 말미암아 죽어 회심하지 못한

사람에게 "은혜 안에서 자라가라"고 말하는 것은 너무나 과도한 요구입니다. 살아났고 하나님 앞에서 행하는 자가 된 신자에게 자라가라고 말하는 것은, 성경이 말하는 명백한 의무를 요구하는 것일 뿐입니다. 신자에게는 그 속에 새로운 원리가 있습니다. 이 원리를 억누르지 않는 것은 그의 엄숙한 의무입니다. 자라가야 할 의무를 소홀히 하는 것은 자기의 특권을 상실하는 것입니다. 성령을 슬프게 하는 일입니다. 영혼의 수레바퀴를 무겁고 더디게 하는 것입니다. 신자가 은혜 안에서 자라지 않는다면 누구의 잘못이겠습니까? 하나님을 탓할 수 없다는 것만은 분명합니다. 하나님은 "은혜를 더 주시"기를 기뻐하십니다(약 4:6). 하나님은 "그의 종의 평안함을 기뻐"하십니다(시 35:27). 우리의 잘못이 분명합니다. 우리가 자라지 않는다면 다른 누가 아닌, 우리 자신이 비난받아야 합니다.

2. 다음으로 분명히 하고자 하는 것은, 은혜 안의 성장을 알 수 있는 표지가 있다는 사실입니다.

    은혜 안의 성장은 분명한 실재입니다. 매우 중요한 일입니다. 여기에는 이의가 없을 줄 압니다. 좋습니다. 하지만 자기가 은혜 안에서 자라고 있는지 어떻게 알 수 있습니까? 무엇보다 우리는 너무나 무능한 재판관입니다. 그래서 우리 자신보다 우리 주변 사람이 우리의 형편을 더 잘 알 때가 많습니다. 그럼에도 불구하고 은혜 안의 성장을 알 수 있는 분명한 외적 표지와 증거가 있습니다. 만약 자신에게서 이런 표지를 볼 수 있다면, 그 영혼은 자라고 있는 것이 분명합니다. 이제 그 표지들을 차례로 살펴보겠습니다.

(1) "은혜 안의 성장"의 첫 번째 표지는, **겸손**이 더해 가는 것입니다. 영혼이 "성장하는" 사람은 해가 갈수록 자신의 죄악됨과 무가치함을 절감합니다. 이런 사람은 욥처럼 "나는 비천하오니"라고 기꺼이 말할 수 있습니다(욥 40:4). 아브라함처럼 "나는 티끌이나 재와 같사오나"라고 말합니다(창 18:27). 야곱처럼 "나는 주께서 주의 종에게 베푸신 모든 은총과 모든 진실하심을 조금도 감당할 수 없사오나"라고 말합니다(창 32:10). 다윗처럼 "나는 벌레요"라고 말합니다(시 22:6). 이사야처럼 "나는 입술이 부정한 사람이요"라고 말합니다(사 6:5). 베드로처럼 "주여, 나는 죄인이로소이다"라고 말합니다(눅 5:8). 하나님께 더 가까이 이끌릴수록 하나님의 거룩과 완전을 더 알게 됩니다. 자신에게 있는 무수한 불완전을 더 철저히 지각하게 됩니다. 천국으로 난 길을 갈수록 사도 바울이 "내가 온전히 이루었다 함도 아니라"(빌 3:12), "사도라 칭함 받기를 감당하지 못할 자니라"(고전 15:9), "모든 성도 중에 지극히 작은 자보다 더 작은 나"(엡 3:8), "죄인 중에 내가 괴수니라"(딤전 1:15)라고 말한 의미를 더 이해하게 됩니다. 벼는 익을수록 고개를 숙입니다. 영광에 무르익어 갈수록 신자는 더 깊이 겸손해집니다. 자기에게 있는 빛이 더 밝고 환해질수록, 마음에 있는 연약함과 부족함을 더 많이 보게 됩니다. 지금 자기에게서 발견하는 것에 비하면, 처음 회심했을 때 자신에게서 보았던 것은 너무나 미미합니다. 자신이 은혜 안에서 자라가고 있는지 알고 싶습니까? 속에서 겸손이 더해 가는지 보십시오.[4]

(2) "은혜 안의 성장"의 또 다른 표지는, **우리 주 예수 그리스도에 대한 믿음과 사랑**이 더해 가는 것입니다. 영혼이 "성장하는" 사람은

해가 갈수록 그리스도 안에서 더 큰 안식을 얻습니다. 그분이 자기 구주라는 것에 더 기뻐합니다. 물론 처음 믿었을 때에도 그리스도 안에서 많은 것을 발견했습니다. 그리스도의 대속을 꼭 붙들었고 그분께 희망을 두었습니다. 하지만 은혜 안에 자라갈수록, 처음에는 상상하지도 못했던 수많은 것들을 그리스도 안에서 알게 됩니다. 그분의 사랑과 능력을 알아갑니다. 그분의 마음과 의도를 알아갑니다. 자라가는 영혼에게는 대속자·중보자·제사장·대언자·의사·친구·목자로서의 그분의 직분과 영광이 형언할 수 없는 모습으로 펼쳐집니다. 이전에는 절반도 알지 못했습니다. 그러나 이제는 자기 영혼의 바라는 것이 그리스도 안에서 만족하게 채워짐을 발견합니다. 은혜 안에서 자라가고 있는지 어떻게 압니까? 그리스도를 아는 지식에 자라고 있는지 보십시오.

(3) "은혜 안의 성장"의 또 다른 표지는, **일상의 삶에서 거룩이 더해 가는 것**입니다. 영혼이 "성장하는" 사람은 해가 갈수록 죄와 세상과 마귀를 더 잘 이깁니다. 기질과 언어와 행동에 더 주의를 기울입니다. 삶의 모든 관계에서 자신의 행위를 더 살핍니다. 예수 그리스도를 구주로 의지할 뿐 아니라, 자신의 모범으로 삼고 그분을 따릅니다. 모든 일에 있어 그리스도의 형상을 닮고자 더욱더 애씁니다. 이전에 받은 은혜나 성취한 것에 만족하지 않습니다. 뒤에 있는 것은 잊어버리고 "더 높이", "더 위로", "계속 앞으로" 나아가는 것을 항상 좌우명으로 삼습니다(빌 3:13). 이 땅에 사는 동안 그의 마음은 하나님의 뜻과 더 전적으로 하나 되기 위해 애가 탑니다. 그리스도의 임재 다음으로 그가 천국에서 바라는 것은 모든 죄와의 완전

한 결별입니다. 은혜 안에서 자라가고 어떻게 압니까? 자기 안에 거룩이 자라고 있는지 보십시오.[5]

 (4) "은혜 안의 성장"의 또 다른 표지는, **사고**와 **관심사**가 더 신령하게 되는 것입니다. 영혼이 "성장하는" 사람은 해가 갈수록 영적인 것에 더욱 관심을 갖습니다. 그렇다고 세상에서의 의무를 소홀히 하지는 않습니다. 가정에서든 사회에서든 성실하고 열심히 또 양심적으로 삶의 모든 관계를 수행합니다. 하지만 영적인 것을 가장 사랑합니다. 마음속에서 세상 방식과 유행과 오락이 차지하는 자리는 점점 줄어듭니다. 그런 것을 현저한 죄로 여겨 정죄하거나 그런 일과 관련된 사람을 저주하지 않습니다. 단지 그런 것에 대한 애착이 점점 줄어들어 사소하게 다가올 뿐입니다. 벗들과의 영적 관계, 영적 활동, 영적 대화가 영원한 가치로 다가옵니다. 은혜 안에서 자라가고 있는지 어떻게 압니까? 자기 안에 관심사와 생각이 점점 영적으로 되가는지 보십시오.[6]

 (5) "은혜 안의 성장"의 또 다른 표지는, **영혼들을 향한 사랑**이 더해 가는 것입니다. 영혼이 "성장하는" 사람은 해가 갈수록 사랑이 가득해집니다. 모든 사람을 사랑하되, 특히 형제를 향한 사랑에서 더 그렇습니다. 사람들을 호의로 대합니다. 다른 사람의 어려움을 담당합니다. 모든 사람에게 친절하고, 관용하고, 동정하며, 사려 깊고, 다정하고, 신중한 것을 통해서 그 속에 있는 사랑이 능동적으로 드러납니다. 모든 사람에 대해 온유하고 인내합니다. 성내지 않고 권리를 주장하지 않습니다. 온유함과 인내와 같은 수동적인 성향이 자라납니다. 성장하는 영혼은 다른 사람의 행위를 가장 좋은 의도

로 해석합니다. 모든 것을 믿고, 모든 것을 바라되, 끝까지 그렇게 합니다. 다른 사람을 타박하고, 트집 잡고, 약점을 들추어내는 데 점점 민첩해지는 것만큼, 은혜에서 떠나고 뒤로 미끄러지고 있다는 분명한 표지도 없습니다. 은혜 안에서 자라가고 있는지 어떻게 알 수 있습니까? 자기 안에 영혼을 향한 사랑이 더해 가고 있는지 살펴보십시오.

(6) "은혜 안의 성장"의 또 다른 표지는, **영혼을 선대하려는 열심과 부지런함**이 더해 가는 것입니다. 참으로 "성장하는" 사람은 해가 갈수록 죄인의 구원에 더 큰 관심을 갖습니다. 국내 선교와 해외 선교, 복음의 빛을 비추려는 모든 노력이 해가 갈수록 더욱 중요한 관심사로 자리합니다. 자신의 모든 노력이 성공하지 못한다 해도 결코 "선을 행하다 낙심하지" 않습니다(갈 6:9, 살후 3:13). 비록 나이 들어 더 이상 이전처럼 많은 것을 **기대**할 수 없다 해도, 결코 그리스도의 나라를 확장하는 데 **소홀**하지 않습니다. 결과가 어떻게 되든 간에 자기 자리에서 할 수 있는 일―나눔, 기도, 전도, 심방, 설교 등―에 계속 힘씁니다. 그 일 자체를 자신이 받는 상급으로 여깁니다. 영적 침체를 나타내는 분명한 표지 가운데 하나가, 바로 다른 사람의 영혼과 그리스도의 나라 확장에 대한 관심이 줄어드는 것입니다. 은혜 안에서 자라가는지 어떻게 압니까? 자기 안에 영혼 구원에 대한 관심이 더해 가는지 보십시오.

이상과 같은 것들이 은혜 안에서 자라가는 것을 보여주는 가장 믿을 만한 표지입니다. 하나하나 주의 깊게 살펴보고, 자신이 이런 표지에 대해 얼마나 알고 있는지 생각해 보십시오. 물론 현대의 그리스도인은 그리 달갑지 않을 것입니다. 기독교를 끊임없는 기쁨과 황홀경의 상태로 이해하는 잘나가는high-flying 종교인들—이들은 자신들은 더 이상 갈등과 영혼의 굴욕 같은 것과는 상관이 없는 고차원의 신앙을 가진 것처럼 말합니다—은 틀림없이 내가 위에서 표지로 제시한 것을 "율법적"이거나, "육신적"이거나, "사람을 속박하는 것"이라 폄하할 것입니다. 그래도 할 수 없습니다. 누구도 이 모든 일에 통달하기를 기대하지 않습니다. 다만 이것을 성경에 비추어 잘 살펴보기를 바랄 뿐입니다. 내가 분명히 믿기로, 앞에서 말한 것은 성경적일 뿐 아니라, 모든 세대의 가장 탁월한 성도들의 체험과도 일치합니다. 위에서 제시한 여섯 가지 표지에 모두 해당되는 사람이 있습니까? 그 사람이야말로 "**우리는 자라가고 있는가?**"라는 물음에 만족스러운 대답을 할 수 있는 사람입니다.

3. 마지막으로, 제가 제안하려는 요점은 **은혜 안에서 자라가고자 하는 사람이 사용해야 할 방편**입니다. 야고보 사도의 말을 잊지 마십시오. "온갖 좋은 은사와 온전한 선물이 다 위로부터 빛들의 아버지께로부터 내려오나니"(약 1:17). 이 말씀은 다른 모든 것과 마찬가지로 은혜 안에서 자라가는 것에도 적용되는 진리입니다. 은혜 안에서 자라가는 것은 "하나님의 선물"입니다(롬 6:23, 엡 2:8). 하나님께서는 자신이 정하신 방편을 통해 일하기를 기뻐하십니다. 목적뿐 아니라 방법도 하나님께서 정하십니다. 은혜 안에서 자라가고자 하는 사람은 성장하게 하는 방편을 사용해야 합니다.[7]

신자들이 가장 많이 간과하는 점이라서 두렵기도 합니다. 많은 사람들이 은혜 안에서 자라가는 사람을 존경하고 그를 닮아 가고자 합니다. 하지만 그들이 하나님께 무슨 특별한 은사를 받아 자라가는 것처럼 생각합니다. 반면에 정작 자신은 하나님께 아무것도 받지 못해서 자라지 못하는 것처럼 여깁니다. 이렇게 성장하지 않고 제자리에만 맴도는 자신을 정당화합니다. 이런 사람은 통탄할 망상에 빠져 있습니다. 저는 어떻게 해서라도 이런 사람의 망상을 벗기고자 합니다. 은혜 안의 성장은 신자가 할 수 있는 모든 방편을 다 사용하는 것과 관계가 있습니다. 그렇기 때문에 이들은 자라갈 수밖에 없습니다.

성장을 돕는 방편을 차례로 제시하겠습니다. 특별히 주의해서 보십시오. 성장하지 않는 것을 자신 외에 다른 데로 원인을 돌리려는 생각일랑 아예 버리십시오. 신자는 성령의 살리심을 받은 사람으로 그냥 죽어 있는 피조물이 아닙니다. 엄청난 가능성과 책임을 가진 존재입니다. 솔로몬이 한 말을 여러분 마음에 깊이 간직하십시오. "부지런한 자의 마음은 풍족함을 얻느니라"(잠 13:4).

(1) 은혜 안에서 자라가는 핵심은, **개인적으로 은혜의 방편을 부지런히 사용하는 것**입니다. 개인적인 은혜의 방편은 다른 사람이 대신해 줄 수 없습니다. 오직 자신만이 할 수 있고, 자신만이 해야만 합니다. 개인 기도, 개인 성경 읽기, 개인 묵상, 자기 성찰 등이 여기에 해당됩니다. 이 세 가지 일에 힘쓰지 않는 사람은 성장을 기대할 수 없습니다. 이것은 참된 기독교의 근본입니다. **여기서 잘못되면, 평생에 가는 길이 잘못됩니다!** 스스로 신앙인이라 자처하는 많은 사람들이 성장하지 못하는 이유가 여기 있습니다. 이들은 개인 기

도에 매우 느슨하고 부주의합니다. 성경은 읽지만 거의 읽지 않는 거나 마찬가지입니다. 읽을 때도 전심으로 읽지 않습니다. 이런 사람은 자기 영혼의 상태를 조용히 살피고 자기를 뒤돌아보는 데도 거의 시간을 쓰지 않습니다.

지금은 특별한 위험이 도사린 시대입니다. 많은 종교적인 활동과 분주함, 요란함과 흥분으로 넘쳐 나는 시대입니다. 과연 "많은 사람이 빨리 왕래하며 지식이 더하"는 시대입니다(단 12:4). 수많은 사람들이 감각적인 설교를 좋아합니다. 감동을 준다는 많은 대중 집회에 참여하고 있습니다. "심중에 말하고 잠잠"할 시간이 절대적으로 필요하다는 것을 사람들은 잊고 있습니다(시 4:4). 이런 시간을 갖지 않고서는 어떤 영적 부요함도 기대하기 어렵습니다. 200년 전의 영국 그리스도인들은 요즘의 그리스도인보다 훨씬 더 성경을 많이 읽었습니다. 더 자주 하나님과 개인적인 시간을 가졌습니다. 기억하십시오! 영혼이 자라기를 바란다면 개인적인 신앙생활에 더 힘써야 합니다.

(2) 은혜 안에 자라가는 핵심은, **공적인 은혜의 방편을 신중하게 사용하는 것**입니다. 공적인 은혜의 방편이란, 그리스도를 머리로 모신 개 교회의 일원인 신자가 할 수 있는 모든 방편을 말합니다. 주일 공예배에 정기적으로 참여합니다. 하나님의 백성과 공적인 기도 모임을 함께하고, 찬양을 하며, 설교를 듣습니다. 성찬에 참여합니다. 공적인 은혜의 방편을 **어떻게** 누리느냐 하는 것은 신자의 영혼의 번영에 지대한 영향을 미칩니다. 하지만 공적인 은혜의 방편들에 익숙해지면 이내 부주의하게 되어, 아무 감동도 없이 건성으로 참여

하기 십상입니다. 동일한 목소리로 반복되는 비슷비슷한 말씀과 의식들에 무감각하게 되고 졸리기 쉽습니다. 많은 그리스도인들이 이런 올무에 빠집니다. 성장하는 그리스도인이 되려면, 이런 올무에 빠지지 않도록 조심해야 합니다. 이런 문제로 성령께서 자주 근심하십니다. 성도들은 큰 해를 입습니다. 처음 믿었을 때의 마음을 회복하여 예로부터 드려진 기도와 찬송을 드립시다. 성찬상으로 나아갑시다. 선포되는 옛 진리의 말씀에 귀 기울입시다. 건강에 이상이 오면 입맛부터 없어집니다. 은혜의 방편에 대한 기대가 없다면 영적으로 병들었다는 신호입니다. 공적인 은혜의 방편에 참여할 때마다 "힘을 다하여" 그렇게 해야 합니다(전 9:10). 이것이 바로 은혜 가운데 자라가는 비결입니다!

(3) 은혜 안에서 자라가는 핵심은, **일상의 사소한 문제를 다루는 자신의 행위를 잘 살피는 것**입니다. 영혼이 번영하기 위해서는 우리의 기질, 말, 일상에서의 관계, 시간 사용과 같은 모든 일에 경각심을 갖고 임해야 합니다. 한 시간 한 시간이 하루를 만듭니다. 하루하루가 인생을 만듭니다. 그리스도인이 관심 갖지 않아도 될 만큼 하찮은 시간은 없습니다. 나무뿌리가 썩기 시작하면 가지 맨 끝 이파리에서부터 그 증상이 나타납니다. 어느 작가는 "작은 일을 소홀히 하는 사람은 서서히 타락해 갈 것이다"고 말했습니다(집회서 19:1). 이 말은 사실입니다. 우리를 업신여길 테면 그러라고 하십시오. 우리를 까탈스럽고 예민한 사람이라고 부른다면 그러라고 하십시오. 우리 주님의 위대한 모습뿐 아니라, 아주 작은 모습까지도 우리가 본받을 모범으로 주어졌습니다. 지금 우리는 "엄밀한 하나님을 섬

기고 있음"을 잊지 마십시오. 죄에 머물기보다는 "날마다 자기 십자가를 지고" 매 순간 잠잠히 우리 길을 가는 것입니다(눅 9:23). 나무의 수액처럼, 기독교 신앙이 우리 성품의 모든 가지와 이파리까지 흘러 모든 사람을 흡족하게 할 수 있도록 해야 합니다. 이것이 은혜 안에 자라가는 방법입니다!

　(4) 은혜 안에 자라가는 핵심은, **누구와 사귀고 어떤 사람과 어울릴지 신중하게 결정하는** 것입니다. 누구와 함께 지내느냐 하는 것은 사람의 성품에 지대한 영향을 끼칩니다. 함께 지내고 대화하는 사람의 사고방식이나 어조를 닮습니다. 보통 이로운 것보다는 해로운 것에 더 쉽게 영향받습니다. 질병은 전염되지만, 건강은 그렇지 않습니다. 신앙인이 고의로 세상과 짝하는 친구를 사귄다면 그의 영혼은 틀림없이 해를 입게 됩니다. 이런 세상에 살면서 그리스도를 섬기기란 여간 어려운 것이 아닙니다. 하지만 경솔하고 불경건한 자를 친구로 두고 그리스도를 섬기기란 더더욱 어렵습니다. 친구 관계나 결혼에서 이런 잘못을 저지르는 바람에 전혀 자라지 못하는 그리스도인이 있습니다. "나쁜 동무가 좋은 습성을 망칩니다"(고전 15:33, 새번역). "누구든지 세상의 친구가 되려고 하는 사람은 하나님의 원수가 되는 것입니다"(약 4:4, 새번역). 기도와 성경 읽기를 독려하고, 우리의 구원과 영혼을 위해 시간을 사용하도록 하는 벗을 찾아야 합니다. 장차 올 세상에 대한 마음을 불러일으키는 벗을 찾아야 합니다. 벗이 건네는 적실한 말이 주는 유익과, 그런 말이 그칠 때 당하는 해를 누가 다 말로 할 수 있겠습니까? 이것이 은혜 안에서 자라가는 방법입니다![8]

(5) 은혜 안에 자라가는 핵심은, **주 예수와 끊임없이 규칙적으로 교제하는** 것입니다. 성찬을 말하는 것이 아닙니다. 그런 차원이 아닙니다. 믿음과 기도와 묵상을 통해서만 누릴 수 있는 신자와 구주 사이의 일상적인 친교를 말합니다. 많은 신자가 이런 교제를 거의 못 누리는 것이 두렵습니다. 반석 위에 있는 신자임에도 불구하고, 여전히 자신이 누릴 수 있는 특권 밖에서 살아갈 수 있습니다. 그리스도와 "연합한" 신자면서도, 그분과의 "교제"에 있어서는 여전히 외인일 수 있습니다.

성경에 기록된 그리스도의 이름과 직분을 통해 성도와 구주 사이의 이 "교제"가 단순한 상상의 산물이 아니라 참된 실재임을 알 수 있습니다. 성경에 인용된 신랑과 신부, 머리와 지체, 의사와 환자, 재판장과 의뢰인, 목자와 양, 선생과 학생의 관계에는 날마다 계속되는 상시적이고 긴밀한 교제와 공급이 전제되어 있습니다. 우리 마음과 생각의 짐을 가볍게 해줄 만한 것이 분명히 내포되어 있습니다. 그리스도와 항상 이런 관계를 누린다는 것은, 그리스도가 죄인을 위해 하신 일을 알고 막연히 그것을 신뢰하는 것 이상의 의미를 담고 있습니다. 사랑스럽고 인격적인 친구로서 그리스도와 친밀해지고, 확신을 가지고 그분을 붙잡는 것입니다. 여기서 말하는 교제는 이런 것입니다.

"교제"하는 습관을 체험적으로 알지 못하는 사람은 은혜 안에서 자라갈 수 없습니다. 칭의는 행위가 아니라 믿음으로 됩니다. 그리스도를 믿는다는 등의 일반적인 정통 지식만으로 만족해서는 안 됩니다. 여기서 더 나아가야 합니다. 주 예수와 개인적인 친밀함을 누리고, 사랑하는 벗을 대하는 것처럼 그분을 대해야 합니다. 모든 필요보다 앞서 그분을 찾아야 합니다. 모든 어려움을 그분께 말씀 드려야 합니다. 모든 인생의 발걸음을 내디딜 때마다 그분께 물어야 합니다. 우리의 모든 슬픔을 그분 앞에 펼쳐 놓아야 합니다. 우리의 모든 기쁨을 그분과 나눌 줄 알아야 합니다. 그분의 목전에서 모든 것을 행할 줄 알아야 합니다. 날마다 그분께 나아가서 기대해야 합니다. 사도 바울이 이렇게 살았습니다. "이제 내가 육체 가운데 사는 것은……하나님의 아들을 믿는 믿음 안에서 사는 것이라"(갈 2:20). "내게 사는 것이 그리스도니"(빌 1:21). 많은 사람들이 아가서의 아름다움을 발견하지 못하는 이유는, 그리스도와의 이런 삶의 방식에 무지하기 때문입니다. 하지만 강조해서 말하건대, 영혼이 자라는 사람은 이런 삶을 살면서 그리스도와 끊임없이 교제하는 사람입니다.

은혜 안에 자라가는 것에 대해서는 여기서 마무리하고, 시간이 허락될 때 더 말씀드리겠습니다. 지금까지 말씀드린 것들을 통해 이 주제가 얼마나 중요한지 분명히 아셨기를 바랍니다. 이제 몇 가지 실천적인 적용으로 이 장을 마무리하겠습니다.

 (1) 은혜 안에서 자라가는 것이 무엇인지 전혀 알지 못하는 사람이 있습니다. 이런 사람은 신앙에 무관심하거나 그리 큰 관심을 두지 않습니다. 주일에 교회나 채플에 가는 것이 전부입니다. 이것이 그들이 가진 기독교 신앙의 실체입니다. 그들은 영적인 생활에 대해 무지합니다. 그러니 당연히 자라갈 수도 없습니다. 여러분도 이런

사람입니까? 그렇다면, 여러분은 정말 불쌍한 사람입니다.

한 해 한 해가 미끄러지듯이 금방 지나갑니다. 시간은 살과 같이 빠릅니다. 무덤마다 생을 마감한 사람으로 넘쳐 납니다. 가족은 점점 줄어듭니다. 사망과 심판이 우리 모두에게 점점 임박해 오고 있습니다. 하지만 여러분은 여전히 잠들어 있는 사람처럼 자기 영혼에 대해 무관심합니다! 이 얼마나 정신없고 바보 같은 짓입니까! 이보다 더한 자살이 또 어디 있을까요?

더 늦기 전에 깨어나십시오. 깨어 죽음의 습관에서 나와 하나님에 대해 산 자가 되십시오. 하나님 보좌 우편에 계신 그분을 향해 돌이켜 그분을 여러분의 친구와 구주로 삼으십시오. 그리스도께로 나아가 자기 영혼을 위해 우십시오. 아직 희망이 있습니다! 나사로를 무덤에서 불러내신 이가 아직 그대로 계십니다. 나인성 과부의 아들에게 관에서 일어나라고 명하신 그분이 여러분의 영혼을 위해서도 기적을 베푸실 수 있습니다. 즉시 그분을 찾으십시오. 영원히 잃어버린 자가 되지 않으려거든 그리스도를 찾으십시오. 그 자리에서 생각만 하지 말고, 말만 하지 말고, 바라지만 말고, 그리스도를 찾아가십시오. 그래야 여러분은 살 수 있습니다. 여러분은 자라갈 수 있습니다.

(2) 지금은 아무것도 알지 못하지만 **은혜 안에 자라가는 것이 무엇인지 반드시 알아야 할 사람이** 있습니다. 처음 회심한 이래로 거의 진보를 나타내지 못한 사람입니다. "찌꺼기같이 가라앉아" 있는 사람입니다(습 1:12). 과거에 받은 은혜, 옛날의 체험, 지식, 믿음, 옛날의 방식과 표현에 안주하며 시간을 보냅니다. 기브온 사람처럼

이들의 빵은 말라비틀어져 곰팡이가 슬었습니다. 신발은 다 닳아 누더기가 되었습니다. 더 나아질 기미가 보이지 않습니다. 여러분이 그렇습니까? 그렇다면 여러분은 자신의 특권과 책임을 잊고 살아가고 있습니다. 바로 지금이 여러분 자신을 돌아볼 때입니다.

스스로를 참된 신자라 믿고 있는데, 그에게 은혜 안의 성장이 없다면 무엇인가 심각한 문제가 있는 것입니다. 영혼이 성장하지 않는 것은 하나님의 뜻이 아닙니다. "하나님께서는 더욱 큰 은혜를 주시나니"(약 4:6). 하나님은 "그분을 섬기는 사람에게 기꺼이 평화를 주시는 분"입니다(시 35:27, 새번역). 여러분의 영혼이 자라지 않고 멈추어 버린다면, 여러분은 결코 행복할 수 없습니다. 여러분에게 아무 유익이 없습니다. 성장하지 않으면 결코 주님을 기뻐할 수 없습니다(빌 4:4). 성장하지 않는 것은 정말 심각한 문제입니다! 그렇다면 정말 심각하게 자신을 돌아봐야 합니다. 분명히 무엇인가 "은밀한 것"이 있을 것입니다(욥 15:11). 어떤 이유가 있을 것입니다.

이 충고를 받아들이십시오. 오늘 당장 성장이 멈춘 이유를 밝혀내기로 결심하십시오. 진실하고 단호하게 여러분 영혼을 구석구석 살피십시오. 여러분의 손을 허약하게 만든 야간을 색출하기 위해 진이 끝에서 저 끝까지 샅샅이 살피십시오. 그 이유가 무엇이 되었든지, 위대한 영혼의 의사이신 주 예수 그리스도께 먼저 나아가서 여러분에게 있는 은밀한 질병을 고쳐 주시도록 간구하십시오. 그리스도께 한번도 나가 보지 않았던 사람처럼 나아가십시오. 여러분의 오른손을 찍어 버리고 오른 눈을 뽑아 버릴 은혜를 구하십시오. 영혼이 자라지 않는 한 결코 만족하지 마십시오. 평화를 위해서라도, 여러분의 유익을 위해서라도, 여러분을 지으신 창조주의 영광을 위해서라도, 여러분이 자라지 못하는 원인을 찾아내기로 결심하십시오.

(3) 실제로는 은혜 가운데 자라고 있으면서도 그것을 인식하지 못할 뿐 아니라, 인정하지 않으려는 사람이 있습니다. 이런 사람이 자신의 성장을 인식하지 못하는 이유는, 그들이 자라고 있기 때문입니다! 겸손이 더해 가기 때문에 자신이 잘하고 있다는 것을 알지 못합니다.[9] 하나님과 교제 가운데 있다가 산을 내려온 모세처럼, 얼굴이 빛나지만 정작 자신은 그것을 알지 못합니다(출 34:29). 그러나 단언하건대, 이런 그리스도인은 그리 많지 않습니다. 천사들의 방문이 드문 것처럼, 이런 경우는 아주 드뭅니다. 자라가는 그리스도인을 이웃으로 둔 사람은 복이 있습니다! 이런 사람을 만나고 그들 가운데 사는 것은 "땅 위를 덮는 하늘"을 맛보는 것과 같습니다(신 11:21).

이런 사람에게 제가 무슨 말을 할까요? 정신 차리고 자기가 얼마나 자랐는지 보고 기뻐하라고 말할까요? 그럴 수 없습니다. 자기가 얻은 것을 뽐내고, 우월감을 갖고 다른 사람을 대하라고 말하겠습니까? 그럴 수 없습니다! 그런 일은 결코 하지 않겠습니다. 그렇게 말하는 것은 결코 그들에게 도움이 되지 않을 뿐 아니라 부질없는 짓입니다. 성장하는 영혼의 중요한 특징은 바로 자신의 무가치함에 대한 깊은 인식입니다. 그는 결코 자신에게서 칭송받을 만한 것을 발견하지 못합니다. 자기는 무익한 종이고, 죄인의 괴수라는 인식만 할 뿐입니다. 심판 날에 "주여, 우리가 어느 때에 주께서 주리신 것을 보고 음식을 대접했으며 목마르신 것을 보고 마시게 하였나이까?" 하고 놀랐던 의인들이 바로 이런 사람입니다(마 25:37). 이상하게도 양극단이 서로 통하는 때가 종종 있습니다. 양심이 무뎌진 죄인과 탁월한 성도는 어떤 점에서 완전히 일치합니다. 자신의 상태를 잘 알지 못한다는 점에서 그렇습니다! 한 사람은 자기 죄를 보지 못하고, 다른 사람은 자기에게 있는 은혜를 보지 못합니다!

그러면 자라가는 그리스도인에게는 아무 말도 하지 말아야 합니까? 그들에게는 더 이상 해줄 말이 없습니까? 그들에게 해줄 수 있는 말은 단 두 마디뿐입니다. "앞으로 나아가십시오!" "계속 전진하십시오!"

겸손, 믿음, 거룩, 신령한 마음, 사랑, 이웃을 선대하려는 열정은 아무리 많아도 지나침이 없습니다. 그러므로 이전 것은 잊어버리고 앞에 있는 것을 잡으려고 나아갑시다(빌 3:13). 이 일에 있어서 아무리 탁월한 그리스도인이라 해도 우리 주님의 모범과는 무한한 차이가 있습니다. 세상이 무엇이라고 말하든지 "너무나 선해져서" 해로움을 당할 사람은 아무도 없습니다.

너무 "지나치게" 믿거나 "극단적"이 될 수도 있다고 흔히들 생각하는데, 이런 어리석은 생각은 무시하십시오. 이것은 마귀가 유포하기 가장 좋아하는 거짓말입니다. 터무니없고 어리석은 행동으로 기독교의 걸림돌이 되는 열광주의자와 광신자가 있습니다. 그러나 사람이 너무 겸손하거나, 너무 사랑이 많거나, 너무 거룩하거나, 선한 일에 너무 힘써서는 안된다는 의미로 이런 말을 하는 사람이 있다면, 그는 어리석은 사람이거나 믿음이 없는 자임이 틀림없습니다. 즐거움과 돈을 추구하는 데는 지나침이 있을 수 있지만, 그리스도를 섬기고 참된 종교를 일궈 가는 데에는 지나침이 있을 수 없습니다.

다른 사람보다 더 나은 신앙을 가졌다고 해서 다 된 것인 양 우쭐해서는 안됩니다. 이는 마귀의 또 다른 올무입니다. 우리는 자신의 신앙에만 집중해야 합니다. 다른 사람의 신앙에 대해 물어 오는 제자에게 주님께서 말씀하십니다. "네게 무슨 상관이냐. 너는 나를 따르라"고 하셨습니다(요 21:22). 완전에 이르는 것 외에는 그 무엇에도 만족하지 말고, 계속 전진합시다. 그리스도의 삶과 성품을 우리의 유일한 본과 모범으로 삼고 더욱 힘씁시다. 아무리 잘했을 때조차도 우리는 여전히 비참한 죄인이라는 사실을 잊지 말고 정진합시다. 다른 사람과 비교하는 것은 의미가 없다는 것을 잊지 말고 계속 주님만 따라갑시다. 아무리 잘했을 때조차도 그것은 우리가 마땅히 되어야 할 모습에 전혀 미치지 못한다는 사실을 잊지 맙시다. 우리에게는 항상 개선의 여지가 있습니다. 마지막까지 우리는 그리스도의 자비와 은혜에 빚진 자들입니다. 그러므로 다른 사람을 보면서 자신과 비교하지 말아야 합니다. 오히려 자신의 마음을 보면 아직도 할 일이 많다는 것을 알게 될 것입니다.

마지막으로, 은혜 안의 성장에 대해 무엇인가 알고자 한다면, 더 많이 알고 싶다면, 이 세상에서 더 많은 시험과 환난을 지나가야 할지라도 놀라지 맙시다. 탁월한 모든 성도도 예외가 아니었습니다. 자신들의 복된 주님과 같이, 그들 역시 "간고를 많이 겪었으며 질고를 아는" 사람이었습니다(사 53:3). "고난을 통하여 온전하게" 된 자였습니다(히 2:10). 주님께서는 "무릇 열매를 맺는 가지는 더 열매를 맺게 하려 하여 그것을 깨끗하게 하시느니라"고 말씀하셨습니다(요 15:2). 간헐적으로만 계속되는 성장은 신자의 영혼에 오히려 더 해롭습니다. 질병, 상실, 십자가, 걱정, 실망 같은 것들은 우리가 겸손하게 되고, 깨어 있고, 영적인 마음을 갖기 위해 절대적으로 필요합니다. 포도나무를 다듬는 전정가위 같고, 금을 정련하는 용광로와 같습니다. 혈과 육에게는 그리 달가운 일이 아닐 수 있습니다. 우리도 그것들을 싫어합니다. 그 의미를 깨닫지 못할 때도 많습니다. "무릇 징계가 당시에는 즐거워 보이지 않고 슬퍼 보이나 후에 그로 말미암아 연단받은 자들은 의와 평강의 열매를 맺느니라"(히 12:11). 천국에 이르게 되면, 모든 것이 합력하여 선을 이루었다는 사실을 발견하게 될 것입니다. 은혜 안에서 자라가고 싶다면 이런 생각을 마음에 깊이 간직하십시오. 어둠의 날이 찾아왔을 때 이상한 일 당한 것처럼 생각하지 맙시다. 오히려 이런 때에 배우는 교훈은 청명한 날에는 배울 수 없는 것임을 잊지 맙시다. 마음속으로 말합시다. "이 일 또한 하나님의 거룩에 참여하기 위한 것으로, 나에게는 유익한 것이다. 하나님께서 날 사랑하셔서 내게 주신 것이다. 나는 지금 하나님의 최고의 학교에 입학한 것이다. 나를 변화시키기 위한 교훈이다. 이로 인해 나는 자라갈 것이다."

  은혜 안에 자라가는 것에 대해서는 이것으로 마치겠습니다. 이 주제에 대해 생각해 볼 여지를 충분히 드렸습니다. 모든 것은 후패해져 갑니다. 세상도 그렇고, 우리 자신도 그렇습니다. 몇 번의 여름을 더 보내고 나면, 몇 번의 겨울을 더 맞이하고 나면, 몇 번의 질병을 더 겪고 나면, 몇 번의 슬픔을 더 이기고 나면, 몇 번의 결혼식과 장례식에 더 참석하고 나면, 몇 번의 만남과 헤어짐이 있고 나면, 우리 무덤에 풀이 무성해지지 않겠습니까!

내면을 잘 살피고 우리 영혼에 한번 물어보십시오. "나의 신앙에 진보가 있는가? 나는 개인적인 거룩과 평화를 누리는 일에 진보를 나타내고 있는가? 은혜 안에서 계속 자라가고 있는가?"

7장

확신

전제와 같이 내가 벌써 부어지고 나의 떠날 시각이 가까왔도다. 나는 선한 싸움을 싸우고 나의 달려갈 길을 마치고 믿음을 지켰으니 이제 후로는 나를 위하여 의의 면류관이 예비되었으므로 주 곧 의로우신 재판장이 그날에 내게 주실 것이며 내게만 아니라 주의 나타나심을 사모하는 모든 자에게도니라. (딤후 4:6-8)

본문에서 사도 바울은 아래로는 무덤을, 뒤로는 자신의 지나온 사역을, 그리고 앞으로는 장차 다가올 위대한 심판 날을, 삼중적 관점으로 조망하고 있습니다!

잠시 이 사도 곁에 서서 그가 사용한 말을 주목해 보면 유익이 있을 것입니다. 사도 바울이 보는 것을 보고, 그가 말하는 것처럼 말할 수 있는 사람은 복이 있습니다!

(1) 사도는 **아래로** 무덤을 보고 있지만, 두려움 같은 것은 전혀 없습니다. 그가 하는 말을 들어 보십시오. "전제와 같이 내가 벌써

부어지고.' '나는 희생으로 드려지기 위해 끌려온 동물처럼 제단 뿔 네 귀퉁이에 줄로 묶여 있다. 전제를 위한 기름이 이미 부어졌다. 마지막 제례를 포함한 모든 준비가 다 끝났다. 이제 죽음의 일격만 맞이하면 모든 것이 끝난다.'

"나의 떠날 시각이 가까웠도다." '나는 출항하려고 막 닻을 끌어올리는 배와 같다. 승선한 모든 이의 준비가 끝났다. 포구에 나를 단단히 붙잡아 두었던 닻을 다 끌어올리기만 하면 나는 돛을 높이 올리고 항해를 시작할 것이다.'

우리와 성정이 같은 아담의 후손의 입에서 이런 놀라운 말이 나오다니요! 죽음은 우리를 기다리는 엄연한 현실입니다. 죽음이 임박했을 때, 사람은 가장 숙연해집니다. 무덤은 탄식을 자아내는 싸늘한 곳입니다. 두렵지 않은 척해도 소용없습니다. 여기 "모든 생물을 위해 정한 집"을 차분히 바라볼 수 있는 한 사람이 있습니다(욥 30:23). 그가 막 이 집의 문턱을 들어서면서 말합니다. "이것이 무엇을 말하는지 나는 다 압니다. 그래서 나는 두렵지 않습니다."

(2) 다시 그의 말을 들어 봅시다. 사도는 뒤로 자신의 지나온 사역을 돌아보고 있지만, 부끄러움이 없습니다. 그는 이렇게 말합니다. "나는 선한 싸움을 싸우고." 지금 그는 용사로서 말합니다. '나는 많은 사람들이 무서워하여 움츠리고 뒤로 물러나는 세상과 육체와 마귀에 대항하는 싸움을 다 싸웠다.'

"나의 달려갈 길을 마치고." 상을 얻기 위해 경주하는 사람으로 이야기하고 있습니다. '나는 내 앞에 놓인 경주를 다 달렸다. 아무리 거칠고 가팔라도 나에게 주어진 경주를 다 마쳤다. 아무리 어려

워도 정해진 길을 벗어나지 않았다. 아무리 그 길이 지루해도 포기하지 않았다. 마침내 결승점이 보인다.'

"믿음을 지켰으니." 이 말은 한 사람의 청지기로 하는 말입니다. '나는 나에게 맡겨진 영광의 복음을 굳게 지켰다. 사람의 전통과 혼합하지도 않았다. 내가 스스로 고안한 무엇을 더해서 복음의 단순성을 해치지도 않았다. 복음을 희석시키려는 모든 시도를 용납하지 않고 정면으로 맞섰다.' "한 명의 용사로서, 경주자로서, 청지기로서 나는 부끄러움이 없습니다"라고 말하는 것 같습니다.

세상을 떠나면서 이런 증거를 남길 수 있는 그리스도인은 행복합니다. 선한 양심이 우리를 구원해 주지 않습니다. 선한 양심으로 죄가 씻어지는 것도 아닙니다. 그것은 손톱만큼도 우리를 천국으로 들어올리지 못합니다. 하지만 선한 양심은 우리의 임종 시에 찾아온 반가운 손님입니다. 「천로역정」에는 사망의 강을 건너는 다 늙은 정직 씨에 대한 묘사가 나옵니다. 번연은 말합니다. "바로 그때, 강둑 곳곳이 범람하기 시작했다. 하지만 평생 선한 양심과 이 강에서 만나자고 약속했던 정직 씨는 자신을 기다리는 선한 양심이 내민 손을 붙잡고 그 강을 건널 수 있었다." 진리의 광맥이 이 말에 숨어 있습니다.

(3) 사도 바울의 말로 다시 돌아가 봅시다. 그는 **앞으로** 올 심판의 위대한 날을 바라보되, 전혀 의심이 없습니다. 그의 말을 들어 보십시오. "이제 후로는 나를 위하여 의의 면류관이 예비되었으므로 주 곧 의로우신 재판장이 그날에 내게 주실 것이며 내게만 아니라 주의 나타나심을 사모하는 모든 자에게도니라"(딤후 4:8). 이 말은

곧 '의로운 자들에게만 주는 면류관이 영광스러운 상으로 나를 기다린다. 심판의 위대한 날에 우리 주께서는, 나와 더불어 보이지 않는 구주를 사랑하고, 얼굴과 얼굴을 대면하여 보기를 갈망해 온 모든 자들에게 면류관을 주실 것이다. 이 땅에서 나의 일은 다 끝났다. 이제 남은 일이라고는 기다리고 바라는 것뿐이다'라고 말하는 것입니다.

사도 바울은 지금 머뭇거림이나 의심 없이 말합니다. 이미 면류관을 받은 사람처럼 전혀 주저함이 없습니다. 의로우신 재판장께서 그 면류관을 자기에게 주실 것이라는 사실을 아주 확신하고 있습니다. 엄중한 마지막 심판 날에 일어날 모든 일이 사도 바울에게는 전혀 낯설거나 모호하지 않습니다. 위대한 흰 보좌, 그 앞에 모인 모든 세상 사람들, 펼쳐진 책, 훤히 드러난 은밀한 모든 일, 주목해서 보는 천사들, 끔찍한 선고, 구원받은 자와 잃어버린 자의 영원한 분리 등, 그날에 일어날 모든 일을 그는 이미 잘 알고 있습니다. 하지만 이중 그 어느 것도 그를 혼란스럽게 하지 못합니다. 그는 굳건한 믿음으로 이 모든 것을 뛰어넘습니다. 모든 일에서 자신을 넉넉히 변호하실 대언자 예수와 그분의 피 뿌림, 죄 씻음만을 바라봅니다. "이제 후로는 나를 위하여 의의 면류관이 예비"되었고, "주께서 그 날에 내게 주실 것"이라고 합니다. 자기 눈으로 모든 것을 직접 본 것처럼 말합니다.

본문에 담긴 의미가 그렇습니다. 하지만 여기서는 이 모든 것을 다 말씀드리기보다는, 이 장의 주제에 한정해서 말씀드리겠습니다. 사도 바울은 "강한 소망의 확신"을 가지고 심판 날에 자기가 맞게 될 일을 분명하게 바라보았습니다. 우리가 지금 다룰 주제가 바로 이것입니다.

확신은 너무나 중요한 주제임에도 오늘날 쉽게 간과되고 있기 때문에 좀더 자주 이야기할 필요가 있습니다.

하지만 우리는 두려움과 떨림으로 이 주제를 다루어야 합니다. 너무나 어려운 주제여서 성경과 상관없이 함부로 이야기할 수 있기 때문입니다. 진리와 오류 사이에 난 길은 특히 더 좁은 통로입니다. 내가 이 주제를 다룸으로써 누구를 해롭게 하지 않고 사람들에게 유익을 줄 수 있다면 그저 감사할 따름입니다.

확신이라는 주제와 관련해 다음 네 가지를 언급하겠습니다. 이를 통해 우리의 길이 더욱 명확해질 것입니다.

1. 바울이 본문에서 말한 확신에 찬 소망은 참되고 성경적이다.
2. 확신에 찬 소망에 이르지 못한 사람도 구원을 얻을 수 있다.
3. 확신에 찬 소망을 간절히 추구해야 하는 이유가 있다.
4. 확신에 찬 소망을 얻기가 어려운 몇 가지 원인이 있다.

거룩을 열망하는 모든 사람의 특별한 관심을 촉구합니다. 제게 특별한 오류가 없는 한, 참된 거룩과 확신은 긴밀히 연결되어 있습니다. 이 장을 끝내기 전에 이 둘 사이의 관계의 본질을 보여드릴 수 있기를 희망합니다. 우선 가장 거룩한 사람일수록 일반적으로 더 큰 확신을 누린다는 사실을 말씀드립니다.

1. 먼저, 바울이 본문에서 말한 확신에 찬 소망은 참되고 성경적임을 보이겠습니다.

우리가 읽은 본문 말씀에서 사도 바울이 말한 대로, 확신은 단순한 공상이나 느낌이 아닙니다. 고등동물에게 있는 정신적 활동이나 낙천적 기질의 결과도 아닙니다. 몸의 구조나 형태와는 상관이 없습니다. 확신은 성령으로 말미암은 적극적인 은사입니다. 그리스도를 믿는 **모든 신자**가 반드시 추구하고 구해야 합니다.

이 문제와 관련한 첫 번째 물음은, 성경은 이에 대해 어떻게 말하고 있느냐 하는 것입니다. 성경은, 신자가 자신의 구원에 대해 분명하게 확신할 수 있다고 가르칩니다.

회심한 참된 그리스도인은 그리스도를 믿는 믿음으로 평안을 얻어 자기 죄가 용서받았고 영혼이 구원받았다는 분명한 확신을 느끼게 됩니다. 이렇게 되면 의심 때문에 괴로워하거나, 두려움에 미혹되거나, 걱정스러운 질문들로 고민에 빠지는 일은 거의 없습니다. 요컨대, 내면에서 일어나는 죄와의 허다한 싸움으로 힘들기는 해도, 두려움 없이 죽음을 대망하게 됩니다. 당당하게 심판을 대면하게 됩니다.[1] 이것이 성경의 가르침입니다.

확신에 대한 제 생각이 그렇습니다. 여러분은 지금부터 제 말을 잘 들어 보십시오. 성경이 말하는 바를 가감 없이 말하도록 하겠습니다.

요즘 이 확신에 대한 진술이 자주 논란의 대상이 됩니다. 많은 사람들이 그것을 진리로 여기지 않고 거부합니다. 로마 가톨릭교회는 전혀 터무니없는 말로 확신을 부인합니다. 트렌트 공의회에서 노골적으로 이렇게 말합니다. "죄 용서에 대한 신자의 확신은, 허구이고 불경건한 확신이다." 로마 가톨릭의 옹호자로 잘 알려진 벨라르미노Bellarmino 추기경은 확신을 가르켜 "이단의 주요한 오류"라고 했습니다.

우리 가운데에도 대다수의 세속적이고 생각 없는 그리스도인이 확신의 교리를 반대합니다. 이 교리를 듣기 싫어하고 분개합니다. 자기가 위로와 확신을 누리지 못하므로 다른 사람이 그런 것을 누리는 것을 차마 보지 못하는 것입니다. 그들에게 자기 죄가 용서받았는지 한번 물어보십시오. 아마도 잘 모르겠다고 대답할 것입니다! 이런 **그들이** 확신의 교리를 받아들이지 못하는 것은 그리 놀랄 일도 아닙니다.

하지만 참된 신자 가운데에서도 확신을 위험한 교리로 여겨 거부하고 피하는 사람들이 있습니다. 이들은 확신을 추정presumption 정도로 여깁니다. 확신하지 않고 자기 영혼에 대해 어느 정도 의심과 긴장을 가지고 사는 것을 겸손으로 착각합니다. 하지만 이것은 후회를 불러올 수밖에 없는 아주 해로운 생각입니다.

물론 성경적인 근거도 없이 확신을 고백하는 뻔뻔스러운 사람들도 있습니다. 저는 이 점을 솔직히 인정합니다. 하나님은 좋게 보시는데 항상 스스로 부족하게 여기는 사람이 있는 것처럼, 하나님은 부족하게 여기시는데 항상 스스로에 대해 좋게 생각하는 사람이 있습니다. 그런 사람들은 항상 있게 마련입니다. 성경의 진리는 항상 오용됩니다. 모조품이 없었던 적이 없습니다. 하나님의 선택, 사람의 무능함, 은혜로 말미암은 구원 등 모든 교리가 오용되고 있습니다. 세상이 계속되는 한 항상 광신자와 열광주의자가 있을 것입니다. 그럼에도 불구하고 확신은 분명하고 참된 실재입니다. 하나님의 자녀는 단지 진리가 오용될까 두려워 진리를 적용하는 데 소극적이어서는 안됩니다.[2]

실재적이고 분명한 근거를 가진 확신이 있음을 인정하지 않는 모든 사람에게 줄 수 있는 대답은 단 한 가지뿐입니다. 바로 성경은 이에 대해 어떻게 말하는가입니다. 성경이 확신을 말하고 있지 않다면, 저도 더 이상 할 말이 없습니다.

욥은 말합니다. "내가 **알기에는** 나의 대속자가 살아 계시니 마침내 그가 땅 위에 서실 것이라. 내 가죽이 벗김을 당한 뒤에도 내가 육체 밖에서 하나님을 보리라"(욥 19:25-26).

다윗은 말합니다. "내가 사망의 음침한 골짜기로 다닐지라도 **해를 두려워하지 않을 것**은 주께서 나와 함께하심이라. 주의 지팡이와 막대기가 나를 안위하시나이다"(시 23:4).

이사야는 또 어떻습니까? "주께서 심지가 견고한 자를 **평강하고 평강하도록** 지키시리니 이는 그가 주를 신뢰함이니이다"(사 26:3).

또한 그는 말합니다. "공의의 열매는 화평이요 공의의 결과는 영원한 평안과 **안전**assurance이라"(사 32:17).

사도 바울은 로마에 있는 성도에게 무엇이라고 말합니까? "내가 **확신하노니** 사망이나 생명이나 천사들이나 권세자들이나 현재 일이나 미래 일이나 능력이나 높음이나 깊음이나 다른 어떤 피조물이라도 우리를 우리 주 그리스도 예수 안에 있는 하나님의 사랑에서 끊을 수 없으리라"(롬 8:38-39).

고린도 교인에게는 "만일 땅에 있는 우리의 장막 집이 무너지면 하나님께서 지으신 집 곧 손으로 지은 것이 아니요 하늘에 있는 영원한 집이 우리에게 있는 줄 **아느니라**"고 말합니다(고후 5:1).

그는 또 말합니다. "그러므로 우리가 항상 **담대하여**confident 몸으로 있을 때에는 주와 따로 있는 줄을 아노니"(고후 5:6).

디모데에게는 "내가 믿는 자를 내가 **알고** 또한 내가 의탁한 것을 그날까지 그가 능히 지키실 줄을 확신함이라"고 말하지 않았습니까?(딤후 1:12)

골로새 교인에게는 "확실한 이해의 모든 풍성함"(골 2:2)을 말하고, 히브리서 수신자에게는 "온전한 믿음"과 "소망을 끝까지 확신하는 것"을 말합니다(히 10:22, 6:11). 사도 베드로는 "더욱 힘써 너희 부르심과 택하심을 **굳게 하라**"고 분명히 말하고 있지 않습니까?(벧후 1:10)

요한은 또 어떻습니까? "우리는……사망에서 옮겨 생명으로 들어간 줄을 **알거니와**"(요일 3:14).

그는 또 이렇게 말합니다. "내가 하나님의 아들의 이름을 믿는 너희에게 이것을 쓰는 것은 너희로 하여금 너희에게 영생이 있음을 **알게 하려** 함이라"(요일 5:13). "우리가 하나님에게서 났다는 것을 우리는 **압니다**"(요일 5:19, 새번역).

이 모든 말씀에 대해 우리는 무엇이라고 말하겠습니까? 논란이 되고 있는 부분에 대해서는 제가 겸손할 수 있기를 바랍니다. 저는 아담의 타락한 후손일 뿐임을 잘 압니다. 하지만 본문 말씀에서, 단순한 "희망 사항"이나 "신념" 이상의 것을 보게 됩니다. 오늘날 많은 신자들은 여기에 만족하지만 말입니다. 이것은 설득과 확증과 지식의 말에서 비롯된 확신이라고 말해도 무방합니다. 그 명확한 의미를 통해서 이 말씀을 본다면, **확신의 교리가 진리로** 다가옵니다.

더구나 확신을 섣부른 추정 정도로 여기며 싫어하는 사람에게 줄 수 있는 대답은, 섣부른 추정으로는 베드로와 바울, 욥, 요한의 삶의 자취를 따라갈 수 없다는 것입니다. 그들은 모두 누구보다도 겸손하고 낮은 마음을 가진 탁월한 사람들이었습니다. 그런 그들이 자기 상태에 대해 분명한 확신을 가지고 말합니다. 그들을 통해 우리는 깊은 겸손과 강한 확신 사이의 완벽한 조화를 봅니다. 영적 확신과 교만 사이에는 어떤 필연적인 연관성도 없다는 사실을 깨닫습니다.[3]

본문이 말하는 확신에 찬 희망 가운데 사는 사람이 오늘날에도 많습니다. 사도 시대로만 이런 특권을 제한시킬 수는 없습니다. 이 땅에서도 성부, 성자와의 깊은 교제 가운데 살다 간 신자들이 많이 있습니다. 이들은 자신과 화해한 하나님의 얼굴빛을 거의 항상 누리며 살았습니다. 이런 삶을 기록으로 남겨 두었습니다.

마지막으로, 하나님의 단호한 말씀을 분명하게 느끼고, 하나님의 결연한 약속을 주저없이 믿으며, 식언치 않으시는 그분의 말씀과 맹세를 의지하여 용서와 평화를 확신하는 것은 잘못된 것이 아닙니다. 하나님께 있는 무엇인가를 보아야 확신을 가질 수 있다는 생각은 아주 잘못되었습니다. 새 언약의 중보자와 진리의 성경을 의지하여 확신하는 것입니다. 신자가 주 예수님을 믿는다는 것은 그분이 하신 말씀을 믿는다는 것입니다. **그분이 하신 말씀 때문에 그분**

을 붙드는 것입니다. 결국 확신은 다름 아닌 **장성한 믿음**입니다. 그리스도께서 주신 약속을 두 손으로 꼭 붙잡는 대장부의 믿음을 가리킵니다. "다만 말씀으로만 하옵소서. 그러면 낫겠나이다"라고 말한 백부장이 가진 믿음입니다(마 8:8).[4]

바울만큼 확신의 근거를 자기 자신에게서 찾지 않은 사람도 없을 것입니다. 스스로를 가리켜 "죄인 중에 내가 괴수"라고 한 바울은 자신의 타락과 죄책을 깊이 절감했습니다(딤전 1:15). 하지만 자신에게 전가된 그리스도의 의의 넓이와 길이를 더 깊이 절감하고 있었습니다. "오호라, 나는 곤고한 사람이로다"고 외칠 만큼 바울은 자기 마음에 있는 악의 샘을 분명히 보았습니다(롬 7:24). 모든 "죄와 더러움"을 씻는 또 다른 샘이 있음은 더 분명히 보았습니다(슥 13:1). 자신을 "지극히 작은 자보다 더 작은 나"로 여길 만큼 자기에게 있는 연약함에 대해 확고하고 분명하게 느꼈습니다(엡 3:8). "내 양은 영원히 멸망하지 아니할 것"이라고 하신 예수님의 약속에 대한 생생한 믿음이 있었습니다(요 10:28). 바울은 스스로를, 미쳐 날뛰는 바다에 이리저리 쓸려 다닐 수밖에 없는 나무껍질 부스러기 같은 자라고 여겼습니다. 자기를 집어삼키려는 거친 파도와 사나운 비바람을 보았습니다. 하지만 그런 때에도 바울은 눈을 들어 예수님을 바라보았고, 두려워하지 않았습니다. 휘장 안에 있는 "튼튼하고 견고"한 영혼의 닻을 기억했습니다(히 6:19). 자신을 사랑하시고 위하여 자기를 내어 주신 분의 쉼 없는 중보와 공로와 말씀을 기억했습니다. 바로 이런 것을 기억했기 때문에 바울은 이토록 담대하게 말할 수 있었습니다. "나를 위하여 의의 면류관이 예비되었고 주께서 그날에 내게 주실 것이다." "주께서 나를 지켜주시니 나는 결코 파선하지 않을 것이다."[5]

2. 이제, 이 주제와 관련한 둘째 요점으로 넘어가겠습니다. **바울이 말한 확신에 찬 소망에 이르지 못한 신자도 구원을 얻을 수 있습니다.**

기꺼이 이 사실을 인정합니다. 이것은 틀림없는 사실입니다. 저는 애통해 하며 회개하는 사람에게 하나님이 원하지도 않는 슬픔을 짊어지게 하고 싶지 않습니다. 기진한 하나님의 자녀를 낙담시키고 싶지 않습니다. 그리스도 안에서 우리가 할 일은 확신을 느끼는 것뿐이라는 인상을 남기고 싶지도 않습니다.

그리스도 안에서 구원에 이르는 믿음을 갖고 있으면서도, 사도 바울이 누렸던 확신의 희망을 전혀 누리지 못하는 사람이 있습니다. 믿고 용납받을 것에 대한 어렴풋한 희망을 가지는 것과, 믿음 안에서 "기쁨과 평강"을 누리고 넘치도록 풍성한 희망을 가지는 것은 전혀 다릅니다.

위대하고 신한 사람끼리도 서로 의견을 달리합니다. 존경하는 많은 탁월한 복음 사역자들이 제가 말한 이런 구분을 허용하지 않을 것이라는 것을 압니다. 하지만 저는 어느 누구도 선생이라고 부르고 싶지 않습니다. 양심의 상처를 쉽게 치료할 수 있다는 생각을 누구 못지않게 싫어합니다. 하지만 제가 앞에서 말씀드린 것 외에 다른 견해를 설교하는 것은 참으로 불쾌한 일입니다. 뿐만 아니라 저는 그런 견해가 오랫동안 사람의 영혼을 생명의 문으로부터 멀어지게 했다고 생각합니다.[6]

사람이 그리스도께로 피할 수 있는 믿음, 즉 그리스도를 붙잡는 믿음을 갖게 되는 것은 은혜입니다. 그분을 진실로 신뢰하고, 하나님의 자녀가 되고, 구원을 얻는 믿음 말입니다. 하지만 마지막 숨을 거두는 그날까지 많은 염려와 의심과 두려움에서 결코 자유롭지 못합니다.

오래전에 한 작가가 이런 말을 한 적이 있습니다. "예전에 써 놓고 아직 붙이지 못한 편지가 있듯이, 마음에 은혜가 기록되었지만 아직 성령이 확신으로 봉인하지 않았을 수도 있습니다."

거부巨富의 상속자로 태어난 아이는 아직 자기가 얼마나 부자인지 알지 못합니다. 어린아이로 살다가 어린아이로 죽으면 죽을 때까지도 자기가 가진 재산이 얼마나 많은지 전혀 알지 못합니다. 이처럼 사람은 그리스도의 권속이면서도 어린아이처럼 생각하고 어린아이처럼 말합니다. 구원을 받았지만 결코 산 희망을 누려 보지도 못하고, 그의 기업을 통해 얻는 참된 특권조차 알지 못합니다.

제가 확신이 갖는 중요성과 특권과 실체를 강하게 말한다고 해서 제 의도를 오해하지 마십시오. 바울과 같이 "내가 알고 확신하노니 나를 위하여 면류관이 예비되었으므로……"라고 말해야만 구원받을 수 있다고 말하는 것이 아닙니다. 저는 결코 그렇게 말한 적이 없습니다.

구원을 얻기 위해서는 반드시 주 예수 그리스도를 믿는 믿음이 있어야 합니다. 이는 너무나 분명한 사실입니다. 아버지께로 가는 다른 길은 없습니다. 그리스도를 통하지 않고서는 하나님의 자비를 전혀 기대할 수 없습니다. 자기가 죄인인 것과 잃어버린 자라는 것을 절감하고, 그리스도께 **나아와** 용서와 구원을 간구해야 합니다. 그분께만, 오직 그분께만 희망을 **두어야** 합니다. 저는 성경을 보증으로 약속합니다. 이렇게 할 수 있다면 믿음이 아무리 여리고 보잘 것없다 해도 그 사람은 천국을 잃지 않을 것입니다.

영광스러운 복음이 주는 자유로움을 박탈해서도 안되고, 합당한 몫을 삭감해서도 안됩니다. 사람에게 있는 교만, 그리고 죄를 사랑하는 마음으로 인해 이미 좁아질 대로 좁아진 구원의 문을 더 좁고 협착하게 만들어서도 안됩니다. 주 예수님은 긍휼과 자비가 많으신 분입니다. 그분은 우리 믿음의 **양**이 아니라 질을 보십니다. 믿음의 정도를 달아 보시지 않고, 진실함을 보십니다. 상한 갈대도 꺾지 않으시고, 꺼져 가는 불씨도 꺼뜨리지 않으십니다. 십자가 아래서도 멸망당했다는 말이 들리는 것을 결코 용납하지 않으십니다. 오히려 이렇게 말씀하십니다. "내게 오는 자는 내가 결코 내쫓지 아니하리라"(요 6:37).[7]

그렇습니다! 비록 믿음이 겨자씨보다 크지 않다 해도, 그 믿음으로 그리스도께 나아오고 그분의 옷깃이라도 만지면 구원을 얻을 것입니다. 옛 성도들이 이미 낙원에 이른 것만큼이나 분명한 사실입니다. 베드로, 요한, 바울처럼 영원하고 온전한 구원에 이를 것입니다. 성화에는 사람마다 정도의 차이가 있습니다. 그러나 칭의는 그렇지 않습니다. 이미 이렇게 기록되어 있지 않습니까? "누구든지 그를 **믿는** 자는—누구든지 강하고 위대한 믿음을 가진 자라 하지 않았습니다—부끄러움을 당하지 아니하리라"(롬 10:11). 기록된 말씀은 결코 폐하지 않습니다.

하지만 믿음이 작은 사람은 하나님께서 자기를 용서하시고 받으셨다는 사실을 평생 온전히 확신하지 못할 것입니다. 더해 가는 두려움과 의심으로 힘겨워할 것입니다. 많은 염려와 말 못할 의문이 일어나고, 많은 갈등과 불안이 있습니다. 풍랑과 파도가 황혼에까지 밀려듭니다.

다시 말씀드립니다. 그리스도를 믿지만 확신하지 못하는 단순하고 하찮은 믿음이라 해도 구원을 얻습니다. 하지만 그런 믿음을 통해 강력하고 풍성한 위로를 받으며 천국에 이르게 될지는 장담할 수 없습니다. 안전하게 포구까지 데려가기는 하겠지만, 돛을 전부 올리고 기쁨과 확신 가운데 힘차게 항해할지는 의문입니다. 이런 사람이 악천후에 시달리고 풍랑에 이리저리 떠밀리고, 천국에서 영광 가운데 눈뜨기 전까지 자신의 안전에 대해 자신하지 못하는 것은 전혀 이상하지 않습니다.

믿음과 확신을 다음과 같이 구분해 보면 도움이 됩니다. 이러한 구분은 신앙을 추구하는 가운데 생기는 난해한 문제를 잘 설명해 줍니다.

믿음은 뿌리이고, 확신은 그 위에 피어난 꽃입니다. 뿌리가 없으면 꽃을 기대할 수 없는 것이 당연합니다. 물론, 뿌리는 있지만 꽃이 없는 경우는 있습니다.

믿음은, 떠미는 군중을 헤치고 예수님 뒤로 와 두려움과 떨림으로 그분의 옷깃을 만진 불쌍한 여인입니다(막 5:27). 확신은, 자신을 에워싸고 돌을 던지는 살인자 앞에서도 잠잠히 서서 "보라, 하늘이 열리고 인자가 하나님 우편에 서신 것을 보노라"고 외치는 스데

반입니다(행 7:56).

믿음은, "예수여, 당신의 나라에 임하실 때에 나를 기억하소서"라고 부르짖는 회개하는 강도입니다(눅 23:42). 확신은, 온몸이 종기로 얼룩진 채 재 가운데 앉았으면서도 "내가 알기에는 나의 대속자가 살아 계시니"(욥 19:25), "비록 그분이 날 죽이실지라도 나는 그분을 믿고"(욥 13:15)라고 말한 욥입니다.

믿음은, 물에 빠져가면서 "주여, 나를 구원하소서"라며 울부짖는 베드로입니다(마 14:30). 확신은, 나중에 공의회 앞에 서서 "이 예수는 너희 건축자들의 버린 돌로서 집 모퉁이의 머릿돌이 되었느니라. 다른 이로서는 구원을 받을 수 없나니 천하 사람 중 구원을 받을 만한 다른 이름을 우리에게 주신 일이 없음이라"고 외치는 베드로입니다(행 4:11-12).

믿음은, 두렵고 떨리는 목소리로 "내가 믿나이다. 나의 믿음 없는 것을 도와주소서" 하는 외침입니다(막 9:24). 확신은, "누가 능히 하나님께서 택하신 자들을 고발하리요⋯⋯누가 정죄하리요" 하고 외치는 자신만만한 도전입니다(롬 8:33-34). 믿음은, 다메섹 유다의 집에서 홀로 비탄에 잠겨 기도하는 눈먼 사울입니다(행 9:11). 확신은, 자신의 떠나갈 날이 가까워 오는 것을 보면서 "내가 믿는 자를 내가 알고⋯⋯이제 후로는 나를 위하여 의의 면류관이 예비되었으므로"라고 잠잠히 말하는 갇힌 자된 노년의 바울입니다(딤후 1:12, 4:8).

믿음은 **생명**입니다. 이 얼마나 큰 복입니까! 사망과 생명 사이의 간극을 묘사하거나 헤아릴 자가 누구입니까? "산 개가 죽은 사자보다 낫기 때문이니라"(전 9:4). 하지만 생명은 마지막 순간까지 약하고, 병들고, 고통당하고, 염려하고, 걱정하고, 괴롭고, 웃음을 잃어버릴 때가 얼마나 많습니까? 확신은 **생명을 능가합니다**. 확신은 건강과 강력과 권세와 생기와 역동과 에너지와 장부다움과 아름다움이라 할 수 있습니다.

우리가 지금 다루는 것은 "구원받느냐 못 받느냐"의 문제가 아니라, "특권을 누리느냐 못 누리느냐"의 문제입니다. 평화냐 평화가 아니냐의 문제가 아니라, 큰 평화냐 아니면 작은 평화냐의 문제입니다. 이 세상에서 유리방황하는 자들이냐 아니면 그리스도의 학교에 속한 자냐의 문제가 아니라, 오직 그리스도의 학교에 속한 자들에 관한 문제입니다. 처음의 모습 그대로냐 아니면 장성한 분량에 이른 모습이냐의 문제입니다.

믿음을 가졌습니까? 정말 **잘하셨습니다**. 여러분 모두가 믿음을 가지고 있다면 저는 너무나 행복할 것입니다. 믿는 자는 복을 받되, 삼중의 복을 받습니다! 깨끗함을 받았고, 의롭다 함을 받았고, 지옥의 권세가 넘보지 못합니다. 사탄이 가진 모든 악독으로 발악해도 신자를 그리스도의 손에서 빼앗지 못합니다. 그러나 확신을 가졌다면 **훨씬 더 좋습니다**. 더 볼 수 있고, 더 느낄 수 있고, 더 알 수 있고, 더 누릴 수 있기 때문입니다. 그리고 신명기에 "날이 많아서 하늘이 땅을 덮는 날과 같으리라"고 기록된 대로 더 많은 날이 있기 때문입니다(신 11:21).[8]

3. 다음으로, 확신에 찬 소망을 간절히 추구해야 하는 이유를 보겠습

니다.

지금부터 말씀드리는 것에 특별히 주의를 기울여 주십시오. 사람들이 지금보다 더 간절히 확신을 추구했더라면 하는 바람을 가져봅니다. 너무 많은 신자들이 의심으로 시작해서, 의심 가운데 살다가, 의심하며 죽습니다. 안개 속을 더듬어 천국으로 가는 꼴입니다.

"희망"과 "신뢰"를 대수롭지 않게 여겨서 이렇게 말하는 것이 아닙니다. 하지만 우리 가운데 많은 사람들이 그것으로만 만족하고 더 이상 나아가려고 하지 않습니다. 주님의 권속 가운데 "염려하는" 사람이 점점 줄어들고, "나는 알고 분명히 확신한다"고 말하는 사람이 더 많아지면 좋겠습니다. 오, 모든 신자가 최고의 은사를 사모하고, 무엇이 되었든 그보다 못한 것에는 만족하지 않았으면 좋겠습니다! 많은 사람들이 복음이 주는 복을 받을 만조의 때를 놓치고 있습니다. 많은 사람들이 낮고 비천한 상태로 스스로의 영혼을 방치하고 있습니다. 그런 모습을 보고 우리 주님은 말씀하십니다. "나의 친구들아, 먹으라. 나의 사랑하는 사람들아, 많이 마시라"(아 5:1). "구하라. 그리하면 받으리니 너희 기쁨이 충만하리라"(요 16:24).

(1) 지금 우리가 얻을 수 있는 위로와 평화를 위해서라도 확신을 추구해야 합니다. 의심과 두려움은 그리스도를 믿는 참된 신자가 누리는 행복을 빼앗아 갑니다. 불확실함과 걱정은 건강, 소유, 가족, 애정, 직업 등 우리 삶 전반에 아주 나쁜 영향을 가져옵니다. 영혼에 끼치는 영향은 더욱 나쁩니다. 믿음을 고백할 때 "그렇게 되기 바란다", "그렇게 될 거야" 하는 정도를 넘어서지 못하는 한, 자기의 영적 상태에 대해 어느 정도 불확실함을 느낄 수밖에 없습니다. "나

는 알고 있다"고 감히 말할 수 없기 때문에 "그렇게 되기를 바란다" 하는 정도로 그치는 것입니다.

하지만 확신을 통해 하나님의 자녀는 일종의 힘겨운 매임에서 벗어나, 큰 위로로 나아가게 됩니다. 삶에서 가장 큰 일이 이미 해결되었습니다. 가장 큰 빚이 다 청산되었습니다. 가장 치명적인 질병이 다 치료되었습니다. 가장 큰 일이 완성되었다고 느끼는 것입니다. 그래서 이외에 다른 일, 질병이나 빚 같은 일은 상대적으로 소소한 것처럼 여겨집니다. 이런 확신에 힘입어, 신자는 고통 중에서도 인내합니다. 상실감 속에서도 잠잠합니다. 슬픔 가운데서도 동요하지 않습니다. 악한 세월을 두려워하지 않고, 모든 상황에 만족하게 됩니다. 확신을 통해 그 마음이 **확정**되었기 때문입니다. 확신 한 방울이 쓴잔을 달콤하게 해줍니다. 십자가의 짐을 가볍게 해줍니다. 거친 순례의 길을 평탄하게 해줍니다. 사망의 음침한 골짜기를 비춰 줍니다. 항상 발아래 든든한 반석이 있는 것과, 두 손으로 붙잡을 확실한 것이 있음을 느끼게 해줍니다. 천국으로 가는 여정에 동행하는 든든한 벗이 있고, 마지막에 다다를 확실한 본향이 있음을 느끼게 해줍니다.[9]

확신을 통해 가난과 실패도 견딥니다. 확신을 통해 이렇게 말할 수 있습니다. "더 낫고 영구한 소유가 있는 줄 앎이라"(히 10:34). "비록 무화과나무가 무성하지 못하며……외양간에 소가 없을지라도 나는 여호와로 말미암아 즐거워하며"(합 3:17-18).

하나님의 자녀는 확신을 통해 자기에게 닥친 극심한 상실도 견뎌 냅니다. "평안하다"고 느낍니다(왕하 4:26). 확신에 찬 영혼은 이렇게 말합니다. "비록 내 사랑하는 자들이 다 나를 떠나갔지만 여전히 예수님은 동일하시고 영원히 살아 계신다. 죽은 자 가운데서 다시 사신 그분은 영원히 죽지 않으신다. 비록 내 처지가 내 육신이 바라는 것과 같지는 않지만, 내게는 만사에 구비하고 견고하게 하는 영원한 언약이 있다"(히 13:8, 롬 6:9, 삼하 23:5).

빌립보 감옥에서 바울과 실라가 그랬던 것처럼, 확신에 찬 사람은 감옥에서조차 하나님을 찬양하고 감사할 수 있습니다. 가장 극심한 어둠에서조차 노래합니다. 모든 일이 자기를 대적하는 것처럼 보일 때조차도 기뻐합니다(욥 35:10, 시 42:8).[10]

헤롯의 감옥에 있던 베드로처럼, 확신에 찬 사람은 내일 당장 죽는다는 것을 알면서도 단잠을 잡니다. 확신에 찬 사람은 말합니다. "내가 평안히 눕고 자기도 하리니 나를 안전히 살게 하시는 이는 오직 여호와이시니이다"(시 4:8).

예루살렘 감옥에 던져진 사도들처럼, 확신에 찬 사람은 그리스도를 위해 당하는 수치를 즐거워합니다(행 5:41). 확신을 통해 "기뻐하고 즐거워"할 수 있게 됩니다(마 5:12). 천국에는 자기가 당한 모든 것을 충분히 보상하고도 남을 "지극히 크고 영원한 영광의 중한 것"이 있음을 항상 기억합니다(고후 4:17).

그리스도의 교회가 시작될 때의 스데반처럼, 그리고 이 땅의 토머스 크랜머Thomas Cranmer, 리들리, 후퍼, 라티머, 존 로저스John Rogers, 롤런드 테일러Rowland Taylor처럼, 확신에 찬 사람은 격렬하고 고통스러운 죽음도 두려움 없이 대면합니다. 확신에 찬 사람은 죽음을 대면할 때 이런 말씀들을 마음으로 되뇌입니다. "몸을 죽이고 그 후에는 능히 더 못하는 자들을 두려워하지 말라"(눅 12:4). "주 예수여, 내 영혼을 받으시옵소서"(행 7:59).[11]

확신은 고통과 병중에 있는 사람을 붙들어 줍니다. 잠자리를 편하게 해주고, 임종의 머리맡을 지켜 주어 임종을 맞는 신자가 이렇게 말할 수 있도록 합니다. "만일 땅에 있는 우리의 장막 집이 무너지면 하나님께서 지으신……집이 우리에게 있는 줄 아느니라"(고후 5:1). "세상을 떠나서 그리스도와 함께 있는 것이 훨씬 더 좋은 일이라"(빌 1:23). "내 육체와 마음은 쇠약하나 하나님은 내 마음의 반석이시요 영원한 분깃이시라"(시 73:26).[12]

죽음의 순간에 확신이 가져다줄 수 있는 강력한 위로는 너무나 중요합니다. 다른 때도 확신을 의지할 수 있지만, 임종의 순간만큼 확신이 소중한 때도 없습니다. 지나온 삶이 어떠했든지, 임종이라는 엄중한 순간에 "확신에 찬 소망"이 주는 가치와 특권을 깨닫지 못할 사람은 거의 없습니다. 항상 뜨는 해를 볼 수 있고 몸이 건강할 때라면 일반적인 "희망"과 "믿음"도 그런대로 괜찮습니다. 하지만 죽음이 엄몰해 오는 순간에 "나는 **안다**", "나는 **느낀다**"라고 말할 수 있어야 합니다. 죽음의 강은 차갑고도 도도하게 흘러갑니다. 우리는 그 강을 홀로 건너야 합니다. 이 땅에서 사귄 어떤 친구도 우리를 도와줄 수 없습니다. 최후의 원수인 공포의 왕은 강력한 원수입니다. 우리 영혼이 이 땅을 떠나야 할 때, 확신만큼 우리를 강건하게 해주는 것은 어디에도 없습니다.

공동기도서에는 병자의 심방을 위한 아름다운 글이 있습니다.

의지하는 모든 자에게 강한 성루가 되시는 전능하신 주님께서 이제와 또 영원토록 당신의 요새가 되십니다. 하늘 아래 우리 주 예수 그리스도의 이름으로만 당신이 건강하게 되고 구원받는다는 사실을 알고 느끼기를 바랍니다.

이 기도서를 펴낸 사람은 정말 위대한 지혜를 가졌습니다. 눈이 침침해지고 귀가 어두워지고 영혼이 떠나게 될 날이 임박하면, 그리스도께서 우리를 위해 하신 일을 **알고 느끼는** 것 외에는, 그 어떤 것도 완전한 평화를 담보할 수 없음을 그는 알았습니다.[13]

(2) 확신은 **능동적으로 애쓰고 힘쓰는 그리스도인이 되게 하기** 때문에, 우리는 확신을 추구해야 합니다. 자신의 노력과 공로가 아니라, 그리스도의 완성된 사역을 의지하여 은혜로 천국에 들어간다는 분명한 확신을 누리는 그리스도인보다 그리스도를 위해 더 많은 일을 할 사람은 어디에도 없습니다. 이상하게 들릴지 모르지만, 이는 사실입니다.

확신의 희망이 결여된 신자는 자신의 상태를 의심하고 살피느라 많은 시간을 보냅니다. 과민하고 우울증에 걸린 사람처럼 불안, 의심, 의문, 갈등, 타락에 휩싸여 지냅니다. 자기 내면의 싸움에 몰입해 있어 다른 일을 돌아볼 여유가 없습니다. 하나님을 위해 일할 시간은 더더욱 없습니다.

하지만 바울처럼 확신의 소망에 찬 신자는, 괴로운 소용돌이와 산만함으로부터 자유롭습니다. 이런 사람은 자신이 용납되었는지에 대한 의심으로 영혼을 괴롭게 하지 않습니다. 보혈로 인친 영원한 언약, 완성된 그리스도의 사역, 결코 번복되지 않는 구주의 말씀을 바라봄으로써 자신의 구원을 **확정합니다**. 나누어 지지 않은 마음으로 주님의 사역을 바라봄으로써 결국 더 많은 일을 이룹니다.[14]

두 명의 영국 사람이 각각 뉴질랜드와 오스트레일리아로 이민해서 정착했다고 생각해 봅시다. 두 사람 모두에게 일정한 토지를 균등하게 분배하여 개간하고 경작하도록 합니다. 두 사람이 각자 그 땅을 영원히 소유할 수 있도록 하는 법적인 조치를 다 취해서 그들의 재산이 되게 합니다. 그런데 이제 어느 누구도 그 땅을 자기 소유라고 주장하지 못한다고 칩시다.

둘 중 한 사람은 날마다 쉬지 않고 자기 땅을 개간하고 경작합니다.

반면에 다른 사람은 걸핏하면 일손을 놓고 등기소로 달려가 그 땅이 자기 땅이 맞는지 물어보고 확인합니다. 혹시 무슨 착오가 없는지, 법적인 절차에서 무슨 하자가 없는지 말입니다.

한 사람은 자신의 권리를 전혀 의심하지 않고 부지런히 경작합니다. 다른 한 사람은 자신의 권리에 대해 확신이 서지 않아 시드니로, 멜버른으로, 오클랜드로 이리저리 다니며 자신의 소유를 확인하느라 주어진 시간을 거의 다 보냅니다.

이렇게 일 년을 보내고 나면, 둘 중 누가 많은 진보를 보이겠습니까? 둘 중 누가 최선을 다해 땅을 경작하여 많은 소출을 내고 부요한 자로 드러나겠습니까?

상식 있는 사람이라면 누구나 쉽게 대답할 수 있습니다. 답은 하나입니다. 분산되지 않은 관심과 집중만이 항상 가장 큰 성공을 가

저옵니다.

예수께서 우리를 위해 "천국에 마련하신 거처"[15]에 대한 것도 마찬가지입니다. 거처에 대한 자신의 권리를 분명히 알고, 불신앙과 의심으로 주의를 흐트러뜨리지 않는 사람이, 우리를 위해 거처를 마련하신 주님을 위해 많은 일을 할 수 있습니다. 우리 주님은 그런 사람의 능력을 기뻐하십니다. 다윗은 말합니다. "주의 구원의 즐거움을 내게 회복시켜 주시고…… **그리하면** 내가 범죄자에게 주의 도를 가르치리니"(시 51:12-13).

그리스도인 가운데 그 누구도 사도들만큼 수고한 사람은 없습니다. 그들은 수고하려고 사는 사람들 같았습니다. 그리스도의 일이 그들의 양식이었습니다. 자신의 생명을 조금도 귀한 것으로 여기지 않았습니다. 삶을 드렸고, 자기 자신을 드렸습니다. 편안한 삶과 건강과 세상적인 위로를 십자가 밑에 내려놓았습니다. 그들이 그렇게 할 수 있었던 이유는 바로 확신에 찬 소망 때문이었습니다. 그들은 한결같이 이렇게 말했습니다. "우리가 하나님에게서 났다는 것을 우리는 **압니다**. 그런데 온 세상은 악마의 세력 아래 놓여 있습니다"(요일 5:19, 새번역).

(3) 확신을 추구해야 하는 이유는, 확신이 **그리스도인을 더 확고한 그리스도인 되게 하기** 때문입니다. 하나님의 목전에서 자기 상태에 대해 의심하는 것은 통탄할 만한 악입니다. 많은 악이 여기에서 나옵니다. 우리가 불안정하고 변덕스럽게 주님을 따르는 이유가 바로 여기에 있습니다. 확신은 많은 난제들을 해결합니다. 확신은 그리스도인이 자신의 의무를 분명히 이행하도록 합니다.

우리는 많은 사람들이 아무리 약할지라도 하나님의 참된 은혜를 누리는 하나님의 자녀이기를 바라지만, 그들은 실천적인 부분에 대해 끊임없이 의심하고 곤혹스러워합니다. "이런저런 것을 꼭 해야 하는가? 가족 대대로 내려오는 전통까지 버려야 하는가? 저 사람들 꼭 함께해야 하는가? 사람을 방문하는 일을 어디까지 해야 하는가? 옷을 입고 오락을 즐기는 기준은 무엇인가? 카드는 무슨 일이 있어도 만지면 안되고, 춤을 추거나 파티에 가면 안되는가?" 이들은 끊임없이 이런 의문에 시달립니다. 그들이 당혹스러워하는 이유는 대부분 자신이 하나님의 자녀라는 것을 확신하지 못하기 때문입니다. 그들은 지금 자기가 있는 곳이 구원의 문 이쪽인지 저쪽인지도 분명히 알지 못합니다. 구원의 방주 안에 있는지 밖에 있는지도 잘 알지 못합니다.

그들은 하나님의 자녀로서 마땅히 행동해야 할 분명한 방식이 있다는 것도 잘 압니다. 문제는 "그들이 하나님의 자녀인가?" 하는 것입니다. 본인이 그렇다고 느끼기만 하면, 곧바로 분명한 길을 택할 것입니다. 하지만 이 물음에 확신이 서지 못하면, 그들의 양심은 항상 멈칫거리다가 교착상태에 이르게 됩니다. 이때 마귀는 이렇게 속삭입니다. "너는 결국 외식자로 드러날 거야. 신자처럼 분명하게 행동할 자격이 네겐 없어. 네가 진짜 그리스도인이 될 때까지 기다려야 하지 않을까?" 너무나 많은 사람들이 이런 속삭임에 넘어가 비굴하게 세상과 타협하고 세상에 순응해 버립니다!

오늘날 많은 사람들이 세상을 대하는 태도에 있어 일관성 없고, 기회주의적이며, 불만족하고, 우유부단한 행동을 하는 데는 중요한 이유가 있습니다. 바로 믿음이 부족하기 때문입니다. 자신이 그리스도의 소유라는 확신이 없습니다. 그래서 세상과 절연하기를 주저합니다. 새사람을 입었다는 사실을 분명히 확신하지 못하기 때문에, 옛 사람의 모든 길에서 벗어나기를 주저합니다. "둘 사이에서 머뭇머뭇하는" 진짜 이유는 확신이 없기 때문입니다(왕상 18:21). "여호와 그는 하나님이시로다" 하고 단호히 말할 수 있을 때, 길은 더욱 분명해집니다(왕상 18:39).

(4) 마지막으로, 확신이 **가장 거룩한 그리스도인을 낳기** 때문에 우리는 확신을 추구해야 합니다. 이 말 역시 생소하게 들릴지 모르지만, 사실입니다. 얼핏 듣기에는 이성과 상식에 어긋나 보일 수도 있지만, 사실입니다. 이것이 복음의 역설 가운데 하나입니다. "확신은 부주의함과 나태함을 낳는다"고 한 벨라르미노 추기경의 말만큼 진리와 동떨어진 말도 없습니다. 그리스도께서 값없이 주신 용서를 받은 사람은 항상 그리스도의 영광을 위해 힘씁니다. 이 용서를 온전히 확신하고 누리는 사람은 일반적으로 하나님과 친밀하게 동행합니다. "주를 향하여 이 소망을 가진 자마다 그의 깨끗하심과 같이 자기를 깨끗하게 하느니라"는 말씀은 모든 신자가 기억해야 할 미쁘신 말씀입니다(요일 3:3). 자기를 깨끗이 하지 못하는 소망은 조롱과 속임수와 올무일 뿐입니다.[16]

하나님과 친밀한 교제 가운데 살며 위로를 누리는 사람처럼 자기 마음과 삶을 깨어 지키려는 사람도 드뭅니다. 이런 사람은 자신이 누리는 특권이 무엇인지 알기 때문에 그것을 잃을까 두려워합니다. 그리스도와 소원하게 되어 그 누리는 위로가 희미해지고, 존귀한 위치에서 떨어질까 두려워합니다. 여비 없이 길을 나선 사람은 위험을 별로 느끼지 않습니다. 그 여정이 지체되는 것에도 별로 신경을 쓰지 않습니다. 반면에, 황금과 보석을 가지고 길을 나선 사람은 매우 신중하고 조심스럽게 길을 갈 것입니다. 행로와 숙소와 동행하는 자를 주의해서 살피고 위험한 일을 하지 않을 것입니다. 비과학적일지도 모르지만, 움직이지 않는 별들이 가장 많이 진동한다는 옛 속담이 있습니다. 하나님의 화해의 얼굴빛을 가장 온전히 누리는 사람은 이 복된 위로를 잃을까 떨며 조심합니다. 성령을 근심하게 하는 일은 무슨 일이든 하지 않습니다.

신앙을 고백하는 모든 그리스도인이 진지하게 숙고해야 할 네 가지 물음이 있습니다. 여러분을 감싸고 있는 영원하신 팔을 느끼고, 날마다 여러분의 영혼을 가까이 이끄시며 "나는 네 구원이라" 하시는 예수님의 소리를 듣고 싶습니까?(시 35:3) 사는 날 동안 포도원에서 힘써 일하는 착하고 충성된 일꾼이 되고 싶습니까? 모든 사람 중에서 담대하고, 심지가 곧고, 한결같고, 타협하지 않는 그리스도의 제자로 드러나고 싶습니까? 탁월한 영적 마음을 가진 신령한 사람이 되고 싶습니까? 어떤 사람은 틀림없이 이렇게 고백할 것입니다. "마음에 소원은 있지만 너무 멀게만 느껴집니다."

확신을 소홀히 여기고 낮은 수준의 믿음으로 만족한 것이, 여러분의 모든 실패와 평강이 없는 이유라고 생각해 본 적 없습니까? 모든 은혜의 토양과 뿌리가 되는 믿음은 빈약하고 궁핍하게 내버려 두면서, 여러분에게 있는 은혜가 쇠약해져 가고 아련해진다고 그것을 이상하게 여길 수 있겠습니까?

오늘 이 권고를 귀담아 들으십시오. 믿음에 자라가기를 힘쓰십시오. 구원의 확신이 넘치는 사도 바울의 희망을 구하십시오. 어린 아이같이 하나님의 약속을 신뢰하십시오. 바울과 같이, "내가 믿는 자를 내가 아나니, 그분은 내 기업이고 나는 그분의 소유다"라고 말할 수 있게 하십시오.

여러분은 많은 것을 시도해 보았지만 완전히 실패했을 것입니다. 계획을 바꾸십시오. 다른 길을 택하십시오. 의심을 다 버리십시오. 주님의 팔을 더 온전히 의뢰하십시오. 주님을 분명하게 의지함으로 시작하십시오. 뒤로 물러나려는 불신앙을 거부하고 말씀 가운데 주님을 붙드십시오. 은혜로우신 구주께 와서 여러분의 영혼과 죄악을 그분께 맡기십시오. 단순한 믿음으로 시작하십시오. 그러면 곧 다른 모든 것이 여러분에게 더해질 것입니다.[17]

4. 마지막으로, **확신에 찬 희망을 얻기가 어려운 몇 가지 원인**을 알아보도록 하겠습니다. 이 부분은 간단히 살펴보겠습니다.

이는 매우 심각한 문제로서, 각자 자기 마음을 잘 살펴봐야 합니다. 그리스도의 백성 가운데 이 복된 확신에 이른 사람은 아주 드뭅니다. 믿는 사람은 비교적 많지만, 설복되는 사람은 의외로 아주 적습니다. 구원에 이르는 믿음을 가진 사람은 비교적 많지만, 사도 바울이 말한 것처럼 찬란하게 빛나는 영광스러운 확신에 이른 사람은 거의 없습니다. 이는 우리 모두가 인정할 수밖에 없는 사실입니다.

왜 그렇습니까? 두 사도가 강하게 촉구하는 확신을 오늘날 경험으로 아는 신자가 적은 이유가 어디 있습니까? 확신에 찬 희망을 찾아보기 힘든 이유는 무엇입니까?

이 부분에 대해 겸허한 마음으로 몇 가지를 제안합니다. 이 제안을 하는 것은 여러분보다 제가 더 나아서가 결코 아닙니다. 하늘에서나 이 땅에서나, 저는 기꺼이 여러분의 발아래 자리할 것입니다. 많은 사람들이 이런 확신에 결코 이른 적 없다는 것을 잘 압니다. 주님이 보시기에 어떤 사람은 기질상 확신이 오히려 도움이 되지 않기 때문에 **확신을 주시지 않을 수도 있습니다**. 영적인 건강함을 위해서는 그들이 낮은 상태에 있는 것이 필요하기 때문에 **확신을 주시지 않을 수도 있습니다**. 그러나 정확한 이유는 하나님만이 아십니다. 모든 이유를 고려하더라도, 수많은 신자들이 확신에 이르지 못한다는 사실이 두려울 뿐입니다. 확신에 이르지 못하는 이유를 살펴보면 다음과 같습니다.

(1) 가장 흔한 이유는, 칭의 교리에 관한 잘못된 견해 때문입니다. 많은 신자들이 알게 모르게 칭의와 성화를 혼동합니다. 그리스도의 참된 지체가 될 때, **우리를 위해서** 어떤 일이 일어날 뿐 아니라, **우리 안에서도** 어떤 일이 일어난다는 복음 진리를 그들은 받아들입니다. 여기까지는 좋습니다. 하지만 의미를 모른 채, 칭의가 자신의 좋은 점에 어느 정도 영향을 받아 된 것이라고 생각하는 것 같습니다. 이들은 자신의 공로―전체적으로든 부분적으로든, 직접적이든 간접적이든―가 아니라 그리스도의 공로만이 하나님께서 우리를 받으시는 유일한 근거라는 말이 무슨 뜻인지 제대로 모릅니다. 칭의는 전적으로 우리 바깥에서 일어나는 일입니다. 칭의를 위해 우리가 할 수 있는 일은 아무것도 없습니다. 오직 단순한 믿음만이 필

요합니다. 믿음이 연약한 신자라도 믿음이 강한 신자와 마찬가지로 온전하고 완전하게 의롭다 칭함을 받습니다.[18]

우리가 아직 죄인이었을 때 의롭다 함과 구원을 얻었습니다. 하지만, 그 후에도 우리는 여전히 죄인일 뿐이라는 사실을 많은 사람들이 잊고 있는 듯합니다. 므두셀라처럼 오래 산다 해도 결코 더 나아질 수 없습니다. 우리는 **구속받은** 죄인, **의롭게 된** 죄인, **새롭게 된** 죄인입니다. 구속받고 의롭게 되고 새롭게 되었지만, 항상 죄인이고 마지막 순간까지 죄인일 뿐입니다. 우리는 칭의와 성화가 얼마나 다른지 잘 모르는 것 같습니다. 칭의는 완전하게 성취된 사역으로 정도나 단계가 없습니다. 성화는 완전하지 않고 완료되지 않은 것으로, 우리가 죽는 순간까지 완전하지 못합니다. 신자가 인생의 어느 시점에 이르면, 타락에서 일정 부분 자유롭게 되고, 일종의 내적 완전에 이를 줄로 기대하는 것 같습니다. 그래서 자기 마음에서 천사의 상태와 같은 것을 발견하지 못하면, 자기에게 무엇인가 큰 잘못이 있다고 결론을 내립니다. 그리스도와 자기는 상관없을 것이라는 두려움에 싸여 위로받기를 거질하고 일생을 슬픔 가운데 지냅니다.

확신을 갈망하면서도 확신에 이르지 못하는 신자가 있다면, 우선 자신이 바른 믿음 가운데 있는지, 칭의와 성화의 차이를 구별할 줄 아는지, 칭의의 문제에 대해 분명히 이해하고 있는지 자문해 보아야 합니다. 확신을 기대하기 전에, 먼저 단순하게 **믿는** 것이 무엇인지, 믿음으로 **의롭게 되는** 것이 무엇인지 알아야만 합니다.

옛날 갈라디아 이단들은 다른 문제들뿐 아니라 이 문제에 있어서도 교리를 실천하는 데 많은 오류가 있었습니다. 우리는 그리스도와 그분이 우리를 위해 하신 일이 무엇인지 더 분명히 알기 위해 힘써야 합니다. "사람이 의롭다 하심을 얻는 것은 율법의 행위에 있지 않고 믿음으로 되는" 것이 무엇인지 분명히 아는 사람은 복이 있습니다(롬 3:28).

(2) 확신이 결여된 또 다른 주된 이유로, **은혜 안에 자라가는 데 게으른 것**을 들 수 있습니다. 많은 참된 신자들이 이 점에 대해 비성경적이고 위험한 견해를 갖고 있습니다. 제가 의도적으로 비하하는 것이 아니라, 실제로 그렇습니다. 많은 사람들이 일단 회심만 하면 그 이후에는 별로 신경 쓰지 않습니다. 구원받은 상태를, 몸을 뒤로 제치고 앉아 마냥 행복해 할 수 있는 안락의자처럼 생각합니다. 은혜는 누리기 위해서만 주어진 것이라고 생각합니다. 달란트처럼 사용하고 계발하여 진보를 나타내도록 주어진 것이라는 사실은 까맣게 잊고 있습니다. 이런 사람은 "**성장하고, 더욱더 풍성해지고, 믿음을 더하라**"는 명백한 명령을 이해하지 못합니다(살전 3:12, 4:1, 벧후 1:5, 3:18, 빌 1:9). 실천은 거의 하지 않고 정체된 마음을 가진 사람들이 확신을 얻지 못하는 것은 당연합니다.

믿음의 진보를 나타내는 것이 항상 우리의 목적이고 갈망이 되어야 합니다. 매년 생일을 맞이할 때나 새해가 시작할 때마다 "더욱 많이 힘쓰라"는 말씀을 우리의 표어로 삼읍시다(살전 4:1). 지식과 믿음, 순종, 사랑에 더욱 힘쓰는 삶을 살아야 합니다. 삼십 배를 남겼다면 육십 배를 남기기 위해 힘써야 하고, 육십 배를 남겼다면 백 배를 남기기 위해 힘써야 합니다(마 13:23). 우리를 향하신 하나님의 뜻은 우리의 거룩입니다(살전 4:3). 이는 또한 우리의 소원이 되어야 합니다.

무슨 일이 있어도 우리는, 부지런함과 확신이 서로 밀접한 관계가 있다는 것을 잊어서는 안됩니다. 베드로 사도는 말합니다. "더욱 **힘써** 너희 부르심과 택하심을 굳게 하라"(벧후 1:10). 바울 사도는 말합니다. "우리가 간절히 원하는 것은 너희 각 사람이 동일한 **부지런함**을 나타내어 끝까지 소망의 풍성함에 이르러"(히 6:11). 솔로몬은 말합니다. "**부지런한** 자의 마음은 풍족함을 얻느니라"(잠 13:4). 청교도의 금언에는 우리 마음에 새겨야 할 진리가 많습니다. "믿음은 들음을 통해서 더 견고해져 간다. 하지만 **행함**이 없이는 믿음의 확신에 이를 수 없다."

여러분 가운데 확신을 간절히 원하지만 아직 확신에 이르지 못한 사람이 있습니까? 잘 들으십시오. 여러분이 아무리 간절히 확신을 원한다 해도, 부지런히 구하지 않으면 얻을 수 없습니다. 수고하지 않으면 아무런 유익도 얻을 수 없다는 말은 세상일에만 적용되는 것이 아니라 영적인 일에도 적용됩니다. "게으른 자는 마음으로 원하여도 얻지 못하나"(잠 13:4).[19]

(3) 신자에게 확신이 부족한 또 다른 이유는, 그들의 **생활에 일관성이 없기** 때문입니다. 유감스럽고 안타깝지만, 사람이 확신에 찬 희망에 이르지 못하는 이유로 이만한 것도 없습니다. 예전에 비해 훨씬 많은 사람들이 기독교 신앙을 고백합니다. 그러나 그만큼 깊이는 사라진 것을 인정하지 않을 수 없습니다.

일관성 없는 삶은 양심의 평화를 현저하게 저해합니다. 양심의 평화와 일관성 없는 삶은 함께할 수 없습니다. 반복적으로 짓는 죄에 대해 마음을 분명히 하지 않는다면—오른손을 잘라 버리고 오른 눈을 뽑아 버려야 하는 상황에서 그렇게 하지 않는다면—여러분은 전혀 확신을 누릴 수 없습니다.

담대하고 단호한 태도로 세상을 거부하는 대신 오히려 그것을 따라가고, 그리스도를 증거하기를 주저하고, 거룩하고 영적인 삶으로부터 뒷걸음질하는 등의 결단성 없는 삶은, 영혼의 정원을 병해충으로 들끓게 할 것입니다.

우리와 관련된 **모든** 일에 대해 말씀하시는 하나님의 **모든** 계명을 옳다 여기지 않고, 크고 작은 모든 죄를 미워하지도 않으면서, 장차 하나님께 용서받고 용납받을 뿐 아니라 그것을 확신하게 될 것이라고 기대하는 것은 부질없는 짓입니다(시 119:128). 여러분 마음의 진에 들여놓은 한 명의 아간이 여러분의 손을 무력하게 할 것입니다. 여러분이 누려야 할 위로를 거름 더미 속에 곤두박질치게 할 것입니다. 성령의 증거를 얻고 싶으면, 날마다 성령을 좇아 파종해야 합니다. 모든 일을 하나님의 기쁨을 위해 하지 않는다면, 기쁨으로 하나님의 길을 걷지 못할 것입니다.[20]

구원이 우리 자신의 공로에 달려 있지 않아서 하나님께 얼마나 감사한지요. 우리는 은혜로 구원을 받습니다. 의로운 행위를 통해서가 아니라 믿음으로—율법의 행위가 없이도—구원을 받습니다. 하지만 우리의 구원을 느끼고 누리는 것은 전적으로 우리 삶의 방식에 달려 있습니다. 이 사실을 한순간도 잊지 말기를 바랍니다. 모순되고 일관성이 없는 삶은 우리의 눈을 어둡게 합니다. 우리가 의의 태양을 보지 못하도록 먹구름을 드리웁니다. 구름 너머에 분명히 의의 태양이 있음에도 여러분의 영혼은 그 빛과 온기를 누리지 못하고 음울함에 싸여 지냅니다. 그러나 여러분이 선한 삶을 부지런히 추구하기만 하면, 확신의 여명이 밝아 와 여러분의 마음을 비춰 줍니다.

"여호와의 친밀하심이 그를 경외하는 자들에게 있음이여. 그의 언약을 그들에게 보이시리로다"(시 25:14).

"그의 행위를 옳게 하는 자에게 내가 하나님의 구원을 보이리라"(시 50:23).

"주의 법을 사랑하는 자에게는 큰 평안이 있으니 그들에게 장애물이 없으리이다"(시 119:165).

"그가 빛 가운데 계신 것 같이 우리도 빛 가운데 행하면 우리가 서로 사귐이 있고"(요일 1:7).

"우리가 말과 혀로만 사랑하지 말고 행함과 진실함으로 하자. 이로써 우리가 진리에 속한 줄을 알고 또 우리 마음을 주 앞에서 굳세게 하리니"(요일 3:18-19).

"우리가 그의 계명을 지키면 이로써 우리가 그를 아는 줄로 알 것이요"(요일 2:3).

바울은 항상 하나님과 사람에게 거리낌 없는 양심을 지키려고 힘썼습니다(행 24:16). 그는 항상 담대하게 말했습니다. "나는 선한 싸움을 싸우고 믿음을 지켰으니." 거기에 덧붙여 다음과 같이 말한 것은 조금도 이상하지 않습니다. "이제 후로는 나를 위하여 의의 면류관이 예비되었으므로 주 곧 의로우신 재판장이 그날에 내게 주실 것이며."

확신을 갈망하면서도 아직 확신을 누리지 못하는 신자가 있습니까? 여러분의 마음과 양심을 잘 들여다보십시오. 여러분의 삶의 방식을 살펴보십시오. 여러분의 가정을 돌아보십시오. "내가 왜 확신에 찬 희망을 누리지 못하는지 이제 알겠다"는 말이 나올 것입니다.

지금까지 언급한 세 가지 문제를 개인적으로 잘 살펴보십시오. 충분히 그럴 가치가 있습니다. 정직하게 이 문제를 살피십시오. 하나님께서 이 모든 것을 깨닫게 하실 것입니다.

(1) 이제 이 중요한 연구를 마무리하려고 합니다. 세상을 따라가는 길에 서서, 아직도 예수 그리스도께 자신을 드리고 그분을 따르는 이 좋은 길을 택하지 않은 사람에게 고합니다.

참된 그리스도인이 누리는 특권과 위로가 무엇인지 배우십시오. 사람을 보고 주 예수 그리스도를 판단하지 마십시오. 아무리 탁월한 종이라도 영광스러운 주인에 대해서는 희미하게 드러낼 뿐입니다. 백성들이 누리는 위로를 가지고 그 나라의 특권을 예단하지도 마십시오. 아, 우리 모두는 가련한 피조물일 뿐입니다! 우리는 장차 누리게 될 복락에 전혀 미치지 못합니다. 하지만 걱정 마십시오. 하나님의 도성에는 영광스러운 것만 있습니다. 확신에 찬 소망을 가진 사람은 이 땅에서도 이미 그것을 맛봅니다. 그 나라에서 누리는 위로와 평화의 크기는 도무지 우리가 가늠할 수 없습니다. 우리 아버지의 집에는 우리 모두가 먹고도 남을 풍성한 양식이 있음에도, 우리 가운데 많은 사람들이 이것을 거의 맛보지도 못한 채 허약한 상태로 남아 있습니다. 그러므로 모든 것은 주님의 잘못이 아니라, 우리의 잘못입니다.

아무리 연약한 하나님의 자녀라 해도, 그 속에는 여러분이 도무지 알 수 없는 위로의 광맥이 있습니다. 겉보기에는 갈등도 많고, 정함이 없는 것처럼 보입니다. 그러나 그의 마음 깊은 곳에는 값진 진주가 감추어져 있습니다. 그리스도의 가장 미약한 지체라 할지라도, 자기 위치를 여러분의 모든 좋은 것과 바꾸지 않을 것입니다. 아무리 미약한 확신을 가진 신자라 해도, 여러분의 상태보다는 훨씬 낫습니다. 그에게는 소망이 있지만, 여러분에게는 아무 소망도 없습니다. 그에게는 아무도 빼앗을 수 없는 기업이 있습니다. 주님도 결코 그를 버리지 않으실 것입니다. 지금은 깨닫기조차 어려울 정도로 미약하지만, 그에게 있는 보화는 결코 사라지지 않습니다. 하지만 여러분이 만약 지금 이대로 죽는다면, 여러분이 기대하는 모든 것은 사라지고 맙니다. 여러분이 지혜로우면 좋겠습니다! 여러분이 이런 사실을 깨달을 수 있으면 좋겠습니다! 여러분을 기다리고 있는 종말이 어떤 것인지 생각해 볼 수 있기를 바랍니다!

세상의 마지막 때를 살아가는 여러분에게 그 어느 때보다 더 마음이 갑니다. 세상 모든 깃으로 자기 보화를 삼고, 무덤 이쪽에 있는 것으로 자신의 희망을 삼은 사람을 생각하면 얼마나 마음이 아픈지 모릅니다. 역사 속의 제국들과 왕조들이 하나같이 근본부터 흔들렸던 것을 볼 때마다, 얼마 전에 우리가 보았던 것처럼 왕과 왕자들, 부자들과 유력한 사람들이 목숨만은 건지겠다고 숨을 곳을 찾아 도망치는 것을 볼 때마다, 대중적 지지에 기반을 둔 것들이 봄날에 눈 녹듯이 사라지고, 주식과 저축한 돈의 가치가 곤두박질치는 것을 볼 때마다, 세상이 줄 수 있는 것보다 더 나은 기업이 없고, 진동하

지 않을 저 나라에 머물 곳이 없는 사람을 볼 때마다 제 마음이 너무나 아픕니다.[21]

오늘 그리스도의 일꾼이 하는 말을 들으십시오. 영원한 재화, 빼앗기지 않을 보화를 구하십시오. 영원한 기초에 세워진 도성을 향해 가십시오. 사도 바울이 했던 것처럼 하십시오. 주 예수 그리스도께 자신을 드리십시오. 그분이 여러분에게 주시려고 예비하신 썩지 않을 면류관을 향해 달려가십시오. 그분의 멍에를 매고 배우십시오. 결코 여러분을 만족시킬 수 없는 세상으로부터 돌아서십시오. 손을 대면 뱀처럼 여러분을 물어 버릴 죄로부터 돌아서십시오. 겸비한 죄인으로 예수께 오십시오. 그분이 여러분을 받아 주시고, 용서해 주실 것입니다. 새롭게 하는 성령을 주시고, 평강으로 여러분을 채워 주실 것입니다. 이제까지 세상에서 누렸던 것보다 더 실제적인 위로가 있을 것입니다. 여러분에게는 그리스도의 평강으로만 채울 수 있는 죄책이라는 깊은 구렁이 있습니다. 우리가 누리는 특권을 함께 누리고 나눕시다. 우리와 함께 갑시다. 옆에 와 앉으십시오.

(2) 마지막으로, 여러분에게 형제로서 몇 마디 권하려고 합니다. **그리스도께서 여러분을 용납하셨다는 확신이 아직 없습니까? 바로 오늘 이 확신을 추구하기로 결심하십시오.** 이 확신을 위해 힘에 지나도록 수고하십시오. 싸우십시오. 기도하십시오. "여러분이 믿는 자를 알기"까지 주님께서 쉬지 못하시도록 하십시오.

오늘날 하나님의 자녀라 하는 사람들이 아주 미미한 확신을 갖고 있다는 것은 참 부끄럽고 통탄할 일입니다. 트레일은 말했습니다. "많은 그리스도인들이 그리스도께서 자신을 구원으로 부르신 후에도 20년, 또는 40년을 의심 가운데 보낸다는 사실은 참으로 원통한 일이다." 히브리서에서 "각 사람이" 확신에 이르기를 힘써야 한다고 썼던 바울의 간절한 "열망"을 기억합시다(히 6:11).

믿음이 있는 여러분, 희망을 신뢰로, 기대를 확신으로, 불확실함을 지식으로 바꾸고 싶지 않습니까? 약한 믿음을 통해서도 구원은 받을 것이기 때문에 그것만으로 만족하겠다는 것입니까? 천국에 들어가는 데 확신이 필수적인 것은 아니라고 하여, 확신도 없이 그저 만족하며 살려는 것입니까? 아, 그렇다면 여러분의 영혼은 온전치 못한 것입니다. 사도 시대의 신앙은 그런 것이 아니었습니다! 즉시 그 자리를 떨치고 일어나 앞으로 나아가십시오. 신앙의 기초에만 머물러 있지 말고 완전으로 나아가십시오. 유년 시절의 신앙으로 만족하지 마십시오. 다른 사람의 신앙을 멸시하지도 말고, 자신에게 있는 것만으로 만족하지도 마십시오.

제 말을 믿으십시오. 다시 말씀드리지만, 제 말을 믿으십시오. 확신은 신자가 반드시 추구해야 할 것입니다. 확신 없이 그 자리에서 만족하는 사람은 자기에게 주어진 자비를 저버리는 사람입니다. 이런 말을 하는 것은 여러분이 누릴 평강을 위해서입니다. 이 땅의 것으로 확신하는 것이 좋았다면, 천상의 것으로 확신하는 것은 얼마나 더 좋겠습니까! 여러분의 구원은 흔들림 없이 확실합니다. 하나님은 이것을 너무나 잘 알고 계십니다. 여러분도 마땅히 그것을 알고자 힘써야 하지 않겠습니까? 이는 전혀 비성경적인 것이 아닙니다. 한번도 생명책을 엿본 적이 없으면서도 사도 바울은 말합니다. "내가 알고 확신하노니."

그러므로 믿음에 진보가 있도록 날마다 기도하십시오. 여러분이 누리는 평강은 믿음에 비례합니다. 이 복된 근원을 경작하십시오. 머지않아 하나님의 복으로 만개하는 때를 희망하게 될 것입니다. 물론, 단번에 확신에 이르지는 못합니다. 때로는 기다리는 것이 유익하기도 합니다. 우리는 힘들게 수고하여 얻은 것이 아니면 대수롭지 않게 여기는 경향이 있습니다. 그러므로 지체되더라도 기다리십시오. 찾기를 기대하고 구하십시오.

그러나 여러분이 간과해서는 안될 한 가지가 있습니다. **확신을 얻은 이후에 의심이 가끔 일어나더라도 놀라지 말라는 것입니다.** 지금 여러분은 하늘이 아니라 이 땅에 있다는 사실을 잊지 마십시오. 여러분은 여전히 육신을 입고 있습니다. 여러분 안에는 죄가 남아 있습니다. 육체는 끝까지 성령을 거스를 것입니다. 오래된 육신의 장막을 죽음이 무너뜨리지 않는 한, 나병은 그 장막 벽에서 결코 떠나지 않습니다. 우리의 육체 외에도, 예수님을 시험했고 베드로를 무너뜨렸던 강력한 마귀가 있습니다. 이 사실을 여러분이 제대로 알고 있는지 마귀가 주시하고 있습니다. 어떤 의심은 이 땅을 사는 내내 계속됩니다. 더 이상 잃을 것이 없는 사람만이 의심하지 않습니다. 진짜로 값진 것이 하나도 없는 사람은 두려워할 필요가 없습니다. 질투하지 않는 사람은 깊은 사랑이 무엇인지 모르는 사람입니다. 낙망하지 마십시오. 여러분을 사랑하시는 그분으로 말미암아 여러분은 넉넉히 이깁니다.[22]

마지막으로, 아무리 총명한 그리스도인이라 해도 주의를 기울이지 않으면 잠시 동안 확신을 잃어버릴 수도 있다는 것을 명심하십시오.

확신은 가장 예민한 식물입니다. 날마다 매시간 깨어 잘 지켜보고, 물을 주고, 보살펴야 합니다. 그러므로 확신이 있을 때, 더욱 깨어 기도하십시오. 러더퍼드가 말한 것처럼, "확신을 소중히 여기십시오." 항상 경계를 늦추지 마십시오. 「천로역정」에 나오는 그리스도인은 나무 아래서 잠드는 바람에 증명서를 잃어버리고 말았습니다. 잊지 마십시오.

다윗은 범죄함으로 오랫동안 확신을 잃어버렸습니다. 베드로는 주님을 부인하고 나서 확신을 잃어버렸습니다. 물론 이들은 다시 확신을 회복했습니다. 하지만 쓰라린 눈물을 흘려야 했습니다. 말을 타고 오는 것처럼 순식간에 닥쳤다가, 걸어서 가는 것처럼 천천히 떠나는 것이 영적 어둠입니다. 온 줄도 모르게 이미 와 있는 것이 바로 영적 어둠입니다. 떠나갈 때는 느릿느릿 천천히, 여러 날이 지난 후에야 떠나갑니다. 내리막을 내달리기는 쉽지만, 오르막을 치닫기는 어렵습니다. 이 말을 기억하십시오. 주님의 기쁨을 누리고 있을 때 깨어 기도하십시오.

무엇보다도 성령을 근심시키지 마십시오. 성령을 소멸하지 마십시오. 성령을 괴롭히지 마십시오. 사소한 나쁜 습관이나 작은 죄악을 경솔히 다룸으로써 성령을 힘들게 하지 마십시오. 남편과 아내 사이의 사소한 불화가 가정을 불행하게 합니다. 알면서도 방임하는 사소한 모순이 여러분과 성령 사이를 서먹하게 합니다.

이제 이 모든 문제의 결론을 들어 보십시오.

그리스도 안에서 하나님과 가장 친밀하게 동행하는 사람이 가장 큰 평화를 누립니다.

주님을 가장 온전히 따르고 가장 높은 수준의 거룩을 추구하는 신자가, 가장 확신에 찬 소망을 누리고 자신의 구원을 가장 분명히 확신합니다.

첨언_ 믿음과 확신은 어떻게 다른가

옛날 영국 목회자의 저서에서 믿음과 확신의 차이를 설명하는 글들을 뽑았습니다. 의롭다 함을 받고 하나님께 용납된 신자라도 여전히 자신의 안전을 분명히 알고 확신하지 못할 수 있습니다. 하지만 그리스도를 믿는 믿음이 아무리 미약하다 해도 그것이 참된 믿음이라면 가장 굳건한 믿음을 가진 사람과 마찬가지로 분명히 구원을 얻습니다.

(1) "하나님의 자비는 세상의 모든 죄보다 크다. 하지만 때로 우리는 스스로를 전혀 믿음 없는 사람으로 생각하거나, 믿음이 있다 해도 아주 보잘것없고 미약한 것으로 여긴다. 그러므로 우리가 믿는다고 할 때, 다음 두 가지를 생각할 수 있다. 곧 믿음이 있는 것과 자기가 가진 그 믿음을 체험하는 것이다. 자기에게 믿음이 있다는 것을 확인하고 싶어 하면서도 그렇게 하지 못하는 사람이 있다. 하지만 이런 사람은 포기하지 말고 하나님께 구하며 계속 전진해야 한다. 그러면 결국 그 바라던 것을 갖게 될 것이다.

하나님께서 그들의 마음을 여시고 자신의 선하심을 체험하게 하실 것이기 때문이다"(Bishop Latimer, *Sermons*, 1552).

(2) "믿음이 약한 사람은 그리스도의 은택을 알고 그것을 자기 것으로 받아 누리기가 쉽지 않다. 검손함과 애통해 하는 마음으로 신령과 진리 가운데 하나님을 섬기는 많은 사람들이, 의심이나 머뭇거림 없이 '내 죄가 용서받았다는 사실을 나는 분명히 알고 확신한다'는 말을 잘 하지 못한다. 그렇다고 이런 사람을 믿음이 없는 사람이라고 말할 수 있는가? 결코 그럴 수 없다.

온전하지는 못해도, 이런 연약한 믿음도 견고한 믿음과 다름없이 죄 용서에 대한 하나님의 자비로운 약속을 바르게 알고 있다. 비록 건강한 사람처럼 견고하고 힘 있게 붙잡지는 못해도, 손 마른 사람 역시 그 손을 내밀어 왕이 건네는 선물을 받을 수 있다"(William Perkins, *An Exposition of the Creed*, 1612). (「사도신경 강해 1」 개혁된신앙사)

(3) "바울이 말하고, 베드로가 열거하고, 다윗이 언급하는(시 4:7) 우리 구원의 확실성은 영적 기쁨과 내석 평화를 불러오는, 모든 이해를 뛰어넘는 믿음의 특별한 열매다. 그렇다. 하나님의 자녀가 다 이런 확신을 가진 것은 아니다. 하나는 나무고, 다른 하나는 그 나무에 달린 열매다. 하나는 믿음이고, 다른 하나는 믿음의 열매다. 비록 믿음이 부족한 것을 절감하는, 하나님이 택한 남은 자라 할지라도 그 속에 믿음이 있다"(Richard Greenham, *Sermons*, 1612).

(4) "확신이 없기 때문에 자기에게 믿음이 전혀 없다고 생각하는 사

람이 있다. 하지만 아무리 잘 타오르는 불이라 할지라도 연기는 나는 법이다"(Richard Sibbes, *The Bruised Reed*, 1630). (「꺼져 가는 심지와 상한 갈대의 회복」 지평서원)

(5) "그리스도를 자기 영혼에 적용하는 행위가 바로 믿음이다. 이 믿음의 행위는 가장 믿음 좋은 사람뿐 아니라 가장 연약한 믿음을 가진 사람도 그 믿음이 참이라면 할 수 있는 일이다. 감옥 밖에 있는 것 같이 누리지는 못할지라도, 감옥에 있는 죄수도 작은 구멍을 통해서 해를 볼 수 있다. 아무리 큰 잘못을 했어도 놋뱀을 쳐다본 사람은 모두 치료받았다.

바울이나 베드로의 믿음이 그들에게 중요했던 것처럼, 가장 미약한 믿음이라도 신자의 영혼에는 소중하다. 바로 이 믿음으로 그리스도를 붙잡고, 이 믿음을 통해 영원한 구원이 찾아오기 때문이다"(Rev. Thomas Adams, *An Exposition of the Second Epistle General of Peter*, 1633).

(6) "강한 믿음처럼 탁월하지는 못해도, 약한 믿음도 참된 믿음, 소중한 믿음이다. 약한 믿음의 주인도 성령이고, 강한 믿음과 마찬가지로 약한 믿음이 사용하는 도구 역시 복음이다.

약한 믿음은 위대한 것으로 드러나지 않을지는 몰라도, 구원에 이르게 한다. 우리의 관심을 그리스도께 두게 하고, 그리스도와 그분의 모든 은택을 우리에게 가져다준다. 우리가 가진 믿음의 능력으로 구원받는 것이 아니다. 우리에게 있는 믿음의 진정성으로 구원받는다. 믿음이 작다고 정죄받는 것이 아니라, 믿음이 없어서 정죄받는다. 가장 미약한 믿음도 그리스도를 붙들어 우리를 구원한다. 우리에게 있는 믿음의 양과 가치에 따라 구원받는 것이 아니다. 믿음이 강한 자나 약한 자나 그리스도를 붙듦으로써 구원받는다. 강한 손뿐 아니라 약한 손도 우리 입에 고기를 넣어 주어 강건하게 할 수 있다. 몸이 힘을 얻는 것은 입에 고기를 넣어 준 손의 힘 때문이 아니라, 우리 입에 들어간 고기의 영양 때문이다"(John Rogers, *The Doctrine of Faith*, 1634).

(7) "어떤 것을 확실히 갖는 것과 그것을 확실히 가졌다는 것을 아는 것은 별개다. 사람은 자기 손에 있는 많은 것을 추구하고 있으면서 스스로는 많은 것을 잃었다고 여긴다. 신자도 마찬가지인데, 분명한 믿음을 갖고 있으면서도 자신이 그렇게 믿고 있다는 사실을 항상 알지는 못한다. 구원을 얻기 위해서는 반드시 믿음이 있어야 한다. 하지만 내가 믿고 있다는 온전한 확신이 구원에 필요한 것은 아니다"(Ball, on "Faith," 1637).

(8) "약하지만 참된 믿음이 있다. 그리스도는 약하기는 해도 참된 믿음을 거절하지 않으신다. 믿음은 아담처럼 처음부터 완전한 것으로 지어지지 않는다. 오히려 사람의 일생처럼, 처음에는 핏덩이로 시작해서, 어린아이가 되고, 소년이 되고, 어른이 된다.

약한 믿음을 전혀 인정하지 않고 외식이라고 단정 짓는 사람이 있는데, 이런 사람은 거만하거나 잔인한 사람이다. '그러니 너무 의롭게 살지도 말고, 너무 슬기롭게 살지도 말라'고 하면서 약한 사람을 위로하고 안정시키는 사람이 있다(전 7:16). 이런 말이 부드럽기는 하지만 안전하지는 않다. 사람의 비위를 거슬리지 않으려고 아부하는 사람이 이런 말을 한다. 신실한 친구는 아니다. "'힘을 내라. 착한 일을 시작하신 이가 그것을 이룰 것이다. 그러므로 하나님의 은혜가 풍성하도록 기도하라. 멈추지 말고 전진하라. 주님의 길을 가라'고 말하면서 위로하고 격려하는 사람이 있다(히 6:1). 지금 이것이 가장 안전하고 최선의 길이다"(Richard Ward, *Questions, Observations, etc., upon the Gospel according to St. Matthew*, 1640).

(9) "하나님의 호의를 입고, 의롭다 함을 얻고, 은혜 안에 있는 사람도 하나님의 구원과 그리스도 안에 있는 하나님의 호의에 대한 확신을 누리지 못할 수 있다.

구원하는 은혜를 갖고 있으면서도 그것을 발견하지 못하는 사람도 있다. 의롭다 하는 참된 믿음을 갖고 있지만 하나님과의 화해를 확신하기까지 그 믿음을 발휘하지 못하는 사람이 있다. 더구나 은혜 가운데 의롭다 하는 믿음을 가지고 있으면서도 오히려 그와 정반대로 자신을 생각할 정도로, 확신과 전혀 동떨어진 삶을 사는 사람들도 있다. '주께서 어찌하여 얼굴을 가리시고 나를 주의 원수로 여기시나이까' 하고 탄식하던 욥이 바로 그런 경우다(욥 13:24).

가장 연약한 믿음을 통해서도 의롭다 함을 받는다. 아무리 연약한 믿음을 가졌다 해도 그 믿음으로 그리스도를 영접하고 그분 안에서 쉴 수 있다면 당신에게 아주 유익하다. 당신이 의롭게 된 것이 자신의 믿음의 정도에 따라 된 것으로 여기지 않도록 조심하라. 결코 그렇지 않다. 당신이 믿음으로 영접하고 의지하는 그리스도와 그분의 완전한 의로움이 당신을 의롭게 한 것이다.

강한 손을 가진 사람뿐 아니라 보잘것없고 연약한 손을 가진 사람이라 해도, 그 손으로 전능자의 묘약을 자기 상처에 바른다면, 그 역시 강한 믿음을 가진 사람과 동일한 효험을 볼 것이다" (Arthur Hildersam, *Lectures upon the 51st Psalm*, 1642).

(10) "당신에게 있는 은혜가 아무리 약하다 해도 그 은혜가 참되고 진실한 것이라면, 강건한 그리스도인을 의롭다 한 것과 동등한 분량의 의로움을 그리스도의 의로움으로부터 받아 누리게 된다. 다른 사람에게 전가된 것과 동일한 그리스도의 의로움이 당신에게도 전가된다"(William Bridge, *Sermons*, 1648).

(11) "참된 신자이지만 약한 믿음을 가진 사람이 있다. 이들은 그리스도와 그분의 값없이 주시는 은혜를 영접한 것이 사실이지만, 그저 악수하는 정도로 그렇게 했을 뿐이다. 이들에게는 꼭 붙드는 믿음이 있어 그리스도를 자신의 구주로 꼭 붙잡을 것이다. 하지만 확신하는 믿음이 결여되어 있어, 자신을 그분의 소유로 분명히 보지는 못한다. 신자인 것은 분명하지만, 작은 믿음을 가진 자다. 그리스도께서 자신을 쫓아내지 않기를 바라고 또 믿지만, 자신을 영접하실 것이라는 확신은 없다"(John Durant, *Sips of Sweetness, or Consolation for Weak Believers*, 1649).

(12) "자네는 이렇게 말할 수도 있을 것이네. '예수 그리스도가 죄인을 구원하러 이 세상에 오셨다는 것, 그리고 누구든지 그를 믿는 자마다 멸망하지 않고 영생을 얻을 것임을 나는 안다(요 3:16). 하지만 나의 죄악된 상태를 볼 때, 내가 과연 어느 정도로 구주를 의지하고 그에게 있는 넉넉한 구속을 붙잡고 있는지

사실 잘 모르겠다. 아, 그분을 아는 나의 지식은 너무나 미약하여 내 영혼에 아무런 위로를 주지 못한다!'

용기를 내게, 젊은이. 자네가 가진 믿음의 능력으로 구원받고 의롭게 되기를 바란다면, 이로 인해 연약해진 양심 때문에 실망하게 되는 것은 너무나 자명한 사실이라네. 하지만 이 복된 일을 누리는 가치와 효력이 다름 아닌 자네가 붙잡은 대상에게 있고, 자네가 믿는 하나님과 구주에게 있는 무한한 공로와 자비에 있고, 더구나 그것이 자네의 연약함 때문에 감해지거나 사라질 수 있는 것이 아니라면, 자네는 스스로 힘을 내고 기쁨으로 그분의 구원을 기대할 이유가 충분하다네.

자네가 처한 상황을 잘 이해하게. 천국을 향하도록 우리를 붙잡아 주는 두 개의 손이 있는데, 하나는 우리 구주를 붙잡는 우리 믿음의 손이고, 다른 하나는 우리를 꼭 붙드시는 주님의 자비와 풍성한 구속의 손이라네. 그분을 붙잡는 우리의 손은 연약하고 쉽게 느슨해진다네. 하지만 우리를 붙잡는 그분의 손은 강하고 저항할 수 없네.

우리의 공로가 필요하다면 그 대상을 붙잡는 우리 손에 힘이 있어야 하지만, 단지 우리에게 필요한 것은 주어진 선물을 받아들이는 것이라면 연약한 손이라고 못할 것이 무엇이겠나?"
(Bishop Hall, *Balm of Gilead*, 1650)

(13) "믿음의 진정성으로 구원받는 것은 보았지만, 믿음의 세기에 따라 구원이 좌지우지 되는 것은 보지 못했다. 근사한 믿음을 가져야만 구원에 이르는 것이 아니라, 믿음이 있으면 구원을

얻는다. '훌륭한 믿음이 있어야 의롭게 되고 구원받는다'는 말은 들어 본 적이 없다. 단순한 믿음이 필요할 뿐이다. 아무리 작은 믿음이라도 참된 믿음이면 구원받을 수 있다. 로마서 10:9이 이렇게 말하지 않는가? '네가 만일 네 입으로 예수를 주로 시인하며 또 하나님께서 그를 죽은 자 가운데서 살리신 것을 네 마음에 믿으면 구원을 받으리라.' 십자가에 달린 강도는 고상한 믿음에 이른 사람이 아니었다. 그는 한번의 행위로, 그것도 연약한 믿음의 행위로 의롭다 함을 받고 구원을 받았다"(눅 23:42)(William Greenhill, *An Exposition of the Prophet Ezekiel*, 1650).

(14) "참된 은혜 가운데 있는 사람도 자기가 하나님의 사랑과 호의를 누리고 있고, 자기의 모든 죄가 용서받았고, 자기 영혼이 구원받았다는 확신이 없을 수 있다. 하나님의 소유이면서도 아직 그것을 알지 못할 수도 있다. 훌륭한 저택을 갖고 있으면서도 아직 그것을 보지 못한 것이다. 넘치는 위로를 누리지는 못하지만 안전한 신분일 수 있다. 영광의 법정에서는 아무 문제가 없는 사람도, 양심의 법정에서 무혐의로 드러나기 위해 발버둥 칠 때가 있다.

확신은 그리스도인의 안녕을 위해서 꼭 필요하지만, 그리스도인이 되기 위해 꼭 필요한 것은 아니다. 그리스도인의 위로를 위해 꼭 필요하지만, 그리스도인의 구원을 위해 꼭 필요한 것은 아니다. 믿음 없이는 구원을 얻을 수 없지만, 확신 없이도 구원받을 수 있다. 하나님은 성경 곳곳에서 믿음이 없이는 구원도 없다고 말씀하신다. 하지만 성경 어디에도 확신이 없이는 구원도 없다고 말하지 않는다"(Thomas Brooks, *Heaven on Earth*, 1654). (「확신: 지상에서 누리는 천국」 지평서원)

(15) "아무리 약해도 자기가 믿음을 가졌다는 것을 스스로에게 분명히 할 수 있다면, 낙담하거나 괴로워하지 말라. 가장 위대한 믿음뿐 아니라 가장 작은 믿음도 참된 믿음이고 구원에 이르는 믿음이다. 작은 불꽃도 여전히 다른 불과 마찬가지로 참된 불이다. 한 방울의 물도 대양의 물과 전혀 다르지 않은 참된 물이다. 이처럼 가장 작은 믿음의 알곡도 참된 믿음이고, 가장 위대한 믿음과 마찬가지로 이 세상에서 구원을 얻게 한다.

가장 커다란 가지만 뿌리로부터 수액을 빨아올리는 것이 아니라, 가지 끝의 작은 눈 역시 뿌리로부터 수액을 공급받는다. 가장 강건한 믿음과 마찬가지로 가장 약한 믿음이라도 당신을 그리스도께 접붙이게 하고, 그리스도의 생명을 길어 올린다. 가장 강건한 믿음뿐 아니라 가장 약한 믿음 역시 그리스도의 공로와 보혈에 참여한다.

미약한 믿음도 영혼을 그리스도와 혼인하게 한다. 가장 강건한 믿음을 가진 사람과 마찬가지로 가장 약한 믿음을 가진 사람도 하나님의 사랑을 동등하게 나눠 갖는다. 우리는 그리스도 안에서 사랑받는 자이고, 가장 작은 믿음도 우리를 그리스도의 지체가 되게 한다. 가장 작은 믿음을 가진 사람도 가장 강건한 믿음을 가진 사람과 마찬가지로 하나님의 약속에 대한 동등한 권리를 갖는다. 그러므로 연약함 때문에 영혼이 실망해서는 안된다"(Samuel Bolton, *The Nature and Royalties of Faith*, 1657).

(16) "어떤 사람은 온전한 확신과 같은 최고의 믿음을 갖지 못했다는 것 때문에, 또는 다른 사람이 누리는 위로나 말할 수 없는 충만한 기쁨과 온전한 영광이 부족하다는 이유로, 자기에게는 전혀 믿음이 없는 것처럼 두려워한다. 하지만 이런 확신과 믿음을 누리는 데는 몇 가지 단계가 있음을 잊지 말아야 한다. 비록 가장 높은 정도의 믿음은 아니라 할지라도 믿음을 갖고 성령 안에서 기뻐할 수도 있다. 이것은 믿음 자체라기보다는 믿음의 어느 지점이다. 좋은 일이 계속되어 힘이 나고 용기가 생길 때, 우리는 믿음으로 살기보다는 눈에 보이는 것이나 느껴지는 것으로 살게 된다. 하나님께서 넘치는 기쁨으로 우리의 영혼을 비추실 때보다 위로가 없을 때 하나님을 의지하며 살기 위한 더 강건한 믿음이 필요하다"(Matthew Lawrence, on "Faith," 1657).

(17) "자신의 죄가 용서받았다는 것을 특별하고 온전히 확신하는 것이 믿음의 본질이라고 생각하는 사람들이 있다면, 자신부터가 그런 믿음을 가지고 있는지 보여야 할 것이다. 국내에 있는 사제들은 일반적으로 이것과는 다른 생각을 가지고 있다. 대버넌트Davenant 주교와 프리도Prideaux 주교, 그외 많은 사람들이 게으른 믿음과 확신의 큰 차이를 잘 보여주고 있다. 이들은 이 둘 사이의 차이를 설명하면서, 확신을 믿음의 딸이요 열매요 결과라고 부른다. 이미 작고한 탁월한 신학자 존 애로스미스John Arrowsmith는 신자가 은혜 안에서 자라기까지는 하나

님께서 확신을 잘 주시지 않는다고 말한다. 그는 또한 이성을 가진 것과 그 이성을 사용하여 배움에 힘쓰는 것이 다르듯이, 태만한 믿음과 확신에 찬 믿음은 다르다고 말한다. 이성은 배움의 기초다. (짐승처럼) 이성이 없으면 배움도 있을 수 없는 것처럼, 믿음에 충실하지 않으면 확신도 있을 수 없다. 힘써 학문을 도야하는 이성이 큰 배움에 이르듯이, 합당한 대상을 향해 부단히 발휘되는 믿음은 합당한 열매를 맺고 확신에까지 자란다. 이성이 있다 해도 게으름을 피우고 자주 결석하거나 심각한 질병으로 배움에 힘쓰지 못하면 배움을 잃게 되듯이, 구원하는 믿음이 있다 해도 시험이나 영적인 나태함으로 인해 확신을 잃게 된다. 마지막으로, 모든 사람에게 이성이 있지만, 그렇다고 모든 사람이 배움에 이르지는 못한다. 거듭난 모든 사람도 믿음이 있고, 그 믿음으로 복음적인 구원의 방편을 따르지만, 모든 참된 신자가 확신에 이르는 것은 아니다"(R. Fairclough, Sermon in the *Morning Exercises*, 1660).

(18) "연약한 믿음과 의미 없는 믿음의 차이를 구별해야 한다. 연약한 믿음은 참된 것이다. 상한 갈대는 연약하지만, 그리스도는 그것을 꺾지 않으신다. 당신의 믿음이 연약하더라도 실망하지 말라. 연약한 믿음도 강하신 그리스도를 영접할 수 있다. 강한 손뿐 아니라 연약한 손도 그리스도께서 붙잡아 주신다. 연약한 눈으로도 놋뱀을 바라보았을 것이다. 강건한 믿음에게 약속을 주신 것이 아니라, 참된 믿음에게 약속을 주셨다. 이 약속은 '산을 옮기고 사자의 입을 틀어막을 수 있는 믿음만이 구원을

얻는다'고 말하지 않고, '누구든지 믿는 자가 구원을 얻는다'고 말한다.

비록 확신하는 기쁨의 기름은 아니더라도, 거룩하게 하는 성령의 생수가 당신에게 부어졌다. 그렇다면 큰 역사를 이루는 믿음은 아니더라도, 그리스도를 붙드는 믿음은 당신에게 있다. 가지에 아무런 열매가 없어도 뿌리에는 생명이 있을 수 있다. 확신의 열매는 없어도, 그 마음에 믿음은 있을 수 있다"(Thomas Watson, *A Body of Divinity*, 1660).

(19) "구원을 받게 될지 정죄에 이르게 될지도 잘 모른 채, 하나님의 사랑을 입은 자녀들이 자신의 현재와 영원에 대해 매우 불확실한 상태로 살아간다. 하나님의 교회의 성도는 장성한 분량에 따라 몇 가지―아비, 젊은이, 아이, 젖먹이―로 구분된다. 어느 가정에나 장성한 어른보다는 어린아이나 젖먹이가 더 많다. 이처럼, 하나님의 교회에도 확신에 찬 장성하고 강한 자보다는, 연약하고 의심에 찬 그리스도인이 더 많다.

구원받는 믿음과 온전한 믿음의 확신을 구분해 보았다. 구원받게 될 사람 가운데도 자신의 구원을 확신하지 못하는 사람이 있다. 구원의 약속은 믿음의 은혜에 주어진 것이지 믿음의 증거에 주어진 것이 아니다. 참된 믿음에 주어진 것이지 강건한 믿음에 주어진 것이 아니다. 이들은 천국을 믿고는 있지만, 자신과 관련해서는 그렇게 확신하지 못하고 산다"(Rev. Thomas Doolittle, Sermon in the *Morning Exercises*, 1661).

(20) "자신이 의롭게 되었고 죄가 용서받았다는 확신이 반드시 칭

의와 병행하는가? 그렇지 않다. 확신은 의롭다 함을 얻게 하는 믿음의 행위라기보다는, 칭의 이후에 따르는 결과요 열매다.

구원이 확실한 것과 구원이 확실한 것을 확신하는 것은 별개의 문제다. 어떤 사람이 강에 빠져 급류에 떠내려가다가 수면 위로 비죽 나온 큰 나뭇가지를 발견하고 있는 힘을 다해 그 가지를 붙잡았다. 아무리 주위를 둘러보아도 그 가지 말고는 자기를 지탱해 줄 것이 없었다. 속절없이 떠내려가던 이 사람은 큰 두려움과 어려움 때문에 경황이 없었지만, 그 가지 덕분에 목숨을 건질 수 있었다. 제정신이 들고 위험에서 완전히 벗어나서야, 이 사람은 자신이 안전하다는 것을 확신할 수 있었다. 하지만 그는 자신의 안전을 확신하기 전부터 이미 안전하게 되었다. 신자의 상황도 이와 다르지 않다. 그리스도만이 자신을 구원할 유일한 방편임을 발견하고 있는 힘을 다해 손을 내밀어 그분을 붙잡는 것이 믿음이다. 하나님은 자기 독생자를 구원자로 약속하셨다. 나는 그분만이 유일한 구원자이심을 믿고, 그분의 중보로 구원을 얻기 위해 내 영혼을 그분께 의탁한다. 내 영혼이 그렇게 하자마자, 하나님은 자기 아들의 의로움을 내 영혼에 전가하신다. 비록 이 사실이 아직 내 양심의 법정을 잠잠하게 하지 못한다 해도, 하늘 법정에서 내 영혼은 이미 의롭다 함을 받았다. 칭의의 결과와 열매를 통해 양심의 법정도 조만간에 질서를 찾을 것이다"(Archbishop Usher, *A Body of Divinity*, 1670).

(21) "의심함으로 스스로 의심과 불신을 더해 가는 사람이 있다. 속에서 반복되는 이런 의심과 불신 때문에 이들은 스스로를 믿음

없는 사람이라고 결론짓는다. 이것은 큰 잘못이다. 의심하면서도 더 큰 믿음을 갖고 있을 수도 있다. 믿음이 있다 해도 훨씬 더 많은 의심 가운데 있을 수 있다.

우리 주님은 믿음이 작고 연약한 사람들도 거절하지 않으신다. 그러나 견고하고 강건한 믿음을 우리에게 요구하시고 그것을 기뻐하신다"(Archbishop Leighton, *Lectures on the First Nine Chapters of St. Matthew's Gospel*, 1670).

(22) "이전에는 유력하고 고상한 지위에 있는 많은 사람들이 참된 믿음과 확신을 동등한 위치에 두었다. 죄 용서와 용납하심, 그리고 미래에 자신이 얻을 구원에 대한 확신을 참된 믿음이라고 여겼다.

결과적으로 확신이 없는 사람은 은혜가 없는 사람이라고 결론지을 수밖에 없었다. 자신을 의심하고 체념한 수많은 영혼에게, 이는 참으로 불안하고 서글픈 일이었다. 결국 교황주의자만 이롭게 하는 결과를 낳았다.

믿음은 확신이 아니다. 확신은 때때로 강건하고, 강력하고, 영웅적인 믿음에 대한 상급과 면류관으로 주어진다. 확신은 하나님의 성령이 말할 수 없이 분명한 빛을 영혼에 비추셔서 모든 어둠을 몰아내고, 이전에 드리워져 있던 의심과 두려움을 흩어버리시는 것이다"(Bishop Hopkins, on "The Covenants," 1680).

(23) "확신이 부족한 것이 불신앙은 아니다. 쇠약한 영혼을 가진 사람도 신자다. 그리스도를 믿는 믿음과 그 믿음으로 인한 위로 사이에는 분명한 구분이 있다. 영생을 믿는 믿음과 자신이 영

생을 가졌음을 아는 것 사이에 분명한 구분이 있는 것과 같다. 아이가 법적으로 엄청난 재산에 대한 권리를 갖는 것과 그 권리를 온전히 알고 누리는 것 사이에는 차이가 있다.

인봉에 새겨진 글처럼 믿음의 특성이 마음에 새겨져 있다. 하지만 먼지가 수북이 쌓여서 식별할 수 없다. 먼지 때문에 그 새겨진 글을 읽기 쉽지는 않다 해도, 먼지 때문에 그 새겨진 글이 지워지거나 하지는 않는다"(Stephen Charnock, *Discourses*, 1680).

(24) "구원하는 믿음과 온전한 확신을 같은 것으로 여김으로 스스로 위로를 상실하는 사람이 있다. 믿음과 자기 믿음을 깨닫는 것은 별개로 주어지는, 각각 다른 긍휼이다. 진실로 그리스도를 영접했다 해도, 그 사실을 확신하거나 분명히 알지 못할 수 있다. 하나님께서 '너는 나의 백성이다'라고 말씀하시지 않았는데도, '당신은 우리 하나님이십니다'라고 말하는 사람이 있다. 이런 사람은 하나님의 자녀가 되는 권세를 받지 못했다. 반면에, 하나님께서 '이들은 나의 백성이다'라고 말씀하셨지만 감히 하나님을 '나의 하나님'이라고 부르지 못하는 사람도 있다. 이들은 하나님의 자녀가 되는 권세를 받았지만, 아직 그것을 모르고 있다. 이들에게는 그리스도가 있고, 이것이 그들의 안전이다. 하지만 그들의 문제는 아직 이 사실을 제대로 알지 못하고 확신하지 못한다는 데 있다.……아버지 품에 안겨 있는 갓난아이는 아직 그를 자기 아버지로 알지 못한다"(John Flavel, *The Method of Grace*, 1680).

(25) "연약한 믿음을 가진 사람도 그리스도를 통해 강건한 믿음을 가진 사람과 같이 하나님과의 평화에 들어간다. 하지만 이 땅에서 가슴 깊이 그 평화를 누리지는 못한다.

연약한 믿음도 강건한 믿음과 마찬가지로 그리스도인을 천국으로 실어 나른다. 아무리 작고 미약하다 해도 모든 참된 은혜는 부패하지 않는 씨앗이기 때문에 결코 그냥 없어지지 않는다. 하지만 연약한 믿음을 가지고 의심하는 그리스도인은 강건한 믿음을 가진 그리스도인처럼 기쁨으로 항해하지 못한다. 비록 그 배에 탄 모든 사람이 천국의 해안에 안전하게 도달할 것이 틀림없지만, 항해 내내 배멀미로 고생하는 허약한 사람은 강하고 건강한 사람처럼 그 항해를 맘껏 누리지는 못한다" (William Gurnall, *The Christian in Complete Armour*, 1680). (「그리스도인의 전신갑주 2」 예찬사)

(26) "성부께서 당신을 성자에게 주셨다는 사실이 아직 당신에게 드러나지 않았다고 낙심하지 말라. 당신은 보지는 못해도 이미 그렇게 하셨다. 성부께서 아들에게 주신 사람 가운데 많은 이가 오랫동안 그 사실을 알지 못한다. 아들에게 주신 사람 가운데 적지 않은 이들이 자기에게 이루어진 사실을 잘 모르고 의심하고 두려워한다. 모든 것이 밝히 드러날 마지막 날에 이 사실이 최후의 선고로 확정되기 전까지 그렇다.

그러므로 자신의 선택에 대해 아직 잘 모르는 사람이 있다 해도 너무 좌절해서는 안된다. 당신은 잘 모르지만, 이미 그렇게 하셨다" (Robert Traill, *Sermons on the Lord's Prayer*, 1690).

(27) "확신이 믿음에 꼭 필요한 것은 아니다. 확신은 강건한 믿음이다. 하지만 성경에는 연약한 믿음, 작은 믿음, 겨자씨만 한 믿음도 많이 있다. 예수 그리스도를 믿는 구원하는 믿음은 그 정도에 있어 서로 차이를 보일 뿐이다. 정도가 어떻든, 주체가 누구든 다 동일한 종류의 믿음이다"(Rev. John Newton, *Sermons*, 1767).

(28) "믿음이 연약한 사람은 왜 항상 자신에게 불리한 쪽으로 결론 내리는지 알 수 없다. 튼튼하고 굵은 가지뿐 아니라 포도나무의 어린 눈도 뿌리로부터 수액을 공급받는다. 이처럼, 강건한 믿음과 마찬가지로 연약한 믿음도 우리를 그리스도와 연합하게 한다. 그러므로 연약한 신자는 감사함이 마땅하다. 은혜 안에서 자라가기를 힘쓰는 동안에도 이미 자신이 받은 것을 간과하지 말아야 한다"(Letters of Rev. Henry Venn, 1784).

(29) "우리가 구원받기에 충분하고 필요한 것은 믿음이지 확신이 아니다. 물론 믿음은 온전한 확신에 이르게 하는, 하나님의 호의를 갈망하는 생생한 기대가 있기 마련이다. 그러나 확신 그 자체는 지금 우리가 말하는 믿음이 아니고, 그 범주에 둘 필요도 없다. 믿음과 확신은 전혀 별개이기 때문이다.

일반적으로 확신은 높은 수준의 믿음을 수반한다. 그러나 진지하지만 작은 분량의 은혜를 가진 사람도 있는데, 이들에게서 은혜의 역사가 크게 방해를 받는다. 방해와 결점이 이런 사람 마음을 지배하게 되면, 많은 두려움과 염려가 생긴다"(Rev. Thomas Robinson, *The Christian System*, 1795).

(30) "구원과 구원의 기쁨이 항상 동시에 같이 존재하지는 않는다. 구원받았다고 항상 구원의 기쁨이 있는 것은 아니다.

회복중에 있는 환자라도, 자기 건강이 회복될 것인지에 대해 여전히 의심을 가질 수 있다. 회복중에 수반하는 통증과 쇠약함으로 인해 회복을 자신하지 못할 수 있다. 기업이나 나라를 물려받을 아이는, 장차 이어받을 엄청난 기업이 있음에도 그것 때문에 기뻐하지는 않는다. 이 아이는 족보를 따져 볼 줄도 모르고, 부동산 권리 증서를 읽을 줄도 모르고, 아버지의 유서를 읽을 줄도 모른다. 설사 글을 안다 해도 그 속에 함의된 의미를 모를 수도 있기 때문에, 잠시 동안은 그의 후견인이 이 모든 것을 유예시키는 것이 옳다고 여길 수도 있다. 하지만 그의 무지가 그가 가진 권리의 가치와 진실성을 훼손시키는 것은 아니다.

개인적인 구원의 확신을 반드시 믿음과 연관 지을 필요는 없다. 이 두 가지가 본질적으로 같은 것은 아니기 때문이다. 마음의 느낌으로부터 자신의 안전과 특권을 추론할 수도 있다. 하지만 참된 믿음을 가진 많은 신자들조차, 자신의 칭의를 말하는 성경의 많은 약속에도 불구하고, 의의 말씀에 서툴러서 구원을 확신하지 못하는 경우가 많다"(Rev. Thomas Biddulph, *Lectures on the 51st Psalm*, 1830).

8장

모세, 우리의 모범

믿음으로 모세는 장성하여 바로의 공주의 아들이라 칭함받기를 거절하고 도리어 하나님의 백성과 함께 고난받기를 잠시 죄악의 낙을 누리는 것보다 더 좋아하고 그리스도를 위하여 받는 수모를 이집트의 모든 보화보다 더 큰 재물로 여겼으니 이는 상 주심을 바라봄이라. (히 11:24-26)

성경에 나오는 하나님의 가장 탁월한 성도들의 성품은 성경을 읽는 우리에게 얼마나 큰 유익이 되는지 모릅니다. 추상적인 교리나 원리와 개념도 나름의 가치가 있지만, 성도의 귀감이나 모범만큼 도움이 되는 것도 없습니다. 실천적 거룩이 무엇인지 알고 싶습니까? 탁월한 거룩함으로 살다 간 인물의 생애를 연구해 보십시오. 이 장에서 저는 믿음으로 살다 간 한 인물의 역사를 소개하고자 합니다. 그의 삶은 거룩한 성품을 기르는 데 있어 믿음이 할 수 있는 일이 무엇인지를 잘 보여줍니다. "믿음으로 사는 것"이 무엇을 의미하는지 알고 싶은 모든 사람들에게 모세를 모범으로 소개합니다.

본문으로 삼은 히브리서 11장은 성경의 위대한 장입니다. 금으로 인쇄할 만한 가치가 있는 장입니다. 회심한 유대인에게는 너무나 힘이 되고 용기가 되는 장이었을 것입니다. 초대 교인 가운데 유대인만큼 기독교 신앙을 고백하기 어려운 사람도 없었습니다. 모두에게 좁은 길이었지만, 유대인에게는 특히 더 좁았습니다. 모두에게 십자가는 무거웠지만, 유대인은 그 무게를 두 배나 느꼈을 것입니다. 그런 그들에게 히브리서 11장은 많은 위로와 힘이 되었습니다. "상심한 사람에게 주어지는 포도주"였고, "마음에 달고 뼈에 양약이 되는 꿀송이"였습니다(잠 31:6, 16:24).

제가 설명하려는 세 절은, 히브리서 11장 중에서도 가장 흥미로운 구절입니다. 이토록 강하게 우리의 주의를 끄는 말씀도 드뭅니다. 그 이유를 살펴보겠습니다.

모세의 이야기에서 묘사된 믿음의 역사는 우리의 경우와 비슷해 더 많이 와 닿습니다. 모세 이전에 나오는 하나님의 사람들도 우리 믿음의 모범에 틀림없습니다. 하지만 그들의 정신을 아무리 많이 흡수한다 해도 그들이 했던 일들을 문자 그대로 따라 할 수는 없습니다. 아벨의 제사를 그대로 드릴 수도 없고, 노아의 방주를 그대로 따라 지을 수도 없는 노릇입니다. 아브라함과 이삭이 했던 것처럼, 문자적으로 우리나라를 떠나 천막에 거하면서 제사를 드릴 수도 없습니다. 이런 점에서 모세의 믿음은 우리에게 훨씬 더 가깝게 다가옵니다. 우리의 경험과 많이 닿아 있습니다. 오늘날 우리가 신실한 그리스도인이 되고자 할 때, 우리는 많은 믿음의 선택에 직면하게 됩니다. 모세도 그러했습니다. 위의 세 구절에 특별히 더 주목해야 할 이유가 바로 여기에 있습니다.

제가 본문을 통해 말씀드리고자 하는 바는 단순합니다. 모세가 했던 일이 얼마나 위대한지, 그가 그렇게 행동했던 원리가 무엇인지 말씀드리려고 합니다. 그러고 나면 본문이 우리에게 보여주는 실천적 교훈을 더 잘 받아들일 수 있을 것입니다.

1. 모세가 포기하고 거부했던 것을 말씀드리겠습니다.

모세는 자기 영혼을 위해서 세 가지를 포기했습니다. 그는 그것들을 붙드는 한 자기 영혼이 구원받지 못할 것 같았습니다. 그래서 그것들을 포기했습니다. 그가 드린 위대한 세 가지 희생은, 사람이 드릴 수 있는 가장 위대한 희생이었습니다.

(1) **높은 신분과 지위를 포기했습니다.** "모세는 바로의 공주의 아들이라 칭함받기를 거절"했습니다. 우리는 모세의 일대기를 알고 있습니다. 모세가 갓난아기였을 때, 바로의 딸이 그의 생명을 건졌을 뿐 아니라 자기 양자로 삼고 가르쳤습니다.

일부 역사가들의 주장이 맞다면 그녀는 바로의 외동딸이었습니다. 어떤 학자는 만약 모세가 그대로 궁에 있었다면, 서열로 볼 때 언젠가 이집트의 왕이 되었을 것이라고까지 말합니다![1] 그 말이 사실인지 알 수는 없지만, 바로의 딸과의 관계로 볼 때 모세가 원하기만 하면 이집트에서 꽤 유력한 사람이 되었을 것만은 분명합니다. 모세가 이집트의 궁전에서 자기 지위에 만족했다면, 이집트 온 땅에서 가장 유력한 사람의 반열에 오르는 것은 시간문제였습니다.

이 유혹이 얼마나 컸겠습니까?

그도 역시 우리와 같은 성정을 가진 한 사람이었습니다. 이 땅에서 얻을 수 있는 가장 높은 지위를 얻을 수도 있었습니다. 지위, 권세, 신분, 명예, 위엄 등 모든 것이 그 앞에 있었습니다. 그의 손아귀에 있었습니다. 이런 것들은 하나같이 많은 사람들이 부단히 추구하는 것입니다. 우리를 둘러싼 온 세상이 끊임없이 경쟁하고 발버둥치는 이유도 바로 이런 것을 얻기 위함이 아닙니까? 유력한 자리에 올라 사람들의 주목을 받고 입신양명하기 위해, 많은 사람들이 시간과 생각과 건강과 삶 자체를 희생하고 있지 않습니까! 하지만 모세는 그런 것들이 거저 받았음에도 외면하고 거절했습니다. 그는 포기했습니다!

(2) **쾌락도 거부했습니다.** 모세는 마음만 먹으면 모든 종류의 쾌락—감각적·지적·사회적 쾌락—을 자기 발아래 둘 수 있었습니다. 애굽은 예술가의 땅이었습니다. 학문의 본고장이었습니다. 기술과 과학의 요람이었습니다. "육체의 정욕과 안목의 정욕과 이생의 자랑"(요일 2:16) 가운데 모세가 원하면 자기 것으로 갖지 못할 것이 하나도 없었습니다.

이 유혹 또한 얼마나 심했겠습니까?

수많은 사람들이 쾌락을 좇아서 살아가고 있습니다. 무엇이 진짜 쾌락인지에 대해서는 다들 생각이 다릅니다. 하지만, 그것을 얻기 위해 애쓰고 힘쓴다는 점에서는 일치합니다. 학생들은 방학을 즐겁게 보내는 것을 좋아합니다. 젊은 직장인은 돈을 많이 벌어 독립하는 데서 가장 큰 즐거움과 만족을 얻습니다. 장사하는 사람은 많은 돈을 벌어 은퇴 후에 즐겁고 편하게 사는 것이 목적입니다. 가난한 사람은 자기 집을 마련해 편히 쉬고 즐겁게 지낼 수 있기를 바랍니다. 부자의 바람은 정치, 오락, 여행, 친구, 책 등을 통해 즐거움과 새로운 자극을 얻는 것입니다. 쾌락은 지위고하, 빈부귀천, 남녀노소를 막론하고 모두가 좇는 환상입니다. 겉으로는 쾌락을 추구하는 이웃을 경멸하면서도 은밀하게 그것을 좇습니다. 그러면서 왜 자신은 쾌락에 이르지 못하는지 의아해 합니다. 언젠가는 쾌락을 찾을 수 있을 것이라고 생각합니다. 이전에 모세의 입술에 놓였던 잔이 바로 이런 것이었습니다. 원하기만 하면 얼마든지 들이킬 수 있었습니다. 하지만 그렇게 하지 않을 뿐 아니라, 오히려 그 잔을 외면했습니다. 거절했습니다. 포기했습니다!

(3) **부귀도 거절했습니다**. 모세는 바로의 딸과 함께 애굽에 남아 "애굽의 모든 보화"라고 표현된 가공할 만한 부와 재물을 누릴 수 있었습니다. 이 "보화"가 얼마나 막대한 재물이었을지는 어렵지 않게 짐작할 수 있습니다. 당시 애굽에 해당하는 지역에 남아 있는 유적들을 보면, 당시 왕의 손아귀 아래 있는 재물이 얼마나 대단했는지 어렴풋하게나마 짐작해 볼 수 있습니다. 피라미드, 오벨리스크, 신전, 동상 등이 지금도 당시의 위용을 증거합니다. 카르나크, 룩소르, 덴데라Denderah 및 다른 여러 곳에서 세상에서 가장 거대한 건축물들을 여전히 볼 수 있습니다. 당시 애굽의 부귀를 포기하는 것이 어떤 것인지 잘 말해 줍니다. 우리 영국 사람들로서는 도무지 가늠할 수가 없을 정도입니다.

이런 유혹이 얼마나 대단했을지 다시 한번 생각해 봅시다.

일례로, 돈이 가진 힘이 얼마나 센지 생각해 봅시다. "돈을 사랑하는 것"은 사람들에게 막대한 영향을 끼칩니다. 주변을 돌아보고 사람들이 돈을 얼마나 갖고 싶어 하는지 보십시오. 돈을 벌기 위해 감내하는 고통과 어려움이 얼마나 대단한지 생각해 보십시오. 수천 킬로미터 떨어진 섬에 엄청난 돈을 벌게 해줄 만한 어떤 것이 있다고 사람들에게 말해 보십시오. 즉시 함대를 보내서라도 그것을 가져오게 할 것입니다. 사람들에게 재산의 단 1퍼센트라도 증식시킬 방법을 말해 보십시오. 여러분을 가장 현명한 사람이라고 추켜세울 뿐 아니라 여러분을 거의 숭배하려고 들 것입니다. 돈을 갖는다는 것은 모든 허물을 덮을 수 있음을 말합니다. 뿐만 아니라 덕망 있는 사람이라는 옷까지 입혀 줍니다. 여러분이 부자라면 많은 사람들이 여러분을 찾을 것입니다. 그런데 충분히 부자가 될 수 있었음에도 부자 되기를 포기한 사람이 여기 있습니다. 그는 이집트의 보화를 가지려 하지 않고, 그것들로부터 등을 돌렸습니다. 그는 거절했습니다. 포기했습니다.

모세는 지위와 쾌락과 부귀를 한꺼번에, 즉시 거절했습니다.

게다가 그는 **신중하게** 거절했습니다. 젊은 날의 객기와 일시적 기분으로 그렇게 한 것이 아닙니다. 그의 나이 사십이었습니다. 나이 사십이면 모든 것을 잘 판단할 수 있는 나이입니다. 그는 자기가 하려는 것이 무엇인지 잘 알고 있었습니다. 그는 잘 배운 사람이었습니다. "모세가 애굽 사람의 모든 지혜를 배워"(행 7:22). 그는 자신의 선택이 가져올 결과를 잘 알고 있었습니다.

의무감 때문에 그것을 거부한 것이 아닙니다. 임종을 기다리는 사람이 "이제 나는 세상의 그 무엇도 바라지 않는다"고 말하는 것과는 다릅니다. 왜 그렇습니까? 곧 숨을 거두게 될 사람은 세상의 무엇을 바라지 않는다기보다는, 바라고 싶어도 바랄 수가 없습니다. 자신의 궁핍함에 대한 자격지심으로 "나는 부귀 따위는 바라지 않는다"고 말하는 거지와도 다릅니다. 왜 그렇습니까? 거지는 재물을 가질 수 없어서 거지로 있을 뿐, 그것을 원치 않아서 거지가 된 것은 아닙니다. "나는 세상 쾌락을 끊었다"고 말하는 노인과도 다릅니다. 왜 그렇습니까? 이 노인은 세상 쾌락을 내려놓은 것이 아닙니다. 나이 들어 더 이상 즐길 수 없을 뿐입니다. 하지만 모세는 다릅니다! 모세는 자신이 충분히 즐길 수 있었지만 거부했습니다. 높은 신분과 쾌락과 부귀가 여전히 그의 곁에 머물러 있었지만, 그가 그것을 떠난 것입니다.

그렇다면, 모세는 사람이 드릴 수 있는 가장 위대한 희생을 치른 사람들 중 하나라는 제 말이 합당하지 않습니까? 아무리 많은 것을 거부한 사람이라도 모세만큼은 아니라고 생각합니다. 자기희생과 자기부인에 탁월한 사람이 많이 있었지만, 모세는 그중에 발군이었습니다.

2. 모세가 선택한 것이 무엇인가에 대해 말씀드리겠습니다.

모세가 선택한 것은 그가 거부한 것만큼이나 놀랍습니다. 그는 자기 영혼을 위해 세 가지를 선택했습니다. 그것을 통해 구원의 길이 열렸습니다. 모세는 그 길을 갔습니다. 사람이라면 누구나 피하고 싶은 세 가지를 선택했습니다.

(1) **고난과 고통을 선택했습니다.** 모세는 바로의 궁에 있는 안락과 편안함을 떠나 공공연하게 이스라엘 백성의 편에 섰습니다. 이스라엘 백성은 애굽에서 종살이하는 박해받는 백성이었습니다. 불신과 의심과 증오의 대상이었습니다. 그들과 친분을 맺는 사람은 누구라도 그들과 똑같은 취급을 받았습니다.

육신의 눈으로 보기에는, 이들이 애굽의 폭압에서 벗어날 가능성은 전혀 없어 보였습니다. 아무리 구하고 노력해도 안정된 가정과 조국을 되찾기는 어려워 보였습니다. 모든 것을 알면서도 고통과 시련과 가난과 궁핍과 불신과 염려와 심지어 죽음을 택한 사람이 있다면, 그것은 다름 아닌 모세였습니다.

그의 선택이 얼마나 놀랄 만한 것인지 살펴봅시다.

혈과 육이 고통을 피하려고 하는 것은 자연스럽습니다. 모두가 그렇습니다. 본능적으로 우리는 고통에서 뒤로 물러납니다. 할 수 있는 한 그것을 피하려고 합니다. 나쁘지 않은 두 가지 길이 우리 앞에 있을 때, 일반적으로 혈과 육이 싫어할 길을 택하지는 않습니다. 고통이 임박했다고 생각되면 우리는 하루하루 두려움과 염려로 소일하고, 그것으로부터 벗어날 모든 방법을 강구합니다. 막상 어려움이 닥치면, 그 무게를 못 견디고 불평하고 안달복달합니다. 혹시 그것을 견뎌 내기라도 하면, 무슨 대단한 일이라도 한 것처럼 자랑하고 싶어 못 견딥니다.

하지만 여기를 좀 보십시오! 우리와 성정이 같으면서도 고통을 선택한 사람이 있습니다! 모세는 바로의 궁전을 떠났을 때, 자신이 맞이해야 할 고난의 잔이 어떤 것인지 잘 알았습니다. 그럼에도 그는 그 잔을 선택했습니다. 그 잔을 집어 들고 마셨습니다.

(2) **멸시받는 백성과 함께 있기로 했습니다.** 모세는 어렸을 때부터 함께 자랐던 유력하고 똑똑한 사람들을 떠나 이스라엘의 자녀들과 함께했습니다. 어려서부터 고귀하고 부유하고 화려한 사람들 가운데서 자란 그가 자신의 높은 지위를 버리고 낮아져 불쌍한 사람들—노예, 농노, 천민, 종, 압박받는 자, 빈민, 고통받는 자, 벽돌 굽는 자—과 운명을 같이하고자 했습니다.

얼마나 놀라운 선택입니까!

우리는 보통 자기 문제만 해결하면 된다고 생각합니다. 멸시받거나 어려움에 처한 사람을 불쌍히 여기는 것까지는 할 수 있습니다. 심지어 물심양면으로 도와주고, 도움이 될 만한 사람을 연결해 주기도 합니다. 하지만 거기까지입니다.

그러나 여기 그들과 함께 길을 간 사람이 있습니다. 멸시받는 이스라엘을 동정하고 안타까워할 뿐 아니라, 그들에게로 내려가 일원이 되어 함께 살았습니다. 만약 그로스베너Grosvenor와 벨그레이브Belgrave에 사는 명망 있는 사람이 선한 일에 힘쓰기 위해 자신의 저택과 재산과 사회적 지위를 포기하고, 베스널 그린Bethnal Green*의 좁은 골목에서 최소한의 급여만 가지고 살아간다면 사람들은 정말 대단하게 생각할 것입니다. 하지만 모세가 한 일에 비하면, 이것은 너무나 미약하고 대수롭지 않은 일일 뿐입니다. 멸시받는 백성을

---

* 그로스베너와 벨그레이브는 런던에서도 기품 있는 귀족들이 사는 것으로 유명한 지역인데 반해, 베스널 그린은 런던의 빈민가로 지저분한 주택과 하수구, 오염된 식수, 온갖 전염병과 높은 사망률로 악명이 높다.

본 모세는 가장 높은 신분에 머물기보다 그들과 동류가 되기로 했습니다. 그들과 같은 처지가 되었습니다. 고난받는 그들의 동무이자 친구가 된 것입니다.

(3) **치욕과 멸시를 선택했습니다.** 바로의 궁전에서 떠나 이스라엘 진영으로 들어간 모세에게 쏟아진 비난과 조롱이 어떠했을지 짐작이나 하겠습니까? 사람들은 그가 어리석고, 나약하고, 미련하고, 제정신이 아니고 완전히 미쳤다고 말했을 것입니다. 모세는, 왕자로서 가지고 있던 모든 영향력을 잃었을 것입니다. 함께 살던 사람들의 신망과 존경도 한순간에 다 잃었을 것이 분명합니다. 하지만 이런 것들도 그의 마음을 돌이키지 못했습니다. 그는 바로의 궁전을 떠나 이집트의 노예가 되었습니다!

그의 선택이 어떤 것이었는지 다시 한번 생각해 봅시다.

조롱과 멸시만큼 사람에게 큰 영향을 미치는 것도 없을 것입니다. 공공연한 적개심과 핍박보다 더 파괴적입니다. 대포의 아구를 향해서도 거침없이 전진해 가고, 사라진 희망도 부둥켜안을 수 있고, 파도를 향해 호령할 만한 사람도, 친구의 조롱을 대면하는 것은 너무 고통스러워 할 수만 있으면 피하려고 합니다. 조롱받고, 업신여김을 당하고, 멸시받고, 나약하고 어리석은 사람으로 취급받는 것은 너무도 비참한 일입니다. 그래서 많은 사람들이 이런 일을 겪지 않기를 바라면서 살아갑니다. 또 그렇게 하리라고 다짐합니다!

하지만 여기 이런 일을 겪기로 작정하고 시련을 피하지 않은 사람이 있습니다. 모세는 자기를 향해 쏟아지는 치욕과 멸시를 보았지만, 오히려 그것을 선택했습니다. 자신의 몫으로 받아들였습니다.

그는 스스로 고통에 처하고 치욕과 멸시를 받음으로써, 멸시받는 자와 동류가 되는 길을 선택했습니다.

이 모든 정황을 고려해 보면, 그가 모르고 그 길을 택한 것이 아님을 알 수 있습니다. 그는 결코 나약하고 무지한 사람이 아니었습니다. 성경은 특별히 "그의 말과 하는 일들이 능하더라"고 말합니다(행 7:22).

모세가 이런 선택을 했던 상황을 살펴봅시다. 어쩔 수 없이 선택한 것도 아닙니다. 누가 등 떠민 것도 아닙니다. 자신의 뜻에 반해서 선택한 것도 아닙니다. 그가 이 일을 좇아간 것이지, 예기치 않게 그에게 일어난 것이 아닙니다. 이 모든 일은 그의 마음에서 우러난 자발적인 선택이었습니다.

모세가 거부한 것 이상으로 모세가 선택한 것들이 놀랍지 않습니까? 세상이 시작된 이래로, 본문에 드러난 모세와 같은 선택을 한 사람은 없었습니다.

3. 모세가 그런 선택을 할 수 있었던 **원리**에 대해 말씀드리겠습니다.

모세의 행동을 어떻게 설명할 수 있을까요? 모세가 이런 선택을 할 수 있었던 이유는 무엇이었을까요? 사람이 일반적으로 좋아하는 일을 거부하고, 불행으로 여기는 일을 선택하는 것은 본성의 방식이 아닙니다. 이것은 자연인의 방식이 아닙니다. 이런 선택을 어떻게 설명할 수 있을까요?

본문에 답이 있습니다. 믿음의 위대함을 높여야 할지, 믿음의 단순함을 칭송해야 할지, 저는 사실 잘 모르겠습니다. "믿음"이라는 이

한 단어에 답이 들어 있습니다.

    모세는 믿음의 사람이었습니다. 놀랄 만한 그의 행동의 원천은 바로 믿음이었습니다. 믿음으로 행동했습니다. 믿음으로 선택했습니다. 믿음으로 이집트의 영화를 거절했습니다. 그의 모든 행위는 믿음 때문이었습니다.

    하나님은 자신의 뜻과 목적을 모세의 마음에 두시고 그것을 보게 하셨습니다. 구원자가 이스라엘 무리 가운데서 태어날 것, 아브라함의 자손에게 주어진 위대한 약속이 성취되어야 할 것, 그것이 임박했다는 것을 모세에게 계시하셨습니다. 모세는 이 약속과 계시를 믿었습니다. 바로의 궁정을 떠난—불행하게 보이는 일을 택하고 좋게 보이는 일을 거절한—후 그의 삶의 여정에서 드러난 행동과 놀라운 업적은 바로 이 믿음의 샘에서 발원한 것입니다. 하나님께서 그에게 말씀하셨고, 그는 하나님의 말씀을 믿었습니다.

    하나님께서 **약속을 지키실 것**을 믿었습니다. 말씀하신 대로 반드시 이행하실 것을 믿었습니다. 맺으신 언약을 반드시 이루실 것을 믿었습니다.

    하나님께는 **능치 못할 일이 없음**을 믿었습니다. 이성과 감각은 이스라엘을 구원하는 것은 불가능하다고 말했습니다. 사실 장애물이 너무 많았습니다. 엄청난 어려움이 있었습니다. 하지만 믿음은 모세에게 부족함이 없으신 하나님을 말하고 있었습니다. 하나님께서 시작하신 일이었습니다. 반드시 그것을 이루실 것이었습니다.

    하나님은 **완전히 지혜로우신** 분임을 믿었습니다. 이성과 감각은 그의 행동이 불합리하다고 말했습니다. 바로의 딸과의 관계를 끊음으로써 이스라엘 백성에게 유리한 영향력을 발휘할 기회를 버렸다고 말입니다. 하지만 믿음은 하나님께서 "이 길을 가라" 하시면 그 길이야말로 가장 좋은 길이라고 모세에게 말하고 있었습니다.

하나님은 정말 **자비로운** 분임을 믿었습니다. 이성과 감각은 더 낫고 수월한 해방의 길이 있을 것이라고 속삭였습니다. 일정 정도는 절충할 수 있을 것이라고, 그렇게 되면 많은 어려움을 피할 수 있을 것이라고 말했습니다. 하지만 믿음은 하나님은 사랑이시라고 말했습니다. 하나님은 자기 백성에게 절대적으로 필요한 고통이 아니면 그 어떤 고통도 허락하지 않으신다고 말했습니다.

모세에게 믿음은 **망원경**이었습니다. 침침한 이성의 눈에 시련과 절망, 폭풍과 격랑, 피로와 고통만이 들어올 때, 모세는 이 망원경을 통해 저 멀리 젖과 꿀이 흐르는 땅에서 자신을 기다리는 안식과 평화와 승리를 보았습니다.

모세에게 믿음은 **해석자**였습니다. 무지한 감각은 하나님께서 기록하신 명령을 불가사의하고 어리석은 것이라고 여깁니다. 그러나 믿음은 도무지 이해할 수 없는 하나님의 명령에서 넘치는 위로를 찾아냈습니다.

믿음은 모세에게, 모든 지위와 명성은 땅에 속한 것이고, 헛되고 공허하고 잠시 지나가는 것일 뿐, 하나님을 섬기는 것이 가장 참되고 위대하다고 말했습니다. 그는 하나님의 권속에 속한 왕이요, 귀족 중의 진정한 귀족이었습니다. 지옥에서 으뜸보다는 천국에서 꼴찌가 되는 것이 더 나았던 것입니다.

믿음은 모세에게, 세상적인 즐거움은 "죄가 주는 즐거움"이라고 말했습니다. 세상의 즐거움은 죄와 함께 버물려져 있어서, 세상의 즐거움을 따라가는 사람은 죄로 이끌리고, 영혼이 파괴되고, 하나님께 싫어 버린 바가 됩니다. 하나님께서 대적하시는 즐거움은 그리 큰 기쁨을 주지 못합니다. 안일하게 죄를 짓는 것보다 하나님을 위해 고난받고 순종하는 것이 훨씬 낫습니다.

믿음은 모세에게, 이런 즐거움은 기껏해야 "잠깐"이라고 말했습니다. 오래가지 못하고 이내 사라질 것이었습니다. 사람들은 이런 즐거움에 이내 싫증나고 지쳐서 얼마 있지 않아 또 다른 즐거움을 찾습니다.

믿음은 모세에게, 신자는 천국에서 이집트의 보화와는 비교할 수도 없는 영원한 상급, 도둑이 훔쳐 가거나 좀과 동록이 슬지 않는 영원한 상급을 받게 된다고 말했습니다. 천국에서 받는 면류관은 썩지 않을 것입니다. 우리의 상상을 초월하는 영원한 것입니다. 만약 그의 눈이 이집트의 황금에 현혹되어 있다면 눈을 돌려 육신의 눈으로는 볼 수 없는 천국을 보라고, 믿음은 모세에게 말했습니다.

믿음은 모세에게, 고통과 고난이 실제 악은 아니라고 말했습니다. 고통과 고난은 하나님의 자녀들을 위한 학교입니다. 은혜의 자녀가 영광에 이르도록 가르칩니다. 고통과 고난은 우리의 타락한 의지를 정화시키는 묘약입니다. 고통과 고난은 우리에게 있는 찌꺼기를 녹여 없앨 용광로입니다. 세상과 우리를 묶는 올무를 끊을 검입니다.

믿음은 모세에게, 멸시받는 이스라엘은 하나님의 택한 백성이라고 말했습니다. 모세는 양자 됨과 언약과 약속과 영광이 그들에게 주어졌다고 믿었습니다. 뱀의 머리를 밟을 여인의 후손이 언젠가 그들 중에서 나올 것이라고 믿었습니다. 하나님의 특별한 복이 이 백성에게 있다는 것을 믿었습니다. 종 노릇 하고 있는 이들이야말로 하나님께서 보시기에 사랑스럽고 아름다운 백성이라는 사실을 믿었습니다. 하나님의 백성 중에 문지기로 있는 것이 악인의 궁전에서 다스리는 것보다 낫다는 것을 모세는 믿었습니다.

믿음은 모세에게, 모든 치욕과 멸시는 "그리스도의 능욕"이라고 말했습니다. 그리스도를 위해 능욕과 멸시를 받는 것은 영광스러운 일이라고 말했습니다. 누구든지 그리스도의 백성을 핍박하는 자는 그리스도를 핍박하는 것이라고 말했습니다. 그의 원수는 땅에 머리를 박고 흙을 핥을 것이라고 말했습니다. 모세는 이 모든 것들을, 아니 제가 구체적으로 말할 수 없는 더 많은 것들을 믿음으로 보았습니다. 그는 이 사실을 믿었습니다. 또 그 믿음대로 행했습니다. 이 일을 확신했습니다. 실제적인 가치로 여겼습니다. 자기 두 눈으로 보는 것 이상으로 분명하게 보았습니다. 그가 믿음으로 본 것들이 곧 그의 삶의 실체가 되었습니다. 그의 믿음이 우리가 아는 모세가 되게 했습니다. 그에게는 믿음이 있었습니다. 그는 믿음이 말하는 바를 믿었습니다.

모세가 세상이 주는 지위와 부귀와 쾌락을 거부한 것을 이상하게 여기지 마십시오. 그는 저 멀리 앞을 내다보았습니다. 열국이 산산이 무너져 내리는 것과, 재물이 날개짓 하고 달아나 버리는 것과, 쾌락이 심판과 사망으로 이끄는 것을 믿음의 눈으로 보았던 것입니다. 그리스도와 그분의 적은 무리만이 영영히 서는 것을 보았습니다.

모세가 멸시받는 백성과 고통과 치욕을 선택한 것을 이상하게 여기지 마십시오. 그는 그 이면에 있는 것을 보았습니다. 고통이 잠시 동안만 있으리라는 것과, 치욕은 사라지고 영원한 영광만이 있으리라는 것, 멸시받는 하나님의 백성이 영광 가운데 그리스도와 함께 다스리리라는 것을 믿음의 눈으로 보았습니다.

그가 옳았지 않습니까? 비록 그는 죽었지만 지금도 우리에게 말하고 있지 않습니까? 사람들은 바로의 딸이 누구인지 기억조차 못합니다. 바로가 다스렸던 도시가 어디였는지 알 수도 없습니다. 이집트의 영화는 이미 오래전에 사라졌습니다. 하지만 성경이 읽히는 곳이면 어디에서나 모세의 이름은 남아 있습니다. 지금도 여전히 살아서 "믿음으로 사는 자는 행복하다"고 증거합니다.

4. 모세의 믿음의 역사의 합당한 결과로서, 우리가 따라야 할 실천적 교훈을 제시하고 글을 맺겠습니다.

"이것이 우리와 무슨 상관인가? 우리는 애굽에 살지도 않고, 기적도 보지 못했고, 이스라엘 백성도 아니다. 나는 이런 말들이 너무 지겹다"고 말하는 사람도 있을 것입니다.

혹시 이런 생각이 있다면 조금만 더 기다려 주십시오. 하나님이 도우시면 모든 사람이 여기서 교훈을 얻을 수 있습니다. 그리스도인의 삶을 살고, 거룩한 사람이 되기를 바라는 사람은 모세의 역사를 잘 보고 지혜를 얻으십시오.

(1) 구원을 얻고 싶다면 우리 역시 모세가 했던 선택을 해야 합니

다. **세상보다 하나님을 선택해야 합니다.** 제 말을 잘 들으십시오. 다른 것은 다 잊어버려도 이것만은 절대 잊지 마십시오. 정치인은 자기 자리를 박차고, 부자는 그 재산을 다 포기하라는 말이 아닙니다. 구원을 얻으려면 어떤 지위에 있든 고난을 각오하라는 것입니다. 안 좋게 보이는 것을 더 많이 선택하고, 좋게 보이는 것을 더 많이 포기하고 거부해야 합니다.

이 말이 생소하게 들리는 사람도 있을 것입니다. 이런 사람은 이미 자기 나름대로의 신앙생활에 익숙해져 있을 뿐 아니라, 아무 문제의식도 없습니다. 오늘날 세속적 기독교가 득세하고, 사람들은 스스로 부족함이 없다고 여깁니다. 그러나 누구의 감정도 상하게 하지 않고, 어떤 희생도 요구하지 않으며, 어떤 대가도 치를 필요가 없는 값싼 기독교는 아무 가치도 없습니다. 제가 말하는 신앙은 이런 유의 신앙을 말하는 것이 아닙니다.

하지만 만약 자기 영혼에 대한 간절함이 있고, 주일에나 겨우 교회 가는 신앙생활이 아니라 성경대로 살기로 결심하고, 신약성경의 성도처럼 되기로 마음먹었다면, 이제 곧 여러분은 십자가를 지게 될 것입니다. 모세가 그랬던 것처럼 어려운 일을 견뎌야 하고, 자기 영혼을 위해 고난을 감수해야 합니다. 그렇지 않으면 구원에 이르지 못합니다.

19세기가 되었어도 세상은 예전과 다르지 않습니다. 사람의 마음은 여전히 똑같습니다. 십자가에 대한 적개심도 여전합니다. 하나님의 참된 백성은 여전히 멸시받는 적은 무리입니다. 참된 복음적 기독교는 여전히 치욕과 멸시를 당하고 있습니다. 하나님의 진실한 종은 여전히 나약한 광신자요 미련한 자로 취급받습니다.

하지만 정작 중요한 것은, 여러분 자신이 구원받기를 바라고 있는가 하는 것입니다. 여러분이 구원받기를 바란다면 누구를 섬길지 분명히 선택해야 합니다. 하나님과 맘몬을 겸하여 섬길 수 없습니다. 동시에 양편에 설 수 없습니다. 그리스도의 친구면서 동시에 세상의 친구가 될 수는 없습니다. 이 세상 자녀들의 틈바구니에서 나와야 합니다. 그들에게서 떠나야 합니다. 많은 조롱과 어려움과 반대를 감내해야 합니다. 그렇지 않으면 영원히 잃어버린 자가 될 것입니다. 이 세상이 미련하게 여기는 일을 생각하고, 그 일을 기꺼이 해야 합니다. 적은 무리가 붙잡고 살아가는 생각을 따라가야 합니다. 이런 삶은 대가를 치릅니다. 도도하게 흘러가는 다수의 생각을 거슬러야 하기 때문입니다. 이 길은 좁고 험합니다. 이 사실을 부인해 봐야 아무 소용없습니다. 그 길을 따라가십시오. 희생과 자기부인 없이는 구원받는 신앙은 없습니다.

여러분은 지금 어떤 희생을 치르고 있습니까? 여러분이 가진 신앙으로 치르는 대가가 있습니까? 여러분의 양심에 정중히 묻습니다. 모세처럼 세상보다 하나님을 더 사랑합니까? "우리는 무엇을 한다", "우리는 무엇을 희망한다", "우리는 무엇을 할 것이다" 하면서 "우리"라는 말 뒤에 숨지 마십시오. 분명하게 묻습니다. 여러분 자신을 위해 하고 있는 것은 무엇입니까? 하나님과 멀어지게 하는 것은 무엇이나 포기합니까? 아니면 세상이라는 애굽에 빌붙어서 "나는 이게 꼭 있어야 해. 그것만은 절대 포기할 수 없어" 하고 말하지는 않습니까? 여러분이 고백하는 기독교에는 십자가가 있습니까?

땅의 것을 추구하며 사는 주변 사람이 여러분의 신앙 때문에 불편해하고 거북해 합니까? 아니면 이도 저도 아니고 두루뭉술하게 풍조와 유행에 맞추어 살아가고 있습니까? 복음 때문에 받는 고통이 무엇인지 조금이라도 알고 있습니까? 자신의 믿음과 실천으로 인해 사람들이 여러분을 멸시하고 수치를 준 적 있습니까? 영혼을 소중히 여기는 것 때문에 미련한 사람이라는 소리를 들어 본 적 있습니까? 바로의 딸을 떠나 기쁨으로 하나님의 백성과 함께 있어 본 적 있습니까? 그리스도를 위해 위험을 감수해 본 적 있습니까? 잘 대답해 보십시오.

이것은 껄끄럽고 부담스러운 질문입니다. 하지만 이 길 외에는 없습니다. 성경이 그렇게 묻고 있기 때문입니다. 성경은 말합니다. "수많은 무리가 함께 갈새 예수께서 돌이키사 이르시되 무릇 내게 오는 자가 자기 부모와 처자와 형제와 자매와 더욱이 자기 목숨까지 미워하지 아니하면 능히 내 제자가 되지 못하고 누구든지 자기 십자가를 지고 나를 따르지 않는 자도 능히 내 제자가 되지 못하리라"(눅 14:25-27). 많은 사람들이 은혜에는 관심도 없으면서 영광은 누리고 싶어 합니다. 일은 하지 않으면서 일한 삯은 너무도 원합니다. 추수는 바라지만 수고는 하지 않습니다. 거두기를 바라면서 뿌리지는 않습니다. 상급은 원하면서 싸우지는 않습니다. 하지만 그럴 수는 없습니다. "쓴잔을 먼저 마셔야 단잔을 느낄 수 있다"는 번연의 말처럼, 십자가 없이는 면류관도 없습니다.

(2) 세상보다 하나님을 먼저 선택하게 하는 것은 믿음밖에 없습니다. 다른 것으로는 절대 그렇게 할 수 없습니다. 지식도 못하고, 느

낌도 못하고, 정기적으로 행하는 종교적 외양으로도 못합니다. 물론 이 모든 것도 나름의 의미가 있지만, 지속력이 없어 끝까지 열매를 내지는 못합니다. 이런 것들로만 이루어진 신앙은 "말씀으로 말미암은 환난이나 박해"가 없을 때나 지속될 뿐, 환난과 박해가 찾아오면 이내 다 시들어 버리고 맙니다(마 13:21). 이런 신앙은 태엽이나 추가 빠진 시계와 같습니다. 모양이 예뻐서 다가가 보지만, 바늘은 움직이지도 않습니다. 흔들림 없이 계속해서 자라가는 신앙을 위해서는 반드시 살아 있는 기초가 있어야 합니다. 그 기초는 다름 아닌 믿음입니다.

하나님의 약속은 분명하고 신뢰할 만하다는 전적인 믿음이 있어야 합니다. 성경 말씀은 모두 진리이고, 이에 어긋나는 모든 교리는 누가 가르쳤든 다 거짓이라는 실제적인 믿음이 있어야 합니다. 하나님께서 하신 모든 말씀이 우리의 본성에 아무리 어렵고 맞지 않게 보이더라도 다 받을 만하고, 오직 그분께서 정하신 길만이 올바르다는 실제적인 믿음이 있어야 합니다. 이런 믿음 없이는 결코 세상에서 나와서 십자가를 지고 예수 그리스도를 좇아가는 구원에 이를 수 없습니다.

가진 것보다 하나님의 약속을 더 의지하기를 배워야 합니다. 눈에 보이는 것보다 보이지 않는 것이 더 낫다는 것을 믿을 수 있어야 합니다. 당장 눈앞에 있는 세상에 속한 것보다, 눈에 보이지는 않지만 천국에 있는 것이 더 낫다고 믿을 수 있어야 합니다. 눈에 보이는 사람의 칭찬보다 보이지 않는 하나님의 칭찬을 더 좋아할 수 있어야 합니다. 그럴 때에야 비로소 모세와 같은 선택을 합니다. 세상보다 하나님을 더 좋아할 수 있습니다.

여러분에게 묻습니다. 이런 믿음을 갖고 있습니까? 만약 그렇다면 겉으로만 좋게 보이는 것을 거절하고, 불행하게 보이는 것을 택하는 것도 가능하다는 것을 발견할 것입니다. 장차 얻어 누리게 될 일에 대한 기대 때문에 지금 잃어버리는 것이 그리 크게 다가오지 않을 것입니다. 어둠 속에서도 그리스도를 따르고, 마지막까지 그분 곁에 있을 것입니다. 그렇게 할 수 없다면 선한 싸움을 싸울 수 없습니다. 아무리 달음박질쳐도 상을 얻지 못하며(고전 9:24), 이내 실망하고 세상으로 다시 돌아가게 됩니다.

무엇보다도, 주 예수 그리스도를 믿는 실제적이고 변함없는 믿음이 있어야 합니다. 육신을 입고 사는 삶은 하나님의 아들을 믿는 믿음으로 살아가야 합니다. 끊임없이 예수님을 의지하고, 항상 그분을 바라보고, 그분에게서 자신의 필요한 것을 얻고, 그분을 자기 영혼의 만나로 누리는 습관이 있어야 합니다. "내게 사는 것이 그리스도니"(빌 1:21), "내게 능력 주시는 자 안에서 내가 모든 것을 할 수 있느니라"(빌 4:13)고 말할 수 있도록 애써야 합니다.

옛날 성도들은 이런 믿음을 무기로 삼아 세상을 이겨, 좋은 명성을 얻었습니다. 그들이 그렇게 살아갈 수 있었던 것은 바로 이런 믿음 때문이었습니다.

온 세상이 조롱했지만 노아가 잠잠히 방주를 지을 수 있었던 것은 바로 이런 믿음 때문이었습니다. 아브라함이 롯에게 먼저 선택하도록 하고 잠잠히 장막에 거할 수 있었던 것도 바로 이런 믿음 때문이었습니다. 룻이 자기 조상의 나라와 신들을 떠나 나오미와 함께 있었던 것도 바로 이런 믿음 때문이었습니다. 사자 굴이 자기를 기다리는 줄 알면서도 다니엘이 기도를 지속할 수 있었던 것도 바로 이런 믿음 때문이었습니다. 뜨거운 풀무불에 던져질 줄 알면서도 다니엘의 세 친구들이 우상 앞에 굴복하기를 거절했던 것도 바로 이런 믿음 때문이었습니다. 모세가 바로의 분노에 아랑곳하지 않고 이집트를 저버릴 수 있었던 것도 바로 이런 믿음 때문이었습니다. 이들이 모두 이렇게 할 수 있었던 것은 믿었기 때문입니다. 믿음의 길로 갈 때 초래될 어려움과 문제를 잘 알고 있었지만, 이들은 모두 어려움보다 높이 계시는 예수님을 바라봄으로써 계속 그 길을 행진해 갈 수 있었습니다. 사도 베드로가 이런 믿음을 "보배로운 믿음"이라고 칭한 것은 참으로 적절합니다(벧후 1:1).

(3) 신앙이 있다고 하는 많은 사람들이 세속적이고 불경건한 이유는, 그들에게 믿음이 없기 때문입니다. 기독교 신앙을 가졌다고 하는 수많은 사람들이 모세처럼 살고자 하는 생각을 한순간도 하지 않는다는 사실을 알아야 합니다. 좋은 말만 해주고 이런 사실에 대해서는 눈감아 버린다고 능사가 아닙니다. 이런 사람은 자기 주변에서 수많은 사람들이 날마다 하나님의 길보다는 세상의 길을 선택하고, 영원에 속한 것보다는 잠시 지나가는 것을 우선시하고, 영혼을 위한 일보다는 육체를 위한 일을 더 중요하게 생각하고 살아가는 것에 대해 전혀 아랑곳하지 않는 소경이 틀림없습니다. 이런 현실을 용납하기 싫어서 애써 못 본 척하지만 엄연한 사실입니다.

그들이 이렇게 하는 이유가 무엇입니까? 나름대로 이유가 있을 것입니다. 세상의 속임수, 시간의 부족, 피치 못할 상황, 삶의 염려와 걱정, 어려운 시험, 강한 욕망, 나쁜 친구 등을 핑계 댈 것입니다. 하지만 이런 것을 통해 우리는 **그들이 믿지 않는다**는 결론에 이를 수밖에 없습니다. 아론의 지팡이처럼 그들의 모든 핑계를 잠재울 한마디는 **이들에게 믿음이 없다**는 것입니다.

그들은 사실 하나님의 말씀이 참되다고 생각하지 않습니다. "그런 일은 없을 거야. 목사들이 말하는 길 말고도 천국에 이르는 다른 길이 또 있을 거야. 버림받을 위험이 저렇게까지 클 리가 없어"라는 말로 스스로를 달랩니다. 여러 말 할 것 없이, 이들은 하나님께서 말씀하시고 기록하신 성경을 신뢰하지 않기 때문에 이 말씀에 근거해 행동하지도 않습니다. 지옥을 실제적으로 믿지 않기 때문에, 지옥으로부터 도망하려고 하지도 않습니다. 천국도 믿지 않기 때문에, 천국을 추구하지도 않습니다. 죄책 같은 것도 믿지 않기 때문에, 죄로부터 벗어나려고도 하지 않습니다. 하나님의 거룩도 믿지 않기 때문에, 하나님을 두려워하지도 않습니다. 그리스도를 필요로 하지 않기 때문에, 그분을 신뢰하지도 사랑하지도 않습니다. 하나님을 신뢰하지 않기 때문에, 하나님을 위해 어떤 모험도 하지 않습니다. 「천로역정」에 나오는 욕망이라는 소년처럼, 그들은 자신이 좋게 생각하는 것을 당장 가져야 성이 풀립니다. 하나님을 신뢰하지 않기 때문에 기다릴 줄도 모릅니다.

우리 자신은 어떻습니까? 성경의 모든 말씀을 믿고 있습니까? 스스로에게 물어봅시다. 제 말을 믿으십시오. 성경을 믿는 것은 우리가 흔히 생각하는 것 이상으로 훨씬 더 중요합니다. 자기 가슴에 손을 얹고 "나는 **신자다**" 하고 말할 수 있는 사람은 행복한 사람입니다.

교회에서 서로 이야기할 때 보면, 모든 사람이 믿는 사람인 것 같습니다. 물론 교회에서 공공연하게 불신앙을 표방하는 사람이 없는 것이 사실입니다. 하지만, 우리 주변에는 얼마나 많은 실천적 불신앙이 있는지 모릅니다. 이런 태도는 결국 볼테르Voltaire[2]나 페인Paine[3]의 원리처럼 해로울 것입니다. 주일마다 사도신경과 니케아 신조를 읊조리면서 자신은 그 안의 내용을 모두 믿는다고 공언하고 스스로 그렇게 생각하는 사람이 많습니다. 하지만 이런 사람이 주중에는, 그리스도의 십자가도 없고, 심판도 없고, 부활도 없고, 영원한 삶도 없는 것처럼 삽니다. 영원한 일과 영혼의 소중함에 대해 이야기하는 것을 들을 때, "아, 그런 것은 이미 다 알고 있습니다"고 말할 사람이 많습니다. 하지만 그들의 삶은 그들이 알아야 할 만큼 알지 못하고 있음을 분명히 보여줍니다. 그들을 보면서 가장 유감스러운 일은 자기가 정말 알고 있는 것으로 착각한다는 것입니다!

행동하지 않는 지식은 하나님이 보시기에 아무 쓸모도 없고 유익도 없습니다. 우리는 모두 이 사실을 깊이 생각해 봐야 합니다. 아니, 행동하지 않는 지식은 그보다 더 나쁜 것입니다. 오히려 이런 지식으로 인해 우리의 정죄가 더해지고, 심판 날에 우리의 죄책이 늘어날 것입니다. 사람의 행동에 영향을 주지 못하는 믿음은 믿음이라 불리기에도 합당하지 않습니다. 그리스도의 교회에는 믿는 사람과 믿지 않는 사람, 단 두 부류만이 있을 뿐입니다. 참된 그리스도인과 형식적인 신앙고백자의 차이는 말 한마디에 있습니다. 즉, 참된 그리스도인은 모세처럼 "그가 믿었더라"는 한마디 말로 표현됩니다. 반면에, 겉으로만 신앙을 고백하는 사람은 믿음이 없습니다. 참된 그리스도인은 믿고, 그 믿음을 따라 살아갑니다. 형식적으로 신앙을 고백하는 사람은 믿지 않고, 믿음 없는 대로 살아갑니다. 오, 우리 믿음은 어디 있습니까? 우리 모두 믿음 없는 자가 되지 말고, 믿는 자가 됩시다.

(4) **하나님을 위해 위대한 일을 하는 참된 비결은, 위대한 믿음에 있습니다.** 이 점에 있어 우리는 모두 실수하기 쉽습니다. 은혜와 은사와 재능에 대해서는 생각도 많고, 말도 많이 합니다. 반면에, 믿음이 은혜와 은사와 재능의 뿌리요 어머니라는 사실은 잘 잊어버립니다. 하나님과 함께 걸을 때, 사람은 그가 가진 믿음만큼만 갈 수 있습니다. 사람의 삶은 자신이 가진 믿음의 분량에 비례합니다. 자신이 누리는 평화, 인내, 용기, 열심, 사역 등은 다 그가 가진 믿음에 비례합니다.

웨슬리나 윗필드, 벤, 헨리 마틴Henry Martyn, 비커스테스Edward Bickersteth, 찰스 시므온Charles Simeon, 맥체인과 같은 탁월한 그리스도인의 생애를 읽으면서 "이 사람이 가진 은사와 은혜는 얼마나 놀라운가!"라고 말하고 싶을 것입니다. 하지만 그렇게 말하지 말고 히브리서 11장을 통해 하나님이 제시하신 은혜의 모태에 영광 돌리고, 그들의 믿음을 칭송하십시오. 제 말을 믿으십시오. 믿음이야말로 이들이 나타낸 모든 성품의 원천이었습니다.

"그들은 모두 기도의 사람들이었고, 기도가 그들을 그렇게 만들었습니다"라고 하는 사람에게 왜 그들이 기도했냐고 묻고 싶습니다. 그들에게는 큰 믿음이 있었기 때문입니다. 기도가 무엇입니까? 기도는 믿음이 하나님께 말씀드리는 행위가 아닙니까?

"그들은 모두 부지런하고 열심 있는 사람들이었기 때문에 성공할 수 있었다"고 말할 것입니다. 그렇게 말하는 사람에게 그들이 왜 그토록 부지런했는지 묻고 싶습니다. 믿음이 있었기 때문입니다. 그리스도인의 부지런함은 다름 아닌 믿음의 역사입니다.

"그들은 모두 용감했다. 용맹이 있었기 때문에 그들은 쓰임받을 수 있었다"고 말하는 사람도 있을 것입니다. 어떻게 그렇게 용감할 수 있었습니까? 그들 모두 큰 믿음의 사람들이었습니다. 그리스도인에게 있는 담대함이 무엇입니까? 의무를 정직하게 감당하는 믿음입니다.

"그들을 위대하게 만든 것은 거룩과 영성이었다"고 외칠 사람들도 있을 것입니다. 그들을 그토록 거룩하게 했던 것이 무엇입니까? 살아 역사하는 믿음 때문이었습니다. 믿음이 눈에 보이게 드러난 것이 거룩입니다. 거룩은 성육신한 믿음입니다.

이 글을 읽으면서 은혜와 예수 그리스도를 아는 지식에서 더 자라고 싶은 마음이 일어나는 사람이 있습니까? 많은 열매를 맺고 싶습니까? 탁월한 거룩함으로 쓰임받고 싶습니까? 밝은 빛으로 드러나고 싶습니까? 모세가 했던 것처럼 정오의 태양처럼 분명하게 세상이 아닌 하나님의 길을 택하고 싶습니까? 모든 신자들은 이 물음에 "예! 예! 예! 우리가 간절히 바라고 원하는 바입니다"라고 대답할 것입니다.

그렇다면 오늘 제가 드리는 권고를 잘 들으십시오. "주여, 우리에게 믿음을 더하소서"라고 외쳤던 제자들처럼 주 예수 그리스도께로 가서 부르짖으십시오(눅 17:5). 믿음은 참된 그리스도인에게 있는 모든 성품의 뿌리입니다. 뿌리를 바르게 하면, 곧 많은 열매가 맺힐 것입니다. 여러분의 영적인 번영은 항상 믿음에 달려 있습니다. 믿는 자는 구원에 이를 뿐 아니라, 결코 목마르지 않고 승리합니다. 견고한 믿음으로 이 세상이라는 물 위를 성큼성큼 걸어 위대한 일을 이룰 것입니다.

이 글에 담긴 내용을 믿고 철저하게 거룩한 사람이 되기를 바란다면, 여러분이 믿는 바를 살아 내십시오. 모세를 모범으로 삼아 그의 자취를 따라가십시오. 가서 모세가 했던 것처럼 하십시오.

9장

롯, 우리를 일깨우는 경고

롯이 지체하매. (창 19:16)

우리에게 교훈을 주기 위해 기록된 성경에는, 우리가 따라야 할 모범뿐 아니라 피해야 할 경고도 있습니다. 이 장의 제목이 된 이름은 그리스도의 모든 교회에 경고로 주어졌습니다. 성경은 그의 성품을 한마디로 이렇게 말합니다. "롯이 꾸물거리자"(새번역). 우리에게 경고로 주어진 이 사람 롯에 대해 잠시 살펴보겠습니다.

꾸물거렸던 이 사람, 롯은 누구입니까? 믿음의 조상 아브라함의 조카입니다. 그가 지금 꾸물거리는 때는 언제입니까? 소돔이 무너져 내리는 날 아침입니다. 어디서 꾸물거렸습니까? 곧 무너져 내릴 도성 안에서 그랬습니다. 누구 앞에서 꾸물거렸습니까? 자신과 가족을 성 밖으로 인도하라고 보냄을 받은 두 천사 앞에서 그랬습니다. 이런 기막힌 상황에서조차 그는 "꾸물거렸습니다!"

너무나 엄중한 이 말씀을 통해 생각해 볼 점이 참 많습니다. 신앙을 가진 모든 사람의 귀에 이 말은 경고의 나팔소리와 같이 들려야 합니다. 여러분은 이 말씀을 통해 많은 생각을 하게 될 것입니다. 이것은 여러분의 영혼에 하시는 말씀입니다. 주 예수께서 "롯의 처를 기억하라"고 하십니다(눅 17:32). 그분을 섬기는 사역자의 한 사람으로서 여러분에게 부탁합니다. 롯을 기억하십시오.

지금부터 제가 말씀드릴 것은 다음 네 가지입니다.

1. 롯은 누구인가
2. 본문은 롯에 대해 무엇이라고 말하는가
3. 롯이 꾸물거린 이유가 무엇인가
4. 롯이 꾸물거림으로 어떤 결과를 초래했는가

참된 그리스도인으로 드러나고, 거룩한 삶을 살고 싶은 사람은 특히 잘 들어 보십시오. 거룩해지고 싶다면, "꾸물거리지" 말아야 합니다.

다시 한번 말씀드립니다. "롯은 우리를 일깨우는 경고입니다."

1. 롯은 누구입니까?

롯이 누구인지가 가장 중요합니다. 이 점을 언급하지 않고 지나간다면, 신앙이 있는 사람들에게 이 글은 별 의미가 없을 것입니다.

이 점을 분명히 하지 않으면, 이 글을 읽고 난 후에 많은 사람들이 "야, 롯은 정말 나쁜 사람이었구나. 가련하고, 악하고, 무지한 피조물이었구나. 이 세상에 속한 회심하지 못한 사람이었구나! 그래서 그렇게 꾸물거릴 수밖에 없었던 거야" 하고 말하는 것으로 끝날 것입니다.

그러나 제 말을 잘 들어 보십시오. 롯은 전혀 그런 사람이 아니었습니다. 롯은 참된 신자였고, 회심한 사람이었고, 진짜 하나님의 자녀였고, 의롭다 함을 받은 영혼이었고, 의로운 사람이었습니다.

여러분 가운데 마음에 은혜를 가진 사람이 있습니까? 롯도 그런 은혜를 가졌습니다. "구원의 소망"이 있습니까? 롯도 그랬습니다. 여러분은 생명으로 인도하는 좁은 길을 걷고 있습니까? 롯도 그랬습니다.

단순히 제 개인적인 소견으로 성경적 근거도 없이 말한다고 생각하지 마십시오. 제 말을 무작정 믿어 주기를 바라고 말하는 것이 아닙니다. 롯을 가리켜 "의로운 just 롯", "그 의로운 righteous 심령"이라고 하심으로 성령은 이 문제로 불거질 만한 모든 논란을 불식시키셨습니다(벧후 2:7-8). 뿐만 아니라, 롯이 누렸던 은혜를 확증하는 좋은 증거를 우리에게 주셨습니다.

그중 하나로, 롯은 악한 곳에 살면서 날마다 "보고 듣는" 것이 악이었지만(벧후 2:8), 그 자신은 악한 자가 아니었습니다. 바빌로니아에서 다니엘과 같이 되고, 아합의 집에서 오바댜와 같이 되고, 여로보암의 집에서 아비야와 같이 되고, 네로의 궁정에서도 성도로 살아가고, 소돔에서 "의인"으로 지내기 위해서는 하나님의 은혜가 있어야만 합니다. 은혜가 없이 의인으로 사는 것은 불가능합니다.

또 다른 증거는 주변에 횡행하는 "불법의 행실로 그 심령이 상했다"는 사실입니다(벧후 2:8). 죄악을 일삼는 이웃들 때문에 마음이 상하고, 슬프고, 고통받고, 다쳤습니다. "주의 말씀을 지키지 아니하는 거짓된 자들을 내가 보고 슬퍼하였나이다", "저희가 주의 법을 지키지 아니하므로 내 눈물이 시냇물같이 흐르나이다"고 고백했던 다윗과 같은 마음이었습니다(시 119:158, 136). "나에게 큰 근심이 있는 것과 마음에 그치지 않는 고통이 있는 것……나의 형제 곧 골육의 친척을 위하여"라고 말하는 사도 바울의 마음과 같습니다(롬 9:2-3). 하나님의 은혜만이 그런 열악한 상황에서 이런 마음을 갖게 할 수 있습니다.

또 다른 증거는 불법의 행실을 봄으로 "그 심령이 날마다 상했다"는 것입니다(벧후 2:8). 흔히 그러는 것처럼 나중에 가서 그의 마음이 냉랭해지거나 미지근해진 것이 아닙니다. 어떤 것에 익숙해지거나 습관이 들면 흔히 감각이 무뎌지게 됩니다. 그러나 롯은 그렇지 않았습니다. 많은 사람들이 처음에 악한 일을 마주쳤을 때는 놀라고 어쩔 줄 몰라 하지만, 이내 적응되고 익숙해지면 처음에 비해 무관심하게 됩니다. 도시에 사는 사람과 대륙을 여행하는 영국 사람들에게 특히 이런 경우가 많습니다. 이들은 주일을 범하는 것을 비롯해, 많은 형태의 공공연한 죄를 전혀 대수롭지 않게 여깁니다. 하지만 롯은 그렇지 않았습니다. 이 점 역시, 그에게 있는 은혜의 실체를 보여주는 표지입니다.

롯은 정의롭고 의로운 사람이었습니다. 성령이 하늘의 후사로 인치시고 확정하신 사람이었습니다.

논의를 진행해 가기 전에, 우리가 기억해야 할 것이 있습니다. 많은 흠과 결점과 연약함이 있지만, 그럼에도 그는 여전히 참된 그리스도인이라는 것입니다. 찌꺼기가 덕지덕지 붙었다고 금을 하찮게 보는 사람이 누가 있습니까? 많이 부패한 사람이라고 해도 그 안에 있는 은혜를 과소평가해서는 안됩니다. 이 글을 계속 읽어 가다 보면, 하나님께서 말씀하실 때 지체했던 롯이 대가를 치르는 것을 볼 수 있습니다. 그럼에도 불구하고 롯은 하나님의 자녀였습니다. 이 사실을 잊지 마십시오.

2. 본문은 롯의 행동을 어떻게 묘사하고 있습니까?

성경의 묘사는 참으로 놀랍습니다. "롯이 꾸물거리자." 그 시점과 상황을 생각해 볼수록 더 놀라게 됩니다.

롯은 자기가 서 있는 도성의 끔찍한 상황을 누구보다 잘 알고 있었습니다. 도성에서 자행되는 끔찍한 일들로 인해 "크나큰 울부짖음이 주 앞에 이르렀"습니다(창 19:13, 새번역). 하지만 그는 아직도 "꾸물거렸습니다."

도성 내 모든 사람에게 가공할 심판이 임박했음을 롯은 잘 알고 있었습니다. 천사들은 "여호와께서 이곳을 멸하시려고 우리를 보내셨나니"라고 분명히 말해 주었습니다(창 19:13). 하지만 그는 여전히 "꾸물거렸습니다."

하나님께서 한번 하겠다 하시면, 반드시 그 약속을 지키시는 분임을 롯은 잘 알고 있었습니다. 아브라함의 조카로서 아브라함과 오랫동안 함께 지냈던 그가 하나님의 이런 성품에 대해 모를 리가 없습니다. 하지만 그는 여전히 "꾸물거렸습니다."

그는 위험이 임박했음을 잘 알고 있었습니다. 사위들에게 가서 도망쳐야 한다고 말하는 것을 보면 분명합니다. 사위들에게 "여호와께서 이 성을 멸하실 터이니 너희는 일어나 이곳에서 떠나라"(창 19:14)고 말한 사람이 여전히 "꾸물거렸습니다."

자신과 가족이 속히 그 도성을 빠져나가기만을 기다리는 하나님의 천사들을 보았습니다. 자기 귀에 대고 서두르라고 재촉하는 심판하는 사자들의 목소리를 들었습니다. "일어나 여기 있는 네 아내와 두 딸을 이끌어 내라. 이 성의 죄악 중에 함께 멸망할까 하노라"(창 19:15). 하지만 롯은 여전히 "꾸물거렸습니다."

급히 서둘러야 할 때 그는 오히려 더뎠습니다. 앞으로 나아가야 할 때 뒷걸음질 쳤습니다. 촌각을 다투는 순간에 오히려 시간을 허비했습니다. 서둘러야 할 때 늑장을 부렸습니다. 열심을 내야 할 때 무덤덤했습니다. 너무나 기이한 일입니다! 정말 믿기지 않는 일입니다. 사실이라고 하기에는 너무나 이상합니다! 하지만 성령은 우리의 교훈을 위해 이것을 기록해 놓으셨습니다. 진실로 우리를 가르치기 위해 그렇게 하셨습니다.

저도 처음에는 롯의 태도에 놀랐습니다. 하지만 더 두려운 사실은, 주 예수 그리스도의 백성 가운데 많은 사람들이 롯과 같은 태도로 살아간다는 것입니다.

제 말을 잘 들어 보십시오. 제 말을 잘못 이해할 수도 있을 것 같아 다시 한번 말씀드립니다. 롯이 "꾸물거렸다"고 말했습니다. 오늘날 그리스도인 남자나 여자 중에 롯과 같은 사람이 많다고 했습니다.

분명히 하나님의 자녀이고 아는 것도 많은데, 그대로 살지 않고, 실천은 적고, 수년 동안 답보 상태를 유지하는 사람들이 많습니다. 여기까지 이르렀음에도 불구하고 더 이상 자라지 않는 것이 정말 신기합니다!

이들은 머리 되신 그리스도를 붙들고, 진리를 사랑합니다. 좋은 설교 듣기를 좋아하고, 설교 중간 중간에 드러나는 복음 교리에 동의합니다. 하지만 그들에게는 말로 설명할 수는 없지만 여전히 만족스럽지 못한 **무엇인가**가 있습니다. 목회자와 자신들보다 더 성숙한 그리스도인 친구들의 기대를 무너뜨리는 일을 계속합니다. 사람이 마땅히 생각해야 할 것을 생각하면서도 여전히 답보상태에 있는 것을 도무지 이해할 수 없습니다!

천국을 믿지만 갈망하지는 않습니다. 지옥도 믿지만 무서워하지 않습니다. 주 예수님을 사랑한다고는 하지만 그분을 위해 하는 일은 아주 미미합니다. 마귀를 미워하지만 오히려 마귀를 불러들이는 것처럼 보일 때가 많습니다. 시간이 많지 않다는 것을 알지만 아직 시간이 많이 남아 있는 것처럼 살아갑니다. 싸워야 할 싸움이 있다는 것도 알지만 이미 전쟁을 마친 사람처럼 행동합니다. 달려가야 할 경주가 눈앞에 놓인 것도 알지만, 그저 주저앉아 있는 것처럼 보일 때가 많습니다. 심판주가 문 앞에 이르렀고 진노가 임박한 것도 알지만, 아직 잠에서 덜 깬 사람처럼 보입니다. 알 만큼 아는 사람이 더 이상 아무것도 하지 않는 것이 정말 놀랍습니다!

이런 사람을 무엇이라고 말할 수 있을까요? 이런 사람은 종종 경건한 친구와 친지들을 당혹스럽게 하고 불안하게 합니다. 의심에 사로잡혀 양심에 가책을 느끼는 때도 많습니다. 이런 사람들을 모두 롯의 형제요 자매라고 말할 수 있습니다. 그들은 **꾸물거리고 있습니다**.

그들은 모든 신자가 다 거룩하고 영적일 수는 없다고 생각합니다! 거룩은 정말 아름다운 것이라고 인정합니다. 거룩에 대한 책 읽는 것을 좋아합니다. 종종 다른 사람들이 거룩하게 살아가는 것을 보고 좋아하기도 합니다. 그러나 자신도 그렇게 높은 수준의 거룩을 향해 살아가야 한다고는 생각하지 않습니다. 이런 거룩은 자기 능력 밖에 있는 것으로 여기고, 특별한 사람이나 그렇게 살아간다고 생각하는 것 같습니다.

이런 사람들은 사랑에 대해서도 잘못된 생각을 갖고 있습니다. 사람들로부터 편협하고 고지식하다는 소리를 들을까 봐 노심초사합니다. 모든 사람에게 인정과 동의를 얻지 않고서는 불편해서 견디지를 못합니다. 하지만 정작 하나님을 기쁘시게 해야 한다는 사실은 잊고 있습니다.

희생하는 것을 무서워하고, 자기를 부인하기를 꺼립니다. "자기 십자가를 지고"(마 10:38, 16:24, 막 8:34, 눅 14:27), "오른 눈을 빼어내 버리라……오른손을 찍어내 버리라"(마 5:29-30)는 예수님의 명령은 도무지 따르지 못할 것 같습니다. 이 말씀이 다른 사람도 아닌 예수님의 명령임을 부인하지는 않습니다. 그러나 자기 신앙과는 상관없는 것처럼 여깁니다. 천국으로 인도하는 문을 더 넓게 만들고, 십자가를 더 가볍게 해보려고 애쓰지만, 절대 성공하지 못합니다.

　이런 사람은 항상 세상과 보조를 맞추려고 합니다. 세상으로부터 결연히 돌아서지 않아도 되는 이유를 찾고, 미심쩍은 오락거리나 세상과 관계를 지속할 그럴듯한 변명과 명분을 만들어 내는 데 아주 교묘합니다. 하루는 성경 모임에 갔다는 소리가 들리고, 하루는 오락장에 갔다는 소리가 들립니다. 하루는 금식하고 성찬에 참여하다가도, 다른 날은 온종일 경마장과 극장에서 보냅니다. 어떤 날은 선풍적인 인기를 얻고 있는 설교자의 설교에 병적으로 반응하며 흥분하다가도, 또 다른 날은 통속소설을 읽으며 훌쩍거립니다. 나름대로 명분을 갖고 세속적인 사람과 어울리는 것을 정당화하려고 애씁니다. 하지만 이런 행실은 전혀 유익하지 못할 뿐 아니라 해로움만 더할 뿐입니다.

　이런 사람은 게으름, 나태함, 못된 성질, 자만심, 이기심, 조급함 등 자기를 괴롭히는 죄악들과 거의 싸우지 않습니다. 이런 죄악들이 아무 방해도 받지 않고 마음속에 자리하도록 내버려 둡니다. 그러고는 이렇게 말합니다. "이런 것들은 그 사람이 건강하다는 뜻이다. 타고난 기질과 성품이 원래 그렇다. 그 사람도 힘들어 하고 있다. 그저 습관일 뿐이다. 이전에 그의 아버지도, 어머니도, 할머니도 그랬기 때문에 자신도 어찌 해볼 도리가 없는 일이라는 것을 본인도 잘 안다." 몇 년이 지나도 같은 말만 들릴 뿐입니다!

　하지만 이 모든 것들을 단 한 문장으로 정리할 수 있습니다. 이들은 모두 롯의 형제자매입니다. **그들은 꾸물거리고 있습니다.**

　만약 여러분의 영혼이 그렇다면, 여러분은 행복할 수 없습니다!

여러분도 이 사실을 잘 압니다. 행복하다면 오히려 그것이 이상한 일입니다. 꾸물거리는 태도는 행복한 기독교 신앙을 파괴합니다. 꾸물거리는 사람의 양심은 내면의 평화를 막아섭니다.

여러분에게도 아마 훌륭한 경주자로 지내던 때가 있었을 것입니다. 하지만 첫사랑을 저버렸고, 그 이후로 여러분은 그때 누렸던 위로를 한번도 제대로 누려 보지 못했을 것입니다. "처음 행위"로 돌이키기 전까지는 결코 그 위로를 누리지 못할 것입니다(계 2:5). 주 예수께서 잡혀가시던 날 밤, 멀리서 주님을 따라갔던 베드로처럼, 여러분도 멀리서 주님을 따라가고 있습니다. 당시에 베드로가 느꼈을 마음이 어떤 것이었는지 곧 알게 될 것입니다. 그런 식으로 주님을 따라가는 것이 그다지 즐겁지도 못하고, 오히려 더 힘들다는 것을 머잖아 여러분도 알게 될 것입니다.

와서 롯을 좀 보십시오. 롯의 행위를 주목해 보십시오. 롯이 "꾸물거린 것"을 숙고하고 지혜를 얻으십시오.

3. 롯이 머뭇거린 이유를 숙고해 봅시다.

이것은 우리 모두가 진지하게 주목해야 할 아주 중요한 문제입니다. 병의 뿌리를 아는 것이 치료로 가는 첫걸음입니다. 미리 경고를 받은 사람이 미리 대비하는 법입니다.

스스로 안전하다 느끼고, 자신은 머뭇거리지 않을 것이라고 생각하는 사람이 있습니까? 그렇다면 롯의 한 일을 잘 들어 보십시오. 롯과 같이 행동했는데도 롯의 영혼과 같은 형편에 처하지 않는다면, 그것은 정말 기적입니다.

제가 롯에게서 발견한 한 가지는, **그가 젊었을 때 잘못된 선택을 했다는 것입니다.**

삼촌 아브라함과 롯이 함께 살던 때가 있었습니다. 그들 모두 부자가 되어서 더 이상 함께 살 수 없게 되었습니다. 서로 떨어져서 살기로 합의를 보자, 아브라함은 정중하고 겸손하게 롯이 먼저 자신이 머물 땅을 선택하도록 했습니다. "네가 좌하면 나는 우하고 네가 우하면 나는 좌하리라"(창 13:9).

롯이 어떻게 했습니까? 롯이 보기에 소돔 근처의 요단 들이 비옥하고 물이 넉넉했다고 성경은 말합니다. 초지가 비옥해서 목축을 하기에 좋은 곳이었습니다. 많은 가축을 거느린 그에게는 이 땅이 최적지였습니다. 결국 그는 이 지역을 거주할 땅으로 정했습니다. 단지 그 땅이 비옥하고 "물이 넉넉한" 것이 그 이유였습니다(창 13:10).

그곳은 소돔과 가까웠습니다! 그는 이 사실을 조금도 고려하지 않았습니다. 그가 이웃하고 살아가야 할 소돔 사람은 악했습니다! 하지만 롯에게는 그것이 중요하지 않았습니다. 그들이 하나님 앞에서 심히 악한 죄인들이었음에도, 롯은 아랑곳하지 않았습니다. 초지가 비옥했고, 땅이 좋았습니다. 자신이 기르는 육축을 위해 꼭 필요한 땅이었습니다. 이 조건 앞에서 그 땅에 대한 도덕적 의구심이나 거리낌은 너무나 무기력했습니다.

롯은 믿음으로 선택하지 않았습니다. 눈에 보이는 것을 따라 선택했습니다. 잘못된 선택을 하지 않도록 도와 달라고 하나님께 기도하지도 않았습니다. 영원에 속한 것을 바라보지 않고, 잠시 지나가는 것만 고려했습니다. 이 세상에서 자신이 얻을 이득만 생각했지, 영혼의 유익은 고려하지 않았습니다. 이 땅에서 자기 삶에 도움이 될 만한 것이 무엇인지만 고민했습니다. 장차 살아갈 것에 대한 엄중한 일은 망각했습니다. 처음부터 그릇된 출발이었습니다.

롯에게서 발견한 또 다른 사실은 **죄인들과 함께 뒤섞일 특별한 이유가 없었음에도 그렇게 했다는** 것입니다.

롯이 "그 장막을 옮겨 소돔까지 이르렀더라"고 성경은 말합니다(창 13:12). 그것은 큰 실수였습니다.

하지만 롯은 여기서 그치지 않고 실제로 소돔성에 자리를 잡았습니다. "소돔에 거주하는 아브람의 조카 롯"이라고 성경은 분명히 말합니다(창 14:12). 그는 자기 장막과 땅을 버려두고, 저 악한 성읍 안에 거처를 마련했습니다.

그가 왜 거처를 소돔으로 옮겼는지 성경이 구체적으로 밝히지 않기 때문에 그 이유를 알 길이 없습니다. 그러나 하나님께서 명하시지 않은 것만은 분명합니다. 아마도 그의 아내가 사람들과 사귀기 위해 시골보다 도시를 더 원했는지도 모릅니다. 그녀는 은혜가 없는 사람이었습니다. 그녀가 딸의 교육이나 결혼, 그리고 더 빠른 정착을 위해 소돔으로 가야 한다고 졸랐는지도 모릅니다. 딸들 역시 괜찮은 친구를 많이 사귀기 위해 그 성읍에서 살아야 한다고 말했을 수도 있습니다. 그들 역시 경박한 마음을 가진 젊은 여인들이었습니다. 롯 자신도 가축을 더 늘릴 요량으로 그것을 원했는지 모릅니다. 사람은 항상 자신이 원하는 것을 할 수 있는 명분을 만들어 냅니다. 하지만 한 가지 분명한 것은, 롯은 합당한 이유도 없이 소돔성에 들어가 살았다는 사실입니다.

하나님의 자녀가 특별한 이유도 없이 이와 같은 일을 한다면, 그의 영혼에 대해 점점 안 좋은 소문이 들리게 될 것입니다. 이는 전혀 이상한 일이 아닙니다. 임박한 재난을 경고하는 소리에도 롯과 같이 귀가 어두워지고(창 14:12), 시험과 위험이 엄습하는 당일에도 롯처럼 머뭇거리는 것은 그리 놀랄 일이 아닙니다.

성경이 금하는 잘못된 선택을 하고 불필요하게 세상적인 사람 사이에 자리 잡는 것처럼 자신의 경건을 해치고 영원에 대한 관심에 해로운 것도 없습니다. 그렇게 할 때, 여러분 영혼의 박동은 약해지고 무기력해집니다. 죄에 대한 느낌도 무디고 둔해집니다. 영적으로 분별하는 눈도 침침해져서 급기야 선악을 구분하는 것조차 쉽지 않습니다. 자주 넘어집니다. 여러분의 손과 발 마디마디에는 영적인 마비가 찾아와, 시온으로 가는 길에 메뚜기조차 버거운 짐이 되어 절룩거리며 걷습니다. 이런 일은 자신의 가장 악랄한 원수에게 통행권을 팔아넘기는 것입니다. 전투에서 유리한 고지를 내어 주는 것입니다. 여러분의 손과 발을 묶어 버리는 것입니다. 자기에게 있는 힘의 원천을 바닥나게 하여 능력을 발휘하지 못하게 하는 것입니다. 삼손같이, 자신의 머리털을 잘라 블레셋 사람에게 스스로를 내어 주고, 두 눈이 뽑히고, 연자방아를 돌리는 노예로 전락하는 행위입니다.

여러분, 제 말을 잘 들어 보십시오. 마음에 분명히 새기고, 잊지 마십시오. 아침마다 되뇌고, 밤마다 기억하여 마음 깊은 곳에 자리 잡도록 하십시오. "꾸물거리지" 않기를 바란다면, 세상적인 사람과의 불필요한 사귐을 조심하십시오. 롯과 같은 선택을 할까 조심하십시오. 자기 영혼이 생기 없고, 나른하고, 졸립고, 게으르고, 나태하고, 무익하고, 굼뜨고, 육적이고, 어리석고, 둔한 상태에 빠지지 않기를 바란다면, **롯과 같은 선택을 하지 않도록 조심하십시오!**

(1) 집이나 거처를 잡을 때 이 사실을 잘 기억하십시오. 여건이 좋다고—환경도 좋고, 이웃도 좋고, 공기도 좋고, 가격도 싸고, 생활비도 적게 들고—좋은 것이 아닙니다. 다른 것들도 고려해야 합니다. 몸뿐 아니라 영혼도 편한지 고려해야 합니다. 지금 생각하는 집이 천국으로 가는 데 도움이 되는지 아니면 지옥으로 가는 지름길인지도 잘 살펴야 합니다. 복음을 설교하는 곳이 가까이에 있습니까? 여러분의 영혼을 돌봐 줄 참된 하나님의 사람이 가까이 살고 있습니까? 생명을 사랑한다면, 이런 것을 무시하지 마십시오. **롯과 같은 선택을 할까 조심하십시오.**

(2) 직업을 선택할 때 이것을 기억하십시오. 급여가 높고, 일이 수월하고, 이점이 많고, 전망이 밝다고 다가 아닙니다. 여러분의 영혼, 불멸하는 영혼을 생각하십시오. 영혼을 먹일지 아니면 굶주리게 할지, 영혼이 번성할지 아니면 퇴보할지, 주일을 지켜 일주일에 한 날을 여러분의 영적인 일을 위해 사용할 것인지를 말입니다. 하나님의 자비를 힘입어 간절히 부탁하건대, 여러분이 하는 일에 더 주의하십시오. 성급한 결정을 내리지 마십시오. 마음에 두고 있는 일자리에 대해 모든 각도에서 생각해 보십시오. 세상적인 측면뿐 아니라, 하나님과 관련해서도 생각해 봐야 합니다. 금을 너무 비싸게 주고 살 수도 있습니다. **롯과 같은 선택을 할까 조심하십시오.**

(3) 아직 결혼 전이라면, 남편이나 아내를 선택할 때 다음을 기억하십시오. 여러분이 보기에 좋고, 취향에 맞고, 비슷한 점이 많고,

애교 넘치고, 호감이 가고, 편안히 살 집을 가졌다고 다가 아닙니다. 이 모든 것보다 더 필요한 것이 있습니다. 우리에게는 장차 살아갈 삶이 있습니다. 여러분의 영혼, 불멸하는 영혼을 생각하십시오. 여러분이 꿈꾸는 결혼이 하늘의 것을 추구하는 데 도움이 될지 아니면 이 땅의 것을 추구하게 될지, 그리스도께로 더 가까이 이끌리게 될지 아니면 세상으로 더 나아가게 될지, 가족의 신앙이 더 왕성하게 자라갈지 아니면 더 퇴보하게 될지, 영광을 향한 간절한 소망을 따라 이 모든 것들을 고려할 수 있기를 바랍니다. 저 옛날 백스터가 말했듯이, 결혼하기 전에 "생각하고, 생각하고, 또 생각하십시오." "믿지 않는 자와 멍에를 함께 메지" 마십시오(고후 6:14). 어디에서도 결혼을 통해 회심하게 될 것이라고 하지 않습니다. **롯과 같은 선택을 기억하십시오.**

(4) 철도 회사에서 일자리를 제의해 왔다고 합시다. 안정적인 고용과 높은 임금, 상관의 신임을 얻고 고위직까지 승진할 수 있는 좋은 기회를 갖는 것이 능사가 아닙니다. 물론 그런 것도 다 나름대로 의미가 있지만, 전부는 아닙니다. 만약 열차 운행 때문에 주일에도 일을 해야 한다면 여러분의 영혼은 어떻게 되겠습니까? 일주일 중 어느 날을 하나님과 영원을 위해 사용할 수 있겠습니까? 복음 설교를 들을 기회가 있겠습니까? 진지하게 고려해야 할 부분입니다. 영혼이 궁핍하고 주리게 된다면, 지갑이 두둑해진들 무슨 소용이 있겠습니까? 안식일을 팔아 좋은 거처를 장만하지 마십시오! 죽 한 그릇을 위해 장자의 자리를 팽개친 에서를 기억하십시오. **롯과 같은 선택을 할까 조심하십시오!**

이렇게 말할 사람도 있을 것입니다. "신자는 두려워할 필요가 없다. 그리스도의 양은 결코 멸망하지 않고, 큰 해를 입지도 않는다. 이런 문제들이 신자들에게 큰 해가 되지는 않는다."

글쎄요. 여러분은 그렇게 생각할 수도 있겠지만, 이 문제를 소홀히 여기면 여러분 영혼은 결코 부요할 수 없습니다. 아무리 머뭇거리더라도 참된 신자는 결코 쫓겨나지 않습니다. 하지만 꾸물거리는 자의 신앙이 번성하기를 기대할 수 없습니다. 은혜는 부드럽고 예민한 식물입니다. 소중히 품고 가꾸지 않으면, 이 악한 세상에서 곧 병들고 맙니다. 죽지는 않는다 해도, 시들 수밖에 없습니다. 아무리 빛나는 황금이라도 습기에 계속 노출되면 그 빛이 바래지기 마련입니다. 가장 뜨거운 쇠도 금방 차가워집니다. 쇠를 벌겋게 달아오르게 하기 위해서는 많은 노력과 시간이 필요하지만, 그냥 내버려 두거나 찬물을 약간만 뿌려도 새까맣고 딱딱하게 되어 버립니다.

지금은 열심 있고 열정적인 그리스도인일 수 있습니다. 스스로를 형통할 때의 다윗과 같이 느낄 수도 있습니다. "내가 영원히 흔들리지 아니하리라"(시 30:6). 하지만 속지 마십시오. 롯의 전철을 밟고 그와 같은 선택을 한다면, 순식간에 롯과 같은 처지로 떨어집니다. 그가 했던 것처럼 해보십시오. 그가 했을 것처럼 행동해 보십시오. 이내 여러분은 롯과 같이 "머뭇거리는" 처량한 신세가 될 것입니다. 삼손이 그랬던 것처럼, 하나님이 더 이상 여러분과 함께하시지 않는다는 것을 확인하게 될 것입니다. 부끄럽게도, 여러분은 시험의 때에도 결정을 내리지 못한 채 우물쭈물하는 사람으로 드러날 것입니다. 여러분의 신앙에 종양이 생겨, 여러분이 모르는 사이에 모든 생명력을 앗아 갈 것입니다. 종양은 여러분의 영적 생명력을 조금씩 갉아먹어 결국 여러분을 소진시키고, 주님의 일을 할 수 없게 합니다. 자기 발로 주님의 길을 걸어갈 기력조차 남아 있지 않게 됩니다. 겨자씨 한 톨만큼도 안되는 자신의 믿음을 보고 놀랄 것입니다. 원수가 파도처럼 몰려들고, 여러분의 필요가 최고조에 달하는 이때가 여러분 삶의 중대한 전환점인지도 모릅니다.

믿음에 있어서 머뭇거리는 사람이 되지 않으려거든 이 일을 숙고해 보십시오. 롯처럼 머뭇거리게 될까 조심하십시오!

4. 롯의 우유부단함이 결국 어떤 일을 초래했는지 살펴보겠습니다.

이 점을 반드시 언급해야 할 많은 이유가 있지만, 특히 오늘날은 더 그렇습니다. "그래도 결국 롯은 구원받지 않았는가? 의롭다 함을 받고 천국에 이르렀다. 그 이상은 나도 바라지 않는다. 천국에만 갈 수 있다면 나는 그것으로 됐다"라고 말하고 싶은 사람들이 꽤 있을 것입니다. 만약 여러분이 그렇다면, 잠깐 제 말을 들어 보십시오. 롯의 역사에서 주목할 만한 사실이 한두 가지 있습니다. 제 말을 듣고 나면 아마 여러분의 생각이 바뀔지도 모릅니다.

제가 생각하기에, 이것은 이 주제와 관련된 가장 중요한 부분입니다. 저는 항상 탁월한 거룩과 유익은 긴밀하게 서로 연결되어 있다고 주장합니다. 행복과 "온전히 주님을 따르는 것"도 마찬가지입니다. 하지만 만약 머뭇거리는 신자라면, 하나님께 잘 쓰임받고 그리스도를 닮은 성도가 되리라는 기대를 하지 않는 것이 좋습니다. 믿음을 통해 누리는 큰 위로와 평화도 기대하지 말아야 합니다.

(1) 멸망해 가는 소돔 사람들에게 롯은 아무 도움도 되지 못했다는 사실을 주목해야 합니다. 롯은 수년 동안 소돔에서 살았을 것입니다. 하나님을 증거할 기회도 많고, 영혼들을 죄에서 돌이킬 기회도 많았을 것입니다. 하지만 롯은 거의 아무 영향력도 발휘하지 못했던 것 같습니다. 본문에서 그는 이웃에게 어떤 영향력도 발휘하지 못합니다. 세상에 속한 사람도 때때로 하나님의 멋진 종을 존경하고 좋아하지 않습니까? 하지만 그는 아무런 존경과 대접도 받지 못했습니다.

롯의 식구 외에는, 소돔 사람 가운데 단 한 명도 의인으로 발견되지 않았습니다. 롯의 이웃 가운데 단 한 사람도 그의 증거를 믿지 않았습니다. 롯의 지인 가운데 단 한 사람도 롯이 예배하는 하나님을 경외하지 않았습니다. 롯이 부리는 종들 가운데 단 한 사람도 주인의 하나님을 섬기지 않았습니다. 사방에서 모여들어 그의 집을 에워쌌던 많은 사람 가운데 단 한 사람도 자신들의 악행을 막아서는 롯의 말에 귀 기울이지 않았습니다(창 19:4). 오히려 그들은 이렇게 말했습니다. "이 놈이, 서도 나그네살이를 하는 주제에, 우리에게 재판관 행세를 하려고 하는구나"(창 19:9, 새번역). 그의 삶은 정말 아무 영향력도 없었고, 그의 말은 전혀 주목받지 못했습니다. 롯의 신앙을 통해 감화된 사람이 단 한 사람도 없습니다.

그러나 사실 전혀 놀라운 일은 아닙니다! 일반적으로 미적거리는 영혼은 세상에도 유익이 되지 못하고, 하나님께 영광을 돌리지도 못하기 때문입니다. 주변에 만연한 타락과 부패에 영향을 주기에는 그들에게 있는 짠맛이 너무나 미미합니다. "뭇사람이 알고 읽는 그리스도의 편지"가 되지 못합니다(고후 3:2, 3). 머뭇거리는 신자의 삶의 방식은 그리스도를 나타내지도 못하고 매력 있는 삶으로 드러나지도 않습니다. 잊지 마십시오.

(2) 롯은 자기 가족이나 친척, 그리고 자신과 관계된 사람이 천국에 갈 수 있도록 돕지 않았습니다. 그에게 가족이 몇 명이나 있었는지 우리는 잘 알지 못합니다. 자녀를 더 두지 않았다면, 소돔이 멸망하던 날에 적어도 그에게는 아내와 두 딸이 있었습니다.

롯의 가족이 많든 적든 간에 한 가지 분명한 사실은, 그중 하나님을 경외하는 자가 단 한 사람도 없었다는 것입니다!

그가 "나가서 그 딸들과 결혼할 사위들에게" 소돔에게 닥친 심판을 피해 도망쳐야 한다고 경고하자, "그의 사위들은 농담으로 여겼"습니다(창 19:14). 이 얼마나 두려운 말입니까! "당신이 하는 말에 누가 신경이나 쓴답니까?" 하고 말하는 것과 같습니다. 믿는 일에 "머뭇거리는 사람"이 세상으로부터 들을 수 있는 가장 치욕스럽고 괴로운 말입니다.

롯의 처는 어떠했습니까? 롯과 함께 소돔 성을 떠났지만, 멀리 가지는 못했습니다. 경고를 발하는 소리를 듣고도 빨리 도망칠 만한 믿음도 없었던 것입니다. 몸은 소돔을 빠져나와 도망치고 있었지만, 마음은 여전히 소돔에 머물고 있었습니다. 뒤를 돌아보지 말라는 엄중한 명령에도 불구하고, 남편의 뒤를 따르던 그녀는 뒤를 돌아보았고, 즉시 소금 기둥이 되고 말았습니다(창 19:17, 26).

그러면 롯의 두 딸은 어떠했습니까? 그들 역시 도망치기는 했지만, 마귀의 일을 저지르고 맙니다. 자기 아비를 넘어지게 하는 유혹

자가 되어 가장 악독한 죄를 짓게 만들었습니다.

요컨대, 롯은 가족 중에서 홀로 고독했습니다! 롯은 한 영혼도 지옥문에서 돌이키게 하지 못했습니다!

그러나 그리 놀랄 일도 아닙니다. 가족의 면면을 잘 살펴보면 자신이 머뭇거리는 영혼인지 아닌지 알 수 있습니다. 머뭇거리는 사람은 일반적으로 가족들로부터 무시를 당합니다. 그를 가장 가까이서 지켜보는 가족들이 그의 신앙에서 발견하는 것이라고는 일관성 없는 믿음뿐입니다. "자기가 고백하는 믿음대로만 살아도, 적어도 지금처럼은 살지 않을 텐데" 하는 것이 그를 가까이서 지켜보는 사람이 한결같이 하는 말입니다. 머뭇거리는 신앙을 가진 부모가 경건한 자녀를 두는 경우는 거의 드뭅니다. 아이의 눈은 귀로 듣는 것보다 훨씬 더 많은 것을 보고 받아들입니다. 아이는 항상 여러분의 말보다 행동에서 더 많은 것을 봅니다. 잘 기억하십시오.

(3) **롯은 죽을 때 아무 증거도 남기지 못했습니다.** 소돔을 빠져나간 후 롯의 행적에 대해 우리가 아는 것은 거의 없습니다. 우리가 아는 것이라고 해봐야 모두 못마땅한 것들뿐입니다.

산에까지 도망하지 못한다고 소알에서 살게 해달라고 호소하는 것이나, 소알에서 떠난 후에 굴에서 보여준 그의 모든 행실은, 그가 얼마나 은혜 안에 거하지 못했고, 그 영혼이 얼마나 멀리 떨어져 있었는지를 보여줍니다.

그가 도망친 후에 얼마나 더 연명했는지 아무도 모릅니다. 어디서, 언제, 어떻게 죽었는지, 그의 삼촌 아브라함은 다시 만났는지, 죽기까지 무엇을 말하고 어떤 생각을 했는지 전혀 알려진 바가 없습니다. 아브라함과 이삭과 야곱과 요셉과 다윗의 임종은 들어서 알지만, 유독 롯의 임종에 대해서는 한마디도 듣지 못합니다. 롯의 임종은 정말 암담했던 것이 분명합니다!

그의 서글픈 말년을 보지 못하도록, 성경이 일부러 그의 주변을 베일로 가린 것처럼 보입니다. 그의 말년을 두고 슬픈 침묵이 흐릅니다. 그는 마치 기름이 떨어진 등불처럼 저물어 갔고, 꺼림칙한 흔적만이 남아 있습니다. 만약 신약성경이 롯을 "의인"이라고 하지 않았다면, 우리는 롯의 구원조차 의심했을 것입니다.

그가 비참한 말년을 보냈다 해도 이상한 일이 아닙니다. 머뭇거리는 신자는 일반적으로 자기가 뿌린 대로 거둡니다. 머뭇거리는 사람의 태도는 영혼이 그를 떠날 때 그 결국을 짐작하게 합니다. 마지막에 평화가 거의 없습니다. 천국에는 분명히 이르겠으나, 어둠과 폭풍 속에서 제대로 걷지도 못하는 기진하고 가련한 모습을 한 채, 눈물과 한숨으로 이를 것입니다. 구원을 받기는 하겠지만, 마치 "불 가운데서 받은 것 같"습니다(고전 3:15).

앞에서 언급한 세 가지를 잘 생각해 보십시오. 오해하지는 마십시오. 사람은 자기 영혼과 관련된 일에 대해 얼마나 쉽게 오해하는지 모릅니다!

물론 "꾸물거리지" 않는 신자라고 해서 항상 세상이 주목하는 것은 아닙니다. 노아는 120년 동안 복음을 선포했지만, 아무도 그를 믿지 않았습니다. 예수님은 심지어 자기 백성으로부터도 높임을 받지 못했습니다.

"꾸물거리지" 않는 신자라고 해서 가족과 친지가 다 회심하는 것은 아닙니다. 다윗은 자녀가 많았지만, 그중 대다수는 경건하지 못했습니다. 심지어 예수님의 육신의 형제도 예수님을 믿지 않았습니다.

하지만 롯의 악한 선택과 머뭇거리는 신앙 사이에 연관이 없다고 보기 어렵습니다. 롯의 머뭇거리는 신앙과, 가족과 세상에 아무 유익이 되지 못한 것 사이에도 연관이 있습니다. 성령이 롯의 생애를 통해 우리에게 보여주기를 바라시는 것이 바로 이것입니다. 성령은 모든 신자에게 롯을 **경고**로 삼고 싶어 하십니다. 롯의 전 생애를 통해서 제가 살펴보기 원하는 교훈은 신자들이 진지하게 성찰할 만한 것입니다.

스스로 그리스도를 믿는 신자라 부르는 사람들을 위해 몇 가지만 덧붙이고 롯에 대한 이야기를 마치겠습니다.

여러분의 마음을 슬프게 하려는 생각은 없습니다. 그리스도인의 삶에 대한 암울한 이야기를 제시하려는 것이 아닙니다. 여러분에게 도움이 될 만한 경계를 주는 것이 목적입니다. 여러분이 평화와 위로 가운데 살아가기를 바랍니다. 안전할 뿐 아니라 행복하기를 바랍니다. 의롭게 될 뿐 아니라 기쁨이 넘치기를 바랍니다. 지금까지 여러분에게 도움이 되기를 바라고 말해 온 사람으로서의 소망입니다.

여러분은 롯처럼 머뭇거리는 신앙이 만연한 시대에 살고 있습니다. 이전보다 훨씬 더 많은 사람들이 스스로 신자라 고백하고, 많은 부분에 있어서 훨씬 더 경박해졌습니다. 특정한 형태의 기독교가 유행처럼 번져 가고 있습니다. 교회의 특정한 파벌에 속해서 그

집단의 이익을 대변하는 데만 열심입니다. 논쟁적인 문제에 대해 이야기하기를 좋아합니다. 대중적인 신앙서적은 서점에 나오기가 무섭게 책상에 꽂힙니다. 모임마다 참석하고, 회원으로 가입하고, 설교자에 대해 토론도 하고, 선풍적으로 유행하는 새로운 프로그램에 흥분하고 열광적으로 참여합니다. 하지만 이런 일은 그리 어려운 일도 아니고, 은혜 없이도 누구나 할 수 있습니다. 이런 일들은 개인을 드러나게도 할 수 없고, 희생을 요구하지도 않습니다. 십자가도 필요 없습니다.

이런 현상이 기독교 신앙이라는 이름으로 교회에 만연해 있습니다. 반면, 하나님과 친밀하게 동행하는 삶은 여전히 현저하게 드문 일로 남아 있습니다! 참된 영적 사고방식을 가지고 순례자와 나그네처럼 세상을 살아가고, 시간 사용과 대화와 오락과 옷차림과 누리는 기쁨에 있어서 세상과 구별되고, 어느 곳에 있든지 그리스도를 신실하게 증거하고, 누구와 있든지 우리 주님의 향기를 발하고, 항상 좋은 마음으로 다른 사람을 자기보다 더 낫게 여기고, 겸손히 기도하고, 잠잠하며, 사랑하고, 인내하고, 온유하고, 죄짓는 것은 어떤 형태든지 무서워하고, 세상에 사는 동안 겪게 될 위험한 일에 대해 항상 깨어 있는 것과 같은 삶은, 참된 그리스도인이라 불리는 사람 사이에서도 찾아보기 어렵습니다. 설상가상으로 이런 삶을 살지 못한다는 것조차 인식하지 못하고, 이에 대해 가슴 아파하지도 않습니다.

이런 시대를 살아가는 여러분에게 감히 몇 마디 조언을 드리려고 합니다. 베드로 사도는 "더욱 힘써 너희 부르심과 택하심을 굳게" 할 것을 부탁합니다(벧후 1:10). 게으르지도 말고, 부주의하지도 마십시오. 작은 은혜에 안주하지도 말고, 세상보다 약간 낫다고 만족하지도 마십시오. 결코 해서는 안될 일은 바라지도 마십시오. 그리스도를 섬기면서 동시에 세상과 보조를 맞추어 보려고 하지도 마십시오. 전심으로 믿는 그리스도인이 되십시오. 또 그렇게 되려고 애쓰십시오. 탁월한 거룩과 높은 단계의 성화에 이르기를 힘쓰고, "성령으로 행하고" 자기 몸을 "산 제물"로 드리는 구별된 삶을 살아가십시오(롬 12:1, 갈 5:25). 천국에 대한 소망과 영광을 향한 갈망으로 행복하고 싶습니까? 쓰임받고 싶습니까? **그렇다면 꾸물거리지 마십시오.**

이 시대의 요구가 무엇인지 압니까? 열국이 흔들리고, 오래갈 것처럼 보였던 모든 것이 뿌리째 뽑히고, 왕정이 전복되고, 사람들의 생각은 항상 흔들리고 안정되지 않습니다. 이 모든 사실들이 크게 소리 지르고 있습니다. **그리스도인이여! 꾸물거리지 마십시오!**

그리스도 재림의 때에 준비된 자로 드러나고 싶습니까? 허리에 띠를 띠고 등불을 밝히고 남대하게 그리스도를 만나고 싶습니까? **그렇다면 꾸물거리지 마십시오!**

신앙을 통해서 섬세한 위로를 누리고 싶습니까? 성령의 증거를 느끼고 싶습니까? 지금까지 믿어 온 그분을 더 알기 원합니까? 어둡고, 불평 많고, 침울하고, 신경질적이고, 우울한 그리스도인이 되지 않기를 바랍니까? **그렇다면 꾸물거리지 마십시오!**

병중에도, 그리고 임종 시에도 자신의 구원에 대한 분명한 확신을 누리고 싶습니까? 믿음의 눈으로 하늘이 열리고, 그리스도가 여러분을 맞으러 일어나시는 것을 보고 싶습니까? **그렇다면 꾸물거리지 마십시오!**

여러분이 떠난 후에 분명한 증거를 남기고 싶습니까? 우리가 위로 넘치는 소망 가운데 여러분을 무덤에 안치하고, 여러분의 상태에 대해 의심 없이 이야기하기를 바랍니까? **그렇다면 꾸물거리지 마십시오!**

사는 동안 세상에 유익한 사람이 되고 싶습니까? 여러분 때문에 사람들이 죄에서 떠나 그리스도께로 돌아오고, 여러분의 가르침을 동경하고, 주님의 아름다운 뜻에 매료되기를 바랍니까? **그렇다면 꾸물거리지 마십시오!**

여러분의 자녀와 친척들이 천국을 바라도록 돕고, 그들이 여러분에게 "우리가 너희와 함께 가려 하노라"(슥 8:23)고 말하는 것을 듣고 싶습니까? 그들이 신앙을 떠나거나 멸시하지 않기를 바랍니까? **그렇다면 꾸물거리지 마십시오!**

그리스도가 다시 오실 때, 가장 작고 미미한 영광으로 하나님 나라에서 가장 미천하고 나중된 자로 발견되는 것이 아니라 위대한 면류관을 얻기를 바랍니까? **그렇다면 꾸물거리지 마십시오!**

우리 중 단 한 명도 머뭇거리는 자가 없었으면 좋겠습니다! 시간은 머뭇거림이 없습니다. 죽음도 마찬가지입니다. 심판도, 마귀도, 세상도 그렇습니다. 그렇다면 하나님의 자녀도 머뭇거리지 말아야 합니다.

여러분 가운데 자신이 머뭇거리고 있다고 생각하는 사람이 있습니까? 이 글을 읽는 내내 마음이 무겁고, 양심이 괴로웠습니까?

속에서 "이런, 바로 나잖아" 하는 속삭임이 있었습니까? 그렇다면 제가 하는 말을 들으십시오. 여러분 영혼의 상태가 그리 좋지 않습니다. 깨어 회복하기 위해 힘쓰십시오.

여러분이 머뭇거리는 자라면, 즉시 그리스도께로 가서 고침을 받아야 합니다. 옛날의 그 묘약을 찾아야 합니다. 옛 샘에서 씻어야 합니다. 그리스도께로 돌이켜 고침을 받아야 합니다. 어떤 일은 행동으로 옮기는 것이 방법입니다. **즉시 고침을 받으십시오!**

행여나 고침받기에는 너무 늦었다고 생각하지 마십시오. 너무 오랫동안 영혼이 메마르고, 생기 없고, 힘겨운 상태로 지내 왔기 때문에, 다시 회복하지 못할 것이라고 생각하지 마십시오. 영혼의 모든 질병을 위해 우리에게 약속된 의사는 다름 아닌 주 예수 그리스도가 아닙니까? 그분은 땅에 계시는 동안 모든 질병을 고치지 않으셨습니까? 모든 마귀를 내쫓지 않으셨습니까? 뒤로 미끄러진 불쌍한 베드로를 다시 불러일으켜서 그 입에 새 노래를 두시지 않았습니까? 의심하지 마십시오. 바로 그분이 여러분의 마음에서 거룩한 일을 다시 시작하실 것입니다! 오직 머뭇거리는 일에서 돌이켜 자신의 어리석음을 고백하고, 그리스도께로 즉시 나아가십시오. 선지자의 이 말은 얼마나 복됩니까? "오직 네 죄를 자복하라", "배역한 자식들아, 돌아오라. 내가 너희의 배역함을 고치리라"(렘 3:13, 22).

자신의 영혼뿐 아니라 다른 사람의 영혼도 기억해야 합니다. 어느 때든지 형제나 자매가 꾸물거리는 것을 보거든, 그들을 일깨우고 그들의 마음을 불러일으키려고 해야 합니다. 기회가 있는 대로 "피차 권면"해야 합니다(히 3:13). "서로 돌아보아 사랑과 선행을 격려"해야 합니다(히 10:24). 서로에게 이렇게 말하기를 두려워해서는 안됩니다. "형제여, 자매여, 롯을 잊었는가? 깨어라! 롯을 기억하라! 깨어, 더 이상 머뭇거리지 말라!"

10장

기억해야 할 여인

롯의 처를 기억하라. (눅 17:32)

성경에서 이 짧은 본문만큼 심각한 경고도 없습니다. 주 예수 그리스도가 우리에게 말씀하십니다. "롯의 처를 기억하라."

롯의 처는 신앙을 고백하는 사람이었고, 그녀의 남편 롯은 "의인"이었습니다(벧후 2:8). 소돔이 멸망하던 날, 그녀는 남편과 함께 그곳을 떠났습니다. 그러나 하나님의 명백한 명령에도 불구하고 뒤를 돌아보다가 즉시 죽고 맙니다. 소금 기둥이 되고 말았습니다. 주님은 지금 그녀를 교회에 주는 경고로 제시하고 계십니다. "롯의 처를 기억하라."

예수께서 지칭하시는 이 여인을 생각해 볼 때, 이는 심각한 경고입니다. 아브라함, 이삭, 야곱, 사라, 한나, 룻 같은 사람을 기억하라고 하지 않으시고, 특별히 영혼을 영원히 잃어버린 한 여인을 지칭하십니다. "롯의 처를 기억하라."

 예수께서 이 여인을 언급하시면서 마음에 두신 때를 생각해 볼 때, 이는 심각한 경고입니다. 예수님은 지금 세상의 심판주로 다시 오실 자신의 재림을 말씀하고 계십니다. 많은 사람들이 준비되지 못한 끔찍한 상태로 드러날 것이라고 말씀하십니다. 예수님은 그런 마지막 날을 바라보면서 말씀하신 것입니다. "롯의 처를 기억하라."

 이 말씀을 하시는 분이 누구신지를 생각해 볼 때, 이는 심각한 경고입니다. 주 예수님은 사랑과 자비와 긍휼이 충만하신 분입니다. 상한 갈대를 꺾지 않으시고, 꺼져 가는 심지도 끄지 않으시는 분입니다(사 42:3). 불신앙에 사로잡힌 예루살렘을 보고 우셨고, 자기를 십자가에 못 박는 사람들을 위해 기도하신 분입니다. 그런 주님께서 잃어버린 한 영혼을 우리가 기억하기 바라시면서 말씀하십니다. "롯의 처를 기억하라."

 처음으로 이 경고를 발하신 대상이 누구였는지 생각해 볼 때, 이는 심각한 경고입니다. 주님은 그분의 제자들에게 말씀하고 계셨습니다. 예수님을 미워하는 바리새인이나 서기관에게 말씀하신 것이 아닙니다. 베드로, 야고보, 요한, 그리고 예수님을 사랑하는 많은 이들에게 말씀하셨습니다. 이들도 경고를 받는 것이 좋다고 생각하셨습니다. "롯의 처를 기억하라."

 예수님이 이 경고를 발하신 방식을 생각해 볼 때, 이는 심각한 경고입니다. 그분은 그저 "나를 따르고 본받는 일에 신경 쓰고, 롯의 처와 같이 되지 말라"고 말씀하지 않으셨습니다. 이와 전혀 다르게 "기억하라"고 말씀하십니다. 우리 모두가 이 주제를 잊을 위험에 처한 것처럼 말씀하십니다. 우리의 게으른 기억을 깨우십니다. 이 주제를 항상 마음에 두라고 요구하십니다. "롯의 처를 기억하라."

롯의 처를 통해 얻을 수 있는 교훈을 살펴보겠습니다. 그녀의 이야기는 교회에 유익한 교훈으로 남아 있습니다. 우리는 마지막 때를 살고 있습니다. 주 예수님의 재림이 임박했습니다. 교회에는 세속성의 위험이 해마다 점증하고 있습니다. 우리 주변에 창궐한 세속성이라는 질병에 대비하고 안전히 거하기 위해서는 롯의 처의 이야기를 잘 알고 있어야 합니다.

이 주제에 대해 다음 세 가지를 살펴보겠습니다.

1. 롯의 처가 누렸던 종교적 특권
2. 롯의 처가 지은 죄
3. 롯의 처에게 내린 하나님의 심판

1. 롯의 처가 누렸던 종교적 특권을 살펴보겠습니다.

아브라함과 롯이 살았던 시대에는 구원에 이르는 참된 신앙이 아주 드물었습니다. 성경도, 목회자도, 교회도, 전도지도, 선교사도 없었습니다. 하나님을 아는 지식은 은혜를 입은 소수의 가정에만 제한되었습니다. 대부분의 세상 사람들은 어둠과 무지와 미신과 죄악 가운데 살았습니다. 롯의 처가 누렸던 신앙의 본과 영적인 사귐, 분명한 지식, 명백한 경고를 가진 사람은 백 명 중에 한 사람도 없었습니다. 당시 살았던 사람들과 비교해 볼 때, 롯의 처는 분명 하나님의 큰 호의를 입은 여인이었습니다.

경건한 남편을 두었고, 이런 남편과 결혼해서 모든 믿는 자의 아비가 되는 아브라함을 백부로 얻게 되었습니다. 이 두 사람의 믿음과 지식, 기도 생활에 대해서는 그녀도 익히 잘 알고 있었습니다. 함께 오랜 시간 장막에 거하면서 이들이 어떤 사람이고 누구를 섬기는지 모를 리 없었습니다. 이들에게 종교는 단순한 형식이 아니었습니다. 삶의 지배적 원리였고, 모든 행위의 근원이었습니다. 이 모든 것을 롯의 처는 보았고 알았습니다. 그녀가 누린 것은 결코 작은 특권이 아니었습니다.

아브라함이 하나님으로부터 약속을 처음 받았을 때, 롯의 처도 그곳에서 같이 살고 있었을 것입니다. 아이와 벧엘 사이에 제단을 쌓을 때도 같이 있었을 것입니다. 그돌라오멜에게 포로로 잡혀간 남편을 하나님께서 구해 내셨을 때도 그 자리에 있었을 것입니다. 살렘의 왕 멜기세덱이 빵과 포도주를 가지고 아브라함을 마중 나왔을 때도 그 자리에 있었을 것입니다. 천사들이 소돔에 와서 남편에게 도망하라고 경고했을 때도 그녀는 그 자리에 있었습니다. 천사들이 가족을 성 밖으로 끌어냈을 때도 함께 있었습니다. 다시 말하지만, 그녀가 누린 것은 결코 작은 특권이 아니었습니다.

하지만, 이 모든 특권이 롯의 처에게 선한 영향을 주었습니까? 전혀 아닙니다. 은혜를 누릴 기회가 많았고, 하늘로부터 오는 특별한 경고와 메시지를 들었음에도 불구하고, 그녀는 은혜 없는 사람으로 살다가 죽었습니다. 불경건하게 살다가 회개도 모른 채 불신앙 가운데 죽었습니다. 총명은 밝아지지 못했고, 양심은 전혀 깨어나지 못했습니다. 의지는 하나님께 순종으로 나아가지 않았고, 그녀의 갈망은 전혀 위에 있는 것을 향하지 않았습니다. 그녀에게 있었던 신앙의 모양은 보이기 위한 것이었지, 마음에서 우러나온 것은 아니었습니다. 신앙의 소중함과 가치를 알고 한 것이라기보다 함께 지내는 사람들 때문에 한 것이었습니다. 롯에게 시집와서 주변 사람이 하니까 자신도 따라 한 것뿐입니다. 남편의 길을 따라갔을 뿐입니다. 남편의 신앙에 반대하지 않았기 때문에 그저 수동적으로 그의 뒤를 따라간 것입니다. 그녀의 외양에도 불구하고, 그녀의 마음은 하나님께서 보시기에 옳지 않았습니다. 마음이 세상에 가 있었습니다. 세상이 그녀의 마음에 들어와 있었습니다. 그녀는 이런 상태로 살았고, 죽을 때도 이런 상태였습니다.

이 모든 사실은 우리에게 교훈하는 바가 큽니다. 그중에서도 우리에게 가장 깊이 다가오는 교훈이 하나 있습니다. 그것은 바로 우리가 사는 이 시대에 롯의 처와 같은 사람들이 많다는 것입니다. 하나님께서 롯의 처를 통해 교훈하시는 의미를 잘 들어야 합니다.

종교적 특권만으로는 어떤 영혼도 구원에 이르지 못한다는 것을 아십시오. 여러분이 모든 영적인 특권을 가졌을 수도 있습니다. 풍성한 은혜의 방편과 기회가, 해처럼 내리쬐는 환경에서 살고 있을 수도 있습니다. 가장 탁월한 설교와 양질의 가르침을 누릴 수도 있고, 빛과 지식과 거룩을 누리고 선한 사람과 더불어 지낼 수도 있습니다. 그렇다 해도, 여러분 자신은 여전히 회심하지 않은 채로 남아 있을 수 있습니다. 끝까지 그런 상태로 살다가 영원히 잃어버린 자가 될 수도 있습니다.

이 가르침이 어떤 사람에게는 다소 어렵게 들릴 수 있습니다. 종교적 특권을 누릴 만한 좋은 환경에 있으면 확고한 믿음을 가진 그리스도인이 될 수 있을 것이라고 생각하는 사람들이 많습니다. 이들은 현재 자신의 모습이 바람직한 상태는 아니라고 인정하면서도, 자신이 처한 상황이 어렵고 문제가 너무 많기 때문에 어쩔 수 없다고 호소합니다. 이런 사람에게 경건한 남편을 주어 보고, 경건한 아내를 주어 보십시오. 경건한 사람과 함께 지내도록 하고, 경건한 스승을 모시도록 해보십시오. 그러면 이들이 하나님과 동행하겠습니까? 이들에게 복음 설교를 들을 수 있는 많은 신앙적 특권을 제공해 보십시오. 그러면 그들이 하나님과 동행하겠습니까?

이런 생각은 모두 잘못된 것입니다. 엄청난 기만입니다. 영혼이 구원을 얻기 위해서는 종교적 특권 이상의 것이 필요합니다. 요압은 다윗의 군대장관이었습니다. 게하시는 엘리사의 종이었습니다. 데마는 바울의 동역자였습니다. 가롯 유다는 예수님의 제자였습니다. 롯에게는 세속적이고 믿음이 없는 아내가 있었습니다. 이들 모두 자기 죄 가운데 죽어 갔습니다. 이들에게는 지식도 있었고, 기회도 있었고, 경고도 주어졌지만, 모두 멸망의 구덩이로 내려갔습니다. 사람에게 필요한 것은 특권만이 아니라는 사실을 이들의 삶이 대변합니다. 그들은 **성령의 은혜가 필요했습니다.**

종교적 특권을 소중히 여기기는 해야겠지만, 이것만을 의지해서는 안됩니다. 우리의 모든 삶을 통해 이 특권을 누리고 유익을 얻으려고 해야 하지만, 이것으로 그리스도의 자리를 대신하려 해서는 안됩니다. 하나님께서 우리에게 이런 특권을 주신다면 감사하게 누리되, 우리 마음과 삶에서 열매 맺도록 애를 써야 합니다. 이런 특권에도 불구하고 별 유익을 얻지 못한다면, 오히려 그것이 적극적으로 우리를 해롭게 하는 경우가 많습니다. 양심을 무디게 하고, 책임감을 불러일으키고, 심한 정죄 가운데 들어가게 합니다. 똑같은 불로 밀초가 녹기도 하고, 진흙이 굳기도 합니다. 같은 햇빛이라도 살아 있는 나무를 자라게 하기도 하고, 죽은 나무를 말려 땔감으로 만들기도 합니다. 열매 없이 거룩한 것을 가까이 하는 것보다 사람의 마음을 더 굳게 하는 것도 없습니다. 요컨대, 그리스도인이 되게 하는 것은 특권만으로 되는 것이 아닙니다. **성령의 은혜**가 있어야 합니다. 성령의 은혜가 없이는 누구도 구원받지 못합니다.

오늘날 복음주의 교회에 속한 사람들일수록 지금 우리의 논의에 주의를 더 기울여야 합니다. 여러분은 아무개 목사가 설교하는 교회에 다니고 있고, 그를 아주 탁월한 설교자라 생각하며 그의 설교를 즐겨 듣습니다. 다른 사람의 설교를 들으면 이른바 '은혜'가 되지 않습니다. 그의 목회를 통해 많은 것을 배웠습니다. 그의 설교를 들을 수 있는 것을 여러분이 누리는 큰 특권이라고 여깁니다! 예, 다 좋습니다. 그것은 특권이 맞습니다. 여러분이 좋아하는 목회자가 수천 배 늘어난다면 너무나 감사할 일입니다. 하지만 중요한 것은 여러분 마음에 무엇이 있는가 하는 것입니다. 여러분 안에 성령이 계십니까? 그렇지 않다면, **여러분은 롯의 처와 다르지 않습니다.**

신앙적인 가정에서 하인으로 일하는 사람이 있다면 제 말을 귀담아 들으십시오. 하나님을 경외하는 가정에서 산다는 것은 크나큰 특권입니다. 아침저녁으로 주인집에서 드리는 기도를 들으며, 정기적으로 하나님의 말씀을 해석하는 것을 듣고, 주일에 항상 교회에 갈 수 있고, 일을 하지 않고 조용히 주일을 보내는 것은 정말 놀라운 특권입니다. 이것은 여러분이 일자리를 구할 때 반드시 고려해야 할 조건입니다. 이런 조건이 충족되는 곳이야말로 정말 좋은 일자리입니다. 급료가 높고 일이 쉽다고 해서 좋은 일자리가 아닙니다. 이것은 끊임없이 세속에 물들고, 주일을 어기고 죄를 짓는 것을 보상해 주지 못합니다. 그러나 특권에 안주하지 않도록 주의하십시오. 영적 특권을 누리다 보면 자연히 천국에도 이르게 될 것이라고 생각하지 마십시오. 가족의 기도 모임에 참여할 뿐 아니라, 여러분의 마음에 은혜가 있어야 합니다. 그렇지 않으면, **여러분은 현재 롯의 처와 다르지 않습니다.**

특히, 믿는 부모 슬하에서 자란 사람들은 제 말을 귀담아 들으십시오. 경건한 부모 밑에서 기도를 많이 듣고 자라는 것은 크나큰 특권입니다. 우리가 무엇인가를 기억할 수 있을 때부터 복음을 배우고, 죄에 대해 듣고, 예수님과 성령과 거룩과 천국에 대해 듣는 것은 얼마나 복된 일입니까. 해같이 빛나는 특권 아래 있으면서도 결실하지 못하는 불모지같이 남아 있지 않도록 조심하십시오. 여러분이 엄청난 특권을 누리면서도 여전히 회개하지 않고 완고한 마음으로 세속에 물들어 있지 않도록 조심하십시오. 부모의 신앙을 힘입어 천국에 들어갈 수는 없습니다. 부모가 아닌 여러분 자신이 생명의 떡을 취하고, 마음에 성령의 증거를 가져야 합니다. 여러분이 회개하고, 여러분이 믿고, 여러분이 거룩하게 되어야 합니다. 그렇지 않으면, **여러분은 롯의 처와 다르지 않습니다.**

오늘날 신앙을 고백하는 모든 그리스도인들이 이 사실을 마음에 새기기를 기도합니다. 우리가 가진 특권만으로는 구원에 이를 수 없음을 잊지 마십시오. 깨달음과 지식과 좋은 설교와 많은 은혜의 방편과 거룩한 친구는 다 크나큰 복이고 특권입니다. 이런 것을 가진 사람은 행복합니다. 하지만 이 모든 특권들을 가졌다 해도 성령의 은혜가 없으면 아무런 소용이 없습니다. 롯의 처는 많은 특권을 누렸지만, **은혜가 없었습니다**.

2. 다음으로, **롯의 처가 지은 죄**를 살펴보겠습니다.

그녀가 지은 죄에 대해 성경은 아주 간단한 말로 언급합니다. "롯의 아내는 뒤를 돌아보았으므로 소금 기둥이 되었더라"(창 19:26). 더 이상 다른 말이 없습니다. 그녀의 죄를 적나라하고도 엄숙하게 지적합니다. 그녀의 모든 범과를 요약하는 실체가 이 한마디에 다 들어 있습니다. "뒤를 돌아보았으므로."

여러분이 보기에는 이 말이 별것 아닌 것 같습니까? 그리 놀랄 일이 아니라고 생각됩니까? 물론 그렇게 생각할 수도 있겠지만, 이 주제를 다루는 동안만 판단을 유보해 주십시오. 여기에는 언뜻 보아서는 알기 힘든 중요한 내용이 있습니다. 말로 표현된 것보다 더 많은 것들이 내포되어 있습니다. 자, 들어 보십시오.

(1) 뒤를 돌아본 행위 자체는 사소한 것이지만, **이것으로 롯의 아내의 진짜 성품이 드러났습니다**. 대단한 일보다 오히려 사소한 일을 통해서 사람의 마음 상태가 나타나는 때가 많습니다. 아주 미미한 증세가 때로 치명적인 불치병의 증세일 수 있습니다. 하와가 열매

를 따 먹은 것 자체는 아주 미미한 일이라고 할 수 있지만, 이 행위는 그녀가 흠이 없는 상태에서 떨어져 죄인이 되었음을 의미합니다. 아치에 난 작은 균열은 별것 아니지만, 건물의 기초가 무너지고 있다는 증거일 수도 있습니다. 건물 전체가 안전하지 않다는 것을 증거합니다. 아침에 나오는 마른기침은 아무것도 아닌 것 같아도, 체질의 균형이 무너졌다는 신호가 될 수 있습니다. 기침이 악화되면 폐병으로 이어져 사망에 이를 수도 있습니다. 한 오라기의 짚을 통해 바람이 부는 방향을 알 수 있는 것처럼, 한 번의 시선이 죄인의 타락한 마음 상태를 보여줄 수도 있습니다(마 5:28).

(2) 뒤를 돌아본 행위 자체는 사소한 것이지만, 롯의 처의 경우, 그 행위는 **불순종을 의미합니다**. 천사의 명령은 아주 직접적이었습니다. 결코 잘못 알아들을 수가 없는 말이었습니다. "돌아보지 말고"(창 19:17). 롯의 처는 이 명령에 순종하기를 거부했습니다. 하지만 성령은 이렇게 말씀하십니다. "순종이 제사보다 낫고……거역하는 것은 점치는 죄와 같고"(삼상 15:22-23). 하나님께서 성경이나 설교자를 통해 명백히 말씀하실 때, 인간이 할 일은 분명합니다.

(3) 뒤를 돌아본 행위 자체는 사소한 것이지만, 롯의 처의 경우, 그 행위는 **거만한 불신앙을 보여줍니다**. 그녀는 하나님께서 설마 소돔을 멸하실까 하고 의심을 한 것 같습니다. 그래서 서둘러 도망쳐야 할 어떤 위험이나 다급함을 느끼지 못한 것 같습니다. 하지만 믿음이 없이는 하나님을 기쁘시게 못합니다(히 11:6). 스스로 하나님보다 더 잘 안다고 생각하는 순간이 아주 위험합니다. 하나님이 어떤 것을 경고하실 때, 그것을 별일이 아닌 것으로 여기는 때가 매우

위험합니다. 하나님께서 우리를 다루시는 것이 도무지 이해가 안될 때, 우리가 할 일은 평강을 유지하고 하나님을 믿는 것입니다.

(4) 뒤를 돌아본 행위 자체는 사소한 것이지만, 롯의 처의 경우, 그 행위는 **세상을 은밀히 사랑했음을 의미합니다**. 그녀의 몸은 소돔을 빠져나왔지만, 그 마음은 아직 소돔을 떠나지 못했습니다. 집을 도망쳐 나올 때, 마음을 두고 왔습니다. 나침반 바늘이 항상 북극점을 가리키듯이, 그녀의 눈은 자기 재물이 있는 곳을 향했습니다. 이는 곧 그녀에게 있는 죄의 최고점이었습니다. "세상과 벗된 것이 하나님과 원수됨을 알지 못하느냐"(약 4:4). "누구든지 세상을 사랑하면 아버지의 사랑이 그 안에 있지 아니하니"(요일 2:15).

여러분이 이 부분에 특별한 관심을 갖기 바랍니다. 주님께서 특별히 우리가 생각하기를 바라셨던 부분이 바로 이 부분이었다고 믿습니다. 롯의 처가 뒤를 돌아보다가 멸망했다는 사실에 주목하기를 바라시는 것입니다. 그녀의 신앙고백도 한때는 그럴듯하고 특별했을 것입니다. 하지만 그녀는 실제로 세상을 버리지 않았습니다. 한때는 안전한 길에 있는 것처럼 보였지만, 그때조차도 그녀의 깊고 은밀한 생각은 세상을 향해 있었던 것입니다. 롯의 처를 통해 우리가 배우기를 바라셨던 것은, **세속성에 도사린 엄청난 위험**입니다. 우리 모두 이 위험을 볼 수 있는 눈과 깨달을 수 있는 마음을 가지기를 바랍니다!

요즈음처럼 교회에서 세속성에 대한 경고를 소리 높여 외쳐야 했던 때도 없었습니다. 각 시대마다 나름대로 만연한 문제가 있었습니다. 오늘날 그리스도인의 영혼이 쉽게 빠져들 수 있는 질병은,

세상을 사랑하는 것입니다. 이는 어둠 속을 어슬렁거리는 흑사병이며, 벌건 대낮에도 목숨을 앗아가는 질병입니다. 이로 인해 많은 사람들이 스러져 갔고, 심지어 강건했던 사람들도 상함을 입었습니다(잠 7:26). 저는 이런 사실을 경고하고, 신앙을 고백하는 많은 이들의 잠자는 양심을 일깨우기를 원합니다. "롯의 처의 죄를 기억하라"고 소리 높여 외치고 싶습니다. 그녀는 살인자도, 간음자도, 도적도 아니었습니다. 신앙을 고백하는 사람이었음에도 불구하고, 그녀는 **뒤를 돌아보았습니다.**

교회에서 세례를 받은 사람들 가운데 현저한 부도덕과 불신앙은 분명히 대적하면서도, 세상을 사랑하는 일에 있어서만큼은 분명한 태도를 취하지 않는 사람들이 얼마나 많습니까? 얼마간은 경주를 잘하고 종국에는 천국에 이를 것처럼 보이다가도, 점점 경주를 포기하고 그리스도로부터 완전히 돌아서는 사람들이 많습니다. 그들이 경주를 그만두는 이유는 무엇입니까? 성경이 진리가 아니라는 것을 발견했기 때문입니까? 예수 그리스도께서 자신이 하신 말씀을 성취하지 못하시기라도 했단 말입니까? 아닙니다. 전혀 그렇지 않습니다. 이들은 전염병에 걸린 것입니다. 이 세상을 향한 사랑에 전염된 것입니다. 복음주의에 헌신한 목회자들에게 부탁합니다. 여러분에게 맡겨진 회중을 잘 돌아보십시오. 오랫동안 신앙생활을 해온 사람들에게 부탁합니다. 주변의 형제자매를 잘 돌아보십시오. 지금 이야말로 롯의 처가 지은 죄를 기억해야 할 때입니다.

처음에는 신앙생활을 잘하다가 나중에 불신앙으로 떨어져 버리는 *믿는 가정의 자녀*가 얼마나 많습니까! 어린 시절에는 신앙이 아주 좋은 것처럼 보입니다. 성경 암송도 잘하고, 찬송가도 곧잘 부릅니다. 영적인 감각도 있고, 죄에 대한 확신도 있습니다. 주 예수님을 사랑한다고 고백하고 천국을 희망합니다. 교회에 가서 설교 듣는 것을 좋아합니다. 은혜를 누리는 사람처럼 부모로부터 물려받은 신앙의 유산을 소중하게 여깁니다. 친척들에게 "이 아이가 장차 어찌 될까" 하는 소리를 들을 만한 일을 곧잘 합니다(눅 1:66). 하지만 그들에게서 발견되는 이런 좋은 점들이 아침 구름처럼 금세 사라져 버리는 경우가 얼마나 많은지요! 아이가 자라 소년이 되면, 오락과 스포츠로 소일하고 무절제하고 흥청대며 살아가기가 일쑤입니다. 소녀는 자라서 숙녀가 되지만, 옷을 사고 친구들과 만나 노닥거리고 오락을 즐기고 소설을 즐기는 것 외에는 관심이 없습니다. 한때 전도유망하게 보였던 영성은 다 어디로 갔습니까? 다 사라져 버렸습니다. 다 땅에 묻어 버렸습니다. 세상에 대한 사랑에 막혀 사라졌습니다. 그들은 롯의 처가 갔던 길을 그대로 답습하고 있습니다. **뒤를 돌아보고 있습니다.**

결혼한 많은 부부가 자녀를 낳아 기르기 전까지는 신앙생활을 잘하는 것처럼 보입니다. 그러나 일단 자녀를 낳아 키우기 시작하면 신앙에서 멀어집니다! 결혼해서 몇 년간은 그리스도를 열심히 따르고 신앙고백적인 삶을 잘 살아갑니다. 정기적으로 예배에 참석하고 복음 설교도 듣습니다. 선한 일에 열매도 보입니다. 무의미하고 소모적인 모임에는 가지도 않습니다. 믿음과 실천이 건전하고 조화를 이룹니다. 하지만 이런 가정도 아이가 생기기 시작하면서 영적으로 무뎌지기 시작합니다. 세속이라는 누룩이 이들의 습관과 옷차림과 오락과 시간 사용에 조금씩 번져 갑니다. 누구와 사귀고 어디를 가고 하는 일에 있어서도 신중하지 않습니다. 그들이 한때 누리던 단호한 구별됨은 어디로 갔습니까? 세속의 즐거움으로부터 전혀 영향 받지 않던 삶의 모습은 어디로 갔다는 말입니까? 다 지난 일이 되어 버렸습니다. 오래된 연감처럼 쓸데없는 것이 되었습니다. 그들은 변했고, 세상의 영이 그들의 마음을 사로잡았습니다. 그들은 지금 롯의 처가 갔던 길을 그대로 답습하고 있습니다. **뒤를 돌아보고 있습니다.**

스물, 스물한 살까지는 성실히 신앙생활 하다가 나이가 들수록 신앙을 완전히 잃어버리는 **젊은 여성들**이 얼마나 많습니까! 이때까지는 신앙의 문제를 자신의 삶에서 가장 중요한 것으로 여깁니다. 습관을 따라 개인적으로 기도하고, 부지런히 성경을 읽습니다. 기회가 생기면 가난한 사람을 돌아보기도 합니다. 주일학교에서 가르치기도 하고, 가난한 사람의 영적·육체적인 일을 돕고, 경건한 친구를 좋아하고, 신앙적인 이야기를 즐거워합니다. 종교적 표현과 체험으로 가득한 편지를 써 보내기도 합니다. 하지만 세상을 사랑하면서 그 모든 것이 무너지고, 물처럼 불안정하게 되는 사람이 얼마나 많습니까! 점점 이런 삶으로 물러나 그들의 첫사랑을 잃어버립니다. 점점 눈에 "보이는 것들"이 "보이지 않는 것들"을 대신해 마음을 채우기 시작합니다(고후 4:18). 메뚜기 떼처럼 그들의 영혼에 돋아난 파릇파릇한 잎사귀를 다 갉아먹어 버립니다. 이전의 분명한 태도에서 한 걸음씩 뒤로 물러납니다. 올바른 가르침에 대한 열심도 그칩니다. 다른 사람의 신앙에 대해 말하거나 판단하는 것은 "무

자비한" 행동이라는 사실을 새롭게 깨닫기라도 한 듯이, 자기 신앙에 대해 말 듣기를 싫어합니다. 사회적 통념으로부터 스스로를 구분하고 구별하려는 시도는 "배타적인 것"이라고 여깁니다. 점점 신앙에 덜 분명한 태도를 보이는 남자가 편해지기 시작합니다. 결국 그들이 갖고 있던 기독교의 마지막 남은 것까지 포기해 버리고 완전히 세상의 자식이 되고 맙니다. 이들은 지금 롯의 처가 갔던 길을 그대로 답습하고 있습니다. **뒤를 돌아보고 있습니다.**

처음에는 뜨거운 마음으로 신앙을 고백하고 열심을 냈다가, 지금은 미지근하고 형식적이고 냉담해진 **세례 교인들**이 얼마나 많습니까! 그들이 누구보다도 열심을 내던 때가 있었습니다. 그들만큼 열심히 은혜의 방편에 참여했던 사람도 없었습니다. 복음을 열심히 전하고 선한 일에 힘썼습니다. 그들만큼 신령한 가르침에 감복했던 사람도 없었습니다. 그들은 은혜 안에서 자라고자 누구보다 힘쓰고 애썼습니다. 하지만 지금은 모든 것이 달라진 것 같습니다! "다른 일을 사랑"하는 마음이 말씀을 막아서 결실하지 못하게 합니다. 세상의 재물과 명성과 학식에 더 마음이 갑니다. 그들과 이야기를 나누어 보십시오. 영적인 일에 대해서는 별 대꾸를 하지 않을 것입니다. 그들의 일상의 행실을 주목해 보십시오. 하나님 나라에 대한 열심이라고는 전혀 찾아볼 수 없습니다. 그들이 가졌다고 하는 종교는 더 이상 살아 있는 종교가 아닙니다. 이전에 가졌던 기독교 신앙의 샘은 다 말라 버렸습니다. 영적 능력은 다 꺼져 버리고 다 식어서 차디차게 되었습니다. 한때 그토록 눈부시게 타오르던 불꽃을 이 세상이 꺼 버렸습니다. 이들은 지금 롯의 처가 갔던 길을 그대로 답습하고 있습니다. 뒤를 돌아보고 있습니다.

　처음 몇 년 동안은 열심으로 섬기다가 세상을 사랑하는 마음으로 인해 게을러지고 나태해진 사역자들이 얼마나 많습니까! 처음 사역을 시작할 때는 그리스도를 위해 살고 그리스도를 위해 죽을 것 같습니다. 때를 얻든지 못 얻든지 한결같은 모습입니다. 설교가 살아 있어 교회로 사람들이 몰려듭니다. 자신이 맡은 회중을 잘 돌아봅니다. 주중에 하는 성경 공부 모임과 기도 모임, 심방은 그들의 기쁨입니다. 그러나 들릴라로 대변되는 세상의 치마폭에서 놀아나다 그 능력을 다 잃어버린 삼손같이, "성령으로 시작"했다가 "육체로 마감"하는 경우가 얼마나 많습니까!(갈 3:3) 그들은 부자로 살기 원하고, 세속적인 여인과 결혼합니다. 자긍심으로 마음이 높아져 있고, 연구와 기도를 게을리 합니다. 살을 에는 듯한 세상의 서리는 이전에 전도유망했던 영적 꽃봉오리를 다 떨어지게 만듭니다. 그들의 설교는 이전의 기름 부으심과 능력을 잃어 갑니다. 주중에 열심히 섬겼던 일은 하나 둘씩 줄어듭니다. 전처럼 신중하게 사귐을 갖기보다는, 여기저기 기웃거리며 무분별하게 사람들을 사귑니다. 그 입의 대화는 점점 이 땅의 것으로 채워져 갑니다. 점점 사람의 평가에 신경을 쓰고, "극단적인 견해"라는 소리를 들을까 봐 병적으로 신경 씁니다. 다른 사람에게 거슬리는 말을 하게 될까 봐 전전긍긍합니다. 한때는 사도의 진정한 계승자요 그리스도의 용사처럼 보였던 사람이, 정원을 가꾸고 농사를 짓고 외식이나 하면서 소일하는, 아무에게도 거슬리지 않고 아무도 구원하지 못하는 목사로 전락하고 맙니다. 그가 목회하는 교회는 교인이 절반이나 떨어져 나갔습니다. 그의 영향력은 줄어들었습니다. 세상이 그의 손과 발을 꽁꽁 묶어 버렸습니다. 그는 롯의 처가 갔던 길을 그대로 답습하고 있습니다. 뒤를 돌아보고 있습니다.[1]

이런 글을 쓰는 것도 슬프지만, 이런 사실을 목도하는 것은 훨씬 더 슬픕니다. 신앙이 있다는 그리스도인들이 교묘한 말로 자신의 양심을 눈멀게 하고, "지위에 따른 의무"나, "세련된 삶"이나, "기쁨에 찬 신앙생활"을 들먹이면서 자기 속에는 분명히 세속성이 없다고 핑계 대는 것을 보노라면 참 마음이 슬퍼집니다.

성공을 확신하며 웅장하고 화려하게 삶의 항해를 시작했지만, 세속성이라는 큰 구멍이 생겨서 안전한 항구를 목전에 두고도 모든 화물과 함께 침몰하는 사람들이 얼마나 많은지요. 세상을 사랑하는 많은 이들이 자기 영혼에 큰 이상이 있는데도, 스스로 괜찮다고 합리화하고 둘러대는 모습을 볼 때 가장 슬픕니다. 살날이 얼마 남지 않았는데도, 정작 본인들만 이 사실을 모릅니다. 야곱과 다윗과 베드로와 함께 시작했지만, 에서와 사울과 가룟 유다와 같이 끝맺습니다. 룻과 한나와 마리아처럼 시작했지만, 롯의 처와 같은 종말을 맞습니다.

열심 없는 신앙생활을 하지 않도록 조심하십시오. 신앙생활에서 얻게 되는 부차적인 것 때문에 그리스도를 따르지 않도록 하십시오. 사귀는 사람이나 친구가 원해서, 살고 있는 지역이나 가정이 으레 그렇게 하니까, 또는 신앙이 좋다는 평을 듣기 위해서가 아니라, 그리스도 그분이 좋아서 따라가는 것이어야 합니다. 철저하고 정직하고 실제적이고 바르게, 그리고 전심으로 따라가십시오. 어떤 신앙이든 진실된 신앙이어야 합니다. 롯의 처와 같은 죄를 짓지 않도록 조심하십시오.

스스로 너무 과하게 믿는다고 생각하거나 은밀하게 세상과 짝하는 일이 없도록 하십시오. 여러분 가운데 누구도 은자나 수도사나 수녀가 되기를 바라지 않습니다. 모두가 부름받은 자로 자신의 삶의 자리에서 주어진 의무를 다할 수 있기를 바랄 뿐입니다. 믿음이 있는 여러분, 행복하기를 바라십니까? 그렇다면, 하나님과 세상 사이에서 결코 타협하지 마십시오. 마치 흥정하는 것처럼, 그리스도께는 마음을 거의 드리지 않으면서 이 세상에 속한 것은 최대한 많이 얻으려고 하지 마십시오. 그렇게 계산적으로 살다가는 결국 모든 것을 잃게 될 것입니다. 모든 마음과 힘과 뜻과 정성을 다해 그리스도를 사랑하십시오. 먼저 하나님 나라를 구하십시오. 그러면 모든 것을 더하실 것입니다(마 6:33). 존 번연이 「천로역정」에서 묘사하는 두 마음을 가진 사람으로 드러나지 않도록 힘쓰십시오. 자신의 행복을 위해서, 영혼을 위해서, 안전을 위해서, 그리고 유익하게 쓰임받기 위해서라도 롯의 처와 같은 죄를 짓지 않도록 조심하십시오. 오, 우리 주 예수의 엄중한 말씀을 들어 보십시오. "손에 쟁기를 잡고 뒤를 돌아보는 자는 하나님의 나라에 합당하지 아니하니라"(눅 9:62).

3. 마지막으로, **하나님께서 롯의 처에게 내린 징벌을 보겠습니다.**

롯의 처의 죽음에 대해 성경은 단순한 몇 마디로 언급합니다. "뒤를 돌아보았으므로 소금 기둥이 되었더라." 하나님은 범죄한 이 여인을 기적을 통해 심판하셨습니다. 그녀에게 생명을 주셨던 전능자가 그 팔로 눈 깜짝할 사이에 그녀의 생명을 거두어 가셨습니다. 그녀는 순식간에 살아 있는 육신에서 소금 기둥으로 변했습니다.

정말 끔찍하고 두려운 결말입니다! 어느 때나 죽음은 엄숙한 사실입니다. 사랑하는 가족과 벗이 보는 가운데 죽든, 자기 침상에서 조용히 혼자 죽든, 경건한 사람들의 기도가 귓전을 울리는 가운데 죽든, 복음의 약속을 따라 부푼 희망 가운데 주 예수를 의지하면서 죽든, 죽음은 정말 중요한 일입니다. 하지만 죄 중에 급작스럽게 맞닥뜨리는 죽음이나, 건강한 상태로 있다가 갑자기 죽는다거나, 진노하시는 하나님의 직접적인 개입으로 죽는 것은 정말 두려운 일입니다. 롯의 처의 결말이 그랬습니다. 공동기도서에 "선하신 주님, 급작스러운 죽음으로부터 우리를 구하소서"라는 기도가 있다고 불평하는 사람이 있지만, 저는 마땅히 있어야 한다고 생각합니다.

롯의 처와 같이 죽는 것은 아주 절망적인 결말입니다! 무덤으로 내려가는 영혼을 보면서 절망할 수밖에 없는 때가 있습니다. 임종을 맞이한 형제나 자매를 보내며 그가 마지막에라도 회개하여 구원받았을 것이라고, 마지막 순간에라도 그리스도의 옷자락을 부여잡았을 것이라고 스스로를 위로하고 설득해야 할 때가 있습니다. 하나님의 자비를 떠올리고 성령의 능력을 기억합니다. 회개한 강도를 떠올립니다. 침상에서 임종을 맞는 사람에게 말할 힘이 남아 있지 않을 때까지도, 구원의 역사는 **계속된**다고 스스로를 위로하기도 합니다. 하지만 죄 중에 급작스러운 죽음을 맞이한 사람에게 그런 기대를 하는 것은 정말 부질없는 짓입니다. 악한 일을 하다가 단 1초라도 기도하거나 생각할 틈도 없이 급작스럽게 부름을 받는 영혼에 대해서는 자비도 기회를 얻지 못합니다. 롯의 처의 결말이 그렇습니다. 절망적인 결말입니다. 그녀는 지옥으로 갔습니다.

하지만 이 모든 것들에 관심을 기울이는 것이 좋습니다. 하나님은 죄인 줄 알면서도 죄를 향해 나아가는 사람을 엄히 벌하시고, 주신 특권을 오용하는 자에게 가공할 만한 진노를 내리시는 분이심을 기억하는 것이 좋습니다. 바로는 모세가 행하는 모든 기적을 코앞에서 보았습니다. 고라와 다단, 아비람은 시내 산에서 말씀하시는 하나님의 소리를 들었습니다. 홉니와 비느하스는 대제사장의 아들이었습니다. 사울은 사무엘이 가장 왕성하게 사역할 때 살았습니다. 아합은 엘리야 예언자의 경고를 자주 들었습니다. 압살롬은 다윗의 아들로서의 모든 특권을 누렸습니다. 벨사살은 다니엘 예언자를 바로 곁에 두었습니다. 아나니아와 삽비라는 사도들이 기적을 베풀던 때 교회의 일원이 되었습니다. 가룟 유다는 우리 주님이 직접 택하시고 함께 다닌 사람이었습니다. 하지만 이들 모두 자신들이 받은 빛과 지식을 거슬러 멋대로 죄를 지었고, 어떤 구제책도 없이 갑작스럽게 멸망했습니다. 회개할 틈도 없었습니다. 여느 때와 같이 지내다가 갑자기 죽었습니다. 급작스럽게 하나님을 만나러 간 것입니다. 새롭게 되지도 못하고, 용서받지도 못하여, 천국에 전혀 맞지 않은 자신의 모든 죄를 스스로 짊어지고 떠는 것입니다. 그들은 이미 죽었지만 여전히 말합니다. 롯의 처와 같이 빛을 거슬러 죄를 짓는 것은 너무나 위험하다고, 하나님은 죄를 미워하시는 분이고, 지옥은 실재한다고 지금도 우리에게 말하고 있습니다.

여러분에게 지옥의 주제에 대해 거침없이 말한다는 것이 좀 부담스럽기는 합니다만, 롯의 처의 결말이 주는 기회를 놓칠 수 없습니다. 지옥의 실재와 영원성에 대해 분명히 말해야 할 때가 온 것 같습니다. 최근에 거짓 교리가 홍수처럼 우리를 엄습하고 있습니다. 사람들은 말합니다. "자비로우신 하나님이 영혼을 영원히 벌하실 리 없다. 하나님의 사랑은 지옥의 밑창에도 드리워져 있다. 그러므로 사악하고 불경건한 사람이 개중에 좀 있기는 하지만 결국 모든 인류는 구원에 이르게 될 것이다." 사람들은 우리에게 사도적 신앙의 옛길에서 떠나라고 호소합니다. 지옥과 마귀와 징벌에 대한 믿음의 조상들의 가르침은 시대에 맞지 않는 구식이라고 합니다. 이른바 "인도적인 신학kinder theology"을 받아들이라고 합니다. 지옥을 이교적 설화들과 같이, 나쁜 아이들이나 바보짓 하는 아이들을 겁주기 위해 꾸며낸 이야기 정도로 취급하라고 합니다. 모두가 그렇게 말하고 저 혼자만 남았다 해도, 저는 이 거짓 가르침에 대항할 것입니다. 지옥에 대해 바로 이야기하는 것이 고통스럽고, 껄끄럽고, 거북하다고 어물쩍 넘어가서는 안됩니다. 반드시 직면해서 분명히 다루어야 합니다. 저는 아무리 혼자일지라도 결연히 옛 자리를 지키고, 지옥의 실재와 영원성을 주장할 것입니다.

제 말을 믿으십시오. 지옥의 문제는 단순히 사변적인 문제가 아닙니다. 교회의 예전이나 정치에 관한 논쟁으로 분류해서도 안됩니다. 에스겔의 성전이나 요한계시록의 상징이 갖는 의미처럼 신비적인 문제로 치부해서도 안됩니다. 지옥의 문제는 전체 복음의 근간에 자리한 물음입니다. 하나님의 도덕적 성품과 그분의 정의와 거룩과 성결이 모두 이 문제와 결부됩니다. 그리스도를 믿는 인격적인 믿음의 필요와 성화가 모두 이것과 관련되어 있습니다. 지옥에 대한 옛 가르침을 거부하면, 모든 기독교 신앙의 체계가 흔들리고, 나사가 빠지고 핀이 뽑힌 것처럼 무질서하게 될 것입니다.

제 말을 믿으십시오. 문제는 사람이 만든 이론과 허구를 우리가 의지하느냐 하는 것이 아닙니다. 성경은 지옥을 분명하게 말합니다. 성경이 지옥에 대해 말하는 것을 회피하면서, 성경을 정직하게 다루기란 불가능합니다. 성경이 무엇인가 말하는 것이 있다면, 그것은 지옥이 있다는 것입니다. 성경 본문을 제대로 해석한다면, 지옥에 던져질 자가 있다는 것도 알 수 있습니다. 지옥이 영원하다는 것도 분명합니다. 이 문제에 대해 성경의 증거를 거부하는 사람들은 도무지 생각이 없는 사람들일 것입니다. 성경이 지옥의 실재와 영원성을 가르치지 않는다고 논증하는 것보다, 차라리 우리가 존재하지 않는다고 주장하는 것이 더 쉬워 보입니다.

(1) 긍휼과 자비의 하나님이 그리스도를 보내 죄인을 대신해 죽게 하셨다고 가르치는 바로 그 성경이, 하나님은 본성상 죄를 미워하시고, 죄에 탐닉하는 자를 반드시 벌하시고, 이런 자들의 구원을 거부하신다고 말합니다. "하나님이 세상을 이처럼 사랑하사"(요 3:16)라고 선언하는 바로 그 장에서, "하나님의 진노가 그 위에 머물러 있느니라"(요 3:36)고 불신앙에 대해 선언합니다. "믿고 세례를 받는 사람은 구원을 얻으리라"고 이 땅에 선포된 그 복음이, 또한 "믿지 않는 사람은 정죄를 받으리라"고 선포합니다(막 16:16).

(2) 하나님은 회개하는 자에게 자비를 베푸실 뿐 아니라, 믿음이

없는 완악한 자를 벌하시고 원수에게 보응하시는 분이라는 무수한 증거들이 성경에 나타납니다. 홍수 심판을 받은 세상, 불 심판을 받은 소돔과 고모라, 홍해에서 몰살당한 바로와 그의 군대, 고라와 다단과 아비람에게 내린 심판, 가나안의 일곱 부족의 완전한 파괴 등은 모두 한 가지 무서운 진리를 가리키고 있습니다. 이 모든 사실들은, 그것을 듣는 우리가 하나님의 진노를 촉발하지 않도록 하기 위해 경고와 표지와 경계로 주어졌습니다. 이 모든 사실들이 임박한 하나님의 진노를 가리고 있는 휘장을 걷어 올리고, 하나님의 진노가 실제로 있음을 우리가 잊지 않도록 해줍니다. 이 사건들은 한결같이 이렇게 말합니다. "악인들이 스올로 돌아감이여"(시 9:17).

(3) 주 예수 그리스도야말로 지옥의 실재와 영원성에 대해 가장 분명하게 말씀하신 분입니다. 부자와 나사로의 비유에는 두려운 사실이 나타나 있습니다. 그러나 이 경우만이 아닙니다. "너희가 듣는 말은 내 말이 아니요 나를 보내신 아버지의 말씀이니라"(요 14:24)고 말씀하신 그분은 세상 그 누구보다도 지옥의 끔찍함에 대해 많은 말씀을 하셨습니다. 지옥, 격심한 고통, 영원한 멸망, 심판의 부활, 고통받는 곳, 바깥 어두운 곳, 벌레도 죽지 않는 곳, 슬피 울며 이를 가는 곳, 영원한 형벌 등의 표현은 지옥을 가리키기 위해 주 예수 그리스도께서 친히 사용하신 것들입니다. 오늘날 복음 사역자는 결코 지옥이라는 단어를 사용해서는 안된다고 하는 터무니없는 소리를 무시하십시오! 그렇게 말하는 사람은 자신의 무지와 부정직을 드러낼 뿐입니다. 그리스도의 모범대로 가르치려는 사람은 반드시 지옥에 대해 말할 수밖에 없습니다. 복음서를 읽어 보면 누구나 이 사실

을 알 수 있습니다.

(4) 마지막으로, 우리가 지옥의 실재 혹은 영원성을 부정하면, 성경이 우리에게 말하는 천국의 복락도 사라지고 맙니다. 불경건하고 악하게 죽은 사람이 영원히 분리되어 갈 곳이 없단 말입니까? 죽은 후에는 모든 사람이 뒤섞여 한 무리가 된단 말입니까? 그렇다면 천국은 더 이상 천국이 아닙니다! 서로 일치하지 않는 사람들이 함께 행복하게 지내는 것은 불가능합니다. 지옥이나 징벌이라는 용어가 필요하지 않은 때가 온단 말입니까? 악인도 천국에 들어가게 된단 말입니까? 그렇다면 성령의 성화도 다 필요 없고 무시해도 된단 말입니까? 신자는 이 땅에 사는 동안 성화되고, 천국을 위해 준비된다고 성경이 말합니다. 지옥에도 성화가 있다는 말은 도무지 보지를 못했습니다. 근거 없고 비성경적인 이론은 집어치우십시오! 성경은 지옥의 영원성을 천국의 영원성만큼이나 분명히 확증하고 있습니다. 지옥이 영원하지 않다면, 하나님과 천국도 영원하지 않다고 말해야 합니다. 예수님의 말씀 중에 "영벌"로 번역된 그리스어 단어가 "영생"(마 25:46)이라는 말에도 동일하게 쓰이고 있고, 사도 바울도 "영원하신 하나님"(롬 16:26)이라고 말하면서 같은 단어를 쓰고 있습니다.

이런 말은 많은 사람들을 불쾌하게 합니다. 그러나 저는 이런 반응이 전혀 새삼스럽지 않습니다. 과연 성경적인가, 진리인가 하는 것만 중요합니다. 저는 감히 주장합니다. 지옥의 실재는 성경의 진술과 분명히 일치합니다. 신자는 자신이 잃어버린 자로 지옥에 떨어질 수도 있음을 자주 상기해야 합니다.

지옥에 대한 명백한 가르침을 부정하고, 듣기 거북하다고 지옥을 부정하기는 쉽습니다. "편협한 견해", "구식 개념", "지옥불 신학" 같은 이야기를 자주 듣습니다. 오늘날에는 좀더 "포괄적인" 이해가 필요하다는 말도 자주 듣습니다. 그러나 저는 더도 말고 덜도 말고 성경만큼만 넓어지고 싶습니다. 성경에서 사람이 본성적으로 싫어하는 부분은 다 제해 버리고, 하나님께서 권고하시는 부분을 거부하는 사람이야말로 편협한 신학자입니다.

제가 지금 무덤덤하게 지옥을 말하고 있지 않는다는 것을 하나님은 아십니다. 저는 아무리 악한 죄인에게라도 구원의 복음을 기쁘게 전하고 싶습니다. 가장 악하고 방탕한 삶을 살다가 임종의 자리에 누운 사람에게도 "회개하고 예수님을 믿기만 하면 당신은 구원을 얻을 수 있습니다" 하고 기꺼이 말할 수 있었으면 얼마나 좋겠습니까? 하지만 성경은 천국뿐 아니라 지옥도 말하고 있습니다. 복음은 사람의 구원뿐 아니라 멸망도 가르치고 있다고 주저하지 말고 말하라고 합니다. 불이 피어오르는 것을 보고도 침묵하는 파수꾼은 태만함에 대한 책임을 피하지 못합니다. 죽어 가는 사람에게 낫고 있다고 말하는 의사는 거짓 친구입니다. 설교에서 지옥을 언급하지 않는 목회자는 신실한 목회자가 아닙니다. 그에게는 사랑이 없습니다.

아무리 작은 부분이라도 하나님의 진리를 감추는 것을 어찌 사랑이라고 할 수 있겠습니까? 제가 처한 위험을 소상히 알려 주는 친구가 진정한 친구 아니겠습니까? 경건하게 살지 않으면서도 여전히 돌이키지 않는 사람이 맞을 미래를 감춰 봐야 무슨 소용이 있습니까? "범죄하는 그 영혼은 죽으리라"고 분명히 말하지 않는다면 이는 마귀를 돕는 것입니다(겔 18:4, 20). 세례를 받고도 많은 사람들이 여전히 경박하게 살아가는 이유는, 지옥에 대해 분명하게 들어본 일이 없기 때문일지도 모릅니다. 만약 목회자가 임박한 진노를 피하라고 지옥에 관해 더 신실하게 설교하고 촉구했다면, 수많은 사람들이 회개하고 돌아섰을 것입니다. 우리 중 많은 이들은 이 점에 있어서 죄책을 면할 수 없습니다. 우리는 그리스도께서 보여주신 애정과는 다른 끔찍한 애정을 가지고 있습니다. 자비에 대해서는 말하면서도, 심판은 말하지 않습니다. 천국에 대해 많이 설교하지만, 지옥은 거의 설교하지 않습니다. 사람들이 자신의 설교를 듣고 "저급하고, 야비하고, 광신적"이라고 생각할까 봐 두려워합니다. 우리를 심판하시는 분은 주님이십니다. 그리스도께서 가르치신 것과 같은 교리를 가르치는 사람은 결코 잘못될 수 없다는 것을 망각하고 있습니다.

건강하고 성경적인 그리스도인이고 싶은 사람들이 있다면 잘 들으십시오. **자신의 신학에 지옥을 포함시키십시오.** 여러분의 마음에 계시는 하나님은, 자비의 하나님이실 뿐 아니라 심판의 하나님이시라는 원리를 분명히 하십시오. 천국의 지복의 기초를 놓으신 영원한 경륜으로 비참한 지옥의 기초를 놓으셨다는 사실을 분명히 하십시오. 용서받지 못하고 새롭게 되지 못하고 죽는 모든 사람들은, 하나님의 존전으로 결코 나아갈 수 없고, 영원히 잃어버릴 수밖에 없다는 사실을 항상 기억하십시오. 이런 사람들은 천국을 누릴 수도 없고, 천국에서 행복할 수도 없습니다. 자기 자리로 가야 합니다. 지옥으로 말입니다. 오, 오늘날과 같은 불신앙의 시대에 성경 전체를 믿는 것이 얼마나 중요한지요!

건강하고 성경적인 그리스도인이고 싶은 사람들에게 간청합니다. **지옥의 실재와 영원성에 대해 분명히 가르치지 않는 목회를 조심하십시오.** 이런 목회가 마음을 편하고 즐겁게 해줄 수는 있을지 몰라도, 여러분을 그리스도께로 이끌어 믿음을 견고히 하기는커녕, 여러분을 어르고 달래서 잠들게 합니다. 하나님의 진리의 어떤 부분이라도 누락한다면, 그것은 곧 전체를 망치는 일입니다. 하나님의 자비와 천국의 기쁨에만 편파적으로 매달리고, 주님의 공포와 지옥의 비참함을 말하지 않는 설교는 완전히 잘못된 설교입니다. 사람들이 좋아할지는 몰라도, 성경적이지 않습니다. 사람들은 즐겁고 만족스럽게 할지는 몰라도, 구원에 이르게 하지는 못합니다. 하나님이 계시하신 것에 대해 조금도 주저하지 않는 설교를 들려주십시오. 너무 호되고 거슬리는 소리라고 할지 모르고, 사람을 두렵게 하는 것은 그들에게 도움이 안된다고 말할지도 모르겠습니다. 하지만 복음의 위대한 목적은 사람들을 설득하여 "임박한 진노를 피하"게 하는 것입니다(마 3:7, 눅 3:7). 두려워하지 않는 사람이 죄에서 떠나고 지옥으로부터 돌아설 것이라는 기대는 아예 하지 마십시오. 신앙 있는 그리스도인이 현재 자신의 모습보다 자기 영혼을 더 염려하고 두려워할 수 있다면 차라리 잘된 일입니다!

건강한 그리스도인이고 싶다면, **자신의 결말이 어떻게 될지 자주 생각하십시오.** 행복하게 끝날지 아니면 비참하게 끝날지 말입니다. 의인의 죽음이 될지, 롯의 처와 같은 소망 없는 죽음이 될지 말입니다. 이 땅에서 영원히 살 사람은 없습니다. 언젠가는 반드시 죽습니다. 인생의 마지막 설교를 들어야 할 때가 옵니다. 마지막 기도를 드려야 할 때가 옵니다. 마지막으로 성경을 읽어야 할 때가 옵니다. 의미와 바람과 희망과 의도와 결심과 의심과 머뭇거림 같은 것이 다 끝날 때가 마침내 옵니다. 그때가 되면 이 세상을 등지고 거룩하신 하나님 앞에 서야만 합니다. 여러분이 지혜로울 수 있다면 좋겠습니다! 마지막 때를 깊이 생각할 수 있는 사람이 되면 좋겠습니다!

항상 실없이 지낼 수 없습니다. 진지할 수밖에 없는 때가 옵니다. 자기 영혼에 대한 관심을 영원히 미룰 수는 없습니다. 하나님 앞에서 결산해야 할 때가 옵니다. 언제까지나 흥얼거리고, 춤추고, 먹고, 마시고, 옷을 고르고, 책을 읽고, 농담하고, 꾀를 부리고, 궁리하고, 계획하고, 돈을 벌 수 있는 것이 아닙니다. 베짱이가 항상 빈둥거리며 지낼 수는 없습니다. 마침내 차디찬 겨울 저녁이 이를 것이고, 그러면 더는 빈둥거릴 수 없습니다. 여러분도 마찬가지입니다. 지금은 신앙을 벗어던질 수도 있고, 하나님의 사역자의 권고를 무시할 수도 있습니다. 그러나 싸늘한 날이 다가오고 있습니다. 그날에는 하나님께서 여러분에게 직접 오셔서 모든 것을 정산하자고 하실 것입니다. 여러분의 결말은 어떻겠습니까? 롯의 처의 결말과 같이 절망적인 것이 되겠습니까?

하나님의 자비를 힘입어 간청합니다. 제발 이 물음들을 회피하지 마십시오. 여전히 세상에 마음을 둔 채, 하나님의 자비에 대한 막연한 희망으로 양심을 억누르지 마십시오. 일상의 삶과 습관이 "아버지의 사랑이 그 안에 있지 아니하니"(요일 2:15)라고 말하고 있는데도, 하나님의 사랑에 대한 어리석은 기대로 죄에 대한 확신을 질식시키지 마십시오. 하나님께는 강물 같은 자비가 있지만, 이는 그리스도 예수를 믿고 회개하는 신자를 위한 것입니다. 하나님께는 죄인을 향한 측량할 수 없고 말할 수 없는 사랑이 있지만, 이는 그리스도의 음성을 듣고 그분을 따르는 사람을 위한 것입니다(요 10:27). 이 사랑에 마음을 두도록 애쓰십시오. 알고 있는 모든 죄를 청산하십시오. 담대하게 세상으로부터 나오십시오. 기도로 하나님께 부르짖으십시오. 현재와 영원을 위해 주저 없이, 그리고 온전히 주 예수께 여러분 자신을 던지십시오. 모든 무거운 짐을 내려놓으십시오. 여러분 영혼의 구원을 방해하는 것이라면, 아무리 좋게 보이고 사랑스러워도 내려놓으십시오. 아무리 값진 것이라도 여러분과 천국을 가로막고 있다면 다 버리십시오. 낡고 파선한 이 세상은 여러분 발 아래로 빠르게 가라앉고 있습니다. 지금 절실한 일은 구명정에 몸을 싣고 안전하게 해안에 이르는 것입니다. 자신의 부르심과 택하심을 분명히 하기 위해 힘쓰십시오. 무슨 일이 있어도 천국만큼은 분명히 하십시오. 롯의 처와 같은 결말을 맞이하기보다는 차라리 이 세상에 있는 동안 지금보다 무수한 조롱을 받고, 극단적인 사람이라고 비난받는 것이 더 낫습니다!

이제 각자의 양심에 새길 몇 가지 물음을 던지며 이 장을 마무리하겠습니다. 롯의 처가 보낸 일생—그녀가 누린 특권, 그녀의 죄악과 결말—을 잘 보았습니다. 성령의 은혜가 없이 누리는 특권은 소용이 없다는 사실과, 세속성의 위험, 지옥의 실재에 대해 들었습니다. 저는 이제 몇 가지 직접적인 호소를 하려고 합니다. 허다한 관점과 지식과 신앙고백이 난무하는 이때에 영혼의 파선을 막을 표지를 띄우고자 합니다. 모든 영적 항해자들이 지나가는 수로에 부표를 띄우고 그 위에다가 "롯의 처를 기억하라"고 크게 쓰고 싶은 것이 제 심정입니다.

(1) 그리스도의 재림에 별로 관심이 없습니까? 안타깝게도, 많은 이들이 그렇습니다! 소돔 사람들과 같고, 노아 때의 사람들과 같습니다. 그리스도가 다시 오시지 않을 것처럼 계획을 세우고 살아갑니다. 먹고, 마시고, 집을 짓고, 시집가고, 장가가는 일에만 몰두합니다. 여러분이 그런 사람이라면, 조심하십시오. "롯의 처를 기억하십시오."

(2) 미적지근하고 냉랭한 신앙생활을 하고 있습니까? 슬프게도, 많은 이들이 그렇습니다! 두 주인을 섬기려 하고, 하나님과 맘몬을 동시에 짝하려고 애씁니다. 둘 중 하나만 택하는 것이 아니라, 영적인 박쥐가 되려고 합니다. 철저한 그리스도인도 아니고, 그렇다고 세상 사람처럼 살지도 못합니다. 여러분이 만약 그런 사람이라면, 조심하십시오. "롯의 처를 기억하십시오."

(3) 두 의견 사이에서 머뭇거리다가 세상으로 돌아가려고 합니까? 슬프지만, 많은 이들이 그렇습니다! 십자가를 두려워하고, 분명한 신앙 때문에 겪게 될 어려움과 질책을 은근히 싫어합니다. 광야와 만나에 싫증내고, 할 수만 있으면 애굽으로 돌아가려고 합니다. 여러분이 그런 사람이라면, 조심하십시오. "롯의 처를 기억하십시오."

(4) 은밀히 즐기면서 버리지 못하는 죄가 있습니까? 슬프게도, 많은 이들이 그렇습니다! 신앙을 고백하는 일에 있어서는 누구보다 앞장서고, 선한 일에 힘쓰는 참된 하나님의 사람처럼 보입니다. 하

지만, 그들에게는 버리지 못하는 악한 습관이 있습니다. 숨은 세속성, 탐욕, 정욕이 거죽처럼 달라붙어 있습니다. 다른 우상은 기꺼이 부수면서 유독 이것만은 부수지 못합니다. 여러분이 그런 사람이라면 조심하십시오. "롯의 처를 기억하십시오."

(5) 현저하게 드러나지 않는 죄는 시시하게 여깁니까? 슬프게도, 많은 이들이 그렇습니다! 위대하고 본질적인 복음의 교리도 잘 압니다. 모든 방탕함으로부터 완전히 떠나서, 하나님의 율법을 대놓고 어기거나 하지는 않습니다. 하지만 문제는 일관되지 못하고, 핑계 대기에 급급하다는 것입니다. "단지 약간의 기질적 차이일 뿐이라고, 좀 경솔했던 것뿐이라고, 깜빡 잊었다"고 말합니다. "하나님이 그런 사소한 것까지 신경 쓰실 리 없다. 우리 중 누구도 완전하지는 않다. 하나님이 그것까지 요구하지는 않으실 것이다"라면서 둘러댑니다. 여러분이 그런 사람이라면, 조심하십시오. "롯의 처를 기억하십시오."

(6) 신앙적 특권에 안주하고 있습니까? 슬프게도, 많은 이들이 그렇습니다! 정기적으로 설교를 통해 복음을 듣고, 많은 의식儀式과 은혜의 방편에 참여하면서 안전한 곳에 머뭅니다. "나는 부자라. 부요하여 부족한 것이 없다"(계 3:17)고 하지만 사실 그들에게는 믿음도 없고, 은혜도 없고, 영적인 마음도 없습니다. 그들은 천국에 부합하지도 않습니다. 여러분이 그런 사람이라면, 조심하십시오. "롯의 처를 기억하십시오."

(7) 종교적 지식을 신뢰합니까? 슬프게도, 많은 이들이 그렇습니다! 다른 사람과 달리, 이들은 신앙의 내용에 무지하지 않습니

다. 참된 교리와 거짓된 교리의 차이를 압니다. 논쟁과 추론에도 능합니다. 성경 본문을 인용하여 논증할 수도 있습니다. 하지만 이들은 아직 회심하지 않았고, 죄와 허물 가운데 아직 죽어 있는 상태입니다. 여러분이 그런 사람이라면, 조심하십시오. "롯의 처를 기억하십시오."

(8) 신앙을 고백하기는 하지만 여전히 세상과 짝하고 살아가고 있습니까? 아, 슬프게도 많은 이들이 그렇습니다! 사람들이 자기를 그리스도인이라고 생각해 주기를 바랍니다. 진지하고, 한결같고, 엄격하고, 규칙적이고, 교회에 다닌다는 평판을 듣기 좋아합니다. 반면에 그들의 차림새와 기호와 어울리는 사람들과 즐기는 것들을 보면, 그들은 분명히 세상에 속한 사람입니다. 여러분이 그런 사람이라면, 조심하십시오. "롯의 처를 기억하십시오."

(9) 임종 시에 회개할 수도 있을 것이라고 믿으며 살아갑니까? 슬프게도, 많은 이들이 그렇습니다! 이들은 자신이 마땅히 되어야 할 만큼 되지 못했다는 것도 압니다. 아직 거듭나지도 못했고, 지금 죽으면 천국에 못 갈 것도 압니다. 하지만 병에 걸려 마지막 임종을 맞을 때 회개하고 그리스도를 붙들 기회가 있을 것이고, 마침내 용서받고 거룩하게 되어 천국에 걸맞는 모습으로 세상을 떠나게 될 것이라고 스스로를 안심시킵니다. 그러나 이들은 갑자기 죽는 사람도 있다는 사실을 잊고 있습니다. 죽을 때도 평소에 살았던 그대로 죽는다는 사실을 잊고 있습니다. 여러분이 그런 사람이라면, 조심하십시오. "롯의 처를 기억하십시오."

(10) 복음주의 교회에 다니고 있습니까? 많은 이들이 더 이상 앞

으로 나아가지를 않습니다! 매 주일마다 진리를 듣지만, 여전히 냉랭하고 완고한 마음으로 살아갑니다. 설교들이 그들의 귓전을 때리고, 회개하라고, 믿으라고, 그리스도께로 나와 구원을 얻으라고 연신 외치지만, 일 년이 가고 십 년이 가도 변하지 않습니다. 자기가 좋아하는 목회자의 설교를 계속해서 듣기는 하면서도, 여전히 자기가 좋아하는 죄와 짝하고 있습니다. 여러분이 그런 사람이라면, 조심하십시오. "롯의 처를 기억하십시오."

우리 주 예수 그리스도의 엄중한 말씀이 우리 마음에 깊이 새겨지기를 바랍니다! 이 말씀이 우리가 잠들려고 할 때 우리를 일깨우고, 죽은 자처럼 느껴질 때 우리를 소생하게 하고, 둔하고 무디게 느껴질 때 우리를 예리하게 하고, 냉랭하고 차갑게 느껴질 때 우리를 뜨겁게 하기를 바랍니다! 우리가 뒤로 물러나려고 할 때, 이 말씀이 우리를 다그치는 박차가 되고, 딴 길로 가려고 할 때 우리를 저지하고 데려오는 고삐가 되기를 바랍니다! 사탄이 우리 마음을 교묘한 말로 미혹할 때 이 말씀이 우리를 보호하는 방패가 되기를 바랍니다! 사탄이 감히 우리에게 "그리스도를 버리고, 와서 세상을 따르라!"고 말할 때 이 말씀이 우리를 붙들어 주고, 우리가 쥐고 싸울 검이 되기를 바랍니다! 시험이 찾아 올 때 우리가 이렇게 말할 수 있기를 바랍니다. "내 영혼아, 너를 구원하신 이의 경고를 기억하라! 영혼아, 나의 영혼아, 그분의 말씀을 잊었느냐. 영혼아, 나의 영혼아, 롯의 처를 기억하라!"

11장
그리스도의 가장 위대한 트로피

달린 행악자 중 하나는 비방하여 이르되 네가 그리스도가 아니냐. 너와 우리를 구원하라 하되 하나는 그 사람을 꾸짖어 이르되 네가 동일한 정죄를 받고서도 하나님을 두려워하지 아니하느냐. 우리는 우리가 행한 일에 상당한 보응을 받는 것이니 이에 당연하거니와 이 사람이 행한 것은 옳지 않은 것이 없느니라 하고 이르되 예수여, 당신의 나라에 임하실 때에 나를 기억하소서 하니 예수께서 이르시되 내가 진실로 네게 이르노니 오늘 네가 나와 함께 낙원에 있으리라 하시니라. (눅 23:39-43)

본문 말씀은 "회심한 강도"에 대한 유명한 말씀입니다. 신약성경에서 이 본문만큼 사람들에게 익숙한 본문도 없을 것입니다.

사람들이 이 본문을 잘 아는 것은 어찌 보면 당연하고, 또 좋은 일입니다. 이 말씀을 통해 고통 가운데 있던 많은 사람들이 위로를 얻었습니다. 불안해 하는 수많은 양심이 쉼을 얻었고, 상한 마음이 향유를 얻어 누렸습니다. 죄로 병든 많은 영혼이 회복되었고, 적지 않은 사람이 이 말씀을 통해 평안히 임종을 맞이했습니다. 이 말씀은 앞으로도 그리스도의 복음이 전파되는 곳이면 어디서나 환영과 사랑을 받고 기억될 것입니다.

본문에 대해 몇 가지 살펴볼 것이 있습니다. 본문이 우리에게 주는 교훈을 열어 보이겠습니다. 여러분의 지적 수준이 어느 정도인지 알 수 없지만, 이 본문에 담긴 교훈은 아무리 잘 알아도 지나침이 없을 뿐 아니라, 어느 누구도 이 교훈에 대해 알아야 할 만큼 충분히 안다고 말할 사람은 없습니다. 여기 그리스도가 받은 가장 위대한 트로피가 있습니다.

1. 우선, 본문을 통해 **죄인**을 **구원하시는** 그리스도의 **능력**과 자원하는 **마음**을 알아야 합니다.

회심한 강도의 이야기를 통해서 우리가 배워야 할 교훈이 바로 이것입니다. 모든 이의 귓가에 감미로운 음악과 같이 흐르는 이 본문은, 예수 그리스도가 "구원하는 능력을 가진 이"라고 우리에게 가르칩니다(사 63:1).

회심한 강도가 처했던 상황보다 더 절망적이고 필사적인 경우가 있으면 말씀해 보십시오. 그가 설사 살인자는 아니라 해도 강도나 도둑인 것은 분명했습니다. 더구나 그는 십자가에 처형되어야 할 만큼 **악한** 사람이었습니다. 그는 자기 죄에 대한 정당한 형벌을 받고 있었습니다. 십자가에 달렸을 때 그도 처음에는 예수님에게 욕을 퍼부었습니다. 이제까지 악하게 살아온 대로, 죽을 때도 악독한 마음으로 죽으려고 한 것 같습니다.

그는 죽어 가고 있었습니다. 십자가에 못 박혀 매달린 그는 십자가에서 결코 살아 내려올 수 없습니다. 손가락, 발가락 하나도 까딱할 힘이 없었습니다. 한 시간 한 시간 죽어 가고 있었습니다. 그가 살아 있을 수 있는 시간은 겨우 손으로 꼽을 수 있을 정도였습니다. 무덤이 그를 마중 나와 있었습니다. 사망까지는 이제 딱 한 걸음만 남았을 뿐입니다.

지옥으로 떨어지는 벼랑 끝에서 서성이는 영혼이 있다면, 그것은 바로 이 강도의 영혼입니다. 잃어버리고, 이미 다 지나가 버려서 회복할 수 없는 지경에 이르렀다면, 그것은 바로 이 강도의 상태였습니다. 마귀가 이제 거의 자기 손아귀에 들어온 것으로 확신했던 아담의 후손이 있다면, 바로 이 사람이었습니다.

하지만 그에게 지금 무슨 일이 일어났는지 보십시오. 처음에 예수님을 욕하고 불경스러운 말을 퍼부었던 그가 전혀 다른 태도로 말하기 시작합니다. 우리의 복된 주님께 기도했습니다. "당신의 나라에 임하실 때에 나를 기억하소서." 자기 영혼을 살펴 주시고, 지은 죄를 용서하시고, 다른 세상에서 자기를 기억해 달라고 간청합니다. 정말 놀라운 변화입니다!

그가 예수님으로부터 들은 대답은 무엇입니까? 구원받기에는 그가 너무 악한 자라고 말하는 사람도 있었을 것입니다. 하지만 예수님이 보시기에는 그렇지 않았습니다. 어떤 사람은 그가 구원받기에는 너무 늦었다고 생각했을 것입니다. 문은 이미 닫혔고, 전혀 불쌍히 여김을 받을 여지가 없다고 생각했을 것입니다. 하지만 전혀 늦지 않은 것으로 드러났습니다. 주 예수께서는 즉시 그에게 자애로운 답을 주셨습니다. 그가 바로 오늘 낙원에 함께 있게 될 것이라고, 그를 완전히 용서했노라고, 그의 모든 죄악으로부터 깨끗함을 받았노라고, 은혜로 그를 용납했노라고, 값없이 그를 의롭게 했노라고, 지옥 문에서 그를 건져 올리고, 영광에 들어가게 하겠노라고 확신을 주셨습니다. 구원받은 수많은 영혼 가운데 회심한 이 강도만큼, 자신의 구원에 대한 영광스러운 확신을 얻은 사람도 없었습니다. 창세기부터 요한계시록까지 구원받은 모든 이름을 살펴보십시오. 하나님의 아들로부터 직접 이런 말을 들은 사람이 한 명이라도 있었는지 말입니다. "오늘 네가 나와 함께 낙원에 있으리라."

제가 믿기로, 주 예수께서 어떤 사람의 구원에 대해 이 강도에게 하신 것처럼 완전한 의지와 능력을 피력하신 때는 없었습니다. 가장 약하게 보이셨던 바로 그때조차, 자신은 가장 강한 구원자라는 것을 보여주셨습니다. 십자가에 매달려 극심한 고통 가운데 있을 때조차도, 다른 사람을 불쌍하게 여길 수 있음을 보여주셨습니다. 자신도 죽음을 맞이하고 계셨던 바로 그 시간에, 죽어 가는 죄인에게 영생을 베풀어 주셨습니다.

"자기를 힘입어 하나님께 나아가는 자들을 온전히 구원하실 수 있"다고 제가 분명히 말하지 않았습니까?(히 7:25) 여기, 그 증거가 있습니다. 구원받기에 너무나 멀리 간 죄인이 있다면, 그것은 바로 이 강도였을 것입니다. 하지만 불 가운데서 건짐을 받은 나뭇가지처럼 그는 구원을 얻었습니다.

그리스도는 믿음의 기도로 자기에게 나아오는 그 어떤 죄인도 내쫓지 않고 다 받으실 것이라고 제가 말하지 않았습니까? 여기, 그 증거를 보십시오. 우리가 볼 때, 이 강도는 용납하고 받아들이기에는 너무도 나쁜 사람 아닙니까? 하지만 자비의 문은 그에게 더욱 활짝 열렸습니다.

행위가 아니라 믿음을 통해서 은혜로 구원을 얻으므로 두려워 말고 믿기만 하라고 제가 말하지 않았습니까? 여기, 그 증거를 보십시오. 이 강도는 세례를 받지 않았습니다. 가시적인 교회에 속하지도 않았습니다. 성찬을 받지도 않았습니다. 그리스도를 위한 일이라고는 전혀 하지도 않았습니다. 그리스도의 복음 전파를 위해 헌금한 적도 없었습니다! 하지만 그는 믿음이 있었고, 구원을 받았습니다.

가장 어린 믿음이라도 참된 믿음이라면 그 영혼을 구원하실 것이라고 제가 말하지 않았습니까? 여기, 그 증거를 보십시오. 이 사람의 믿음은 하루도 채 되지 않았습니다. 하지만 이 믿음을 통해 그는 그리스도께로 이끌렸고, 지옥에 떨어지지 않았습니다.

이런 본문이 성경에 있는데, 절망할 이유가 어디 있습니까? 예수님은 전혀 가망이 없는 환자도 고칠 수 있는 의사입니다. 죽은 영혼을 소생하게 하고, 없는 것을 있는 것처럼 부르시는 분입니다.

누구도 좌절하면 안됩니다! 예수님은 1,800년 전이나 지금이나 여전히 동일하십니다. 그분은 사망과 지옥의 열쇠를 쥐고 계십니다. 그분이 한번 여시면 닫을 자가 없습니다.[1]

여러분의 죄가 머리카락보다 많다 한들 어떻습니까? 여러분의 힘과 키가 자란 만큼 악한 습관도 덩달아 자랐다 한들 어떻습니까? 지금까지 살아오는 내내 선을 미워하고 악을 좋아했다 한들 어떻습니까? 물론 이 모든 일은 참으로 슬픈 일임에 틀림없습니다. 하지만 그런 여러분에게도 여전히 희망이 있습니다. 그리스도는 여러분을 치료하실 수 있습니다. 여러분을 비천한 데서 들어올리실 수 있습니다. 천국은 여러분에게도 아직 열려 있습니다. 겸손히 여러분의 영혼을 그분의 손에 의탁한다면, 그리스도는 여러분을 받으실 수 있습니다.

여러분의 죄는 용서받았습니까? 그렇지 않다면, 바로 오늘 값없이 받는 온전한 구원을 여러분에게 소개합니다. 회심한 강도의 발자취를 따라가십시오. 그리스도께로 와서 생명을 누리십시오. 예수님은 매우 인정 많고 자비로우신 분입니다. 여러분 영혼에 필요한 모든 일을 할 수 있는 분입니다. 여러분의 죄가 주홍같이 붉을지라도 눈같이 희게 할 수 있습니다. 진홍같이 붉을지라도 양털같이 희게 할 수 있습니다. 여러분도 다른 사람처럼 구원받아야 하지 않겠습니까? 그리스도께로 와서 생명을 누리십시오.

여러분은 참된 신자입니까? 그렇다면, 그리스도 안에서 기뻐하십시오. 자신의 믿음, 느낌, 지식, 기도, 달라진 삶, 부지런함 때문이 아니라 오직 그리스도로 인해 기뻐하십시오. 안타깝게도, 우리 중 가장 탁월하다는 사람조차 자비롭고 능력 많으신 구주에 대해 잘 모릅니다. 우리는 그분을 충분히 높이고 기뻐하지 않습니다. 그분께 있는 충만함을 더 많이 볼 수 있도록 우리는 기도해야 합니다.

여러분은 다른 사람을 이롭게 하려고 애씁니까? 그렇다면, 그들에게 그리스도를 말해 주는 것을 잊지 마십시오. 젊은이, 가난한 자, 나이든 자, 못 배운 자, 병든 자, 죽어 가는 자 모두에게 그리스도를 말해 주어야 합니다. 그분의 능력과 그분의 사랑을 말해 주십시오. 그분의 행적과 그분의 마음을 말해 주십시오. 죄인의 괴수를 위해 그분이 무엇을 하셨는지, 또 마지막 때에 하시는 일이 무엇인지 계속해서 말하십시오. 그리스도에 대해 말하는 일에 지치지 마십시오. 그들에게 넉넉하고 충분히, 무조건적이고 솔직하게, 의심할 여지없이 이렇게 말하십시오. "그리스도께로 나아오십시오. 회개한 강도처럼 나아오십시오. 그리스도께로 나아오십시오. 그러면 당신은 구원받습니다."

2. 우리가 이 본문에서 배울 수 있는 두 번째 교훈은, 죽음을 목전에 두고 구원을 얻는 이가 더러 있기는 하지만 그렇지 않은 사람이 더 많다는 사실입니다.

이것은 우리가 결코 소홀히 하지 말아야 할 진리입니다. 제가 이것을 굳이 언급하는 이유도 여기 있습니다. 이 진리는 그 곁에 함께 매달려 있던 다른 행악자의 비극적인 결말에서 분명히 드러납니다. 그러나 사람들은 그 자리에 "두 강도"가 있었다는 것을 너무나 쉽게 간과합니다.

십자가에 못 박힌 다른 강도는 어떻게 되었습니까? 왜 그는 자기 죄로부터 돌이켜 주님을 부르지 않았을까요? 왜 회개하지 않고 완악한 마음으로 끝까지 남아 있었을까요? 왜 그는 구원받지 못했습니까? 이런 물음에 대답하려고 해봐야 아무 소용없습니다. 우리 앞에 놓여 있는 사실을 그대로 받아들이는 것으로 만족하고, 이 사실이 우리에게 말해 주는 교훈을 살펴보려고 합니다.

이 강도가 회심한 다른 강도보다 더 나쁜 사람이었다고 말할 하등의 이유는 없습니다. 그에 대한 증거는 성경 어디에도 없기 때문입니다. 두 사람 모두 명백히 악한 자였습니다. 둘 다 악행에 걸맞는 형벌을 받고 있었고, 우리 주 예수 그리스도 곁에 나란히 못 박혀 있었습니다. 둘 다 예수께서 자신을 찌르는 자를 위해 기도하는 소리를 들었습니다. 온몸으로 고통을 견디는 것도 보았습니다. 하지만 한 강도는 회심했고, 다른 강도는 완고한 마음 그대로 남아 있었습니다. 한 강도는 기도하기 시작했지만, 다른 강도는 계속 욕설을 퍼부었습니다. 한 강도는 마지막 순간에 회심했지만, 다른 강도는 그가 살아온 대로 끝까지 악한 자로 남아 있었습니다. 한 강도는 낙원으로 이끌림을 받았지만, 다른 강도는 자기 자리―마귀와 귀신들을 위한 자리―로 돌아갔습니다.

이 본문은 또한 우리에게 경고로 주어졌습니다. 본문에는 위로뿐 아니라 경고도 담겨 있습니다. 이는 아주 엄중한 경고입니다.

임종 시에 회개하고 돌이키는 사람이 있기는 하지만 모두 다 그러는 것은 아니라고 말합니다. 임종하는 순간이 항상 구원받는 때는 아닙니다.

두 사람 모두 자기 영혼에 복이 될 수 있는 똑같은 기회를 얻었고, 똑같은 위치에서 같은 일을 보고 들었습니다. 하지만 둘 중 한 사람만 그 기회를 붙들어 회개하고 믿음으로 구원받았습니다. 본문이 이를 분명히 말해 줍니다.

무엇보다도 본문에서 말하는 분명한 사실은, 회개와 믿음은 사람의 능력으로 할 수 있는 것이 아니라 하나님의 선물이라는 것입니다. 만일 어떤 사람이 자기는 스스로 원하는 때에 회개하고 주님을 찾을 것이며, 결국에는 회심한 강도같이 마지막 순간에 돌이키고 구원받을 수 있을 것이라고 생각한다면, 나중에 자신이 얼마나 스스로를 기만하고 살아왔는지 알게 될 것입니다.

이 사실을 마음 깊이 새겨 두십시오. 이 주제에 관해 세상에 얼마나 많은 속임수들이 있는지 모릅니다. 죽음을 전혀 준비하지 않은 채 삶을 허비하는 사람이 얼마나 많은지 모릅니다. 어떤 사람은 자신이 회개해야 될 줄 알면서도 항상 뒤로 미룹니다. 사람들이 미루는 가장 큰 이유는, 언젠가 자기가 원하는 때에 하나님께로 돌이킬 수 있을 것이라고 믿기 때문입니다! 이런 사람은 포도원 비유에서 제11시에 일하러 들어간 일꾼의 의미를 자기 마음대로 끌어다가 적용합니다. 지금 우리가 살펴보는 본문에서도 자기에게 이롭게 다가오는 부분만 받아들이고, 나머지는 잊습니다. 구원받고 낙원에 이른 회심한 강도에 대해서는 이야기하지만, 이전에 살아온 대로 죽어 간 다른 강도에 대해서는 잊습니다.[2]

상식이 있는 여러분에게 간청합니다. 제발 이런 잘못을 저지르지 마십시오.

성경에 기록된 사람들의 역사를 잘 보십시오. 그리고 제가 말하는 이런 생각이 성경과 얼마나 상반되는지 보십시오. 두 사람에게 동일한 빛이 비치지만, 그중 한 사람만 그 빛을 누리는 일이 얼마나 많습니까. 그 누구도 하나님의 자비를 마음대로 사용하여 자기가 원하는 때에 회개할 수 있을 것이라고 착각할 권리는 없습니다. 성경은 이에 대한 증거로 넘쳐 납니다.

사울과 다윗을 보십시오. 이 두 사람은 동시대를 살았습니다. 그들은 같은 신분에서 같은 위치로 부름받았습니다. 둘 다 사무엘이라는 당대 최고 예언자의 사역을 누렸고, 왕위에 있었던 햇수도 같았습니다! 하지만 한 사람은 구원받았고, 다른 사람은 잃어버린 자가 되었습니다.

서기오 바울과 갈리오의 경우를 보십시오. 둘 다 로마의 총독이었고, 지혜롭고 신중한 사람들이었습니다. 둘 다 사도 바울의 설교를 들었습니다! 하지만 한 사람은 믿고 세례를 받았고, 다른 사람은 "이 일에 조금도 참견하지 않았습니다"(행 18:17, 새번역).

주변을 한번 둘러보십시오. 무슨 일이 일어나고 있는지 한번 보십시오. 두 자매가 동일한 목양을 받으며, 같은 진리의 설교를 듣습니다. 하지만 한 사람만 하나님께로 돌이키고, 다른 사람은 전혀 감동받지 않습니다. 두 친구가 같은 신앙서적을 읽습니다. 한 사람은 그 책에 감명받아 그리스도를 위해 모든 것을 포기하는 반면, 다른 사람은 그 속에서 아무것도 보지 못하고, 전과 같이 살아갑니다. 많은 사람들이 필립 다드리지Philip Doddridge가 쓴 「신앙의 시작과 진보The Rise and Progress of Religion in the Soul」[3]를 읽고도 아무 유익을 얻지 못하는 반면, 윌버포스는 이 책을 통해 영적인 삶을 시작하게 되었습니다. 수많은 사람들이 윌버포스가 쓴 「실천적 기독교Practical View of Christianity」를 읽고도 전혀 변화되지 못한 채 그 책을 내려놓습니다. 반면에, 레이 리치몬드Leigh Richmond는 이 책을 읽고 전혀 다른 사람이 되었습니다. "구원은 나 자신의 능력에 달려 있다"고 말할 수 있는 사람은 아무도 없습니다.

이 사실들을 설명하지 않고, 사실 그대로 여러분 앞에 제시하겠습니다. 한번 잘 살펴보십시오.

제 생각을 오해하지 마십시오. 여러분을 좌절시키려는 것이 아닙니다. 애정 어린 마음으로 위험을 경고하는 것입니다. 천국에서 여러분을 몰아내기 위해 말하는 것이 아닙니다. 오히려 그리스도를 알게 하여 천국과 그리스도께로 이끌려고 합니다.

에둘러 짐작하지 마십시오. 하나님의 자비와 긍휼을 남용하지 마십시오. 여전히 죄 가운데 머물면서, 자기가 원하고 바라기만 하면 아무 때라도 믿고 회개하여 구원에 이를 수 있을 것이라고 생각하지 마십시오. 여러분 앞에 문을 활짝 열어 놓고 "살아 있을 동안에는 희망이 있다"[4]고 항상 말할 수 있다면 저도 좋겠습니다. 하지만 지혜로운 여러분에게 촉구합니다. 자기 영혼에 소중한 일을 뒤로 미루지 마십시오.

자기 속에 선한 생각과 경건한 확신이 있다면, 그것을 잃어버리지 않도록 조심하십시오. 그것을 소중히 여기고 더 풍성하게 하여 영원히 잃어버리지 않도록 하십시오. 그것이 날갯짓 하고 날아가 버리지 않도록 잘 누리십시오. 기도하고 싶은 마음이 있습니까? 즉시 실천하십시오. 그리스도를 진심으로 섬기고 싶습니까? 당장 시작하십시오. 영적 깨달음이 있습니까? 그 깨달음대로 살 수 있도록 하십시오. 선용해야 할 기회를 우습게 여기지 마십시오. 하고 싶어도 못할 때가 옵니다. 꾸물거리지 마십시오. 기회가 지나간 다음에 지혜로운 생각을 해봐야 아무 소용없습니다.

"아무리 늦어도 회개할 수 있다"라고 말할지도 모르겠습니다. 저는 이렇게 대답합니다. "맞는 말입니다. 하지만 때늦은 회개가 참된 회개가 될 수 있을지 사실 잘 모르겠습니다. 더구나 회개를 미루다가 결국 회개하지 못할 수도 있지 않겠습니까?"

여러분은 이렇게 말할 것입니다. "제가 두려워해야 할 이유가 어디 있습니까? 회심한 강도도 구원받지 않았습니까?" 저는 대답합니다. "사실입니다. 하지만 본문을 잘 보십시오. 다른 한 강도는 **잃어버린 자가 되었습니다.**"

3. 우리가 이 본문에서 배울 수 있는 세 번째 교훈은, **성령은 항상 구원받은 영혼을 한결같이 인도하신다는 사실입니다.**

이는 우리가 특별히 주목해야 함에도 자주 간과하는 점입니다. 대개 사람들은 회심한 강도가 죽을 때 구원받았다는 사실에만 주목할 뿐 그 이상의 의미는 보지 않습니다.

그들은 이 강도가 남긴 증거를 숙고하지 않습니다. 성령이 그의 마음에 역사하신 풍성한 증거를 보지 못합니다. 저는 지금 이 증거를 살펴보려고 합니다. 성령은 항상 한결같이 역사하신다는 것을 밝혀 보겠습니다. 회심한 강도에게 하신 것처럼 순식간에 사람을 변화시키시든, 아니면 다른 사람에게 하시는 것처럼 점진적으로 하시든, 성령이 영혼을 천국으로 인도하시는 발자취는 항상 동일하다는 것도 밝혀 보겠습니다.

다음 사실을 분명히 하십시오. 경계를 늦추지 마십시오. 임종의 때에 맞춰 천국으로 나아가는 쉬운 길이 있을 것이라는 통념을 털어버리기를 바랍니다. 모든 구원받은 영혼은 한결같이 동일한 경험을 합니다. 이 회심한 강도의 신앙에서 발견되는 주된 원리 역시 이제까지 살았던 옛 성도들의 신앙의 원리와 전혀 다르지 않습니다. 이 점을 분명히 이해할 수 있기를 바랍니다.

(1) 이 사람의 **믿음이** 얼마나 **강한지** 보십시오. 그는 예수님을 "주여"라고 불렀습니다. 예수님이 "나라"를 소유하셨다는 믿음을 선언했습니다. 그분이 자기에게 영생과 영광을 주실 수 있다고 믿었고, 그 믿음으로 기도했습니다. 그분을 향해 정죄의 말들이 쏟아졌음에도 불구하고, 예수님은 죄가 없다고 주장했습니다. 그는 "이 사람이 행한 것은 옳지 않은 것이 없느니라"고 말했습니다. 그 자리에 있는 다른 사람들 가운데도 주님은 죄가 없다고 **생각하는** 사람이 있었을 것입니다. 하지만 불쌍하게 죽어 가는 이 사람 말고, 공개적으로 죄가 없다고 **말한** 사람은 아무도 없었습니다.

이 강도가 예수님을 변호한 상황은 어떠했습니까? 온 나라가 "십자가에 못 박아라! 십자가에 못 박아라! 가이사만이 우리의 왕이다"라고 외치며 그리스도를 부정하던 때입니다. 대제사장과 바리새인이 "사형에 해당하는 죄"로 그분을 정죄했던 때입니다(요 19:6, 마 26:66, 막 14:64). 심지어 사랑하던 제자들마저 그분을 버리고 도망했던 때입니다. 그분 역시 죄인 중 하나로 여김을 받고 저주를 받아 십자가에 매달린 채, 피 흘리며 정신이 혼미하여 죽어 가던 때였습니다. 이 강도가 예수님을 믿고 그분께 기도했던 때는 바로 그런 때였습니다! 세상이 시작된 이래로 이보다 확실한 믿음은 없었습니다.[5]

제자들은 굉장한 표지와 이적을 직접 눈으로 본 사람들입니다. 말씀으로 죽은 자가 살아나는 것도 보았고, 한번 만지심으로 나병이 낫고, 소경이 보고, 벙어리가 말하고, 절름발이가 걷는 것도 보았습니다. 몇 조각의 빵과 물고기로 수천 명을 먹이시는 것도 보았습니다. 주님이 물 위를 마른 땅처럼 걸으시는 것도 보았습니다. 다른 누구보다도 권세 있게 말씀하시는 것도 보았고, 장차 이루어질 선한 일을 약속하시는 것도 직접 들었습니다. 그들 중 어떤 이는 변화산상에서 주님의 영광을 맛보기도 했습니다. 두말할 것도 없이 그들의 믿음은 "하나님의 선물"(엡 2:8)로 주어진 것이었지만, 그들의 믿음을 돕는 일들이 많이 일어났던 것도 사실입니다.

하지만 죽어 가는 이 강도는 제자들이 보았던 것을 전혀 보지 못했습니다. 고통과 연약함과 고난과 아픔으로 힘겨워하시는 주님을 본 것이 전부입니다. 수치스러운 형벌을 당하시는 그분을 보았을 뿐입니다. 자기 백성 가운데 위대하고 현명하고 고상한 모든 사람으로부터 거절당하신 그분을 보았을 뿐입니다. 그분의 능력은 질그릇같이 말라 버렸고, 그분의 생명은 무덤에까지 내려갔습니다(시 22:15, 88:3). 왕의 홀도, 왕관도, 눈에 보이는 통치권도, 영광도, 위엄도, 권력도, 그 어떤 권능의 표지도 없었습니다. 하지만 죽어 가는 강도는 그리스도의 나라를 믿었고, 그 나라를 기대했습니다.

성령이 여러분 안에 계신지 알고 싶습니까? 그렇다면 여러분에게 그리스도를 믿는 믿음이 있는지 보십시오.

(2) 이 강도가 가진 **죄에 대한 바른 인식**을 보십시오. 그는 다른 강도에게 이렇게 말했습니다. "우리는 우리가 행한 일에 상당한 보응을 받는 것이니 이에 당연하거니와." 그는 자신이 불경건한 자임을 부인하지 않았고, 자기가 받는 형벌이 당연하다고 인정했습니다.

자신을 정당화하거나 자기 잘못을 변명하려고 하지 않았습니다. 지난날의 악독함을 기억하고 스스로를 낮추어 말했습니다. 이는 모든 하나님의 자녀가 갖는 마음입니다. 기꺼이 자신을 지옥의 형벌에 합당한 죄인이라고 인정합니다. 입술로만 아니라 마음으로 이렇게 말합니다. "마땅히 해야 할 일은 하지 않고, 마땅히 하지 말아야 할 일을 하는 우리는 모두 성한 곳이 없는 사람들이다"(공동기도서).

성령이 여러분 안에 계신지 알고 싶습니까? 그렇다면 여러분이 자신의 죄를 절감하는지 보십시오.

(3) 이 강도가 다른 강도에게 보여준 **형제 사랑이 어떠했는지** 보십시오. 그는 다른 강도가 예수님을 욕하고 불경한 말을 내뱉는 것을 멈추게 하려고 했습니다. 더 좋은 마음을 갖게 하려고 애썼습니다. 그는 말합니다. "네가 동일한 정죄를 받고도 하나님을 두려워하지 아니하느냐." 이보다 더한 은혜의 증거가 또 어디 있습니까! 은혜는 사람을 이기심에서 일깨워 다른 사람의 영혼을 불쌍히 여기도록 합니다. 회심한 사마리아 여인은 물동이를 버려두고 떠나 동네로 달려가 말했습니다. "내가 행한 모든 일을 내게 말한 사람을 와서 보라. 이는 그리스도가 아니냐"(요 4:28-29). 회심한 사울은 즉시 다메섹의 회당으로 가서 자기 동족들에게 "예수가 하나님의 아들이심"을 증언했습니다(행 9:20).

성령이 여러분 안에 계신지 알고 싶습니까? 그렇다면 여러분이 다른 이들의 영혼을 사랑하고 있는지 보십시오.

요컨대, 우리는 지금 회심한 강도에게서 성령의 완성된 사역을 보고 있습니다. 신자가 가진 모든 성품은 성령으로부터 기인합니다. 강도가 회심한 후 신자로서 산 삶은 너무도 짧았지만, 자신이 하나님의 자녀라는 사실을 증거하기에는 충분했습니다. 그의 믿음과 기도와 겸손과 형제 사랑은 그가 회심했다는 분명한 증거입니다. 명목상으로만 회심한 것이 아니라, 행실과 진리를 모두 보아도 회심한 것입니다.

그러므로 어느 누구도 회심한 강도가 구원받은 것을 예로 들면서, 성령의 역사의 증거가 없이도 구원받을 수 있다고 생각하지 말아야 합니다. 이 사람이 남긴 증거를 숙고해 봐야 합니다.

사람들이 **임종 시 증거**에 대해 말하는 것은 참 안타까운 일입니다. 도무지 납득이 안되는 것을 증거라고 들이대며, 친구가 천국에 갔다고 확신하는 것을 보노라면 너무나 두렵습니다. 이런 사람들은 죽은 자기 친척에 대해 "언젠가 그가 너무나 아름다운 기도를 드린 적이 있어요", "그는 참 좋은 말을 많이 했어요", "그는 자신의 지난 날을 후회하면서 몸이 좋아지면 이전과 전혀 다르게 살려고 마음먹었어요", "그는 이 세상의 것에는 아무 욕심도 없었어요", "그는 사람이 성경 읽고 기도해 주는 것을 좋아했어요" 등의 이야기를 할 것입니다. 이런 것들을 증거로 죽은 사람이 구원받았을 것이라고 기대하면서 위안을 얻습니다! 하지만 구원의 길이 되신 그리스도의 이름은 단 한번도 언급하지 않았습니다. 이들에게 그리스도의 이름은 구원에 전혀 문제되지 않는 것 같습니다. 신앙에 관한 이야기가 아주 조금 있었을 뿐인데도, 이것으로 만족하고 있습니다!

저는 어느 누구의 감정도 상하게 하고 싶지 않습니다. 하지만 이 주제에 대해서는 분명하게 말해야 합니다. 또 그렇게 할 것입니다.

한마디로 말해서, 임종 시 증거로는 충분하지 않습니다. 아프거나 두려워 떨면서 하는 말이나 느낌은 신뢰할 것이 못됩니다. 이런 말이나 느낌은 진심에서 우러났다기보다는 두려움에서 비롯된 경우가 너무나 많습니다. 목회자나 염려해 주는 친구에게서 들은 말을 기계적으로 되풀이한 것일 뿐, 본인이 분명히 느껴서 하는 경우는 아주 드뭅니다. 대부분의 사람들이 아플 때에는 돌이키고 고치겠다고 약속하고, 처음으로 신앙에 대해 이야기하며 관심을 갖다가도, 회복되면 다시 죄와 세상으로 돌아간다는 사실만 보아도 잘 알 수 있습니다.

어리석고 무분별한 삶을 살아온 사람이 임종을 맞아 선한 기대를 가지고 몇 마디 좋은 말을 했다고 해서 그의 영혼에 대해 만족할 수는 없습니다. 그가 곁에 앉아 성경을 읽고 기도해 달라고 부탁했다는 것으로 충분하지 않습니다. "나는 지금까지 살아오면서 신앙에 대해 마땅히 신경을 썼어야 했는데, 그렇게 하지 못했습니다. 만약 내 몸이 회복된다면, 나는 정말 전과 같이 살아서는 안되겠지요"라고 말하는 것으로도 충분치 못합니다. 이런 말을 했다는 이유로 그의 영혼의 상태에 대해 안심할 수는 없는 노릇입니다. 물론 이런 말은 그 자체로 좋은 말이지만, 그렇다고 이것이 회심은 아닙니다. 그리스도를 믿는 믿음도 아닙니다. 유감스럽게도, 회심과 그리스도에 대한 믿음을 보기 전까지는 결코 만족할 수 없습니다. 다른 사람들은 안심할지 모르겠습니다. 벗이 죽은 후에 그가 천국에 갔기를 바란다고 말할 수도 있겠지요. 하지만 저는 차라리 입을 다물고 아무 말도 하지 않겠습니다. 비록 겨자씨보다 작다고 해도, 죽어 가는 사람에게서 믿음과 회개를 보는 것이 더 낫습니다. 회개와 믿음에 미치지 못하면서도 만족하는 것은 불신앙으로 가는 지름길입니다.

여러분의 영혼에 대해 어떤 증거가 남기를 바랍니까? 회심한 강도를 본받으십시오. 그렇다면 선한 증거를 남길 수 있습니다.

좁은 무덤에 여러분을 누인 후, 여러분이 참된 신자였음을 증명한답시고 신앙의 파편을 주워 모으지 않아도 되도록 해주십시오. 남아 있는 사람들이 머뭇머뭇하면서 여러분의 신앙에 대해, "그는 지금 행복할 거야. 저번에는 얼마나 믿음에 찬 말을 하던지. 정확히 기억은 안 나지만 성경의 어느 한 장을 무척이나 좋아했어. 그는 선한 사람들을 좋아했지"라고 말하지 않도록 해주십시오. 남아 있는 사람들이 여러분 영혼에 대해 분명하게 말할 수 있게 해주십시오. 여러분의 회개와 믿음과 거룩에 대한 증거가 확고해서, 어느 누구도 여러분의 상태에 대해 의구심을 품지 않도록 해주십시오. 이런 증거가 없다면, 여러분이 죽고 난 후에 사람들은 여러분의 영혼에 대해 불안해 할 것입니다. 기독교식으로 여러분의 장례를 치를 수도 있습니다. 여러분에 대한 애정 어린 희망을 나타낼 수도 있습니다. 교회 무덤에 여러분을 묻기 전에 "주 안에서 죽는 자가 복되도다"라고 말해 줄 수도 있습니다. 이렇게 한다고 해서 여러분의 상태가 달라지는 것은 아닙니다! 하나님께로 돌이키지 않고 믿음 없이 죽는다면, 여러분의 장례식은 잃어버린 영혼을 위한 장례식이 될 뿐입니다. 그렇다면 여러분은 차라리 나지 않는 것이 더 좋았을 것입니다.

4. 다음으로 우리가 이 본문을 통해 배울 교훈은, **그리스도 안에 있는 신자가 죽으면 주님과 함께 있게 된다**는 사실입니다.

우리 주님이 회심한 강도에게 하신 말씀에서 이 사실이 분명히 드러납니다. "오늘 네가 나와 함께 낙원에 있으리라." 빌립보서에서 이와 매우 흡사한 표현을 봅니다. 바울은 "차라리 세상을 떠나서 그리스도와 함께 있는 것"에 대한 열망을 드러냅니다(빌 1:23). 이 주제에 대해서는 개인적 묵상에 도움이 되도록 잠깐만 언급하고 지나가겠습니다. 위로와 평강이 넘치는 주제입니다.

신자는 세상을 떠난 후 "그리스도와 함께" 있습니다. 이 말은 사람들을 분주하고 불안하고 어지럽게 하는, 까다로운 물음들에 대한 답을 줍니다. 죽은 성도의 거처와 그들의 기쁨, 감정, 행복 같은 것이 다음과 같은 단순한 표현 하나로 충족되는 것 같습니다. 그들은 모두 "그리스도와 함께" 있습니다.

이 땅을 떠난 신자의 상태에 대해 상세히 설명할 수는 없습니다. 사람의 지성으로는 헤아릴 수도 없고, 이해할 수도 없는, 고귀하고도 심오한 주제입니다. 물론 그들이 지금 누리는 즐거움은, 그리스도께서 다시 오시고 최후의 부활을 통해 그들의 몸이 다시 살아났을 때 누리게 될 행복에는 미치지 못합니다. 그러나 그들은 지금 모든 수고와 슬픔과 고통과 죄를 벗고 복된 안식을 누리고 있습니다. 제가 지금 그들의 상태에 대해 설명할 수 없는 것은, 이 땅에 있을 때보다 그들이 더 행복함을 확신하지 못해서는 아닙니다. "그리스도와 함께" 있다는 사실만으로 그들이 지금 얼마나 행복한지 알 수 있고, 그것만으로 충분합니다.

양은 목자와 함께 있을 때가 가장 좋습니다. 지체들이 머리와 연락하고 있다면 더 무엇을 바라겠습니까? 그리스도의 권속이 된 하나님의 자녀들이 그들을 사랑하시고 일생 동안 자신을 이끄신 분과 함께 있다면, 이보다 더 좋을 수는 없습니다.

　저는 몸과 분리된 영혼의 상태를 알 수 없기 때문에, 낙원이 어떤 곳인지 제대로 설명할 수 없습니다. 하지만 그리스도가 그곳에 계시는 것만 봐도, 그곳이 얼마나 즐거운 곳인지 알 수 있습니다.[6] 인간의 상상력이 만들어 낸 죽음과 부활 사이의 상태 가운데 그 어떤 것도 이것과 비교할 수 없습니다. 주님이 그곳에서 어떤 모습으로 계시는지 저는 모릅니다. 제가 죽어 두 눈이 감긴 후에나 낙원에 계시는 그리스도를 뵈올 것이며, 저는 그것으로 만족합니다. 시편 기자가 이 마음을 잘 표현해 주고 있습니다. "주의 우편에는 영원한 즐거움이 있나이다"(시 16:11). 죽음을 맞는 딸에게 "그곳에는 병도 고통도 없으니, 너는 더 이상 아프지 않아도 된단다. 거기 가면 먼저 간 오빠, 언니들도 보게 될 것이고, 항상 행복할거야"라고 말하며 위로하는 엄마에게, 그 딸은 이렇게 말했습니다. "엄마! 다른 어떤 것보다도 그리스도가 거기 계신다는 게 너무 좋아요."

　여러분은 자기 영혼에 대해 별로 생각하지 않고 지낼 수도 있습니다. 그리스도를 구주로 알지 못하고 있을 수도 있습니다. 그리스도가 얼마나 소중한 분인지 전혀 경험하지 못했을 수도 있습니다. 그러면서도 여전히 죽으면 낙원에 이르고 싶어 하는지도 모릅니다. 그런 여러분에게 본문은 분명히 말합니다. 낙원은 그리스도께서 계신 곳입니다. 이런 낙원에서 기뻐할 수 있겠습니까?

신자지만 무덤에 내려간다는 생각에 여전히 두려움을 감추지 못할 수도 있습니다. 무덤은 너무 싸늘하고 끔찍하게만 보입니다. 어둠과 음울함과 쓸쓸함만 느껴질 뿐입니다. 하지만 두려워하지 말고, 본문에서 힘을 얻으십시오. 여러분은 낙원에 이르게 될 것입니다. 그리스도께서 그곳에 계십니다.

5. 마지막으로 본문을 통해 배울 교훈은, **각 영혼이 맞이하게 될 영원한 분깃이 그리 멀지 않다**는 것입니다.

우리 주님은 회심한 강도에게 "오늘"이라고 말씀하셨습니다. "오늘 네가 나와 함께 낙원에 있으리라." 저기 멀리 있는 한 날을 말씀하지 않으셨습니다. 주님이 들어갈 영원한 복락을 "멀리" 있는 것처럼 말씀하지 않으시고, 오늘이라고 하셨습니다. "네가 십자가에 달려 있는 바로 이날"이라고 하셨습니다.

얼마나 가깝게 들립니까! 이 말로 보건대, 우리의 영원한 처소가 그리스도와 함께 있거나 아주 가까이 있지 않겠습니까! 행복이나 비참함, 슬픔이나 기쁨, 그리스도와 함께 있거나 마귀와 함께 있게 될 이 모든 것들이 우리 가까이에 있습니다. 다윗은 "나와 죽음의 사이는 한 걸음뿐"이라고 말했습니다(삼상 20:3). 낙원 혹은 지옥과 우리 사이의 거리는 단 한 걸음입니다.

우리 중 그 누구도 이 사실을 마땅히 알아야 할 만큼 알지 못합니다. 스스로를 흔들어 깨워 이 문제에 대한 막연한 생각에서 벗어날 때가 바로 지금입니다. 우리는 죽음이 저 멀리 있는 긴 여정의 시작이라도 되는 양, 임종을 맞는 신자들에 대해 앞으로 길고도 먼 여정을 떠나는 사람처럼 말하곤 합니다. 그러나 이는 큰 착각입니다! 그들이 다다르게 될 포구는 아주 가까이 있습니다.

사랑하는 사람이 죽고 나서 그들을 땅에 묻어 장사하기까지 길고도 힘겨운 시간을 보낸 적이 있을 것입니다. 아마도 이때가 일생 중 가장 더디고 버거운 순간이었을 것입니다. 하지만 우리 하나님을 찬양합시다. 이 땅을 떠난 성도들은 마지막 숨을 거둔 바로 그 순간부터 완전히 자유롭습니다. 이 땅에 남은 사람들이 슬퍼하고, 관을 짜고, 장례식을 준비하고, 떠나 보낼 모든 준비를 다 마칠 바로 그때, 우리가 사랑하는 이의 영혼은 이미 그리스도의 임재를 누리고 있습니다. 그들은 이제 육체의 버거운 짐으로부터 영원히 자유롭습니다. 지금 그들은 "악한 자가 소요를 그치며 거기서는 피곤한 자가 쉼을 얻는" 곳에 있습니다(욥 3:17). 신자가 숨을 거두는 바로 그 순간, 낙원으로 들어갑니다. 자기 싸움을 다 싸웠고, 분투는 끝이 났습니다. 언젠가 우리도 지나가야 할 음침한 길을 다 지나갔습니다. 언젠가 우리가 건너야 할 차갑고 어두운 강을 그들은 이미 다 건넜습니다. 죄가 빚어 놓은 쓴잔의 마지막 한 방울까지 다 마셨습니다. 이미 그들은 더 이상 슬픔과 탄식이 없는 곳에 이르렀습니다. 그들이 다시 돌아오기를 기대하지 말아야 합니다! 그들을 위해 슬퍼할 것이 아니라, 우리 자신을 위해 슬퍼해야 합니다.

여전히 우리는 싸움이 한창이지만, 그들은 평화를 누립니다. 우리는 수고하나, 그들은 안식합니다. 우리는 깨어 있어야 하지만, 그들은 잠을 잡니다. 우리는 영적인 무장 가운데 있지만, 그들은 무장을 다 벗었고 다시 무장할 필요가 없습니다. 우리는 여전히 항해 가운데 있지만, 그들은 이미 안전한 포구에 이르렀습니다. 우리는 눈물을 삼키지만, 그들은 기쁨을 마십니다. 우리는 이방인이요 순례자로 살아가지만, 그들은 본향 집에서 편안히 있습니다. 확실히 이 땅에서 살아 있는 자보다 그리스도 안에서 죽은 자가 훨씬 더 복됩니다! 숨을 거두는 바로 그 순간, 성도는 즉시 이 땅에서 가장 존귀한 사람보다 더 존귀해지고, 그들이 누렸던 어떤 행복보다 더 큰 행복을 누립니다.[7]

이와 관련해서 엄청나게 많은 속임수들이 있습니다. 로마 가톨릭 신자도 아니고, 연옥을 믿지도 않는 많은 사람들이 죽음 이후의 즉각적인 결과에 대해 이상한 생각을 가지고 있습니다.

많은 사람들이 죽음과 영원한 상태 사이에 어떤 간격이나 시공간이 있다고 막연히 생각합니다. 거기서 일종의 변화를 거쳐 정결해진다는 것입니다. 천국에 합당하지 않게 죽을지라도, 이런 변화를 거쳐 결국 천국에 합당하게 된다는 것입니다!

하지만 이것은 순전히 오해입니다. 죽음 이후에는 어떤 변화도 없습니다. 무덤에 내려가면 전혀 회심할 수 없습니다. 마지막 숨을 거둔 후에는 새로운 마음이 주어지지 않습니다. 이 세상을 떠난 바로 그날, 영원으로 들어갑니다. 영원한 상태를 시작하는 것입니다. 그날 이후로는 어떤 영적인 변화도 없습니다. 죽는 순간, 우리의 몫을 받는 것입니다. 쓰러진 나무가 그대로 있는 것처럼, 죽음 이후에는 어떤 변화도 없습니다.

만약 여러분이 회심하지 않은 사람이라면, 고민이 될 수밖에 없습니다. 자신이 바로 지옥 문 앞에 이른 것을 알고 있습니까? 여러분은 바로 오늘 죽을 수도 있습니다. 그리스도와 상관없이 눈을 감는다면, 그 즉시 지옥에서 고통 가운데 눈을 뜨게 될 것입니다.

만약 여러분이 참된 그리스도인이라면, 여러분이 생각하는 것보다 천국이 훨씬 더 가까이 있습니다. 주님이 오늘 여러분을 데려가신다면, 여러분은 오늘 낙원에 있게 될 것입니다. 약속된 좋은 땅이 바로 눈앞에 있습니다. 연약함과 고통 속에서 두 눈을 감자마자, 도무지 말로 할 수 없는 영광으로 눈뜰 것입니다.

결론적으로 몇 마디만 덧붙이고 마치겠습니다.

(1) **겸비해진 마음으로 회개하는 죄인**이 이 글을 읽을 수도 있습니다. 여러분이 그중 한 명이라면, 여기 여러분을 위한 격려가 있습니다. 회심한 강도가 어떻게 했는지 보고 그와 같이 하십시오. 그가 어떻게 기도했는지 보십시오. 그가 어떻게 주 예수 그리스도를 불렀는지 잘 보십시오. 그가 얻은 평화의 약속이 무엇이었는지 잘 보십시오. 형제자매여, 이와 같이 하여 여러분도 구원받아야 하지 않겠습니까?

(2) **자긍하고 착각하며 살아가는 세상에 속한 사람**이 이 글을 읽을 수도 있습니다. 여러분이 그런 사람입니까? 그렇다면 이 경고를 받으십시오. 회심하지 않은 강도가 어떻게 자기가 살아온 그대로 죽음을 맞이했는지 보고, 그와 같이 되지 않도록 하십시오. 잘못된 삶을 살아온 형제자매여, 자기 죄 가운데 죽지 않기 위해서라도 너무 자긍하지 마십시오! 주님을 아직 찾을 수 있을 때 찾으십시오. 돌이키십시오. 왜 죽으려고 합니까?

(3) **그리스도를 고백하는 신자**가 이 글을 읽을 수도 있습니다. 여

러분이 그런 사람입니까? 그렇다면 회심한 강도의 신앙을 자기 신앙을 증명하는 기준으로 삼으십시오. 참된 회심과 구원하는 믿음이 무엇인지, 참된 겸손과 뜨거운 사랑을 알고 있는지 한번 보십시오. 형제자매여, 세상이 말하는 기독교 신앙의 표준으로만 만족하지 마십시오. 회심한 강도와 같은 마음을 품으십시오. 그것이 지혜롭습니다.

(4) **먼저 세상을 떠난 신자 때문에 마음이 슬픈 사람**이 이 글을 읽을 수도 있습니다. 여러분이 그런 사람입니까? 그렇다면 말씀으로부터 위로를 얻으십시오. 여러분이 사랑하는 사람이 지금 누구의 손에서 얼마나 복된 상태로 있는지 보십시오. 그보다 더 좋을 수는 없습니다. 이전에 세상에서 살 때는 결코 그렇게 좋지 못했습니다. 하지만 지금 그들은 이 땅에 있는 동안 그토록 사랑했던 예수님과 함께 있습니다. 그러므로 이기적인 슬픔에서 벗어나십시오! 오히려 그들이 모든 문제에서 풀려나 안식에 들어간 것으로 기뻐하십시오.

(5) **연로한 그리스도의 종**이 이 글을 읽을 수도 있습니다. 여러분이 그렇습니까? 그렇다면 이 말씀을 통해 여러분이 본향에 얼마나 가까이 와 있는지 보십시오. 여러분이 처음 믿었을 때보다 훨씬 더 구원이 가까이 이르렀습니다. 조금만 더 수고하고 조금만 더 슬픔의 눈물을 흘리고 나면, 만왕의 왕께서 여러분을 데려오라고 하실 것입니다. 그러면 여러분은 즉시 모든 싸움을 마치고 모든 평화 가운데로 들어갈 것입니다.

12장
바다를 잠잠하게 하시는 분

큰 광풍이 일어나며 물결이 배에 부딪쳐 들어와 배에 가득하게 되었더라. 예수께서는 고물에서 베개를 베고 주무시더니 제자들이 깨우며 이르되 선생님이여, 우리가 죽게 된 것을 돌보지 아니하시나이까 하니 예수께서 깨어 바람을 꾸짖으시며 바다더러 이르시되 잠잠하라 고요하라 하시니 바람이 그치고 아주 잔잔하여지더라. 이에 제자들에게 이르시되 어찌하여 이렇게 무서워하느냐. 너희가 어찌 믿음이 없느냐 하시니. (막 4:37-40)

요즘 그리스도인들이 성경 책들 중에서 복음서에 더 많은 관심을 갖는 것은 정말 잘하는 일입니다. 물론 모든 성경은 하나같이 유익합니다. 성경의 한 부분을 드높이기 위해 다른 부분을 희생하는 것은 지혜롭지 못합니다. 서신서에 익숙한 사람들이 사복음서를 좀더 안다면 훨씬 더 좋을 것입니다.

이런 말을 하는 이유가 무엇입니까? 그리스도인들이 그리스도를 더 잘 알기를 바라기 때문입니다. 기독교의 모든 교리와 원리들을 잘 아는 것도 좋습니다만, 그리스도 그분을 친근히 아는 것은 더 좋습니다. 믿음과 은혜, 칭의, 성화에 대해 잘 아는 것도 좋습니다. 이 모든 것들은 다 "그 왕에 대한" 것입니다(시 45:1). 하지만 예수님을 친근히 알고, 왕의 얼굴을 뵙고, 그분의 아름다움을 보는 것은 훨씬 더 좋습니다. 이것이 바로 탁월한 거룩에 이르는 비결입니다. 그리스도의 형상을 본받고, 그리스도를 닮은 사람이 되고자 하는 사람들은 끊임없이 그리스도를 연구해야 합니다.

복음서가 기록된 이유는 우리가 그리스도를 더 잘 알도록 하기 위함입니다. 성령은 사복음서를 통해 그리스도의 삶과 죽음의 이야기, 그분의 말씀과 행동을 네 번이나 서술하십니다. 하나님의 영감을 받은 네 명의 저자가 주님을 묘사했습니다. 그분의 삶의 방식과 태도, 느낌, 지혜, 은혜, 인내, 사랑, 능력 등이 네 명의 다른 증인들을 통해 은혜롭게 우리 앞에 펼쳐집니다. 양이 그 목자를 친밀히 아는 것이 마땅하지 않겠습니까? 환자가 의사와 친밀한 것이 당연하지 않습니까? 신부는 마땅히 신랑을 잘 알아야 하지 않겠습니까? 죄인 역시 자신을 구원하신 구주를 친근히 알아야 하지 않겠습니까? 이것은 아주 당연한 일입니다. 복음서는 그리스도를 잘 알도록 하기 위해 기록되었습니다. 그러므로 저는 사람들이 복음서를 연구하기를 바랍니다.

하나님께서 우리를 용납하시기 바란다면, 우리 영혼의 기초를 어디에 두어야 할까요? 반석이신 그리스도입니다. 날마다 많은 열매를 맺는 삶을 위해 필요한 성령의 은혜는 누구로부터 얻어 누리는 것입니까? **포도나무**이신 그리스도입니다. 이 땅의 친구가 우리를 실망시키거나, 사랑하는 이가 우리보다 먼저 이 세상을 떠났을 때 누구에게 위로를 받습니까? 우리의 **맏형**이신 그리스도입니다. 우리의 기도가 하나님께 상달되려면 누구를 통해 기도해야 합니까? 우리의 **중보자**이신 그리스도입니다. 우리는 누구와 함께 영원토록 영광 가운데 지내게 됩니까? 만왕의 **왕**이신 그리스도입니다. 그러나 이렇게 소중한 그리스도를 우리는 너무나 모릅니다! 그분의 삶에서 말 한마디, 행동 하나, 걸음걸음, 생각 하나, 이 땅에서 보내신 어느 한 날도 우리에게 소중하지 않은 것이 없습니다. 복음서에 예수님에 대해 기록된 말씀 한 줄, 한 줄을 잘 읽어야 할 이유가 여기 있습니다.

자, 이제 함께 우리 주님의 생애의 한 페이지를 살펴봅시다. 본문으로 삼은 성경 말씀을 통해서 우리는 무엇을 알 수 있습니까? 제자들과 함께 작은 배를 타고 갈릴리 호수를 건너는 예수님이 보입니다. 예수님이 잠든 사이 갑자기 풍랑이 일고, 파도가 배를 때리고 배 안에까지 밀려듭니다. 곧 배가 침몰해 모두 죽을 것만 같습니다. 놀란 제자들은 자신들의 선생을 깨우며 도와 달라고 아우성입니다. 잠에서 깨어나신 예수님은 바람을 꾸짖으시고 파도를 잠잠하게 하셨습니다. 예수님은 함께 있던 제자들의 불신앙을 나무라셨습니다. 곧 모든 것이 괜찮아졌습니다. 이것이 전체 그림입니다. 이 본문에서 우리는 많은 교훈을 얻습니다. 자, 이제 우리가 배워야 할 것들을 함께 살펴보겠습니다.

1. 그리스도를 따른다고 해서 인생이 겪는 슬픔과 어려움이 우리를 비껴가지는 않습니다.

예수 그리스도께 택함받은 제자들이 큰 곤경에 처했습니다. 제사장들과 서기관들과 바리새인들이 다 믿지 않고 있을 때에도, 믿음을 저버리지 않았던 신실한 소수의 양 무리가 곤경에 처하도록 목자는 내버려 두었습니다. 죽음에 대한 두려움이 무장한 자같이 그들을 덮쳤습니다. 깊은 물이 그들의 영혼을 집어삼킬 것만 같았습니다. 교회의 기둥으로 세워질 베드로와 야고보, 요한조차 크게 당황했습니다.

그들은 이런 일이 있을 줄 짐작도 못했을 것입니다. 그리스도를 섬기려고 나섰기 때문에 이제 더 이상 세상의 시련은 없을 것으로 생각했는지도 모릅니다. 죽은 자를 일으키고, 병자를 고치며, 보리떡 몇 개로 수천 명을 먹이고, 말씀으로 귀신을 내쫓는 분이, 제자들이 세상에서 어려움을 당하도록 내버려 두지 않으실 줄 알았을 것입니다. 항상 원만한 여정과 좋은 날씨, 쉬운 코스만 있고, 인생의 염려와 어려움 같은 것은 더 이상 없을 줄 알았을 것입니다.

만약 제자들이 그렇게 생각했다면, 그것은 오해입니다. 주 예수님은 누구든지 자신의 택한 종이 되면, 많은 어려움을 겪고 많은 고통을 감내해야 할 것이라고 말씀하셨습니다.

이 사실을 분명히 이해하는 것이 좋습니다. 그리스도를 섬긴다고 해서, 육신을 가진 인간이 겪을 수 밖에 없는 질병과 무관해지는 것이 아닙니다. 아무리 신자라 해도 육신을 입고 있는 한 질병과 고통, 슬픔과 눈물, 상실과 십자가, 사별과 죽음, 이별과 분리, 고민과 실망 같은 것을 피할 수는 없습니다. 주님은 이런 일을 겪지 않고 천국에 이를 것이라고 말씀하신 적이 없습니다. 자신을 따라오는 모든 자는 생명과 경건에 속한 모든 것을 누릴 것이라고 하셨지만, 그들에게 성공과 부, 건강을 주고, 죽음이나 슬픔을 겪지 않도록 할 것이라고는 약속하지 않으셨습니다.

저는 그리스도의 대사가 되는 특권을 누리고 있습니다. 영생을 추구하는 남자와 여자, 또는 어린이에게 그리스도의 이름으로 영생을 선언할 수 있습니다. 아담의 아들딸 누구에게라도 그분의 이름으로 용서와 평화와 은혜와 영광을 선언할 수 있습니다. 하지만 감히 그 사람이 세상적으로 형통하게 되는 것이 복음이라고 말할 수는 없습니다. 아프지 않고, 돈도 잘 벌고, 장수한다고 말할 수 없습니다. 십자가를 지고 그리스도를 따르는 사람에게 폭풍이 없는 잔잔한 바다가 계속될 것이라고 약속할 수 없습니다.

많은 사람들이 이런 말을 좋아하지 않습니다. 그리스도와 건강, 그리스도와 돈 모두를 갖기 원합니다. 걱정도 없고, 가족 중에 아픈 사람도 없는, 구름 한 점 없는 맑은 날만 계속되기를 바랍니다. 하지만 그리스도와 십자가, 그리스도와 고난, 그리스도와 긴장, 그리스도와 고막을 찢는 바람, 그리스도와 폭풍우는 그다지 좋아하지 않습니다.

혹시 속으로 그렇게 생각하는 사람이 있습니까? 그렇다면 여러분은 크게 잘못 알고 있습니다. 제 말을 잘 들으십시오. 여러분은 아직도 배워야 할 것이 많습니다.

만약 그리스도를 따름으로써 모든 어려움에서 해방될 수 있다면, 누가 참된 그리스도인인지 어떻게 알 수 있겠습니까? 키질과 같은 시험이 없다면 알곡과 가라지를 어떻게 구별하겠습니까? 그리스도를 따르는 것이 건강과 부를 불러온다면, 그리스도를 사랑해서 따라가는지 아니면 자기 자신을 위해서 따라가는지 어떻게 알 수 있겠습니까? 매서운 겨울바람은 어느 나무가 상록수인지를 금방 드러내 줍니다. 고난과 근심의 폭풍도 이와 같습니다. 누구의 믿음이 참된 믿음이고, 누구의 신앙고백이 말뿐인지 밝히 드러내 줍니다.

시험이 없이 어떻게 성화의 위대한 역사가 계속될 수 있겠습니까? 어려움이야말로 우리 마음에 들러붙어 있는 찌꺼기를 녹여 없애는 유일한 불로 드러날 때가 많습니다. 고난은 선한 일에 많은 열매를 맺도록 우리를 다듬는, 위대한 정원사의 손에 들린 전정가위입니다. 햇빛만으로는 우리 주님의 논밭에 추수를 가져올 수 없습니다. 비바람과 폭풍의 날도 무사히 견뎌 내야 합니다.

그리스도를 섬기고 구원받기 원한다면 그분의 방식대로 해야 합니다. 자기 몫의 십자가와 슬픔을 받아들이기로 마음을 정하십시오. 그러면 놀라지 않을 것입니다. 많은 사람들이 일시적으로는 경주를 잘하다가도 이내 포기하고 떠나 버리는 이유는, 이것을 잘 이해하지 못하기 때문입니다.

스스로를 하나님의 자녀라고 믿는다면, 주 예수님의 방식대로 여러분을 성화하시도록 맡기십시오. 그분은 결코 실수하지 않는 분이시니 안심하십시오. 그분이 모든 것을 잘하실 것이라고 확신하십시오. 바람이 세차게 불고, 바닷물이 넘실댈 것입니다. 하지만 두려

위하지 마십시오. "바른길로 인도하사 거주할 성읍에 이르게 하셨도다"(시 107:7).

2. 주 예수 그리스도는 참 사람이십니다.

　복음서의 다른 본문들과 마찬가지로, 이 짧은 본문에서도 여러 표현을 통해 이 진리가 놀랍게 드러나고 있습니다. 파도가 배를 때리기 시작할 때, 예수님은 "고물에 베개를 베고 주무셨"다고 본문은 말합니다. 피곤하셨던 것입니다. 마가복음 4장을 읽은 사람들에게는 그분이 피곤하여 주무시는 것이 그리 이상한 일도 아닙니다. 하루 종일 영혼들을 위해 힘쓰시고, 수많은 군중을 가르치신 우리 예수님은 너무도 피곤하셨습니다. 힘써 일한 사람의 단잠이 꿀 같다면, 복된 우리 주님이 주무시는 이 잠은 더욱 달콤했을 것입니다!

　예수 그리스도는 진실로 참 사람이셨다는 이 위대한 진리를 마음에 깊이 새깁시다. 그분은 모든 것에 있어서 성부와 동등하셨고, 영원한 하나님이셨습니다. 동시에 죄를 제외한 모든 일에 있어서 우리와 똑같이 되신, 혈과 육을 가진 참 사람이셨습니다. 우리와 같은 몸을 가지셨고, 우리처럼 여인의 몸에서 나서 키가 자랐습니다. 우리처럼 자주 배고프고 목말랐으며, 지치고 힘들었습니다. 우리처럼 먹고 마셨고, 쉬고 잠드셨습니다. 우리처럼 슬퍼서 우셨고, 모든 감정을 느끼셨습니다. 놀랍지만, 실제로 그러셨습니다. 하늘을 지으신 그분이 가난하고 지친 사람으로 이 땅에 다니셨습니다! 하늘에서 정사와 권세를 가지신 그분이 우리의 연약한 몸을 입으셨습니다. 영원 전부터 천사들의 찬송 가운데 성부와 함께 누리시던 영광을 계속 누리셔도 되지만, 이 땅에 오셔서 죄인 중 한 사람으로 사셨습니다. 이 모든 사실은 분명히 그분에게 있는 겸비함과 은혜와 긍휼과 사랑에서 비롯된 놀라운 기적입니다.

예수님이 완전한 하나님이신 것만큼 완전한 사람이셨다는 사실에 깊은 위로를 얻습니다. 성경에서 나의 의지할 분이라고 일컫는 그분은 위대한 대제사장이실 뿐 아니라, 깊은 연민을 가진 대제사장이십니다. 그분은 능력 있는 구주이실 뿐 아니라, 함께 아파하는 구주이십니다. 그분은 구원에 능한 하나님의 아들이실 뿐 아니라, 사람의 마음을 아는 사람의 아들이시기도 합니다.

동정sympathy은 죄 많은 세상에 사는 우리에게 주어진 가장 달콤한 것 중 하나라는 것을 우리는 알고 있습니다. 어려움 속에서 순례의 여정을 함께하면서, 우리가 울 때 같이 울고 기쁠 때 같이 기뻐하는 사람을 발견하는 순간이야말로, 이 땅의 캄캄한 여정이 찬란하게 빛나는 때입니다.

동정이 돈보다 훨씬 낫고 귀합니다. 동정은 우리의 관심을 사로잡고 마음을 열게 만드는 위대한 힘이 있습니다. 적절하고 바른 조언도 무겁게 닫힌 마음 앞에서는 무용지물일 때가 많습니다. 어려움을 당해 마음이 약해져 있을 때 냉정한 충고를 듣게 되면, 마음이 닫히고 움츠러들어 자기 자신에게로 숨어 버리곤 합니다. 하지만 이런 때 느끼는 참된 동정은, 그 무엇에도 꿈쩍하지 않던 마음을 움직이고, 우리에게 남아 있는 모든 좋은 마음을 불러일으킵니다. 비록 은과 금은 없다 해도 항상 동정하는 마음으로 함께해 줄 친구를 구하십시오.

우리 하나님은 이 모든 것을 잘 아십니다. 그분은 사람의 마음속에 있는 모든 은밀한 것들을 아십니다. 그분은 우리 마음에 가장 쉽게 다가가는 방법과 우리 마음이 가장 잘 감동받는 원천을 아십니다. 하나님은 그 놀라운 지혜로, 능력이 있으실 뿐 아니라 연민이 많으신 복음의 구주를 예비하셨습니다. 하나님은 불타는 가지를 건져 내는 것처럼 우리를 건져 내실 수 있는 강한 팔을 가졌을 뿐 아니라 수고하고 무거운 짐 진 자들에게 쉼을 줄 수 있는 연민이 가득한 마음을 가지신 분을 우리에게 주셨습니다.

두 본성이 연합된 그리스도의 인격은 그분의 사랑과 지혜에 대한 놀라운 증거입니다. 불경건한 반역자인 우리 때문에 연약함과 수치를 기꺼이 담당하신 데서 우리 구주의 놀라운 사랑을 봅니다. 사람을 구원하시되, 그들의 처지와 형편 속으로 들어가 진정한 친구가 되어 주시는 데서 그분의 놀라운 지혜를 봅니다. 우리 영혼의 구속을 위해 필요한 모든 일을 할 수 있는 이가 필요합니다. 하나님의 영원한 아들이신 예수님은 그렇게 하실 수 있습니다. 우리의 연약함과 부족함을 이해하고, 우리 영혼이 사망의 몸에 매여 있는 동안 우리 영혼을 부드럽게 대해 줄 수 있는 이를 원합니다. 이 일 역시 예수님이 하실 수 있습니다. 그분은 사람의 아들이고, 우리와 같이 혈과 육을 지니셨기 때문입니다. 만약 우리 구주께서 하나님이기만 하셨다면 그분을 **의지하기는** 했겠지만, 두려움 없이 그분께로 나아가지는 못했을 것입니다. 만약 우리 구주께서 사람이기만 하셨다면 그분을 **사랑하기는** 했겠지만, 우리 죄를 없이하실 수 있는 분으로 확신하지는 못했을 것입니다. 하지만 감사하게도, 우리 구주는 사람이실 뿐 아니라 하나님도 되십니다. 하나님이실 뿐 아니라 사람도 되십니다. 하나님이시기에 우리를 구원하실 수 있고, 사람이시기에 우리와 함께 느끼실 수 있습니다. 전능한 능력과 깊은 동정이 영광스러운 한 인격이신 예수 그리스도, 우리의 주님 안에서 만났습니다. 그리스도를 믿는 신자들은 강력한 위로를 가진 것이 분명합니다. 그들은 그분을 신뢰하기 때문에 두려워하지 않습니다.

여러분 가운데 자비와 용서를 바라고 은혜의 보좌로 나아가는 사람이 있다면, 기억하십시오. 여러분을 하나님께로 나아갈 수 있게 하는 중보자는 참 사람이신 그리스도 예수이십니다.

여러분 영혼은 여러분의 연약함을 체휼할 수 있는 대제사장의 손에 달려 있습니다. 여러분이 대면해야 할 분은, 여러분의 지성으로는 도무지 헤아릴 수 없을 만큼 고귀하고 영광스러운 존재일 뿐 아니라, 여러분과 같은 몸을 가지고 이 땅에 사셨던 예수님입니다. 여러분이 씨름하고 있는 이 세상이 어떤 곳인지 그분은 잘 아십니다. 33년을 이 땅에서 사셨기 때문입니다. 여러분을 자주 낙담시키는 "죄인들의 거역"이 무엇인지 그분은 잘 아십니다(히 12:3). 그분도 친히 그런 거역을 참으셨기 때문입니다. 그분은 또한 여러분의 영적 원수인 마귀의 속임수와 간계를 잘 아십니다. 그분도 광야에서 마귀와 대면하여 싸우셨기 때문입니다. 이런 중보자가 계시기 때문에, 신자는 담대할 수 있습니다.

인생의 어려움 속에서 영적 위안을 바라고 주 예수께로 나아가는 사람이 있다면, 예수께서 육체를 입고 인간으로 사셨던 날들과 그분이 보여주셨던 본성을 잘 기억해야 합니다.

여러분은 지금 여러분의 마음을 경험적으로 알고 계시는 분, 쓰디쓴 잔을 깊이 들이키신 분 앞으로 나가는 것입니다. 그분은 "간고를 많이 겪었으며 질고를 아는 자"입니다(사 53:3). 예수님 자신이 사람으로서 이 땅에서 육신을 입고 사셨기 때문에 사람의 마음과 육체의 고통과 어려움을 아십니다. 예수님은 행로에 피곤하여 수가성 우물 옆에 앉아 쉬셨습니다. 베다니 나사로의 무덤 앞에서 슬피 우셨습니다. 겟세마네에서 피를 땀같이 흘리셨습니다. 갈보리에서 극심한 고통 가운데 신음하셨습니다.

예수님은 여러분이 느끼는 것을 이상하게 여기지 않습니다. 죄를 제외한 인간의 본성에 속한 모든 일에 익숙하시기 때문입니다.

(1) 가난하고 궁핍합니까? 예수님도 그랬습니다. 여우도 굴이 있고 공중의 새도 깃들일 둥지가 있었지만, 인자는 머리 둘 곳도 없었습니다. 그분은 사람이 멸시하는 동네에서 사셨습니다. 우리 주님이 자란 곳은 사람들이 "나사렛에서 무슨 선한 것이 날 수 있느냐"고 말하던 곳이었습니다(요 1:46). 사람들은 그분을 목수의 아들로 알았고, 그분은 설교하기 위해 배를 빌려야 했고, 예루살렘으로 들어가기 위해 나귀 새끼를 빌려 타야 했고, 빌린 무덤에 장사되셨습니다.

(2) 사랑받아야 할 사람들에게 무시당하고 세상에서 혼자라고 여겨집니까? 예수님도 그랬습니다. 고향 동네에 오셨지만 사람들은 예수님을 환영하지 않았습니다. 메시아로 이스라엘의 잃어버린 양에게 찾아오셨지만, 오히려 그들로부터 배척당하셨습니다. 이 세상의 군왕들도 그분을 인정하지 않았습니다. 그분을 따랐던 사람들

은 어부와 세리들이었습니다. 이들마저도 마지막에는 그분을 버리고 떠나 뿔뿔이 흩어졌습니다.

(3) 사람들의 오해와 중상과 핍박을 받습니까? 예수님도 그러했습니다. 먹기를 탐하는 자, 술고래, 세리들의 친구, 사마리아인, 정신병자, 마귀라고 불렀습니다. 그분의 성격에 대한 중상이 난무했고, 거짓 고소가 쏟아졌습니다. 죄가 없음에도 불구하고 불의한 판결을 받았고, 십자가에 못 박혀 죽어야 하는 범죄자로 정죄당하셨습니다.

(4) 사탄이 유혹하고, 끔찍한 생각을 집어넣습니까? 예수님께도 그러했습니다. 사탄은 성부 하나님의 섭리를 의심하도록 꼬드겼습니다. "이 돌들을 떡덩이가 되게 하라." 불필요한 위험을 자초함으로 하나님을 시험해 보도록 했습니다. 성전 꼭대기에서 "뛰어내리라"고 했습니다. 자기 말을 들으면 세상 나라들을 주겠다고 했습니다. "만일 내게 엎드려 경배하면 이 모든 것을 네게 주리라"(마 4:1-10).

(5) 마음에 심한 고통과 갈등이 있습니까? 하나님이 떠난 것 같은 어둠을 느낍니까? 예수님도 그러했습니다. 겟세마네에 계실 때 그분이 마음으로 느꼈던 잔혹한 고통의 정도를 누가 가늠할 수 있겠습니까? "나의 하나님, 나의 하나님, 어찌하여 나를 버리셨나이까?"(마 27:46) 하고 부르짖으실 때 그 영혼이 겪었던 고통의 깊이를 누가 짐작이나 하겠습니까?

우리 주 예수 그리스도 외에 사람의 필요에 합당한 다른 구주를 생각하는 것은 불가능합니다. 그 능력에서 연민에 이르기까지, 신성에서 인성에 이르기까지 그와 같은 분이 없습니다. 영혼의 피난

처이신 그리스도는 하나님일 뿐 아니라 사람이라는 사실을 마음에 깊이 새기십시오. 만왕의 왕이자 만주의 주이신 그분께 합당한 영광을 돌려드리십시오. 그러나 그분은 몸을 가진 참 사람이었다는 사실을 절대 잊지 마십시오. 이 진리를 꼭 붙잡고 놓치지 마십시오. 그리스도는 사람이었을 뿐 하나님은 아니었다고 말하는 불행한 소키누스주의자Socinians의 오류를 범하지 마십시오. 또한 이런 오류 때문에 그리스도는 하나님이라는 사실을 지나치게 강조하다가, 그분은 또한 참 사람이었다는 사실을 놓쳐서도 안됩니다.

동정녀 마리아와 성인들이 그리스도보다 우리를 더 잘 동정할 수 있다고 말하는 로마 가톨릭의 정신없는 소리에는 잠시도 귀를 내주지 마십시오. 그런 주장은 성경을 몰라서 나오는 소리이며, 그리스도의 참 본성을 모르는 무지의 소치라고 말해 주십시오. 우리는 그리스도를 단지 엄한 심판자요 두려워해야 할 대상으로만 배우지 않았다고 말해 주십시오. 사복음서에서 그리스도는 가장 강하고 능력 있는 구원자일 뿐 아니라, 사랑과 동정으로 가득한 가장 친근한 벗으로 가르친다고 말해 주십시오. 지친 영혼을 **참 사람이신 예수 그리스도**께만 내어 놓을 수 있기 때문에, 성인과 천사, 동정녀 마리아, 또는 가브리엘의 위로 따위는 전혀 필요 없다고 말해 주십시오.

3. 참된 그리스도인이라 할지라도 연약하고 부족함이 많습니다.

파도가 배를 때리기 시작하자 제자들이 보인 행동이 바로 이 사실을 보여줍니다. 그들은 황급히 예수님을 깨웠습니다. 두려움과 염려로 이렇게 말했습니다. "선생님이여, 우리가 죽게 된 것을 돌보지 아니하시나이까?"

제자들은 **성급했습니다**. 주님이 깨어나실 때까지 기다렸으면 좋을 뻔했습니다.

제자들은 **믿지 못했습니다**. 모든 권세가 그분께 있다는 사실을 그들은 잊고 있었습니다. "우리가 죽게 되었다."

제자들은 **신뢰하지 못했습니다**. 주님께서 자신들의 안전과 안녕을 돌보시는 것을 의심하면서 말합니다. "우리가 죽게 된 것을 돌보지 아니하시나이까?"

믿음 없는 가엾은 사람들이 아닙니까! 이들이 왜 무서워해야 합니까? 신랑이 함께 계시면 모든 것이 잘된다는 무수한 증거를 보았습니다. 그들을 얼마나 사랑하시는지, 결코 그들을 위험에 내버려 두지 않으실 것이라는 선례가 많이 있지 않습니까? 하지만 눈앞에 닥친 위험이 이 모든 것을 잊어버리게 한 모양입니다. 위험이 코앞에 닥친 것을 느끼면, 사람들은 가장 안 좋은 기억을 떠올립니다. 두려움은 과거의 경험으로부터 바른 판단을 하지 못하게 합니다. 바람 소리를 들었고, 파도를 보았습니다. 자신들을 때리는 차가운 물결을 느꼈습니다. 죽음이 임박한 것처럼 느껴졌습니다. 극도의 긴장감으로 견딜 수가 없었습니다. 그래서 그들은 부르짖었습니다. "우리가 죽게 된 것을 돌보지 아니하시나이까?"

모든 세대의 모든 신자에게 끊임없이 일어나는 생각이 바로 이렇습니다. 여기서 묘사되는 제자들과 같은 사람들이 오늘날 너무도 많습니다.

많은 하나님의 자녀들이 시험이 없을 때는 아주 잘 지냅니다. 날

씨가 좋은 날은 꽤 그럴 듯하게 그리스도를 따릅니다. 그러면서 그분을 전적으로 신뢰하고 있다고 생각합니다. 모든 염려를 그분께 다 맡겼다고 우쭐해 합니다. 아주 신앙이 좋은 그리스도인이라는 평판도 얻습니다.

하지만 예상치 못했던 시험이 찾아들고, 재물은 날개를 달고 날아가 버립니다. 건강도 약해지고, 집안에 죽음이 찾아옵니다. 말씀으로 인한 고난과 핍박이 시작됩니다. 그들의 믿음은 어디로 갔습니까? 자기에게 있다고 믿었던 강한 확신은 어디로 갔습니까? 평화와 희망과 인종忍從, resignation은 찾아볼 수가 없습니다. 그것들을 추구하기는 했지만 발견하지는 못했습니다. 고난의 저울에 달아보니 부족한 것이 드러납니다. 두려움, 의심, 염려, 걱정이 홍수처럼 밀려오고, 그들은 그 속에서 속절없이 이리저리 떠다닙니다. 정말 가슴 아픈 일입니다. 이렇게 되는 것이 모든 진정한 그리스도인의 양심에 합당한지 묻고 싶습니다.

분명한 사실은, 참된 그리스도인이라도 육신을 입고 있는 동안에는 말 그대로 절대적인 완전을 이룰 수 없다는 것입니다. 가장 탁월하고 빛나는 하나님의 성도라고 해도 순전하지 못한 가련한 존재일 뿐입니다. 회심하고 새롭게 되고 성화되었다 해도, 그는 여전히 연약합니다. 항상 선을 행하고 죄를 짓지 않는 정의로운 사람은 이 땅에 아무도 없습니다(전 7:20). 우리는 여전히 많은 죄를 짓고 삽니다. 구원에 이르는 참 믿음을 가진 사람이라 해도 항상 그 믿음을 발휘하며 살지는 못합니다(약 3:2).

아브라함은 믿음의 조상입니다. 하나님의 명령을 따라서 믿음으로 본토 친척을 떠나 한번도 가 본 적이 없는 땅으로 갔습니다. 하나님께서 그 땅을 기업으로 주실 것을 믿으며, 이방인으로서 삶을 이어갔습니다. 하지만 아브라함도 불신앙에 사로잡히자, 사람이 두려운 나머지 자기 처인 사라를 누이라고 속였습니다. 얼마나 나약한 모습입니까? 하지만 아브라함보다 더 위대한 성도는 없습니다.

다윗은 하나님의 마음에 합한 사람이었습니다. 아직 소년이었을 때, 거인 골리앗과 싸울 정도로 그는 믿음의 사람이었습니다. 사자와 곰의 발톱에서 자신을 보호하신 하나님께서, 이 블레셋 사람에게서도 자신을 구해 내실 것이라고 믿음으로 공언했습니다. 비록 자신을 따르는 사람들은 얼마 되지 않았고, 사울은 산속에서 새를 사냥하듯 자신을 쫓고 있어서 죽음이 지척에까지 다가왔지만, 언젠가 이스라엘의 왕이 될 것이라는 하나님의 약속을 믿는 믿음이 그에게 있었습니다. 이런 다윗도 두려움과 불신앙에 사로잡혀 이렇게 말하기도 했습니다. "내가 언젠가는 사울의 손에 붙잡혀 죽을 것이다"(삼상 27:1, 새번역). 그는 하나님의 손이 놀랍게 역사하여 그를 구해 낸 많은 일들을 잊었던 것입니다. 당장 눈앞에 닥친 위험만 생각하고 불경건한 블레셋 사람에게로 도망쳤습니다. 다윗에게 있는 큰 흠이 분명합니다. 하지만 다윗보다 더 강한 믿음을 가진 신자는 없습니다.

이렇게 쉽게 말할 사람이 있을지 모르겠습니다. "하지만, 제자들이 보여준 두려움은 변명의 여지가 없다. 예수님과 실제로 함께 있었던 그들은 그렇게 두려워할 이유가 없었다. 내가 만약 예수님과 함께 그 자리에 있었다면, 그들처럼 믿음 없는 소리를 하거나 겁을 내지는 않았을 것이다!" 자신에 대해 무지한 사람이나 이렇게 말할 수 있습니다. 유혹을 받기 전까지는 누구도 자신의 연약함이 얼마나 큰지 알지 못합니다. 연약함이 드러날 만한 환경에 처해 보지 않으면, 자신이 얼마나 연약한지 알 수 없습니다.

여러분 가운데 자신이 그리스도를 믿는다고 생각하는 사람이 있습니까? 그리스도에 대한 사랑과 확신이 너무 커서, 이런 일로 크게 요동하는 제자들이 도무지 납득이 되지 않습니까? 좋습니다. 여러분에게 그만한 믿음이 있다니 너무 기쁩니다. 하지만 여러분에게 있는 믿음은 연단을 거친 믿음입니까? 여러분에게 있는 확신은 시험을 통과해서 생긴 것입니까? 만약 그것이 아니라면, 제자들의 이런 반응에 대해 너무 성급히 판단하지 마십시오. 교만한 마음이 아닌 두려운 마음을 가지십시오. 지금은 의기양양하지만, 항상 그럴 것이라고 생각하지 마십시오. 오늘 여러분의 마음에 뜨거운 열정이 있다고 해서 "내일도 오늘같이 크게 넘치리라"고 말하지 마십시오(사 56:12). 지금 여러분의 마음이 한껏 고양되고 그리스도의 자비를 맘껏 누린다고 해서 "내가 사는 동안 그분을 잊는 일은 절대 없을 거야"라고 말하지 마십시오. 자긍하고 스스로 높이는 마음을 누그러뜨리는 법을 배우십시오. 여러분은 자신을 제대로 모르고 있습니다. 여러분 안에는 지금 인식하고 있는 것보다 훨씬 많은 것들이 숨어 있습니다. 히스기야에게 그러셨던 것처럼, 여러분 안에 있는 것을 보게 하기 위해 하나님은 여러분을 떠나실 수도 있습니다(대하 32:31). "겸손으로 허리를 동이"는 사람은 복이 있습니다(벧전 5:5). "항상 경외하는 자는 복"이 있습니다(잠 28:14). "선 줄로 생각하는 자는 넘어질까 조심하라"는 말씀을 기억하십시오(고전 10:12).

 제가 왜 이런 말을 합니까? 신앙을 고백하는 그리스도인의 타락을 변명하고 그들의 죄를 덮어 주려고 하는 것입니까? 결코 아닙니다! 성화의 수준을 낮추고, 그리스도의 군사 된 자의 게으름과 나태함을 묵인하려는 것입니까? 그렇지 않습니다! 회심한 사람과 회심하지 않은 사람 사이의 분명한 구분을 없애고, 신앙고백과 삶의 불일치에 대해 눈감으려는 것입니까? 다시 한번 말하지만, 결코 그런 것이 아닙니다! 저는 참된 그리스도인과 거짓된 그리스도인, 신자와 불신자, 하나님의 자녀와 세상의 자녀 사이에 엄청난 차이가 있음을 분명히 하고 싶습니다. 이 차이는 단순히 믿음의 차이가 아니라 삶의 차이이고, 신앙고백의 차이가 아니라 실천의 차이라는 것도 분명합니다. 신자의 삶의 방식은 불신자의 삶의 방식과 확연히 다릅니다. 달콤한 것이 쓰디쓴 것과 다르고, 빛이 어둠과 다르고, 뜨거운 것이 차가운 것과 다른 것처럼 분명히 다릅니다.

 젊은 그리스도인들은 **자신에게서** 발견해야 할 것이 무엇인지 분명히 알기를 바랍니다. 자신의 연약함과 부족함을 발견하고는 그것을 감당하지 못해 넘어지지 않기를 바랍니다. 자기 안에 있는 참 믿음과 은혜를 발견하십시오. 비록 마귀가 가짜라고 거짓으로 속삭이고, 스스로도 자신의 믿음과 은혜에 대해 많은 의심과 두려움을 느낀다 해도 말입니다. 베드로와 야고보, 요한을 잘 보십시오. 이들이 비록 참 제자였음에도 불구하고 영적이지는 못했기 때문에 항상 두려워할 수밖에 없었습니다. 그들의 불신앙을 변명해 주려는 것이 아닙니다. 하지만 이 사실을 통해 분명히 알아야 할 것은, 육신을 입고 있는 동안 두려움의 영향을 받지 않는 믿음을 기대할 수 없다는 사실입니다.

무엇보다도, 그리스도인이 **다른 신자에게** 기대할 것이 무엇인지 이해할 수 있기를 바랍니다. 다른 사람의 잘못을 보았을 때, 그 사람에게는 은혜가 없다고 성급히 판단해서는 안됩니다. 해같이 밝은 곳에도 흑점은 있습니다. 하지만 해는 밝은 빛을 내어 온 세상을 비춰 줍니다. 오스트레일리아로부터 들어오는 많은 금덩어리에는 수정과 찌꺼기가 뒤섞여 있습니다. 그렇다고 해서 이 금의 가치를 무시할 사람이 누가 있습니까? 세상에서 가장 값진 다이아몬드도 흠은 있기 마련입니다. 흠이 있다고 해서 그 가치가 절하되는 것은 아닙니다. 잘못이 좀 있다고 해서 바로 출교시키려고 하는 병적인 까탈스러움은 버리십시오! 흠은 더디게 보고, 은혜는 속히 보십시오! 타락이 있는 곳에서 은혜를 용납하지 않는다면, 세상 어디에서도 은혜를 발견할 수 없을 것입니다. 우리는 아직 몸을 입고 있습니다. 마귀도 아직 죽지 않았습니다. 우리는 아직 천사와 같이 되지 않았습니다. 천국도 아직 시작되지 않았습니다. 아무리 우리가 담벼락을 긁어낸다 해도 그 집을 무너뜨리기 전까지는 집 안에 있는 나병이 다 없어지지는 않습니다. 우리 몸이 성령의 전인 것은 사실이지만, 들림받고 변화되기 전까지는 완전한 성전이 아닙니다. 은혜는 정말 소중한 보화입니다. 하지만 여전히 질그릇에 담긴 보화입니다. 그리스도를 위해 모든 것을 버리는 것은 가능합니다. 그럼에도 불구하고 때때로 일어나는 의심과 두려움은 피할 수 없습니다.

여러분은 모두 이 사실을 기억하기 바랍니다. 이것이 우리가 주목해야 할 교훈입니다. 사도들은 그리스도를 믿었고, 그리스도를 사랑했고, 그리스도를 따르고자 모든 것을 포기한 사람들입니다. 하지만 보시다시피, 이 폭풍 가운데서 사도들은 두려워하고 있습니다. 그들을 너무 매몰차게 몰아붙이지 마십시오. 사람에 대해 너무 지나친 기대를 하지 않는 법을 배우십시오. 회심하지 않은 사람은 참 그리스도인도, 거룩한 사람도 아니라는 진리에서 끝까지 물러서지 마십시오. 하지만 회심하여 새로운 마음을 가진 거룩한 사람도 연약함과 의심과 두려움에 빠질 수 있다는 것을 인정하십시오.

4. 주 예수 그리스도의 능력입니다.

이 본문에서 우리는 예수님의 놀라운 능력을 볼 수 있습니다. 예수께서 타신 배에 파도가 치고 들어왔습니다. 놀란 제자들이 주님을 깨우며 도와 달라고 울부짖었습니다. "예수께서 깨어 바람을 꾸짖으시며 바다더러 이르시되, 잠잠하라 고요하라 하시니 바람이 그치고 아주 잔잔하여지더라." 참으로 놀라운 기적입니다. 전능하신 이가 아니면 누구도 이렇게 하지 못합니다.

말 한마디로 바람을 그치게 하다니요! 사람은 흔히 불가능한 것을 표현하기 위해 "차라리 바람에게 말하는 편이 낫겠다!"고 말하곤 합니다. 하지만 예수님은 바람을 꾸짖으셨고, 즉시 바람이 멈추었습니다. 이것이 능력입니다.

말씀으로 풍랑을 잠잠하게 하다니요! 역사를 아는 사람이라면, 영국의 카누트 대제Canute the Great가 해안으로 차오르는 밀물을 헛되이 막으려고 했었다는 것을 알 것입니다. 그러나 폭풍 가운데서, 미쳐 날뛰는 풍랑을 향하여 "잠잠하라, 고요하라!"고 꾸짖어 즉시 잠잠하게 하신 분이 여기 계십니다. 이것이 능력입니다.

우리 모두는 주 예수 그리스도의 능력을 분명히 알아야 합니다. 죄인이 피하고 의지할 자비로운 구주께서는 모든 육체에게 영생을 주실 권세가 있는 전능자라는 사실을 알아야 합니다(계 1:8, 요 17:2). 자기를 구원할 이를 찾아 예수께 나아가 떨리는 손으로 그분의 십자가를 부여잡는다면, 그는 다름 아닌 하늘과 땅의 모든 권세를 가진 분께 나아간 것입니다(마 28:18). 광야를 지나는 신자는 만주의 주요 만왕의 왕을 자신의 중보자, 대언자, 의사, 목자, 구속자로 삼고 있다는 것과, 오직 그분을 통해서만 모든 일이 가능하다는 것을 기억해야 합니다(계 17:14, 빌 4:13). 그분의 능력은 모든 사람이 마땅히 연구해야 할 주제입니다.

(1) **창조**의 능력을 살펴보십시오. "만물이 그로 말미암아 지은 바 되었으니 지은 것이 하나도 그가 없이는 된 것이 없느니라"(요 1:3). 하늘과 그 안에 있는 모든 천체, 땅과 그 안에 있는 모든 만물, 바다와 그 속에 있는 모든 어족, 위로는 해로부터 아래로는 가장 미미한 벌레에 이르기까지 다 그리스도의 사역입니다. 그가 말씀하시자 그대로 되었습니다. 그가 명령하시자 그대로 생겨났습니다. 베들레헴에서 가난한 여인에게서 태어난 분, 나사렛에 있는 목수의 가정에서 자라난 바로 그분이 그렇게 하셨습니다. 이것이 능력이 아니고 무엇이겠습니까?

(2) **섭리**하시는 능력을 살펴보십시오. 그분은 세상 만물을 그분의 뜻대로 질서 정연하게 운행하십니다.

"만물이 그 안에 함께 섰느니라"(골 1:17). 해, 달, 별들이 완벽한 질서를 이루고 있습니다. 봄, 여름, 가을, 겨울이 일정하게 계속됩니다. 갈보리에서 죽으신 그분이 정하신 대로 오늘날까지 단 한 번의 실패도 없이 계속되고 있습니다(시 119:91). 세상 나라들은 흥망성쇠를 거듭합니다. 세상 통치자들은 계획을 세우고, 계략을 짜고, 법을 만들고, 법을 바꾸고, 전쟁을 벌이고, 사람을 끌어내리고, 다른 사람을 세우고 하는 일을 계속하고 있습니다. 하지만 그들은 이 모든 것이 예수님의 뜻대로 통치되고 있으며, 하나님의 어린양이 허락하지 않으시면 아무것도 일어나지 않는다는 사실을 모르고 있습니다. 그들과 그들의 통치 아래 있는 자들은 십자가에 못 박히신 그분의 손가락 끝의 물방울에 지나지 않는다는 사실을 모르고 있습니다. 그 기쁘신 뜻대로 나라들을 세우기도 하시고, 무너뜨리기도 하신다는 사실을 모르고 있습니다. 이것이 능력이 아니고 무엇입니까?

(3) 예수님이 공생애 3년 동안 베푸셨던 **기적**에 대해 살펴보십시오. 행하신 기적들을 보고 사람으로서는 도무지 할 수 없는 일들을 그리스도께서 하신다는 것을 아십시오. 그분이 베푸신 모든 기적을 영적인 일에 대한 상징과 표상이라고 생각하십시오. 이 일을 통해 예수님이 여러분의 영혼을 위해 하실 수 있는 일을 그려 보십시오. 말씀으로 죽은 자를 일으키신 그분은, 죄로 인해 죽은 자도 거뜬히 일으키실 수 있습니다. 눈먼 자를 보게 하시고, 귀머거리를 듣게 하시고, 벙어리를 말하게 하시는 그분은 죄인으로 하여금 하나님 나라를 보게 하고, 복음의 기쁜 소식을 듣게 하고, 구속의 사랑을

찬미하게 할 수 있습니다. 한번 만지심으로 나병을 낫게 하신 그분은 어떤 마음의 병도 고칠 수 있습니다. 마귀를 쫓아내신 그분은 우리를 둘러싼 모든 죄악을 명하여 은혜에 굴복하게 할 수 있습니다. 이런 관점으로 그리스도의 기적을 읽어 가십시오! 자신이 사악하고 타락한 자처럼 느껴진다 해도, 그리스도께 능치 못할 일은 아무것도 없다는 사실에 위로를 얻으십시오. 그리스도께는 넘치는 긍휼만 있는 것이 아니라 넘치는 능력도 있음을 기억하십시오.

(4) 특히 **지금 여러분 앞에 놓인 문제**에 대해 살펴보십시오. 여러분의 마음도 풍랑에 일렁이는 파도같이 이리저리 휩쓸릴 때가 있을 것입니다. 안식을 잃어버린 마음은 요동치는 바다와 같이 정함이 없습니다. 와서 여러분을 쉬게 하실 수 있는 분의 목소리를 들어 보십시오. 마음의 질병이 무엇이든지, 예수께서는 여러분의 마음에도 말씀하실 수 있습니다. "잠잠하라, 고요하라!"

지난날 무수한 범죄의 기억이 여러분의 양심을 내려치고, 유혹의 광풍이 양심을 갈기갈기 찢어 놓으면 어떻습니까? 지난날 지독히 방탕하게 살았던 기억이 감당할 수 없는 짐으로 남아 여러분을 슬프게 한들 어떻습니까? 여러분의 마음이 악으로 가득 찬 것처럼 보이고, 노예 부리듯 죄가 이리저리 여러분을 끌고 다니는 것처럼 보이면 어떻습니까? 마귀가 정복자처럼 여러분의 영혼을 이리저리 몰고 다니면서, 자기에게 대항해 봐야 아무 소용없다고, 여러분에게는 아무 소망도 없다고 말한들 어떻습니까? 그런 여러분에게도 용서와 평화를 주실 수 있는 분이 계십니다. 나의 하나님이시요 나의 주님이신 예수 그리스도는 사나운 마귀도 잠재우시고, 여러분 영혼의 비참함마저도 가라앉게 하시며, 여러분에게 "잠잠하라, 고요하라!"고 말씀하실 수 있습니다. 여러분을 내리누르고 있는 죄책의 먹구름을 흩어 버리실 수 있고, 좌절과 두려움도 명하여 떠나보내실 수 있습니다. 포로의 영을 없애시고, 양자의 영으로 여러분을 채우실 수 있습니다. 사탄은 무장한 강한 자처럼 여러분을 내리누르려고 하지만, 마귀보다 더 강하신 예수님이 명하시면 죄수를 풀어 줄 수밖에 없습니다. 오, 어려움 가운데 요동하는 여러분이 마음의 잠잠함을 원한다면, 오늘 바로 예수 그리스도께 나아가십시오. 모든 일이 잘될 것입니다!

하나님과 바른 관계를 누리고는 있지만, 이 땅의 무거운 짐이 여러분을 내리누를 때 어떻게 합니까? 가난에 대한 두려움이 여러분을 이리저리 흔들고 집어삼키려 하면 어떻게 합니까? 날마다 육신의 고통으로 괴로울 때 어떻게 합니까? 갑자기 모든 왕성한 활동에서 배제되고, 아무것도 하지 않고 가만히 뒤로 나앉아 있어야 할 때는 어떻게 합니까? 가정에 죽음이 들이닥쳐서 여러분의 라헬과 요셉과 베냐민을 앗아가 버리고, 여러분만 혼자 남아 슬픔으로 지내야 하는 때는 어떻게 합니까? 이런 일이 일어나면 어떻게 해야 합니까? 그래도 여전히 그리스도 안에 위로가 있습니다. 풍랑이 이는 바다를 잠잠하게 하신 것처럼, 우리 주님은 상한 마음에 평화를 말씀하실 수 있습니다. 바람을 꾸짖으신 것처럼 거역하는 의지를 꾸짖으실 수 있습니다. 갈릴리 바다의 폭풍을 잠잠하게 하신 것처럼, 슬픔의 폭풍을 누그러뜨리고, 요동치는 욕망을 잠잠하게 하실 수 있습니다. 무거운 염려에 짓눌린 마음에 대해 "잠잠하라, 고요하라!"

고 말씀하실 수 있습니다. 염려와 고난의 홍수가 아무리 강하다 해도, 예수님은 큰 물결 위에 좌정하시며 거대한 파도보다 더 강하십니다(시 93:4). 근심의 바람이 여러분 주변을 맴돌며 아무리 시끄럽게 휘몰아쳐도, 예수께서는 손으로 바람을 잡으시고 원하시는 때에 바람을 그치게 하실 수 있습니다. 오, 여러분이 마음이 상하고, 염려에 지치고, 슬픔에 잠겨 있다면, 예수 그리스도께 나아가 부르짖으십시오. 그분은 여러분을 새롭게 해주실 것입니다. 그분은 말씀하십니다. "수고하고 무거운 짐진 자들아, 다 내게로 오라. 내가 너희를 쉬게 하리라"(마 11:28).

스스로를 그리스도인이라 고백하는 사람은 그리스도의 능력을 잘 알고 있어야 합니다. 다른 어떤 것이라도 의심이 생기면 의심하십시오. 그러나 그리스도의 능력에 대해서는 조금도 의심하지 마십시오. 자신이 은밀히 즐기고 있는 죄가 없는지, 또 은밀히 세상과 짝하는 것은 아닌지, 은혜로만 구원받는 것이 맞는지 의심이 들 수도 있습니다. 그러나 다른 것을 다 의심해도, 그리스도는 "자기를 힘입어 하나님께 나아가는 자들을 온전히 구원하실 수" 있다는 사실만큼은 절대 의심하지 마십시오(히 7:25). 여러분이 이 말씀을 믿고 받는다면 그분은 여러분도 능히 구원하실 수 있습니다.

5. 마지막으로, 주 예수께서는 믿음이 약한 사람을 참을성 있고 부드럽게 대하십니다.

바람이 그치고 파도가 잠잠해지고 나서 제자들에게 하시는 말씀을 통해 이 사실을 알 수 있습니다. 그들을 크게 나무라실 수도 있었습니다. 이제까지 그들이 목격한 엄청난 일들을 들어 가며 그들의 불신과 소심함을 책망하실 법도 합니다. 그러나 주님은 전혀 그렇게 하지 않으셨습니다. 단지 두 가지를 물으십니다. "어찌하여 이렇게 무서워하느냐. 너희가 어찌 믿음이 없느냐."

이 땅에서 제자들을 대하시는 예수님의 모든 행동을 눈여겨보십시오. 예수님의 모습에서 우리는 그분의 큰 인내와 깊은 긍휼의 아름다움을 엿볼 수 있습니다. 예수님의 제자들만큼 마땅히 알고 배우는 일에 있어서 더딘 사람들도 없었습니다. 예수님만큼 오래 참고 기다리는 선생도 없을 것입니다. 복음서에서 이 주제와 관련된 모든 증거를 추려서 제 말이 얼마나 분명한지 한번 확인해 보십시오.

우리 주님의 공생애 기간 동안 제자들은 단 한번도 예수께서 세상에 오신 목적을 제대로 이해한 적이 없었습니다. 겸비함과 속죄, 십자가와 같은 것들은 그들에게 여진히 감추어진 일이었습니다. 주님은 앞으로 일어날 일에 대해 단순하고 분명하게 경고하셨지만 아무런 소용이 없었습니다. 그들은 전혀 이해하지 못했습니다. 그들의 눈에 감추어져 있었습니다(눅 9:45, 18:34). 베드로는 주님의 고난의 길을 만류하기까지 했습니다. "주님, 안됩니다. 절대로 이런 일이 주님께 일어나서는 안됩니다"(마 16:22, 새번역).

그들에게서는 제자로서 전혀 걸맞지 않은 생각과 행실이 자주 드러났습니다. 어느 날은 자기들 중에 누가 제일 큰지 서로 언성을 높였습니다(막 9:34). 자신들이 목격한 기적은 전혀 아랑곳하지 않고 마음이 완고해져 버린 적도 있었습니다(막 6:52). 그중 두 사람은 자기들을 받아들이지 않은 마을에 대한 심판으로 하늘로부터 불을 내려야 한다는 말까지 서슴지 않았습니다(눅 9:54). 제자 중 가장 낫다고 하는 세 제자는 겟세마네 동산에서 마땅히 깨어 기도해야 함에도 불구하고 잠만 잤습니다. 예수께서 잡히시던 그 순간에는 예수님을 버리고 달아났습니다. 더군다나 베드로는 맹세까지 해가며 예수님을 세 번씩이나 부인했습니다.

예수께서 부활하신 후에도, 제자들은 여전히 불신앙과 완고한 마음을 버리지 못했습니다. 심지어 주님을 눈으로 직접 보고 만진 그 순간에도 의심을 떨쳐 버리지 못했습니다. 얼마나 보잘것없는 믿음입니까! 그들은 과연 "예언자들이 말한 모든 것을 마음에 더디 믿는 자들"이었습니다(눅 24:25). 우리 주님의 말씀과 행동과 삶과 죽음의 의미를 깨닫는 일에 있어서, 그들은 후퇴를 거듭했습니다.

하지만 공생애 기간 내내 이런 제자들을 대하시는 우리 주님의 모습은 어떠합니까? 변함없는 동정과 긍휼과 친절과 부드러움과 인내와 오래 참음과 사랑이 아닙니까? 그분은 제자들이 아둔하다고 해서 버리지 않으셨습니다. 불신앙 때문에 그들을 거절하지도 않으셨습니다. 비겁하고 소심하다 해서 그들을 영영 버리지 않으셨습니다. 그들이 감당할 수 있을 때까지 기다리다가 가르치셨습니다. 한 걸음씩 그들을 인도하셨습니다. 이제 막 걸음마를 뗀 아이를 돌보는 유모처럼 하셨습니다. 죽은 자 가운데서 다시 살아나자마자 그들에게 너무나 자애로운 메시지를 전하십니다. 예수님은 무덤에서 여인에게 말씀하셨습니다. "가서 내 형제들에게 갈릴리로 가라 하라. 거기서 나를 보리라"(마 28:10). 예수님은 제자들을 다시 불러 모으셨습니다. 베드로를 다시 그의 자리로 회복시키시고, "내 양을 먹이라"고 하셨습니다(요 21:17). 승천하시기 전에 제자들과 40일을 함께 지내시기까지 하셨습니다. 그들을 이방인에게 복음을 전하는 사자로 보내셨습니다. 승천하시면서까지 은혜로운 약속으로 그들을 격려하셨습니다. "내가 세상 끝 날까지 너희와 항상 함께 있으리라"(마 28:20). 우리로서는 도무지 헤아릴 수 없는 사랑입니다. 이는 사람이 사랑하는 방식과는 전혀 다릅니다.

세상 모든 사람들은 주 그리스도께 부드러운 긍휼과 자비가 얼마나 많은지 알아야 합니다(약 5:11). 주님은 상한 갈대를 꺾지 않으시고, 꺼져 가는 심지를 끄지 않으십니다(마 12:20). 아비가 자녀를 불쌍히 여기듯이, 주님은 자기를 경외하는 자를 불쌍히 여기십니다(시 103:13). 어미가 자식을 위로하듯이, 그 백성을 위로하십니다(사 66:13). 우리 안에 있는 다 자란 양은 물론, 어린양도 돌보십니다. 건강한 양뿐 아니라 병약한 양도 돌보십니다. 주님은 한 마리도 잃어버리지 않고 그 품에 안고 돌아오실 것이라고 말씀하셨습니다(사 40:11). 강한 지체뿐 아니라, 가장 연약한 지체도 돌보십니다. 여러분의 권속 가운데 장성한 이들뿐 아니라, 어린아이까지 돌보십니다. 여러분의 동산에 자란 레바논의 백향목 같은 아름드리나무뿐 아니라, 가장 여린 식물까지 돌보십니다. 이들 모두 그분의 생명책에 기록되었습니다. 그리스도의 돌보심 가운데 있습니다. 영원한 언약을 통해서 모두가 그분께 맡겨졌습니다. 모든 연약함에도 불구하고 예수님은 하나도 잃어버리지 않고 집으로 데려오실 것입니다. 아무리 연약하다 해도 믿음으로 그리스도를 붙잡는 자에게, 성경은 이렇게 약속합니다. "내가 결코 너희를 버리지 아니하고 너희를 떠나지 아니하리라"(히 13:5). 때때로 사랑으로 훈계하고 책망도 하실 것입니다. 하지만 결코 그분은 포기하지 않으십니다. 마귀는 그리스도의 손에서 결코 신자를 빼앗을 수 없습니다.

주 예수님은 자기 백성이 연약하고 단점이 많다고 해서 결코 내어 쫓지 않으십니다. 세상 사람들도 이 사실을 알아야 합니다. 잘못을 발견했다고 해서 아내를 내어 쫓는 남편이 어디 있습니까? 아이가 약하고 어리고 무지하다고 해서 아이를 팽개치는 어미가 어디 있습니까? 주 그리스도는 영혼을 자기 손에 의탁한 불쌍한 죄인이 불완전하고 불경건하다고 해서 쫓아내지 않으십니다. 결코 그런 일은 없습니다! 백성의 허물을 덮고 타락으로부터 회복하는 것, 다시 말해, 연약하지만 그들에게 있는 은혜를 소중히 여기고 많은 허물을 용서해 주시는 것이 그분의 영광입니다. 히브리서 11장은 참으로 경이로운 장입니다. 이 장에 기록된 사람들의 이름을 성령이 얼마나 존귀하게 여기시는지 생각해 보면 정말 놀랍습니다. 그들이 가졌던 믿음의 위대함은 칭찬하고 기념하지만, 그들에게 있었던 많은 허물은 전혀 언급하지 않습니다.

여러분 가운데 구원은 갈망하지만 조금씩 뒤로 물러나 결국 떨어져 나가게 될까 봐 마음을 정하지 못하는 사람이 있습니까? 주 예수님의 온유와 인내를 기억하고 더 이상 두려워하지 마십시오. 십자가를 지는 것을 무서워하지 말고, 용감하게 세상에서 나오십시오. 제자들을 참으신 바로 그 주께서 여러분을 용납하려고 기다리고 계십니다. 여러분이 넘어지면, 그분이 일으키실 것입니다. 여러분이 잘못 가면, 그분이 돌이키실 것입니다. 여러분이 지치면, 그분이 소생시키실 것입니다. 광야에서 죽게 하려고 여러분을 애굽에서 불러내신 것이 아닙니다. 그분은 여러분을 약속의 땅으로 안전하게 인도하실 것입니다. 안전하게 집으로 데려가실 것입니다. 오직 그리스도의 말씀을 듣고 그분을 따르십시오. 그러면 결코 멸망하지 않습니다.

　여러분 가운데는 이미 회심하고 주님의 뜻을 따라가고자 하는 사람들이 있을 것입니다. 주님의 인자하심과 오래 참으심을 본받고, 다른 이들을 자애로운 마음으로 대하기를 배우십시오. 이제 **갓 믿기 시작한 사람들**을 온유로 대하십시오. 그들이 한번에 모든 것을 완전하게 알 수 있을 것이라고 기대하지 마십시오. 그들의 손을 잡아 이끌어 주고 힘을 북돋아 주십시오. 하나님도 그들을 슬프게 하지 않으십니다. 모든 것을 믿고 모든 것을 바라십시오. **뒤로 물러나 침륜에 빠진 자들**을 온유로 대하십시오. 이제 더 이상 그들에게 기대할 것이 없는 것처럼 돌아서지 마십시오. 이전의 상태로 그들을 다시 되돌리기 위한 모든 합법적인 방법을 강구하십시오. 여러분 자신이 누구인지, 얼마나 자주 약해지는지 생각해 보고, 여러분이 약해질 때 어떻게 해주기를 바라는지 생각하며 그대로 사람들을 대하십시오. 안타깝게도, 많은 주님의 제자들에게 주인의 마음이 결여되어 있습니다. 예수님을 부인한 베드로와 같은 사람을 다시 받아 줄 교회가 오늘날 얼마나 될지 생각해 보면 두렵습니다. 젊은 회심자의 손을 이끌어 새롭게 시작할 수 있도록 헌신적으로 돕는 바나바의 일을 할 신자가 너무 적습니다. 세상에 성령의 은혜가 필요한 것

이상으로, 신자에게도 성령의 기름 부으심이 절실합니다.

이제까지 우리가 살펴본 교훈을 여러분이 실천적으로 적용할 수 있기를 바랍니다. 이 본문을 통해서 우리는 다섯 가지 교훈을 배웠습니다.

첫째, 그리스도를 섬긴다고 어려움이 비껴 가지는 않습니다. 가장 거룩한 성도들도 여러 가지 어려움을 당했습니다.
둘째, 그리스도는 참 하나님이실 뿐 아니라 참 사람이십니다.
셋째, 연약함과 부족함이 많은 신자라도 여전히 참된 신자입니다.
넷째, 모든 능력과 권세는 그리스도께 있습니다.
다섯째, 그리스도는 자기 백성을 향한 인내와 애정이 넘치시는 분입니다.

이 다섯 가지 교훈을 잊지 마십시오. 여러분은 잘 해갈 수 있을 것입니다. 이제까지 말한 것들을 가슴에 더 깊이 새길 수 있도록 몇 가지만 덧붙이고자 합니다.

(1) **그리스도를 섬기는 것이 무엇인지 전혀 경험하지 못하고, 그분을 아예 모르는 사람이 있을 수 있습니다.** 제가 지금 말하는 내용에 대해 전혀 관심조차 없는 사람이 많을 것입니다. 이들에게는 여기 이 땅에 속한 것이 보물입니다. 그래서 이들은 세상의 일에만 몰두해 살아갑니다. 신자가 겪는 갈등, 싸움, 연약함, 의심, 두려움 같은 것은 아예 안중에도 없습니다.

그리스도가 기적을 행했는지도 관심 밖의 일입니다. 이런 일로 고민하기도 싫고, 시간을 보낼 마음도 없습니다. 이런 문제는 단지 용어와 명칭과 형식의 문제일 뿐입니다. 이런 사람들은 하나님과 상관없이 이 세상을 살아갑니다.

혹시라도 여러분이 이런 사람이라면, 여러분의 삶은 그리 오래가지 못할 것입니다. 이 땅에서의 삶은 영원하지 않습니다. 끝이 옵니다. 머리가 하얗게 세고, 늙고 병약한 여러분에게 죽음이 찾아옵니다. 이 모든 것이 여러분을 기다리고 있습니다. 언젠가는 이 모든 것을 다 마주해야 합니다. 그날이 오면 여러분은 어떻게 할 것입니까?

오늘 제가 하는 말을 잘 기억하십시오. 예수 그리스도가 여러분의 친구가 아니면, 병중에나 임종 시에 아무 위로도 얻지 못합니다. 아무리 자랑거리가 많고 내세울 것이 많아도, 그리스도가 없이 죽음을 맞는다면 큰 낭패입니다. 목사를 불러다가 기도문을 읽어 달라고 할 수도 있고, 그들이 와서 성례를 베풀 수도 있습니다. 기독교의 모든 형식과 예식에 다 참가할 수도 있습니다. 하지만 여러분이 매일 계속해서 부주의하고 세속적인 삶을 구가하고 그리스도를 멸시하는 삶을 살아간다면, 임종 시에 그리스도가 여러분을 혼자 죽도록 내버려 두신다고 해도 전혀 이상한 일이 아닙니다. 너무나 두려운 말이지만, 실제로 많은 사람들이 그렇게 죽어 갑니다. "너희가 재앙을 만날 때에 내가 웃을 것이며 너희에게 두려움이 임할 때에 내가 비웃으리라"(잠 1:26).

바로 지금 그 자리에서 여러분의 영혼을 사랑하는 자의 권고를 들으십시오. 악한 일을 그치고 선을 행하십시오. 어리석은 일을 버리고 총명의 길을 가십시오. 여러분의 마음에 어슬렁거리는 교만을 버리십시오. 아직 그분을 만날 수 있을 때 그분을 찾으십시오. 영혼을 무디게 하는 영적 게으름을 몰아내고, 성경 읽고, 기도하고, 주일을 지키기로 힘쓰십시오. 여러분을 절대 만족시킬 수 없는 세상과 절연하고, 썩지 않을 보화를 찾으십시오. 하나님께서 친히 하신 이 말씀이 여러분의 양심에 깊이 뿌리내리기를 바랍니다! "너희 어리석은 자들은 어리석음을 좋아하며 거만한 자들은 거만을 기뻐하며 미련한 자들은 지식을 미워하니 어느 때까지 하겠느냐. 나의 책망을 듣고 돌이키라. 보라, 내가 나의 영을 너희에게 부어 주며 내 말을 너희에게 보이리라"(잠 1:22-23). 가룟 유다의 진짜 죄는, 그가 주님께로 다시 돌아와서 용서를 구하지 않았다는 것입니다. 이런 죄를 짓지 않도록 조심하십시오.

(2) **주 예수님을 사랑하고 또 믿지만, 지금보다 주님을 더 많이 사랑하고 싶은 사람이 있다면 이렇게 한번 해보십시오.** 여러분이 그런 사람이라면, 이 교훈의 말씀들을 고민하고 마음에 적용하십시오.

우선, **주 예수님은 실제로 살아 계신 인격이라는 불변의 진리를 항상 기억하고, 그분을 인격으로 대하십시오.**

슬프게도, 요즘 신앙을 고백하는 많은 사람들은 주님을 인격적으로 알지 못합니다. 자기를 구원하신 주님을 이야기하기보다 자신의 구원을 더 많이 이야기합니다. 구속주를 이야기하기보다 자신의 구속을 더 많이 이야기합니다. 예수보다 자신의 칭의에 대해 더 많이 이야기합니다. 그리스도의 인격보다 그리스도의 사역에 대해 더 많이 이야기합니다. 이는 아주 잘못된 것입니다. 그러니 신앙을 고백한다는 사람들의 삶이 그렇게 무기력하고 메마를 수밖에 없습니다.

은혜 가운데 항상 자라고 싶습니까? 믿음 안에서 기쁨과 평화를 누리고 싶습니까? 이런 오류를 멀리 하십시오. 복음을 사변적인 교리들의 집합 정도로 생각하면 안됩니다. 복음을 항상 그 목전에서 살아가야 할 살아 계신 **전능자**에 대한 계시로 여기십시오. 추상적인 규율과 원리와 명제를 모아 놓은 것으로 여기지 마십시오. 인격이신 영광스러운 **친구**에 대한 소개로 받아들이십시오. 이것이 바로 사도들이 전한 복음입니다. 막연히 사랑과 자비와 용서의 사람에 대해 선전하고 다니는 것이 아닙니다. 그들이 선포한 모든 설교의 중심 주제는, **실제로 살아 계시는 그리스도의 사랑하는 마음**이었습니다. 신자의 성화를 증진하고 영광에 가장 합당한 사람으로 만드는 것이 바로 복음입니다. 그리스도의 인격적인 임재로 충만한 천국과 그곳에서 그분을 친히 뵙는 영광을 맛보기 위한 가장 최상의 준비는, 이 땅에서 살아 계시는 인격으로서의 그리스도와 친교를 누리는 것입니다. **인격과 관념**처럼 별개인 것도 없습니다.

다음으로, **주 예수님은 전혀 변치 않으시는 분**이라는 사실을 항상 기억하십시오.

여러분이 의뢰하는 구주는 어제나 오늘이나 영원토록 동일하십니다. 변함이 없으시고, 회전하는 그림자도 없으십니다. 주님은 지금 하나님의 보좌 우편에 계시지만, 1,800년 전에 이 땅에 계실 때와 동일한 마음이십니다. 이 사실을 기억하면, 여러분은 잘할 수 있습니다.

팔레스타인 땅 곳곳을 다니셨던 그분의 여정에 함께하십시오. 예수님은 자신에게 닥치는 일을 하나도 피하지 않으시고 다 받아들이셨음에 주목하십시오. 예수님이 모든 슬픈 이야기에 어떻게 귀 기울이셨고, 어려운 사람들을 어떻게 도와주셨으며, 헤아림이 필요한 사람들을 어떤 마음으로 대하셨는지 잘 보십시오. 그리고 자신에게 말하십시오. "이 예수가 바로 나의 주요, 나의 구원자가 되신다. 시간과 장소는 그분께 아무 문제가 되지 않는다. 그분은 예전이나 지금이나 동일하시고, 앞으로도 영원히 동일하실 것이다."

이런 생각을 통해 여러분은 날마다 분명한 신앙의 실체와 생명을 갖게 됩니다. 이런 생각을 통해 여러분은 장차 오게 될 좋은 것에 대한 분명한 모양과 실체를 갖게 됩니다. 33년 동안 이 땅에 사셨고, 복음서에 그 삶이 기록된 바로 그분이 여러분의 구주이시고, 영원토록 그분의 임재 가운데 살게 될 것이라는 사실은 너무나 즐거운 묵상의 제목입니다.

이 장을 마무리하면서 드릴 말씀은 처음 시작할 때와 다르지 않습니다. 사람들이 지금보다 복음서를 더 많이 읽으면 좋겠습니다. 사람들이 그리스도를 더 잘 알게 되기를 바랍니다. 회심하지 않은 사람들이 예수님을 알고 영생을 얻기 바랍니다. 신자들이 예수님을 더 잘 알아, 더 행복해지고, 더 거룩해지고, 빛 가운데 사는 성도의 기업에 더 합당하게 되기를 바랍니다. 사도 바울같이 말할 수 있는 사람이야말로 가장 거룩한 사람일 것입니다. "내게 사는 것이 그리스도니"(빌 1:21).

13장
그리스도가 세우신 교회

내가 이 반석 위에 내 교회를 세우리니 음부의 권세가 이기지 못하리라. (마 16:18)

여러분은 이 반석 위에 세워진 교회의 지체입니까? 영혼을 구원할 수 있는 유일한 교회에 속해 있습니까? 이것은 심각한 물음입니다. 이 장을 통해 하나의 참되고 거룩하고 보편적인 교회가 무엇인지 밝히고, 더할 나위 없이 안전한 이 교회로 사람들의 발걸음을 이끌 수 있기를 바랍니다. 본 장에서는 예수님이 말씀하신 "교회"를 정의하고, 이 교회가 무엇과 같은지, 이 교회의 표지는 무엇이며, 어디에서 이 교회를 찾아볼 수 있는지 살펴보겠습니다. 본문으로 제시한 예수님의 말씀의 의미를 밝혀가다 보면 이 물음들에 대답할 수 있을 것입니다. 예수님은 선언하십니다. "내가 이 반석 위에 내 교회를 세우리니 음부의 권세가 이기지 못하리라."

이 유명한 말씀에서 우리는 다음 다섯 가지를 주목해야 합니다.

1. 건물: "내 교회"
2. 건축자: "내가 내 교회를 세우리니"
3. 기초: "이 반석 위에 내 교회를 세우리니"
4. **내포된 위험**: "음부의 권세"
5. **약속된 안전**: "음부의 권세가 이기지 못하리라."

이것은 오늘날 특히 관심을 가지고 살펴야 할 주제입니다. 기억하십시오. 거룩은 하나뿐인 참된 교회에 속한 모든 사람에게서 드러나는 두드러진 특징입니다.

1. 본문에서 **건물**이 언급됩니다. 그리스도는 "내 교회"라고 말씀하십니다.

여기서 말씀하신 교회는 무엇을 말합니까? 이것보다 더 중요한 물음도 없습니다. 교회에 대한 오류가 난무하는 이유는, 이 주제에 합당한 관심을 갖지 않기 때문입니다.

본문에서 말하는 교회는 물리적인 건물이 아닙니다. 목재, 벽돌, 석재, 대리석 등으로 지은 건물을 가리키는 것이 아니라 함께 모인 일단의 무리를 가리킵니다. 눈에 보이는 이 땅의 교회가 아닙니다. 동방 교회도 서방 교회도 아닙니다. 잉글랜드 교회도 스코틀랜드 교회도 아닙니다. 로마 가톨릭교회는 더더욱 아닙니다. 본문에 언급된 교회는, 가시적 교회와는 달리 사람의 눈에는 잘 드러나지 않지만 하나님의 눈에는 가장 중요한 교회입니다.

　본문에 언급된 교회는 주 예수 그리스도를 믿는 모든 참된 신자로 이루어져 있습니다. 죄를 회개하고, 믿음으로 그리스도께로 돌아서서 그리스도 안에서 새로운 피조물이 된 모든 사람들을 포함합니다. 하나님의 택하심을 입고 그 은혜를 받아 누리는 사람들, 그리스도의 피로 깨끗함을 받고 그리스도의 의를 덧입고 그리스도의 성령으로 거듭나서 거룩하게 된 모든 사람들로 이루어져 있습니다. 이름과 지위, 국적, 민족, 언어를 망라한 모든 사람들로 구성된 교회입니다. 이 교회는 그리스도의 몸이요, 그리스도의 양 무리입니다. 어린양이신 그리스도의 신부입니다. 사도 신조와 니케아 신조를 고백하는 "거룩하고 보편적인 사도적 교회"입니다. 성공회의 성찬 예식서에 언급된 대로 "신실한 사람들이 이루는 복된 모임"입니다. 이것은 바로 "반석 위에 세워진 교회"입니다.

　이 교회의 구성원은 하나님을 예배할 때 똑같은 방식으로 예배하지도 않고, 동일한 치리 방식을 사용하지도 않습니다. 어떤 사람은 감독이 치리하고, 어떤 사람은 장로의 치리를 받습니다. 어떤 사람은 공예배로 모일 때 기도서를 사용하고, 어떤 사람은 아무것도 사용하지 않습니다. 성공회 종교강령 제34조에서는 지혜롭게도 "교회의 예식들이 어디서나 똑같을 필요는 없다"고 천명합니다. 하지만 이 교회의 모든 지체는 한 은혜의 보좌로 나아갑니다. 그들은 모두 한마음으로 예배하고, 한 성령의 인도를 받습니다. 그들은 모두 실제로 **거룩합니다**. 모두 "할렐루야"를 외치고, "아멘"으로 화답합니다.

이 땅에 있는 모든 가시적 교회는 이 교회에 속한 종이요 하인입니다. 감독교회든, 독립교회든, 장로교회든 그들은 모두 하나의 참된 교회의 기치를 따르고 섬깁니다. 가시적 교회는 건물을 지을 때 사용하는 비계와 같고, 겨와 같습니다. 비계 뒤로 위대한 건물이 지어지고, 겨에 싸여 살아 있는 알곡이 자랍니다. 이들은 다양한 가치가 있습니다. 가시적 교회의 가장 중요하고도 탁월한 가치는, 그리스도의 참된 교회의 지체를 훈련하고 자라게 한다는 것입니다. 하지만 이 땅의 그 어떤 교회도 "우리가 하나뿐인 참된 교회다. 우리에게만 참 지혜(욥 12:2)가 주어졌다"고 말할 수 없습니다. 어떤 교회도 "우리는 영원히 있을 것이다. 음부의 권세는 우리를 이기지 못한다"고 말하지 못합니다.

이 교회는 주님께서 친히 보호하시고, 유지하시고, 영광에 들어가게 하신다는 은혜로운 약속을 받았습니다. 후커는 말합니다. "성경에 나타난 하나님의 끝없는 사랑과 구원하는 자비는 다 교회를 향한 것이다. 이 교회를 일컬어 그리스도의 신비한 몸이라고 함이 마땅하다." 이 세상에서는 참된 교회가 소수이고 멸시를 받지만, 하나님의 눈에는 그 무엇보다도 영광스럽고 소중합니다. 반석 위에 세워진 이 교회와 비교할 때, 솔로몬의 성전은 제아무리 모든 영광을 더한다 해도 미미하고 보잘것없습니다.

여러분은 지금까지 제가 말씀드린 것들을 마음 깊이 새겨야 합니다. "교회"에 대한 바른 교리를 갖고 살도록 힘쓰십시오. 이 교리를 잘못 알면 영혼을 파멸로 이끄는 위험한 오류에 빠집니다. 참된 신자로 이루어진 이 교회는, 특히 우리 같은 목사들이 설교하도록 부름받은 곳입니다. 회개하고 복음을 믿은 모든 사람들로 이루어진 이 교회에 여러분도 속하게 되기를 간절히 바랍니다. 여러분이 새로운 피조물이 되고, 하나뿐인 참된 교회의 지체가 될 때까지 우리 마음은 만족할 수 없고, 우리의 사역은 결코 끝난 것이 아닙니다. "반석 위에 세운" 교회 외에 그 어디에도 **구원은 없습니다.**

2. 이 본문은 건물만이 아니라 **건축자도** 언급하고 있습니다. 주 예수 그리스도는 이렇게 선언하십니다. "내 교회를 세우리니."

그리스도의 참된 교회는 복된 삼위일체 하나님이 자애로 돌보십니다. 성경에 계시된 구원 계획에 따르면 성부 하나님께서 택하시고, 성자 하나님께서 구속하시고, 성령 하나님께서 그리스도의 신비로운 몸의 각 지체를 거룩하게 하십니다. 택함받은 모든 영혼을 구원하시기 위해 삼위일체이신 성부 하나님, 성자 하나님, 성령 하나님께서 함께 일하신다는 진리를 결코 잊지 말아야 합니다. 그럼에도 불구하고, 교회는 특별한 의미에서 주 예수 그리스도의 도우심을 받습니다. 예수님은 특별하고도 탁월한 방식으로 교회의 구주가 되시고 구속자가 되십니다. 오늘 본문에서 예수께서 "내가……세우리니—교회를 세우는 것은 나의 고유한 일이다"라고 말씀하신 이유가 바로 여기 있습니다.

합당한 때에 교회의 지체를 한 명 한 명 부르시는 분은 그리스도입니다. 그들은 "예수 그리스도의 것으로 부르심을 받은 자"입니다(롬 1:6). 그들을 살리시는 분도 그리스도입니다. "아들도 자기가 원하는 자들을 살리느니라"(요 5:21). 그들의 죄를 씻는 분도 그리스도입니다. "그의 피로 우리 죄에서 우리를 해방하시고"(계 1:5). 그들에게 평화를 주시는 분도 그리스도입니다. "평안을 너희에게 끼치노니 곧 나의 평안을 너희에게 주노라"(요 14:27). 영생을 주시는 분도 그리스도입니다. "내가 그들에게 영생을 주노니 영원히 멸망하지 아니할 것이요"(요 10:28). 회개하게 하시는 분도 그리스도입니다. "회개함을 주시려고……그를 오른손으로 높이사 임금과 구주로 삼으셨느니라"(행 5:31). 하나님의 자녀가 되게 하시는 분도 그리스도입니다. "영접하는 자 곧 그 이름을 믿는 자들에게는 하나님의 자녀가 되는 권세를 주셨으니"(요 1:12). 이미 시작된 일을 그들 속에서 계속 이루어 가시는 분도 그리스도입니다. "이는 내가 살아 있고 너희도 살아 있겠음이라"(요 14:19). 요컨대, "아버지께서는 모든 충만으로 예수 안에 거하게 하시"기를 기뻐하셨습니다(골 1:19). 그리스도는 믿음의 주요 온전하게 하시는 분입니다. 그분은 생명입니다. 머리입니다. 머리 되신 그분으로부터 신비로운 몸의 관절과 마디가 공급받습니다. 이들은 그리스도로부터 힘을 얻어 각자의 의무를 이행합니다. 그리스도 덕분에 이들은 타락하지 않습니다. 이들을 끝까지 보존하시고, 말할 수 없는 기쁨으로 성부의 보좌 앞에 흠이 없게 세우십니다. 그분은 신자의 모든 것입니다.

그리스도가 자기 교회의 지체들 안에서 이런 사역을 이루시도록 하는 강력한 대리인은 틀림없이 성령입니다. 항상 새롭게 하시고, 일깨우시고, 확신시키시고, 십자가로 이끄시고, 변화시키시며, 그리스도의 신비한 건물에 산 돌을 하나 둘씩 더하시는 분은 성령입니다. 하지만 구속 사역을 시작하시고 완성하시는 위대한 건축자는

"말씀이 육신이 되신" 하나님의 아들입니다(요 1:14). "세우시는" 분은 예수 그리스도입니다.

주 예수님은 자신을 낮추시고 참된 교회를 세워 가기 위해 많은 방편들을 사용하십니다. 복음 사역, 성경, 애정 어린 책망, 적절한 말씀 증거, 고난이 가져다주는 변화 등과 같은 모든 방편과 도구를 통해 영혼을 위해 계속 일하십니다. 성령은 이런 영혼에 생명을 가져다주십니다. 하지만 그리스도야말로 이 모든 일을 명령하고, 지도하고, 이끌어 가는 건축자입니다. 바울은 심고 아볼로는 물을 주지만, 자라게 하시는 분은 하나님입니다(고전 3:6). 목사는 설교하고 신학자는 글을 쓰지만, 세우시는 분은 오직 주 예수 그리스도뿐입니다. 그분이 집을 세우시지 않으시면 설 수가 없습니다.

주 예수 그리스도는 위대한 **지혜**로 자신의 교회를 세워 가십니다! 모든 것이 제때에 적합한 방식으로 이루어져 갑니다. 돌 하나하나가 적시 적소에 배치됩니다. 때로는 큰 돌을, 때로는 작은 돌을 쓰십니다. 어떤 때는 일이 빨리 진행되고, 어떤 때는 천천히 진행됩니다. 사람들은 때때로 더딘 것을 참지 못하고, 아무것도 되지 않았다고 생각합니다. 그러나 하나님의 시간은 인간의 시간과 다릅니다. 그분께는 천년이 하루같습니다. 이 위대한 건축자는 실수하는 일이 없습니다. 그분은 자신이 하는 일이 무엇인지 잘 아십니다. 그분은 시작할 때부터 이미 끝을 다 아십니다. 완전하고도 변함없는 분명한 계획에 따라 모든 일을 하십니다. 교회에 대한 그리스도의 지혜로운 권고에 비하면, 가장 탁월한 건축자로 일컬어지는 미켈란젤로나 렌 Christopher Wren의 작품도 아이들의 소꿉장난에 불과합니다.

그리스도가 자신의 교회를 세우시면서 보여주시는 **겸손과 자비**는 얼마나 위대한지요! 가장 쓸모없고 거친 돌을 들어 걸작을 만드시는 때가 얼마나 많습니까! 그분은 아무도 멸시하지 않으십니다. 바리새인들과 서기관들로 그 집의 기둥을 삼기도 하십니다. 자비를 베풀기를 기뻐하십니다. 가장 아둔하고 불경건한 사람을 들어 새롭게 하시고, 그들을 그분의 신령한 성전의 세련된 모퉁잇돌로 삼으실 때도 많습니다.

그리스도가 자신의 교회를 세우시면서 나타내시는 **능력**은 얼마나 위대한지요! 그분은 세상과 육체와 마귀의 방해에도 불구하고, 일을 계속해 가십니다. 폭풍과 격랑과 난세에도 전혀 흥분하거나 요동하지 않으시고, 솔로몬이 성전을 지을 때처럼 고요하고도 잠잠히 교회를 세워 가십니다. 그분은 말씀하십니다. "내가 행하리니 누가 막으리요"(사 43:13).

이 세상에 속한 사람들은 그리스도의 교회를 짓는 일에 아무런 관심이 없습니다. 영혼의 회심 같은 것은 안중에도 없습니다. 상한 심령과 회개하는 마음 같은 것이 그들에게 나 무엇이란 말입니까? 죄를 깨닫고 그리스도를 믿는 것은 이들에게 전혀 중요하지 않습니다. 그들이 보기에 이 모든 것은 다 "미련한 것"일 뿐입니다(고전 1:18). 그러나 세상 자녀들이 무관심하다 해도, 하나님의 천사는 크게 기뻐합니다. 참된 교회를 보존하기 위해서는 자연법도 때로는 자기 자리를 양보합니다. 하나님은 참된 교회의 유익을 위해 세상의 모든 것을 섭리하시고 주장하십니다. 택함받은 자 때문에 전쟁이 그치기도 하고, 나라에 평화가 주어집니다. 정치가, 통치자, 왕,

황제, 대통령, 수상 같은 사람들은 나름대로 통치 전략과 계획을 짜고, 스스로를 굉장히 중요하다고 생각합니다. 하지만 무한히 더 가치 있는 일이 진행되고 있고, 그들은 이 사역을 위해 하나님의 손에 들린 "톱과 도끼"에 불과합니다(사 10:15). 이 일은 그리스도의 신령한 성전을 세우고, 산 돌을 그리스도의 참된 교회로 모아들이는 일입니다.

참된 교회를 세우는 일이 전능자의 어깨에 지워져 있다는 사실에 깊이 감사해야 합니다. 만약 이 일이 사람들에게 달려 있다면 벌써 중단되고 말았을 것입니다. 하지만 이 일이 그 뜻을 반드시 성취하는 건축자의 수중에 있다는 사실에 우리 하나님을 송축합시다! 그리스도는 전능하신 건축자입니다. 나라와 가시적 교회가 자기 의무를 알지 못할지라도, 그리스도는 자신의 일을 계속해 가십니다. 그리스도는 결코 실패하지 않으십니다. 주님은 시작하신 일을 반드시 이루십니다.

3. 교회가 세워지는 **기초**를 살펴보겠습니다. 그리스도께서 말씀하십니다. "이 반석 위에 내 교회를 세우리니."

그리스도께서 말씀하신 "반석"의 의미는 무엇일까요? 사도 베드로를 가리킵니까? 그것이 아닌 것은 확실합니다. 만약 베드로를 염두에 두고 말씀을 하셨다면 "너 위에 내 교회를 세우리니"라고 하셨을 것입니다. 다른 곳에서는 베드로에 대해 말씀하실 때 "내가 천국 열쇠를 네게 주리니"라고 분명히 말씀하시지 않습니까?(마 16:19) 그렇습니다. 반석이라 함은 사도 베드로의 인격을 두고 하신 말씀이 아니라, 그가 방금 한 훌륭한 신앙고백을 가리킵니다! 오류투성이고 불안정한 사람인 베드로를 가리키는 것이 아니라, 성부께서 베드로에게 계시하신 강력한 진리를 가리키는 말입니다. 반석은 예수 그리스도 그분에 관한 진리를 말합니다. 그리스도의 중보 되심과 메시아 되심을 가리킵니다. 예수님은 약속된 구원자이시요, 참된 보증이시요, 하나님과 사람 사이의 진정한 중보자이시라는 복된 진리를 말합니다. 그리스도의 교회는 바로 이 반석을 기초로 서 있습니다.

참된 교회의 기초를 위해 엄청난 대가가 치러졌습니다. 하나님의 아들이 자기 백성의 영원한 구속을 위해 그들의 본성을 입으셨습니다. 자기 죄가 아닌 그들의 죄로 인해 그들의 본성을 입고 사시고, 고난당하시고, 죽으셨습니다. 그 본성을 입고 무덤으로 내려가신 후 다시 살아나야 했고, 그 본성 그대로 하늘로 올라가셔서 하나님 보좌 우편에 앉으셔야 했습니다. 다른 어떤 기초로도 잃어버린 바 되고, 죄책으로 가득하고, 타락하고, 연약하고, 희망 없는 죄인의 필요를 충족시킬 수 없습니다.

이렇게 얻어진 기초는 너무도 견고하여 온 세상 죄의 무게를 능히 견디고도 남습니다. 모든 신자가 지은 모든 죄의 무게를 이 기초는 능히 감당합니다. 이 견고한 반석은 생각으로 지은 죄, 상상 속에서 지은 죄, 마음으로 지은 죄, 머리로 지은 죄, 드러난 죄, 드러나지 않은 죄, 하나님께 지은 죄, 사람에게 지은 죄 등, 모든 종류와 모든 모양의 죄의 무게를 능히 견디기 때문에 결코 무너지지 않습니다. 그리스도의 중보의 직분은 온 세상의 모든 죄를 넉넉히 치료할 수 있는 묘약입니다.

　유일한 이 기초 위에 그리스도의 참된 교회의 모든 지체들이 연결되어 있습니다. 신자들이 서로 연합하지 못하고 일치하지 못하는 일이 많지만, 영혼의 기초에 관한 한 그들은 모두 한마음입니다. 감독교인이나, 장로교인이나, 침례교인이나, 감리교인이나 할 것 없이 신자는 모두 한 곳에서 만납니다. 그들 모두 한 반석 위에 서 있습니다. 이들이 평화, 소망, 장차 다가오는 일에 대한 설레임과 같은 것들을 어디서 얻는지 물어보십시오. 이 모든 것들은 하나님과 사람 사이의 중보자이신 그리스도라는 강력한 원천과, 그리스도께서 가지고 계시는 죄인들의 중보와 대제사장의 직분에서 흘러나오는 것을 알게 될 것입니다.

　여러분이 하나뿐인 참된 교회의 지체인지 아닌지 알고 싶다면, 자신이 자리한 기초를 보십시오. 자신이 어디에 서 있는지, 적어도 본인에게는 분명히 드러날 것입니다. 우리는 여러분이 공예배에 참여하는지는 알 수 있지만, 개인적으로 여러분이 이 반석 위에 서 있는지는 알 수 없습니다. 주의 성찬에 참여하는 것은 볼 수 있지만, 여러분이 그리스도와 연합되어 있는지, 그리스도가 여러분 안에 계신지는 볼 수 없습니다. 자신의 구원에 대한 오해가 없도록 조심하십시오. 자기 영혼이 반석 위에 있는지 주의해서 보십시오. 그렇지 않다면, 다른 모든 것은 무의미합니다. 우리는 결코 마지막 심판을 견디지 못할 것입니다. 그날에는 모래 위에 지은 궁전보다, "반석 위에" 세운 움막에서 발견되는 것이 몇 천 배나 나을 것입니다.

4. 본문에 언급하고 있는 교회에 **내포된 시험**에 대해 알아보겠습니다. 본문은 "음부의 권세"라는 말로 이 시험을 언급하고 있는데, 이 표현은 지옥과 마귀의 권세를 가리킨다고 할 수 있습니다(시 9:13, 107:18, 사 38:10 참조).

그리스도의 참된 교회의 역사는 항상 갈등과 전쟁의 역사였습니다. 지독한 원수인 마귀와 이 세상 주관자들의 공격에 끊임없이 시달렸습니다. 마귀는 지칠 줄 모르는 증오로 그리스도의 참된 교회를 미워했습니다. 그는 항상 교회의 지체들을 대적했습니다. 이 세상 자녀들을 부추겨서 자기의 뜻을 따르게 하고, 하나님의 백성을 괴롭히도록 했습니다. 머리를 상하게 하지 못할 것을 알고 발뒤꿈치라도 상하게 하려고 애썼습니다. 신자에게서 천국을 빼앗지는 못해도, 천국으로 가는 길에서라도 괴롭게 하려고 안달이었습니다.

음부의 권세와의 전쟁은 지난 6천 년 동안 그리스도의 몸 전체가 겪어 왔던 일입니다. 그리스도의 참된 교회는 지난 6천 년 동안 불타면서도 아직도 다 살라지지 않은 떨기나무였습니다. 광야로 도망갔지만 아직도 삼킴을 당하지 않은 여인이었습니다(출 3:2, 계 12:6, 16). 가시적 교회는 번영과 평화를 구가하기도 했지만, 그리스도의 참된 교회는 결코 평화를 경험해 본 적이 없습니다. 이 싸움은 끝까지 계속됩니다. 결코 끝나지 않습니다.

음부의 권세와의 전쟁은 참된 교회에 속한 모든 지체들의 경험입니다. 각자가 싸워야 합니다. 모든 성도들의 삶은 다름 아닌 싸움에 대한 기록입니다. 바울이나 야고보, 베드로, 요한, 폴리캅, 크리소스톰, 어거스틴, 루터, 칼뱅, 라티머, 백스터 같은 사람들은 모두 부단히 싸웠던 그리스도의 용사들이었습니다. 때로는 인신공격을 받기도 하고, 소유를 잃기도 했습니다. 비방과 욕설을 듣기도 하고, 공공연한 핍박을 당하기도 했습니다. 마귀는 어떤 식으로든 끊임없이 교회를 대적했습니다. "음부의 권세"는 쉴 새 없이 그리스도의 백성을 공격해 왔습니다.

복음을 설교하는 우리는 그리스도께 나아오는 모든 사람에게 "보배롭고 지극히 큰 약속"을 제시할 수 있습니다(벧후 1:4). 모든 지각에 뛰어난 하나님의 평화를 우리 주님의 이름으로 담대하게 제시할 수 있습니다. 그리스도를 믿고 그분께 나아오는 모든 사람에게 자비와 값없는 은혜와 온전한 구원을 말할 수 있습니다. 하지만 우리는 세상과의 평화, 마귀와의 평화는 약속할 수 없습니다. 오히려, 여러분이 몸을 입고 있는 한 그것들과의 싸움이 계속될 것이라고 약속할 수 있습니다. 그리스도를 섬기는 일로부터 뒤로 물러나 있게 하고 싶지 않습니다. 오히려 "그 비용을 계산"해 보고(눅 14:28), 그리스도를 섬기는 일에 포함된 것이 무엇인지 바로 알게 하고 싶습니다.

(1) 음부의 권세가 드러내는 적개심에 **놀라지 마십시오**. "너희가 세상에 속했으면 세상이 자기의 것을 사랑할 것이나"(요 15:19). 세상과 마귀가 존속하는 한, 그리스도를 믿는 자들은 용사가 되어야 합니다. 세상은 그리스도를 증오합니다. 세상이 계속되는 한, 세상은 참된 그리스도인을 증오할 것입니다. 위대한 종교개혁자 루터가 말한 것처럼 말입니다. "교회가 세상에 존속하는 한, 가인은 아벨을 살해하는 일을 멈추지 않을 것이다."

(2) 음부의 권세가 드러내는 적개심에 **대비하십시오**. 하나님의

전신갑주를 입으십시오. 다윗의 망대에는 모든 준비된 하나님의 백성이 사용할 수천 개의 방패가 준비되어 있었습니다. 우리가 전쟁에 사용할 무기는 앞서 간 우리와 같은 수많은 죄인이 이미 사용해 보았습니다. 그들은 결코 진 적이 없었습니다.

(3) 음부의 권세가 드러내는 적개심을 **잘 견디십시오**. 결국 여러분에게 유익으로 드러날 것입니다. 여러분을 거룩하게 하고, 깨어 겸손하게 하고, 주 예수 그리스도께 더 가까이 가게 할 것입니다. 세상이 주는 것으로부터 돌아서서 더욱더 기도할 수 있게 도울 것입니다. 무엇보다도, 천국을 더 사모하게 할 것입니다. 입술로만이 아니라 마음 깊은 곳에서 "주 예수여, 오시옵소서. 주님의 나라가 이루어지이다" 하고 말하게 할 것입니다(계 22:20, 마 6:10, 눅 11:2).

(4) 음부의 권세가 드러내는 적개심에 **낙심하지 마십시오**. 평화를 누리는 것만큼이나 전쟁에 뛰어드는 것 역시 참된 하나님의 자녀에게서 드러나는 은혜의 표지입니다. 십자가가 없이는 영광도 없습니다! 싸움이 없이는 구원하는 기독교도 없습니다! 주 예수 그리스도가 말씀하십니다. "나로 말미암아 너희를 욕하고 박해하고 거짓으로 너희를 거슬러 모든 악한 말을 할 때에는 너희에게 복이 있나니"(마 5:11). 신앙 때문에 받는 핍박은 온데간데없고 사람의 칭찬만 난무한다면, 자신이 정말 "반석 위에 세운 교회"에 속한 사람인지 의심해 봐야 합니다(눅 6:26).

5. 마지막으로, 참된 그리스도의 교회에 있는 **안전**에 대해 살펴보려고 합니다. 건축자는 영광스러운 약속을 주셨습니다. "음부의 권세

가 이기지 못하리라."

식언치 않으시는 분이 지옥의 모든 권세가 결코 자신의 교회를 넘어뜨리지 못할 것이라고 약속하셨습니다. 계속되는 모든 공격에도 불구하고, 그리스도의 교회는 계속되고 든든히 설 것입니다. 모든 다른 피조물은 사라지고, 반석 위에 세운 교회만 남을 것입니다.

제국들의 흥망성쇠는 계속됩니다. 이집트, 아시리아, 바빌로니아, 페르시아, 티레, 카르타고, 로마, 그리스, 베네치아 같은 나라들은 다 어디로 갔습니까? 사람이 세운 모든 나라는 다 사라지고 없지만, 그리스도의 참된 교회는 아직 건재합니다.

가장 강력한 도시도 돌무더기가 될 것입니다. 바빌로니아의 넓은 성벽도 땅속에 파묻힌 지 오래입니다. 니느웨의 궁궐도 흙으로 뒤덮였습니다. 이집트의 수도였던 테베에 있던 100개의 문은 역사에서나 언급될 뿐입니다. 티레는 지금 어부들이 그물 손질하는 곳이 되었고, 카르타고는 폐허가 되었습니다. 하지만 이 모든 와중에도 교회는 든든히 섰습니다. 음부의 권세가 이기지 못합니다.

기독교 신앙 초기에 세워졌던 많은 교회가 부패하고 멸망했습니다. 에베소 교회는 어디로 갔습니까? 안디옥 교회는 어디에 있습니까? 알렉산드리아와 콘스탄티노플에 있던 교회는 어디로 갔습니까? 고린도 교회, 빌립보 교회, 데살로니가 교회는 다 어디로 갔습니까? 이 모든 교회가 다 어디로 갔습니까? 이 교회들은 모두 하나님의 말씀에서 떠나 자기들의 감독과 공의회와 예식과 가르침과 전통을 자랑스럽게 여겼습니다. 그리스도의 십자가를 자랑하지 않았고 복음에 굳게 붙어 있지 않았습니다. 주 예수께 합당한 직분과 영광을 돌리지 않았습니다. 믿음을 올바른 위치에 두지 않았습니다. 이 교회들은 위에 언급한 도시들과 같은 처지가 되었습니다. 촛대가 옮겨졌습니다. 하지만 이 와중에도 그리스도의 참된 교회는 여전히 든든히 서 있습니다.

이 나라에서 억압을 받으면 저 나라로 피했습니다. 이 땅이 교회를 짓밟고 억압하면 다른 토양에 뿌리를 내리고 무성해졌습니다. 불이나 칼이나 감옥이나 형벌로도 결코 그 생명력을 파괴하지 못했습니다. 압제자들은 죽고 자기 갈 곳으로 갔지만, 하나님의 말씀은 살아서 여전히 무성합니다. 사람이 보기에는 그리스도의 참된 교회가 약하게 보일지 모르지만, 오히려 그동안 참된 교회를 내려친 많은 해머는 부러졌고, 앞으로도 계속 교회를 내려치는 해머가 있다면 동일한 운명이 될 것입니다. "너희를 범하는 자는 그의 눈동자를 범하는 것이라"(슥 2:8).

본문의 약속은 참된 교회의 **몸 전체**에 적용되는 진리입니다. 이 세상에는 그리스도를 증거하는 사람들이 계속해서 일어날 것입니다. 가장 열악한 때에도 하나님의 백성들은 있었습니다. 심지어 아합 왕이 통치하던 이스라엘에서조차 7천 명이 있었습니다. 확신하건대, 로마 가톨릭과 그리스 정교회와 같이 열악하고 암울한 곳에도 여전히 그리스도를 섬기는 사람이 있습니다. 마귀는 극도로 미쳐 날뛰고, 어떤 나라에서는 그리스도의 참된 교회가 지극히 연약할지도 모르지만, 음부의 권세는 결코 교회를 이기지 못합니다.

본문에 주어진 약속은 참된 교회를 구성하는 각각의 지체들에게 적용되는 진리입니다. 크나큰 절망과 불안에 빠져 자기가 얼마나 안전한지 전혀 생각하지 못하는 하나님의 백성들이 있는 것도 사실입니다. 슬픈 일이지만, 다윗과 베드로가 넘어졌던 것처럼 넘어지는 사람들도 있습니다. 크랜머나 존 주얼 John Jewell처럼 잠시 믿음에서 떠나는 사람도 있습니다. 지독한 의심과 두려움으로 시험당하는 사람들도 있습니다. 하지만 결국 강한 자뿐 아니라 약한 자까지도, 성숙한 자뿐 아니라 어린 자까지 모두 안전하게 본향에 이르게 될 것입니다. 그제야 끝이 납니다. 내일아침 태양이 떠오르지 못하게 할 수 있습니까? 브리스톨 해협의 조수 간만을 막을 수 있습니까? 행성이 제 궤도를 운행하지 못하도록 할 수 있습니까? 이런 일이 가능하다면 신자의 구원도 방해받을 수 있습니다. 그러나 아무리 작고 중요하지 않은 돌이라도, 반석 위에 세운 교회의 산 돌은 결국에는 구원을 얻어 궁극적인 안식으로 들어갑니다.

참된 교회는 그리스도의 몸입니다. 이 신비로운 몸에서는 뼈 하나라도 부러지는 일이 없습니다. 참된 교회는 그리스도의 신부입니다. 영원한 언약으로 하나님과 연합한 그들은 결코 따로 떨어질 수 없습니다. 참된 교회는 그리스도의 양 무리입니다. 사자가 나타나 양을 채 가려고 했을 때, 다윗은 일어나 그 아가리를 벌리고 양을 끄집어냈습니다. 그리스도도 이와 같이 하실 것입니다. 그리스도는 다윗의 위대한 후손입니다. 그리스도의 양 무리 가운데 병든 양이 있다 해도 단 한 마리도 죽지 않습니다. 마지막 날에 그리스도는 성부께 이렇게 말할 것입니다. "아버지께서 내게 주신 자 중에서 하나도 잃지 아니하였사옵나이다"(요 18:9). 참된 교회는 이 땅의 알곡입니다. 체질과 키질을 당하여 이리저리 흔들릴 수는 있어도, 단 한 톨이라도 잃어버리지 않습니다. 가라지와 쭉정이는 불타 없어지겠지만, 알곡은 곳간에 들여질 것입니다. 참된 교회는 그리스도의 군대입니다. 구원의 대장 되신 그분은 자기 휘하의 군사를 결코 잃어버리는 일이 없습니다. 그분의 작전은 결코 실패하지 않습니다. 지원이 끊기는 일도 없습니다. 그분께 있는 군인 명부는 처음이나 전투가 모두 끝났을 때나 똑같습니다. 수년 전 크리미아 전쟁 때, 늠름하게 영국을 떠나 참전한 군인들 가운데 다시 돌아오지 못한 이들이 얼마나 많습니까? 군가가 연주되는 가운데 환호를 받으며 군기를 앞세우고 의기양양하게 나갔던 군대가 이국 땅에 뼈를 묻고 다시는 고향 땅을 밟지 못했습니다. 하지만 그리스도의 군대는 그렇지 않습니다. 출정한 군사 가운데 단 한 명도 잃어버리지 않습니다. 그분은 선언하십니다. "그들은 영원히 멸망하지 아니할 것이요"(요 10:28).

마귀는 참된 교회의 지체들을 감옥에 집어넣을 수도 있고, 고문하고 목매달고 불태워 죽일 수도 있습니다. 하지만 몸을 죽인 후에 그가 할 수 있는 것은 아무것도 없습니다. 그들의 영혼은 못 건드립니다. 얼마 전, 프랑스 군대가 로마를 점령했을 때 종교재판 당시 감옥으로 사용되었던 건물 벽에서 한 죄수가 새겨 놓은 글을 발견했습니다. 그 죄수가 누군지 알 길이 없지만, 그가 적어 놓은 글은 우리가 기억하고도 남습니다. "그는 죽었으나 지금도 말"합니다(히 11:4). 아마도 부당한 재판으로 추방령을 받은 후에 감옥 벽에 이렇게 써 놓은 것 같습니다. "복되신 예수여, 그들은 주님의 참된 교회에서 저를 쫓아낼 수 없습니다." 이 말이 진리입니다. 사탄의 모든 능력으로도 그리스도의 참된 교회에서 단 한 사람의 신자도 쫓아낼 수 없습니다.

여러분 가운데 누구라도 두려움 때문에 그리스도를 섬기는 것을 주저하지 않을 것이라고 믿습니다. 여러분의 영혼을 의탁한 그분은 하늘과 땅의 모든 권세를 가지신 미쁘신 분입니다. 결코 여러분이 쫓겨나도록 하지 않으실 것입니다. 친척이 반대하고, 이웃이 조롱하고, 세상이 욕하고 비아냥거리고 멸시할지라도, 두려워하지 마십시오! 두려워하지 마십시오! 음부의 권세는 결코 여러분을 이기지 못합니다. 여러분을 위하시는 그분은 여러분을 대적하는 그들 모두보다 더 강하십니다.

목사가 세상을 떠나고 성도들이 사라진다 해도, 그리스도의 참된 교회를 생각하고 두려워하지 마십시오. 그리스도는 항상 자기의 뜻을 이루시는 분입니다. 더 나은 종을 일으키시고 더 밝은 별이 떠오르게 하실 것입니다. 그리스도는 그 오른손에 일곱 별을 쥐고 계십니다. 앞날에 대한 모든 염려를 그분께 맡기십시오. 정치인이 정한 법이나 양의 탈을 쓴 이리의 계략 때문에 낙심하지 마십시오. 그리스도는 항상 자기 교회를 돌보십니다. "음부의 권세가 교회를 이기지 못하도록" 항상 돌보십니다. 우리 눈으로 볼 수는 없어도, 모든 것이 다 잘되고 있습니다. 이 세상 나라들은 우리 하나님과 그리스도의 나라가 될 것입니다.

이제 몇 가지 적용점을 제시하면서 이 장을 마무리하겠습니다.

(1) 첫 번째 적용은 물음으로 시작합니다. 그 물음이 무엇일까

요? 저는 이 장을 처음 시작하면서 던진 물음으로 돌아가, 여러분이 정말 그리스도의 하나뿐인 참된 교회의 지체인지 묻고 싶습니다. 하나님이 보시기에 여러분은 기껏해야 "교인"에 불과합니까? 제가 의미하는 것이 무엇인지 아시겠습니까? 저는 지금 영국 성공회를 넘어서는 교회를 보고 말합니다. 단지 교회나 채플을 말하는 것이 아닙니다. "반석 위에 세운 교회"에 대해 말합니다. 매우 진지하고 엄중하게 묻습니다. 여러분은 그 참된 교회의 지체입니까? 이 위대한 기초에 참여한 자입니까? 그 반석 위에 서 있습니까? 성령을 받았습니까? 성령이 여러분 영혼에 여러분은 그리스도와 하나요, 그리스도는 여러분과 하나라고 증거합니까? 하나님의 이름으로 호소합니다. 이 물음을 진지하게 살펴보십시오. 만약 아직 회심하지 않았다면, 여러분은 아직 "반석 위에 세운 교회"에 속한 것이 아닙니다.

여러분 가운데 제 물음에 만족스러운 답을 줄 수 없는 사람은 스스로를 잘 돌아보십시오. 자기 영혼이 영원히 파선하지 않도록 해야 합니다. 음부의 권세가 여러분을 굴복시키고, 마귀가 여러분을 자기 소유로 주장하지 못하도록 해야 합니다. 그리스도의 복음의 빛 가운데 온전히 행하고, 성경의 땅에서 나락으로 떨어지지 않도록 하십시오. 자기 교단이나 교회에 대한 뜨거운 열심이 있고 자신들만의 성찬에는 부지런히 참여하지만, 단 한번도 참된 교회에는 참여해 보지 못한 잃어버린 감독교인, 잃어버린 장로교인, 잃어버린 침례교인, 잃어버린 감리교인으로 그리스도의 좌편에서 발견되지 않도록 주의하십시오.

(2) 두 번째 적용은 **초청**입니다. 아직 참된 신자가 아닌 모든 사

람들에게 말합니다. 지체 없이 와서 하나의 참된 교회와 함께하십시오. 와서, 결코 변하지 않을 영원한 언약으로 주 예수 그리스도와 연합하십시오.

제 말을 잘 들어 보시고, 제가 드리는 초청의 의미를 오해하지 마십시오. 자신이 속해 있는 가시적인 교회를 떠나라는 말이 아닙니다. 저는 형식과 파벌의 모든 우상을 거부합니다. 오직 자신의 교파로만 개종시키려는 모든 생각을 혐오합니다. 하지만 여러분이 그리스도께로 와서 구원받기를 바랍니다. 언젠가는 반드시 결정해야만 합니다. 왜 바로 지금 하지 않습니까? 왜 바로 오늘 하지 않습니까? 내일이 오기 전, 바로 오늘 저녁에 못하는 이유가 무엇입니까? 죄인을 대신해서 십자가에 죽으시고, 모든 죄인이 믿음으로 와서 구원받도록 하신 그분께로 오십시오. 내 주 예수 그리스도께로 오십시오. 분명히 말씀드립니다. 모든 것이 다 준비되었으니 오십시오. 여러분을 위한 자비가 예비되었습니다. 천국도 준비되었습니다. 천사들이 여러분을 기쁨으로 기다립니다. 그리스도가 기꺼이 여러분을 맞으십니다. 방주로 들어오십시오. 하나님의 진노의 홍수가 금방 이 땅을 집어삼킬 것입니다. 방주로 들어와 안전히 거하십시오.

하나인 참된 교회라는 구명정에 오르십시오. 옛 세상은 곧 산산이 부서질 것입니다! 그들이 떠는 소리가 들리지 않습니까? 세상은 모래톱에 좌초된 난파선일 뿐입니다. 밤이 거의 다 지났고, 물살은 점점 거칠어지고, 바람이 일기 시작합니다. 이제 조금만 있으면 좌초된 저 낡은 배에 폭풍이 몰아칠 것입니다. 하지만 구명정은 이미 출항했고, 복음 사역자인 우리는 구명정에 올라 구원을 얻으라고 여러분에게 외치고 있습니다. 즉시 일어나 그리스도께로 오라고 호소합니다.

"지은 죄가 너무 많은데, 아직도 이렇게 악한데, 내가 어떻게 그리스도께로 나아갈 수 있단 말인가?" 하는 생각은 아예 집어치우십시오! 사탄이 미혹하는 것입니다. 그저 죄인으로 그리스도께 나아오십시오. 그 모습 그대로 나아오십시오. 이 아름다운 찬송을 들어 보십시오.

> 날 위해 주 보혈 흘려 주시고
> 또 나를 오라 하시니
> 오, 하나님의 어린양께로
> 내가 거저 나아갑니다.*

그리스도께로 나아가는 길은 이와 같습니다. 스스로 준비될 때까지 기다리지 않고, 어떤 이유로든 지체하지 말고 그저 나아가는 것입니다. 채움받기만을 바라는 굶주린 죄인으로서 나아가야 합니다. 부요해지기를 바라는 핍절한 죄인으로서, 의를 덧입기만을 바라는 악하고 뻔뻔한 죄인으로서 나아가야 합니다. 그렇게 나아가십시오. 그리스도께서 여러분을 맞아 주실 것입니다. 그리스도께로 "오는 자는……결코 내쫓지 아니" 할 것입니다(요 6:37). 오! 나아가십시

---

* 찬송가 339장 1절.

오. 그리스도께로 나아가십시오. 믿음으로 "참된 교회"로 가서 구원을 얻으십시오.

(3) 마지막으로, 모든 신자들에게 **권면**합니다. **거룩한** 삶에 힘쓰십시오. 여러분이 속한 참된 교회에 걸맞은 삶을 사십시오. 하늘 시민답게 사십시오. 사람 앞에 여러분의 빛을 비추어, 세상을 유익하게 하십시오. 여러분이 누구의 사람인지, 누구를 섬기는지 알게 하십시오. 모든 사람들이 읽고 알 수 있는 분명한 글씨로 기록된 그리스도의 편지가 되어서, 그 누구도 여러분을 두고 "이 사람은 믿는 사람인지 아닌지 도무지 알 수가 없어" 하는 말을 하지 않도록 하십시오. 실제적이고 실천적인 거룩이 무엇인지 알지 못하는 사람은 "반석 위에 세운 교회"의 지체가 아닙니다.

용감하게 살기를 힘쓰십시오. 사람들 앞에서 그리스도를 고백하십시오. 어떤 자리에 있든지 그곳에서 그리스도를 고백하십시오. 그분을 부끄러워할 이유가 무엇입니까? 그리스도는 십자가에서도 여러분을 부끄러워하지 않으셨습니다. 지금도 그분은 하늘 아버지 앞에서 기꺼이 여러분을 인정하고 계십니다. 그런 그분을 여러분이 부끄러워할 이유가 무엇입니까? 담대하십시오. 참으로 담대하십시오. 충성된 군사는 자신이 입은 제복을 부끄러워하지 않습니다. 참된 신자는 그리스도를 결코 부끄러워하지 않습니다.

기쁘게 살기를 힘쓰십시오. 그리스도의 재림이라는 복된 희망을 기다리는 사람답게 살아가십시오. 이는 우리 모두가 대망할 일입니다. 우리가 천국에 간다는 생각보다 천국이 우리에게로 도래한다는 생각으로 우리 마음을 채워야 합니다. 모든 하나님의 백성들을 위한 "좋은 때가 임박했습니다"¹ 그리스도의 모든 교회와 신자를 위한 좋은 때가 임박했습니다. 우리 모두 이 좋은 때를 대망하고, 깨어 기도해야 합니다.

조금 있으면, 비계와 발판이 치워지고 마지막 돌이 건물 맨 꼭대기에 놓일 것입니다. 이제 조금만 더 있으면, 그리스도께서 세우시는 교회가 너무도 아름답게 모든 사람의 눈앞에 선명히 드러날 것입니다.

위대한 건축자가 곧 친히 임하십니다. 흠이라고는 조금도 없는 건물이 온 세상에 모습을 드러낼 것입니다. 구주와 그분을 통해 구원받은 모든 자들이 함께 즐거워할 것입니다. 그리스도의 교회는 모든 것이 완벽하다고 온 우주가 탄성을 지를 것입니다. 이전에 사용된 것과는 비교도 할 수 없는 의미에서의 "복되도다" 하는 말이 온 우주에 울려 퍼질 것입니다. "반석 위에 세운 교회에 속한 모든 자는 복되도다!"

14장
이 땅의 교회를 향한 경고

귀 있는 자는 성령이 교회들에게 하시는 말씀을 들을지어다. (계 3:22)

여러분은 대부분 이 땅에 있는 가시적인 교회에 속해 있을 것입니다. 여러분이 다니는 교회가 감독교회인지, 장로교회인지, 독립교회인지는 묻지 않겠습니다. 어느 교단에 속해 있든, 누가 자신을 무신론자나 배교자로 부르는 것을 원하는 사람은 없을 것입니다. 여러분은 대부분 자신을 그리스도인이라 고백하는 개교회나 국가교회에서 정하는 공예배에 참여하고 있습니다.

여러분의 교회 이름이 무엇이든 간에, 방금 우리가 읽은 성경 말씀에 각별히 주의를 기울여 주십시오. 이 말씀은 여러분에게 하시는 말씀입니다. 이 말씀은 여러분처럼 스스로를 그리스도인이라 일컫는 모든 사람들을 교훈하기 위해 기록되었습니다. "귀 있는 자는 성령이 교회들에게 하시는 말씀을 들을지어다."

이 구절은 요한계시록 2장과 3장에서 일곱 번이나 반복됩니다. 주 예수께서 자신의 종 요한의 손을 빌려 소아시아 일곱 교회에 보내신 일곱 통의 편지마다 이 구절이 반복되고 있습니다. 예수께서는 일곱 번이나 동일한 말로 편지를 마무리합니다. "귀 있는 자는 성령이 교회들에게 하시는 말씀을 들을지어다."

여호와 하나님이 행하시는 모든 역사는 완전합니다. 어떤 일도 우연히 하시지 않습니다. 성경을 기록하실 때도 마찬가지입니다. 어느 한 부분도 허투루 기록되지 않았습니다. 하나님의 행사를 통해서 하나님의 계획과 목적과 의도하시는 바를 짐작할 수 있습니다. 각각의 행성의 궤도와 크기에도 하나님의 의도가 담겨 있습니다. 가장 미천한 파리 날개의 구조와 모양도 마찬가지입니다. 성경의 모든 구절 하나하나에도 하나님의 뜻하신 바가 있습니다. 성경에서 반복되는 구절이나 그 구절들이 나타나는 위치에도 다 뜻이 있습니다. 지금 우리가 살피고 있는 이 구절이 일곱 번이나 반복되는데도 의미가 있습니다.

이 구절을 반복함으로 "교회들에게 보낸 일곱 서신"에 모든 참된 그리스도인들의 특별한 관심을 일깨우고 있습니다. 신자들이 일곱 서신에 담긴 내용에 특별히 주목하도록 하기 위해서 말입니다.

이 일곱 편의 서신이 교훈하는 몇 가지 핵심 진리를 살펴보겠습니다. 이 진리는 지금 우리가 사는 종말의 때를 위한 것인데, 정작 우리는 이 진리를 너무나 모르고 있습니다. 우리가 이 진리를 지금보다 더 잘 알고 느낀다면 우리 모두에게 유익이 될 것입니다.

1. 우선 우리가 주목할 것은, 주 예수께서 일곱 편의 모든 서신을 통해서 **교리와 실천과 경고와 약속을 발하고 계신다**는 사실입니다.

조금만 여유를 가지고 잠잠히 이 일곱 편의 서신을 살펴보면 제가 말하는 것이 무엇인지 금방 알 것입니다.

주 예수께서 거짓 교인들에게 있는 불경건하고 일관성 없는 행실과 거짓 교훈을 지적하고 신랄하게 책망하시는 것을 보게 될 것입니다.

또한 때로는 교회의 믿음과 인내와 수고와 견인을 칭찬하시고, 이러한 은혜를 드높이시는 것을 볼 것입니다.

회개하고 돌이켜 첫사랑을 회복할 것과 그리스도를 향한 새로운 열심을 요구하시기도 합니다.

하지만 어떤 서신도 교회 정치나 의식을 언급하지 않습니다. 성례나 예식에 관해서는 한 말씀도 하시지 않습니다. 예전이나 형식에 대한 언급이 전혀 없습니다. 세례나 성찬이나 목회자의 사도직 계승에 대해서는 단 한마디도 기록하지 않으셨습니다. 요컨대, 이 일곱 편의 서신 그 어디에서도 이른바 "성례 제도"의 주된 원리 같은 것은 찾아볼 수 없습니다.

제가 왜 이런 말을 합니까? 오늘날 신앙을 고백하는 많은 그리스도인들 가운데, 이런 문제를 가장 우선적이고 핵심적이고 중요한 것으로 다루어 주기를 바라는 사람들이 있기 때문입니다.

감독이 없으면 교회도 없고, 예전이 없으면 경건도 없다고 주장하는 사람들이 상당히 많습니다. 이들은 성례의 가치를 가르치는 것이 목사의 주된 일이고, 교구 교회를 지키는 것이 가장 우선적인 일이라고 믿는 것 같습니다.

자, 지금부터 오해하지 말고 제 말을 잘 들어 보십시오. 제가 성례를 중요하게 여기지 않는다고 생각하지 마십시오. 오히려, "바르고, 합당하게, 믿음으로" 성례를 받아들이는 모든 사람에게 성례는 큰 복이라고 생각합니다(39개조 종교강령 제28항). 제가 감독제도나 예전, 교구제도를 가치 있게 여기지 않는 것이 아닙니다. 오히려 이 세 가지 제도와 복음 사역으로 잘 치리된 교회는, 이런 것이 없는 교회보다 훨씬 더 온전하고 유익합니다.

요지는 믿음이나 회개, 거룩과 비교해 볼 때 성례, 교회 정치, 예전 사용, 의식이나 형식의 준수 같은 것이 필요 이상으로 큰 비중을 갖는다는 말입니다. 제가 무슨 권위로 이렇게 말합니까? 저는 주님이 일곱 교회에 하신 말씀의 전체 대의를 근거로 말씀드립니다.

어떤 사람들이 말하는 것처럼 특정한 형태의 교회 정치가 그렇게 중요하다면, 교회의 위대한 머리이신 그리스도께서 이 서신에서 그것을 전혀 언급하지 않으셨을 리가 없습니다. 적어도 사데 교회와 라오디게아 교회에는 말씀하셨을 것입니다. 하지만 전혀 그런 언급을 찾아볼 수 없습니다. 이것은 아주 의미 있는 사실입니다.

에베소 교회 장로들에게 건네는 바울의 작별 인사에서도 동일한 것을 발견할 수 있습니다(행 20:17-35). 당시 바울은 이들에게 마지막 작별을 고하고 있었습니다. 그것은 바울이 이 땅에서 그들에게 주는 마지막 권고였습니다. 다시는 그들을 보지 못할 사람으로서 말입니다. 하지만 바울의 고별 인사에도 성례나 교회 정치에 대한 언급은 단 한마디도 없습니다. 만약 그것을 말해야 했다면, 그

때보다 더 시급한 순간이 어디 있겠습니까? 하지만 그는 이것에 대해 한마디도 하지 않습니다. 바울은 의도적으로 그렇게 하지 않은 것입니다.

복음주의 성직자로 불리는 우리가, 옳든 그르든, 감독이나 공동기도서나 예식 준수에 대해 지금보다 더 많이 전하지 않는 이유가 있습니다. 그것이 갖는 위치나 중요성, 방식을 볼 때 충분히 그 자체로 가치가 있습니다. 우리는 다른 것들과 마찬가지로 이것을 소중히 여기고 감사하고 있습니다. 하지만 하나님께로 돌이키는 회개, 주 예수 그리스도를 믿는 믿음, 거룩한 삶은 사람의 영혼에 훨씬 더 중요한 일입니다. 이것이 없다면 누구도 구원에 이를 수 없습니다. 이것이야말로 가장 우선적이고 중요한 문제입니다. 따라서 우리는 이 문제에 착념하고자 합니다.

신앙의 외적인 부분만으로 만족하지 말라고 사람에게 자주 촉구할 수밖에 없는 이유가 있습니다. 교회에 등록하여 교인 된 특권을 누리는 것만으로 만족하지 말라고 우리가 자주 경고하는 것을 들었을 줄 압니다. 우리는 주일마다 교회에 나오고 성찬에 참여한다고 모든 것이 다 된 것인 양 생각하지 말라고 말합니다. 외적으로 그리스도인이 된 것으로 그칠 것이 아니라, 먼저 "거듭나야" 한다고, "사랑으로 역사하는 믿음"이 있어야 한다고, 성령이 이루신 "새 창조"가 마음에서 먼저 이루어져야 한다고 촉구합니다(요 3:7, 갈 5:6, 고후 5:17, 갈 6:15). 우리가 촉구하는 이유는, 이것이 바로 그리스도의 생각이라고 믿기 때문입니다. 예수께서 소아시아 일곱 교회에 각각 편지를 주실 때 바로 이런 것을 생각하셨습니다. 그분의 뜻을 따르는 사람들은 어그러진 길로 갈 수가 없습니다.

사람들은 이런 제 생각을 너무나 "수준 낮은 견해"라고 비난합니다. 하지만 우리의 양심이 그것을 **성경적**이라고 말한다면, 사람들이 "**저급하다**"고 말하는 것은 그리 대수로운 일이 아닙니다. 사람들이 말하는 고상한 생각이 항상 안전한 것은 아닙니다. 발람의 말이 우리의 대답이 되어야 합니다. "여호와께서 말씀하신 대로 말하리라"(민 24:13).

분명한 사실은, 오늘날 영국에는 서로 다른 두 가지 독특한 기독교 체계가 있다는 것입니다. 너무나 분명한 사실이기 때문에 부인하려고 해봐야 아무 소용이 없습니다.

그중 한 체계에 따르면, 신앙이라는 것은 단순히 **공동의 일**corporate business에 지나지 않습니다. 일단 어떤 집단의 일원이 되면, 이 땅과 영원을 통틀어 큰 특권을 받아 누립니다. 내가 누구이고, 어떻게 느끼는가는 별로 상관이 없습니다. **느낌**으로 스스로를 판단하지 말라고 합니다. 나는 고귀한 교회의 일원이기 때문에, 그 일원에게 주는 모든 특권과 면책권을 내 것으로 받아 누리기만 하면 된다는 것입니다. 문제는 과연 내가 이 땅에 있는 유일하고 참된 교회에 속해 있는가 하는 것입니다.

또 다른 체계에 따르면, 신앙은 전적으로 나와 그리스도 사이의 **개인적인 일**personal business입니다. 내가 속한 교회 공동체가 어찌 되었든지, 그것 때문에 내가 구원받는 것은 아닙니다. 교회의 일원이 되었기 때문에 죄가 없어지는 것도 아니고, 교회의 회원이 된 것 때문에 심판의 날에 확신을 갖게 되는 것도 아닙니다. 그리스도에 대한 인격적인 믿음, 하나님과 나 사이의 인격적인 관계, 그리고 내 마음과 성령 사이의 친밀한 교제가 있어야 합니다. 문제는 나에게 인격적인 믿음이 있고, 내 영혼이 성령의 인격적인 역사를 느끼는가 하는 것입니다. 만약 그렇지 못하다면, 잃어버린 자가 될 것입니다.

후자는 복음주의 목회자들이 고수하며 가르치는 체계입니다. 그들은 이것이 가장 성경적이라고 믿습니다. 다른 체계는 모두 자신의 상태를 제대로 보지 못하도록 하는 치명적인 우를 범하게 만들고, 가장 위험한 결과를 초래한다고 확신합니다. 이것만이 하나님이 복 주시는 유일한 가르침의 체계라고 믿습니다. 회개와 믿음과 회심과 성령의 사역을 목사의 중대한 설교 주제로 삼는 교회만큼 부흥하는 교회도 없을 것이라고 확신합니다.

다시 한번 말하지만, "소아시아 일곱 교회에 주시는 서신"을 주의 깊게 자주 살펴봅시다.

2. 두 번째로 주목해야 할 것은, **모든 서신들마다 주 예수께서 "내가 네 행위를 안다"고 말씀하신다**는 것입니다.

이 표현이 반복해서 등장한다는 사실이 이채롭습니다. 우리가 서신을 읽을 때 이 표현을 일곱 번이나 반복해서 읽게 되는 이유가 분명히 있습니다.

주 예수께서 어떤 교회에는 "내가 네 **수고와 인내**"를 안다고 하시고, 다른 교회에게는 "네 **환난과 궁핍**"을 안다고 하시며, 또 다른 교회에게는 "네 **사랑과 섬김과 믿음**"을 안다고 하십니다. 그러나 지금 제가 살펴보고자 하는 말씀은, "**내가 네 행위를 아노니**"입니다.

"네 신앙고백과 네 바람과 네 결심과 네 소원"을 아는 것이 아니라, "네 **행위**"를 안다고 하십니다. "내가 네 행위를 아노니."

　신앙을 고백하는 그리스도인에게 행위는 너무나 중요합니다. 물론 행위로 영혼이 구원받는 것은 아닙니다. 행위는 의롭게 하지도 못합니다. 죄를 없이할 수도 없습니다. 행위 덕분에 하나님의 진노에서 피할 수 있는 것은 아닙니다. 하지만 행위가 우리를 구원할 수 없다고 해서 중요하지 않은 것은 아닙니다. 이런 생각을 조심하십시오. 만약 이렇게 생각하는 사람이 있다면, 그는 정말 끔찍하게 속고 있는 것입니다.

　율법의 행위가 아닌 믿음으로만 의롭게 되는 교리를 위해 기꺼이 죽을 수도 있습니다. 하지만 분명한 것은, 행위는 신앙의 증거라는 사실입니다. 여러분이 스스로를 그리스도인이라 부른다면, 일상의 삶의 방식과 행실에서 그 사실이 드러나야 합니다. 아브라함과 라합의 믿음은 행위로 입증되었습니다(약 2:21-25). 행실로는 하나님을 부인하고 있으면서 말로만 하나님을 안다고 고백하는 것은 아무 소용없습니다(딛 1:16). 예수님의 말씀을 기억하십시오. "나무는 각각 그 열매로 아나니"(눅 6:44).

　신앙을 고백하는 그리스도인의 행위가 무엇이든지, 예수님은 말씀하십니다. "내가 그것을 안다!" "여호와의 눈은 어디서든지 악인과 선인을 감찰하시느니라"(잠 15:3). 아무리 은밀하고 사소한 것이라 할지라도 여러분의 모든 행실을 예수께서 다 보고 계십니다. 여러분이 하는 모든 말, 심지어 속삭임조차도 예수님은 다 듣고 계십니다. 여러분이 쓰는 모든 편지, 심지어 가장 사랑하는 사람에게 보내는 개인적인 메시지조차도 예수님은 다 알고 계십니다. 아무리 은밀한 생각이라 해도 그분은 여러분의 모든 생각을 아십니다. 그분은 불꽃 같은 눈을 가졌습니다. 예수님께 흑암은 더 이상 흑암이 아닙니다. 모든 것이 드러나고 알려집니다. 그분은 모든 사람에게 말씀하십니다. "내가 네 행위를 아노니."

(1)주 예수께서는 회심하지 않고 믿지 않는 모든 영혼의 행위를 아시며, 언젠가 그들을 **징벌**하실 것입니다. 이 땅에서는 모든 것이 잊혀질지 모르지만, 천국에서는 그대로 남아 있습니다. 흰 보좌가 서고 책들이 펼쳐지면, 그 책에 기록된 대로 악인은 "자기 행위를 따라" 심판을 받을 것입니다(계 20:12-13).

(2)주 예수께서는 자기 백성의 행위를 알고 계시고, **무게를 달아 보십니다**. "여호와는 지식의 하나님이시라. 행동을 달아 보시느니라"(삼상 2:3). 그분은 모든 신자가 한 행동의 동기와 원인을 아십니다. 그들이 내딛는 모든 발걸음의 동기를 아십니다. 주님의 영광을 위해 한 것이 얼마나 되는지, 사람의 칭송을 위해 한 것은 또 얼마나 되는지 다 알고 계십니다. 우리가 보기에는 신자들이 좋은 일을 꽤 많이 하는 것처럼 보이지만, 그것이 사람의 칭송을 바라고 하는 일이라면 그리스도는 매우 하찮은 것으로 여기십니다.

(3)주 예수께서는 자기 백성의 모든 행실을 아시고, **상을 베푸실 것입니다**. 그분의 이름으로 행한 말 한마디, 행실 하나도 간과하지 않으십니다. 다시 나타나실 그날에 아주 작은 믿음의 열매들을 온 세상 앞에 나타내실 것입니다. 만약 여러분이 주 예수님을 사랑하고 그분을 따라간다면, 여러분의 수고와 행위가 주님께 헛되지 않

음을 확신해도 좋습니다. "주 안에서 죽은 자"의 행한 일이 그들의 뒤를 따릅니다(계 14:13). 그들의 행실은 결코 그들을 앞서지도 그들 곁에 서지도 않고, 항상 그들의 뒤를 따르게 될 것입니다. 그리스도께서 다시 오시는 날에 마침내 그들의 것으로 드러날 것입니다. 열 므나의 비유가 이를 잘 보여줍니다. "각각 자기가 일한 대로 자기의 상을 받으리라"(고전 3:8). 세상은 주님을 모르기 때문에 주님을 따르는 여러분도 몰라봅니다. 하지만 예수님은 모든 것을 보시고, 다 아십니다. "내가 네 행위를 아노니."

세속적이고 위선적인 모든 신앙고백자들에게 주시는 엄중한 경고가 아닐 수 없습니다. 우리 모두 이 말씀을 주목하여 읽고 잘 깨달아야 합니다. 예수께서 여러분에게 말씀하십니다. "내가 네 행위를 아노니." 여러분은 저나 다른 목회자를 속일 수 있습니다. 사실 이는 아주 쉬운 일입니다. 여전히 악을 도모하면서도 안 그런 척 제 손에서 떡과 잔을 받아 마실 수도 있습니다. 설교를 믿지 않으면서 복음을 설교하는 목사의 강단 밑에 앉아 매주 진지한 얼굴로 그 입에서 나오는 설교를 들을 수도 있습니다. 하지만 기억하십시오. 그리스도를 속일 수는 없습니다. 여러분이 회개하지 않는다면, 사데 교회가 죽은 자와 같고 라오디게아 교회가 미지근한 신앙을 가졌다는 것을 아셨던 그분이, 여러분을 속속들이 꿰뚫어 보시고 마지막 날에 여러분을 그렇게 드러내실 것입니다.

제 말을 믿으십시오. 외식은 더 이상 설 땅은 없습니다. 겉과 속이 다르고, 그리스도인이라는 이름은 있으나 실체가 없는 신앙은 더 이상 통하지 않습니다. 이 문제에 있어서 여러분의 양심이 가슴을 두근거리게 하고 여러분을 정죄하고 있다면, 여러분의 죄가 틀림없이 여러분을 찾아내고야 말 것입니다. 금덩이를 몰래 훔쳐서 감추는 아간을 주목해 보셨던 그분이 여러분을 주목하고 계십니다. 게하시와 아나니아와 삽비라의 행실이 기록된 책에 여러분의 행실도 기록되고 있습니다. 자비로우신 예수님은 오늘 여러분에게 경고의 말씀을 주십니다. "내가 네 행위를 아노니."

그러나 정직하고 참된 마음을 가진 모든 신자에게는 이 말씀이 얼마나 큰 격려가 되는지 모릅니다. 예수님은 또 말씀하십니다. "내가 네 행위를 아노니." 스스로 자신의 행동에서 어떤 아름다운 것도 찾아보지 못합니다. 모든 것이 불완전하고, 결점투성이요, 더러운 것뿐입니다. 자기 약점 때문에 신물이 날 때가 얼마나 많습니까? 자신의 인생 전체가 지불 적체되어 파산한 거대한 빚더미같이 보일 때가 얼마나 많습니까? 하루하루가 오점과 얼룩으로 공허하게만 느껴지는 때는 또 얼마나 많습니까? 하지만 예수님은 그분을 기쁘시게 하기 위한 순수한 동기에서 행한 일들 속에서 아름다움을 간파하십니다. 그분의 눈은 가장 미미한 성령의 열매에서도 탁월함을 간파해 냅니다. 여러분이 행한 모든 일의 찌꺼기에서도 황금가루를 골라내십니다. 쭉정이 더미에서도 알곡을 가려내십니다. 여러분이 흘린 모든 눈물은 그분의 눈물 병에 고스란히 담겨 있습니다. 다른 사람을 향한 선행의 노력이 아무리 미미해도 그분의 책에 빠짐없이 다 기록되어 있습니다. 그분의 이름으로 건넨 보잘것없는 냉수 한 잔에 대해서도 상을 받을 것입니다. 세상이 아무리 하찮게 본다 해도, 여러분의 사랑의 수고와 역사를 그분은 결코 잊지 않습니다.

이것은 아주 놀라운 일입니다. 정말 그렇습니다. 예수님은 자기 백성 가운데 이루어진 성령의 역사를 존귀하게 여기고, 그들의 약점을 간과하기를 기뻐하십니다. 라합의 거짓말보다 그녀의 믿음을 깊이 간직하십니다. 예수님은 제자들의 믿음 없음과 무지함을 간과하시고, 시험당하실 때 그들이 함께했던 것을 높이 보십니다(눅 22:28). "아버지가 자식을 긍휼히 여김 같이 여호와께서는 자기를 경외하는 자를 긍휼히 여기시나니"(시 103:13). 다른 사람에게는 아무것도 아닌 것처럼 보이는 자녀의 하찮은 행동이 그 아비에게는 크나큰 기쁨이 되는 것처럼, 주께서는 그분을 섬기는 우리의 하찮은 노력에서도 큰 기쁨을 얻으십니다.

얼마나 놀라운 사실입니까! 심판 날 의인들이 다음과 같이 말하는 것을 저는 이해할 수 있습니다. "주여, 우리가 어느 때에 주께서 주리신 것을 보고 음식을 대접했으며 목마르신 것을 보고 마시게 하였나이까. 어느 때에 나그네 되신 것을 보고 영접했으며 헐벗으신 것을 보고 옷 입혔나이까. 어느 때에 병드신 것이나 옥에 갇히신 것을 보고 가서 뵈었나이까"(마 25:37-39). 이 위대한 날에 기억될 만한 일을 했다는 사실이 믿기지 않고 불가능하게 보일 수도 있지만, 이것은 사실입니다. 모든 신자는 이 사실에 위로를 누리시기 바랍니다. 주께서 말씀하십니다. "내가 네 행위를 아노니." 이 말씀에 더욱 겸비하되, 두려워할 필요는 없습니다.

3. 세 번째로 주목해야 할 것은, 모든 서신이 끝까지 이긴 자에게 주어지는 주 예수의 약속을 담고 있다는 사실입니다.

예수님은 교회들에게 너무나 위대하고 고귀한 약속을 일곱 번이나 반복하고 계십니다. 각각 다른 약속이면서도, 강력한 위로로 넘쳐 납니다. 하지만 이 약속은 **이기는** 그리스도인에게만 주어지고 있습니다. "이기는 그에게", 오직 "이기는 자"에게만 주어지는 약속입니다. 이 점을 주목해야 합니다.

신앙을 고백하는 모든 그리스도인은 그리스도의 군사입니다. 그리스도인은 세례를 받음으로 죄와 세상과 마귀를 대적하는 그리스도의 전쟁에 필연적으로 참여하게 됩니다. 싸우지 않는 그리스도인은 자신의 서약을 저버리는 것입니다. 자신의 영적 의무를 거부하는 것입니다. 자기가 한 맹세를 못다 이루는 것이고, 실제적으로 자신의 기독교 신앙을 부인하는 것입니다. 교회의 일원이 되고 예배에 참석하고 스스로를 그리스도인이라 부르는 사람은, 사실상 자신이 예수 그리스도의 군사라는 사실을 공적으로 선언하고 있는 것입니다.

신앙을 고백하는 그리스도인이 바라기만 하면 무기는 얼마든지 있습니다. 바울은 에베소 교인에게 말합니다. "하나님의 전신갑주를 취하라." "진리로 너희 허리띠를 띠고 의의 호심경을 붙이고." "구원의 투구와 성령의 검 곧 하나님의 말씀을 가지라." "모든 것 위에 믿음의 방패를 가지고"(엡 6:13-17). 신앙을 고백하는 그리스도인에게는 가장 탁월한 리더가 있는데, 그분은 구원의 대장 예수입니다. 그분을 통해 그리스도인은 최고의 보급품인 생명의 양식과 생명수를 공급받아 넉넉히 싸워 갑니다. 이러한 그리스도인에게는 가장 훌륭한 보상인 영원한 영광이 주어집니다.

여러분이 이 사실을 익히 알고 있을 것이라고 믿기 때문에 곧장 우리가 다루는 주제로 넘어가겠습니다.

여러분의 영혼이 깨닫기를 바라는 것은, 참된 신자는 단순히 군사일 뿐 아니라 **승리하는** 군사라는 사실입니다. 그리스도의 편에서 죄와 세상과 마귀를 대적하여 싸우겠다고 고백할 뿐 아니라 실제로 싸워 **이깁니다**.

이것이야말로 참된 그리스도인에게서 나타나는 분명한 표지입니다. 그리스도 군대의 일원이 되는 것으로만 만족하는 사람도 있고, 영광의 면류관에 대해 시큰둥하게 반응하는 사람도 있을 것입니다. 하지만 오직 참된 그리스도인만이 용사의 길을 갑니다. 오직 참된 그리스도인만이 자기 영혼의 원수와 담대히 마주하고 싸워 이깁니다.

저는 이 일곱 편의 서신을 통해 사람들이 한 가지 위대한 교훈을 얻기 바랍니다. 만약 여러분이 거듭나 천국을 향해 가는 사람이라는 사실을 확인하고 싶다면, 여러분은 반드시 승리하는 그리스도의 군사여야 합니다. 그리스도께서 주신 고귀한 약속이 바로 여러분에게 주어진 것임을 분명히 하고 싶다면, 그리스도의 선한 싸움을 싸워 반드시 이기십시오.

승리는 여러분이 구원받는 신앙을 가졌다는 사실을 확증해 주는 유일한 증거입니다. 좋은 설교 듣기를 좋아할 수도 있고, 성경을 소중히 여기고 때때로 성경을 읽을 수도 있습니다. 아침저녁으로 기도하고, 가정예배를 드리고, 신앙적인 모임에 참여할 수도 있습니다. 여러분이 하는 이 모든 일로 인해 하나님께 감사드립니다. 이는 모두 선한 일입니다. 하지만 여러분의 싸움은 어떻습니까? 지금 위대한 투쟁은 어떻게 되어 가고 있습니까? 사람을 더 두려워하고 세상을 더 사랑하는 것과 싸워 이기고 있습니까? 여러분 마음의 정욕과 기질과 욕구를 이기고 있습니까? 마귀를 대적하여 물리치고 있습니까? 이 모든 일은 어떻게 되어 가고 있습니까? 죄와 마귀와 세상을 이기든지, 아니면 그것에게 종 노릇 하든지 둘 중 하나입니다. 어중간한 길은 있을 수 없습니다. 이기든지 지든지 둘 중 하나입니다.

신자의 싸움은 너무나 힘든 싸움입니다. 이 사실을 분명히 알아야 합니다. 영생을 얻고자 한다면, 믿음의 선한 싸움을 싸우고 인내로 어려움을 이겨야 합니다. 천국에 이르고자 한다면, 날마다 싸우기로 결심해야 합니다. 사람들이 고안해 낸 천국으로 가는 지름길이 있을 수 있지만, 선한 옛길인 초대교회의 기독교는 십자가의 길, 투쟁의 길이었습니다. 신자는 죄와 세상과 마귀를 대적하고 물리쳐서 반드시 이겨야 합니다.

이것이 바로 저 옛날 성도가 걸어갔던 길입니다. 그들의 이름이 하늘의 별과 같이 밝게 빛나고 있습니다.

(1)모세는 이집트에서 죄악의 즐거움을 누리기보다 하나님의 백성과 함께 고난받기를 기뻐했습니다. 이것이 이기는 것입니다. **그는 쾌락에 대한 사랑을 이겼습니다.**

(2)미가 예언자는 자신이 진리를 말하면 죽을 수도 있다는 것을 알고서도 아합 왕 앞에서 듣기 좋은 말 하기를 거부했습니다. 이것이 이기는 것입니다. 그는 **편한 길 가기**를 거절했습니다.

(3)기도를 계속하면 사자 굴에 던져질 것을 알면서도 다니엘은

기도하기를 쉬지 않았습니다. 이것이 이기는 것입니다. 그는 **사망의 두려움**을 이겼습니다.

(4)주님의 부름을 받은 마태는 모든 것을 버리고 즉시 세관을 떠나 주님을 따라갔습니다. 이것이 이기는 것입니다. 그는 **돈에 대한 사랑**을 이겼습니다.

(5)공의회 앞에 선 베드로와 요한은 "우리는 보고 들은 것을 말하지 아니할 수 없다"고 담대하게 말했습니다(행 4:20). 이것이 이기는 것입니다. 그들은 **사람을 더 두려워하는 것**을 이겼습니다.

(6)바리새인 사울은 전도유망한 모든 것을 포기하고 자신이 핍박하던 바로 그 예수를 전파했습니다. 이것이 이기는 것입니다. 그는 **사람에게 칭찬받고자 하는 마음**을 이겼습니다.

구원받기를 바란다면, 이들이 했던 것처럼 해야 합니다. 이들은 하나같이 우리와 성정이 같은 사람이면서도 이 모든 일에서 싸워 이겼습니다. 그들 역시 여러분이 겪는 모든 시험을 지났고, 결국 승리했습니다. 그들은 싸웠습니다. 발버둥쳤습니다. 분투했습니다. 여러분도 이와 같이 해야 합니다.

이들이 승리한 비밀은 무엇입니까? 그들의 믿음입니다. 이들은 예수님을 믿었고, 그 믿음은 더욱 강해졌습니다. 이들은 예수님을 믿었고, 이 믿음이 그들을 굳게 붙들었습니다. 모든 싸움을 통해 이들은 예수님을 바라보았고, 예수님은 한번도 그들을 떠나지도 버리지도 않았습니다. "우리 형제들이 어린양의 피와 자기들이 증언하는 말씀으로써 그를 이겼으니"(계 12:11). 이제 여러분의 차례입니다.

제 말을 마음으로 받기를 바랍니다. 하나님의 은혜를 힘입고 이기는 그리스도인이 되기로 결심하십시오.

    신앙을 고백하는 많은 그리스도인을 바라보는 제 마음이 참 두렵습니다. 그들은 도무지 싸우지도 않고 이기지도 못합니다. 그리스도의 편에 서서 공격하기는커녕 그리스도의 원수와 타협합니다. 죄와 싸우지도 않습니다. 경고하건대, 이렇게 하는 것은 기독교 신앙이 아니고 천국에 이르는 길도 아닙니다.

    정기적으로 복음을 듣는 많은 사람을 바라보는 제 마음은 참 두렵습니다. 복음의 교리에 너무나 익숙해져 버린 여러분이, 오히려 그 능력에 있어서 죽은 자같이 될까 봐 두렵습니다. 그리스도의 편에 서서 실제로 싸우는 일은 완전히 제쳐 둔 채, 자신의 연약함과 타락에 대한 모호한 하소연만 주절거리며 그리스도에 대한 감상적인 표현에 젖어 있을까 봐 두렵습니다. 오! 이런 마음 상태를 조심하십시오. "너희는 말씀을 행하는 자가 되고 듣기만 하여 자신을 속이는 자가 되지 말라"(약 1:22). 승리가 없이는 면류관도 없습니다! 싸워서 이기십시오!

    젊은이들, 특히 종교적인 가정에서 자라난 젊은이들을 볼 때 두려움이 앞섭니다. 그들이 모든 유혹에 양보하는 습관이 들까 봐 두렵습니다. 세상과 마귀에 대해 "아니오!"라고 말하기를 두려워하게 될까 봐 걱정됩니다. 죄인들이 꼬드길 때 별 생각 없이 동의하고 따라가게 될까 봐 우려됩니다. 양보하지 마십시오. 양보할 때마다 더 약해지게 됩니다. 그리스도의 싸움을 싸울 각오를 하고 세상으로 나아가십시오. 여러분의 싸움을 계속해 가십시오.

    교회에 다니며 각각의 영역에서 주 예수님을 고백하는 신자를 볼 때, 자꾸 마음이 갑니다. 여러분의 여정이 쉽지 않다는 것을 잘 압니다. 여러분이 싸워야 할 싸움이 어려운 싸움이라는 것도 잘 압니다. 때때로 유혹에 넘어가 "도대체 이런 게 다 무슨 소용이야"라고 말하기도 하고, 여러분이 가진 무기를 완전히 내려놓을 때도 있을 것입니다.

사랑하는 형제자매들이여, 힘을 내십시오. 안심하십시오. 여러분이 선 자리에서 빛을 바라보십시오. 싸울 담력을 가지십시오. 시간이 얼마 없습니다. 주님이 곧 오십니다. 밤이 거의 지났습니다. 여러분과 같이 연약한 수많은 지체들이 동일한 싸움을 싸우고 있습니다. 그 많은 지체들 가운데 결국 마귀에게 사로잡혀 간 사람은 단 한 사람도 없습니다. 여러분의 원수는 강합니다. 하지만 여러분의 구원의 대장은 훨씬 더 강합니다. 그분의 팔, 그분의 은혜, 그분의 성령이 여러분을 붙들어 줄 것입니다. 용기를 내십시오. 낙담하지 마십시오.

한두 번 싸움에서 지면 또 어떻습니까? 그렇다고 모든 전쟁에 지지는 않습니다. 때로 힘에 겨워 지치면 또 어떻습니까? 완전히 포기하지는 않을 것입니다. 일곱 번 넘어지면 또 어떻습니까? 완전히 쓰러지지는 않을 것입니다. 죄가 여러분을 지배하지 못하도록 항상 깨어 죄를 대적하십시오. 마귀를 대적하십시오. 여러분에게서 멀리 달아날 것입니다. 용감하게 세상에서 나오십시오. 세상은 여러분을 놓아줄 수밖에 없습니다. 결국 여러분은 넉넉히 이기는 자로 발견될 것입니다. 여러분은 "이깁니다."

이 주제를 몇 가지로 적용하고 글을 맺겠습니다.

(1) **우선, 오직 세상만을 위해서 사는 사람에게 경고합니다. 지금 여러분이 하는 일을 잘 살펴보십시오.** 자신은 알지 못하지만, 지금 여러분은 그리스도의 원수입니다. 여러분은 예수님을 등진 채 자신의 마음을 그분께 드리기를 거부하고 있지만, 그분은 여러분의 행위를 주목하고 계십니다. 여러분의 일상을 보고 계시며, 행실을 알고 계십니다. 여러분이 한 모든 생각과 말, 행동이 다 드러날 때가 옵니다. 여러분은 이미 그것을 잊었겠지만, 하나님은 그렇지 않습니다. 여러분은 아랑곳하지 않겠지만, 모든 것이 다 기록되어 있습니다. 오! 세속적인 사람이여, 이것을 생각하십시오! 두려움으로 떨며 돌이키십시오.

(2) **형식주의자와 자긍하는 사람에게 경고합니다. 미혹되지 않도록 조심하십시오.** 정기적으로 교회에 간다고 천국에 갈 것이라 착각하지 마십시오. 여러분은 성찬에 꼭 참여하고, 회중의 모임에는 항상 빠지지 않고, 겉으로 드러나는 삶에 몰두합니다. 하지만 여러분은 회개하지 않습니다. 여러분의 믿음은 어디 있습니까? 여러분에게 있다는 그 새로운 마음의 증거는 무엇입니까? 성령의 역사는 어디 있습니까? 중생의 증거는 어디 있습니까? 오! 형식적인 그리스도인이여, 이 물음에 주목하십시오! 두려움으로 떨며 돌이키십시오.

(3) **모든 부주의하고 경박한 교인에게 경고합니다. 자기 영혼을 소홀히 여겨 지옥에 가지 않도록 하십시오.** 여러분은 죄와 세상과 마귀에 대한 싸움 같은 것은 이 세상에 없는 것처럼 해마다 똑같은 삶을 살아가고 있습니다. 마귀나 천국이나 지옥 같은 것은 전혀 없는 것

처럼, 미소 띤 얼굴로 항상 신사답게 또는 요조숙녀같이 점잖게 행동합니다. 오! 부주의한 교인이여, 부주의한 비국교교인이여, 부주의한 감독교인이여, 부주의한 장로교인이여, 부주의한 독립교인이여, 부주의한 침례교인이여, 깨어나 영원한 실재를 똑바로 보십시오! 깨어 하나님의 전신갑주를 입으십시오! 깨어 생명을 위해 힘써 싸우십시오! 두려움으로 떨며 돌이키십시오.

(4) **구원받기를 바라는 모든 이에게 경고합니다. 세상의 신앙 기준으로 만족하지 마십시오.** 글을 읽을 줄 아는 사람이라면, 신약성경에서 말하는 기독교 신앙이 지금 신앙을 고백하는 대부분의 사람이 가진 신앙보다 훨씬 깊고 높다는 사실을 잘 알 것입니다. 대부분의 사람들이 종교라고 부르는 형식적이고 안이하고 나태한 신앙은 절대 주 예수께서 말씀하신 것이 아닙니다. 이 일곱 편의 서신을 통해 예수께서 칭찬하시는 것은, 세상이 가치 있게 여기는 것이 아닙니다. 예수께서 책망하시는 것을 세상은 도무지 위험하게 보지 않습니다. 오! 여러분이 그리스도를 따른다면, **세상의 기독교로 만족하지 마십시오!** 두려움으로 떨며 돌이키십시오.

(5) 마지막으로, **주 예수를 믿는 모든 신자에게 경고합니다. 작은 신앙으로 만족하지 마십시오.** 그리스도의 교회에서 가장 봐주기 힘든 것은 작은 은혜, 작은 회개, 작은 믿음, 작은 지식, 작은 사랑, 작은 거룩으로 만족하는 사람입니다. 여러분에게 부탁합니다. 제발 이런 신자가 되지 마십시오. 정말 의미 있게 드려지고 싶다면, 하나님의 영광을 높이고 싶은 마음이 있다면, 내적 평화를 더 누리기를 바란다면 작은 신앙으로 만족하지 마십시오.

오히려 해마다 더 큰 진보를 나타내기를 힘써야 합니다. 은혜에 더 자라가고, 예수 그리스도를 아는 지식에 더 자라가고, 자기를 아는 일과 겸손에 더 자라가고, 하늘에 속한 마음과 영성이 더 자라가고, 우리 주님의 형상에 더 자라가야 합니다.

에베소 교회처럼 처음 사랑에서 떠나지 않도록 조심합시다. 라오디게아 교회처럼 미지근한 신앙이 되지 않도록 조심합시다. 버가모 교회처럼 잘못된 행실을 용인하지 않도록 조심합시다. 두아디라 교회처럼 거짓된 교리에 휘둘리지 않도록 조심합시다. 사데 교회처럼 죽은 자가 되지 않도록 조심합시다.

오히려 가장 좋은 은사를 사모합시다. **탁월한 거룩을 향해 나아갑시다.** 서머나 교회와 빌라델비아 교회처럼 되도록 힘씁시다. 이미 가진 것을 힘써 지키고, 더욱더 풍성히 얻도록 힘씁시다. 진정한 그리스도인이 되도록 힘씁시다. 우리의 고유한 특징은 고상한 학문과 문학적 지식에 능하고, 세상을 잘 알고, 즐거움을 누리고, 사업에 능한 것과 같은 데 있는 것이 아니라, 우리가 "하나님의 사람"이라는 데 있습니다(딤전 6:11). 우리 모두 이렇게 살아서 하나님의 일이 우리의 가장 우선적인 일이고, 하나님의 영광이 우리 삶의 제일 되는 목적임을 사람들에게 보여줍시다. 그리스도를 따르는 것이 지금 우리의 큰 목적이고, 그리스도와 함께 있는 것이 다가 올 시대를 향한 우리의 큰 갈망임을 보여줍시다.

이렇게 살아가는 한, 우리는 모두 행복할 것입니다. 이렇게 살아가는 한, 우리는 모두 세상을 이롭게 할 것입니다. 이렇게 살아가는 한, 우리는 모두 세상에 선한 증거를 남기게 될 것입니다. 이렇게 살아가는 한, 교회들에게 하시는 성령의 말씀이 결코 헛된 것으로 드러나지 않을 것입니다.

15장

네가 나를 사랑하느냐

네가 나를 사랑하느냐. (요 21:16)

본문 말씀은 그리스도께서 사도 베드로에게 던지셨던 아주 의미 있는 물음입니다. 이 물음이 던져진 지 1,800년 이상이 지났지만, 여전히 가장 날카롭고 의미심장한 물음으로 남아 있습니다.

누구를 사랑하는 성향은 하나님께서 인간 본성에 심어 놓으신 가장 보편적인 감정 가운데 하나입니다. 그런데 불행하게도, 많은 이들이 사랑하지 말아야 할 대상을 사랑합니다. 오늘 저는 최고의 사랑을 받기에 합당하신 그분의 자리를 주장하려고 합니다. 사람들이 자신에게 있는 사랑의 일부라도, 우리를 사랑하셔서 기꺼이 자신을 내어 주신 신성divine Person께 드렸으면 좋겠습니다. **그리스도 사랑하기를 잊지 않았으면 좋겠습니다.**

저는 여러분의 관심을 이 위대한 주제로 모으고자 합니다. 이는 단순히 광신자나 열광주의자만의 일이 아닙니다. 성경을 믿는 합리적인 그리스도인이라면 진지하게 고민해야 할 문제입니다. 구원과 밀접하게 관계된 물음이기 때문입니다. 생명이냐 사망이냐, 천국이냐 지옥이냐는 이 단순한 물음에 대답할 수 있느냐에 달려 있습니다. "그리스도를 사랑합니까?"

두 가지 논점으로 이 주제를 시작하겠습니다.

1. 우선, **참된 그리스도인이 그리스도를 향해 갖는 특별한 정서는 그리스도를 향한 사랑입니다.**

참된 그리스도인이란, 단순히 세례 받은 남자나 여자를 가리키는 것이 아닙니다. 주일이면 형식적으로 교회에 가서 예배에 참석하고, 주중에는 하나님이 계시지 않는 것처럼 살아가는 사람은 그리스도인이 아닙니다. 형식주의는 기독교가 아닙니다. 하나님을 모르면서 입술로만 드리는 예배는 참된 신앙이 아닙니다. 성경은 분명히 말합니다. "이스라엘에게서 난 그들이 다 이스라엘이 아니요"(롬 9:6). 이 말씀이 주는 실제적인 교훈은 명확하고 분명합니다. 이 땅의 교회에 속한 모든 사람이 다 참된 그리스도인은 아니라는 말입니다.

참된 그리스도인의 신앙고백은 마음과 생활에 자리합니다. 마음에서 그것을 느낍니다. 행실과 삶을 통해 다른 사람들에게 증거됩니다. 자신의 죄악됨과 죄책, 사악함을 절감하고 회개합니다. 예수 그리스도야말로 자기 영혼이 꼭 필요로 하는 하나님이신 구주임을 알고 그분께 자신을 맡깁니다. 옛 사람과 아울러 육신적 습관과 정욕까지도 벗어 버리고 새 사람을 덧입습니다. 항상 세상과 육체와 마귀를 대적하는 새롭고 거룩한 삶을 삽니다. 그리스도야말로 그가 가진 신앙의 초석입니다. 무슨 근거로 자신의 그 많은 죄가 용서받았다고 믿느냐는 물음에, 그는 그리스도의 죽음 때문이라고 대답합니다. 무슨 근거로 마지막 심판 날에 죄 없는 자로 드러나게 되리라고 믿느냐는 물음에, 그는 그리스도의 의로움 때문이라고 대답합니다. 어떻게 살아가고 싶으냐는 물음에, 그리스도의 모범을 따라 살 것이라고 대답합니다.

이 모든 것 외에도, 참된 그리스도인에게는 한 가지 더 특별한 것이 있습니다. **그리스도를 향한 사랑**입니다. 지식, 믿음, 희망, 경외함, 순종은 모두 참된 그리스도인의 두드러진 특징입니다. 하지만 참된 그리스도인을 묘사할 때 그리스도를 향한 사랑을 빼놓는다면, 참된 그리스도인을 제대로 말하는 것이 아닙니다. 그리스도인은 그분을 알고 신뢰하고 순종할 뿐 아니라, 한 걸음 더 나아가서 그분을 사랑합니다.

참된 그리스도인에게서 드러나는 이 특별한 표지에 대해 성경은 여러 차례 말하고 있습니다. 많은 그리스도인들이 "우리 주 예수 그리스도께 대한 믿음"이라는 표현에 익숙합니다(행 20:21). 하지만 잊지 말아야 할 것은, 성령이 "믿음" 못지않게 사랑이라는 말을 언급한다는 사실입니다. "믿지 않는 사람"이 위험한 것 이상으로 "사랑하지 않는 사람"의 위험도 큽니다. 믿지 않는 것과 사랑하지 않는 것 모두 영원한 멸망으로 나아가는 길입니다.

사도 바울이 고린도 교인에게 하는 말을 들어 보십시오. "만일 누구든지 주를 사랑하지 아니하면 저주를 받을지어다. 우리 주여, 오시옵소서"(고전 16:22). 사도 바울은 그리스도를 사랑하지 않는 사람이 빠져나갈 여지를 남겨 두지 않습니다. 핑계할 수 없고, 도망칠 수도 없습니다. 분명한 지식이 부족해도 구원받을 수 있습니다. 베드로와 같이 사람을 두려워해서 용기를 잃고 약해질 수도 있습니다. 다윗처럼 크게 넘어져도 다시 일어날 수 있습니다. 하지만 그리스도를 사랑하지 않는 사람은 생명의 길을 가는 사람이 아닙니다. 그에게는 항상 저주가 드리워져 있습니다. 그는 멸망으로 인도하는 넓은 길에 서 있습니다.

사도 바울이 에베소 교인들에게 하는 말을 들어 보십시오. "우리 주 예수 그리스도를 변함없이 사랑하는 모든 자에게 은혜가 있을지어다"(엡 6:24). 사도는 지금 모든 참된 그리스도인에게 자신의 바람과 선의를 표하고 있습니다. 물론 그는 대부분의 에베소 교인들을 만나 본 적이 없습니다. 초대교회 교인들 중 많은 사람들이 믿음과 지식과 자기부인에 온전하지 않았다는 것은 분명한 사실입니다. 그럼에도 불구하고, 사도 바울은 그들을 어떻게 묘사하고 있습니까? 이 연약한 형제들을 무슨 말로 격려합니까? 바울은 모든 참된 그리스도인을 단번에 담아낼 수 있는 놀라운 표현을 사용하고 있습니다. 이들 모두가 교리나 실천에서 다 같은 정도의 지식과 능력을 가진 것은 아니었지만, 모두 그리스도를 진심으로 사랑했습니다.

예수님이 친히 유대인들에게 하신 말씀을 들어 보십시오. "하나님이 너희 아버지였으면 너희가 나를 사랑했으리니"(요 8:42). 예수님은 대적들이 잘못 알고 스스로 아브라함의 자손이라고 생각하며 자긍하는 것을 보셨습니다. 오늘날의 많은 무지한 그리스도인처럼, 할례 받은 유대인이라는 이유만으로 스스로를 하나님의 자녀라고 주장하는 그들을 보시고는, 하나님의 독생자를 사랑하지 않는 자는 누구도 하나님의 자녀가 아니라는 사실을 분명히 하셨습니다. 그리스도를 사랑하지 않는 자는 누구도 하나님을 "아버지"라 부를 권리가 없습니다. 오늘날 많은 그리스도인들은 이 사실을 유대인에게만 적용할 것이 아니라 자신에게도 적용해야 합니다. 그리스도를 사랑하지 않으면 하나님의 자녀가 아닙니다!

우리 주 예수 그리스도께서 죽음에서 부활하신 후 사도 베드로에게 하신 말씀을 들어 보십시오. 세 번이나 베드로에게 물으십니다. "요한의 아들 시몬아, 네가 나를 사랑하느냐"(요 21:15-17). 예수님이 이렇게 물으신 데는 특별한 이유가 있었습니다. 주님은 베드로가 세 번이나 거듭해서 지었던 죄를 조용히 상기시키고 계십니다. 교회를 목양할 공적인 사명으로 회복시키시기 전에, 새로운 믿음의 고백을 이끌어 내고자 하셨던 것입니다. 그리스도가 그에게 던진 물음이 무엇입니까? "네가 나를 믿느냐", "회개했느냐", "나를 고백할 준비가 되었느냐", "이제 나에게 순종하겠느냐" 하고 물으셨을 수도 있었습니다. 하지만 주님은 그저 이렇게 물으셨습니다. "나를 사랑하느냐?" 그리스도인들의 모든 신앙이 여기에 달려 있다 해도 과언이 아닙니다. 단순하지만, 사실 가장 예리한 물음입니다. 이는 가장 못 배우고 가난한 사람도 이해할 만큼 쉽고 분명한 물음이지만, 가장 탁월한 사도가 가진 신앙의 실재를 가늠할 수 있는 물음이기도 합니다. 만약 어떤 사람이 진실로 그리스도를 사랑한다면,

모든 것이 옳습니다. 하지만 그렇지 않다면, 모든 것이 잘못되었습니다.

참된 그리스도인의 특징인, 그리스도를 향한 이 특별한 정서의 비밀이 무엇인지 알고 싶습니까? 사도 요한의 말에서 그 비밀이 드러납니다. "우리가 사랑함은 그가 먼저 우리를 사랑하셨음이라"(요일 4:19). 이 본문은 특별히 성부 하나님을 가리키고 있습니다. 그러나 동시에 성자 하나님도 가리킵니다.

참된 그리스도인은 그리스도께서 자기를 위해 **이루신** 모든 일 때문에 그리스도를 사랑합니다. 그리스도는 그를 대신하여 고난을 당하셨고, 십자가에서 죽으셨습니다. 그 피흘림을 통해 그를 모든 죄책과 죄의 권세와 그 결과로부터 구원하셨습니다. 그리스도는 성령을 통해 그를 부르시고, 그리스도를 아는 지식과 회개와 믿음과 희망과 거룩에 이르게 하셨습니다. 모든 죄를 용서하셨을 뿐 아니라 깨끗하게 하셨습니다. 세상과 육체와 마귀의 속박에서 풀어 주셨습니다. 지옥의 낭떠러지에서 데려다가 좁은 길을 가게 하시고, 천국을 바라보게 하셨습니다. 흑암 대신에 빛을, 사망 대신에 생명을 주셨습니다. 참된 그리스도인이 그리스도를 사랑하는 것이 마땅하지 않습니까?

참된 그리스도인은 그리스도께서 **지금 하시는** 일 때문에 그분을 사랑합니다. 그는 그리스도가 날마다 자신의 무수한 허물과 죄악을 깨끗하게 하시며, 하나님 앞에서 자신의 영혼을 위해 간구하시는 것을 느낍니다. 날마다 영혼의 필요를 채우시고, 끊임없이 자비와 은혜를 더하십니다. 날마다 성령으로 인도하시고, 연약하고 무지할 때마다 오래 참으시며, 넘어지고 자빠질 때마다 일으키시고, 무수한 원수들로부터 보호하시며, 그 영혼을 위해 천국에 영원한 거처를 마련하십니다. 그리스도인이 그리스도를 사랑하는 것이 마땅하지 않습니까?

감옥에 갇혀 있던 채무자에게 갑자기 생각지도 못한 친구가 나타나, 자신을 대신해 모든 빚을 갚아 줄 뿐 아니라 새롭게 시작할 수 있도록 자금을 대주고 자신을 동업자로 받아 준다면, 그를 사랑하지 않을 수 있겠습니까? 전쟁 중에 포로가 된 자신을 위해 생명의 위협을 무릅쓰고 적진을 뚫고 자신을 구출해 준 전우가 있다면, 그를 사랑하는 것이 마땅하지 않습니까? 물에 빠진 사람이, 목숨 걸고 바다로 뛰어들어 자신을 구해 준 사람을 사랑하지 않겠습니까? 삼척동자도 이 물음에 대답할 수 있을 것입니다. 그리스도인은 이와 같은 원리와 방식으로 예수 그리스도를 사랑합니다.

(1) 그리스도를 향한 사랑은, 구원하는 믿음과 분리될 수 없습니다. 사랑이 없는 사람도 마귀의 믿음, 즉 단순히 지적인 믿음은 가질 수 있습니다. 하지만 구원하는 믿음은 갖지 못합니다. 사랑이 믿음의 자리를 대신하지는 않습니다. 사랑이 우리를 의롭게 하는 것은 아닙니다. 사랑이 우리 영혼을 그리스도와 하나 되게 하는 것도 아닙니다. 사랑이 양심을 잠잠하게 하는 것도 아닙니다. 하지만 우리를 의롭게 하는 참 믿음이 있는 곳에 그리스도를 향한 참된 사랑도 있는 법입니다. 진실로 용서받은 사람이 진정으로 사랑합니다(눅 7:47). 그리스도를 사랑하지 않는 사람은 믿음 없는 사람이라고 봐도 무방합니다.

(2) 그리스도를 향한 사랑은, 그리스도를 위한 모든 사역의 원천입니다. 의무감 때문에, 또는 옳고 바른 일이라는 것을 알기 때문에 그리스도를 위해 일하는 경우는 거의 없습니다. 손을 움직여서 일을 계속하기 전에, 먼저 마음이 움직여야 하는 것이 순리입니다. 격정과 흥분을 통해 일시적이고 즉흥적으로 일할 수는 있습니다. 하지만 사랑이 없이는, 국내에서든 해외에서든 지치지 않고 선교 사역을 할 수도 없고, 선한 일을 끝까지 잘해 낼 수도 없습니다. 병원에서 일하는 간호사도 자기 의무를 적절히 잘 이행할 수 있습니다. 환자에게 때맞춰 약을 줄 수도 있고, 음식을 먹일 수도 있고, 환자의 모든 필요를 돌볼 수 있습니다. 하지만 사랑하는 남편의 병상을 지키는 아내와 간호사는 아주 다릅니다. 또는 죽어 가는 자녀를 돌보는 어미와도 큰 차이가 있습니다. 한 명은 급여를 받기 때문에 그 일을 하고, 다른 한 명은 사랑하기 때문에 합니다. 그리스도를 섬기는 일도 마찬가지입니다. 모두가 팽개치고 떠난 선교지에 들어가서 세상을 뒤집어 놓는 위대한 사역자들은 모두 그리스도를 향한 탁월한 사랑을 가진 사람들이었습니다.

   오웬과 백스터, 그리고 러더퍼드와 조지 허버트George Herbert, 레이턴과 허비, 윗필드와 웨슬리, 헨리 마틴과 아도니람 저드슨Adoniram Judson, 비커스테스와 시므온, 휴윗슨Hewitson과 맥체인, 바런 스토웰Baron Stowel과 휴 맥닐Hugh McNeile 같은 사람들의 특징을 잘 보십시오. 이들은 세상에 신앙의 큰 족적을 남긴 사람들입니다. 이들의 공통적인 특징은 무엇이었습니까? 모두 그리스도를 사랑했습니다. 신조를 분명히 믿고 따랐을 뿐 아니라 한 인격을 사랑했습니다. 주 예수 그리스도를 사랑했습니다.

(3) 그리스도를 향한 사랑은, 우리의 자녀들에게 신앙을 가르치면서 특별히 관심을 두어야 할 부분입니다. 선택, 의의 전가, 원죄, 칭의, 성화 같은 문제는 아이들에게 어려울 수 있습니다. 믿음도 마찬가지입니다. 하지만 그리스도를 향한 사랑은 아이들도 충분히 이해할 수 있는 주제입니다. 예수님이 죽기까지 그들을 사랑하셨고, 그들은 감사하며 마땅히 그분을 사랑해야 한다는 가르침은 아이들도 받아들일 수 있습니다. "어린 아기와 젖먹이들의 입에서 나오는 찬미를 온전하게 하셨나이다"는 말씀은 진리입니다(마 21:16). 아타나시우스 신조, 니케아 신조, 사도 신조가 고백하는 모든 내용은 조목조목 알면서도, 진짜 기독교 신앙에 대해서는 그리스도를 사랑하는 어린아이보다 훨씬 더 모르고 있을 수 있습니다.

(4) 그리스도를 향한 사랑은, 모든 종류의 그리스도의 교회에 속한 신자들이 하나로 만나는 공통 접점입니다. 감독교인이나 장로교인이나, 침례교인이나 독립교인이나, 칼뱅주의자나 아르미니우스주의자나, 감리교인이나 모라비아교인이나, 루터교인이나 개혁교인이나, 국교도이나 비국교도이나 적어도 그리스도를 향한 사랑에 있어서는 동일합니다. 형식과 예식, 교회 정치와 예배의 형태는 서로 많이 다르지만, 한 가지 점에서만은 분명히 일치합니다. 예수님께 구원의 소망을 두는 그리스도인들은 그분에 대해 동일한 마음을 가집니다. 그들 모두 "주 예수 그리스도를 변함없이 사랑"합니다(엡 6:24). 그들 중 많은 이들이 조직신학 같은 것은 알지도 못할 것이고, 기껏해야 자기 신앙을 간신히 방어만 할 뿐 주장하지도 못

합니다. 하지만 자기 죄를 위해 죽으신 그분을 향해 갖는 마음이 무엇인지는 모두 잘 압니다. 잘 배우지 못한 한 노인이 찰머스Thomas Chalmers 박사에게 이렇게 말했습니다. "나는 그리스도에 대해 잘 말하지는 못해도, 그분을 위해 죽을 수는 있습니다!"

(5) 구원받은 모든 영혼들이 천국에서 갖는 두드러진 표지는 그리스도를 향한 사랑일 것입니다. 그 누구도 능히 셀 수 없는 많은 사람들이 모두 같은 마음일 것입니다. 옛날에 있었던 차이는 같은 마음으로 합해지고, 이 땅에서 신랄하게 논쟁했던 교리적 특징들은 그리스도께 빚진 마음 하나로 덮어지게 됩니다. 루터와 츠빙글리Ulrich Zwingli는 더 이상 논쟁하지 않을 것입니다. 웨슬리와 탑레이디Augustus Toplady도 더 이상 논쟁으로 시간을 보내지 않을 것입니다. 국교도와 비국교도는 더 이상 서로 물고 뜯지 않을 것입니다. 다른 사람들과 한마음과 한소리로 송축하고 있는 자신을 발견할 것입니다. "우리를 사랑하사 그의 피로 우리 죄에서 우리를 해방하시고 그의 아버지 하나님을 위하여 우리를 나라와 제사장으로 삼으신 그에게 영광과 능력이 세세토록 있기를 원하노라. 아멘"(계 1:5-6).

존 번연이 사망의 강가에 서 있는 견고 씨의 입에 둔 말은 참 아름답습니다. 그는 이렇게 말했습니다.

이 강물은 많은 사람들을 두려워 떨게 했습니다. 저 역시 이 강물을 생각하는 것만으로 치가 떨리곤 했는데, 이제는 이렇게 편하게 서 있습니다. 저는 지금 이스라엘이 요단 강을 건너는 동안 법궤를 멘 제사장이 서 있던 바로 그곳에 서 있습니다. 강물은 너무나도 쓰고 내장을 얼어붙게 할 만큼 차지만, 제가 이르게 될 곳과 저를 안내하기 위해 건너편에서 기다리고 있는 이들 생각에, 오히려 제 마음은 불타는 장작처럼 이글거립니다. 이제 모든 여정의 끝자락에 선 제 자신을 봅니다. 제 수고의 날들이 다 지나갔습니다. 저를 대신하여 가시관을 쓰시고, 침 뱉음을 당하신 그분을 이제 곧 뵙겠지요. 지금까지는 듣기만 하고 믿음으로 살아왔지만, 이제 저는 저의 모든 기쁨이신 그분의 얼굴을 마주 대하며 살 곳으로 갑니다. 주님이 친히 말씀하시는 것을 얼마나 듣고 싶었는지 모릅니다. 이 땅에 남아 있는 그분의 발자국을 볼 때마다, 그 걸음걸음을 얼마나 따라가고 싶었는지 모릅니다. 제게 그분의 이름은 향유 옥합만큼이나 소중합니다. 그럼요, 어떤 향유보다 더 달콤합니다! 그분의 얼굴은 또 어떻고요. 햇빛을 사모하는 자보다 더한 갈망으로 그분의 얼굴 뵙기를 원합니다!

이런 경험이 무엇인지 조금이라도 아는 사람은 복됩니다! 천국을 누리고자 하는 사람은 그리스도를 사랑하는 것이 무엇인지 알아야 합니다. 이 사랑이 무엇인지 모른 채 죽는다면, 차라리 태어나지 않은 것이 더 좋았을 것입니다.

2. 그리스도를 향한 사랑이 있는지 알 수 있는 독특한 표지에 대해 살펴보겠습니다.

이 점이 아주 중요합니다. 그리스도에 대한 사랑 없이는 구원이 없고 그리스도를 사랑하지 않는 사람이 영원한 정죄 아래 있다면,

이 문제에 대해 우리가 어떻게 알고 있는지 분명히 확인해 봐야 합니다. 그리스도는 천국에 계시고, 우리는 이 땅에 있습니다. 우리가 그분을 사랑하고 있다는 것을 어떻게 알 수 있을까요?

다행히도, 이 문제를 해결하는 것은 어렵지 않습니다. 우리가 어떤 사람을 사랑하고 있다는 것을 어떻게 압니까? 이 땅에서 사람 사이의 사랑은 어떤 모양으로 나타납니까? 부부간에, 부모와 자식 간에, 형제자매 사이에서, 친구끼리 사랑은 어떤 방식으로 드러납니까? 상식적으로 대답해 보시기 바랍니다. 그 이상의 대답을 바라지 않습니다. 정직하게 이 물음에 대답해 보십시오. 그러다 보면 우리 앞에 놓인 매듭은 자연스레 풀리게 됩니다. 우리 가운데 애정은 어떻게 드러납니까?

(1) 누구를 사랑하게 되면, 그 사람을 생각하는 것이 즐겁습니다. 생각하려고 애쓸 필요가 없습니다. 그 사람의 이름, 외모, 성품, 의견, 기호, 입장, 직업 등을 잊을 수 없습니다. 하루에도 몇 번씩 눈앞에서 아른거립니다. 멀리 떨어져 있을수록 더 자주 생각합니다. 이것이 참된 그리스도인들이 그리스도와 누리는 관계입니다! "그리스도께서 마음에 계셔서", 거의 날마다 그분을 생각합니다(엡 3:17). 참된 그리스도인은 자기 주님이 십자가에 달리셨다는 사실을 잊지 않으려고 애쓸 필요가 없습니다. 그분을 자주 생각하기 때문에 그럴 필요가 없습니다. 그분의 때와 그분의 뜻이 무엇인지, 그분의 백성이 있음을 기억할 뿐 아니라 자신이 바로 그분의 백성이라는 사실을 잊지 않습니다. 그리스도를 잊지 않고 잘 기억하는 진짜 비결은 바로 그분을 사랑하는 것입니다. 세상에 속한 사람들은 억지나 강

요에 의해, 또는 필요가 있을 때만 그리스도를 생각합니다. 그리스도를 사랑하지 않기 때문입니다. 참된 그리스도인은 평생토록 날마다 그리스도를 생각합니다. 왜 그렇습니까? 주님을 사랑하기 때문입니다.

(2) 누구를 사랑하게 되면, **그 사람에 대해 듣기를 좋아합니다.** 사람들이 그에 대해 말하는 것을 듣는 것이 즐겁습니다. 그와 관계된 어떤 말이라도 그의 관심사입니다. 다른 사람들이 그에 대해 말하고, 그의 방식과 말과 행동과 계획을 말하면 귀를 쫑긋 세웁니다. 다른 사람은 흘려들을지 몰라도, 그의 가슴에는 그 이름 석 자가 또박또박 들립니다. 참된 그리스도인과 그리스도의 관계가 그렇습니다! 참된 그리스도인은 자기 주님에 대해 듣는 것이 기쁩니다. 그리스도로 넘쳐 나는 설교를 가장 좋아합니다. 그리스도와 그분께 속한 것을 말하는 모임을 가장 즐거워합니다. 영어를 한마디도 모르면서도, 매 주일 10킬로미터 이상을 걸어 영국 목사의 설교를 들으러 다녔던 나이 많은 한 웨일스 신자의 이야기를 읽은 적이 있습니다. 그 이유를 누가 묻자, 그는 그 목사가 설교중에 그리스도의 이름을 자주 말하기 때문이라고 말했습니다. 그 이름 듣는 것이 그저 좋아서 그랬다는 것입니다. 그는 자기 구주의 이름조차 사랑했습니다.

(3) 누구를 사랑하게 되면, **그 사람이 써놓은 글 읽기를 좋아합니다.** 멀리 출타한 남편으로부터 온 편지를 받아 보는 아내의 기쁨은 이루 말할 수가 없습니다. 또는 멀리 있는 아들에게서 온 편지를 받아 보는 어머니의 마음은 또 어떻고요! 다른 사람들은 그 편지에 별 가치를 두지 않을지라도 말입니다. 단숨에 편지를 읽어 내려갑니

다. 편지 쓴 사람을 사랑하는 사람은 그 편지에서 다른 사람들이 보지 못하는 것을 봅니다. 그 편지를 보물처럼 지니고 다니면서 틈나는 대로 꺼내 봅니다. 이것이 참된 그리스도인과 그리스도의 관계입니다! 진정한 그리스도인은 성경 읽기를 즐겨합니다. 성경이 바로 자신이 그토록 사랑하는 자기 구주에 대해 말해 주기 때문입니다. 성경 읽는 것이 전혀 지루하지 않습니다. 그가 여행을 떠날 때, 성경을 가져가라고 챙겨 줄 필요가 없습니다. 이런 사람들은 성경이 없이는 전혀 행복할 수 없습니다. 왜 그렇습니까? 자기가 가장 사랑하는 분인 그리스도에 대해 성경이 말해 주기 때문입니다.

(4) 누구를 사랑하게 되면, **그를 기쁘게 하려고 합니다.** 그의 기호와 의견에 대해 듣는 것이 기쁘고, 그의 충고를 따라 행동하고, 그가 인정하는 일을 하고 싶어 합니다. 그의 바람을 충족시키기 위해 심지어 자기 자신도 부인합니다. 그가 싫어하는 일은 하지 않으려 하고, 그가 기뻐하는 일이라면 천성적으로 익숙하지 않은 일도 배우려고 합니다. 왜 그렇습니까? 자신이 그렇게 하면 그가 기뻐할 줄 알기 때문입니다. 이것이 참된 그리스도인과 그리스도의 관계입니다! 참된 그리스도인은 몸과 마음을 거룩하게 함으로써 그분을 기쁘시게 하려고 힘씁니다. 자기 삶에서 그리스도가 미워하시는 것이 무엇인지 알게 되면 그것을 버립니다. 그리스도가 기뻐하시는 것이 무엇인지 알게 되면 그것을 추구합니다. 그리스도가 요구하시는 것이 아무리 엄격하고 모질다 해도, 세상 자녀들처럼 불평하지 않습니다. 그에게 그리스도의 계명은 슬픈 것이 아닙니다. 그의 짐은 가볍습니다. 왜 그렇습니까? 다른 이유가 없습니다. 그가 주님을 사랑

하기 때문입니다.

(5) 누구를 사랑하게 되면, **그의 친구도 좋아하게 됩니다.** 그들을 알기 전부터, 마음은 벌써 그들에게 가 있습니다. 같은 사람을 사랑하고 있다는 공통된 유대가 그들의 마음을 끕니다. 서로 만나면 전혀 낯설지 않습니다. 우리 사이에 있는 연합의 끈입니다. 그들도 우리가 사랑하는 사람을 사랑하고 있기 때문에, 서로에 대한 소개는 그것이면 족합니다. 이것이 참된 그리스도인과 그리스도의 관계입니다! 참된 그리스도인은 그리스도의 벗을 자기 벗으로 여기고, 같은 몸의 지체, 같은 집의 자녀, 같은 군대의 전우, 같은 집을 향해 가는 순례자로 여깁니다. 그들을 만나면, 마치 오랫동안 서로 알고 지낸 것 같이 느껴집니다. 단 몇 분 만에 서로 친밀해집니다. 수년을 알고 지낸 사람들보다 안 지 단 몇 분밖에 안됐지만 그들이 훨씬 편합니다. 왜 그렇습니까? 동일한 구주에 대한 애정과 사랑 때문입니다.

(6) 누구를 사랑하게 되면, **그의 이름과 명예를 더럽히지 않으려고 조심합니다.** 누가 그를 비난하려고 하면, 이내 그를 변론하고 항변합니다. 그의 권리를 주장하고, 그의 명성을 지켜야 할 것처럼 느낍니다. 그를 홀대하는 것은 자신을 홀대한 것과 같습니다. 이것이 참된 그리스도인과 그리스도의 관계입니다! 참된 그리스도인은 자신의 구주의 말씀과 이름과 교회가 비방을 당하거나, 그분의 시간이 방해받지 않도록 온갖 경건한 노력을 다합니다. 필요하다면 유력한 자 앞에서도 그리스도를 고백합니다. 아무리 사소한 것이라도 그분에게 돌려진 불명예를 견디지 못합니다. 자기 주님의 뜻이 수치를 당하기라도 하면 즉시 나서서 그것을 논박해야만 직성이 풀립

니다. 왜 그렇습니까? 다른 이유가 없습니다. 그가 주님을 사랑하기 때문입니다.

(7) 누구를 사랑하게 되면, **그와 이야기하기를 좋아합니다.** 자신의 생각을 말하고, 모든 마음을 다 털어놓습니다. 무슨 이야기를 할까 고민할 필요가 없습니다. 다른 사람에게 주저주저하고 말을 못 할 것도, 사랑하는 벗에게는 아주 쉽게 이야기를 꺼냅니다. 아무리 자주 만나도, 만나서 이야기할 주제가 없어 당혹스럽거나 하지 않습니다. 항상 말할 것이 많고, 물어볼 것도 많고, 설명할 것도 많고, 나눌 것도 많습니다. 이것이 참된 그리스도인과 그리스도의 관계입니다! 참된 그리스도인은 자기 구주와 이야기하는 것이 어렵지 않습니다. 날마다 그분께 드릴 말씀이 있고, 그것을 말하지 않으면 행복하지 않습니다. 매일 아침과 밤에 기도로 그분께 이야기합니다. 자신의 바람과 소원을 말씀드리고, 자신의 느낌과 마음의 두려움도 말씀드립니다. 어려움 가운데 그분의 도우심을 구하고, 고통 중에 위로를 구합니다. 그렇게 하지 않을 수 없습니다. 자기 구주와 끊임없이 대화하지 않으면 중간에 기진하고 말 것입니다. 왜 그렇습니까? 그가 주님을 사랑하기 때문입니다.

(8) 마지막으로, 누구를 사랑하게 되면 **항상 그와 함께 있기를 좋아합니다.** 그를 생각하고, 그에 대해 듣고, 읽고, 때때로 그에게 말하는 것도 좋습니다. 하지만 누군가를 사랑하면, 항상 더 많은 것을 원하게 됩니다. 항상 그와 함께 있고자 합니다. 헤어지거나 방해받지 않고, 항상 같이 어울리고 교제하고 싶습니다. 이것이 참된 그리스도인과 그리스도의 관계입니다! 참된 그리스도인의 마음은 자기

주님과 얼굴과 얼굴을 마주 대할 복된 날을 갈망합니다. 죄짓는 것과 회개와 믿는 일이 다 그치고, 그분이 자기를 보는 것과 똑같이 그분을 보게 되는 날이 하루빨리 시작되기를 갈구합니다. 믿음으로 그분과 함께 살아도 너무 달콤한데, 눈으로 직접 대면하면 얼마나 더 달콤하고 좋을까를 생각합니다. 그리스도에 대해 듣고 그리스도를 이야기하고 그리스도에 대해 읽는 것도 기쁘지만, 그분을 눈으로 직접 대면하고 더 이상 그분과 헤어지지 않아도 된다면 얼마나 더 기쁘겠습니까! 그는 "눈으로 보는 것이 마음으로 공상하는 것보다 낫다"고 여깁니다(전 6:9). 왜 그렇습니까? 그가 주님을 사랑하기 때문입니다.

참된 사랑은 이와 같은 모습으로 드러납니다. 하나같이 분명하고, 단순하고, 이해하기 쉽습니다. 전혀 난해하거나 모호하지 않습니다. 이런 표지를 정직하고 올바르게 이용해 보십시오. 이 주제와 관련하여 깨닫는 것이 있을 것입니다.

인도 폭동이나 크리미아 전쟁이 발발할 당시, 사랑하는 자식을 군대에 보낸 사람도 있을 것입니다. 그 자식이 속한 부대가 선봉에서 용감하게 싸우고 있다는 소문을 들었을 때, 여러분의 마음이 어떠했습니까? 그것이 바로 사랑입니다!

해군을 남편으로 둔 아내는 몇 달씩 또는 몇 년씩 사랑하는 남편과 떨어져 있어야 하는 때가 종종 있을 것입니다. 사랑하는 남편과 떨어져 있는 동안 여러분이 느꼈던 그리움을 한번 떠올려 보십시오. 그것이 바로 사랑입니다!

사업을 새로 시작하기 위해, 온갖 시험이 도사리고 있는 대도시에 혼자 나가 있는 동생을 둔 사람도 있을 것입니다. 어떻게 될까? 잘해 갈 수 있을까? 동생을 다시 볼 수나 있을까? 시도 때도 없이 동생이 생각나지 않겠습니까? 그것이 바로 사랑입니다!

 모든 면에서 자신과 너무나 잘 어울리는 사람과 결혼을 약속하고 그날이 오기만을 기다리고 있는 사람도 있을 것입니다. 그런데 일 때문에 갑자기 결혼 날짜를 미룰 뿐 아니라, 신부 될 사람과 멀리 떨어져 있어야 한다고 생각해 보십시오. 얼마나 자주 그녀를 생각하는지 모른다고 고백하지 않겠습니까? 그녀의 목소리는 고사하고 그녀의 소식이라도 자주 듣고 싶고, 죽도록 보고 싶다고 고백하지 않겠습니까? 그것이 바로 사랑입니다!

 누구나 이런 일을 겪어 봤을 것입니다. 더 이상 무슨 말이 더 필요합니까? 아무리 오랜 세월이 흘러도 결코 변하지 않는 사실입니다. 온 세상 사람들이 익히 알고 있는 사실입니다. 아담의 후손이라면 사랑이 무엇인지 모를 사람이 없습니다. 그러므로 그리스도를 정말로 사랑하는지 알 수 없다는 말은 하지 마십시오. 사랑은 반드시 드러나고 알려집니다. 그 증거는 이미 여러분에게 있습니다. 지금 여러분이 들은 것들이 바로 그것입니다. 주 예수 그리스도를 사랑하는 것은, 결코 감추어진 비밀이나 난해한 사실이 아닙니다. 빛같이 눈에 드러나고, 바람같이 귀에 들리고, 열같이 온몸으로 느껴집니다. 사랑은 숨길 수 없습니다. 만약 눈에 보이지 않는다면, 없는 것이라고 확신해도 좋습니다.

이제 이 장을 마무리 해야겠습니다. 그러나 이 장을 마무리하기 전에, 여러분 한 명 한 명의 양심에 이 주제를 새겨 놓고 싶습니다. 저의 간절한 바람과 기도는, 이 글이 많은 사람들을 유익하게 하는 것입니다.

(1) 우선, 그리스도께서 베드로에게 물으셨던 것을 스스로에게 묻고 **대답해 보십시오**. 이 물음을 진지하게 대면하고 자신을 살펴보십시오. 그런 후에도 그리스도를 사랑한다고 정직하게 대답할 수 있습니까?

기독교의 진리를 믿고, 기독교 신조를 여전히 간직하고 있다고 말하는 것은 이 물음에 대한 대답이 아닙니다. 그런 신앙만으로는 영혼이 구원받지 못합니다. 마귀도 나름대로 믿고 떱니다(약 2:19). 참된 기독교 신앙은 단순히 어떤 의견을 믿고, 어떤 개념을 아는 것이 아닙니다. 기독교 신앙의 본질은 우리를 위해 죽으신 예수 그리스도, 살아 계신 인격이신 예수 그리스도를 알고, 의지하고, 사랑하는 것입니다. 뵈뵈, 버시, 드루배나, 드루보사, 가이오, 빌레몬 같은 초대교회 교인들이 조직신학은 알지 못했지만 믿음에 있어서는 하나같이 위대하고 탁월했습니다. 그리스도를 한결같이 사랑했습니다.

감정적인 신앙을 탐탁지 않게 생각한다는 말은 대답이 될 수 없습니다. 이 말이 오직 감정에만 의존하는 신앙을 반대하는 것이라면 저 역시 다르지 않습니다. 하지만 전적으로 감정을 배제하는 것을 의미한다면, 여러분은 기독교 신앙이 무엇인지 거의 알지 못하는 것입니다. 참된 신앙이 없이도 사람은 선한 감정을 가질 수 있다고 성경은 분명히 가르치고 있습니다. 하지만 그리스도에 대한 감정이 전혀 없는 참된 신앙은 존재하지 않는다는 것 또한 성경의 분명한 가르침입니다.

만약 그리스도를 사랑하지 않는다면, 여러분의 영혼은 심각한 위험에 처해 있습니다. 이 사실을 은폐해 봐야 아무 소용이 없고, 평생 가도 구원받는 신앙을 가질 수 없습니다. 이렇게 죽으면 천국에 이르지 못합니다. 그리스도를 사랑하는 마음이 없이 살아가는 사람은 그리스도를 향한 의무가 무엇인지도 알지 못합니다. 그리스도를 사랑하지 않는 사람은 그리스도께서 모든 것의 모든 것 되시는 천국에서 결코 행복할 수 없습니다. 그런 자신의 상태가 얼마나 위험한지 깨달아야 합니다. 눈을 똑바로 떠서 자신의 행실을 주의하여 살피고, 지혜로운 자가 되십시오. 저는 기껏해야 여러분의 벗으로서 경고만 할 뿐입니다. 물론 온 마음과 정성을 다해 경고하고 있습니다. 하나님께서 저의 경고를 헛되지 않게 하시기를 바랍니다!

(2) 다음으로, 만약 여러분이 그리스도를 사랑하지 않는다면, 그 **이유**를 분명히 말씀드리겠습니다. 여러분은 그리스도께 빚진 마음이 없습니다. 그분에 대한 의무를 선혀 느끼지 못하고 있습니다. 그분으로부터 얻어 누리는 것이 무엇인지 전혀 생각조차 못하고 있습니다. 그래서 여러분은 그리스도를 사랑하고 싶지도 않고, 사랑할 필요도 못 느끼고, 사랑할 수도 없습니다.

이런 상태에 대한 치료책은 한 가지밖에 없습니다. 자기 자신을 알고 성령의 가르침을 따르는 것입니다. 여러분의 총명이 깨어나야 합니다. 본성상 자신이 어떤 존재인지 알아야 합니다. 여러분은 저 위대한 비밀, 즉 하나님의 목전에서 여러분의 죄책과 무가치함이 어떤지를 알아야 합니다.

여러분은 성경을 전혀 읽지 않을 것이고, 읽더라도 간간히 형식적으로 몇 장 읽고 말 것입니다. 깨달음도 없고, 적용도 없고, 흥미도 없이 말입니다. 오늘 저의 충고를 받아들이고 계획을 바꿔 보십시오. 간절한 사람처럼 성경을 펴서 읽기 시작하여, 본문에 익숙해지기까지 멈추지 마십시오. 마태복음서 5장을 펴서 예수 그리스도께서 설명하시는바, 하나님의 율법이 요구하는 것이 무엇인지 읽으십시오. 로마서 첫 두 장에서 사도 바울이 인간의 본성을 어떻게 묘사하고 있는지 읽어 보십시오. 성령의 가르침을 구하는 기도를 하며 이런 본문들을 연구하십시오. 그리고 여러분이 하나님께 빚진 자가 아닌지, 그리스도와 같은 친구가 필요한 채무자가 아닌지 대답해 보십시오.

여러분은 참되고 절박한 기도가 무엇인지 전혀 모르고 있을 수 있습니다. 신앙은 주일날 단지 교회 예배에 나가고, 교회 모임에 나가고, 교회 일에 힘쓰는 것으로만 생각했을 뿐, 속사람의 진심 어린 관심과 진지함이 요구되는 것으로 여기지는 않았을 것입니다. 오늘 이 권고를 듣고 마음을 바꾸십시오. 여러분의 영혼을 위해 하나님께 진실하게 간구하는 습관을 들이십시오. 그분께서 여러분에게 빛과 교훈을 주시고 자신을 아는 지식을 주시라고 기도하십시오. 영혼 구원을 위해 필요한 모든 것을 가르쳐 주시도록 간구하십시오. 온 마음과 뜻을 다해 간구하면, 머지않아 자신이 얼마나 그리스도를 필요로 하는 사람인지 느끼게 되리라고 확신합니다.

이 권고가 너무 단순하고 구태의연한 것처럼 들릴지도 모르겠습니다. 그렇다고 이 권고를 멸시하지 마십시오. 이미 수많은 사람들이 이 선한 옛길을 따라 영혼의 평강을 얻었습니다. 그리스도를 사랑하지 않는 것은 임박한 위험과 영원한 멸망 가운데 머무는 것입니다. 여러분이 그리스도를 얼마나 필요로 하는 사람인지, 그리스도께 여러분이 어떤 빚을 지고 있는지 아는 것이 그분을 사랑하는 첫걸음입니다. 여러분 자신과 하나님 앞에서 자신의 진짜 상태를 아는 것이 여러분의 필요를 아는 유일한 길입니다. 하나님이 주신 책을 연구하고 하나님께 빛을 간구하는 것이 구원하는 지식을 얻는 바른 길입니다. 이 권고를 무시하지 말고 잘 받아들여서 구원을 얻으십시오.

(3) 마지막으로, 그리스도를 향한 사랑을 조금이라도 안다면, 제가 마지막으로 드리는 **위로와 권고**의 말을 잘 받으십시오. 주님께서 큰 유익이 되게 하실 것입니다.

첫째로, 여러분이 진리를 사랑하고 진정으로 그리스도를 사랑한다면, 여러분 영혼이 좋은 상태에 있는 것으로 알고 기뻐하십시오. 사랑하십시오. 사랑은 은혜의 증거입니다.

때로 의심과 두려움에 당혹스럽게 된들 어떻습니까? 여러분의 믿음이 참된 것인지, 여러분의 은혜가 진짜인지 알기 어려우면 또 어떻습니까? 슬픔과 눈물 때문에 하나님의 선택과 부르심을 분명히 보지 못하면 어떻습니까? 마음이 그리스도를 향한 사랑을 증거하고 있다면, 여전히 소망과 강력한 위로의 근거가 있는 것입니다. 참 사랑이 있는 곳에 믿음과 은혜가 있습니다. 하나님께서 여러분을 위해 무엇인가 하지 않으셨다면, 여러분은 결코 그분을 사랑할 수 없었을 것입니다. 여러분에게 있는 그리스도를 향한 사랑은, 하나님께서 여러분 안에서 일하시는 표지입니다.

둘째로, 그리스도를 사랑한다면, 사람들 앞에서 그 사랑이 드러나고 그들이 그것을 알게 되는 것을 부끄러워하지 마십시오. 그리스도에 대한 오해를 풀어 드리십시오. 그분을 증거하십시오. 그분을 위해 사십시오. 그분을 위해 일하십시오. 그분이 여러분을 사랑하시고 보혈로 여러분의 죄를 깨끗하게 하신다면, 여러분이 이런 사랑을 느끼고 그에 대한 반응으로 그분을 사랑하는 것을 다른 사람이 알까 봐 움츠릴 필요가 전혀 없습니다.

경솔하고 불경건한 한 영국 여행자가 회심한 북미 인디언에게 말했습니다. "당신이 그리스도를 그렇게 칭송하고 입이 닳도록 이야기하는 이유가 도대체 무엇입니까? 도대체 그리스도가 당신에게 무엇을 어떻게 했다고 그렇게 야단법석을 떤단 말이오?"

회심한 인디언은 말로 대답하는 대신에, 마른 잎사귀와 이끼를 긁어모아 동그란 모양으로 만들고 그 가운데 살아 꿈틀대는 벌레 한 마리를 집어다 놓았습니다. 부싯돌로 불꽃을 내어 이끼와 나무에 불을 붙였습니다. 순식간에 불길이 치솟았습니다. 불꽃이 벌레를 집어삼키려고 하자, 벌레는 몸을 비틀며 이리저리 꿈틀거렸습니다. 사방으로 몸부림쳐도 빠져나갈 곳이 없음을 알았는지, 체념이라도 한 것처럼 그 자리에 움츠러들었습니다. 바로 그때, 인디언은 손을 내밀고 그 벌레를 부드럽게 집어 올려 자기 가슴으로 가져갔습니다. 그러고는 그 영국 사람에게 말했습니다. "이 벌레를 좀 보십시오. 저 역시 이렇게 죽어 가는 미물이었습니다. 저의 죄 때문에 속절없이 영원한 불못에 삼켜지기 직전이었습니다. 바로 그때, 능력의 팔을 내밀어 저를 건져 내신 분이 바로 예수 그리스도입니다. 그 은혜의 손으로 영원한 불에서 저를 건져 사랑의 품에 두셨습니다. 죄로 가득한 미천한 벌레와도 같은 저를 말입니다. 이것이 바로 제가 예수 그리스도를 이야기하고 높이는 이유입니다. 저는 그것이 전혀 부끄럽지 않습니다. 그분을 사랑하니까요."

만약 우리에게 그리스도를 향한 사랑이 조금이라도 있다면, 이 북미 인디언 같은 마음이 있을 것입니다! 우리는 결코 그리스도를 사랑해야 할 만큼 다 사랑할 수도 없고, 그분을 위해 살아야 할 만큼 다 살아 낼 수도 없습니다. 그분을 고백해야 할 만큼 담대하게 고백할 수도 없고, 그분을 위해 우리를 내려놓아야 할 만큼 진심으로 내려놓을 수도 없습니다! 제가 믿기로, 부활의 아침에 우리는 많은 일로 놀라게 될 것입니다. 그중에서도 가장 놀라운 일은, 우리가 이 땅에 사는 동안 그리스도를 더 많이 사랑하지 않았다는 사실일 것입니다.

16장

그리스도 밖에

너희는 그리스도 밖에 있었고. (엡 2:12)

이 본문은 그리스도인이 되기 전의 에베소 교인들의 상태를 묘사하는 말입니다. 하지만 그뿐이 아닙니다. 아직 하나님께로 돌이키지 않은 모든 영국인들의 상태이기도 합니다. 사실 이보다 더 비참한 상태는 없습니다! 돈이 다 떨어지고 건강을 잃는 것은 정말 힘듭니다. 집이나 친구를 잃는 것 역시 너무도 쉽지 않습니다. 그러나 "그리스도 밖에" 있는 것이야말로 사람이 처할 수 있는 최악의 상황입니다.

이 본문이 말하는 바를 함께 살펴보겠습니다. 본문 말씀이 어떤 사람에게는 하나님이 주시는 메시지로 드러날 것입니다.

1. 우선 우리가 살펴볼 것은, "그리스도 밖에" 있는 사람이란 어떤 상태에 있는 사람을 말하는가 하는 것입니다.

"그리스도 밖에"라는 표현은 제가 만들어 낸 말이 결코 아닙니다. 성령의 영감으로 기록된 말입니다. 이 말은 복음을 듣고 믿기 전에 에베소 교인들의 상태가 어떠했는지를 사도 바울이 그들에게 상기시키면서 했던 말입니다. 그들은 우상숭배와 이교주의에 빠져 흑암과 무지 가운데 다이애나라는 거짓 여신을 숭배했었습니다. 하지만 바울은 이런 것을 전혀 언급하지 않습니다. 이런 말은 오히려 그들의 상태에 대한 단편적인 묘사일 뿐이라고 생각하는 것 같습니다. 그가 이들의 특징을 묘사하기 위해 첫 번째로 사용한 표현은 이것입니다. "그때에 너희는 그리스도 밖에 있었고"(엡 2:12). 이 말이 의미하는 바가 무엇입니까?

(1) **그리스도에 대한 지식이 없는 사람**이 "그리스도 밖에" 있는 사람입니다. 의심할 여지없이, 수많은 사람들이 이런 상태로 살아갑니다. 그리스도가 누구인지, 그가 무엇을 했는지, 그의 가르침이 무엇인지, 그가 왜 십자가에 못 박혔는지, 지금은 어디에 있는지, 사람들에게 그가 어떤 분인지 등을 전혀 알지 못합니다. 한마디로, 이들은 그리스도를 전혀 모릅니다. 복음에 대해 한번도 들어 보지 못한 이교도가 여기에 해당됩니다. 하지만 이들뿐 아니라, 지금 영국에 사는 많은 사람들도 이교도와 다를 바 없습니다. 그들도 예수 그리스도에 대해서 분명한 생각이 없습니다. 그들에게 예수 그리스도에 대해 아는 대로 말해 보라고 해보십시오. 그리스도에 대해 너무 막연하게 알 뿐 아니라 무지한 것을 보고 놀랄 것입니다. 임종을 맞

는 사람을 찾아가 보십시오. 무함마드에 대해 모르는 것만큼이나 예수 그리스도에 대해서도 모른다는 것을 발견할 것입니다. 시골 교구나 도시 교구 할 것 없이, 수많은 사람들이 그리스도에 대해 모르고 있습니다. 이들은 "그리스도 밖에" 있습니다.

요즘 목사 가운데서도 제가 말한 것과 다른 견해를 가진 사람들이 있다는 것을 잘 압니다. 그리스도에 대해 잘 알든 모르든, 모든 사람들은 어떤 식으로든 그리스도와 관계를 맺고 있고 관심도 있다고 생각합니다. 비록 이 땅에 살면서는 그리스도에 대해 잘 몰랐더라도, 죽고 나면 모든 사람이 그리스도의 자비로 천국에 들어갈 것이라고 생각합니다! 확언하건대, 이런 생각은 하나님의 말씀과 전혀 다릅니다. 성경은 말합니다. "영생은 곧 유일하신 참 하나님과 그가 보내신 자 예수 그리스도를 아는 것이니이다"(요 17:3). "하나님을 모르는" 것은, 마지막 날에 하나님의 보응을 받을 악한 자들의 대표적인 표지 가운데 하나입니다(살후 1:8). 알지 못하는 그리스도가 구원자가 될 리는 만무합니다. 이교도가 죽으면 어떻게 되는가? 복음을 한번도 들어 보지 못한 사람들이 어떻게 심판을 받을 수 있는가? 도무지 하나님에 대해 알 기회가 없었거나 교육받지 못한 사람을 하나님은 어떻게 다루실 것인가? 이런 의문에 너무 집착하지 않은 것이 좋습니다. "세상을 심판하시는 이가 정의를 행하실 것"이라는 것을 믿고 안심하십시오(창 18:25). 성경을 거부하고 부정해서는 안됩니다. 그리스도를 모르는 자는 "그리스도 밖에" 있는 자라고 성경이 분명히 말하고 있습니다.

(2) 하지만 그것이 전부가 아닙니다. 그리스도를 자기 구주라고

마음으로 믿지 않는 사람들도 "그리스도 밖에" 있는 자들입니다. 그리스도에 대해 잘 알고 있으면서도, 그를 의지하지 않을 수 있습니다. 모든 믿음의 내용에 익숙하고, 그리스도는 "동정녀 마리아에게서 났고 본디오 빌라도 치하에서 고난을 받아 십자가에 못 박혀 장사되었다"고 달변으로 이야기하는 사람이 부지기수입니다. 학교에서부터 배워서 잘 기억하고 있습니다. 하지만 이런 지식이 그들의 삶을 이끌어 가지 못합니다. 그들은 "그리스도"가 아닌 다른 것을 의지하고 살아갑니다. 도덕적으로 바르게 살고, 기도를 하고, 교회에 다니고, 세례를 받고, 성찬에도 참여하기 때문에 천국에 갈 수 있을 것이라고 생각합니다. 하지만 그리스도를 통해 나타난 하나님의 자비를 믿는 살아 있는 믿음에 대해—그리스도의 보혈과 의와 중보에 대한 실제적이고 지식적인 확신에 대해—는 전혀 아는 바가 없습니다. 이들은 아직도 "그리스도 밖에" 있습니다.

많은 사람들이 방금 제가 말한 진리를 인정하지 않을 것입니다. 세례 받은 사람들 가운데는 세례 때문에 그리스도의 지체가 되었다고 말하는 사람도 있습니다. 또 어떤 사람은 그리스도에 대한 지식이 있다면, 그리스도에 대해 얼마나 관심이 있느냐로 문제 삼을 필요는 없다고 말하기도 합니다. 여기에 대한 대한 제 대답은 분명합니다. 성경 어디에도 믿기 전까지는 그리스도께 참여했다고 말하지 않습니다. 세례는 우리가 그리스도께 참여했다는 증거가 아닙니다. 마술사 시몬은 세례를 받았지만, 성경은 그에 대해 "이 도에는 네가 관계도 없고 분깃 될 것도 없느니라"고 말합니다(행 8:21). 지식 역시 그리스도께 참여한 증거가 될 수 없습니다. 마귀도 그리스도를 잘 알지만, 그에게는 어떤 분깃도 없습니다. 두말할 것도 없이, 하나님은 영원 전부터 누가 하나님의 소유인지 잘 아십니다. 하지만 사람은 믿기 전까지는 누가 의롭게 되었는지 전혀 알 수 없습니다. 가장 중요한 질문은 "우리는 믿고 있는가?" 하는 것입니다. 성경은 다음과 같이 말합니다. "아들에게 순종하지 아니하는 자는 영생을 보지 못하고 도리어 하나님의 진노가 그 위에 머물러 있느니라"(요 3:36). "믿지 않는 사람은 정죄를 받으리라"(막 16:16). 믿음이 없는 자는 "그리스도 밖에" 있는 자라고 성경은 말합니다.

(3) 여기에 대해 한 가지 더 드릴 말씀이 있습니다. **삶에서 성령의 역사가 드러나지 않는** 사람은 "그리스도 밖에" 있는 자입니다. 그리스도인이라 고백하는 수많은 사람들이 실상은 마음의 회심에 대해 아무것도 모릅니다. 이것은 누구도 부인할 수 없는 분명한 사실입니다. 이들은 자신이 기독교 신앙을 가지고 있다고 말할 것입니다. 어느 정도 예배에 참석하고, 교회의 예식을 따라 결혼과 장례를 치르는 것을 당연하게 여깁니다. 누가 기독교 신앙에 의심을 갖기라도 하면 매우 불쾌해 합니다. 하지만 그들의 삶에서 성령의 역사가 보입니까? 이들의 마음과 관심이 어디로 향하고 있습니까? 그들의 취미와 습관과 행실에서 드러나는 것은 누구의 형상과 누구의 이름입니까? 어처구니없게도, 여기에 대해 그들은 단 한 가지 대답밖에 할 수 없습니다! 이런 사람들은 새롭게 하고 성화하는 성령의 역사를 전혀 경험해 보지 않았습니다. 하나님 앞에서 이들은 아직 죽어 있는 사람들입니다. 여전히 그리스도 밖에 있는 사람들입니다.

그리스도인에게 너무 많은 것을 바라고, 모두에게 **회심**을 요구하는 것은 터무니없고 지나치다고 합니다. 세상에 살면서 제가 말한 높은 기준을 따라 사는 것은 불가능하다고 할 것입니다. 그만큼 탁월하지 못해도 천국에 갈 수 있다는 것입니다. 이런 말을 하는 사람들에게 제가 할 수 있는 유일한 말은, 성경은 이 문제에 대해 무슨 말을 하느냐는 것입니다. 주님은 무슨 말씀을 하셨습니까? 성경은 이렇게 기록합니다. "사람이 거듭나지 아니하면 하나님의 나라를 볼 수 없느니라"(요 3:3). "너희가 돌이켜 어린아이들과 같이 되지 아니하면 결단코 천국에 들어가지 못하리라"(마 18:3). "그의 안에 산다고 하는 자는 그가 행하시는 대로 자기도 행할지니라"(요일 2:6). "누구든지 그리스도의 영이 없으면 그리스도의 사람이 아니라"(롬 8:9). 성경 말씀은 폐할 수 없습니다. 성령이 없는 자는 "그리스도 밖에" 있는 자라고 성경은 말합니다.

지금까지 말한 세 가지 명제를 기도하는 마음으로 진지하게 숙고하고, 이 명제가 결국 어디로 귀결되는지 보십시오. 구원에 이르는 그리스도와의 관계를 위해서는 지식과 믿음과 성령의 은혜가 절대적으로 필요합니다. 이 세 가지가 없는 사람은 "그리스도 밖에" 있는 자입니다.

이 사실에 대해서 많은 사람들이 통탄할 정도로 무지합니다! 신앙에 대해 말 그대로 아무것도 모릅니다. 이들에게 그리스도와 성령과 믿음과 은혜와 회심과 성화는 단순히 "언어와 명칭"의 문제일 뿐입니다(행 18:15). 이것이 무엇을 의미하는지 말하지 못합니다. 이렇게 무지한 사람들이 천국을 향해 나아가겠습니까? 불가능합니다! 지식이 없는 사람은 "그리스도 밖에" 있는 자입니다!

얼마나 많은 사람들이 자기의에 빠져 있는지 모릅니다! 이들은 자신의 의무를 이행한 것, 모든 사람을 잘 대하는 것, 모든 예배에 빠지지 않고 잘 나가는 것, 지금까지 누구처럼 결코 나쁘게 살지 않았다는 것 등을 은근히 자랑합니다. 그렇기 때문에 자기는 당연히 천국에 갈 것이라고 생각합니다! 그들에게서 죄에 대한 깊은 자각, 그리스도의 보혈과 희생에 대한 단순한 믿음은 찾아볼 수 없습니다. 이들이 하는 이야기라고는 자신이 무엇을 **행한** 것뿐, 무엇을 믿는가에 대해서는 한마디도 없습니다. 자기의를 통해 천국에 이를 수 있는 사람이 있겠습니까? 아무도 없습니다. 믿음이 없는 사람은 "그리스도 밖에" 있는 자입니다.

얼마나 많은 사람들이 불경건하게 사는지 모릅니다! 하나님의 안식일과 성경과 규례와 성례를 습관적으로 홀대합니다. 하나님이 명백하게 금하신 일을 행하면서 별 거리낌이 없습니다. 하나님의 계명을 직접적으로 거스르며 살아갑니다. 이런 불경건한 삶이 구원으로 귀결되겠습니까? 불가능합니다! 성령이 없는 사람은 "그리스도 밖에" 있는 자입니다!

처음에는 제 말이 어렵고, 아프고, 껄끄럽고, 가혹하게 들릴지도 모릅니다. 그러나 사실 이 모든 것들은 성경을 통해 우리에게 계시된 하나님의 진리가 아닙니까? 만약 그것이 진리라면, 명백히 드러나야 하는 것 아닙니까? 만약 그것이 명백히 드러나야 한다면, 보다 분명하게 진술해야 하는 것 아닙니까? 저의 바람은 죄인을 향한 하나님의 사랑의 풍성함이 그 무엇보다 높임을 받는 것입니다. 하나님의 자비와 사랑을 간절히 사모하는 사람을 위해 하나님께서 예비하신 자비와 사랑의 풍성함이 어떠한지 모든 사람에게 말해 주고 싶습니다. 하지만 무지하고, 믿지 않고, 회심하지 않은 사람이 그리스도께 참여했다는 소리는 결코 들어 본 적 없습니다! 제가 잘못되었다면, 제가 제시한 길보다 더 탁월한 길을 제시한 사람에게 감사할 것입니다. 하지만 잘못되었다고 드러나기까지는, 제 입장을 바꿀 수 없습니다. 제가 하나님의 말씀을 잘못 다루고 기만한 것으로 드러나지 않기 위해서라도, 이 말씀을 결코 포기할 수 없습니다. 제 손으로 영혼들의 피값을 물지 않기 위해서라도, 결코 잠잠할 수 없습니다. 지식이 없고, 믿음이 없고, 성령이 없는 사람은 "그리스도 밖에" 있는 자입니다!

2. **"그리스도 밖에" 있는 자의 상태가 어떠한지 살펴보겠습니다.**

이 부분은 특히 주의해서 봐야 할 대목입니다. 제가 이 부분을 제대로 설명할 수 있으면 좋겠습니다. 속으로 이렇게 말하는 사람도 있을 것입니다. "내가 그리스도 밖에 있는 사람이라고 치자. 도대체 뭐가 위험하다는 거지? 하나님은 자비로우신 분이 아닌가. 더구나 나는 다른 사람들보다 결코 나쁘지 않아. 결국 모든 게 잘될 거야." 여러분이 얼마나 비참하게 스스로를 기만하고 있는지를 제가 보일 수 있기를 바랍니다. 잘 들어 보십시오. "그리스도 밖에" 있으면 모든 것이 바르지 않고, 모든 것이 절망입니다.

(1) 그리스도 밖에는 **하나님도 없습니다**. 사도 바울은 에베소 교인들에게 아주 분명한 어조로 말합니다. "그때에 너희가 그리스도 밖에 있었고"라고 시작한 문장을 "세상에서 하나님도 없는 자이더

니"라는 문장으로 끝맺습니다. 전혀 이상하지 않습니다. 하나님을 가장 순결하고 거룩하고 영광스럽고 영적인 분으로 알지 못하는 사람은 하나님에 대한 아주 저급한 이해를 가지고 있습니다. 인간 본성의 타락과 죄악과 더러움을 보지 못하는 사람이 바로 소경입니다. 이런 벌레 같은 인간이 어떻게 거룩한 하나님께로 가면서 위로를 기대할 수 있단 말입니까? 어떻게 확신을 가지고 두려움 없이 나아가 그분을 뵈올 수 있겠습니까? 어떻게 공포와 겁에 질리지 않고 하나님을 대면하고, 그분께 이야기하고, 그분과 함께 거하기를 기대할 수 있겠습니까? 하나님과 사람 사이에 중보자가 있는 것이 틀림없습니다. 이 직무를 수행할 수 있는 분은 한분뿐입니다. 그분은 그리스도입니다.

그리스도와 상관없이 감히 하나님의 자비와 사랑을 이야기할 수 있는 사람이 누구입니까? 그리스도와 상관없는 사랑과 자비는 성경에 기록되어 있지 않습니다. 제 말을 명심하십시오. 그리스도를 통하지 않는 한, 하나님은 "소멸하는 불"이십니다(히 12:29). 하나님이 자비로우시고 긍휼이 풍성하신 것은 분명합니다. 하지만 그분께 있는 자비는 그분의 사랑하는 아들 예수 그리스도의 중보가 없이는 있을 수 없습니다. 이 자비는 그리스도라는 정해진 통로를 따라 흘러갑니다. 이 길이 아니고서는 하나님의 자비가 흘러갈 수 없습니다. 성경은 이렇게 기록합니다. "아들을 공경하지 아니하는 자는 그를 보내신 아버지도 공경하지 아니하느니라"(요 5:23). "내가 곧 길이요 진리요 생명이니 나로 말미암지 않고는 아버지께로 올 자가 없느니라"(요 14:6).

(2) 그리스도 밖에는 **평화도 없습니다**. 모든 사람은 양심이 있습니다. 사람이 참으로 행복하려면 양심에 거리낌이 없어야 합니다. 양심이 잠들어 있거나 거의 죽어 있는 동안에는 그런대로 잘 지낼 수 있습니다. 하지만 양심이 깨어나는 즉시, 사람은 이전에 지은 죄악과 현재의 실패, 그리고 임박한 심판을 생각하기 시작합니다. 그는 자기에게 내적 안식을 가져다줄 무엇인가가 필요하다는 것을 알게 됩니다. 어떻게 내적 안식을 얻을 수 있습니까? 회개와 기도, 성경 읽기, 교회 가기, 정기적으로 성례에 참여하기, 자아 죽이기 등 많은 것들을 시도해 보지만 허사입니다. 이런 것으로는 양심의 짐을 벗지 못합니다. 그러나 양심의 평화는 반드시 필요합니다!

양심에 평화를 가져다줄 수 있는 오직 한 가지 길이 있습니다. 예수 그리스도의 보혈이 양심에 뿌려지는 것입니다. 그리스도의 죽음이 우리가 하나님께 진 빚을 **다 갚아 주었고**, 사람이 믿을 때 그리스도의 죽음의 공로가 그에게 전가된다는 것을 분명히 이해하는 것이야말로 내적 평화를 누리는 위대한 비밀입니다. 이것만이 모든 양심의 갈망을 채우고, 모든 고소와 비난을 막아서고, 모든 두려움을 잠재웁니다. 성경은 이렇게 기록합니다. "이것을 너희에게 이르는 것은 너희로 내 안에서 평안을 누리게 하려 함이라"(요 16:33). "그는 우리의 화평이신지라"(엡 2:14). "우리가 믿음으로 의롭다 하심을 받았으니 우리 주 예수 그리스도로 말미암아 하나님과 화평을 누리자"(롬 5:1). 그리스도의 십자가 보혈로 우리는 평화를 누립니다. 이 평화는 깊은 광맥이고, 항상 흘러넘치는 강물입니다. 하지만 "그리스도 밖에"는 평화도 없습니다.

(3) 그리스도 밖에는 **소망도 없습니다**. 모든 사람은 나름대로 이런저런 희망을 가지고 있습니다. 자기 영혼에 대해 아무 바람도 없다고 대담하게 말할 수 있는 사람은 거의 없습니다. 하지만 "자기 속에 있는 소망에 관한 이유"를 말할 수 있는 사람은 얼마나 적은지요!(벧전 3:15) 자기가 가진 소망을 설명하고, 그 소망의 기초를 보여줄 수 있는 사람은 또 얼마나 드문지요! 질병에 시달리거나 임종을 맞이할 때, 자기를 구원해 주지 못하고 아무 위로도 가져다주지 못하는 것으로 드러날 수밖에 없는 모호하고 공허한 느낌을 소망으로 붙들고 사는 사람들이 얼마나 많은지요.

튼튼한 뿌리와 생명과 능력과 견고함을 가진 소망은 단 하나입니다. 구속자이신 그리스도의 사역과 직분이라는 위대한 반석 위에 세워진 소망입니다. "이 닦아 둔 것 외에 능히 다른 터를 닦아 둘 자가 없으니 이 터는 곧 예수 그리스도라"(고전 3:11). 이 보배로운 모퉁잇돌 위에 소망을 둔 사람은 "부끄러움을 당하지 아니"합니다(벧전 2:6). 이 소망은 실제적입니다. 이 소망은 보고 만질 수 있습니다. 이 소망은 모든 필요를 채워 줍니다. 이 소망을 찾고 또 찾으십시오. 이 소망은 결코 여러분을 실망시키지 않으며, 조금도 부족함이 없습니다. 이 소망 외에 다른 모든 희망은 무가치합니다. 여름 가뭄에 말라 버린 샘처럼, 인간의 극심한 목마름을 해갈해 줄 수 없습니다. 또한 온전하지 못한 배와 같아서 항구에 정박해 있을 때는 좋아 보여도, 바람이 일고 파도가 몰아치기 시작하면, 썩은 것이 드러나고 이내 물이 차서 가라앉아 버립니다. 그리스도만이 선한 소망입니다. "그리스도 밖에"는 희망도 없습니다(엡 2:12).

(4) 그리스도 밖에는 **천국도 없습니다.** 이는 단순히 천국에 들어갈 수 없다는 말이 아닙니다. "그리스도 밖에" 있는 사람은 천국에서조차 행복하지 못할 것이라는 말입니다. 구주와 구속주 밖에 있는 사람에게 천국은 결코 천국이 아닙니다. 자신이 천국에 있을 만한 마땅한 권리와 자격이 없다고 느낄 것입니다. 담대함과 확신, 마음의 안정 같은 것은 꿈도 꿀 수 없습니다. 그는 순결하고 거룩한 천사들과 순전하시고 거룩하신 하나님의 목전에서 고개도 들 수 없을 것입니다. 너무나 수치스럽고 당혹스러울 것입니다. 천국에 대한 모든 참된 이해의 본질은, 바로 그곳에 그리스도가 계시다는 사실입니다.

그리스도가 계시지 않는 천국을 기대하는 사람은 도대체 어떤 사람입니까? 자신의 어리석음을 깨달으십시오. 성경이 말하는 천국에 대한 모든 묘사를 통틀어 볼 때, 그리스도의 임재는 천국의 본질적인 특성입니다. 사도 요한은 말합니다. "보좌와 네 생물과 장로들 사이에 한 어린양이 서 있는데 일찍이 죽임을 당한 것 같더라"(계 5:6). 천국 보좌는 "하나님과 그 어린양의 보좌"라고 불립니다(계 22:3). 그곳에서는 어린양이 "그 성전이심이라.……어린양이 그 등불이 되심이라"(계 21:22-23). 천국에 사는 성도는 "어린양이 그들의 목자가 되사 생명수 샘으로 인도"하십니다(계 7:17). 그리스도가 계시지 않은 천국은 성경이 말하는 천국이 아닙니다. "그리스도 밖에"는 천국도 없습니다.

이런 말을 덧붙일 수도 있습니다. 그리스도 밖에 거하는 것은 생명도, 능력도, 안전도, 기초도, 친구도, 의義도 없이 천국에서 사는 것입니다. 그리스도 밖에 있는 사람처럼 곤궁한 처지에 있는 사람도 없습니다!

노아에게 있어서 방주의 의미, 애굽에서 종살이하던 이스라엘에게 있어서 유월절 어린양의 의미, 그리고 광야를 지나던 이스라엘 백성에게 있어 만나, 반석, 놋뱀, 구름기둥과 불기둥, 속죄양 등의 의미는 곧 예수 그리스도께서 인간의 영혼에 대해 갖는 의미와 같습니다. 그리스도 밖에 있는 사람처럼 핍절한 사람도 없습니다!

뿌리와 가지, 공기와 우리의 폐, 음식과 몸, 태양과 피조물의 관계 이상으로 그리스도는 우리에게 큰 의미를 갖습니다! 그리스도 밖에 있는 것처럼 도움을 받지 못하는 불쌍한 처지도 없습니다!

질병과 죽음이 없고 사람이 늙지 않고 이 땅에서 영원토록 산다면, 지금 이런 말은 전혀 중요하지 않을 것입니다. 그러나 질병, 죽음, 무덤 같은 것은 엄연히 존재하는 슬픈 현실입니다.

심판도 없고, 천국도 없고, 지옥도 없고, 영원도 없이 이 땅의 삶이 전부라면, 이 책이 던지는 여러 물음으로 자신을 괴롭게 하는 것은 시간 낭비일 뿐입니다. 하지만 여러분에게는 양심이 있습니다. 여러분은 저 무덤 너머에 심판이 기다리고 있다는 것을 잘 알고 있습니다. 그날이 임박했습니다.

이것은 결코 가벼운 문제가 아닙니다. 사소한 것도 아니고, 하찮은 것도 아닙니다. 저는 모든 지각 있는 사람들의 관심을 촉구합니다. 영혼의 구원이라는 가장 중요한 물음의 뿌리에 자리하고 있습니다. "그리스도 밖에" 있는 것이야말로 가장 비참한 일입니다.

(1) 지금까지 저와 함께 **자신을 잘 살피고**, 자신의 상태를 정확히

파악한 모든 사람들에게 묻습니다. 여러분은 그리스도 밖에 있는 사람입니까?

    진지한 의문과 자기 성찰도 없이 삶을 허비하지 마십시오. 지금 사는 것처럼 항상 그렇게 살 수 있으리라고 생각하지 마십시오. 먹고, 마시고, 자고, 입고, 돈을 쓰고, 즐거워하는 모든 것이 끝나는 날이 옵니다. 여러분이 있던 자리에 더 이상 여러분은 없고, 사람들이 여러분을 고인故人으로 부르는 때가 옵니다. 만약 자기 영혼에 대해서는 아랑곳하지 않고 하나님과 그리스도 밖에서 살다가 죽었다면, 여러분은 어디에 있겠습니까? 명심하십시오. 그리스도 없이 사는 것보다, 차라리 돈이나 건강이나 친구나 동료나 갈채 없이 사는 것이 수천 배나 낫습니다!

    (2) 지금까지 그리스도 밖에서 살아왔다면, 지체 말고 여러분의 삶의 방향을 바꾸기를 간절히 **부탁합니다**. 아직 만날 만할 때, 주님을 찾으십시오. 가까이 계실 때, 그분을 부르십시오. 하나님 보좌 우편에 계시는 그분은 아무리 죄악되고 부주의한 삶을 살아온 사람이라도, 자기에게 나아오기만 하면 능히 구원하실 수 있습니다. 그분은 하나님 우편에서, 자신의 지난 삶이 전혀 잘못되었음을 절감하고 그것을 바로잡기를 바라는 모든 사람의 기도에 기꺼이 귀를 기울이십니다. 그리스도를 찾으십시오. 지체 말고 찾으십시오. 그분과 친밀해지십시오. 그분께 나아가는 것을 부끄러워하지 마십시오. 해가 가기 전에 다른 것은 몰라도 그리스도의 벗 가운데 한 명이 되십시오. 그러면 올해를 여러분 생애에서 가장 행복했던 한 해로 떠올리는 날이 올 것입니다.

(3) 여러분이 이미 그리스도의 친구라면, 감사하는 사람이 되기를 **권고합니다**. 여러분에게는 전능한 구원자가 있고, 천국의 권세를 가졌고, 영원한 본향이 있고, 영원히 죽지 않을 친구가 있습니다. 여러분이 누리는 이런 무한한 자비를 깊이 자각할 수 있도록 깨어 있으십시오! 조금만 더 지나면 우리를 포함한 하늘 권속들이 다 모이게 될 것입니다. 그리스도 안에서 결코 잃어버리지 않을 것을 가졌다고 생각해 보십시오. 얼마나 큰 위안이 되는지 모릅니다!

"그리스도 밖에" 있는 사람이 처한 비참한 상태를 깊이 자각할 수 있도록 깨어 있으십시오. 우리는 비참한 사람들이라고 할 때, 먹을 음식이 없고, 옷이 없고, 학교나 교회에 못 다니는 사람들을 떠올립니다. 우리가 할 수 있는 한, 그런 사람들을 불쌍히 여기고 돕는 것이 마땅합니다. 그러나 그들보다 더 비참하고 불쌍한 상태에 있는 사람들이 있음을 잊지 마십시오. 누가 그런 사람들입니까? "그리스도 밖에" 있는 사람들입니다!

"그리스도 밖에"서 살아가는 친척이 있습니까? 그들을 불쌍히 여기고, 위해 기도하고, 그들의 이름을 왕께 말씀드리고, 그들에게 복음을 전하십시오. 그리스도께로 이끌기 위해 할 수 있는 모든 노력을 경주하십시오.

"그리스도 밖에"서 살아가는 이웃이 있습니까? 그들의 영혼 구원을 위해 모든 수고를 아끼지 마십시오. 아무것도 할 수 없는 밤이 옵니다. "그리스도 안에"서의 삶이야말로 평화와 안전과 행복이라는 분명한 확신이 있는 사람은 복된 사람입니다. "그리스도 밖에" 사는 사람들의 멸망이 임박했습니다.

17장

영적 목마름[*]

명절 끝 날 곧 큰 날에 예수께서 서서 외쳐 이르시되 누구든지 목마르거든 내게로 와서 마시라. 나를 믿는 자는 성경에 이름과 같이 그 배에서 생수의 강이 흘러나오리라 하시니. (요 7:37-38)

본문 말씀은 황금 문자로 기록되어야 마땅합니다. 하늘에 있는 모든 별이 빛나고 아름답지만, 그중에는 어린아이도 금방 알아볼 만큼 유독 아름답게 빛나는 별이 있습니다. 모든 성경이 하나님의 감동으로 기록되었지만, 무정하고 우둔한 마음을 가진 사람이 아니라면 누구라도 금방 알아볼 수 있을 만큼 특별히 부요하고 풍성한 구절이 있습니다. 오늘 본문이 바로 그런 구절입니다.

    본문에 담긴 아름다움과 능력을 제대로 알기 위해서는, 이 말씀

---

[*] 이 장은 1878년 체스터 성당과 런던에 있는 성 바울 성당에서 설교한 내용이다.

이 주어진 장소와 시간과 배경을 잘 알아야 합니다.

먼저, **장소**는 유대교의 중심지이자 서기관과 제사장, 사두개인과 바리새인의 본거지인 예루살렘입니다. **배경**은 율례를 따라 모든 유대인 남자가 성전으로 올라가는 절기 가운데 하나인 초막절입니다. **시간**은 "초막절 끝 날", 모든 예식 끝에 전례를 따라 실로암 못에서 길어 올린 물로 제단을 식히고 예배자들이 이제 각자 집으로 돌아갈 준비를 하는 시간입니다.

이런 결정적인 순간에, 우리 예수님은 많은 사람들이 볼 수 있는 곳에 "서서", 모여든 군중을 향해 외치셨습니다. 이때도 물론 우리 주님은 그들의 마음을 다 아셨을 것입니다. 자신들의 눈먼 선생인 바리새인들과 서기관들로부터는 아무것도 얻지 못하고 성대하고 화려한 예식에 대한 공허한 기억을 가진 채, 해갈하지 못한 마음과 거리끼는 양심으로 집으로 돌아갈 채비를 하는 사람들을 보신 것입니다. 그런 그들에게 주님은 외치셨습니다. "누구든지 목마르거든 내게로 와서 마시라." 이 인상적인 순간에 우리 주님이 단지 이 말씀만 하셨을 것이라고는 생각하지 않습니다. 추측건대, 이 말씀은 주께서 하신 말씀의 핵심이었을 것입니다. 아마도 그분의 입술로부터 가장 먼저 터져 나왔을 것입니다. "누구든지 목마르거든 내게로 오라." 해갈하여 살기를 바라는 자는 **내게로** 오라는 것입니다.

제가 지금 여러분에게 상기시키고자 하는 것은, 그 어떤 예언자나 사도도 이렇게 말하지는 않았다는 사실입니다. 모세는 장인 호밥에게 "우리와 동행하자"고 했습니다(민 10:29). 이사야는 "물로 나아오라"고 했고(사 55:1), 세례 요한은 "어린양을 보라"고 했습니다(요 1:29). 사도 바울은 "주 예수를 믿으라"고 했을 뿐입니다(행 16:31). 오직 나사렛 예수만이 "내게로 오라"고 했습니다. 이것은 너무 중요한 사실입니다. "내게로 오라"고 말씀하실 때, 예수님은 자신이 하나님의 영원한 아들이요, 약속된 메시아와 세상의 구원자라는 사실을 알고 느끼셨던 것입니다.

이 위대한 말씀에서 주님의 세 가지를 주목하고자 합니다.

1. **전제된 상황**: "누구든지 목마르거든"
2. **해결책**: "내게로 와서 마시라."
3. **약속**: "나를 믿는 자는 성경에 이름과 같이 그 배에서 생수의 강이 흘러나오리라."

이 세 가지 요점은 우리 모두에게 해당되는 사실입니다. 이제 하나씩 살펴보겠습니다.

1. 먼저, **여러분이 처한 상황이 전제되어 있습니다**. 주님은 말씀하십니다. "누구든지 목마르거든."

육체를 가진 인간이라면 누구나 겪을 수 있는 가장 끔찍한 고통 중 하나가 목마름입니다. 캘커타에 있었던 블랙홀[1]이라는 작은 감옥에서 처참하게 고통받은 사람의 이야기를 읽어 보십시오. 열대 사막을 여행한 적이 있는 사람에게 물어보십시오. 전장에서 부상당한 병사가 가장 원하는 것이 무엇인지 한번 들어 보십시오. 대양 한가운데서 좌초된 배의 선원들이 물도 없이 수일 동안 표류하면서 겪는 일들을 떠올려 보십시오. 부자와 나사로 이야기에서 부자가 했던 끔찍한 말에 주목하십시오. "나사로를 보내어 그 손가락 끝에 물을 찍어 내 혀를 서늘하게 하소서. 내가 이 불꽃 가운데서 괴로워하나이다"(눅 16:24). 목마름처럼 끔찍하고 견디기 힘든 것도 없다고 한결같이 증거합니다.

육신의 목마름이 이토록 고통스럽다면, 영혼의 목마름은 얼마나 더하겠습니까? 영원한 심판 때에 겪는 가장 최악의 고통은 신체적 고통이 아닙니다. 신체적 고통은 사람이 이 땅에서 겪는 마음의 고통에도 미치지 못합니다. 영혼의 가치를 알게 된 사람이, 자신의 영혼이 영원한 멸망의 위험에 처해 있는 것을 깨닫게 되었을 때 맛보게 될 고통을 생각해 보십시오. 용서받지 못한 죄책에 시달리는 사람이 도무지 그것을 어떻게 벗어야 할지 모를 때 느끼는 고통은 또 어떻습니까? 양심의 가책으로 괴로워하는 사람이 그 치료책을 알지 못할 때 얼마나 고통스러워합니까? 자신이 매일매일 죽어 간다는 사실을 알면서도 하나님을 만날 준비가 되지 못한 사람의 고통은 어떻겠습니까? 자기에게 있는 죄책과 사악함에 이리저리 속절없이 끌려 다닐 수밖에 없는 것은 얼마나 고통스러운 일입니까? 이것이야말로 최고의 고통입니다! 영혼을 집어삼키고 관절과 골수를 찌르는 고통입니다! 우리 주님께서 말씀하신 목마름이 바로 이런 것입니다. 죄 용서와 문제의 해결과 하나님과의 평화를 향한 타는 목마름입니다. 채워져야 하는 것을 알면서도 어디서 어떻게 채워야 할지 모르는, 참으로 깨어난 양심이 갖게 되는 갈망입니다. 이글거리는 땅을 한없이 걸어도 도무지 쉴 곳을 찾을 수 없는, 영혼을 녹아

내리게 하는 열망입니다.

오순절날 베드로의 설교를 들으면서 유대인들이 느꼈을 목마름이 바로 이것입니다. 성경은 그들이 "마음에 찔려 베드로와 다른 사도들에게 물어 이르되 형제들아, 우리가 어찌할꼬" 하고 탄식했다고 합니다(행 2:37).

이는 또한, 자기 발밑에서 옥 터가 흔들렸을 때 자기 영혼이 처한 위험을 깨달은 빌립보 감옥의 간수가 느꼈던 목마름이기도 합니다. 성경은 이렇게 기록합니다. "간수가 등불을 달라고 하며 뛰어 들어가 무서워 떨며 바울과 실라 앞에 엎드리고 그들을 데리고 나가 이르되 선생들이여, 내가 어떻게 하여야 구원을 받으리이까 하거늘"(행 16:29-30).

또한, 많은 위대한 하나님의 종들이 처음으로 그 마음에 빛을 받고 느꼈던 목마름입니다. 마니교를 통해 마음의 안식을 추구했지만 아무것도 발견하지 못했던 어거스틴이 그랬고, 에르푸르트Erfrut 수도원에서 진리를 찾아 더듬거리던 루터가 그랬고, 엘스토우Elstow 오두막에서 의심과 갈등으로 괴로워하던 번연이 그랬고, 옥스퍼드 대학 시절 자의적으로 부여한 금욕주의에 신음하던 윗필드가 그랬습니다. 이들은 모두 자신의 경험을 글로 남겨 놓았습니다. 이들은 예수께서 말씀하신 "목마름"의 의미가 무엇인지 알았습니다.

어거스틴, 루터, 번연, 윗필드 정도까지는 아니더라도, 이들이 느꼈던 목마름을 우리도 **어느 정도는** 알아야 합니다. 죽어 가는 세상에서 살아가는 우리가 그것을 고백하기 위해서는, 죽음 너머에 다른 세상이 있고 죽음 이후에는 심판이 따른다는 사실을 반드시 알아야 합니다. 모든 것이 잘되어 가는 때조차도 우리는 얼마나 가난하고, 연약하고, 변덕스럽고, 부족한 피조물인지 절감해야 합니다. 영원에서의 우리 자리는, 우리가 이 세상에서 어떻게 시간을 보내느냐에 달려 있다는 것을 마음 중심으로부터 깨달아야 합니다. 살아 계신 하나님과의 화평에 대한 "목마름" 같은 것을 맛봐야 합니다. 그러나 안타깝게도, 우리 주변에는 이런 영적 갈망을 거의 찾아보기가 어렵습니다. 사실 이런 갈망의 결핍이야말로 인간의 타락한 본성에 대한 결정적인 증거라고 할 수 있습니다! 돈, 권력, 즐거움, 지위, 명예, 출세에 대한 갈망이 그 자리를 차지하고 있습니다. 부질없는 희망으로 사람을 꾀고, 금광을 찾아 나서고, 험한 파도를 뚫고 대양을 탐험하고, 거대한 빙하를 뚫고 북극에 이르는 것과 같은 일을 자처하는 자원자와 탐험가는 넘쳐 납니다. 썩어 없어질 면류관을 위한 경쟁은 치열하게 계속됩니다! 하지만 이에 비해, 영생에 목말라 하는 사람은 정말 드뭅니다. 성경에서 거듭나지 못한 자연인을 묘사할 때, "죽은", "잠자는", "눈먼", "귀먹은" 같은 말을 사용하는 것이 당연합니다. 거듭남과 새로운 창조가 필요하다는 말입니다. 아무것도 느끼지 못하는 몸은 죽은 것입니다. 영적 목마름이 없다는 것은 영혼의 상태가 건강하지 못하다는 분명한 표지입니다. 주님으로부터 "네 곤고한 것과 가련한 것과 가난한 것과 눈먼 것과 벌거벗은 것을 알지 못하는도다" 하는 말을 듣지 않도록 해야 합니다(계 3:17).

여러분 가운데 죄짐의 무게에 신음하고, 하나님과의 평화를 갈망하는 사람이 누구입니까? 우리가 사용하는 기도서 내용과 똑같이 느끼는 사람이 누구입니까? "잃어버린 양과 같이 나는 제 생각대로만 다녔습니다.……내게서 성한 데라고는 찾아볼 수가 없습니다.…… 나는 비참한 죄인입니다." 떡을 떼고 잔을 나누면서 "제 범과를 생각하면 너무나도 비통하고, 죄짐의 무게를 도무지 견딜 수가 없습니다" 하고 고백할 수 있는 사람은 어디 있습니까? 하나님께 감사해야 합니다. 성령이 우리 몸을 거룩한 성전으로 세우시면서 제일 먼저 놓으시는 초석은, 죄와 자기 죄책을 절감하고 자기 영혼이 얼마나 헐벗었는지를 깨닫는 것입니다. 성령은 죄를 깨닫게 하십니다. 물리적 우주가 창조될 때 제일 먼저 지음받은 것이 바로 빛입니다(창 1:3). 새 창조에서 가장 먼저 되는 일 역시 자신의 상태를 조명받는 것입니다. 다시 말합니다. 목마른 영혼을 가졌다면 하나님께 감사하십시오. 하나님 나라가 여러분과 멀지 않습니다. 천국을 향한 첫발을 내딛는 때는 우리 자신에 대해 괜찮게 느끼는 때가 아닙니다. 우리 자신에 대해 슬퍼하기 시작하는 때입니다. 여러분이 벌거벗었다고 누가 가르쳐 주었습니까? 이런 내적인 조명이 언제 시작되었습니까? 여러분의 눈을 열어 보고 느끼게 하신 분은 누구입니까? 혈과 육은 결코 이런 것들을 보여줄 수 없습니다. 오직 하늘에 계신 우리 아버지만이 보여주실 수 있습니다. 대학교에서 학위를 줄 수도 있고, 학교에서 많은 기이한 일에 대한 지식을 가르쳐 줄 수 있습니다. 그러나 학교는 죄를 깨닫게 하지는 못합니다. 우리의 영적 필요를 깨닫고 참된 영적 목마름을 느끼는 것이, 바로 구원하는 기독교의 시작입니다.

욥기에서 엘리후는 이런 위대한 말을 합니다. "그가 사람 앞에서 노래하여 이르기를 내가 범죄하여 옳은 것을 그르쳤으나 내게 무익하였구나. 하나님이 내 영혼을 건지사 구덩이에 내려가지 않게 하셨으니 내 생명이 빛을 보겠구나 하리라"(욥 33:27-28). 영적 "목마름"이 생겼다고 부끄러워할 필요가 없습니다. 오히려 고개를 들고 소망을 바라보십시오. 오히려 하나님께서 여러분 안에 시작하신 일을 계속해 가시도록, 그리고 더 큰 목마름을 가질 수 있도록 기도하십시오.

2. 이제, **전제된 상황에 대한 치료책**을 살펴보겠습니다. 복된 주님께서 말씀하십니다. "누구든지 목마르거든 내게로 와서 마시라."

이 짧은 한 문장에 우리가 사모할 만한 위대한 단순함이 있습니다. 이 문장은 어린아이라도 알 수 있는 단어들을 사용합니다. 비록 단순하게 보이지만, 영적 의미로 가득합니다. 여러분이 엄지와 검지 사이에 들고 감탄해 마지않을, 실로 엄청난 가치를 지닌 코이누르* 다이아몬드처럼 말입니다. 이 말씀은 고대 그리스나 로마 철학자들도 도무지 풀지 못한 난제―"어떻게 인간이 하나님과 화해할 수 있는가?"―를 한순간에 해결합니다. 여러분이 암송하고 있을, 또 다른 여섯 개의 황금 문장과 이 말씀을 나란히 놓아 보십시오. "나는 생명의 떡이니 내게 오는 자는 결코 주리지 아니할 터이요 나를 믿는 자는 영원히 목마르지 아니하리라"(요 6:35). "나는 세상의 빛이니 나를 따르는 자는 어둠에 다니지 아니하고 생명의 빛을 얻으리라"(요 8:12). "내가 문이니 누구든지 나로 말미암아 들어가면 구원

---

* 페르시아 말로, "빛의 산"이란 의미다. 이 다이아몬드는 1849년 이래 영국 왕관에 장식되어 있고, 그 무게만 106캐럿인 엄청난 인도산 다이아몬드다.

을 받고"(요 10:9). "내가 곧 길이요 진리요 생명이니 나로 말미암지 않고는 아버지께로 올 자가 없느니라"(요 14:6). "수고하고 무거운 짐진 자들아, 다 내게로 오라. 내가 너희를 쉬게 하리라"(마 11:28). "아버지께서 내게 주시는 자는 다 내게로 올 것이요 내게 오는 자는 내가 결코 내쫓지 아니하리라"(요 6:37). 이 말씀들을 모두 마음에 새기십시오. 마음 깊이 새기고 절대 잊지 마십시오. 병이 들었을 때나 임종의 순간 차가운 요단 강물에 여러분의 발을 담글 때, 이 말씀들이 가진 가치가 얼마나 큰지 알게 될 것입니다.

이 단순한 말씀이 말하고자 하는 바가 무엇입니까? 그리스도는 목마른 영혼을 위해 하나님께서 은혜로 주신 생수의 샘이라는 말입니다. 모세가 물을 낸 반석같이, 광야 같은 이 세상을 지나는 모든 순례자들은 그분으로부터 풍성히 넘쳐흐르는 생수를 받아 마십니다. 우리 죄를 대신해서 십자가에 달리시고, 우리의 칭의를 위해 다시 살아나신, 우리의 구속주요 대속자이신 예수님께서는 인간이 필요로 하는 모든 것—용서·사죄·자비·은혜·평화·안식·구원·위로·희망—이 넘치도록 있고, 다함이 없습니다.

보배로운 피로 값 주고 이 모든 것을 우리를 위해 사셨습니다. 이 놀라운 샘이 터지도록 우리의 모든 죄값을 치르셨습니다. 의로운 자가 불의한 자를 대신해 나무에 달려 우리 죄를 친히 담당하신 것입니다. 우리로 하나님 앞에 의롭다 함을 얻게 하려고, 죄를 알지도 못한 그분이 우리 죄를 담당하셨습니다(벧전 2:24, 3:18, 고후 5:21). 지금 그분은 수고하고 무거운 짐 진 모든 자의 구원자로, 목마른 모든 자에게 생수를 주시는 분으로 세워지셨고, 인치심을 받으셨습니다. 죄인을 받으시는 것이 그분의 직무입니다. 죄인에게 용서와 생명과 평화를 주시는 것이 그분의 즐거움입니다. 본문 말씀은 온 인류를 향한 예수님의 선언입니다. "누구든지 목마르거든 내게로 와서 마시라."

약의 효능은 상당 부분 그 약을 사용하는 방식에 따라 차이가 납니다. 가장 탁월한 의사가 내린 가장 탁월한 처방이라도, 환자가 약 복용법을 따르지 않는다면 아무 소용없습니다. 우리가 마실 이 생수의 샘에 대해 지금부터 제가 하는 말을 잘 들으십시오.

(1) 목마름을 해갈하고 편히 쉬기를 바라는 사람은, **그리스도 그분께로** 가야 합니다. 교회에 출석하고, 정해진 규례를 따르고, 기도회나 찬양 집회로 모인 사람들과 함께 있는 것만으로는 충분하지 않습니다. 그리스도께로 나아가는 사람은 그분이 제정하신 성찬상까지만 가고 거기서 멈추어서는 안됩니다. 목사에게 자신의 은밀한 마음을 털어놓는 것으로 만족하고 안심해서도 안됩니다. 그래서는 안됩니다! 오직 이런 물을 마시는 것으로 그치는 사람은 "다시 목마르"게 될 것입니다(요 4:13). 이런 물이 있는 곳보다 더 멀리, 더 높이 있는 상류로 가야 합니다. 그리스도를 개인적이고 인격적으로 대면해야 합니다. 그분이 없이는 신앙 안에서 다른 어떤 것도 소용없습니다. 직접 왕을 대면하고 이야기하지 못한다면, 왕의 궁전, 시중들, 화려한 가구로 채워진 홀, 성대한 만찬 같은 것은 아무 의미도 없습니다. 오직 그분만이 우리 등에 짊어진 짐을 벗겨서 자유롭게 할 수 있습니다. 사람의 손이 할 수 있는 일이라고는 기껏해야 무덤을 가리고 있는 돌을 옮겨 죽은 시신을 보게 하는 것뿐입니다. 하지

만 죽은 자에게 "나오라"고 말할 수 있는 분은 오직 예수님밖에 없습니다(요 11:41-43). 우리는 직접 그리스도를 대면해야 합니다.

(2) 다시 말씀드립니다. 목마름을 해갈하고 그리스도께서 주시는 쉼을 얻고자 한다면, 실제로 **그리스도께 나아가야** 합니다. 바라기만 하고, 이야기만 하고, 결심만 하는 것으로는 충분하지 않습니다. 지옥이라는 끔찍한 실체는 선의로 넘쳐 난다고 하지 않습니까? 해마다 수천 명이 항구에까지 이르지 못한 채 비참한 최후를 맞습니다. 그리스도께 나아가야지 하고 마음만 먹고 생각만 하고 살다가, 그렇게 죽어 갑니다. 절대 그러지 마십시오! 우리는 반드시 "일어나 나아가야 합니다!" 만약에 탕자가 "내 아버지에게는 양식이 풍족한 품꾼이 얼마나 많은가. 나는 여기서 주려 죽는구나! **반드시 언젠가는 집으로 돌아가야지**"라고 생각만 하고 그쳤다면, 그는 아마 평생을 돼지우리에서 살았을 것입니다. 탕자의 아버지가 달려 나와 그를 끌어안고 "제일 좋은 옷을 내어다가 입히고……살진 송아지를 끌어다가 잡으라. 우리가 먹고 즐기자"고 말한 때는, 실제로 자기 아버지께로 **일어나 나아갔을** 때가 아닙니까?(눅 15:17-23) 탕자처럼 우리도 "스스로 돌이켜" 생각할 뿐 아니라, 우리의 대제사장이신 그리스도께로 실제로 나아가야 합니다. 우리의 의사에게 실제로 나아가야 합니다.

(3) 다시 한번 말씀드립니다. 목마름을 해갈하고 그리스도께 나아가기 바라는 사람은, 자기에게 필요한 한 가지는 **단순한 믿음**이라는 것을 반드시 기억해야 합니다. 회개하고 통회하는 상한 마음으로 나아가야 합니다. 하지만 이런 마음 때문에 그리스도께서 자신

을 받으실 것이라고 생각하면 안됩니다. **믿음은 생수를 우리 입술로 가져가는 유일한 손입니다.** 칭의의 모든 문제가 다 이 믿음에 달려 있습니다. 성경은 "그를 믿는 자마다 멸망하지 않고 영생을 얻게 하려 하심이니라"고 계속해서 말하고 있습니다(요 3:16). "일을 아니할지라도 경건하지 아니한 자를 의롭다 하시는 이를 믿는 자에게는 그의 믿음을 의로 여기시나니"(롬 4:5). 비할 데 없이 아름다운 이 찬송시에 담긴 원리를 확실히 붙드는 사람은 복이 있습니다.

　　날 위해 주 보혈 흘려 주시고
　　또 나를 오라 하시니
　　오, 하나님의 어린양께로
　　내가 거저 나아갑니다.

목마른 자에게 주어진 이 치료책이 얼마나 단순하게 보입니까! 그럼에도 불구하고 사람들에게 이 치료책을 받아들이도록 하기는 얼마나 어려운지요! 구원의 공로를 쌓기 위해 자기 육체를 죽이고, 가진 소유를 가난한 자에게 나누어 주는 순례자의 발걸음을 멈추지 말라고 해보십시오. 그러면 말해 준 그대로 하려고 애쓸 것입니다. 반면에, 모든 행위나 공로에 대한 생각을 버리고 나아만 장군같이 빈손 들고 그리스도께로 나아가라고 해보십시오. 그들은 아마 당신을 욕하고 떠나갈 것입니다(왕하 5:12). 인간의 본성은 세대를 막론하고 다 똑같습니다. 지금도 그리스도에 대해 유대인과 같은 반응을 보이는 사람들이 있습니다. 헬라인들과 같이 반응하는 사람들도 있습니다. 유대인들에게 십자가에 못 박히신 그리스도는 여전히 걸림 돌입니다. 헬라인들에게는 미련할 따름입니다. 사람들의 이런 본성과 반응은 지금도 계속되고 있습니다! 주님께서 산헤드린 공의회의 자긍하는 서기관들에게 하셨던 말씀은 진리입니다. "**너희가 영생을 얻기 위해 내게 오기를 원하지 아니하는도다**"(요 5:40).

목마름을 해갈할 이 처방이 얼핏 보면 너무나 단순해 보일지 모릅니다. 그러나 이것은 사람의 영적 질병을 치료할 유일한 처방입니다. 이 땅과 천국을 잇는 유일한 가교입니다. 왕이나 신하, 설교자나 청중, 상전이나 종, 높은 자나 낮은 자, 부자나 가난한 자, 배운 자나 못 배운 자 할 것 없이 사람들은 모두 이 생수를 마셔야 합니다. 18세기 사람들은 지친 양심을 달랠 약을 찾아 백방으로 노력했지만, 헛수고일 뿐이었습니다. 백발이 다 되도록 "물을 가두지 못할 터진 웅덩이"(렘 2:13)를 파느라 손에는 물집이 생기고 굳은살이 박인 많은 사람들이, 결국은 옛 샘으로 돌아가 그리스도께만 참 평화가 있다고 고백할 수밖에 없었습니다.

옛 처방이 단순하게 보일지는 몰라도, 모든 세대의 하나님의 위대한 종들의 내적 생명의 뿌리가 여기에서 비롯되었습니다. 교회사가 배출한 성도들와 순교자들을 보십시오. 이들은 하나같이 날마다 믿음으로 그리스도께 나아와 "예수님의 살은 참된 양식이요 그 피는 참된 음료"임을 발견한 사람이 아니었습니까?(요 6:55) 그들은 모두 하나님의 아들을 믿는 믿음의 삶을 살았습니다. 날마다 그분께 있는 충만함으로부터 받아 마셨던 사람들이었습니까?(갈 2:20) 세상에 증거를 남겼던 참되고 탁월한 그리스도인들은 너 나 할 것

없이 동일한 마음을 가진 사람들이었습니다. 경건한 교부들과 종교개혁자들, 경건한 국교도 목사들과 청교도들, 경건한 감독교도들과 비국교도들 모두 자신의 탁월한 삶으로 생명 샘의 가치를 한목소리로 증거했습니다. 사는 동안 때때로 서로 갈등하고 분리되기도 했지만, 죽는 순간에 있어서만큼은 결코 서로 다르지 않았습니다. 마지막 순간 거대한 두려움과 싸울 때에도 그들은 십자가만을 꼭 붙들었고, 자신의 모든 죄와 더러움을 위해 흘린 예수님의 "보혈"과 터진 샘만을 찬송했습니다.

영적 목마름을 해갈하기 위한 위대한 처방이 널리 알려진 땅에 살고 있음을 우리는 감사해야 합니다. 성경을 펴서 볼 수 있고, 복음이 선포되고, 풍성한 은혜의 방편을 누릴 수 있는 땅에 산다는 사실이 얼마나 감사한지요! 정도의 차이는 있지만, 매주일 2만여 개의 강단에서 그리스도의 희생의 효력이 여전히 선포되는 나라에 살고 있다는 사실에 감사해야 합니다! 우리는 지금 자신들이 누리고 있는 많은 특권의 가치를 잘 모르고 있습니다. 만나에 익숙해진 우리는 그것이 얼마나 놀랍고 귀한지 거의 생각도 못합니다. 광야에서 이스라엘이 만나를 보고 "하찮은 식물"이라고 경멸했던 것처럼 말입니다(민 21:5). 하지만 유명한 이교 철학자 플라톤의 글을 보십시오. 뛰어난 이 사람조차 앞을 못 보는 소경처럼 빛을 찾아 더듬거렸지만, 끝내 출구에 이르지 못하고 기진해 버리고 맙니다. 성찬 예배 시 우리가 사용하는 공동기도서에 있는 네 가지 "위로의 말들"[2]을 이해할 줄 아는 평범한 농부가, 저 아테네의 지혜자보다 하나님과의 화평의 길에 대해 더 잘 알고 있습니다. 복음을 전혀 들어 본 적

없는 이교도의 상태가 어떠한지, 믿을 만한 여행자나 선교사가 전하는 이야기를 들어 보십시오. 인간을 제물로 드리는 아프리카인들에 대한 이야기를 읽어 보십시오. 광적인 힌두교도들이 얼마나 끔찍하게 자신을 학대하는지 보십시오. 이 모든 것이 인간 안에 있는 "목마름"을 해갈하지 못한 결과입니다. 하나님께로 더 가까이 가고자 하는 갈망을 채우지 못한 결과입니다. 그런 곳에 태어나 살지 않는 것에 감사할 줄 알아야 합니다. 우리의 감사하지 않음으로 하나님께서 우리를 책망하실까 두렵습니다! 아프리카나 중국이나 인도의 상황이 어떤지 알면서도, 자유롭게 하나님을 믿을 수 있는 영국에 사는 것에 감사하지 않는다면, 그는 차디찬 죽은 심령을 가진 것이 틀림없습니다.

3. 마지막으로, **그리스도께로 나아가는 모든 사람에게 주어진 약속**을 살펴보겠습니다. "나를 믿는 자는 성경에 이름과 같이 그 배에서 생수의 강이 흘러나오리라."

이것은 대단히 흥미로운 약속입니다. 오늘날 사람들은 이 약속에 마땅한 관심을 보이지 않는 것 같습니다. 새뮤얼 클라크Samuel Clarke가 쓴 「성경의 약속들Scripture Promises」[3]을 우리 조상들은 열심히 연구하고 탐독한 반면에, 지금은 그렇지 못합니다. 성경의 약속을 믿고 살아갈 모든 사람들에게 특별한 유익과 격려가 되는 보배로운 "의무"와 "약속"이 성경에 얼마나 많은지 알고, 그 길이와 넓이와 깊이와 높이가 어떠한지를 헤아리는 그리스도인은 극히 드뭅니다.

사람들 사이에서 이루어지는 거의 모든 거래의 근저에는 **약속**이 자리하고 있습니다. 문명국가에 살고 있는 아담의 후손은 대부분 날마다 약속을 믿는 믿음에 근거해서 행동합니다. 노동자는 월요일 아침부터 토요일 저녁까지 부지런히 일합니다. 주말이 되면 약속된 주급을 받을 것이라는 믿음이 있기 때문입니다. 육군이나 해군으로 자원한 군인 역시 복무하면 약속된 급여를 받을 것이라고 믿습니다. 하녀 역시 주인이 약속된 급여를 줄 것이라는 믿음이 있기 때문에 비천한 일도 마다하지 않고 주어진 일을 날마다 되풀이합니다. 대도시에서 일하는 도매상이나 소매상이나 은행가나 할 것 없이, 약속에 대한 끊임없는 신뢰 없이는 어떤 거래도 할 수 없습니다. 방대한 규모의 사업을 하려면 수표나 전표, 약속어음 같은 수단을 사용해야 한다는 것은 누구나 아는 사실입니다. 사업을 하는 사람은 눈에 보이는 것이 아니라 믿음으로 장사합니다. 약속을 믿고, 자신도 역시 신뢰받기를 기대합니다. 사실 기독교의 영향을 많이 받는 나라의 사람 간에 일어나는 거래의 대부분은, 약속과 그 약속에 대한 믿음, 그리고 약속을 믿는 믿음에서 비롯된 행동을 통해 성사됩니다.

  이처럼 성경의 약속들 역시 하나님께서 사람들의 영혼을 대하실 때 즐겨 사용하시는 위대한 방편입니다. 성경을 주의 깊게 읽는 사람이라면, 사람들이 하나님께 귀 기울이고 순종하고 섬기도록 하기 위해 하나님께서 계속 도전하시고 이끄실 뿐 아니라, 사람들이 주목하여 믿을 때 하나님께서 위대한 일을 행하시는 것을 보았을 것입니다. 베드로 사도가 말한 것처럼, "보배롭고 지극히 큰 약속을 우리에게 주"신 것입니다(벧후 1:4). 우리를 교훈하시기 위해 모든 성경을 기록하신 자비로우신 하나님께서, 성경 전반에 걸쳐서 인생이 처할 수 있는 모든 종류의 경험과 상태에 대한 적합하고도 완전한 약속들을 풍성하게 수놓으심으로, 인간 본성에 대한 하나님의 완전한 지식을 보여주셨습니다. 하나님께서 마치 이렇게 말씀하시는 것 같습니다. "내가 너를 위해 하고자 하는 것이 무엇인지 알고 싶으냐? 내가 원하는 바가 무엇인지 알고 싶으냐? 성경을 펴서 읽어 보아라."

하지만 아담의 후손들이 믿고 사는 약속과 하나님께서 주시는 약속에는 큰 차이가 있습니다. 그 차이를 잘 알아야 합니다. 사람들의 약속은 성취될지 여부가 불확실합니다. 아무리 좋은 의도와 바람을 가졌다고 해도, 사람들이 항상 약속을 지킬 수 있는 것은 아닙니다. 질병과 죽음이 무장한 자같이 엄습해서 그 약속을 앗아 갈 수도 있습니다. 전쟁과 역병과 기아와 흉년과 태풍이 재산을 다 쓸어 가 약속을 지키지 못할 수도 있습니다. 반면에, 하나님의 약속은 반드시 이루어집니다. 그분은 전능하시고, "뜻이 일정"하시고(욥 23:13), "회전하는 그림자"도 없으십니다(약 1:17). 하나님은 약속에 신실하십니다. 하나님께서 하지 못하시는 것이 한 가지 있습니다. 하나님은 거짓말을 못하십니다. "하나님께서 약속하시고 맹세하실 때에 거짓말을 하실 수 없습니다"(히 6:18, 새번역). 가장 불가능해 보이고 일어날 수 없을 것 같은 일이라도 하나님께서 한번 말씀하시면 반드시 이루어집니다. 홍수로 옛 세상이 멸망당하고, 방주로 노아가 보존되고, 다윗이 사울의 왕좌에 오르고, 그리스도가 동정녀에게서 나시고, 장사한 지 사흘 만에 부활하시고, 유대인이 온 세상에 흩어졌으나, 독특한 백성으로 지금까지 보존되는 것과 같은 일들을 누가 상상이나 했겠습니까? 이런 일을 생각해 낼 수 있는 사람이 누구입니까? 그러나 하나님께서 그런 일이 일어날 것이라고 말씀하셨고, 모든 일이 그대로 되었습니다. 말씀하시는 것과 행하시는 것이 하나님께는 전혀 다르지 않습니다. 약속하신 것은 무엇이든 반드시 행하십니다.

성경에 기록된 약속의 말씀의 풍성함과 다채로움에 관해 이야기하자면 허락된 지면으로는 어림도 없습니다. 약속의 명칭과 그에 해당하는 주제가 너무 많아 헤아릴 수 없을 정도입니다. 성경에는 어린아이에서 노인에 이르기까지 하나님의 목전에서 바르게 살고자 하는 모든 사람의 형편과 처지에 맞는 권고와 위로가 다 담겨 있습니다. 하나님의 보고에는 모든 상황에 적합한 "의무"와 "약속"이 있습니다. 성경에는 하나님의 무한한 자비와 긍휼, 회개하고 믿는 모든 자를 받으시고 죄인의 괴수를 용서하며 자유하게 하시는 기꺼움, 우리의 타락한 본성을 새롭게 하시는 하나님의 능력에 대한 풍성한 약속의 말씀이 있습니다. 그뿐 아니라, 기도하게 하는 담대함, 복음을 듣는 것, 은혜의 보좌로 나아가는 것, 의무를 행하는 데 필요한 능력, 환난 중에 누릴 위로, 갈 바를 모를 때의 인도, 병중에 받는 도움, 임종 시의 위안, 사별 중에 붙드시는 것, 무덤을 이기는 복락, 영광 중에 받아 누릴 상급 등, 모든 일에 대한 약속의 말씀이 풍성합니다. 성경을 한 가지 주제로 한정하여 부지런히 살피지 않고서는 감히 어느 누구도 그 풍성함을 짐작조차 못할 것입니다. 제 말을 의심하는 사람이 있다면, 그 사람에게 저는 단지 "와 보라"는 말 외에 달리 해줄 말이 없습니다. 솔로몬의 궁전에 나아갔던 시바 여왕같이, 그 역시 "오히려 내가 들은 소문은 사실의 절반도 안되는 것 같습니다"고 말하게 될 것입니다(왕상 10:7, 새번역).

우리가 본문으로 살피고 있는 주 예수 그리스도의 약속은 다소 특별합니다. 영적 목마름 가운데 있는 사람, 그리고 안식을 찾아 그리스도께 나아오는 모든 사람에게 이 약속의 말씀은 말할 수 없는 격려가 됩니다. 그렇기 때문에 이 말씀에 특별히 주의를 기울여야 합니다. 우리 주님이 주신 대부분의 약속의 말씀에서는 약속을 받는 대상이 보다 구체적으로 드러납니다. 하지만 지금 우리가 살피고 있는 이 약속의 대상은 보다 광범위합니다. 이 말씀을 직접 듣고 있었던 사람들 외에 다른 많은 사람들이 여기에 해당합니다. 주님께서 "나를 믿는 자는 성경에 이름과 같이 그 배에서 생수의 강이 흘러나오리라"고 말씀하실 뿐 아니라, 이어서 "이는 그를 믿는 자들이 받을 성령을 가리켜 말씀하신 것이라"고 가르치신 이유가 무엇입니까?(요 7:38-39) 이 말은 앞에 나온 "목마름"이나 "마시라"는 말에서 볼 수 있는 것과 같은 비유적인 표현입니다. 성경에 나온 모든 비유는 위대한 진리를 담고 있습니다. 이제 이 비유가 우리에게 전달하려는 의미가 무엇인지 살펴보겠습니다.

(1) 지금 주님께서 믿음으로 나아오는 사람은, **자기 영혼의 부족함을 채울** 모든 것을 풍성히 받게 될 것이라고 말씀하시는 것입니다. 성령은 사죄와 평화와 희망을 항상 지각하게 하실 것인데, 속사람에게는 결코 마르지 않는 샘이 될 것입니다. 성령이 알게 하시는

"그리스도께 속한 것"에 너무도 만족한 나머지, 사망과 심판과 영원에 대한 영적 두려움마저 힘을 잃게 됩니다(요 16:15). 물론, 자신에게 있는 연약함과 마귀의 유혹 때문에 어두움과 의심의 때를 지나기도 합니다. 그러나 일반적으로, 일단 믿음으로 그리스도께 나오면 마르지 않는 위로의 샘을 마음에 얻게 됩니다. 이것이 바로 우리가 지금 살펴보고 있는 이 약속이 포함하고 있는 첫 번째 사실입니다. 주님이 지금 이렇게 말씀하시는 것 같습니다. "근심에 싸인 불쌍한 영혼아, 나에게로 오라. 내게 오기만 하면. 너의 영적인 근심과 두려움이 사라질 것이다. 내가 성령의 권능으로 네 마음에 나의 대속과 중보로 말미암은 사죄와 평화를 심겠고, 다시는 전혀 목마르지 않을 것이다. 네가 육신을 입고 있는 한 의심이 늘 때도 있고 두려움과 갈등에 싸일 때도 있겠지만, 내게로 와서 나를 네 구주로 영접한 이상, 너는 결코 스스로 희망 없는 자로 여겨지지 않을 것이다. 네 속사람의 변화가 얼마나 새로운지, 마치 네 속에 항상 솟아나는 생수의 샘이 터진 것처럼 느낄 것이다."

이 일에 대해 우리가 무슨 말을 하겠습니까? 진실로 믿음을 가지고 그리스도께로 나아오는 사람은 이 약속이 성취되는 것을 항상 확인할 것입니다. 저는 이것을 확신합니다. 우리는 은혜에 자신이 없고, 자신의 상태에 대해 많이 오해하고 있을 수도 있습니다. 이미 회심했고, 의롭다고 인정받았고, 성화되었고, 빛 가운데 있는 성도의 기업을 받기에 합당하다고 자신 있게 말하지 못할 수도 있습니다. 그럼에도 불구하고, 저는 감히 말씀드립니다. 그리스도를 믿는 가장 비천하고 연약한 신자라도 그 속에는 결코 놓치고 싶지 않은 무엇인가 있습니다. 비록 그것이 무엇인지 아직 완전히 이해하지는 못한다 해도 말입니다. 그렇다면 "그것"이 무엇일까요? 그리스도께로 나아와서 마시자마자 그 속에서 흐르기 시작하는 "생수의 강"입니다. 이런 의미에서 그리스도의 놀라운 이 약속은 항상 이루어지고 있습니다.

(2) 하지만 이것이 우리가 지금 살펴보고 있는 약속이 포함하고 있는 의미의 전부일까요? 결코 그렇지 않습니다. 이것 말고도 아직 많이 있습니다. 그리스도께서 믿음으로 자기에게 나아오는 자들의 영혼의 필요를 풍성히 채울 뿐 아니라, **다른 영혼을 위한 복의 근원**이 되게 하신다는 사실을 깨닫게 하실 줄 믿습니다. 그 안에 거하시는 성령이 그를 다른 사람을 위한 선의 원천으로 삼으시고, 마지막 날에는 "생수의 강"이 그에게서 흘러넘쳤다는 사실이 드러날 것입니다.

이것이 바로 우리 주님이 주신 약속의 가장 중요한 부분으로, 많은 그리스도인들이 거의 깨닫지 못하고 이해하지 못하는 주제를 보여줍니다. 하지만 이것은 지금보다 더 많은 관심을 기울여야 할 가장 흥미로운 주제입니다. "누구든지 자기를 위하여 사는 자가 없는" 것처럼(롬 14:7), 누구도 자신만을 위해 회심하지는 않습니다. 한 사람의 회심은 하나님의 놀라운 섭리 가운데 반드시 다른 사람의 회심으로 이어집니다. 저는 단 한순간도 모든 신자가 이것을 다 알고 있다고 생각하지 않습니다. 자신이 다른 사람의 영혼에 얼마나 큰 유익이 되고 있는지 알지 못한 채, 많은 사람들이 믿음 가운데 살다가 죽습니다. 하지만 모든 그리스도인의 은밀한 일들이 드러나는 부활의 아침과 심판의 날에는, 우리가 살피고 있는 이 약속의 온전한 의미가 전혀 실패하지 않은 것으로 밝히 드러날 것입니다. 그날에 신자로 드러나는 사람 가운데, 누구에게 어떤 식으로든 성령께서 구원의 은혜를 전달하시는 통로인 "생수의 강"이 되지 않는 사람은 없다고 생각합니다. 회심한 이후의 삶이 너무도 짧았음에도 불구하고, 회심한 강도조차 수많은 영혼에게 복의 근원이 되지 않았습니까!

(1) 이 땅에서 "생수의 강"으로 살아가는 신자가 있습니다. 그들의 말, 일상, 설교, 가르침 등 모든 것이 자신에게 있는 생명수를 이웃으로 흘려보내는 통로가 됩니다. 단 한 편의 서신서도 기록하지 않았지만 하나님의 말씀만을 신포하다 떠나간 사도들을 예로 들 수 있습니다. 루터, 윗필드, 웨슬리, 베리지,[4] 대니얼 롤런드Daniel Rowland[5]를 비롯한 수많은 사람들이 여기에 해당됩니다.

(2) 죽음을 맞으면서 "생수의 강"이 되는 신자가 있습니다. 공포의 왕을 대면하는 용기, 가장 격심한 고통 가운데서 드러나는 담대함, 화형대에서조차 굽히지 않는 그리스도의 진리에 대한 신뢰, 무덤으로 내려가는 순간에서조차 흔들리지 않는 평화 등. 이런 그들의 모습에 수많은 사람들이 도전받고, 그중 많은 사람들이 회개하고 믿습니다. 로마제국의 핍박 가운데 죽어 간 초대교회의 순교자들을 예로 들 수 있습니다. 얀 후스와 제롬Jerome of Prague, 크랜머, 리들리, 라티머, 후퍼, 그리고 피의 여왕 메리의 치하에서 숭고하게 죽어 간 순교자들이 그렇습니다. 삼손과 같이, 죽는 순간에 그들이 이룬 일은 그들이 일생 동안 해온 일보다 훨씬 위대했습니다.

(3) 죽은 후에 "생수의 강"이 되는 신자가 있습니다. 펜을 쥐었던 손이 썩어 진토가 된 후에야, 이들이 썼던 많은 저서가 세상 곳곳으로 흘러 들어가 많은 사람들을 유익하게 했습니다. 번연, 백스터, 오웬, 조지 허버트, 맥체인 등이 바로 이들입니다. 이 복된 하나님의 종들은 살아생전 혀로 한 일보다 죽은 후에 저서를 통해 더 많은 일을 했을 것입니다. "그가 죽었으나……지금도 말하느니라"(히 11:4).

　(4) 마지막으로, 매일의 아름다운 행동과 행실을 통해 "생수의 강"으로 드러나는 신자도 있습니다. 세상에 떠들썩하게 드러나지는 않아도, 이름도 빛도 없이 자기 주변에 선한 영향력을 미치는 일관된 삶을 잠잠히 살아가는 그리스도인이 바로 이들입니다. 이들은 "말로 말미암지 않고" 이긴 자들입니다(벧전 3:1). 이들의 사랑과 친절과 상냥한 성품과 인내와 섬김은 많은 사람들에게 잠잠히 말합니다. 그들의 마음에 자기 성찰과 진지한 생각의 씨앗을 뿌립니다. 다음은 하나님의 은혜로 윗필드를 통해 구원받게 되었다고 말하며 평안히 눈을 감은 한 늙은 여인의 고백입니다. "내가 신앙을 갖게 된 것은, 그가 했던 어떤 설교 때문도 아니고, 그가 나에게 해준 어떤 말 때문도 아니었습니다. 내가 어릴 적에, 그가 우리 집에 머물면서 보여준 한결같은 일상의 아름다움과 친절함 때문이었습니다. 나는 그때 속으로 이렇게 말했습니다. '만약 내가 신앙을 갖게 된다면, 윗필드 씨가 믿는 하나님을 믿을 거야.'"

　우리 주님의 약속에 대한 이러한 관점을 꼭 붙들고 결코 잊지 말아야 합니다. 믿음으로 그리스도께 나아가 그분을 따를 때, 오직 여러분 한 사람의 영혼만 구원받는다는 생각은 절대 하지 마십시오.

다른 사람에게 "생수의 강"이 되는 복을 생각해 보십시오. 여러분이 다른 많은 사람을 그리스도께로 인도하는 사람이 아니라고 누가 감히 말할 수 있겠습니까? 항상 이런 생각을 가지고 일어나, 행동하며, 말하고, 기도하며, 일하십시오. 딸을 통해 참된 신앙을 갖게 된, 열 명의 자녀를 둔 가정을 알고 있습니다. 온 가족이 하나님을 알기 전에는 이 딸 외에 모두 다 세상에 속한 사람이었습니다. 하지만 눈을 감기 전에 이 딸은 부모님을 비롯한 모든 형제자매가 하나님께로 돌이키는 것을 볼 수 있었습니다. 인간적으로 말하면, 이 모든 것이 이 딸의 영향 때문이었습니다! 이런 사실을 볼 때, 확실히 신자는 다른 사람들에게 "생수의 강"이 될 수 있음을 의심해서는 안됩니다. 다른 사람들이 회심하는 것을 보지 못할 수도 있습니다. 그들의 회심을 보지 못하고 죽을 수도 있습니다. 하지만 한 사람의 회심은 반드시 다른 회심으로 이어진다는 사실을 의심할 필요는 없습니다. 회심해서 자기만 혼자 천국 가는 사람은 아무도 없습니다. 호워스 Haworth의 그림쇼가 죽을 때, 그에게는 하나님을 인정하지 않고 은혜도 모르는 아들이 하나 있었습니다. 나중에 이 아들은 자기 아버지의 충고와 모범을 잊지 못해 결국 회심했습니다. 그는 마지막에 이런 말을 남겼습니다. "내 아버지가 천국에서 나를 보시면 뭐라 하실까?" 그리스도의 약속을 믿고, 용기를 내고 희망을 가집시다.

(1) **간단한 물음으로** 이 장을 마무리하겠습니다. 영적 목마름이 어떤 것인지 아십니까? 자기 영혼에 대해 깊이 고민해 본 적이 있습니까? 안타깝게도, 많은 사람들이 이런 체험을 한번도 해보지 못했습니다. 30년 이상의 고통스러운 경험을 계기로 그후 수년 동안 계

속 교회에 다니고 있는 사람조차도 자기 죄에 대해서 한번도 자각하지 못하고, 구원받기를 갈망하지 않을 수도 있습니다. 매 주일 말씀을 듣기는 하지만, 그들에게 있는 세상의 염려와 쾌락을 사랑하는 것과 기타 욕심이 그 말씀을 질식시켜 결실하지 못하게 합니다(막 4:19). 교회에 올 때 자신이 지나온 길바닥에 깔린 석재와 같은 냉랭한 마음으로 와서는, 벽에 붙어 자신을 내려다보는 오래된 대리석 흉상처럼 아무 감동도 없이 무정한 마음으로 있다가 돌아갑니다. 하지만 아직 생명이 붙어 있는 한, 저는 결코 누구도 가망이 없다고 포기하지 않습니다. 수년 동안 매 시간마다 런던의 성 바울 성당에 있는 거대한 종이 시간을 알려 왔지만, 여러 가지 일로 분주한 많은 사람들의 귀에는 이 소리가 거의 들리지 않습니다. 거리의 소음과 번잡한 교통에 종소리가 묻혀, 사람들은 이 소리를 거의 듣지 못합니다. 하지만 일과가 끝나고, 서랍이 닫히고, 문이 잠기고, 장부가 덮이고 나면, 고요함이 이 거대한 도시에 내려앉고 모든 것이 바뀝니다. 이 오래된 종이 밤 11시, 12시, 1시, 2시, 3시를 알리면, 낮에 이 소리를 듣지 못했던 사람들도 다 듣습니다. 자기 영혼의 문제에 있어서도 많은 사람들이 이렇게 듣게 되기를 바랍니다. 넘치는 건강과 능력, 온갖 분주함과 일상의 소용돌이 속에서는 여러분의 양심이 내는 거대한 종소리조차 때로는 무색해집니다. 잠잠히 눕거나 병으로 움직이지 못할 때가 오면, 어쩔 수 없이 내면을 들여다보고 여러분 영혼의 필요에 귀 기울일 수밖에 없습니다. 양심을 깨우는 큰 종소리가 귀에 들어오게 될 때, 많은 사람들이 자신의 목마름을 깨닫고 안식을 찾아 그리스도께로 나아오게 될 것입니다. 그렇습니다. 너무 늦기 전에 이 사실을 깨닫게 되기를 기도합니다.

 (2) 혹시 지금 바로 이 순간, 마음에 깊숙이 와 닿는 것이 있습니까? 여러분의 양심은 깨어 일하고 있습니까? 영적 목마름이 있습니까? 안식을 열망합니까? 그렇다면 오늘 제가 주님의 이름으로 드리는 **초대에 귀 기울이십시오**. "배운 자나 못 배운 자, 귀한 자나 천한 자, 가난한 자나 부한 자를 막론하고 목마른 사람은 누구든지 그리스도께로 와서 마시라." 지체 없이 이 초대에 응하십시오. 아무것도, 그 누구도 기다릴 필요가 없습니다. "적절한 때"를 기다리느라 때를 놓칠 필요가 어디 있습니까? 하늘에 계신 살아 계신 구속주께서 팔을 내미십니다. 하지만 이내 거두실 것입니다. 생명의 샘이 열려 있습니다. 하지만 이내 닫힐 것입니다. "누구든지 목마르거든 내게로 와서 마시라." 지체 말고 응해야 합니다. 비록 경고와 조언과 설교를 거부한 큰 죄인이라 할지라도, **그냥 오십시오**. 빛을 누리고, 지식을 가졌으면서도 계속 그것을 거스르고, 부모의 타이름과 눈물도 무시하고, 수년 동안 안식일과 기도를 무시하고 살아왔더라도, 그냥 오십시오. 어떻게 가야 하는지도 모르고 믿는 것이 무엇인지도 모르기 때문에 더 많이 알 수 있을 때까지 좀더 기다려야 할 것 같다고 말하지 마십시오. 피곤하고 지친 사람이 너무 피곤해서 도무지 누울 수 없다는 것이 말이 됩니까? 물에 빠져 가는 사람이 내민 손을 어떻게 잡아야 할지 모르겠다고 말하겠습니까? 파선한 배에 남아 있는 선원들이 가라앉는 배에 댄 구명정을 보고 어떻게 올라타야 할지 모르겠다고 포기하겠습니까? 오, 이런 무의미한 변명일랑 집어치우십시오! 일어나, **그냥 오십시오**! 아직 문이 열려 있습

니다. 샘은 아직 닫히지 않았습니다. 주 예수께서 여러분을 부르십니다. 구원에 목말라 하고 구원받기를 바라는 것으로 충분합니다. 오십시오. 지체 없이 그리스도께로 오십시오. 죄 때문에 이 샘에 나왔다가 샘이 바닥을 드러낸 것을 본 사람이 있습니까? 해갈하지 못하고 그냥 돌아간 사람이 있습니까?

(3) 이미 그리스도께로 나아와 안도를 얻었습니까? 그렇다면 **가까이 가십시오. 더 가까이 가십시오**. 그리스도와 더 친밀한 교제를 누릴수록, 더 큰 위로를 얻습니다. 날마다 이 샘에 가까이 머물수록, 여러분 안에서 "영생하도록 솟아나는 샘물"을 더 느끼게 될 것입니다(요 4:14). 복 받은 자가 될 뿐 아니라 다른 사람에게 복의 근원이 될 것입니다.

이 세상에서는 여러분이 열망하는 위로를 얻을 수 없습니다. 천국은 오직 하나뿐입니다. 완전한 행복은 아직 도래하지 않았고, 마귀도 아직 완전히 결박당한 것은 아닙니다. 자기 죄를 질감하고 그리스도께로 나아와 자신의 목마른 영혼을 그리스도께 맡겨 드리고자 하는 모든 이를 위한 "좋은 때가 오고" 있습니다. 그분이 다시 오시면, 이들은 완전한 해갈을 얻게 될 것입니다. 자신이 이끌려 온 과거의 모든 발자취를 떠올릴 것이고, 그동안 자신에게 있었던 모든 필요를 보게 될 것입니다. 무엇보다도, 자신이 그토록 오랫동안 그리스도 없이 살아왔다는 사실에 놀라게 될 것입니다. 더구나 그런 상태에서조차 그리스도께 나아오기를 주저했다는 사실에 놀라게 될 것입니다.

스코틀랜드에 글렌크로Glencroe라 불리는 오솔길이 있습니다.

이 길은 그리스도께로 나아오는 영혼에게 천국에 대한 그림을 잘 보여줍니다. 글렌크로를 통해 정상으로 올라가는 길은 아주 경사지고 길고 굴곡도 심합니다. 정상에 이르면 이런 글귀가 새겨진 바위가 눈에 들어옵니다. **"이제 쉬십시오. 그리고 감사하십시오."** 이 말은 그리스도께 나아가는 목마른 영혼들이 천국에 들어갈 때 갖게 될 마음을 말해 줍니다. 좁은 길의 정상은 결국 우리 것이 될 것입니다. 기나긴 여정을 마치고, 하나님 나라에서 쉬게 될 것입니다. 지나온 삶을 돌아보며 감사할 것입니다. 발걸음 하나하나에 깃들어 있는 우리를 이끄신 분의 지혜에 탄복할 것입니다. 영광스러운 안식을 통해 하늘나라를 향한 여정에 있었던 모든 수고는 잊혀집니다. 세상에서 느끼는 그리스도 안에서의 안식은 기껏해야 부분적이고 단편적일 뿐입니다. 이 세상에서는 "생명수"를 충분히 자주 맛보지도 못하기 때문입니다. 하지만 완전한 것이 오게 되면 불완전한 것이 사라집니다. "깰 때에 주의 형상으로 만족하리이다"(시 17:15). 그날에 우리는 그분의 희락의 강에서 마시게 될 것이고 더 이상 목마르지 않을 것입니다.

첨언

이 주제를 더 잘 이해할 수 있도록 하는 글이 있어 여러분에게 그대로 소개합니다. 로버트 트레일의 저서에서 발췌한 이 글은, 그동안 잘 알려지지도 않았고 잘 읽히지도 않았습니다. 이 글이 제게 많은 유익을 주었듯이, 여러분에게도 큰 도움이 될 것이라고 믿습니다.

"사람이 각성하여 마땅히 알아야 할 것을 알게 되거나, '내가 어떻게 해야 구원을 받으리이까?'(행 16:30) 하고 물을 수밖에 없는 지경이 되면, 우리는 사도가 했던 말로 대답해 줄 수 있습니다. '주 예수를 믿으라. 그리하면 너와 네 집이 구원을 받으리라'(행 16:31). 너무 오래전에 한 대답이라 시대에 뒤떨어진 것처럼 여길 사람들이 많습니다. 하지만 이 세상과 양심이 지속되는 한, 이 대답은 이제까지 양심의 중요한 문제에 대해 항상 신선하고 새롭고 맛좋은 유일한 해결책이었고, 앞으로도 그렇게 드러날 것입니다. 인간의 어떤 기교나 솜씨로도 이 대답에서 부족한 것이나 결함을 찾지 못할 것입니다. 이보다 더 나은 대답을 고안해 낼 수도 없습니다. 오직 이 대답만이 깨어난 양심의 상처를 바르게 치료할 수 있습니다.

이 사람에게 결단이나 어떤 교사들의 가르침을 통해 양심의 안도를 얻도록 해보십시오. 선생은 자신의 원리를 따라 '회개하고, 지은 죄를 슬퍼하라. 그리고 그 죄악에서 떠나고 그것을 미워하라. 그러면 하나님께서 너를 불쌍히 여기실 것이다'라고 말할 것입니다. 그러면 이 사람은 이렇게 탄식할 것입니다. '아, 이 일을 어찌한단 말인가. 내 마음은 이미 굳어 있고, 회개할 줄도 모른다. 지금 내 맘은 죄 가운데 빠져 있을 때보다 더 악하다.' 이런 사람들에게는 그리스도께로 나아가기 위해 가져야 할 것들을 말해 주어도 아무런 소용이 없습니다. 성실한 순종에 대해 말하자면 대답은 간단합니다. '순종은 살아 있는 사람이 할 수 있는 일이고, 성실함은 새롭게 된 영혼에게만 있는 것입니다.' 그러므로 새롭게 되지 못하고 죽어 있는 죄인에게 성실한 순종은 완전한 순종만큼이나 불가능합니다. 깨어 있는 죄인에게라야 바른 대답이 의미 있습니다. '주 예수 그리스도를 믿으라. 그리하면 구원을 얻을 것이다.' 그리스도가 누구신지, 죄인들의 영원한 구속을 위해 그가 행하시고 고난당하신 것이 무엇인지, 그리고 이 모든 것은 성부 하나님의 뜻이었다는 것을 말해 주어야 합니다. 하나님의 아들을 통해 이루어진 위대한 복음의 구원을 분명하고 솔직하게 들려주어야 합니다. 그에게 복음의 역사와 신비를 분명하게 말해 주십시오. 베드로를 통해 이방인에게 하셨던 것처럼, 성령이 이런 말씀을 통해 믿음을 갖게 하실 것입니다(행 10:44).

예수 그리스도를 믿어야 할 이유가 어디 있느냐고 묻는다면, 그리스도를 믿지 않으면 영원히 멸망받을 수밖에 없는 필수 불가결한 이유를 말해 주십시오. 하나님께서 은혜로 그리스도를 보내셨고 완전한 구속을 이루신 것을 말해 주십시오. 이 그리스도를 믿음으로 영접하면, 그리스도와 그분으로 말미암은 구원이 자기 것이 될 것이라는 사실도 말해 주십시오. 하나님께서 그리스도를 믿을 것을 그에게 분명히 명령하고 계심을 말해 주십시오(요일 3:23). 도덕법에 있는 계명을 준수하는 것처럼, 이 명령에도 순종해야 합니다. 그리스도께 있는 구원하시는 능력과 의지를 말해 주십시오. 전심으로 그를 믿고 나아오는 사람 가운데 거절당한 사람은 단 한 사람도 없습니다. 절박한 상황일수록 구원하시는 그리스도의 영광스러운 승리의 능력이 나타납니다. 믿음과 불신 사이에는 그 어떤 중간지점도 없습니다. 믿음을 떠나 계속 불신앙 가운데 머무는 것에는 변명의 여지가 없습니다. 구원받기 위해 주 예수님을 믿는 것은, 하나님의 모든 율법을 준행하는 것보다 하나님을 더 기쁘시게 합니다. 불신앙만큼 하나님을 촉발시키는 것도 없을 뿐 아니라, 모든 죄 중에 가장 끔찍한 죄입니다. 그리스도께서 자신을 주심으로 이루신 모든 공로로 인해 하나님께서 값없는 은혜만이, 사람이 지은 모든 죄의 크기와 율법의 저주와 심판하시는 하나님의 맹렬한 진노를 없이할 수 있습니다.

'예수를 믿는다는 것이 도대체 무엇입니까?' 하고 묻는 사람이 있습니다. 하지만 성경에서는 이런 물음을 찾아볼 수 없습니다. 다만 모든 사람들은 어떤 식으로든 믿는다는 것이 무엇인지 알고 있었습니다. 예수님을 믿지 않았던 유대인도 그랬고(요 6:28-30), 제사장과 바리새인이 그랬고(요 7:48), 소경도 마찬가지였습니다(요 9:35). 예수께서 눈을 뜬 소경에게 '네가 인자를 믿느냐?'고 물었을 때, 그는 '그를 믿는다는 것은 무엇입니까?'라고 반문하지 않았습니다. 오히려, '주여, 내가 믿고자 하나이다' 하고 경배했습니다(36절). 귀신 들린 아이의 아비가 그랬고(막 9:23-24), 에디오피아 내시가 그랬습니다(행 8:37). 이처럼 그리스도의 원수들이나 제자들 할 것 없이 그를 믿는다는 것은 인간 나사렛 예수를 하나님의 아들, 메시아, 세상의 구주로 믿는 것이고, 구원을 얻기 위해 그의 이름을 영접하는 것이라는 사실을 알았습니다(행 4:12). 그리스도와 사도들과 제자들이 공통적으로 전한 말이 이것이고, 이 말을 들은 모든 사람들 그 사실을 알았습니다.

'그렇다면 내가 믿어야 할 것이 무엇인가?' 하고 묻는다면, 자기가 그리스도 안에 있고 모든 죄가 용서받았고 자신은 의롭게 된 사람이라는 것을 믿는 것이 아니라, 그리스도에 관해 하나님께서 기록해 놓으신 것을 믿는 것이라고 말해 주십시오(요일 5:10-12). 하나님께서 그의 아들 예수 그리스도 안에서 우리에게 영생을 주셨고, 마음으로 이 소식을 믿고, 자기 영혼을 이 기쁜 소식에 의탁하는 사람은 구원받을 것입니다(롬 10:9-11). 이렇게 구원받은 사람이 비로소 자기가 의롭게 된 것을 믿는 것입니다(갈 2:16).

그래도 여전히 믿는 것이 어렵다고 말할 수 있습니다. 하지만 이런 의심은 선한 것일 뿐 아니라 쉽게 해결할 수 있습니다. 이런 태도는 이 사람이 매우 겸비한 사람임을 뜻합니다. 하나님의 율법에 온전히 순종할 능력이 없다는 사실은 누구나 알지만, 믿는 것이 어렵다는 사실을 아는 사람은 그리 많지 않기 때문입니다. 무엇이 믿는 것을 그리 어렵게 만드는지 물어보십시오. 구원받고 의롭게 되는 것이 내키지 않아서입니까? 예수 그리스도로 구원받고, 그분 안에서 자기 자신을 높이는 대신 하나님의 은혜를 찬송하는 것이 내키지 않아서입니까? 물론 그는 화들짝 놀라며 그렇지 않다고 할 것입니다. 그렇다면 성경에 기록된 복음이 진리라는 것을 신뢰하지 못하기 때문입니까? 물론 그는 복음이 진리라는 것을 의심하지 않습니다. 그리스도의 구원하는 능력과 뜻을 의심해서입니까? 이런 말은 복음서에 기록된 하나님의 증거와 상반됩니다. 그리스도와 그분의 구속이 자신과는 관계가 없는 것 같다고 합니까? 그렇다면 그에게 말해 주십시오. 그리스도를 믿음으로 그분이 이루신 구속이 자기 것이 될 수 있다고 말입니다.

믿음을 발휘하기가 너무 힘들어서 예수 그리스도를 믿기 어려울 뿐 아니라, 이는 하나님만이 할 수 있기 때문에 자기는 할 수 없다고 말한다면, 예수 그리스도를 믿는 것은 일이 아니라, 예수 그리스도께로 가서 쉬는 것이라고 말해 주십시오. 이런 핑계는 마치 긴 여행에 기진하여 한 발자국 내딛는 것은 고사하고 서 있기도 어려운 사람이 '너무 피곤해서 못 눕겠다'고 말하는 것과 마찬가지입니다. 수고하고 불쌍한 죄인이 자기는 스스로를 위해 할 수 있는 것이 아무것도 없다는 사실을 절감하기까지는 결코 예수님을 믿지 못합니다. 그리고 그가 내딛는 믿음의 첫 발은, 스스로 무력하고 희망 없는 죄인으로서 전심으로 그리스도를 의지하는 것뿐입니다. 복음을 통한 이런 대화를 통해 주님께서 (자주 그러셨던 것처럼) 믿음을 주시고, 이 믿음으로 말미암은 평화와 기쁨을 주실 것입니다"(Traill, *Works*, vol. 1, pp. 266-269, 1696).

18장
측량할 수 없는 그리스도의 풍성함[*]

모든 성도 중에 지극히 작은 자보다 더 작은 나에게 이 은혜를 주신 것은 측량할 수 없는 그리스도의 풍성함을 이방인에게 전하게 하시고. (엡 3:8)

이 성경의 저자가 누군지 모른 채 이 본문을 처음 대했더라도, 우리는 그냥 지나치지 못했을 것입니다. 문장에 드러난 저자의 용기와 놀라운 은유적 표현 때문에라도 다시 한번 살펴보았을 것입니다. "모든 성도 중에 지극히 작은 자보다 더 작은", "측량할 수 없는 그리스도의 풍성함" 같은 표현은 그 "생각이 살아 숨 쉬는 것 같은 아주 인상적인 표현"[1]입니다.

하지만 이런 표현을 사용한 저자가 어떤 사람인지 알고 이 문장을 대한다면 더욱더 관심을 가질 수밖에 없습니다. 저자는 이방인

---

[*] 이 장은 1879년 5월에 런던 피카딜리Piccadilly에 있는 성 야고보 성당과 윈체스터Winchester 대성당에서 한 설교를 주 내용으로 하고 있다.

의 위대한 사도로서 1,800년 전에 팔레스타인에서 시작해 온 세상을 소동하게 했던 사도 바울입니다. 이 사람은 자신이 주인으로 섬긴 죄 없으신 예수님을 제외하면, 여인에게서 난 자 중 인류에게 가장 깊은 흔적을 남긴 선한 용사 가운데 한 명입니다. 그의 영향은 지금까지도 계속되고 있습니다. 이런 사람이 쓴 글이기 때문에 특히 더 관심을 가질 수밖에 없습니다.

다음 세 가지 점에 주목하면서 본문을 살펴보려고 합니다.

1. **사도 바울이 자기 자신에 대해 한 말입니다.** 자신을 일컬어 "모든 성도 중에 지극히 작은 자보다 더 작은 자"라고 합니다.
2. **사도 바울이 자신의 목회적 직무에 대해 한 말입니다.** 하나님의 "은혜의 선물을 따라 복음의 일꾼이 되었다"고 합니다(새번역).
3. **사도 바울이 선포한 위대한 주제입니다.** 이를 일컬어 "측량할 수 없는 그리스도의 풍성함"이라고 합니다.

이 세 가지 점에 주목하여 본문을 살펴가다 보면, 우리의 기억과 양심과 마음과 생각에, 전체 본문의 의미가 더욱 확실하게 자리할 것입니다.

1. **우선, 사도 바울이 자신에 대해 한 말을 살펴보겠습니다.**

    여기서 그는 아주 강한 표현을 사용합니다. 이름난 교회들을 개척하고, 영감을 받아 14편의 서신을 쓰고, "지극히 크다는 사도들보다 부족한 것이 조금도 없는" 사람(고후 11:5, 12:11), "수고를 넘치도록 하고 옥에 갇히기도 더 많이 하고 매도 수없이 맞고 여러 번 죽을 뻔하였던" 사람(고후 11:23), "영혼을 위하여 크게 기뻐하므로 재물을 사용하고 또 내 자신까지도 내어" 준다고 말한 사람(고후 12:15), "그리스도를 위해 모든 것을 해로 여기고 배설물로 여긴" 사람(빌 3:8), "내게 사는 것이 그리스도니 죽는 것도 유익함이라"고 고백할 수 있었던 사람(빌 1:21)이 지금 자신에 대해 무엇이라고 합니까? 그는 최상급과 비교급을 통해 자신의 말을 더욱 강조하고 있습니다. "모든 성도 중에 지극히 작은 자보다 더 작은 나." 성도 중에 지극히 작은 자라면 참으로 미천한 자일 것입니다! 그러나 바울은 무엇이라고 말합니까? "지극히 작은 자보다 더 작은 나"라고 합니다.

스스로를 그리스도인이라 하는 사람들조차 이 말을 잘 받아들이지 못하는 것 같습니다. 성경도 모르고 자기 자신의 마음에 대해서도 무지한 사람들은, 성도가 자기 자신과 자신의 공적에 대해 겸손하게 말하는 것이 어떤 의미인지 도무지 이해하지 못합니다. "이 표현은 단지 수사법에 불과하다", "이것은 단지 바울이 처음 믿음을 갖고 그리스도를 섬기기 시작했을 때를 나타내는 말이다"라고 말하는 사람들도 있을 것입니다. "육에 속한 사람은 하나님의 성령의 일을 받지 아니한다"는 말은 참입니다(고전 2:14). 로마서 7장에서 묘사된바, 참된 그리스도인이 경험하는 기도·찬양·싸움·두려움·소망·기쁨·슬픔 같은 것이 세상에 속한 사람의 눈에는 그저 "어리석게 보일" 뿐입니다(고전 2:14). 앞을 못 보는 사람이 레이놀즈Joshua Reynolds나 게인즈버러Thomas Gainsborough의 그림을 평가할 수 없고, 소리를 듣지 못하는 사람이 헨델의 '메시아'를 감상할 수 없는 것처럼, 회심하지 못한 사람은 사도의 겸손한 자기 평가를 온전히 이해할 수 없습니다.

하지만 사도 바울이 기록한 이 모든 것은, 그가 확실히 가슴으로 느낀 것이라고 믿고 안심해도 좋습니다. 본문의 이런 표현은 여기에서만 나타나는 것이 아닙니다. 빌립보 교회에게 쓴 편지에서 그는 말합니다. "내가 이미 얻었다 함도 아니요 온전히 이루었다 함도 아니라. 오직 내가 그리스도 예수께 잡힌 바 된 그것을 잡으려고 달려가노라"(빌 3:12). 고린도 교회에게 보낸 편지에서는 또 이렇게 말합니다. "나는 사도 중에 가장 작은 자라. 나는 하나님의 교회를 박해했으므로 사도라 칭함받기를 감당하지 못할 자니라"(고전 15:9). 디모데에게는 이렇게 말합니다. "죄인 중에 내가 괴수니라"(딤전 1:15). 로마서에서는 이렇게 외칩니다. "오호라, 나는 곤고한 사람이로다. 이 사망의 몸에서 누가 나를 건져내랴"(롬 7:24). 분명한 것은 사도 바울이 다른 사람이 아닌 자기 자신의 마음에서 더 많은 부족함과 연약함을 보았다는 것입니다. 하나님의 성령을 통해 총명의 눈이 밝아져서, 어두운 눈을 가진 사람은 전혀 보지 못하는 수많은 잘못을 자신에게서 본 것입니다. 요컨대, 신령한 빛으로 조명받은 그가 자신에게 있는 본성적 타락을 분명히 깨닫고, 머리부터 발끝까지 겸손으로 옷 입은 것입니다(벧전 5:5).

바울에게 있었던 겸손은, 이방인의 위대한 사도가 가져야 할 특별한 성품이 아님을 분명히 알아야 합니다. 오히려 그것은 모든 세대 가운데 가장 탁월한 하나님의 성도에게 있었던 하나의 주도적 표지였습니다. 마음에 실제적인 은혜가 더 부어질수록, 죄에 대한 자각은 더 깊어집니다. 성령이 영혼을 더 조명하실수록, 자신의 연약함과 더러움과 어두움을 더욱 절감합니다. 죽은 영혼은 아무것도 보지도 느끼지도 못합니다. 생명이 있어야만 분명한 시각과 부드러운 양심과 영적 감각을 가지게 됩니다. 아브라함, 야곱, 욥, 다윗, 세례 요한 등이 각각 자기 자신에 대해 얼마나 겸손하게 말하고 있는지 보십시오. 브래드퍼드, 후커, 조지 허버트, 헨리 비버리지Henry Beverage, 백스터, 맥체인 등의 전기를 살펴보십시오. 이들 모두에게 공통적으로 죄에 대한 깊은 자각이 있었습니다.

피상적이고 경박한 신앙고백자는, 채 가시지 않은 첫사랑의 흥분에 싸여 자기들이 원하기만 하면 금방이라도 **완전**에 이를 수 있을 것처럼 말합니다. 사도 바울에서부터 오늘날까지 모든 세대를 통틀어 교회사의 모든 위대한 성도들은 항상 겸손의 옷을 입었습니다(벧전 5:5).

구원받기 원하는 사람이 천국을 향해 내디딜 첫걸음은, 죄에 대한 깊은 자각과 겸손한 자기 평가입니다. 신앙의 첫걸음은 스스로 **"선하다"**고 느끼는 것이라는 어리석은 전통을 버리십시오. 자신이 **"악하다"**는 사실을 자각하는 데서 시작한다는 성경의 위대한 원리를 붙잡으십시오. 진실로 자신이 **"악하다"**고 절감하기까지, 진정한 선이나 구원하는 기독교 신앙을 도무지 알 수 없습니다. "하나님이여, 불쌍히 여기소서. 나는 죄인이로소이다"라고 기도하는 세리처럼 하나님께 나아가는 사람이 복 있는 사람입니다(눅 18:13).

우리는 모두 **겸손**을 **구해야** 합니다. 겸손만큼 사람에게 필요하고도 걸맞은 은혜가 없습니다. 우리가 자긍할 이유가 어디 있습니까? 세상에 태어나는 모든 피조물 가운데 아담의 후손만큼 의존적인 존재가 또 있을까요? **물리적으로** 보더라도, 아담의 후손만큼 관심과 돌봄을 필요로 하는 존재도 없습니다. 일용할 음식과 의복을 취할 때도 항상 자연에 의존하지 않습니까? **정신적으로** 보더라도, 가장 지혜롭다고 하는 인간이 아는 것이라고 해봐야 아주 미미한 정도일 뿐입니다. 인류 대다수는 너무도 무지합니다. 인간의 어리석음으로 초래되는 비참한 일들이 얼마나 많습니까! 욥기는 이렇게 적고 있습니다. "태어난 지 하루도 되지 않은 우리가 안다면 무엇을 알겠는가?"(욥 8:9, 공동번역) 온 땅과 하늘 그 어디에도 인간만큼 겸손해야 할 피조물은 없습니다.

겸손을 구해야 합니다. 영국 성공회 교인들만큼 겸손해야 될 사람들도 없습니다. 한 구절 한 구절 처음부터 끝까지 겸손한 언어로 채워진 소중한 공동기도서로 기도할 수 있다는 것은 얼마나 큰 복입니까! 아침저녁으로 드리는 기도, 공동고백문General Confession, 호칭 기도Litany,* 성찬 예배 등, 우리가 사용하는 이 모든 것이 겸손한 마음과 자기비하의 표현으로 가득합니다. 이것을 통해 성공회 예배자는 하나님의 목전에서 우리의 바른 자리가 어디인지 분명히 배웁니다.

지금까지 우리가 겸손에 대해 조금이라도 더 알게 되었다면, **더욱더 큰 겸손을 구해야** 합니다. 겸손할수록 우리는 더욱더 그리스도

---

* 사제가 읽은 기도문을 따라 교인들이 읊는 형식의 기도—옮긴이.

를 닮게 됩니다. 우리의 복된 주님에 대해 성경은 이렇게 적고 있습니다. "그는 근본 하나님의 본체시나 하나님과 동등됨을 취할 것으로 여기지 아니하시고 오히려 자기를 비워 종의 형체를 가지사 사람과 같이 되셨고 사람의 모양으로 나타나사 자기를 낮추시고 죽기까지 복종하셨으니 곧 십자가에 죽으심이라"(빌 2:6-8). 이 구절 바로 앞에 나오는 말씀을 잘 기억하십시오. "너희 안에 이 마음을 품으라. 곧 그리스도 예수의 마음이니." 이 말씀에 따르면, 천국에 가까이 이른 사람일수록 더욱더 겸손해집니다. 셀던Selden, 버틀러Joseph Butler 주교, 롱리Charles Thomas Longley 대주교 등과 같이 교회의 존귀한 사람과 수많은 성도들이 임종의 순간에 남긴 한결같은 기록은, 천국의 빛이 비추는 임종의 순간만큼 자신의 죄를 적나라하게 대면하고 자신이 하나님의 자비와 은혜에 빚진 자라는 사실을 깊이 절감하는 때도 없다는 것입니다. 우리 주님이 열어 놓으신 휘장 안으로 들어서서 이제까지 지나온 발걸음을 뒤돌아보게 될 때에야, 우리는 비로소 겸손이 얼마나 아름답고 절실한 것이었는지 완전히 알 것입니다. 그날에는 사도 바울이 사용한 강력한 언어도 지나치게 들리지 않을 것입니다. 전혀 그렇지 않을 것입니다! 주님의 보좌 앞에 면류관을 벗어 드리면서 비로소 우리는 윗필드가 "천국의 찬송은 '하나님께서 행하신 일이 어찌 그리 크냐'가 될 것이다"라고 말한 뜻을 깨달을 것입니다(민 23:23).

2. **사도 바울이 자기의 목회적 직무에 대해 한 말을 살펴보겠습니다.**
 사도 바울이 자신의 목회적 직무에 대해 한 말은 아주 단순합니다. 그는 "은혜의 선물을 따라 복음의 일꾼이 되었다"고 말합니다. 이 말의 의미는 분명합니다. "복음 전하는 자의 특권을 내게 주셨다. 기쁜 소식을 전하는 직무를 받았다." 사도 바울이 말한 목회적 직무에는 그리스도의 몸을 세우는 데 필요한 모든 일은 물론, 성례의 집행까지도 포함됩니다. 하지만 성경의 다른 부분에서와 마찬가지로, 바울이 자신의 직무를 언급하는 이 부분에서 끊임없이 마음에 두었던 생각은, 신약 시대 목회자의 주된 일이 설교자, 복음 전도자, 하나님의 대사, 하나님의 사자, 타락한 세상에서 하나님의 복음을 선포하는 자라는 것입니다. 바울은 다른 곳에서 또 이렇게 말합니다. "그리스도께서 나를 보내심은 세례를 베풀게 하려 하심이 아니요 오직 복음을 전하게 하려 하심이로되"(고전 1:17).

신약성경이 **사제의 목회**나 **희생 제사를 드리는 사제**를 지지하고 있다는 주장이 있지만, 사도 바울은 한번도 이런 주장의 근거가 될 만한 말을 한 적이 없습니다. 사도행전이나 교회에 보낸 여러 서신들에 이런 개념을 지지할 만한 말은 단 한마디도 없습니다. 그의 서신 어디에도 "하나님이 교회 중에 몇을 세우셨으니 첫째는 사도요 둘째는 **사제요**" 하는 말은 없습니다(고전 12:28). 만약 사도가 그런 말을 했다면, 디모데서나 디도서 같은 목회서신에서는 당연히 찾아 볼 수 있어야 합니다. 그러나 목회서신 어디에도 그런 말은 없습니다. 오히려, "[하나님은] 자기의 말씀을 전도로 나타내셨으니"(딛 1:3), "내가 이 복음을 위하여 선포자로 세우심을 입었노라"(딤후 1:11), "이를 위하여 내가 전파하는 자로 세움을 입은 것은"(딤전 2:7), "나로 말미암아 선포된 말씀이 온전히 전파되어"(딤후 4:17) 같은 표현을 볼 수 있습니다. 게다가, 바울 자신이 세운 교회를 디모데에게 맡기면서 하는 마지막 부탁은 "말씀을 전파하라"는 것이었습니다(딤후 4:2). 요컨대, 사도 바울은, 목사가 해야 할 일이 아무리 다양해도 그의 최우선적인 과제는, 하나님의 말씀을 선포하고 설교하는 것이라는 사실을 수신자들이 깨닫기를 바랐던 것입니다.

하지만 성경적 근거가 없는 사제직을 거절하는 것이 마땅하다 해도, 이로 인해 목사가 가지는 직무까지 경시하는 또 다른 극단에 빠져서는 안됩니다. 이것은 또 다른 위험입니다. 아무리 로마 가톨릭과 사제가 하는 일이 싫더라도, 목회에 대한 확고한 원리는 굳게 붙잡고 있어야 합니다. 이런 원리를 잃어버리지 않도록 유혹을 물리쳐야 합니다. 사제 제도라는 비천한 우상숭배와 직무 무용론이라는 양극단 사이에는 분명한 중간지점이 있습니다. 목회와 관련된 **이런 문제들**에 대해 우리가 교황주의자와 같은 입장을 취하지 않는다는 것이, 곧 퀘이커 교도Quakers나 플리머스 형제단Plymouth Brethren[2]이 되어야 한다는 것을 의미하지는 않습니다. 사도 바울은 결코 이런 것을 염두에 두지 않았습니다.

(1) 우선, 목사는 **성경이 정한** 직무입니다. 성경적 근거를 장황하게 인용하지는 않겠습니다. 디모데서와 디도서를 잘 읽어 보십시오. 만약 이 서신들이 목회를 인정하지 않는다면, 제 말은 아무 의미도 없습니다. 여러분이 아는 가장 똑똑하고, 정직하고, 공정하고, 편견 없는 사람 열둘을 배심원으로 세워, 신약성경을 주면서 이 물음에 대답해 보도록 하십시오, "목회는 성경이 말하는 직무인가?" 그들이 어떤 평결을 내릴지는 분명합니다.

(2) 목사의 직무는 **가장 지혜롭고 유용한 하나님의 성직 서임** 가운데 하나입니다. 목사의 직무를 통해 그리스도가 제정하신 규례와 은혜의 방편이 일상적으로 시행됩니다. 목회는 또한 죄인을 깨닫게 하고, 성도를 세우는 일을 끊임없이 도모합니다. 우리의 경험이 증거하듯이, 모두의 일은 곧 누구의 일도 아닌 것이 됩니다. 이 말이 맞다면 신앙의 문제에서도 다르지 않습니다. 우리의 하나님은 질서의 하나님입니다. 하나님은 한 사람을 목사직에 임명함으로써 정하신 방편을 통해 일하십니다. 하나님의 종들이 빈둥거린다고 해서, 하나님이 항상 기적을 통해 자신의 뜻을 이루시기를 기대할 권리는 우리에게 없습니다. 한 사람을 목사직에 임명함으로써 그리스도의 일에 온선히 헌신할 일순으로 세우는 것이야말로, 중단 없는 말씀 선포와 성례의 시행을 위해 가장 실효성 있는 일이라고 할 수 있습니다.

(3) 목사의 직무는 **영예로운 특권**입니다. 왕의 대사가 되는 것은 얼마나 영예로운 일입니까? 한 나라에서 대사직을 맡은 **사람은** 존경받을 뿐 아니라, 합법적으로 구별됩니다. 트라팔가르Trafalgar 해전*과 워털루 전투의 승전보를 전하는 것은 참으로 영광스러운 일입니다. 전보가 발명되기 전에 이런 직무를 맡은 사람은 많은 이들의 부러움을 샀습니다. 하물며 만왕의 왕의 대사가 되어서 갈보리에서 이룬 승리의 소식을 선포하는 일은 얼마나 더 영광스럽습니

---

* 1805년 넬슨 제독이 이끄는 27척의 영국 함대가 스페인 남서부에 있는 트라팔가르에서 33척의 프랑스·스페인 연합 함대를 맞아 크게 승리한 해전. 이 전투에서의 승리로 영국은 해상에서의 우위를 확고히 하게 된다—옮긴이.

까! 주님을 직접 섬기고, 주님의 메시지를 전하고, 하나님이 복 주시기만 하면 이 일이 영원에까지 이른다는 것을 아는 것은 참으로 큰 특권입니다. 다른 수고와 노력은 하나같이 썩어 없어질 면류관을 위한 것이지만, 그리스도의 목사들은 썩지 않는 것을 위해 일합니다. 신앙을 위해 일하는 사람이 편벽한 사역으로 세간의 조롱거리가 되는 곳이야말로 가장 몹쓸 상태에 있는 땅입니다. 말라기 말씀은 참으로 두렵습니다. "너희가 내 길을 지키지 아니하고 율법을 행할 때에 사람에게 치우치게 했으므로 나도 너희로 하여금 모든 백성 앞에서 멸시와 천대를 당하게 했느니라"(말 2:9). 하지만 사람들의 주목을 받든 받지 못하든, 신실한 대사는 존경을 받아 마땅합니다. 아흔 여섯을 일기로 생을 마감한 한 선교사가 마지막 숨을 거두면서 이런 멋진 말을 남겼습니다. "사람이 할 수 있는 가장 최상의 일은 복음을 전하는 것이다."

목사의 직무에 대한 주제를 마무리하면서 한 가지 당부를 드립니다. 기도하는 사람들은 그리스도의 목사들을 위한 기도와 간구와 중보를 결코 잊지 마십시오. 국내에서나 선교지에서나 그들의 필요가 채워지고, 그들이 온전한 믿음과 성결한 삶을 지켜 가고, **자신의 가르침**뿐 아니라 **자기 자신**을 살피도록 기도해야 합니다(딤전 4:16).

목사의 직무가 존귀하고, 유익하고, 성경적인 것이 분명하지만, 고통스럽고 깊은 책임이 따른다는 사실을 기억해야 합니다! 목사는 심판 날에 "자신들이 청산할 자인 것 같이" 깨어 영혼들을 살펴야 합니다(히 13:17). 만약 목사의 불성실함으로 영혼들을 잃어버리게 된다면, 하나님께서는 그들의 피값을 그 목사가 물게 하실 것입니다. 예배를 인도하고, 성례를 집행하고, 가운을 입고, 일련의 예식을 진행하고, 외적인 제스처와 몸가짐에 신경 쓰는 것이 목사의 일이라면, 그래도 그것은 상대적으로 수월합니다. 하지만 이것이 전부가 아닙니다. 목사는 하나님의 구속의 경륜과 주님의 메시지를 남김없이 다 전해야 합니다. 진리를 조금이라도 가감하여 전한다면, 이는 불멸하는 영혼을 영원한 파멸에 이르게 하는 일이 될 것입니다. 생명과 사망이 설교자의 혀에 달려 있습니다. "만일 복음을 전하지 아니하면 내게 화가 있을 것이로다!"(고전 9:16)

다시 말씀드립니다. 우리 같은 목사들을 위해 기도해 주십시오. 이 일을 하기에 충분한 사람이 누가 있습니까? 우리 조상들이 오래 전에 한 말을 좀 들어 보십시오. "목사만큼 영적으로 위험한 사람도 없다." 목사의 허물을 지적하고 비난하기는 쉽습니다. 우리는 질그릇에 보배를 가졌습니다. 우리도 여러분과 같은 성정을 가졌고, 허물이 많습니다. 유혹이 많고 시험이 많은 시대에, 교회마다 믿음에 견고하고, 사자같이 담대하고, "뱀같이 지혜롭고 비둘기같이 순결"한 감독과 목사와 집사가 부족하지 않도록 기도해 주십시오(마 10:16). "나에게 복음 전하는 은혜가 주어졌다"고 말한 바로 그 사람이, 다른 곳에서는 이렇게도 말합니다. "우리를 위해 기도해 주십시오. 주님의 말씀이 여러분 가운데 퍼진 것 같이 속히 퍼져서 영광을 받게 되고, 또 우리가 심술궂고 악한 자들로부터 구출받게 해주시기를 기도하십시오. 사람마다 믿음을 가지고 있는 것이 아닙니다"(살후 3:1-2, 새번역).

3. 마지막으로, **자신이 선포하는 설교의 위대한 주제와 관련하여 사도 바울이** 한 말을 살펴보겠습니다. 그는 이것을 "측량할 수 없는 그리스도의 풍성함"이라고 부릅니다.

이전에 그에게 일어났던 일들로 볼 때, 회심한 다소 사람인 그가 **그리스도**를 전하는 것은 그리 놀라운 일이 아닙니다. 십자가의 피를 통해 평화를 얻은 바울이 다른 사람에게도 항상 이 십자가의 도를 전했을 것이 분명합니다. 바울은 근거도 없는 도덕을 칭송하느라 소중한 시간을 허비하지도 않았고, "참된", "고상한", "진지한", "아름다운", "인간 본성에 있는 고귀한 선"과 같은 미사여구로 인간에 대해 모호하고 추상적인 말을 늘어놓느라 시간을 허비하지도 않았습니다. 그는 항상 문제의 근원으로 나아갔습니다. 사람들에게 있는 죄의 고질병이 얼마나 심각한지, 그들이 얼마나 절망적인 죄인인지, 그리고 죄로 찌든 세상이 절실히 필요로 하는 위대한 의사가 누구인지를 밝히 보여주었습니다.

어디를 가든지, 누구와 있든지, 그리스도를 전하는 모습은 그가 스스로에 대해 "**이방인**"의 사도라고 말했던 것과 일치합니다. 어디를 가든지 그는 서서 복음을 전했습니다. 안디옥, 루스드라, 빌립보, 아덴, 고린도, 에베소에서 그리스인이나 로마인, 배운 자나 못 배운 자, 스토아 학파나 에피쿠로스 학파, 부자나 가난한 자, 야만인이나 스구디아인, 종이나 자유자 모두에게 예수님과 그분의 대속의 죽음, 예수님과 그분의 부활을 전했습니다. 지혜롭게 대상에 따라 전달하는 방식을 달리하기는 했지만, 그의 선포의 중심은 항상 십자가에 못 박히신 그리스도였습니다.

우리가 읽은 본문에서 바울은 아주 독특한 표현을 사용합니다. 이 표현은 그의 모든 서신들을 통틀어 여기서만 발견됩니다. "**측량할 수 없는 그리스도의 풍성함**." 이 말은 자신이 얼마나 그리스도의 자비와 은혜에 빚진 자인가를 항상 기억하면서, 그 마음을 말로 표현하려는 사람만이 할 수 있는 아주 강렬한 표현입니다. 사도 바울은 결코 어중간하게 말하고 행동하는 사람이 아니었습니다. 무엇을 하든 혼신의 힘을 다하는 사람이었습니다. 그는 다메섹으로 가는 길에서의 사건과, 직가라 불리는 거리에 있는 유다의 집에서 아나니아의 방문을 받고, 눈에서 비늘 같은 것이 벗겨지고, 사망에서 생명으로 옮겨진 일을 결코 잊을 수 없었습니다. 그의 생각에 이와 같은 일은 항상 새롭고 어제 일처럼 생생했습니다. 그래서 그는 "그리스도를 전파하는 은혜를 내게 주셨으니"라는 말로 만족할 수 없었습니다. 그렇습니다. 이 말만으로는 결코 만족할 수 없었던 그가, 지금 자신이 말하고자 하는 바를 훨씬 더 부각시키고 있습니다. 그는 말합니다. "측량할 수 없는 그리스도의 풍성함."

"측량할 수 없는 풍성함"이라고 할 때, 사도가 의미한 것은 무엇입니까? 대답하기 쉽지 않은 물음입니다. 사람의 영혼이 필요한 모든 것을 무한히 채우고도 남을 만한 무엇을 그리스도 안에서 보았던 것이 틀림없습니다. 이 말 외에는, 그리스도 안에서 자신이 본 것을 표현할 다른 말을 도무지 찾을 수 없었던 것입니다. 그가 그리스도를 보았고, 그분 안에서 어떤 생각이나 말로도 형용할 수 없는 무엇을 분명히 보았던 것입니다. 하지만 이 말을 통해 정확히 무엇을 의도했는가 하는 것은 짐작에 맡길 수밖에 없습니다. 이 말을 하면서 그의 생각 속에 있었을 법한 것을 자세히 풀어 보면 도움이 될 것입니다. 분명한 것은, 당시 사도 바울만큼이나 지금 영국에 살고 있는 여러분이나 저에게도 **그리스도의 풍성함**이 꼭 필요하다는 것입니다. 무엇보다도, 그리스도 안에 있는 **풍성함**은, 1,800년 전의 성도들을 위해서 그랬던 것처럼, 오늘날 여러분과 저를 위해서도 여전히 그대로 남아 있다는 사실입니다. 기꺼이 그 풍성함을 받아 누리고자 하는 모든 사람들에게 여전히 값없이 나누어 주십니다. 이것은 회개하고 믿는 모든 사람이 받아 누릴 기업입니다. 이제 이 풍성한 기업의 일부를 잠깐 살펴보겠습니다.

(1) **그리스도의 인격**에는 측량할 수 없는 풍성함이 있습니다. 완전한 사람과 완전한 하나님이 우리 주 예수 그리스도 안에서 신비한 연합을 이루고 있습니다. 우리는 도무지 이 신비를 이해할 수 없고, 너무나 높아서 도무지 다다를 수 없습니다. 그러나 이 신비한 연합은, 그것을 바르게 인식할 수 있는 모든 사람에게 말할 수 없는 위로와 위안을 캐내는 광맥이 됩니다. 무한한 능력과 무한한 동정이 우리 구주 안에서 만나고 연합합니다. 만약 그분이 단지 **사람**이기만 했어도, 우리를 구원할 수 없었을 것입니다. 또한 단지 **하나님**이기만 하셨어도, "우리의 연약함을 동정하지 못하실" 뿐 아니라, "시험 받는 자들을 능히 도우실 수" 없었을 것입니다(히 4:15, 2:18). 그리스도는 하나님으로서 우리를 능히 구하실 수 있고, 사람으로서 우리의 머리와 대표자와 친구가 되시기에 합당합니다. 이 부분에 대해 한번도 깊이 생각해 보지 않은 사람이 신조와 교리의 사소한 부분으로 시비를 걸어올 테면 그러라고 하십시오. 사려 깊은 그리스도인은 오

랫동안 무시되어 온 성육신과 우리 구주 안에 있는 두 본성의 연합 교리를 부끄러워하지 않고 믿으며, 더욱 견고히 부여잡습니다. 주 예수 그리스도께서 "하나님이신 동시에 사람"이라는 사실은 부요하고도 소중한 진리입니다(아타나시우스 신조, 제37절).

(2) 그리스도가 이 땅에 사시고 죽으시고 부활하신 것을 통해 **이루신 사역**에는 측량할 수 없는 부요함이 있습니다. 정말로 그렇습니다. 죄를 위한 **속전, 화해, 구속, 속죄,** "의인으로서 불의한 자"(벧전 3:18)를 **대속**하기에 이르기까지, 그리스도는 아버지께서 자신을 보내신 모든 뜻을 이루었습니다. "아버지께서 내게 하라고 주신 일을 내가 이루어 아버지를 이 세상에서 영화롭게 했사오니"(요 17:4). 물론 예수님이 하신 일을 가리키는 말을 "사람이 만들어 낸 신학적 용어나 인간의 교리" 등으로 부르기를 좋아하는 사람들이 있다는 것도 잘 압니다. 하지만 이렇게 자주 오용되는 말들이, 성경 본문이 명백히 말하는 골자를 포함하지 않는다고 증명하기란 결코 쉽지 않을 것입니다. 그 좋은 예로, 신학자들이 한 단어로 표현한 "삼위일체Trinity"를 들 수 있습니다. 게다가 이 각각의 용어에는 얼마나 풍성한 의미가 담겨 있는지 모릅니다.

(3) 그리스도가 하나님 우편에 계시면서 **지금 우리를 위해 담당하시는** 직무들에는 측량할 수 없는 풍성함이 있습니다. 하나님 우편에 계시는 그리스도는 우리의 중보자·보증·제사장·조정자·목자·감독·의사·대장·왕·주인·머리·앞서 가신 자·맏형·영혼의 신랑이십니다. 물론, 생명력 있는 신앙에 대해 무지한 사람들에게는 이런 직무가 아무 가치가 없을지도 모릅니다. 하지만 믿음으로 사

는 사람들, 하나님 나라를 먼저 구하는 사람들에게는, 이 직무 하나하나가 금같이 소중합니다.

(4) 성경에서 **그리스도를 일컫는 데 사용된 모든 이름과 직함**에는 말할 수 없는 풍성함이 깃들어 있습니다. 성경을 주의 깊게 읽는 사람이라면, 이런 이름과 직함이 아주 많다는 것을 잘 알 것입니다. 너무 많아서 지금은 그중 몇 가지만, 그것도 이름만 나열해 볼 수밖에 없습니다. 하나님의 어린양, 생명의 떡, 생명수 샘, 세상의 빛, 양의 문, 길, 포도나무, 반석, 머릿돌, 그리스도인의 예복, 그리스도인의 제단 등의 이름을 잠깐 생각해 보십시오. 부주의하고 세상적인 사람에게는 이런 이름이 단지 "단어"에 불과할지 모르지만, 잘 연단되고 다져진 참된 그리스도인에게는 부요하고 복된 진리가 가득 담긴 것으로 드러날 것이 분명합니다.

(5) 마지막으로, 신약성경의 계시를 통해서 우리가 보는 것처럼, **사람들을 향한 그리스도의 마음에 있는 특질과 속성과 성향과 의도**에는 측량할 수 없는 풍성함이 있습니다. 그리스도께서는 죄인을 향한 넘치는 자비와 사랑과 긍휼, 가장 합당하지 않는 자마저도 구원하시고 용서하시고 사죄하시고 깨끗하게 하시는 무한한 권세, 회개하고 믿는 마음으로 나아오는 모든 자를 기꺼이 받으시는 넘치는 자원함, 가장 완고하고 완악한 성품이라도 성령으로 변화시키시는 무한한 능력, 가장 연약한 신자라도 받으시고 기다리시는 끝없는 인내, 안팎으로 대적하는 모든 원수로부터 자기 백성을 끝까지 도우시는 넘치는 능력, 모든 어려움 가운데 그분께 나아오는 모든 사람을 향한 끝없는 연민, 죽은 자를 일으키고 자기 백성을 불러 모아 그분의

나라에서 영원히 그분과 함께 있도록 하기 위해 다시 오실 때 상급으로 그들에게 주실 풍성한 영광이 있습니다. 누가 이 풍성함을 측량할 수 있겠습니까? 이 세상 자녀들은 그리스도에게 있는 이런 풍성함에 관심조차 없을 뿐 아니라, 멸시하며 돌아섭니다. 하지만 자기 영혼의 가치를 아는 사람은 이 풍성함에 대해 더 잘 압니다. 그들은 한목소리로 이렇게 말할 것입니다. "자기 백성을 위하시는 그리스도의 풍성함과 같은 것은 그 어디에도 없다."

무엇보다도, 그리스도의 이 풍성함은 측량할 수 없을 만큼 광대합니다. 아무리 깊이 파고 들어가도 도무지 그 끝을 알 수 없는 광산입니다. 아무리 길어 올려도 결코 마르지 않는 샘입니다. 머리 위에 떠 있는 저 태양은 수천 년이 넘도록 우리를 비추며, 빛과 생명과 온기를 주고, 대지를 윤택하게 합니다. 유럽과 아시아와 아프리카와 아메리카에서 자라는 모든 나무와 화초가 이 태양으로부터 은택을 입고 있습니다. 처음 창조되던 날 이래로 지금까지, 해가 가고 달이 가고 계절이 바뀌고 세대가 바뀌어도, 태양은 여전히 같은 자리에서 같은 모양으로 뜨고 지기를 계속할 뿐 아니라, 한결같은 온기와 빛으로 모든 사람에게 비추고 있습니다. 그리스도도 이와 같습니다. 그리스도는 여전히 온 인류에게 "공의로운 해"가 되십니다(말 4:2). 지난날 무수한 사람들이 그리스도를 바라봄으로 위로를 누리며 살다가, 평강 가운데 숨을 거두었습니다. 지금 이 순간에도 무수한 사람들이 날마다 그리스도로부터 자비와 은혜와 평화와 능력과 도움을 얻고, 그분께 있는 "모든 충만"을 발견합니다(골 1:19). 그럼에도 불구하고 우리를 위하시는 그리스도의 풍성함은 아직 절반도 제대로 알려지지 않았습니다! "측량할 수 없는 그리스도의 풍성함"이라는 사도 바울의 표현은 참으로 적절합니다.

세 가지 실천적인 적용으로 이 장을 마치려고 합니다. 이해를 돕기 위해 묻는 형식으로 해보겠습니다. 잘 듣고 대답해 보시기 바랍니다.

(1) 여러분은 스스로에 대해 어떤 생각을 가지고 있습니까? 사도 바울이 자신에 대해 어떻게 생각하고 있었는지 앞서 살펴보았습니다. 여러분은 어떻습니까? 자신이 하나님의 목전에 허물 많은 죄인이라는 위대한 근본 진리를 발견했습니까?

사람은 더 많이 배워야 한다는 목소리가 곳곳에서 끊이지 않고 더욱 거세져 갑니다. 무지를 개탄하는 소리를 어디서나 들을 수 있습니다. 하지만 자기 자신에 대한 무지만큼 해롭고 흔한 것도 없습니다. 그렇습니다. 사람은 모든 예술과 과학과 언어와 경제와 정치적 수완에는 아주 익숙하고 잘 알고 있습니다. 하지만 자기 자신의 마음과 하나님 앞에서 자신의 상태가 어떤지에 대해서는 비참할 정도로 무지합니다.

천국으로 가는 첫걸음은 바로 자기 자신을 아는 것입니다. 말할 수 없는 하나님의 완전과 자신에게 있는 터무니없는 불완전을 아는 것, 우리에게 있는 이루 다 말로 할 수 없는 끔찍한 불완전과 타락을 아는 것이 구원하는 신앙의 근본입니다. 더 실제적인 조명을 받을수록 우리는 더 겸손하고 낮은 마음이 되고, 사람들에게 싫어 버린바 된 그리스도의 복음의 가치를 더욱 깨닫게 됩니다. 자기 자신과 자신이 한 일을 가장 무가치한 것으로 여길 수 있는 사람이 하나님 앞에서는 최상의 그리스도인입니다. "주여, 제 자신을 알게 하소서"라고 단순한 기도를 밤낮 드리는 사람은 참 훌륭한 그리스도인입니다.

(2)그리스도의 목사들에 대한 여러분의 생각은 어떻습니까? 이상한 물음처럼 들릴지 모릅니다. 하지만 여러분이 정직하게 어떤 대답을 하느냐에 따라 여러분 마음의 상태가 잘 드러납니다.

저는 지금 게으르고 세속적이고 일관성도 없는 성직자—졸고 있는 파수꾼과 불성실한 목자—에 대한 여러분의 생각을 묻는 것이 아닙니다! 진실하게 죄를 드러내 주고, 여러분의 양심을 아프게 하는 그리스도의 신실한 목사에 대해 어떻게 생각하는지 묻고 있습니다. 이 물음에 대한 여러분의 대답이 무엇인지 잘 보십시오. 너무도 많은 사람들이 부드러운 말로 죄는 덮어 주고, 사람들의 자존심을 세워 주고, 그들의 지적인 기호를 충족시켜 주면서도, 경고의 나팔을 불지 않고, 임박한 진노에 대해도 말하지 않는 목사들을 좋아합니다. 아합이 엘리야를 보자 이렇게 말했습니다. "내 대적자여, 네가 나를 찾았느냐"(왕상 21:20). 아합은 미가야의 이름을 듣고 이렇게 소리쳤습니다. "그는 내게 대하여 길한 일은 예언하지 아니하고 흉한 일만 예언하기로 내가 그를 미워하나이다"(왕상 22:8). 19세기에도 수많은 아합이 있습니다! 이들은 자신을 불편하게 하고 불안하게 하는 목사를 싫어합니다. 여러분은 어떻습니까? 제 말을 믿으십시오. 여러분에게 진리를 말하는 사람이 여러분의 가장 좋은 친구입니다! 교회에서 그리스도에 대한 증거가 잠잠해지고, 책망하는 사람이 미움을 사고 배척당하는 것은 아주 나쁜 징조입니다

(사 29:21). 아마샤 왕은 한 예언자로부터 이런 말을 들었습니다. "왕이 이 일을 행하고 나의 경고를 듣지 아니하니 하나님이 왕을 멸하시기로 결정하신 줄 아노라"(대하 25:16).

(3) 마지막으로, **여러분은 그리스도를 어떻게 생각하고 있습니까?** 여러분이 보기에 그분은 위대합니까? 여러분은 그분을 제일로 여기고 있습니까? 교회나 목사나 성례나 규례보다 그리스도가 더 우선합니까? 여러분의 마음과 생각에서 그리스도의 자리는 어디입니까?

결국 이것이 가장 중요한 물음입니다! 용서, 평화, 양심의 안식, 죽음을 맞으면서 누리는 희망, 천국 같은 이 모든 것이 이 대답에 달려 있습니다. 그리스도를 아는 것이 영생입니다. 그리스도 밖에 있으면 하나님과도 상관이 없습니다. "아들이 있는 자에게는 생명이 있고 하나님의 아들이 없는 자에게는 생명이 없느니라"(요일 5:12). 순전히 세속적인 교육을 받은 사람과 개혁과 진보를 부르짖고, 이성과 지식과 과학을 신봉하는 사람은 자기 마음에 맞는 대로 이야기할 뿐 아니라 세상을 바로잡기 위해 자신이 할 수 있는 모든 일을 합니다. 하지만 인간의 타락을 인정하지 않고 생각과 계획에 그리스도의 자리를 마련하지 않는 한, 그들이 하는 모든 노력과 수고는 수포로 돌아갈 것입니다. 사람의 마음에 있는 심각한 질병은 이런 모든 노력을 좌절시키고 모든 계획을 무색하게 합니다. 이 질병이 바로 죄입니다. 치료하는 복음의 체계에 기반을 두지 않고 인간 조건을 개선시키려는 모든 노력은 부질없다는 사실을 알고, 인간 타락의 참상을 보고 깨달을 수 있으면 얼마나 좋겠습니까! 그렇습니다.

세상이 죄의 전염병으로 창궐합니다. 모든 죄를 깨끗하게 할 수 있는 샘―십자가에 못 박히신 그리스도―에서 흘러나오는 생명수 외에는 그 어떤 물로도 이 전염병을 깨끗이 씻을 수 없습니다.

결론적으로, 우리가 자랑할 것이 어디 있습니까? 한 위대한 목사가 마지막 숨을 거두면서 말했습니다. "우리는 모두 어렴풋이 깨어 살아갈 뿐이다." 우리 중에 가장 탁월한 그리스도인조차도 자기의 영광스러운 구주에 대해서 아는 것은 아주 미미합니다. 우리는 거울을 통해 그분을 어렴풋하게만 봅니다. 그분께 있는 "측량할 수 없는 풍성함"을 다 헤아릴 수 없습니다. 나중에 그분의 형상으로 깨어나면, 우리가 주님을 불완전하게 알고 있었고 아주 조금밖에 사랑하지 못했다는 사실에 소스라치게 놀랄 것입니다. 지금부터라도 주님을 더 잘 알기 위해 힘씁시다. 그분과의 친밀한 교제를 누리며 살아갑시다. 이렇게 살면 더 이상 사제나 고해실이 필요 없을 것이고, 우리 마음은 이렇게 느낄 것입니다. "모든 것을 풍족히 가진 나는 이제 더 이상 부족할 것이 없다. 그리스도께서 나를 위해 십자가에서 죽으셨고, 항상 하나님의 우편에서 나를 위해 중보하시며, 믿음으로 내 마음에 거하신다. 이제 곧 오셔서 나와 그분의 모든 친 백성을 불러 모으시고 다시는 떠나가지 않으실 것이다. 나는 그리스도로 배불렀다. 그리스도를 가졌으니, 나는 '측량할 수 없는 부요함'을 가진 사람이다."

내가 누리는 좋은 것은 모두 그분의 곳간에서 얻은 것이요
내게 있는 힘들고 어려운 것도

그분이 내게 가장 합당하다고 여기시는 것들이다.
모든 것을 가졌을지라도 그분이 없으면 궁핍한 자일 뿐.
예기치 못한 일이 생기고, 그 일이 잘되든 못되든 간에,
내가 그분의 것이고, 그분이 내 것이라면
나는 조금도 아쉬울 것 없네.

아, 슬프다! 이 땅에서는 주님의 사랑을 반도 알지 못하고
주님을 반도 누리지 못하고, 반도 찬미하지 못하는구나.
하지만 저 천국에서 주님을 뵈올 때면
천군 천사들과 함께 주님을 누리면서
내가 얼마나 온전히 그분의 것이고, 그분이 내 것인지 말할 수 있겠지.
주님을 더 사랑하고 더 찬미하게 되겠지.[3]

19장

때를 분별함*

그들은 때를 잘 분간할 줄 알고. (대상 12:32, 새번역)

이 말씀은 다윗이 이스라엘 통치를 시작할 당시 잇사갈 지파에 대해서 기록한 것입니다. 사울이 죽자, 일부 이스라엘 지파는 이제 "누구를 왕으로 섬겨야 할지" 몰라 머뭇거리며 눈치만 보고 있었습니다. 사울은 죽었지만 계속해서 그의 가족의 편에 서야 할지, 아니면 다윗을 왕으로 받아들여야 할지 고민이었습니다. 뒤로 물러나 사태를 관망하면서 저울질하는 사람들도 있었고, 용감하게 나서서 다윗을 왕이라고 외치는 사람도 있었습니다. 다윗을 왕으로 추대하는

---

* 이 장은 1879년 6월 11일 성 마가렛 교회당에서 열린 동부 카운티에 거주하는 복음주의 사역자들의 총회에서 설교한 것이다. 당시에는 시간상의 제약 때문에 생략했던 개인적인 거룩에 관한 몇 개의 문단을 포함해서 당시 설교했던 것 그대로 실었다.

사람 중에는 특히 잇사갈 지파의 자손이 많았습니다. 성령은 특별히 이런 선택을 한 자들을 칭찬하고 계십니다. "그들은 때를 잘 분간할 줄 알고."

성경에 있는 다른 모든 말씀과 마찬가지로, 이 말씀 역시 우리를 교훈하기 위해 기록되었습니다. 잇사갈 지파에 속한 이 사람들은 우리가 본받아야 할 모본과 모범으로 주어졌습니다. 우리가 사는 시대를 이해하고, 이 시대가 요구하는 바를 분명히 아는 것은 너무나 중요합니다. 아하수에로 왕은 "사례를 아는" 지혜로운 자들을 곁에 두고 있었습니다(에 1:13). 우리 주 예수 그리스도, 하나님께서 자기들을 "구원하러 오신 때"를 알지 못하고 "시대의 징조들을 분별하지 않는" 유대인을 책망하셨습니다(눅 19:44, 마 16:3, 새번역). 우리도 동일한 죄에 빠지지 않도록 주의해야 합니다. 태평하게 난롯가에 앉아 노닥거릴 줄만 알고, 자신의 사사로운 일에만 사로잡혀 장차 교회와 세상에 닥칠 일에 대해서는 도무지 생각조차 못하는 사람은, 비참한 일꾼이요 불쌍한 그리스도인입니다. 주님은 성경과 우리 자신의 마음을 살피는 것 다음으로, 우리 시대에 대해 잘 알기를 원하십니다.

우리 시대가 요구하는 것이 무엇인지 잘 알게 되기를 바랍니다. 모든 시대마다 신앙을 고백하는 그리스도인에게는 그 시대만의 고유한 위험이 있기 때문에 모든 그리스도인들은 각별히 주의를 기울여야 합니다. 지금 이 시대가 우리 그리스도인에게 요구하는 바가 무엇인지를 다음 다섯 가지로 정리해 보려고 합니다. "만일 나팔이 분명하지 못한 소리를 내면 누가 전투를 예비하리요"(고전 14:8).

1. 이 시대가 가장 우선적으로 우리에게 요구하는 바는, 온전한 기독교 진리와 성경의 신적 권위를 조금도 굽힘 없이 담대하게 주장하고 지켜 가는 것입니다.

우리는 불신과 회의주의와 배교로 가득 찬 시대를 살고 있습니다. 켈수스Celsus, 포르피리오스Porphyry, 율리아누스Julian[1] 시대 이래로, 계시된 성경의 진리가 지금처럼 공공연하고 무차별적으로, 그리고 교묘하고 그럴듯하게 공격당한 시대도 없었습니다. 1736년에 버틀러 주교가 쓴 말이 우리 시대에도 적용된다는 사실이 이채롭습니다.

> 많은 사람들이 기독교에 대해 알아보려고 하지 않을 뿐 아니라, 급기야 이를 허구로 여기고 있다. 그것이 오늘날 분별력 있는 모든 사람들이 동의하는 사실이라고 믿는다. 이제 남은 것은 기독교가 세상에 기쁨을 가져다주는 것으로 오랫동안 이해된 데 대한 앙갚음으로서, 기독교를 조롱과 비웃음거리로 만드는 일뿐이라고 생각하는 것 같다.[2]

버틀러 주교가 1879년까지 살아 있었다면 무슨 말을 했을지 궁금할 때가 많습니다.

많은 똑똑한 작가들이 서평, 잡지, 신문, 강연, 에세이, 그리고 종종 설교와 자신의 업적을 통해서 기독교의 근간을 끊임없이 흔들어 대고 있습니다. 이성, 과학, 지질학, 인류학, 현대의 발견, 사상의 자유 같은 것으로 서슴없이 기독교를 반대합니다. 요즘에, 교양이 있다는 사람들은 실제로 초자연적인 종교나 성경의 완전 영감, 기적의 가능성과 같은 것을 믿지 않는다고 말하는 것을 자주 듣습니다. 삼위일체, 그리스도의 신성, 성령의 인격성, 속죄, 안식일, 기도의 필요와 효력, 마귀의 실재, 장차 올 징벌의 실재 같은 옛 교리는, 책장에 꽂아 놓고 좀처럼 꺼내 보지 않는 오래된 연감이나 배 밖으로 내던지는 잡동사니 정도로 여깁니다! 이 모든 일은 너무나 교묘하게 진행되기 때문에, 이들의 태도는 솔직하고 오히려 관대하다는 인상마저 줍니다. 더구나 이들이 인간 본성의 능력과 고귀함을 강조하는 바람에, 견고하지 못한 신앙을 가진 그리스도인들은 아직 믿음이 파산할 정도는 아니지만 홍수에 떠밀려 이리저리 휩쓸리고 있습니다.

이런 불신앙의 역병 때문에 조금이라도 당황해서는 안됩니다. 옷만 바꿔 입은 옛 원수요, 모양만 바꾼 옛 질병일 뿐입니다. 아담과 하와가 타락한 이래로, 마귀는 끊임없이 사람을 미혹하여 하나님을 믿지 못하게 했고, 직접적이든 간접적이든 "믿지 않아도 너는 죽지 않을 것이다"라고 말해 왔습니다. 특히 마지막 날에는 불신앙이 더 횡행할 것이라는 성경의 증거들이 많습니다. "인자가 올 때에 세상에서 믿음을 보겠느냐"(눅 18:8). "악한 사람과 속이는 자들은 더욱 악하여져서"(딤후 3:13). "말세에 조롱하는 자들이 와서"(벧후 3:3) 지혜로운 사람들이 오랫동안 예견해 온 것처럼, 이곳 영국에는 반半교황주의semi-popery와 미신에 대한 반향으로 회의주의가 득세하고 있습니다. 흔들리는 시계추와 같이 변덕스러운 인간의 본성을 잘 아는 사람들은 이미 이를 예견했습니다.

회의주의가 팽배한 것 때문에 놀랄 필요가 없는 것처럼, 이로 인해 마음이 흔들릴 필요도 없습니다. 오히려 신앙에 굳게 서 있어야 합니다. 전혀 놀랄 일이 아닙니다. 황소가 하나님의 방주를 흔드는 것처럼 보이지만, 하나님의 방주는 전혀 위험하지 않습니다. 기독교는 데이비드 흄David Hume과 토머스 홉스Thomas Hobbes와 매튜 틴들Matthew Tindal의 공격과, 앤서니 콜린스Anthony Collins와 토머스 울스턴Thomas Woolston과 볼링브로크1st Viscount Bolingbroke와 토머스 처브Thomas Chubb의 공격과, 볼테르와 페인과 조지 홀리오크George Jacob Holyoake의 공격도 이겨 냈습니다. 이들은 모두 당대에 목소리를 높였던 사람들이었고, 이들의 주장은 연약한 사람들을 위협하기에 충분하였습니다. 하지만 이들이 평생 노력해 봐야 이집트를 여행하는 한가한 여행자가 거대한 피라미드에 자기 이름을 긁어놓은 것에 지나지 않습니다. 기대해도 좋습니다. 지금까지 그래 온 것처럼, 기독교는 이 시대의 똑똑한 작가들의 공격도 잘 견뎌 낼 것입니다. 성경이 계시라는 사실을 많은 현대 작가들이 놀랍도록 새로운 방식으로 공격하기 때문에, 그들의 주장이 사실인 것처럼 보이기도 합니다. 하지만 우리 손가락으로 풀 수 없다고 하여 풀리지 않는 것도 아니고, 우리가 보기에 도무지 이해가 안되고 설명하기 어렵다고 해서 그 난제들이 해결되지 않는 것도 아닙니다. 회의주의자들에게 대답하기 어려울 때는 더 깨닫게 해주실 때까지 잠잠히 기다리십시오. 하지만 그럴 때에도 큰 원리까지 저버려서는 안됩니다. 마이클 패러데이Michael Faraday는 많은 과학적인 문제에서와 마찬가지로 종교에 있어서도, "가장 고상한 철학은 종종 정당하게 판단을 유보한다"고 말했습니다. 믿는 사람은 결코 조급해 하지 않고 잠잠히 기다릴 줄 압니다.

회의주의자들과 믿음 없는 자들이 무슨 말을 할지라도, 그들이 절대 설명할 수 없는 세 가지 위대한 사실이 있음을 잊지 말아야 합니다. 제가 믿기로, 그들은 이 세 가지 사실을 도무지 설명할 수 없고, 설명하려고 하지도 않습니다. 이 세 가지가 무엇인지 간단히 말씀드리겠습니다. 이것은 누구라도 이해할 만큼 아주 단순합니다.

첫 번째 사실은, **예수 그리스도 그분**입니다. 만약 기독교가 단순히 사람이 지어낸 것이고 성경이 하나님께서 주신 것이 아니라면, 불신자가 어떻게 예수 그리스도를 설명할 수 있겠습니까? 예수께서 역사적으로 실존하셨다는 사실을 그들은 결코 부정할 수 없습니다. 강압으로나 뇌물을 쓰지 않고 세상에 깊은 영향을 끼칠 수 있었을까요? 그분은 누구입니까? 어떤 분입니까? 어디로부터 오셨습니까? 역사가 시작된 이래로, 그리고 앞으로도 그분과 같은 사람은 있을 수 없습니다. 믿음이 없는 사람은 그분의 존재를 설명할 수 없습니다. 계시 종교의 위대한 근본 원리로만 이것을 설명할 수 있습니다. 예수 그리스도는 하나님이고, 그의 복음은 모두 진리라는 사실로만 설명할 수 있습니다.

두 번째 사실은, **성경 자체**입니다. 만약 기독교가 사람이 지어낸 것이고 성경이 다른 책처럼 영감으로 이루어지지 않아서 권위가 없다면, 어떻게 성경이 지금과 같은 책이 되었겠습니까? 저자들이 살던 시대는 각기 달라 서로 사전 조율이나 공모도 할 수 없었습니다. 더구나 그들은 그리스나 로마 사람과는 달리, 문학적으로 대단할 것이 없던 나라 사람들이었습니다. 그렇다면 그들이 지구 한쪽 귀퉁이에서 기록한 이 책이, 하나님과 사람에 대한 견해, 사상의 엄숙함, 교리의 웅장함, 도덕적 순결에 있어서 어떻게 이토록 고유하고도 독보적인 자리를 차지하고 있는 것일까요? 이 책이 심오하고도 단순하고 지혜롭고 완전할 수밖에 없는 이유를, 믿지 않는 사람은 이 사실을 어떻게 설명할 수 있을까요? 이들의 원리로는 도무지 그 이유를 설명할 수 없습니다. 이 책이 하나님께서 기록하신 초자연적인 책이라고 믿는 사람만이 설명할 수 있습니다.

세 번째 사실은, **기독교가 이 세상에 미친 영향**입니다. 기독교가 하나님의 초자연적인 계시가 아니고 단지 사람이 지어낸 것이라면, 기독교가 일궈 낸 인류의 상태에 대한 완전한 변화는 무엇이란 말입니까? 박식한 사람이라면, 기독교가 뿌리내리기 전의 세상과 뿌리내린 후의 세상의 도덕적 차이는 밤과 낮이 다른 것 같이 다르고, 마귀의 나라와 하나님 나라가 다른 것처럼 다르다는 것을 잘 알 것입니다. 세계지도를 펴 놓고 보면서도 그리스도인이 많은 나라와 그렇지 않은 나라가 빛과 어둠만큼이나 다르다는 사실을 부정하는 사람에게, 그들의 원리대로 하면 이 사실을 어떻게 설명할 수 있는지 묻고 싶습니다. 그들은 설명할 수 없습니다. 기독교가 세상에서 유일한 하나님의 계시 종교라고 믿는 우리만이 설명할 수 있습니다.

불신앙이 만연해 가는 모습을 보고 위축될 때마다, 이 세 가지 사실을 기억하고 두려움을 몰아내십시오. 이것을 성벽 삼고 뒤로 물러나지 않는다면, 요즘에 계속되는 회의주의자들의 맹렬한 공격도 안전하게 물리칠 수 있습니다. 회의주의자들은 세상의 연대, 사람의 기원, 지리적인 문제, 영감의 문제, 성경에 대한 다양한 문서 등 여러분이 풀기 힘든 까다로운 문제를 가지고 여러분을 곤혹스럽게 할 수도 있습니다. 잘못된 것을 분명히 알지만 당장에 그들의 면전에서 오류를 증명할 수 없는, 많은 엉터리 같은 사변과 이론들을 가지고 여러분을 괴롭게 할 수도 있습니다. 그럼에도 불구하고, 잠잠하고 두려워하지 마십시오. 위의 세 가지를 기억하고, 회의주의자들에게 이 사실을 도전하십시오. 물론 기독교가 가지는 어려움도 결코 작지는 않습니다. 하지만 **불신자의 어려움**에 비하면 없는 것이나 마찬가지입니다.

2. 이 시대는 우리에게 기독교 교리에 대한 분명하고 확고한 견해를 요구합니다.

19세기 교회가 불신자와 회의주의자로 인해 **외부적으로** 큰 손상을 입은 것만큼이나, **내부적으로도** 교리 문제에 대한 안이하고 불분명한 대처로 큰 타격을 입었습니다. 오늘날 기독교 신앙을 고백하는 수많은 사람들도 전혀 교리적인 차이를 분간하지 못하는 것 같습니다. 이들은 마치 색맹과 같아서, 무엇이 참이고 거짓인지, 무엇이 바르고 그른지 분별할 능력이 없습니다. 설교자가 똑똑하고 열정적이고 달변이기까지 하다면, 그가 아무리 이질적이고 생소한 진리를 전해도 별 문제 삼지 않습니다. 영적 분별력이 현저히 떨어져서 전혀 오류를 간파하지 못합니다. 로마 가톨릭이든 개신교든, 대속의 교리가 있든 없든, 인격이신 성령을 인정하든 않든, 미래의 심판을 가르치든 무시하든, 고교회high church든 저교회low church든 광교회 broad church든, 삼위일체주의든 아리우스주의든 유니테리언주의든, 아무래도 상관없습니다. 이해하지 못하면서 무작정 받아들입니다! 감상적인 관용과 박애에 길들여져서, 누구나 옳고 모든 목사가 다 바르고, 이 세상 사람은 한 명도 빠짐없이 다 구원에 이를 것처럼 생각합니다. 그들의 종교는 소극적인 것으로 채워져 있습니다. 단 하나 적극적인 것이 있다면, 그들은 **뚜렷이 구분되는 것**을 싫어하고, 모든 극단적이고 단정적이고 적극적인 견해는 아주 그릇되고 못된 것으로 생각한다는 것입니다!

이런 사람들은 희미한 안개 속에서 살아갑니다. 아무것도 분명히 보지 못하고, 자신이 믿는 것을 알지 못합니다. 복음의 위대한 사실에 대해 분명한 태도를 취하지 않고, 모든 학파의 명예회원으로 만족하는 것처럼 보입니다. 평생을 살아도 칭의·중생·성화·성찬·세례·믿음·회심·영감·미래의 신자의 상태가 어떤 것인지 분명히 알지 못합니다. "**논쟁**"에 대한 병적인 두려움과 "**당파심** party spirit"에 대한 무지한 혐오감에 사로잡혀 있습니다. 하지만 이런 말이 무엇을 의미하는지도 정확히 알지 못합니다. 열심과 영리함과 박애를 칭송할 뿐, 영리하고 열심 있는 박애주의자도 잘못될 수 있다는 것을 도무지 믿으려고 하지 않습니다. 이들은 항상 불확실성 가운데 삽니다. 이들이 신앙에서 그 어떤 위로도 얻지 못하고 살다가, 소망도 없이 무덤에까지 떠내려갈까 두렵습니다.

무기력하고, 무신경하고, 소심한 영혼의 상태를 설명하는 것은 그리 어렵지 않습니다. 우선, 사람의 마음은 본성적으로 신앙에 대해 무지합니다. 진리에 대한 직관적 이해가 전혀 없기 때문에, 가르침과 조명이 실제로 **필요합니다**. 이외에도, 대부분의 사람에게 있는 본성적인 마음은 신앙에 열심을 내는 것을 싫어하고, 인내와 꾸준한 탐구를 달가워하지 않습니다. 본성적인 마음은 무엇보다도 사람들의 칭찬받기를 좋아하고, 갈등을 피하고, 관대하고 너그럽다는 말 듣기를 좋아합니다. 이러한 이유로 신앙적 "불가지론"이 많은 사람들에게 영향을 끼치게 되었고, 특히 젊은이들에게 막대한 영향을 끼쳤습니다. 논란의 여지가 있는 것은 무엇이나 쓸모없는 것처럼 취급하고, 그들의 우유부단함을 지적하기라도 하면 대뜸 이렇게 말합니다. "논쟁을 다 이해하는 척하지는 않겠지만, 그렇다고 논란이 되는 문제를 일일이 살피고 싶지도 않다. 결국에는 다 같은 말이기 때문이다." 모두 아시다시피, 어디를 가나 이런 사람을 만날 수 있습니다.

여러분에게 부탁합니다. 신앙에 있어서 우유부단하고 꾸물거리는 마음의 상태를 조심하십시오. 어둠 속을 배회하는 페스트같이 급작스럽게 덮쳐서 멸망에 이르게 합니다. 게으르고 나태한 영혼은 생각하고 조사하는 수고를 하지 않으려는 성향이 있습니다. 하지만 성경은 영혼의 이런 습성을 결코 인정하지 않습니다. 성공회 종교강령 또는 공동기도서에서도 이것을 인정하지 않습니다. 자기 영혼을 위해서라도 여러분이 믿는 바대로 결심하고, 진리와 오류에 대해 적극적이고 뚜렷한 견해를 가지십시오. 교리적으로 분명한 견해를 갖는 것을 두려워하지 마십시오. 사람을 더 신경 쓰고, 편협하고, 논쟁적이고, 편을 가르는 사람이라는 평판을 들을까 봐 알맹이도 빠지고, 생기도 없고, 무미건조하고, 냉담하고, 교리도 모르는 기독교에 안주하지 않기를 바랍니다.

제 말을 잘 들어 보십시오. 이런 시대에 기독교인으로서 선을 행하기를 원하면, 우유부단함을 벗어 버리고 분명하고도 예리한 교리적 신앙으로 옷 입어야 합니다. 믿음이 적으면, 여러분이 아무리 누구에게 선을 행한다 해도 그 사람이 여러분을 보고 믿음을 가질 수가 없습니다. 어디나 기독교의 승리가 울려 퍼지는 곳에는 분명한 교리와 신학이 있었습니다. 사람에게 그리스도의 대속의 죽음과 희생을 가감 없이 증거하고, 십자가의 구속과 그분의 보혈을 밝히 보이고, 믿음으로 말미암는 칭의를 가르치고, 십자가에 달리신 구주를 믿으라고 재촉하고, 죄로 말미암는 멸망과 그리스도의 구속과 거듭나게 하시는 성령의 역사를 선포하고, 놋뱀을 높이 들어 그것을 바라보고 살라고—믿고, 회개하고, 돌이키라고—외침으로써 기독교는 승리해 왔습니다. 이것이야말로 지난 1,800년 동안 하나님께서 이기게 하시고, 오늘날에도 여전히 국내외적으로 승전보를 울리게 하시는 유일한 가르침입니다. 관대하고 교리에 얽매이지 않는 신학을 주장하는—착실하고 성실하고 차분한 도덕의 복음을 설교하는—세련되고 영리한 사람에게, "교리" 없이 자신들의 원리대로 복음을 받아들인 지방이나 마을이나 도시나 교구가 지금까지 존속하는지 보여 달라고 해보십시오. 그들은 아무것도 보여줄 수 없을 것이고, 앞으로도 그럴 것입니다. 분명한 교리가 없는 기독교는 무기력할 따름입니다. 어떤 사람이 보기에는 아름답게 보일 수도 있지만, 사실 이런 기독교는 불모지에 불과합니다. 이런 기독교는 사실을 넘어서지 못합니다. 이 세상에서 행한 선한 일이 상대적으로 적을 수도 있습니다. 악이 넘쳐 나고, 무지한 자들이 앞 다투어 기독교는 이미 실패했다고 수군거리고 떠들어 댈 것입니다. 하지만 만약 우리가 선을 행하고 세상을 흔들어 깨우기를 바란다면, 저 옛날 사도들이 싸웠던 무기로 싸우고 "교리"를 고수해야 합니다. 교리가 없이는 열매도 없습니다! 적극적이고 복음적인 교리가 없이는, 복음 전도도 없습니다!

제 말을 잘 들어 보십시오. 영국 교회를 위해 가장 큰 기여를 하고 자신들의 세대에 가장 깊은 영향을 끼친 사람들은, 한결같이 가장 단호하고 분명한 교리적 이해를 가진 사람들이었습니다. 카펠 몰리뉴Capel Molyneux나 위대한 옛 개신교 옹호자 휴 맥닐같이, 사람들로 생각하게 하고 "세상을 소동케 하는" 깊은 인상을 남긴 이들은 한결같이 담대하고, 분명하고, 거리낌 없이 교리를 말하는 사람이었습니다(갈 6:10, 벧전 3:11). 사도 시대에 이교도 사원을 텅 비게 하고, 그리스와 로마를 뒤흔들었던 것은 "교리"였습니다. 종교개혁 시대에 기독교 세계를 깊은 잠에서 흔들어 깨우고, 교황을 따르던 사람의 3분의 1을 돌아오게 한 것도 "교리"였습니다. 100년 전 윗필드, 웨슬리, 벤, 로매인이 사역했던 시대에 영국 교회를 부흥시키고, 꺼져 가던 기독교를 다시 활활 타오르게 했던 것도 "교리"였습니다. 이때 국내외에서 드러났던 모든 성공적인 선교의 동력도 "교리"였습니다. 여리고 성에 울려 퍼진 나팔소리처럼, 죄와 마귀의 대적을 물리친 것도 교리—분명한 소리를 내며 울리는 교리—였습니다. 오늘날 사람들이 무엇이라고 말하기를 좋아하든지, 우리가 분명하고 확고한 교리적 이해를 가지고 있을 때, 우리 자신과 다른 사람들 그리고 조국 교회를 유익하게 할 수 있으며, 온 세계에 그리스도의 뜻이 이루어지는 데 기여하게 됩니다.

3. **이 시대는 우리에게 비성경적이고 영혼을 파멸로 이끄는 로마 가톨릭의 특징을 분명하고도 생생하게 자각할 것을 요구하고 있습니다.**

이것은 참으로 달갑지 않은 주제입니다. 하지만 분명하게 소리를 내야 할 만큼 절실하고 필요한 주제입니다.

사실은 매우 단순합니다. 지난 40년 동안 영국 내에서 로마 가톨릭에 대한 전반적인 이해가 아주 많이 달라졌다는 사실은, 지적인 관찰자라면 누구나 알고 있습니다. 뉴먼J. H. Newman 추기경의 동지요, 배교자로 잘 알려진 오클리Frederick Oakley 신부[3]는 「현대 리뷰Contemporary Review」지 최근호에서 의기양양하게 이런 변화를 주장했습니다. 유감스럽지만, 제가 보기에 그의 주장은 사실입니다. 로마 가톨릭을 혐오하고, 끔찍이도 싫어했던 이 나라가 이제는 달라졌습니다. 옛날 영국 신자에게 있었던 개신교에 대한 분명하고 예리한 의식도 무뎌지고 둔해졌습니다. 어떤 사람은 모든 신앙적인 논쟁에 진절머리가 난다며, 마음이 불편하지 않기 위해 하나님의 진리가 희생되는 것도 기꺼이 감수합니다. 로마 가톨릭을 영국의 많은 종교 가운데 하나 정도로 생각하고, 다른 종교에 비해 더 나쁘지도, 더 좋지도 않다고 하는 사람도 있습니다. 로마 가톨릭도 이제는 많이 달라져서, 예전처럼 그리 나쁘지 않다고 말하는 사람도 있습니다. 이들 가운데는 오히려 개신교의 문제점을 지적하면서 로마 가톨릭이나 개신교나 별로 다를 것이 없다고 목소리를 높이는 이도 있습니다. 각각 자신들의 신조에 충실할 뿐인데, 자신들과 다르다고 해서 상대방을 잘못되었다고 판단할 권리가 우리에게는 없다면서, 이런 태도가 오히려 더 훌륭하고 관대한 것이라고 여기는 사람도 있습니다. 하지만 우리가 기억해야 할 두 가지 역사적 사실이 있습니다. 로마 가톨릭 치하에 있던 400년 동안 영국은 무지와 부도덕과 미신 천지였다는 것과, 종교개혁은 하나님께서 이 땅에 주신 가장 큰 복이라는 것입니다. 불과 50년 전만 해도 이 사실을 부정하는 사람은 가톨릭을 따르는 사람들뿐이었습니다. 하지만 요즘은 많은 사람들이 이 사실을 아예 외면하고 생각하지 않으려 합니다! 이런 추세로 간다면, 머지않아 왕위 계승법을 폐지하자는 소리가 나올 것입니다. 교황이 영국의 왕을 임명해야 한다고 해도 그리 놀랄 일이 아닐 것입니다.

사람들의 정서가 달라진 이유를 찾는 것은 그리 어렵지 않습니다.

첫째, 로마 가톨릭교회의 지칠 줄 모르는 열심도 이런 변화에 한 몫했습니다. 로마 가톨릭의 일꾼들은 결코 졸거나 자는 법이 없습니다. 한 사람의 개종자라도 더 얻기 위해 바다와 육지를 두루 다닙니다. 애굽의 개구리 떼와 같이 궁전이든 일터든 가정이든, 어디든지 기어 들어가서는 모든 것을 뒤집어 놓고 자신들의 대의를 천명합니다. 둘째, 성공회 내에서 예식을 고수하고자 하는 사람들도 이런 변화에 크게 기여했습니다. 그동안 이들은 개신교를 헐뜯고 조롱하는 데 앞장섰고, 이들의 노력은 많은 성공을 거두었습니다. 이들의 끊임없는 중상에 영향을 받아, 많은 교인들의 생각이 어두워지고 더러워졌습니다. 사람들은 점점 로마 가톨릭의 독특한 가르침과 의식—화체설, 미사, 고해성사, 성직주의, 수도원 제도, 인위적이고 감각적이고 허영에 찬 공예배 등—에 익숙해진 나머지, 이제는 노골적인 교황주의에서 드러나는 엄청난 위험마저도 대수롭지 않게 여깁니다! 마지막으로, 오늘날 만연하는 인위적이고 거짓된 관대함도 로마 가톨릭의 약진을 거들었습니다. 오늘날 많은 이들이 모든 종교는 동등다고 생각합니다. 국가는 종교와 아무 상관이 없고, 동일한 호감과 존경으로 모든 종교를 대해야 하며, 불교든 이슬람교든 기독교든 모양만 다를 뿐, 모든 종교의 바탕은 다 동일하다고 말하는 것이 대세입니다! 그 결과 분별력 없는 많은 이들이 감리교회, 독립교회, 장로교회, 침례교회의 신조에 특별한 위험이 없는 것처럼 생각합니다. 로마 가톨릭의 신조에도 별 다른 위험이 없으며, 오히려 비성서적이고 그리스도를 모욕하는 로마 가톨릭의 특징을 들추어내지 말고 내버려 둬야 한다고 생각하기 시작했습니다.

로마 가톨릭에 대한 태도의 변화를 바로잡지 않는다면, 나중에 가장 비참하고 해로운 **결과**를 초래할 것이라고 단언합니다. 교황주의가 다시 영국에 발을 들여놓게 된다면, 모든 국가적 위대함은 그 날로 자취를 감추게 됩니다. 하나님께서 우리를 버리실 것이고, 우리는 포르투갈과 스페인 같은 처지로 곤두박질치게 될 것입니다. 성경을 읽는 것이 제한될 것입니다. 신앙 양심에 따른 개인적인 판단이 금지될 것입니다. 그리스도의 십자가로 나아가는 길은 더 좁아져서 아예 막혀 버릴 것입니다. 사제 제도로 인한 폐해가 고착화될 것이고, 모든 교구마다 사적인 고해성사가 시행되고, 수도원과 수녀원이 전국적으로 늘어나고, 여자들은 어디를 가나 비천한 농노나 종처럼 성직자의 발아래 무릎 꿇어야 할 것입니다. 남자들은 믿음을 저버리고 회의주의자가 될 것이며, 학교와 대학교는 예수회의 신학교로 뒤바뀝니다. 자유롭게 생각하는 것은 인정되지도 않을 뿐 아니라 저주를 받아 파문당하게 됩니다. 영국의 자랑이고 특징이었던 남자다운 대담함과 독립성은 점점 자취를 감추게 되고, 영국은 그 길로 몰락의 길을 걷게 될 것입니다. 개신교의 가치에 대한 예전의 태도와 정서가 다시 살아나지 않는다면, 이 모든 일이 머지않아 실제로 일어날 것입니다.

여러분, 특히 동료 목사들에게 경고합니다. 이 시대는 여러분이 깨어 주의할 것을 요구합니다. 로마 가톨릭을 조심하십시오. 교묘하게 또는 드러내 놓고 로마 가톨릭으로 이끄는 모든 종교적 가르침을 조심하십시오. 슬픈 사실이지만, 이 나라의 개신교는 점점 쇠퇴일로에 있습니다. 이 나라를 사랑하는 그리스도인 여러분에게 간청합니다. 영국의 종교개혁이 얼마나 복된 것이었는지 점점 잊게 하는 세태를 거부하십시오.

그리스도의 영광을 위해, 영국 교회를 위해, 우리 조국을 위해, 우리 자녀를 위해, 로마 가톨릭의 무지와 미신과 사제주의와 부도덕에 휩쓸리지 말아야 합니다. 우리 조상들이 이미 교황주의를 시험해 보았고, 결국 혐오와 분노로 내던진 지 오래입니다. 시간을 거슬러 다시 애굽으로 돌아가지 말아야 합니다. 로마 가톨릭이 자신들의 오류를 인정하고 돌아설 때까지는 이들과 평화를 논하지 말아야 합니다. 이들이 돌아서기 전에 허울 좋은 서방 교회의 연합을 들먹이면서 우리의 주의를 끌려고 하는 것은 기독교를 모독하는 것입니다.

성경을 읽고 성경이 말하는 바를 잘 숙지하십시오. 성경을 읽는 평신도야말로 이 나라를 오류로부터 지켜 내는 가장 견고한 요새입니다. 영국 평신도가 자신들의 의무를 충실히 이행하기만 하면, 영국의 개신교는 더 이상 걱정할 것이 없습니다. 성공회 39개 종교강령과 주얼의 「변증*Apology*」을 읽고, 오랫동안 소홀히 여겨 왔던 이런 문서들이 로마 가톨릭의 교리에 대해 무엇이라고 말하는지 보십시오. 안타깝게도, 우리 같은 목회자가 종종 비난받을 짓을 합니다. 일년에 네 차례 교황의 수장권supremacy을 논박하는 설교를 하도록 규정하는 교회법 제1조를 우리 스스로가 어기고 있습니다! 우리는 종종 "자이언트 교황"[4]이 죽어 이미 장례를 치르기라도 한 양, 그 이름조차 들먹이지 않습니다. 그들의 기분을 상하게 할까 봐 교인들에게 교황주의의 본질과 악에 대해 말해 주지 않습니다.

여러분은 성경과 신조 외에 교회사도 읽어서, 로마 가톨릭이 과거에 어떤 일을 자행했는지 알아야 합니다. 이들이 어떻게 조국의 자유를 유린하고, 조상들의 재산을 약탈하고, 온 나라를 무지와 미신과 부도덕으로 몰아갔는지 읽어 보십시오. 영국 교회가 개신교회되는 것을 막기 위해 로드William Laud 대주교가 하나님이 싫어하시는 갖가지 방법들을 동원해 어떻게 교회와 국가를 파멸으로 이끌었는지 보십시오. 결국 자신의 완고함과 어리석음으로 찰스 왕과 함께 어떻게 교수대에 달리게 되었는지 보십시오. 영국의 마지막 가톨릭 왕이었던 제임스 2세가 개신교를 억누르고 교황주의를 다시 도입하려다가 결국 어떻게 그 자리에서 끌어내려졌는지 보십시오. 로마 가톨릭은 전혀 변함이 없습니다. 자신들은 전혀 무오하고, 항상 동일하다는 것이 그들의 자랑이요 영광입니다.

역사를 읽어 보고 싶지 않다면, 지금 이 세상에서 일어나고 있는 일들을 한번 보십시오. 이탈리아와 시칠리아가 오래전부터 최근까지 저런 상태로 있을 수밖에 없는 이유가 무엇입니까? **교황주의입니다**. 무엇이 남아메리카를 저렇게 만들었습니까? **교황주의입니다**. 스페인과 포르투갈이 저렇게 된 이유가 무엇입니까? **교황주의입니다**. 어떻게 아일랜드가 먼스터Munster, 렌스터Leinster, 코노트Connaught를 저렇게 만들었습니까? **교황주의입니다**. 스코틀랜드와 미국과 우리 조국 영국이 부강한 나라가 된 이유가 무엇입니까? 두말할 필요도 없이, 누구나 자유롭게 성경을 읽을 수 있고 종교개혁의 원리가 있는 개신교 때문입니다. 종교개혁의 원리를 거부하고 배제하려는 사람이 있다면 다시 한번 잘 생각해 보십시오! 로마 가톨릭으로 회귀하고 교황주의를 따르려는 만연된 풍조에 동조하기 전에 다시 한번 잘 생각해 보십시오.

성경도 없이 무지에 빠져 있던 영국 사람들은 종교개혁을 통해 각 교구마다 성경을 갖게 되었고, 지식을 소유하게 되었습니다. 종교개혁을 통해 흑암 가운데 있던 백성이 빛을 보게 되었고, 사제의 횡포 아래 있던 그들이, 그리스도께서 주신 자유를 누리게 되었습니다. 그리스도의 보혈로 말미암은 속죄와 믿음과 은혜와 참된 거룩에 대해 외인이었던 그들이, 이 모든 것을 누리는 열쇠를 손에 쥐게 되었습니다. 소경이었던 그들이 볼 수 있게 되었고, 종 노릇 하던 그들이 자유를 누리게 되었습니다. 우리는 종교개혁을 주신 하나님께 항상 감사해야 합니다! 종교개혁을 통해 우리 안에 밝혀진 촛불이 결코 희미해지거나 꺼지게 해서는 안됩니다. 이 시대는 로마 가톨릭의 악함과 더불어 개신교 종교개혁의 엄청난 가치를 새롭게 자각할 것을 우리에게 요청하고 있습니다!

4. 이 시대는 더 높은 수준의 개인적인 거룩을 요구하고 있을 뿐 아니라 일상에서의 실천적 신앙에 더 관심을 기울이라고 요청하고 있습니다.

종교개혁 이래로 오늘날처럼 삶이 아닌 입으로만 신앙을 고백하고, 하나님과 동행하지는 않으면서 하나님에 대한 무수한 말을 늘어놓고, 하나님의 말씀을 행하지는 않으면서 듣기는 많이 하는 때도 없었을 것입니다. 소리 나는 구리와 울리는 꽹과리가 오늘날처럼 많은 때도 없었습니다! 알맹이 없는 형식주의가 오늘날처럼 만연한 적도 없었습니다. 실천적 기독교에 대한 전반적인 생각과 이해의 수준이 많이 낮아졌습니다. 그리스도인에게 합당한 고귀한 행동 양식은 오히려 퇴보하고 타락했습니다. 이른바 신앙인이라는 많은 사람들이, 과거에는 신앙인에게 전혀 어울리지 않은 것으로 여겼던 일을 계속하고 있는 것을 봅니다. 카드놀이를 즐기고, 극장에 출입하고, 춤을 추고, 연애 소설에 탐닉하고, 주일에 여행을 가고 하는 일을 전혀 해롭다고 여기지 않을 뿐 아니라, 이를 반대하는 이유조차 이해하지 못합니다! 이런 일에 대한 양심의 가책이 사라진 지 오래입니다. 이런 일에 빠져 있는 젊은 교인을 채근이라도 하려고 하면, 그들은 여러분을 시대에 뒤떨어진 편협한 사람처럼 쳐다보며, "도대체 뭐가 해롭다는 거죠?" 하고 힐문합니다. 부주의함과 방탕함과 경솔함이 자라나는 세대의 신앙고백자들에게 나타나는 일반적인 특징입니다.

오해하지 말기를 바랍니다. 저는 지금 금욕적인 기독교를 장려하고자 하는 것이 아닙니다. 수도원이나 수녀원에서 하듯이, 세상으로부터 완전히 결별하여 마땅히 해야 할 의무를 거부하는 모든 행위는 완전히 비성경적인 행위일 뿐 아니라, 오히려 해로움만 끼치는 가짜 치료제입니다. 하나님의 말씀에도 전혀 근거가 없고 이 세상에서 도무지 이룰 수 없는, 그리스도인의 **완전**이라는 이상적인 기준을 들이대고 싶지도 않습니다. 그렇다고 사회에서 그리스도인으로서 해야 할 많은 일을 포기하고, 마귀나 악한 자들이 멋대로 하도록 속절없이 다 넘겨주고 싶은 마음도 없습니다. 결코 그럴 수 없습니다. 오히려 상냥하고 기쁨에 넘치고 장부다운 신앙을 진작시켜서, 신자가 어디서 무엇을 하든 그리스도를 영화롭게 하기를 항상 바랄 뿐입니다.

제가 여러분이 주목하기 바라는 높은 수준의 거룩에 이르는 길은 정말 단순합니다. 오히려 너무나 단순해서, 많은 사람들이 그 길을 비웃고 무시하고 방치하는 것 같습니다. 그래서 그 길은 어느새 잡초로 무성하게 되었습니다. 지금이야말로 사람들을 그 길로 인도해야 할 때입니다. 우리는 우리의 오랜 친구인 **십계명**을 더욱 주의 깊게 살펴보아야 합니다. 앤드류스Andrewes 주교나 청교도에 의해 재발견되고 훌륭하게 발전된 하나님의 율법이 새겨진 이 두 돌판은, 실천적 신앙을 위한 무한한 광맥입니다. 많은 성공회 목사들이 교회에서 십계명을 소홀히 다루고, "지금은 더 이상 십계명이 필요한 시대가 아닙니다!"라고 뻔뻔스럽게 말하는 것은 이 시대가 악하다는 증거입니다! 하지만 사실 오늘날만큼 십계명이 필요한 시대도 없습니다. **산상설교** 같은 우리 주 예수 그리스도의 가르침을 더 면밀히 살펴야 합니다. 우리의 양식이 되는 참으로 탁월한 말씀입니다! 이 얼마나 강력한 말씀인지 보십시오. "내가 너희에게 이르노니 너희 의가 서기관과 바리새인보다 더 낫지 못하면 결단코 천국에 들어가지 못하리라"(마 5:20). 하지만 슬프게도, 우리는 이 본문에 대한 설교를 거의 들을 수 없습니다! 마지막으로, 우리는 **사도 바울이 쓴 서신들의 후반부**를 더 면밀히 연구해야 합니다. 이 본문들은 너무 가볍게 다뤄지거나 무시되고 있습니다. 성경을 읽는 많은 사람들이 로마서 전반부 열한 장에는 익숙하지만 나머지 다섯 장은 상대적으로 잘 알지 못합니다. 토머스 스코트Thomas Scott는 유서 깊은 로크Lock 채플에서 에베소서를 강해할 때, 이 복된 서신의 후반부로 갈수록 회중이 현저하게 줄어들었다고 밝히고 있습니다! 다시 말씀드립니다. 제 말이 너무나 단순하게 들릴지 모르지만, 이 말에 귀 기울이고 잘 준행해 간다면, 여러분은 그리스도의 오신 뜻을 이루는 데 가장 귀하게 드려질 것이 분명합니다. 가정의 신앙, 세상과의 구별, 친척에 대한 의무 이행, 이타심, 좋은 성품, 일반적인 영적 사고 등에 있어서 지금은 거의 다다를 수 없다고 여기는 데까지 이르게 될 것이고, 영국 기독교의 수준이 그만큼 향상되리라고 확신합니다.

현대 기독교는 **능력**도 없고, 그리스도를 머리로 모셨다는 몸인 그리스도의 참된 교회는 이전처럼 세상을 뒤흔들지 못하고 있다는 탄식이 많이 들립니다. 이유는 분명합니다. 신자의 **삶**의 수준이 너무 낮아졌을 뿐 아니라, 그것이 아예 기독교 전반의 현상이 되었기 때문입니다. 에녹과 아브라함처럼 하나님 앞에서 행하고, 하나님과 동행하는 사람이 더 많아져야 합니다. 비록 오늘날 신자라고 하는 사람의 수가 예전 우리 조상들의 수보다 훨씬 많기는 하지만, 정작 기독교적 실천의 표준은 현저하게 낮아졌습니다. 70-80년 전에 우리 조상들의 삶에서 현저하게 드러났던 자기부인, 세월을 아끼는 것, 사치와 방종을 물리치는 것, 이 땅에 속한 것과의 구별, 우리 주님의 일에 대한 분명한 태도, 신실한 마음, 단순한 가정생활, 일상에서의 경건한 대화, 인내, 겸손, 진실하고 정중한 태도와 같은 귀한 것은 다 어디로 갔단 말입니까? 이런 것들은 다 어디로 사라졌습니까? 그들의 삶의 원리를 이어받고 그들이 사용했던 무기를 우리도 가지고 있지만, 그들의 **실천**까지도 물려받았는지 자신할 수 없습니다. 성령이 우리의 이런 상태를 보고 탄식하십니다. 이런 우리를 보고 세상이 멸시합니다. 우리의 모습을 본 세상은 더 이상 우리의 증거에 귀 기울이지 않습니다. 세상을 감화시키는 것은 삶입니다. 경건한 삶, 하늘을 사는 삶, 그리스도와 같은 삶에 이 모든 것이 달려 있습니다. 하나님의 복 주심으로 세상으로부터 당한 부끄러움과 수치를 털어 버리기로 결심합시다. 이 문제에 대해 세상이 요구하는 것이 무엇인지 알 수 있도록 분명히 깨어 있읍시다. 더 고상한 실천적 표준을 향해 나아갑시다. 이도 저도 아닌 얼치기 거룩에 만족해 사는 것은 지나온 삶만으로도 족합니다. 이제 때가 되었습니다. 하나님과 동행하기 위해 힘씁시다. 비아냥대는 세상을 뒤바꿀 수 없다 해도, 일상에서의 철저하고 명백한 삶으로 그들의 입을 다물게 할 수 있습니다.

5. 마지막으로, 이 시대는 우리의 영혼을 기름지게 할 옛 방법들을 일상에서 확고하게 지켜 가기를 바라고 있습니다.

지각 있는 그리스도인이라면 근래 몇 년 사이에 이 땅에 **대중적인 신앙 활동**—더 나은 표현이 없어 이렇게 씁니다—이 급격히 늘어난 것을 누구나 잘 알 것입니다. 온갖 종류의 예배들이 희한하게 늘어났습니다. 예배 처소마다 기도 모임과 설교와 성찬식이 행해지고 있는데, 예배 처소가 지난 50년 전보다 적어도 10배는 더 늘어났습니다. 본당에서 드려지는 예배뿐 아니라, 농업회관이나 마일드메이Mildmay 회의장과 같은 공공장소에서 모이는 집회, 그리고 밤낮으로 행해지는 선교 예배 등은 이미 일반적이고 친숙한 일이 되었습니다. 이런 모임이 사실상 하나의 예배 형식으로 굳어지고 있습니다. 많은 사람들이 이런 모임에 참여하고 있는 것으로 보아 대중에게도 인기가 있습니다. 요컨대, 지난 사반세기는 공적인 **대중적인 신앙 활동**이 폭발적으로 일어난 시기라는 사실을 부인할 수 없습니다.

이런 사실을 비난하려는 것이 아닙니다. 그런 생각은 절대 하지 마십시오. 오히려 신앙에 있어서 사도 시대의 진취적인 모습이 되살아나고 "아무쪼록 몇 사람이라도 구원하고자" 하는 열망이 전파되는 것으로 인해 하나님께 감사합니다(고전 9:22). 이전보다 짧아진 예배시간, 국내선교, 그리고 생키Ira D. Sankey나 무디 같은 사람이 하고 있는 복음주의 운동으로 인해 하나님께 감사합니다. 무관심과 무감각, 무신경보다 더 나쁜 것은 없습니다. "전파되는 것은 그리스도니 이로써 나는 기뻐하고 또한 기뻐하리라"(빌 1:18). 영국의 예언자들과 의인들은 이런 일 보기를 소원했지만 보지 못했습니다. 윗필드나 웨슬리가 살아생전에 영국의 대주교와 감독들이 선교 사역을 허락할 뿐 아니라 적극적으로 역할을 감당하는 때가 올 것이라는 소리를 들었다면, 도무지 믿기지 않았을 것입니다. 오히려 엘리사 때의 사마리아 장관처럼 이렇게 말하고 싶었을 것입니다. "여호와께서 하늘에 창을 내신들 어찌 이런 일이 있으리요"(왕하 7:2).

대중적인 신앙 활동이 증가 일로에 있는 것으로 인해 하나님께 감사합니다. 그럼에도 불구하고 우리가 잊지 말아야 할 것이 있습니다. **개인적인 신앙생활**을 동반하지 않는 대중적인 신앙 활동은 견고하지 못하고 큰 의미가 없을 뿐 아니라, 가장 우려할 만한 결과를 낳을 수도 있다는 사실입니다. 인기 있는 설교자를 항상 쫓아다니고, 밤늦은 시간까지 계속되는 열광적인 대중 집회에 빠지지 않고 참석하고, 항상 새로운 자극과 흥분과 대중의 구미에 맞는 색다른 설교를 열망합니다. 이런 모든 것은 아주 건강하지 못한 기독교를 양산하게 되고, 많은 경우에 영혼의 완전한 파멸로 이어질까 두렵습니다. 불행하게도 **대중적인 신앙 활동**이 전부인 것으로 생각하는 사람은, 종종 일시적 감정과 교회당의 분위기에 이끌려 실제로 자신이 느끼는 것 이상의 고백을 하게 됩니다. 한 번 그렇게 하고 나면 계속되는 종교적 흥분이 있어야만 만족스러운 상태를 유지할 수 있습니다. 한 번 이렇게 된 사람은 아편 중독자나 알코올 중독자처럼 더 큰 흥분과 자극을 찾습니다. 그렇지 못하면, 얼마 지나지 않아 불만족과 권태감에 서서히 빠져들게 됩니다. 제가 두려운 것은, 많은 경우 이런 사람들이 결국 생명 없는 불신앙의 상태로 미끄러져, 아예 세상으로 다시 돌아가 버린다는 사실입니다. 대중적인 신앙 활동이 전부인 양 착각하고 살아간 사람의 결국이 이렇습니다! 오, 하나님의 영광이 엘리야에게 드러날 때 결코 바람이나 불이나 지진이 아니라, "세미한 소리" 가운데 드러났다는 사실을 사람이 기억하면 얼마나 좋겠습니까!(왕상 19:12)

저는 이제 이 주제에 대하여 경고를 발하려고 합니다. 저는 결코 **대중적인 신앙 활동**이 사그라지기를 바라지 않습니다. 하지만 제가 정말 바라는 것은, 하나님과 각 사람 사이의 은밀하고 개인적인 신앙생활이 증대되는 것입니다. 식물이나 나무의 뿌리는 땅 위로 모습을 드러내지 않습니다. 땅을 파고 뿌리를 살펴보면 보잘것없고, 지저분하고, 투박하기만 합니다. 열매나 이파리나 꽃과 비교해서 전혀 아름답지도 않습니다. 그럼에도 불구하고, 이 보잘것없는 뿌리야말로 여러분의 눈에 보이는 모든 생명과 건강과 생기와 풍요함의 참된 근원입니다. 뿌리가 없는 식물은 이내 죽고 맙니다. 개인적인 신앙생활은 모든 생동적인 기독교의 뿌리입니다. 개인적인 신앙생활이 없이도 우리는 집회나 강단에서 담대하게 뽐내고, 큰소리로 노래하고, 많은 눈물을 흘리고, 생명을 소유한 사람이라는 인정을 받고, 사람의 칭찬을 들을 수도 있습니다. 하지만 이것이 없다면 혼인 예복이 없는 것이고 "하나님 앞에서 죽은 자"입니다. 이 시대는 우리에게 개인적인 신앙생활에 더 관심을 기울이라고 요청하고 있습니다.

(1) 개인 기도에 더 열심을 내야 합니다. 기도할 때 우리의 온 영

혼을 쏟아 부어야 합니다. 살아 있는 기도가 있고, 죽은 기도가 있습니다. 아무 열의와 수고가 없는 기도가 있고, 격렬한 울부짖음과 눈물로 드리는 기도가 있습니다. 여러분의 기도는 어떤 기도입니까? 공개적으로 신앙에서 떠남으로써 교회를 놀라고 당혹스럽게 하는 자는, 사실 이미 오래전에 기도의 자리에서 떠난 자입니다. 이들은 은혜의 보좌를 무시했습니다.

(2) **개인 성경 읽기에 진력해야 합니다.** 성경에 대한 무지는 모든 오류의 시작이고, 꼼짝없이 마귀의 수중에 떨어지게 합니다. 지금은 50년 전보다 성경을 현저히 덜 읽고 있습니다. 하나님의 말씀에 대한 게으르고 부주의하고 피상적이고 형식적인 습관만 없었어도, 이렇게 많은 영국 사람이 "온갖 교훈의 풍조에 밀려 요동"하거나(엡 4:14), 회의주의에 빠지거나, 거칠고 편협한 열광주의에 빠지거나, 로마 가톨릭으로 개종하는 일은 없었을 것입니다. "너희가 성경도……알지 못하는 고로 오해했도다"(마 22:29). 강단에 펼쳐진 성경책이 가정에 있는 성경책을 대신할 수 없습니다.

(3) **개인 묵상과 그리스도와의 친교가 끊이지 않아야 합니다.** 다윗처럼 자기 영혼과 대화하기 위해서, 우리 마음을 하나님 우편에 계시는 우리의 위대한 대제사장이자 중보자이신 그분께 쏟아 놓기 위해서, 우리는 때때로 홀로 있는 시간을 갖기로 결심해야 합니다. 아주 은밀히 고백해야 할 죄가 많습니다. 그러나 사람에게는 아닙니다. 우리가 필요로 하는 것은, 고해실과 같은 교회당 한 켠에 있는 작은 상담실이 아니라 은혜의 보좌입니다. 어떤 신자는 절대 혼자 있는 법이 없고, 영적 양식을 찾는다며 항상 이리저리 분주하게 다

니느라 혼자 조용히 앉아 자신의 영적 상태를 돌아보고 점검해 볼 시간을 내지 못합니다. 이런 그리스도인이 끊임없이 대중적인 신앙 활동을 하면서도 여전히 연약한 신앙을 가진 채 더 이상 자라지 않고, 바로의 꿈에 나온 파리한 소처럼 되어 가는 것은 전혀 이상할 것이 없습니다. 영적 번영은 대부분 우리 개인의 신앙에 달려 있습니다. 하나님의 도우심으로 생각과 기도와 성경 읽기와 그리스도와의 개인적인 친교를 위한 시간을 내기로 결심하지 않으면, 우리의 개인적인 신앙생활은 결코 자라지 않습니다. 슬프게도, 우리 주님의 이 말씀이 간과되고 있습니다. "너는 기도할 때에 네 골방에 들어가 문을 닫고 은밀한 중에 계신 네 아버지께 기도하라"(마 6:6).

복음주의 조상들은 지금 우리가 누리는 방편이나 기회에 있어, 우리와는 비교할 수도 없을 만큼 열악했습니다. 윗필드, 웨슬리, 롤런드 같은 설교자들의 설교를 들으러 교회나 벌판에서 때때로 모이는 것 말고는, 지금처럼 많은 군중이 제대로 모양을 갖춰서 집회를 해본 적이 없었습니다. 이런 집회가 그렇게 인기가 있지도 않았고 세련되지도 못했습니다. 그뿐 아니라, 칭찬보다는 욕설과 핍박이 더 많이 뒤따랐습니다. 우리 조상들이 가진 도구는 얼마 되지 않았지만, 그것을 사용하는 데 있어서는 이들을 따라올 자가 없었습니다. 이들에게는 지금 우리 시대가 누리는 것과 같은 많은 모임과 집회, 선교회, 모임 장소가 없었고, 갖춰진 시설도 없었습니다. 지금처럼 요란하거나 사람들로부터 갈채도 받지 못했습니다. 그러나, 제가 믿기로 이들은 지금 우리가 하는 것보다 하나님을 위해 훨씬 더 깊은 흔적을 남겼습니다. 이들을 통해 회심한 사람은 지금 우리 시대에 거듭났다고 하는 사람들보다 훨씬 더 오래 참고, 잘 견디며, 분명한 색깔을 나타내고, 안정되고, 견고한 뿌리를 내렸습니다. 도대체 그 이유가 무엇입니까? 이유는 간단합니다. 이들은 오늘날 우리가 하는 것보다 **개인적인 신앙생활**에 더 깊은 관심을 기울였기 때문입니다. 친밀히 하나님과 동행하고 개인적으로 그분을 칭송했기 때문에, 공적으로도 그렇게 할 수 있었던 것입니다. 이들이 그리스도를 따랐던 것처럼, 우리도 그렇게 따라갑시다! 우리도 가서 저들과 같이 해야 합니다.

이제 몇 가지 실천적 적용을 덧붙임으로써 이 장을 마무리하겠습니다.

(1) **자신의 영혼과 관련하여**, 이 시대가 여러분에게 요구하는 것이 무엇인지 알고 싶습니까? 제 말을 잘 들어 보십시오. 여러분은 지금 영적으로 아주 위험한 시대를 살아가고 있습니다. 천국으로 가는 여정에 지금처럼 많은 덫과 함정이 도사린 적도 없었을 것입니다. 또 그 함정들은 얼마나 그럴싸하고 교묘한지요. 여러분이 내딛는 발걸음을 조심하십시오. 자기 영혼을 파멸시키고 영원한 슬픔에 이르지 않도록 조심하십시오. **사상의 자유**라는 허울 아래 불신앙에 빠지지 않도록 하십시오. **분열**을 조장하지 않겠다는 그럴듯한 구실, 이른바 관용과 박애라는 미명 하에 교리적 진리에 대해 우유부단한 태도를 취하지 않도록 하십시오. 결단할 날이 오기만을 바라면서 계속해서 결단을 미루고 삶을 허비하다가 결국 문이 닫히고, 굳은 양심으로 아무 희망도 없이 죽어 가지 않도록 조심하십시오. 여러

분이 얼마나 위험한 상황에 둘러싸여 있는지 자각해야 합니다. 좀 확실하지 않더라도 다른 것은 내버려 두고, 여러분의 부르심과 선택만큼은 분명히 할 수 있도록 일어나 부지런히 힘쓰십시오. 하나님 나라가 임박했습니다. 여러분이 그리스도께 오기만 하면, 전능하신 구주 그리스도께서, 죄인들의 친구이신 그리스도께서, 영원한 생명이신 그리스도께서 여러분을 맞아 주실 것입니다. 변명으로 뭉그적대지 말고 그 자리에서 일어나십시오. 바로 오늘 그리스도께서 여러분을 부르십니다. 누구와 함께 가겠다고 기다리느라 지체하지 마십시오. 아무도 기다리지 마십시오. 다시 말씀드리지만, 지금은 너무나도 위험한 시대입니다. 극소수만이 생명의 좁은 길로 갈 수 있다고 한다면, 하나님의 도우심을 받아 어떻게 해서든 그 소수에 포함되도록 힘쓰십시오.

(2) **다른 사람의 영혼과 관련하여**, 이 시대가 모든 그리스도인에게 요구하는 것이 무엇인지 압니까? 여러분은 지금 엄청난 자유를 누리고 있을 뿐 아니라, 다른 사람을 위해 선을 행할 수 있는 수많은 기회를 누리며 살고 있습니다. 의미 있는 섬김의 기회가 이렇게 활짝 열려 있던 적이 또 있었을까요? 희어져 추수할 밭은 또 얼마나 많습니까? 활짝 열린 기회를 잘 사용하십시오. 익은 곡식을 거두어들이십시오. 여러분이 숨을 거두기 전에 조금이라도 더 선을 행하십시오. 다른 이들을 유익하게 하는 사람이 되도록 힘쓰십시오. 하나님의 도우심을 입어, 여러분이 땅에 묻힐 때는 여러분이 태어났던 때보다 더 나아진 세상을 보겠노라고 결심하십시오. 친척과 친구와 동료들의 영혼을 기억하십시오. 하나님은 종종 연약한 도구를

사용하신다는 사실을 잊지 마십시오. 하나님은 거룩한 솜씨로 이들을 그리스도께로 이끄시려고 합니다. 시간이 얼마 없습니다. 이 세상의 모래시계에서 모래가 다 빠져나가고 있습니다. 그러므로 세월을 아끼고, 나만 천국 가면 된다는 태도를 버리십시오. 선행에 좋은 결과가 있고 없고는 여러분의 원대로 되는 것이 아닙니다. 여러분이 아무리 선의로 힘쓰고 애써도 상대방이 여러분의 노력을 항상 그렇게 받아들일지는 미지수입니다. 하지만 분명한 것은, 그런 여러분의 노력이 여러분 자신에게는 항상 유익한 것으로 남을 것이라는 사실입니다. 항상 선을 행하기를 힘쓰십시오. 건강의 비밀은 훈련입니다. 훈련은 몸과 영혼 모두를 건강하게 합니다. "남을 윤택하게 하는 자는 자기도 윤택하여지리라"(잠 11:25). 우리 주님은 "주는 것이 받는 것보다 복이 있다"고 하셨습니다(행 20:35). 하지만 심오하고도 고귀한 이 말씀의 진정한 의미를 바로 이해하는 사람은 드뭅니다.

(3) 마지막으로 **성공회와 관련하여**, 이 시대가 우리에게 요구하는 것이 무엇인지 압니까? 여러분이 살고 있는 이 시대는, 역사적 전통에 충실한 유서 깊은 교회에게 참으로 힘겹고도 위험한 시대입니다. 사공이 교회라는 배를 이미 흉흉한 바다 한가운데로 이끌고 말았습니다. **밖으로는** 교황주의자와 불신자와 자유주의자의 위협을 받고 있고, **안으로는** 배교자와 거짓 친구와 겁에 질린 사역자로 인해 원기가 다 소진된 상태입니다. 그럼에도 불구하고 성공회가 성경과 종교강령과 개신교 종교개혁의 원리를 굳게 고수하는 한, 교회를 강력하게 고수할 것을 부탁드립니다. 종교강령을 배 바깥으

로 팽개치고, 저 오랜 종교개혁의 깃발마저 끌어내리기 전까지는 그렇게 해야 합니다. 만약 성공회가 이런 것을 팽개치는 때가 온다면, 그때가 바로 여러분이 이 파선한 배를 버리고 떠날 때입니다. 하지만 지금은 아닙니다. 지금은 이 낡은 배를 고수해야 합니다.

교회가 어려움에 처해 있고 교회에서 진리를 주장하기 어렵다는 이유로 겁쟁이처럼 교회를 떠나야 합니까? 교회를 떠나 어디로 갑니까? 어디에서 더 나은 기도처를 찾을 수 있겠습니까? 비록 많은 죄악이 여전히 있지만, 교회 말고 또 어디에서 이처럼 많은 선을 볼 수 있겠습니까? 교회로 인해 서글플 때가 참 많습니다. 이는 부인할 수 없는 사실입니다. 하지만 이 땅에 있는 가시적 교회는 이 점에 있어서 다 마찬가지입니다. 구름 한 점 없이 화창하게 맑은 날씨 같은 교회는 이 땅에 하나도 없습니다. 우리의 신앙고백서는 이렇게 말합니다. "이 땅 어디서나 선과 악이 혼재되어 있다"(성공회 종교강령 39개조 중 제26조). 가라지가 없이 자라는 밀은 없습니다. 사실이 그럼에도 불구하고 우리를 더 기쁘게 하는 것은, 이 땅에서 복음적 설교가 그 어느 때보다 더 많이 행해지고 있고, 국내외적으로 더 많은 일이 행해지고 있다는 사실입니다. 만약 지난 세기에 여섯 명의 사람들과 함께 신앙을 지키며 고독하게 살아갔던 윌리엄 로매인이 지금 우리가 목도하는 것과 같은 상황을 보았다면, 아마도 우리의 나약함과 감사하지 않음을 신랄하게 꾸짖었을 것입니다. 아직은 떠날 때가 아닙니다! 교회 밖에서 시기하는 구경꾼과 안에서 침울하게 불평만 하는 사람이 우리를 보고 무슨 말을 하든, 교회 안에 있는 반¥교황주의와 회의주의에도 불구하고, 영국 개혁교회의 싸움은 아직 끝나지도 실패하지도 않았습니다. 마렝고Marengo의 전장*에서 나폴레옹이 오후 4시에 했던 유명한 말처럼 말입니다. "아직 우리에게는 이길 수 있는 시간이 남아 있다." 만약 영국 교회의 충성된 지체들이 구명정을 띄워 교회를 떠나려 하지 않고 서로를 냉담하게 바라보는 대신 듬직하게 자기 자리를 지켜 주고 서로 다투지 않는다면, 조국 교회는 죽지 않고 살아날 것이며, 우리 후손에게 대대로 복이 될 것입니다. 그러니 우리가 선 이 자리에 우뚝 서서 이 자리를 지킵시다. 물이 조금 샌다고 배를 버리고 떠날 생각에 급급하기보다, 오히려 펌프를 설치하고 그 배가 가라앉지 않도록 애써야 합니다. 교회를 고수하기 위해 계속해서 노력하고, 힘써 싸우고, 기도해야 합니다. 이렇게 살아가는 교인이야말로 "시대를 분별하는" 신자라고 저는 믿습니다.

---

* 1800년, 나폴레옹이 이끄는 프랑스군이 오스트리아군을 맞아 대승을 거둔 전쟁―옮긴이.

20장

모든 것 되시는 그리스도

오직 그리스도만이 모든 것이며. (골 3:11, 새번역)

이 본문은 몇 자 되지 않는 짧은 말씀이지만, 위대한 내용을 담고 있습니다. "내게 사는 것이 그리스도니"(빌 1:21), "이제는 내가 사는 것이 아니요 오직 내 안에 그리스도께서 사시는 것이라"(갈 2:20)는 말씀들과 더불어 풍성한 의미를 가진 특별한 말씀입니다.

위의 세 구절은 기독교의 본질과 실체입니다. 우리 마음이 진실로 이 말씀과 더불어 산다면, 큰 유익을 누릴 것입니다. 하지만 만약 그렇지 못하다면, 아직 배워야 할 것이 많은 것이 분명합니다.

어떤 의미에서 "오직 그리스도만이 모든 것" 되시는지 살펴보겠습니다. 독자들은 이 글을 읽으면서 자신이 마지막 심판 날에 파선하게 될지 아닐지 스스로에게 정직하게 물어보아야 합니다.

우리가 반드시 주목해야 할 이 장을 의도적으로 이 책의 마지막에 두었습니다. 그리스도는 교리적 기독교와 실천적 기독교 모두의 원천입니다. 칭의뿐만 아니라 성화를 바르게 알기 위해서는 그리스도를 바로 알아야 합니다. 거룩을 추구하는 사람이라면 그리스도를 바르게 알고 그분께 합당한 자리를 내드려야 합니다. 그렇지 않으면 그 어떤 진보도 있을 수 없습니다. 죄에 대한 분명한 진술로 이 책을 시작한 저는, 이제 그리스도에 대한 분명한 진술로 이 책을 마무리하려고 합니다.

1. 인간에 관한 하나님의 모든 권고에 있어서, 그리스도가 전부입니다.

(1) 이 세상이 존재하지 않았던 때가 있었습니다. 견고한 산과 드넓은 바다와 높은 하늘의 별들이 존재하지 않았던 때가 있었습니다. 스스로를 만물의 영장이라 일컫는 인간이라 할지라도 그 존재도 없었던 때가 있었습니다.

그때 그리스도는 어디에 계셨습니까?

그때 그리스도는 "하나님과 함께" 계셨고, "하나님이셨고", "하나님과 동등"되셨습니다(요 1:1, 빌 2:6). 그때에도 그분은 성부의 사랑하는 아들이셨습니다. 그리스도는 이렇게 말씀하셨습니다. "창세 전부터 아버지께서 나를 사랑하셔서"(요 17:24, 새번역). "창세 전에 내가 아버지와 함께 누리던 그 영광으로"(요 17:5, 새번역). "만세 전부터 태초부터 땅이 생기기 전부터 내가 세움을 받았나니"(잠 8:23). 그리스도는 "창세 전부터 미리 알린 바 되신"(벧전 1:20) 구주셨고, 신자는 "그리스도 안에서" 택함을 입었습니다(엡 1:4).

(2) 이 땅이 지금과 같은 모양으로 지음을 받게 됩니다. 해와 달과 별들, 바다와 육지와 그 안에 거하는 모든 생물이 지음을 받습니다. 그리고 마지막으로 사람이 흙으로부터 지음을 받습니다.

그때 그리스도는 어디에 계셨습니까?

성경은 말합니다. "만물이 그로 말미암아 지은 바 되었으니 지은 것이 하나도 그가 없이는 된 것이 없느니라"(요 1:3). "만물이 그에게서 창조되되 하늘과 땅에서 보이는 것들과 보이지 않는 것들과"(골 1:16). "또 주여, 태초에 주께서 땅의 기초를 두셨으며 하늘도 주의 손으로 지으신 바라"(히 1:10). "그가 하늘을 지으시며 궁창을 해면에 두르실 때에 내가 거기 있었고 그가 위로 구름 하늘을 견고하게 하시며 바다의 샘들을 힘 있게 하시며 바다의 한계를 정하여 물이 명령을 거스르지 못하게 하시며 또 땅의 기초를 정하실 때에 내가 그 곁에 있어서 창조자가 되어"(잠 8:27-30). 주 예수께서 설교하실 때마다 자연이라는 교과서에서 교훈을 끄집어내신 것을 의아하게 생각할 수 있겠습니까? 양, 물고기, 까마귀, 알곡, 백합, 무화과나무, 포도나무 등을 언급하실 때, 그분은 자신이 친히 지으신 것을 가지고 말씀하신 것입니다.

(3) 어느 날 죄가 세상에 들어왔습니다. 아담과 하와가 먹지 말라던 과실을 먹고 타락했습니다. 거룩하게 지음받은 자신들의 본성을 상실했습니다. 하나님으로 더불어 누리던 친교와 은택을 박탈당하고 타락하여, 죄책에 눌린 희망 없고 속절없는 죄인이 됩니다. 하늘에 계신 거룩하신 아버지와 그들 사이를 죄라는 장벽이 갈라 버립니다. 하나님께서 그들이 범한 죄에 합당하게 그들을 대했다면, 죽

음과 지옥과 영원한 멸망만이 있었을 것입니다.

그때 그리스도는 어디에 계셨습니까?

우리 조상들이 죄를 짓던 바로 그날, 그리스도는 두려움에 떨고 있는 우리 조상들에게 유일한 구원의 소망으로 나타나셨습니다. 타락한 바로 그날, 그들은 "여자의 후손은 네 머리를 상하게 할 것"이라는 말을 듣습니다(창 3:15). 여인에게서 태어난 구주가 마귀를 정복하고, 죄 많은 인간을 구원해 영생으로 들어가게 하실 것이라는 말씀을 들은 것입니다. 타락한 바로 그날에, 그리스도는 세상의 참 빛으로 높이 들리신 것입니다. 그날 이래로 그분의 이름 외에 영혼들이 구원받을 다른 이름을 세상이 들은 적이 없습니다. 아담으로 말미암아 지옥으로 미끄러져 가던 영혼들이, 그분으로 말미암아 천국으로 들어갔습니다. 그분이 아니었다면, 그 누구도 지옥을 피하지 못했을 것입니다.

(4) 온 세상이 하나님에 대한 무지로 뒤덮여 버린 것 같은 때가 있었습니다. 4,000년이 지나는 동안 지면의 모든 나라가 자신들을 지으신 하나님을 완전히 잊어버린 것처럼 보였습니다. 그동안 이집트와 아시리아와 메대와 그리스와 로마제국이 한 일이라고는, 미신과 우상숭배를 퍼뜨리는 것뿐이었습니다. 시인과 역사가와 철학자는 자신의 지적 능력을 다해서 자신들이 하나님을 아는 지식에 무지하다는 사실과, 하나님과 분리된 인간은 전적으로 타락했다는 사실을 스스로 증거할 뿐이었습니다. "이 세상이 자기 지혜로 하나님을 알지 못하므로"(고전 1:21). 지구 한 귀퉁이에서 살아온 소수의 멸시받던 유대인을 제외하고는, 온 세상은 무지와 죄 가운데 죽어 있

었습니다.

그때 그리스도는 무엇을 하셨습니까?

그리스도는 자기 백성에게 구원을 베풀기 위해 영원 전부터 성부와 함께 누리시던 영광을 떠나 이 세상으로 오셨습니다. 우리의 본성을 입으시고, 참 사람으로 태어나셨습니다. 그분은 사람으로서 우리 모두가 도무지 행하지 못한 하나님의 뜻을 온전히 다 준행하셨습니다. 그분은 사람으로서 우리가 당해야 할 하나님의 모든 진노를 십자가에서 친히 담당하셨습니다. 그리고 우리를 위해 영원한 의로움을 가져오셨습니다. 우리가 율법을 범함으로 초래한 모든 저주에서 우리를 구속하셨습니다. 모든 죄와 더러움을 깨끗이 할 샘을 여셨습니다. 우리 죄를 위해 죽으셨습니다. 그리고 우리의 칭의를 위해 다시 살아나셨습니다. 하나님의 보좌 우편에 앉으셨고, 거기서 자기 원수들로 발등상을 삼으시기까지 기다리십니다. 기다리실 뿐 아니라, 그분께 나아오는 모든 이에게 구원을 베푸시고, 그분을 믿는 모든 이를 위해 중보하시고, 하나님의 정하심을 따라 영혼 구원에 관한 모든 일을 행하십니다.

(5) 죄가 이 세상에서 다 사라질 때가 옵니다. 악은 항상 심판을 받게 되고, 결코 번성하지 못할 것입니다. 사탄의 지배가 그치고, 죄로 말미암은 피조물의 탄식이 그칠 때가 옵니다(롬 8:22). 만물이 회복될 것입니다(행 3:21). 의로움으로 가득한 새 하늘과 새 땅이 도래하고, 물이 바다를 덮음같이 온 땅이 여호와 하나님을 아는 지식으로 충만하게 될 것입니다(벧후 3:13, 사 11:9).

그때 그리스도는 어디서 무엇을 하십니까?

그리스도는 왕으로 이 세상에 다시 오시고 만물을 새롭게 하실 것입니다. 권능과 위대한 영광으로 구름 가운데 강림하시고, 온 세계는 다 그분의 것이 될 것입니다(마 24:30). 이방의 나라들도 다 그분의 기업이 될 것이고(계 11:15), 땅의 모든 끝이 다 그분의 소유가 됩니다(시 2:8). 모든 무릎이 그 앞에 무릎 꿇을 것이고, 모든 입술이 그분을 주로 고백할 것입니다(빌 2:10-11). 그분의 통치는 영원한 통치요, 그분의 나라는 결코 진동하지 않을 것입니다(단 7:14).

(6) 모든 사람이 심판받는 날이 곧 옵니다. 바다가 그 가운데서 죽은 자를 다 내어 주고, 사망과 음부도 그 속에 있는 죽은 자를 다 내어 줄 것입니다(계 20:13). 무덤에서 잠자던 자가 다 일어나 나올 것이고, 모든 사람이 그 행위대로 심판받을 것입니다(단 12:2).

그때 그리스도는 어디에 계시겠습니까?

그리스도는 친히 심판자가 되실 것입니다. "아버지께서……심판을 다 아들에게 맡기셨으니"(요 5:22). "인자가 자기 영광으로 모든 천사와 함께 올 때에 자기 영광의 보좌에 앉으리니 모든 민족을 그 앞에 모으고 각각 구분하기를 목자가 양과 염소를 구분하는 것 같이 하여"(마 25:31-32). "우리가 다 반드시 그리스도의 심판대 앞에 나타나게 되어 각각 선악 간에 그 몸으로 행한 것을 따라 받으려 함이라"(고후 5:10).

여러분 가운데 누구라도 그리스도를 경홀히 여기는 사람이 있다면, 자신은 하나님과 너무나 다른 마음을 가졌다는 사실을 알아야 합니다! 그리스도께 여러분이 지금 하고 있는 정도의 **미미한 영광과 존경**만 표하면 된다고 생각할지 모르지만, 성부 하나님의 영원한 경륜을 통틀어 그리스도는 창조와 구속과 회복과 심판과 같은 모든 일에서 "모든 것"이 되십니다.

곰곰이 잘 생각해 볼 일입니다. "아들을 공경하지 아니하는 자는 그를 보내신 아버지도 공경하지 아니하느니라"는 말씀이 괜히 기록된 것이 아닙니다(요 5:23).

2. 영감으로 기록된 성경에서, 그리스도는 모든 것 되십니다.

신구약성경 어디서나 우리는 그리스도를 발견할 수 있습니다. 비록 성경의 초반부에서는 다소 희미하고 불분명하지만 갈수록 점점 분명해지고, 결국에는 그리스도께서 온전하고 완전하게 드러납니다.

성경 어디를 읽든, 우리는 그리스도의 희생과 대속의 죽음, 그리스도의 나라와 미래의 영광을 마음에 두면서 읽어야 합니다. 성경의 난제를 헤쳐 나가기 위해서는, 그리스도의 십자가와 면류관을 그 실마리로 꼭 붙들어야 합니다. 그리스도는 성경 말씀을 이해하기 위한 열쇠입니다. 성경은 도무지 알 수가 없다고 불평하는 사람이 있습니다. 이유는 매우 간단합니다. 그들이 이 열쇠를 사용하지 않기 때문입니다. 이런 사람에게 성경은 이집트의 상형문자나 다름없습니다. 성경이 애매하고 불가사의한 이유는, 이 열쇠를 몰라 사용하지 않기 때문입니다.

(1) 구약성경의 모든 제사 하나하나에서 드러나는 것은, 십자가에 못 박히신 그리스도입니다. 도살당해서 제단에 바쳐진 모든 짐승은, 죄인을 위해 죽으실 구주―대속자로서 친히 인간의 죄를 짊

어지고 고난당하심으로 그들의 죄를 없이할 구주―에 대한 대망을 실제적으로 고백한 것입니다(벧전 3:18). 무고한 짐승을 별 의미도 없이 도살하는 일을 영존하시는 하나님이 기뻐하실 것이라고 생각하는 것은 터무니없습니다!

(2) 아벨의 제사가 가인의 제사보다 더 나은 것은, 그가 그리스도를 바라보았기 때문입니다. 아벨이 가인보다 더 좋은 마음을 가졌기 때문이 아닙니다. 아벨은 자기 제사를 통해서 대속의 희생에 대한 지식과 속죄에 대한 믿음을 증거했습니다. 아벨은 자기 생축의 첫 소생의 피로 제사를 드려, 피 흘림 없이는 죄 사함이 없다는 사실에 대한 믿음을 증거한 것입니다(히 11:4).

(3) 대홍수가 있기 전 악이 관영했던 시대에, 에녹은 그리스도를 예언하면서 이렇게 말했습니다. "보라, 주께서 그 수만의 거룩한 자와 함께 임하셨나니 이는 뭇 사람을 심판하사"(유 14-15).

(4) 약속의 땅에서 장막에 우거하던 아브라함이 대망했던 분도 그리스도입니다. 자기 후손을 통해 온 땅의 열국이 복을 받을 것이라는 사실을 믿었습니다. 그는 믿음으로 그리스도의 날을 보고 기뻐했습니다(요 8:56).

(5) 야곱이 숨을 거두면서 자기 아들들에게 말했던 분도 그리스도입니다. 그리스도께서 어느 지파에서 나실지를 말하면서, 장차 만민이 그에게 나아와 복종할 것이라고 예언했습니다. "규가 유다를 떠나지 아니하며 통치자의 지팡이가 그 발 사이에서 떠나지 아니하기를 실로가 오시기까지 이르리니 그에게 모든 백성이 복종하리로다"(창 49:10).

(6) 하나님께서 모세를 통해 이스라엘 백성에게 주신 의식법의 실체는 그리스도입니다. 아침저녁으로 드리는 희생제사, 끊임없이 흐르는 피, 제단, 시은소, 대제사장, 유월절, 속죄일, 아사셀의 염소 등, 이 모든 것이 바로 그리스도에 대한 모형과 상징이며, 그의 사역에 대한 묘사입니다. 하나님은 자기 백성의 연약함을 긍휼히 여기셨고, 이들에게 "그리스도"를 차근차근 가르치셨습니다. 마치 우리가 어린아이를 가르칠 때 하는 것처럼 말입니다. 이런 의미에서 "율법"은 유대인을 "그리스도께로 인도하는 초등 교사"였던 것입니다(갈 3:24).

(7) 하나님은 광야에서 이스라엘 백성의 목전에 날마다 기적을 베푸심으로, 그들의 관심을 그리스도께로 이끄셨습니다. 구름기둥과 불기둥을 통해, 매일 아침 내려 주신 만나를 통해, 물을 내게 했던 반석을 통해 그리스도께로 이끄셨습니다(고전 10:4). 이 모든 것이 그리스도를 나타내는 것이었습니다. 특히 불뱀의 재앙이 임했을 때, 그들 가운데 높이 들린 놋뱀 역시 그리스도를 상징하는 것이었습니다(요 3:14).

(8) 모든 사사들 역시 그리스도의 모형이었습니다. 여호수아, 기드온, 입다, 삼손 등 이스라엘을 포로에서 건지기 위해 하나님께서 세우신 모든 사사는 그리스도에 대한 상징이었습니다. 약하고 허물 많은 이도 있었지만, 이들은 장차 임할 더 나은 일에 대한 모범으로 주어졌습니다. 하나님은 이스라엘 지파들로 하여금 장차 오실 위대한 구원자를 대망하게 하려고 사사들을 세우신 것입니다.

(9) 다윗 왕 역시 그리스도의 모형이었습니다. 거의 아무도 그를

존귀히 여기지 않을 때에 하나님께서 그를 택하사 기름 부으셨습니다. 사울과 이스라엘 모든 지파가 그를 멸시하고 핍박하고 거부했고, 다윗은 목숨을 부지하기 위해 망명길에 오를 수밖에 없었습니다. 전 일생을 통틀어 그는 슬픔의 사람이었지만, 결국 승리자로 드러납니다. 다윗의 이런 모든 삶의 행적이 그리스도를 나타냅니다.

(10) 이사야로부터 말라기까지 모든 예언자가 그리스도에 대해 말했습니다. 이들은 모두 거울로 보는 것처럼 희미하게 보았습니다. 이들은 그리스도께서 장차 받으실 고난과 영광을 미리 증언했습니다(벧전 1:11). 이들의 증언은 그리스도의 초림과 재림을 명확히 구분하고 있지 않습니다. 일직선상에 나란히 있는 촛불을 보는 것처럼, 이들은 그리스도의 초림과 재림을 동시에 보고 한꺼번에 이야기하기도 합니다. 성령의 감동을 입고 그리스도께서 십자가에 달리실 때를 이야기하기도 하고, 장차 임할 그리스도의 나라를 언급하기도 합니다. 하지만 그리스도의 죽으심과 그분의 통치는, 항상 그들의 생각 가장 깊은 곳에 자리하고 있었음을 알 수 있습니다.

(11) 신약성경 전체가 그리스도에 대한 증거로 가득하다는 사실은 두말할 필요가 없습니다. 복음서는 사람 가운데 사시고 말씀하시고 행동하시는 "그리스도"요, 사도행전은 선포되고 전파되고 설교되는 "그리스도"입니다. 그리고 서신서는 기록되고 설명되고 찬송받는 "그리스도"입니다. 성경을 통틀어 처음부터 끝까지 모든 이름 위에 뛰어난 이름으로 드러나는 것은, 다름 아닌 그리스도의 이름입니다.

여러분은 성경이 자신에게 도대체 어떤 의미의 책인지 자주 자문해 보아야 합니다. 성경이 단지 좋은 도덕적 지침과 교훈으로 가득한 책 정도로 보입니까? 아니면, 성경에서 그리스도를 발견하고 있습니까? 성경이 과연 "그리스도가 모든 것"인 책입니까? 만약 그렇지 않다면, 여러분은 이제까지 성경을 아주 헛되이 사용한 것입니다. 태양계를 연구한다면서 정작 그 중심인 태양에 대한 연구는 간과하고 있는 사람과 같습니다. 그런 여러분이 성경을 지루하고 따분하게 여기는 것은 당연합니다.

3. 이 땅에 있는 모든 참된 그리스도인에게, 그리스도는 모든 것 되십니다.

제 말을 오해하지 않기 바랍니다. 구원받은 이들의 구원이 성취되기 위해서는, 성부 하나님의 선택과 성령 하나님의 성화의 역사가 있어야 합니다. 이것은 재론의 여지가 없습니다. 인생을 죄와 지옥에서 건지시고 구원에 이르게 하기 위한 삼위 하나님의 역사는 완전한 조화와 일치를 이룹니다. 성부와 성자와 성령은 동일하신 분입니다. 성부도 자비로우시고, 성자도, 성령도 자비로우십니다. 태초에 "우리가 만들자"고 하신 동일한 세 위께서 또한 "우리가 구속하고 구원하자"고 하셨습니다. 천국에 다다른 모든 사람은, 자기 구원의 공로를 삼위이시며 한 하나님이신 성부, 성자, 성령께 돌리게 될 것이라고 이미 말씀드렸습니다.

하지만 저는 동시에, 영혼들을 구원하는 일에 있어 그리스도께서 특별히 높임을 받으셔야 한다는 것 또한 복되신 삼위 하나님의 뜻이라는 분명한 증거를 성경에서 봅니다. 그리스도께서 성경에

"말씀"으로 나타나고 있고, 그리스도를 통해 죄인을 향한 하나님의 사랑이 알려집니다. 그리스도의 성육신과 십자가에서의 대속의 죽음은, 전체 구원 계획을 이루어 가는 데 필요한 위대한 모퉁잇돌입니다. 그리스도는 하나님께로 나갈 수 있는 유일한 길이요 문입니다. 그리스도는 택하심을 입은 모든 죄인이 접붙임을 받은 나무의 뿌리입니다. 그리스도는 하나님과 사람, 하늘과 땅, 거룩한 삼위 하나님과 비참하고 불쌍한 아담의 후손이 만나는 유일한 자리입니다. 성부 하나님께서 죽어 있는 세상에 생명을 주시기로 약속하고 "인친" 분이 바로 그리스도입니다(요 6:27). 성부는 자기 백성을 그리스도께 주셔서 영광으로 인도하게 하셨습니다. 성령은 항상 그리스도를 증거하시고, 사죄와 화평을 위해 영혼들을 항상 그리스도께로 인도하십니다. 요컨대, "아버지께서는 모든 충만으로 예수 안에 거하게" 하셨습니다(골 1:19). 태양이 하늘의 궁창을 채우고 있는 것처럼, 그리스도는 참된 기독교를 채우고 계십니다.

    이제 앞서 말씀드린 것을 하나하나 설명해 보겠습니다. "그리스도께서 모든 것 되신다"고 할 때, 이는 결코 성부와 성령의 사역을 배제하는 의미가 아니라는 것을 여러분이 분명히 이해하기를 바랍니다. 자, 그러면 하나씩 살펴보겠습니다.

    (1) 그리스도는 **하나님의 목전에서 죄인이 의롭다 함을 받는 데 있어, 모든 것 되십니다.** 우리는 오직 그리스도를 통해서만 거룩한 하나님과 화평할 수 있습니다. 오직 그분을 통해서만 지극히 높으신 자 앞에 나아가 두려움 없이 설 수 있습니다. "우리가 그 안에서 그를 믿음으로 말미암아 담대함과 확신을 가지고 하나님께 나아감

을 얻느니라"(엡 3:12). 오직 그리스도 안에서만 하나님께서 불의한 자를 의롭다 하시고 동시에 스스로 의롭게 드러나실 수 있습니다(롬 3:26).

죽을 수밖에 없는 인간이 도대체 무엇을 가져야 하나님 앞에 나아갈 수 있단 말입니까? 하늘들의 하늘도 그분의 목전에서는 깨끗지 못한데, 우리가 무슨 말로 탄원을 드려야 영광스러운 분께 나아갈 수 있단 말입니까?

하나님에 대한 의무를 이행했다고 말할까요? 이웃에 대한 의무를 준행했다고 말할까요? 우리가 평생 드린 기도를 가지고 나아갈까요? 아니면 우리가 정기적으로 교회에 나간 것이 도움이 될까요? 우리의 도덕이나 바른 행실을 가져가면 될까요? 아니면 이 모든 것을 다 가져갈까요? 과연 그 무엇이 하나님의 불꽃 같은 눈을 견딘단 말입니까? 우리가 가져갈 수 있는 것 중에 무엇이 우리를 실제로 의롭게 할 수 있겠습니까? 이런 것이 과연 하나님의 심판을 견디고 우리를 안전하게 영광의 나라로 들어갈 수 있게 하겠습니까?

전혀, 전혀 그렇게 하지 못합니다! 십계명 중에 하나를 택해서 자신을 살펴보십시오. 우리는 계속해서 그것을 어겼습니다. 우리가 저지른 수많은 범법 행위 중에 단 한 가지에 대해서도 변명할 수 없습니다. 우리 중 누구라도 한 사람을 택해 자신의 행실을 자세히 살펴보도록 해보십시오. 그래도 우리는 죄인으로 드러날 뿐입니다. 내려질 평결은 한 가지밖에 없습니다. 우리는 모두 죄인이고, 지옥에 합당하고, 반드시 죽어야 한다는 것입니다. 하나님 앞에 우리가 가지고 갈 수 있는 것은 단 한 가지도 없습니다.

오직 그리스도의 이름으로 나아가야 합니다. 우리가 하나님 앞에 나아가면서 드릴 수 있는 탄원은 단 한 가지뿐입니다. "그리스도께서 불경건한 자를 위해 십자가에서 죽으셨고, 나는 그분을 의지합니다. 그리스도께서 나를 위해 죽으셨고, 나는 그분을 믿습니다."

우리의 맏형이 입으신 그 옷—그리스도의 의로움—만이 허다한 우리 죄를 덮어 부끄러움 없이 천국의 빛 가운데 설 수 있게 합니다.

예수의 **이름**으로만 영원한 영광의 문에 들어갈 수 있습니다. 우리 자신의 이름만으로 그 문에 이르는 것은 부질없는 짓입니다. 결코 여러분을 들여보내지 않을 것입니다. 아무리 두드려 봐야 소용없습니다. 하지만 예수의 이름으로 나아간다면, 우리의 십볼렛이요 통행증이 되시는 그분의 이름으로 말미암아 들어가 살게 될 것입니다.

그리스도의 보혈의 **흔적**은 우리를 멸망으로부터 구원할 유일한 표지입니다. 마지막 날에 천사들이 아담의 자녀를 갈라놓을 때, 만약 우리에게서 대속의 피가 발견되지 않을 바에는 차라리 태어나지 않는 편이 더 나았을 것입니다.

그리스도는 의롭게 된 영혼의 "모든 것"이 되어야만 합니다! 단지 예수를 믿기만 함으로써 은혜 가운데 값없이 구원을 얻은 거지처럼, 천국에 들어가는 것에 만족해야 합니다. 그렇지 않으면 우리는 전혀 구원받은 것이 아닙니다.

여러분 가운데 부주의하고 세속적인 영혼을 가진 사람이 있습니까? 예수를 믿지 않다가 마지막 날에 허둥지둥 "주여, 나를 불쌍히 여기소서" 하고 말함으로써 천국에 들어갈 것이라고 생각하는 사람이 있습니까? 친구여, 당신은 지금 스스로 비참함을 파종하고 있습니다. 지금 당장 돌이키지 않으면, 끝없는 비참함 가운데 눈뜨게 될 것입니다.

혹시 스스로 자긍하면서 형식적으로만 믿는 사람이 있습니까? 스스로 천국에 합당하다 여기고, 심판을 통과할 정도로 자신의 행위는 선하다 여기는 사람이 있습니까? 형제여, 당신은 지금 바벨탑을 쌓고 있습니다. 지금 같은 상태로는 결단코 천국에 이르지 못할 것입니다.

여러분 가운데 수고하고 무거운 짐 진 사람이 있습니까? 스스로 악독한 죄인이라 여기고, 구원받기를 바라는 사람이 있습니까? "그리스도께로 나아오십시오. 그분이 당신을 구원하실 것입니다. 그리스도께로 나아와서 당신 영혼에게 지워진 짐을 모두 그분께 맡기십시오. 두려워하지 마십시오. 그저 믿기만 하십시오."

임박한 진노가 두렵습니까? 그리스도는 장차 다가올 진노에서 당신을 구원하실 수 있습니다. 율법을 범한 자에게 주어지는 저주가 두렵습니까? 그리스도는 율법의 저주에서 당신을 구원하실 수 있습니다. 하나님이 너무 멀게만 느껴집니까? 당신을 하나님께로 가까이 이끄시기 위해 그리스도가 고난당하셨습니다. 스스로 부정하다고 느낍니까? 그리스도의 보혈은 모든 죄를 깨끗이 합니다. 스스로 불완전하게 느껴집니까? 그리스도 안에서 완전해질 것입니다. 스스로 아무것도 아닌 것처럼 생각됩니까? 그리스도께서 당신 영혼의 "모든 것"이 되실 것입니다(엡 1:23). 천국에 다다른 성도들에 대한 한결같은 이야기가 있습니다. "어린양의 피에 그 옷을 씻어 희게 하였느니라"(계 7:14).

(2) 다시 말하면, 참된 그리스도인의 칭의뿐 아니라 **성화에 있어서도, 그리스도가 모든 것 되십니다.** 제 말을 오해하지 마십시오. 성령의 사역의 가치를 폄하할 생각은 추호도 없습니다. 그러나 저는 그리스도께 나아와 그분과 연합하기까지는 어느 누구도 결코 거룩하지 않다고 말합니다. 그리스도와 연합하지 않은 사람의 행위는 죽은 행위요, 전혀 거룩하지 않습니다. 먼저 그리스도와 연합해야 여러분은 거룩해질 수 있습니다. "나를 떠나서는ㅡ나와 분리되어서는ㅡ너희가 아무것도 할 수 없음이라"(요 15:5).

그리스도 안에 거하지 않고서는 어느 누구도 거룩에 자라가지 못합니다. 그리스도는 모든 그리스도인이 앞으로 나아갈 힘을 길어 올리는 위대한 근원입니다. 성령은 그분이 주시는 특별한 선물로서, 자기 백성에게 나누어 주시기 위해 친히 값 주고 사셨습니다. 신자는 "그리스도 예수를 주로 받아"들일 뿐 아니라, "그 안에서 행하고", "그 안에 뿌리를 박으며 세움을 받"습니다(골 2:6-7).

거룩하고 싶습니까? 그렇다면 저 옛날 광야에서 이스라엘이 만나를 먹었던 것처럼, 만나이신 그리스도를 날마다 받아먹으십시오. 거룩하고 싶습니까? 반석이신 그리스도께 날마다 생수를 받아 마시십시오. 거룩하고 싶습니까? 항상 그리스도를 바라보십시오. 그의 십자가를 바라보고, 하나님과 더 가까이 동행할 이유를 날마다 새롭게 배우십시오. 그분을 본받으십시오. 예수님을 여러분의 정형으로 삼으십시오. 그분을 주목하여 바라보십시오. 그러면 그분의 형상을 덧입고 그분과 같이 될 것입니다. 그분을 바라보십시오. 부지중에 여러분의 얼굴은 그분의 영광으로 빛나게 될 것입니다. 자기 자신을 주목하기보다 그리스도를 바라보십시오. 그러면 여러분을 사로잡고 있던 죄는 결박을 풀고 떠나가고, 여러분의 눈은 날마다 더 밝아지게 될 것입니다(히 12:2, 고후 3:18).

광야를 벗어나는 참된 비결은 "그의 사랑하는 자를 의지하고" 나아오는 것입니다(아 8:5). 우리가 강해지는 참된 길은 우리의 연약함을 알고, 그리스도가 모든 것이 되어야만 한다고 느끼는 데 있습니다. 은혜 안에서 자라가는 참된 길은 그리스도를 순간순간 우리의 모든 필요를 채울 원천으로 누리는 데 있습니다. 예언자 생도의 아내가 기름을 빌려 와 빚을 청산했을 뿐 아니라 아들과의 삶을 계속 이어갔듯이, 우리도 그리스도를 얻어 누려야 합니다(왕하 4:7). 우리도 이렇게 말할 수 있도록 힘써야 합니다. "이제 내가 육체 가운데 사는 것은 나를 사랑하사 나를 위하여 자기 자신을 버리신 하나님의 아들을 믿는 믿음 안에서 사는 것이라"(갈 2:20).

그리스도 없이 거룩해지기를 바라는 사람들을 보면 측은한 마음이 듭니다! 이런 수고는 아무 소용없습니다. 구멍 뚫린 전대에 돈을 넣어 두는 격입니다. 조리에 물을 붓는 격입니다. 언덕 위로 거대한 둥근 돌을 굴리고 올라가는 것과 다르지 않습니다. 제대로 반죽도 되지 않은 회반죽으로 벽을 쌓아 올라가는 것과 마찬가지입니다. 제 말을 믿으십시오. 시작부터 잘못되었습니다. 먼저 그리스도께 나아와야 합니다. 그러면 그분께서 성결하게 하는 영을 부어 주실 것입니다. 바울처럼 말하는 것을 배워야 합니다. "내게 능력 주시는 자 안에서 내가 모든 것을 할 수 있느니라"(빌 4:13).

(3) 그리스도는 참된 그리스도인의 성화에 있어 모든 것이 되실

뿐 아니라, 그가 누리는 현재적 위로의 모든 것 되십니다. 구원받은 영혼에게도 여전히 많은 슬픔이 있습니다. 그도 다른 사람과 마찬가지로 몸을 입고 있기 때문에 나약하고 연약합니다. 그에게도 다른 사람과 같이 마음이 있으며, 때로는 더 민감합니다. 짊어져야 할 인생의 질고와 실패가 있으며, 다른 사람보다 더할 때도 많습니다. 사별의 아픔과 죽음, 낙심, 그리고 자기 몫에 따른 십자가의 고난이 있습니다. 세상을 대적하면서 흠 없이 인생을 살아가야 하고, 회심하지 않은 친척도 인내로 섬기고, 핍박도 감수하고, 죽음도 맞이해야 합니다.

누가 이런 일에 합당합니까? 어떻게 신자가 이 모든 일을 감당해 낼 수 있습니까? 오직 "그리스도 안에 있는 위로"만이 이 일을 가능하게 합니다(빌 2:1).

예수님은 진정 역경을 위해 태어난 우리의 맏형입니다. 형제보다 더 가까운 벗이고, 그분만이 자기 백성을 위로하실 수 있습니다. 자기 형제들의 연약함을 체휼하십니다. 친히 그 연약함 안으로 들어오셨기 때문입니다(히 4:15). 그분은 질고를 아시는 분입니다. 자신이 진실로 질고의 사람이었기 때문입니다. 몸의 고통과 아픔이 무엇인지 잘 아십니다. 그분의 몸이 고통으로 갈기갈기 찢겼기 때문입니다. 그분은 이렇게 외치셨습니다. "내 모든 뼈는 어그러졌으며"(시 22:14). 그분은 가난과 인생의 피곤함을 잘 아십니다. 자신이 종종 피곤에 지치셨고, 머리 둘 곳도 없는 분이셨기 때문입니다. 가족 간의 어려움이 무엇인지 잘 아십니다. 그분의 형제들이 자신을 믿지 않았기 때문입니다. 고향에서도 전혀 존경받지 못했습니다.

예수님은 고통받는 자기 백성을 어떻게 위로할지를 정확히 아시는 분입니다. 상한 영혼에게 어떻게 향유와 포도주를 발라야 하는지, 어떻게 공허한 마음을 채울지, 어떻게 상한 자를 위로할지, 어떻게 상한 마음을 싸매야 하는지, 우리가 아플 때 어떻게 침상을 마련해야 하는지, 우리가 기진했을 때 어떻게 다가와 "두려워하지 말라"(애 3:57), "나는 네 구원이라"(시 35:3)고 말해야 할지 정확히 아십니다.

우리는 서로를 동정하고 충분히 헤아리는 것처럼 즐겁게 이야기합니다. 하지만 우리 안에 그리스도의 동정 같은 것은 전혀 찾아볼 수 없습니다. 그분은 우리가 당하는 모든 고통을 친히 겪으셨고, 우리의 슬픔을 아십니다. 우리가 당하는 모든 고통을 당하신 선한 의사로서, 그분은 단 한 방울의 슬픔도 우리가 쓸데없이 당하도록 하지 않으십니다. 다윗이 한번은 이렇게 말했습니다. "내 속에 근심이 많을 때에 주의 위안이 내 영혼을 즐겁게 하시나이다"(시 94:19). 많은 신자들도 이와 동일한 고백을 할 수 있으리라 믿습니다. "여호와께서 우리 편에 계시지 아니하셨더라면……넘치는 물이 우리 영혼을 삼켰을 것이라"(시 124:2, 5).

신자가 모든 어려움을 어떻게 통과하는지 보면 참으로 놀랍습니다. 불과 물을 지나 옮겨지는 것을 보면 도무지 납득이 되지 않습니다. 하지만 그리스도는 신자의 칭의와 성화뿐만 아니라 위로도 되시기 때문에 이 모든 일이 가능합니다.

오, 확실하고 다함이 없는 위로를 바라는 여러분, 그리스도께 나아가십시오! 오직 그분만이 여러분을 실망시키지 않습니다. 아무리 많은 재산으로도 부자의 공허함은 채워지지 못합니다. 아무리 많은 책을 통해서도 학자는 위로를 얻지 못합니다. 남편은 아내 때문에 실망하고, 아내는 남편 때문에 실망합니다. 자식 때문에 부모가 실망하는 때는 또 얼마나 많습니까? 정치가가 수많은 역경과 고투를 통해 정작 원하는 권력을 쥐게 되지만, 그것을 쥐게 되면 자신이 바라던 것과 다름을 알고 실망합니다. 원하던 것을 얻기까지의 쓰라린 경험을 통해 그들은 이 모든 것이 즐거움보다는 고통—실망, 성가심, 끊임없는 어려움, 걱정, 공허함, 속상함—이라는 사실을 알게 됩니다. 하지만 그리스도 안에서 실망할 사람은 아무도 없습니다.

(4) 그리스도께서 참된 그리스도인이 이 땅에서 누리는 현재적 위로의 모든 것이 되시는 것처럼, 그리스도는 또한 **미래의 희망에 있어서도 모든 것 되십니다**. 어떤 식으로든 자기 영혼에 대한 소망이 없는 사람은 없습니다. 그러나 대부분의 사람이 가진 희망은 헛된 공상에 불과합니다. 견고한 기초 위에 소망을 두지 않았기 때문입니다. 진정한 하나님의 자녀인 진실하고 순전한 그리스도인 외에는, 자기 안에 있는 소망의 이유를 타당하게 말할 수 있는 사람이 없습니다. 성경에 뿌리를 박은 소망이라야 제대로 된 소망입니다.

참된 그리스도인은 미래를 바라보며 선한 소망을 품지만, 세상에 속한 사람은 소망을 품을 수 없습니다. 참된 그리스도인은 멀리서도 빛을 보지만, 세상에 속한 사람의 눈에 보이는 것이라고는 어둠뿐입니다. 그러면 참된 그리스도인이 갖는 소망은 무엇입니까? 예수 그리스도께서 다시 오신다는 사실입니다. 모든 자기 백성과 함께 오셔서, 죄를 없이하시고, 모든 눈물을 닦아 주시고, 잠자는 성도들을 무덤에서 일으키시며, 자신의 모든 권속을 불러 모으시고, 영원히 그분과 함께하실 것이라는 사실입니다.

신자가 오래 참고 기다리는 이유는 무엇입니까? 주님의 오심을 대망하기 때문입니다. 그래서 불평하지 않고 어려움을 견딥니다. 세월이 짧은 것을 알기 때문에 잠잠히 왕을 기다립니다.

그리스도인이 모든 일에 있어서 절제하는 이유가 무엇입니까? 자기 주님이 곧 오실 것을 기대하기 때문입니다. 그의 보화는 하늘에 있고, 그가 누릴 좋은 것의 때가 아직 도래하지 않았기 때문입니다. 세상은 그의 안식처가 아니라 잠시 묵어 가는 여관입니다. 여관은 집이 아닙니다. 그는 "잠시 잠깐 후면 오실 이가 오시리니 지체하지 아니하시리라"는 것을 압니다(히 10:37). 그리스도께서 오십니다. 그분이 오시면 됩니다.

이것은 "복된 희망"입니다!(딛 2:13) 지금은 수업을 배우는 학기중입니다. 하지만 곧 영원한 방학이 옵니다. 지금은 세상의 물결이 흉흉한 때입니다. 하지만 곧 고요한 포구에 도달합니다. 지금은 파종하는 때입니다. 하지만 곧 추수입니다. 지금은 흩어져 있지만, 곧 다시 모일 것입니다. 지금은 일하는 때이지만, 곧 삯을 받을 것입니다. 지금은 십자가를 지지만, 곧 면류관을 쓰게 될 것입니다.

사람들은 이 세상에서 자신의 "기대"와 희망에 대해 말합니다. 그러나 구원받은 영혼이 가지는 견고한 기대와 비교할 수 없습니다. "나의 영혼아, 잠잠히 하나님만 바라라. 무릇 나의 소망이 그로부터 나오는도다"(시 62:5).

구원하는 참된 종교에 있어서도 그리스도는 모든 것 되십니다.

그리스도는 신자가 누리는 칭의와 성화와 위로와 희망의 모든 것 되십니다. 이 사실을 **아는** 어미의 자녀는 복이 있습니다. 그러나 이것을 **느끼는** 어미의 자녀는 더욱더 복된 자입니다. 오, 자기 영혼을 위해서라도, 사람이 이 사실을 보고 알았으면 좋겠습니다!

4. 한 가지 더 덧붙이면, **그리스도는 천국에서도 모든 것 되십니다.**

이 주제에 대해서는 길게 이야기할 수 없습니다. 지면과 시간이 더 주어진다 해도 그렇게 할 능력이 제게는 없습니다. 보이지 않는 일과 드러나지 않은 세상을 서술하기란 너무나 어렵습니다. 하지만 분명히 아는 것은, 천국에 이른 모든 사람이 거기에서조차 "그리스도가 모든 것 되심"을 확인하게 될 것이라는 사실입니다.

솔로몬 성전의 제단처럼, 십자가에 달리신 그리스도가 천국의 위대한 목적이 될 것입니다. 솔로몬 성전의 제단은 성전 문을 들어서는 모든 이의 시선을 사로잡습니다. 놋으로 만들어진 이 제단은 넓이가 20규빗으로 성전 정면의 넓이와 같습니다(대하 3:4, 4:1). 마찬가지로, 예수님은 영광에 들어가는 모든 성도의 시선을 사로잡을 것입니다. 찬송하는 천사들과 성도들에 둘러싸인 보좌 한가운데 "죽임당한 어린양"이 계실 것인데, 이 어린양이 그곳에서 등불이 되십니다(계 5:6, 21:23).

주 예수를 높이는 **찬양**이 천국에 사는 모든 이가 영원히 부를 노래가 될 것입니다. 그들은 큰소리로 이렇게 노래할 것입니다. "죽임을 당하신 어린양은 능력과 부와 지혜와 힘과 존귀와 영광과 찬송을 받으시기에 합당하도다.…… 보좌에 앉으신 이와 어린양에게 찬송과 존귀와 영광과 권능을 세세토록 돌릴지어다"(계 5:12-13).

주 예수를 섬기는 것이 천국에 사는 모든 이들이 영원토록 하는 일이 될 것입니다. 우리는 "그의 성전에서 밤낮 하나님을 섬기"게 될 것입니다(계 7:15). 우리가 영원토록 아무 방해도 받지 않고 그분을 섬기고, 영원토록 그분을 위해 일하면서도 지치지도 않는다는 사실은 생각만 해도 가슴이 벅찹니다.

그리스도의 **임재**가 천국에 사는 모든 이의 영원한 즐거움이 될 것입니다. "그의 얼굴을 볼" 것이고, 그분의 음성을 듣고, 친구가 서로 대화하는 것처럼 그분과 이야기할 것입니다(계 22:4). 혼인 잔치에 누가 빠졌든지 잔치의 주인이신 그분이 거기 계신다는 사실은 생각만 해도 즐겁습니다. 그분의 임재는 우리의 모든 갈망을 충족시키고도 남습니다(시 17:15).

진실로 주 예수 그리스도를 사랑해 온 사람에게 천국은 너무나 영광스럽고도 달콤한 집이 될 것입니다! 그분을 뵙지 못할지라도, 우리는 이 땅에서 그분을 믿는 믿음으로 살아가고 평화를 누립니다. 거기서는 그분을 얼굴과 얼굴을 대면하여 볼 것이고, 그분이 얼마나 사랑받기에 합당한 분이신지 알게 될 것입니다. "눈으로 보는 것이 마음으로 공상하는 것보다 나으니라"(전 6:9).

구원받은 믿음의 증거도 없고 그리스도를 제대로 알지도 못하는, 전혀 천국에 합당하지 않은 사람들이 자신도 죽으면 "천국에 가게 될 것"이라고 말하는 것을 보면 참 마음이 아픕니다! 그들은 이 땅에서 그리스도를 영화롭게 하지도 않고, 그리스도와의 교제도 없습니다. 그리스도를 사랑하지도 않습니다. 아, 그런 사람이 도대체 천국에서 무슨 일을 하겠습니까? 여러분이 만약 그런 사람이라면, 천국은 여러분을 위한 곳이 아닙니다. 천국의 기쁨은 여러분이 바라는 기쁨과 다릅니다. 천국의 행복은 여러분이 맛볼 수 있는 행복이 아닙니다. 천국에서 하는 일은 여러분을 오히려 지치게 하고 여러분의 마음에 부담이 될 것입니다. 너무 늦기 전에 회개하고 돌이키십시오!

지금까지는 "그리스도는 모든 것 되신다"는 표현에 담긴 기초가 얼마나 깊은지 살펴보았습니다.

지면이 허락된다면, 이외에도 이야기할 것이 너무나 많습니다. 이 주제는 결코 다함이 없는 주제입니다. 저는 그저 표면만 훑었을 뿐입니다. 이 주제와 관련하여 아직 파고들어 가지도 못한 소중한 진리의 광맥이 남아 있습니다.

어떻게 그리스도께서 **가시적 교회에서 모든 것 되시는지** 살펴볼 수 있습니다. 주 예수께서 자신의 모든 직무를 통해 이루신 일로 인해 교회에서 존경과 높임과 영광을 받지 못한다면, 웅장한 교회 건물, 많은 예배, 화려한 예식, 수많은 목사 같은 것은 하나님이 보시기에 아무것도 아닙니다. 그리스도가 모든 것 되지 못하는 교회는 죽은 시체에 불과합니다.

어떻게 그리스도께서 **목회에서도 모든 것 되시는지** 살펴볼 수 있습니다. 목사에게 주어진 위대한 일은 그리스도를 높이는 것입니다. 우리는 놋뱀이 높이 달린 긴 장대가 되어야 합니다. 믿음의 위대한 대상을 높일 때에만 우리는 의미가 있습니다. 더 이상 유용하게 될 수도 없습니다. 우리는 반역하는 세상에 왕의 아들에 대한 소식을 전하는 대사가 되어야 합니다. 만약 왕의 아들에 대해서보다 우리 자신과 우리가 하는 일에 대해 더 많이 생각하도록 사람을 가르친다면, 우리가 맡은 직분을 거스르고 있는 것입니다. 성령은 그리스도를 증거하지 않는—그리스도를 "모든 것"으로 증거하지 않는—목사를 결코 예우하지 않으실 것입니다.

성경이 얼마나 많은 말로 그리스도의 다양한 직무를 묘사하고 있는지 살펴볼 수 있습니다. 그리스도의 충만함을 보여주기 위해 얼마나 다채로운 상징이 사용되었는지 살펴보았을 것입니다. 성경에서는 대제사장, 중보자, 구속자, 구원자, 대언자, 목자, 의사, 신랑, 머리, 생명의 떡, 세상의 빛, 길, 양의 문, 포도나무, 반석, 샘, 의의 태양, 앞서 가신 분, 보증, 대장, 생명의 주, 아멘, 믿음의 주, 온전하게 하는 이, 하나님의 어린양, 성도들의 왕, 기묘자, 전능하신 하나님, 모사, 영혼의 감독자 등, 이외에도 많은 이름이 그리스도께 돌려졌습니다. 각각의 이름 하나하나가 그것을 마시려고 하는 모든 사람에게 위로와 교훈의 샘이 될 뿐 아니라, 유익한 묵상의 소재가 됩니다.

제가 여러분의 마음에 각인시키고자 했던 부분에 대해서는 필요한 만큼 충분히 설명했다고 생각합니다. 이제 몇 가지 중요한 실천적 결론과 더불어 이 주제를 마무리하겠습니다. 이 결론이 얼마나 중요한지에 대해서는 앞에서 이미 충분히 말씀드렸다고 생각합니다.

(1) 그리스도가 모든 것 되십니까? 그렇다면 **그리스도가 빠진 종교가 얼마나 무가치한지 알아야 합니다.**

세례는 받았지만 실제적으로는 그리스도에 대해 전혀 알지 못하는 사람들이 얼마나 많은지요. 이런 사람들의 신앙은 모호한 개념과 공허한 표현으로 이루어져 있습니다. 이들은 자신이 다른 사람들보다 나쁘지는 않다고 믿고 있습니다. 교회에 빠지는 법도 없습니다. 교인으로서 의무를 다하려고 애쓰고, 다른 사람에게 나쁜 일은 하지 않습니다. 하나님이 자기에게 자비로우실 것이라고 기대합니다. 전능자가 자신의 죄를 사하시고 자신이 죽을 때 천국으로 데려가실 것이라고 믿습니다. 이것이 그들이 가진 신앙의 전부입니다!

　그러면 이런 사람이 그리스도에 대해 실제적으로 알고 있는 것은 무엇일까요? 전혀 없습니다. 다시 말하지만, 아무것도 없습니다! 그리스도의 직무와 사역, 그분의 보혈, 그분의 의, 그분의 중보, 그분의 제사장직, 그분의 간청에 대해 그들이 경험적으로 알고 있는 것은 무엇입니까? 아무것도 없습니다! 그들에게 구원받는 믿음에 대해 물어보십시오. 성령으로 거듭나는 것에 대해 물어보십시오. 그리스도 예수 안에서 성화되어 가는 것에 대해 물어보십시오. 어떤 대답을 들을 것 같습니까? 여러분은 그들에게 야만인이나 다름이 없습니다. 여러분은 그저 성경에 있는 단순한 것을 물었을 뿐이지만, 그들은 이런 경험에 있어서는 불교도나 이슬람교도만큼 무지합니다. 하지만 이것이 우리 시대에 그리스도인이라 불리는 수많은 사람들이 가진 신앙입니다!

　혹시 여러분이 이런 사람이라면, 경고하건대 이런 기독교는 결코 여러분을 천국으로 데려다 주지 못합니다. 사람의 눈에는 매우 그럴듯하게 보일지 모릅니다. 교구회나 사업장이나 하원이나 길거리에서는 사람의 인정을 받을지도 모릅니다. 그러나 이런 인정이 결코 여러분에게 위로를 가져다주지 못할 뿐 아니라, 여러분의 양심을 잠재우지도 못합니다. 여러분의 영혼을 구원하지 못합니다.

그리스도 없이 하나님의 자비를 이야기하는 모든 개념과 이론은 근거 없는 망상이고 공허한 환상입니다. 저거넛Juggernaut*이라는 우상처럼, 이런 이론은 사람이 만들어 낸 우상에 불과합니다. 이런 것은 다 이 땅에 속한 것이고, 하늘로부터 온 것이 아닙니다. 하늘에 계신 하나님께서는 그리스도만을 유일한 구원자요 생명을 얻는 길로 정하셨고 인치셨습니다. 구원받기를 원하는 모든 사람은 다 그분을 통해 구원받아야 합니다. 다른 길은 없습니다.

여러분은 오늘 제가 드리는 경고를 잘 들으십시오. 그리스도가 없는 신앙은 결코 여러분의 영혼을 구원할 수 없습니다.

(2) 그리스도가 모든 것 되십니까? 그렇다면 **구원의 문제에 있어 그리스도와 다른 것을 혼합하는 것은 지극히 어리석은 일임을 아십시오.**

세례 교인 가운데, 말로는 그리스도를 영화롭게 한다고 하지만 실제로는 그리스도께 크나큰 모욕을 돌리는 경우가 얼마나 많은지 모릅니다. 이들의 신앙 체계에서 그리스도가 일정한 자리를 차지하기는 하지만 하나님께서 아들에게 정하신 자리를 차지하지는 않습니다. 그들에게는 그리스도가 "모든 것의 모든 것"이 아닙니다. 결코 아닙니다! 실제적으로는 그리스도와 교회, 또는 그리스도와 성

---

* 힌두교의 신 비슈누Vishnu의 신상으로, 크기가 매우 커서 신상을 옮길 때는 거대한 수레를 사용한다. 이 신상을 옮길 때 수레바퀴 아래로 뛰어들어 죽으면 극락에 간다고 알려져 있다—옮긴이.

레, 또는 그리스도와 목사, 또는 그리스도와 자신의 회개, 또는 그리스도와 자신의 선행, 또는 그리스도와 자신의 기도, 또는 그리스도와 자신의 박애에 자신들의 영혼을 의뢰합니다.

여러분 가운데 이런 사람이 있다면, 제 경고를 들으십시오. 여러분의 신앙은 오히려 하나님께 욕이 되고 있습니다. 여러분은 지금 하나님의 구원 계획을 여러분 자신의 것으로 바꾸고 있습니다. 그리스도께만 합당한 영광을 다른 것에 돌림으로써 그리스도를 그 보좌에서 끌어내리고 있습니다.

이런 신앙을 가르친 사람이 누구든, 누구의 말을 따라 여러분이 이런 신앙을 갖게 되었든 상관하지 않습니다. 그것이 교황이든, 추기경이든, 대주교든, 주교든, 학장이든, 부주교든, 장로든, 집사든, 감독교인이든, 장로교인이든, 침례교인이든, 독립교인이든, 웨슬리안이든, 플리머스 형제단이든, 그 누구든지 그리스도 이외에 다른 무엇을 더하면, 그는 여러분을 잘못 가르치고 있는 것입니다.

여러분이 그리스도께 더한 것이 무엇이든 상관하지 않습니다. 그것이 로마 가톨릭교회에 속하는 것이든, 감독교인이 되는 것이든, 독립교인이 되는 것이든, 예전을 거부하든, 침례를 받든 그 무엇이 되었든지 구원의 문제에 있어서 실천적으로 그리스도 이외에 다른 것을 더하는 것은 그리스도께 해를 입히는 것입니다.

여러분이 지금 하고 있는 일을 잘 살펴보십시오. 그리스도께만 합당한 영광을 그리스도의 종들에게 돌리지 않는지 보십시오. 주께만 합당한 영광을, 주께서 정하신 여러 가지 것에 돌리지 않는지 보십시오. 그리스도만이 담당할 수 있는 여러분 영혼의 짐을 그리스도 외에 다른 것에게 맡기고 있지는 않은지 보십시오.

(3) 그리스도가 모든 것 되십니까? 그렇다면 **구원받기 원하는 모든 사람은 그리스도께로 직접 가십시오.**

많은 사람들이 자기 귀로 그리스도에 대해 듣고, 자신이 들은 것을 믿습니다. 그리스도 밖에는 구원이 없다는 사실을 받아들입니다. 그리스도만이 자신을 지옥에서 건지시고, 하나님 앞에 흠이 없게 하신다는 사실도 인정합니다.

이런 사실을 일반적으로 인정하고 받아들이지만, 그 이상은 아닙니다. 자기 영혼을 위해 그리스도를 올바로 붙잡지 못합니다. 바라고 느끼고 원하는 것까지는 잘하지만, 결코 그 이상을 넘어서지 못합니다. 우리가 하는 말이 무엇을 의미하는지도 알고, 이런 말이 다 옳다는 것도 압니다. 앞으로 언젠가는 이런 것을 충분히 누릴 수 있기를 바라기도 합니다. 하지만 지금은 그 어떤 유익도 누리지 못합니다. 그들에게는 세상이 "모든 것"입니다. 정치가 그들의 "모든 것"이고, 즐거움이 그들의 "모든 것"이고, 사업이 그들의 "모든 것"이지만, 그리스도는 그들의 모든 것이 아닙니다.

여러분이 이런 사람이라면, 여러분 영혼은 지금 아주 위험한 상태에 있습니다. 지금의 상태가 계속된다면, 가룟 유다나 아합이나 가인같이 지옥으로 갈 수밖에 없습니다. 제 말을 믿으십시오. 그리스도를 믿는 실제적인 믿음이 있어야 합니다. 그렇지 않으면, 적어도 여러분에게 있어 그리스도는 헛되이 죽은 것입니다. 배고픈 사람이 빵을 바라본다고 허기가 채워질 수 없는 법입니다. 빵을 먹어야 합니다. 파선한 선원들이 구명정을 바라보기만 한다고 건짐을 받습니까? 배에 실제로 올라타야 합니다. 여러분과 그리스도 사이에 실제적인 관계와 교제가 없다면, 그리스도가 여러분 영혼을 구원할 구주시라는 사실을 알고 믿는 것이 아닙니다. 여러분은 이렇게 말할 수 있어야 합니다. "믿음으로 그리스도께 나아와 그분을 나의 기업으로 삼았기 때문에 그리스도는 나의 구주시다." 루터는 이렇게 말했습니다. "신앙의 많은 부분은 소유대명사를 사용할 수 있느냐에 따라 결정된다. 내게서 '나의'라는 말을 빼앗아 가는 것은, 내게서 하나님을 빼앗아 가는 것이다!"

오늘 제가 드리는 권고를 잘 듣고 그대로 하십시오. 더 이상 가만히 서 있지도 말고, 일어나지도 않을 상상 속의 감정이나 느낌을 기다리지 마십시오. 먼저 성령을 받고 나서 그리스도께 가겠다는 생각으로 더 이상 꾸물대지 마십시오. 지금 그 자리에서 일어나 그리스도께 나아가십시오. 그분이 여러분을 기다리고 계십니다. 전능하신 그분께서 여러분을 구원하고자 하십니다. 죄로 병든 영혼을 치료하는 의사로 세우심을 받은 이가 바로 그분입니다. 여러분 몸의 질병을 치료하는 의사를 대하듯이, 그분께로 나아가십시오. 그분께 직접 가서 여러분이 바라는 모든 것을 말씀드리십시오. 바로 지금, 십자가의 강도가 그랬던 것처럼, 전심으로 주 예수께 사죄와 화해를 간청하십시오. "주여, 나를 기억하소서"(눅 23:42). 그분은 죄인을 영접하는 분이라는 소리를 들었다고, 그리고 여러분이 바로 그 죄인이라고 말씀드리십시오. 여러분은 정말 구원받고 싶다고, 그분은 여러분을 구원하실 수 있다고 말씀드리십시오. 주님은 정말 은혜로우시다고 말씀드리십시오. 여러분이 실제로 느끼고 맛보기까지 쉬지 말고 그렇게 하십시오. 여러분이 진심으로 그렇게 한다면, 조만간에 그리스도가 모든 것 되시는 것을 발견할 것입니다.

(4) 그리스도가 모든 것 되십니까? 그렇다면 **회심한 그분의 백성은 믿는 자답게 그분을 대해야 합니다. 지금까지 해왔던 것보다 더 그분을 의지하고 신뢰해야 합니다.**

슬프게도, 자신들이 마땅히 누릴 특권에 훨씬 미치지 못하는 삶을 사는 주의 백성들이 너무나 많습니다! 자신들이 마땅히 누릴 평화와 자비마저 빼앗기고 사는 그리스도인이 참 많습니다. 성령의 사역인 믿음이 자기 마음속에서 그리스도와 결합하는 사실도 느끼지 못할 정도로 둔감하여, 복음이 주는 풍성한 평화를 잃어버리고 사는 사람은 또 얼마나 많은지요. 거룩을 추구함에 있어서 진보가 거의 없이 희미한 빛으로 살아가는 사람도 많습니다. 왜 이런 일들이 일어납니까? 그리스도를 모든 것의 모든 것으로 삼지 않기 때문입니다.

여러분에게 말씀드립니다. 모든 일에 있어 실제로, 철저하게 그리스도를 여러분의 모든 것의 모든 것으로 삼으십시오. 여러분에게 있는 그 어떤 것을 가지고 그리스도와 혼합하지 마십시오.

믿음이 있습니까? 이는 아주 소중한 복입니다. 전심으로 기꺼이 예수님을 의뢰하는 사람은 참으로 행복한 사람입니다. 하지만 여러분의 믿음을 그리스도의 자리에 두지 않도록 하십시오. 여러분의 믿음을 의지하지 말고, 그리스도 그분을 의지하십시오.

성령이 여러분 영혼에 역사하십니까? 하나님께 감사합니다. 이는 결코 변하지 않는 역사입니다. 하지만 성령의 역사를 그리스도의 자리에 두지 않도록 조심하십시오! 성령의 역사를 의지하지 말고, 그리스도를 의지하십시오.

여러분 마음으로 신앙을 느끼고 은혜를 경험합니까? 하나님께 감사합니다. 신앙을 누릴 때 개나 고양이와 별반 다를 것이 없는 사람이 너무나 많기 때문입니다. 하지만 여러분의 느낌과 감흥을 그리스도의 자리에 두지 않도록 조심하십시오! 이런 것은 빈약하고 불확실할 뿐 아니라, 딱할 정도로 우리의 육신과 외적인 환경에 의존되어 있습니다. 오직 그리스도를 의지하십시오.

여러분에게 간청합니다. 위대한 믿음의 **대상**이신 예수 그리스도를 더욱더 바라보고, 그분 안에 더 거하기를 힘쓰십시오. 그렇게 하면, 다른 은혜와 더불어 믿음이 더욱 자라는 것을 발견하게 될 것입니다. 비록 자라가는 그 당시에는 잘 인식하지 못할지라도 말입니다. 훌륭한 궁수가 되고자 하는 사람은 화살을 바라보아서는 안됩니다. 과녁을 바라봐야 합니다.

아, 여전히 많은 신자들의 마음에 자긍과 불신앙의 편린들이 널려 있습니다! 얼마나 구주가 필요한지를 절박하게 느끼는 사람이 거의 없는 것처럼 보입니다. 자신이 얼마나 철저하게 그리스도께 빚지고 있는지 깨닫는 사람도 그리 많지 않아 보입니다. 날마다 그리스도가 얼마나 절박하게 필요한지 깨닫는 사람도 너무나 희박합니다. 그저 어린아이같이 단순하게 그리스도께 매달려야 한다는 것을 절감하며 사는 사람이 얼마나 될까요? 그리스도께서 자신의 가련하고 연약한 백성을 얼마나 온전히 사랑하시고 또 기꺼이 그들을 도우려고 하시는지 아는 사람도 그리 많지 않아 보입니다! 이런 까닭에, 그리스도 안에서 누릴 수 있는 경건한 삶을 위한 평화와 기쁨과 강함과 능력을 아는 사람도 그다지 많지 않아 보입니다.

여러분, 만약 여러분의 양심이 여러분의 과실을 인정하고 있다면 계획을 바꾸십시오. 계획을 바꾸고, 그리스도를 더욱 의지하기 위해 힘쓰십시오. 의사는 환자가 진찰받으러 나오는 것을 보고 기뻐합니다. 환자를 받아 할 수 있는 한 치료해서 내보내는 것이 그들의 직무입니다. 변호사는 의뢰인을 위해 변론하는 것을 좋아합니다. 이것이 그들의 직무입니다. 남편은 아내가 자기를 신뢰하고 의지하는 것을 기뻐합니다. 자기 아내를 소중히 여기고 위안을 더 주는 것이 남편의 기쁨입니다. 그리스도는 자기 백성이 자기를 의지하고, 자기 안에서 쉼을 누리고, 자기를 부르고, 자기 안에 거하는 것을 사랑하십니다.

우리 모두 더욱더 이렇게 하기를 배우고 힘씁시다. 그리스도로 말미암아 살고, 그리스도 안에서 살고, 그리스도와 더불어 살고, 그리스도를 위해 삽시다. 이렇게 함으로써 우리 삶에서 "그리스도가 모든 것 되신다"는 것을 온전히 깨닫고 증거하게 될 것입니다. 이렇게 함으로써 우리는 큰 평화를 느끼고, "거룩이 없이는 아무도 주를 보지 못하리라"는 말씀을 넉넉히 받을 수 있게 될 것입니다(히 12:14).

21장

거룩에 관한 로버트 트레일과 토머스 브룩스의 글

본문은 로버트 트레일과 토머스 브룩스의 저서 가운데 거룩을 주제로 한 글을 발췌한 것입니다. 이 주제와 관련해서 너무 귀한 글이라 생각되어 여러분과 나누려고 합니다.

이 글은 지금보다 체험적 신앙[1]이 더 깊이 연구되고 훨씬 더 잘 이해되던 시대에 기록되었다는 사실을 먼저 밝혀 둡니다.

켄트 주 크랜브룩의 목사 로버트 트레일의 글(1696)[2]

성화와 관련해서 말씀드리고 싶은 것은 세 가지입니다.

1. 성화란 무엇인가
2. 성화와 칭의의 공통점

3. 성화와 칭의의 차이점

1. 성화란 무엇입니까?

성화는 사실 말로 표현하기보다 느끼는 것이 훨씬 더 이해하기 좋습니다.

성화는 전인이 새롭게 되는 것renovation이라는 점에서 중생과 같습니다. 성화는 새로운 피조물로 형성되고 만들어지는 것입니다. 가난한 영혼에 그리스도의 형상을 새기고 불어넣는 것이 바로 성화입니다. 사도의 다음 말씀에 성화가 무엇인지 잘 드러나 있습니다. "너희 속에 그리스도의 형상을 이루기까지"(갈 4:19). "우리가……하늘에 속한 이의 형상을 입으리라"(고전 15:49).

세상에는 오직 첫째 아담과 둘째 아담, 두 종류의 사람만 있을 뿐입니다. 모든 사람은 본성적으로 첫째 아담과 마귀를 닮습니다. 타락한 첫째 아담과 마귀가 서로 닮았기 때문에 그렇게 말할 수 있습니다. 예수께서는 이렇게 말씀하셨습니다. "너희는 너희 아비 마귀에게서 났으니…… 그는 처음부터 살인한 자요"(요 8:44). 첫째 아담의 모든 후손은 다 마귀의 자식들입니다. 이 둘 사이에는 차이가 없습니다. 나머지 사람들은 모두 둘째 아담인 예수 그리스도를 닮았습니다. 이들 안에서 그리스도의 형상이 이룰 때가 오면 완전한 복락을 누릴 것입니다. "우리가 흙에 속한 자의 형상을 입은 것 같이 또한 하늘에 속한 이의 형상을 입으리라"(고전 15:49).

잘 보십시오. 죄와 비참함 가운데 태어난 우리는 흙에 속한 자의 형상을 가졌습니다. 흙에 속한 자의 형상을 가졌기 때문에 여전히 죄와 비참함 가운데 죽고, 무덤에서 썩어 없어집니다. 하지만 이 땅에서 그리스도의 성령으로 성화될 때 우리는 하늘에 속한 아담의 형상을 입습니다. 이 성화가 더해 갈수록 우리 안에 심겨진 하늘 아담의 형상도 자라갑니다. 마침내 우리가 인간이신 그리스도와 같이 될 때, 우리의 몸과 영혼은 하늘 아담의 형상을 온전히 덧입게 되고 완전한 행복과 거룩에 이르게 됩니다. 그날에는 둘째 아담과 같이 우리도 죽음을 이기게 될 것입니다. 그분이 자기 자신의 능력으로 죽음을 이기신 반면, 우리는 그분의 은혜로 이기게 됩니다. 신자가 예수 그리스도를 어떤 모습으로 닮게 될지는 부활한 이후에나 분명히 드러날 것입니다. 이때 이들은 무덤에서 떠오른 수많은 작은 별처럼 찬란한 영광으로 빛날 것입니다. 비록 초월적인 영광은 영원토록 그분께만 속한 본성과 특권이지만, 그날에 신자가 예수 그리스도를 어떻게 닮아 있을지 기대됩니다!

2. 칭의와 성화에는 많은 공통점이 있습니다.

첫째, 칭의와 성화는 한 하나님으로부터 옵니다. 하나님께서 의롭다 하시고, 하나님께서 거룩하게 하십니다. "누가 능히 하나님께서 택하신 자들을 고발하리요. 의롭다 하신 이는 하나님이시니"(롬 8:33). "나는 너희를 거룩하게 하는 여호와"라는 말씀은 구약성경 전체에서 공통적으로 드러납니다(출 31:13, 레 20:8).

둘째, 칭의와 성화 모두 값없이 은혜로만 주어진다는 점에서 동일합니다. "우리를 구원하시되 우리가 행한바 의로운 행위로 말미암지 아니하고 오직 그의 긍휼하심을 따라 중생의 씻음과 성령의 새롭게 하심으로 하셨나니"(딛 3:5). 칭의와 성화 모두 은혜의 선물입니다.

셋째, 칭의와 성화 모두 같은 사람에게 주어진다는 점에서 동일합니다. 의롭게만 되고 성화되지 않는 사람도 없고, 성화만 되고 의롭게 되지 않는 사람도 없습니다. 의롭게 된 사람은 성화되고, 성화된 사람은 의롭게 된 사람입니다. 하나님의 택하심을 입은 모든 사람, 구속받은 모든 사람에는 이 두 가지 역사가 다 일어납니다.

넷째, 칭의와 성화는 그 일이 일어나는 시점에 있어서 동일합니다. 하나님의 사역을 말하면서 시간에 대해 말하거나 생각하는 것은 어려운 문제입니다. 이 구원 사역은 항상 동시에 일어납니다.[3] 성화되지 않고 의롭게 되는 법은 없습니다. 물론 칭의와 성화의 속성상 의롭게 된 후에 성화되는 것처럼 이해될 수는 있지만, 이 두 가지는 항상 동시에 일어납니다. 사도는 말합니다. "너희 중에 이와 같은 자들이 있더니 주 예수 그리스도의 이름과 우리 하나님의 성령 안에서 씻음과 거룩함과 의롭다 하심을 받았느니라"(고전 6:11).

다섯째, 칭의와 성화 모두 하나님의 말씀에서 비롯된다는 점에서 동일합니다. 우리는 영생을 약속하는 말씀을 통해서 의롭다 함을 받고, 동일한 말씀의 능력으로 성화됩니다. "너희는 내가 일러 준 말로 이미 깨끗하여졌으니"(요 15:3). "이는 곧 물로 씻어 말씀으로 깨끗하게 하사 거룩하게 하시고"(엡 5:26).

마지막으로, 칭의와 성화 모두 영생에 꼭 필요한 요소라는 점에서 동일합니다. 동일한 순서와 동일한 필요성을 말하는 것은 아닙니다. 의롭다 함을 받지 못한 사람이 구원에 이르지 못하듯이, 성화되지 못한 사람은 누구도 구원에 이르지 못합니다. 의롭다 함을 받고 성화된 사람이 구원을 영생에 들어갑니다. 영생을 얻기 위해서는 이 두 가지가 모두 필요합니다.

3. 어떤 점에서 칭의와 성화가 서로 다릅니까?

칭의와 성화의 차이를 구분하는 것은 사람의 신앙의 실천과 일상의 삶에 있어서 매우 중대한 문제입니다. 전술한 대로, 이 두 가지는 많은 부분에서 공통점이 있지만, 또 그만큼 많은 차이점이 있습니다.

첫째, 칭의는 한 사람의 **신분**에 대한 하나님의 역사인 반면, 성화는 한 사람의 **본성**에 일어나는 하나님의 역사입니다. 비유를 들어 이 둘의 큰 차이를 설명해 보겠습니다. 칭의는 범과에 대한 절대적 심판자로서 죄인을 사형에서 풀어 주는 하나님의 행위인 반면, 성화는 우리의 도덕적 질병을 치료하는 의사로서의 하나님의 행위입니다. 하나님께 대역죄를 지은 범죄자가 피고석에 있습니다. 이 피고는 자기 죄과 때문에 사형을 언도받지 않더라도 불치병이 있어서 어차피 죽을 수밖에 없습니다. 이 사람이 반역죄로 죽지 않고 사형이라는 율법의 판결에서 풀려나 생명을 건질 수 있는 것은 은혜입니다. 그러나 그가 가진 불치병을 치료하지 않으면 아무리 용서받았더라도 이내 죽고 말 것입니다. 따라서 칭의는 은혜로운 재판장으로서의 하나님의 행위이고, 성화는 자비로운 의사로서의 하나님의 역사입니다. 다윗이 이 부분을 명확히 언급합니다. "저가 네 모든 죄악을 사하시며 네 모든 병을 고치시며"(시 103:3). 성경은 이렇게 약속합니다. "그것이 너희에게 죄악의 걸림돌이 되지 아니하리라" (겔 18:30). **죄책** 속에서 패망하지 않을 것이라는 약속입니다. 이것이 칭의입니다. 죄의 **권세** 아래서 멸망하지 않을 것이라는 약속입니다. 이것이 성화입니다.

둘째, 칭의는 다른 사람의 의로움을 근거로 우리에게 주어지는 하나님의 은혜의 행위이고, 성화는 우리 안에 의로움을 주입하는 하나님의 역사입니다. 바로 여기에 큰 차이가 있습니다. 하나는 전가imputation되는 것이고, 다른 하나는 주입infusion되는 것입니다.

칭의에 있어서 하나님의 선언은 이런 식으로 진행됩니다. 그리스도께서 자신의 삶과 죽음과 순종을 통해 하나님의 율법의 요구를 다 만족시키심으로써 획득하신 의로움이 죄인의 것으로 간주되고, 이렇게 전가된 의를 통해 죄인이 무죄가 되는 것입니다. 그래서 하늘 법정에서 피고석에 선 죄인에게 "이 사람은 하나님의 율법을 거역하지 않았는가?" 하고 물으면, 하나님도 "그렇다"고 말씀하시고, 불쌍한 죄인의 양심도 "예, 나는 수도 없이 하나님의 법을 어겼습니다" 하고 대답합니다. "너의 범과로 율법이 네게 사형을 언도하지 않았느냐?"는 물음에, 죄인도 "예"라고 대답하고 하나님의 율법도 "그렇다. 율법은 죄를 지은 영혼은 반드시 죽어야 한다고 선언하고 있다"고 말합니다. 그렇다면 아무 희망도 없지 않습니까? 하지만 복음으로 말미암은 은혜가 희망을 보여줍니다. 우리의 죄 때문에 스스로 이 죄를 담당하고 죽은 이가 있습니다. 그리고 그의 의로움을 통해 가련한 죄인이 의롭다 함을 받습니다. 우리가 이렇게 풀려났습니다. 그리스도가 우리를 대신하여 행하시고 당하신 모든 것을 하나님께서 우리의 것으로 삼으시는 이 칭의를 통해 우리는 사죄함을 받은 것입니다.

성화는 하나님의 성령이 영혼에 거룩을 주입하시는 행위입니다. 지금 저는 하나님께서 의로움을 주입하신다고 말하는 것이 아닙니다. 사람이 일반적으로 이해하는 것보다 의로움과 거룩은 더 명확히 구분되고 이해되어야 합니다. 이 경우에 의로움과 거룩은 명확히 구분됩니다. 우리의 의로움은 우리 밖에 있고, 우리의 거룩은 우리 안에 있습니다. 사도 바울은 이 구분을 명확히 하고 있습니다. "나 스스로의 의가 아니라"(빌 3:9, 새번역). 거룩을 우리의 것이라 할 수 있는 것은, 이것이 원래 우리 자신에게서 비롯되었기 때문이 아니라 우리가 물려받아 우리의 본성의 일부가 되었기 때문입니다. 우리의 수고와 행위를 통해서 우리의 것이 되었다는 의미가 아니라, 우리 안에 주입되어 우리 안에 거함으로 우리의 것이 되었다는 의미입니다. 하지만 의로움은 원래 우리 자신에게서 비롯된 것도, 우리 안에 주입된 것도 아닙니다. 우리가 얻은 것도 아니고, 우리 안에 거하는 것도 아닙니다. 이것은 오직 예수 그리스도께서 이루신 의이고 영원히 예수 그리스도 안에만 있는 의로서, 가련한 피조물이 오직 믿음으로만 내세울 수 있는 의입니다. 반면에 거룩은 원래 우리의 것이 아니었다 해도, 우리가 물려받아서 우리 안에 거하게 된 본성적인 거룩입니다. 사도 바울의 말을 다시 한번 들어 보십시오. "그리스도 안에 있는 사람으로 인정받으려고 합니다. 나는 율법에서 생기는 나 스스로의 의가 아니라 그리스도를 믿는 믿음으로 말미암아 오는 의, 곧 믿음에 근거하여 하나님에게서 오는 의를 얻으려고 합니다"(빌 3:9, 새번역 참조).

셋째, 칭의는 완전하지만 성화는 불완전하다는 것이 또 하나의 큰 차이입니다. 칭의는 완전하여 더하거나 뺄 수도 없을 뿐 아니라, 멈추거나 방해받을 수도 없습니다. 반면에, 성화는 이 모든 것이 가능합니다. 칭의가 완전하다고 할 때, 의롭다 함을 받은 모든 사람은 다 동일하게 완전히 의롭습니다. 지금 가장 형편없이 살아가는 신자라 해도 의롭게 됨에 있어서는 사도 바울이 의롭게 된 것과 전혀 다르지 않습니다. 앞으로 수천 년이 지나도 이 의로움에는 차이가 없습니다. 그리스도의 의에 참여해 의롭다 함을 받은 모든 사람의 의는 다 완전하고, 영원토록 완전합니다. 예수 그리스도의 완전한 의가 이들의 의가 되었기 때문입니다. 은혜로운 재판장이신 하나님의 영원한 행위로 의롭게 되었기 때문입니다. 의롭다 하신 이가 하나님이신데, 누가 우리를 정죄하겠습니까?(롬 8:33) 하지만 성화는 불완전하고, 불충분하고, 가변적입니다. 어떤 신자는 다른 신자보다 더 성화되었습니다. 회심 직후의 사도 바울이 오늘날 이 세상 그 누구보다도 더 성화되었을 것이라 말하고 싶은 이유가 바로 여기에 있습니다.

성화의 정도는 사람마다 크게 다릅니다. 또한 동일한 신자라도 시간과 장소에 따라 성화의 정도가 달리 나타나기도 합니다. 성화된 참된 신자라 할지라도 더 성결하고 성화된 때가 있고, 덜 성결하고 성화된 때가 있습니다. 성화는 우리의 노력을 필요로 합니다. 하나님을 두려워하는 가운데 거룩을 온전히 이루어 가야 하기 때문입니다(고후 7:1). 그러나 하나님의 목전에서 우리의 의로움을 온전히 이루어야 한다는 말은 성경 어디에서도 찾아볼 수 없습니다. 우리의 의는 하나님께서 이미 온전히 이루신 의이기 때문입니다. 그러나 하나님을 두려워하는 가운데 완전한 **거룩**을 이루기 위해서는 조심하고 부지런히 힘써야 합니다. 영광 가운데 있는 성도는 그 어느 때보다 거룩해진 상태입니다. 왜냐하면 영광 가운데 있는 성도는 거룩에 있어서도 온전하기 때문입니다. 하지만 의로움에 있어서는 이전이나 영광 가운데 있는 때나 다르지 않습니다. 천국에 있는 성도는 결코 이 땅에 있는 신자보다 더 의롭지 않습니다. 단지 그들이 영광 가운데 있기 때문에 그 영광의 빛으로 말미암아 이 사실이 그들에게 더 분명하고 밝히 드러날 뿐입니다.

런던의 성 마가렛 교회 목사 토머스 브룩스의 글(1662)[4]

여러분에게 거룩함이 얼마나 필요한지 생각해 보십시오. 거룩하지 않으면 행복할 수 없습니다. 이 땅에서 거룩하지 않으면, 천국도 없습니다. 성경은 이 땅에서 천국을 살아간 세 사람을 이야기합니다. 율법이 주어지기 전에 살았던 에녹, 율법이 주어진 후에 살았던 엘리야, 복음이 전파된 후에 살았던 예수님입니다. 세 사람 모두 거룩에 있어서 탁월했습니다. 이들의 삶은 일상에서 거룩하지 않으면 천국에 갈 수 없다는 사실을 가르쳐 주고 있습니다. 지금 천국에는 셀 수 없는 많은 사람들이 있습니다. 하지만 그중에 단 한 사람도 거룩하지 않은 사람은 없습니다. 성도 가운데 죄인은 단 한 사람도 없습니다. 양의 무리 가운데는 단 한 마리의 염소도 없고, 꽃 가운데 단 한 포기의 잡초도 없고, 장미는 가시나 찌름도 전혀 없고, 빛나는 다이아몬드 가운데는 단 하나의 조약돌도 없습니다. 무수한 아벨들 가운데는 단 한 명의 가인도 없고, 많은 이삭들 가운데는 단 한 명의 이스마엘도 없고, 많은 야곱들 가운데는 단 한 명의 에서도 없습니다. 모든 족장들 가운데는 단 한 명의 함도 없고, 모든 예언자들 가운데는 단 한 명의 사울도 없고, 모든 사도들 가운데는 단 한 명의 가룟 유다도 없고, 모든 전도자들 가운데는 단 한 명의 데마도 없고, 모든 신앙고백자들 가운데는 단 한 명의 마술사 시몬도 없습니다.

천국은 오직 거룩한 사람을 위한 곳이고, 거룩한 사람만이 천국에 갈 수 있습니다. 천국은 거룩한 사람에게만 꼭 맞는 영광의 예복입니다. 그 자체로 진리이시고 식언치 않으시는 하나님께서, 거룩이 없이는 그 누구도 주를 보지 못하리라고 말씀하십니다. "아무도 보지 못한다"는 말에 주목하십시오. 거룩하지 않으면 아무리 부자라도 주님을 보지 못합니다. 거룩하지 않으면 가난한 사람도 주를 보지 못합니다. 거룩하지 않으면 아무리 유력한 사람이라도 주를 보지 못합니다. 거룩하지 않으면 아무리 비천한 사람도 주를 보지 못합니다. 거룩하지 않으면 왕자라도 주를 보지 못합니다. 거룩하지 않으면 소작농이라도 주를 보지 못합니다. 거룩하지 않으면 배운 사람이나 못 배운 사람이나 다 주를 보지 못합니다. 거룩하지 않으면 아내나 남편이나, 부모나 자식이나, 종이나 자유자나 할 것 없이 다 주를 보지 못합니다. "너희 하나님 여호와께서 너희에게 대하여 말씀하신 모든 선한 말씀이 하나도 틀리지 아니하고 다 너희에게 응하여 그중에 하나도 어김이 없음을 너희 모든 사람은 마음과 뜻으로 아는 바라"(수 23:14).

오늘날 어떤 사람은 이런 형태를 부르짖고, 어떤 사람은 또 다른 형태를 부르짖습니다. 이런 교회가 옳다 하고, 또 저런 교회가 옳다고 서로 목소리를 높입니다. 하지만 거룩한 길은 선한 옛길인 것이 분명합니다(렘 6:16). 거룩한 길은 행복과 천국으로 가는 만왕의 왕의 대로입니다. "거기에 대로가 있어 그 길을 거룩한 길이라 일컫는 바 되리니 깨끗하지 못한 자는 지나가지 못하겠고 오직 구속함을 입은 자들을 위하여 있게 될 것이라. 우매한 행인은 그 길로 다니지 못할 것이며"(사 35:8). 어떤 사람은 이것이 길이라 하고, 또 어떤 사람은 저것이 참 길이라 합니다. 하지만 거룩한 길이야말로 행복으로 가는 가장 분명하고, 쉽고, 고상하고, 빠른 길입니다.

옛날에 이교도들은 덕행의 성전을 먼저 통과해야만 영예의 성전에 들어갈 수 있었습니다. 이처럼 거룩한 성전을 먼저 통과하지 않고서는 그 누구도 기쁨의 성전에 들어가지 못합니다. 하나님의 거룩한 산에 올라가기 전에 먼저 거룩이 있어야 합니다. 삼손이 "물을 주십시오. 내가 목말라 죽겠나이다"라고 했던 것처럼, 라헬이 "나로 자식을 낳게 하라. 그렇지 아니하면 내가 죽겠노라"고 했던 것처럼, 모든 거룩하지 못한 영혼은 이렇게 소리 지를 것입니다. "제게 거룩을 주십시오. 그렇지 않으면 영원히 죽겠나이다." 영광의 사신인 천사들조차 거룩에서 단 한번 타락함으로, 영원한 행복과 복락에서 완전히 배제되었습니다. 낙원에 있던 아담도 자신의 정결에서 단 한번 무너짐으로, 즉시 하나님의 영광의 임재에서 쫓겨났습니다. 만약 어거스틴이 방탕한 생활을 하는 동안 죽을 수도 있다는 것을 알았다면, 그리고 거룩하지 않은 상태로 죽으면 하나님의 권능의 영광과 임재에서 영원히 쫓겨날 것이라는 사실을 알았더라면, 그가 악하고 거룩하지 않은 사람이 되지 않았을 뿐 아니라 단 한 시간도 세상을 위해 살지 않았을 것입니다.

자기 영혼을 속이지 마십시오. 거룩은 절대적으로 필요한 것입니다. 거룩이 없이는 결코 주님을 뵙지 못합니다(히 12:14, 살후 1:8-10). 이 세상에서 꼭 위대하게 되고, 부자가 되어야만 하는 것은 아닙니다. 하지만 거룩해지는 것은 꼭 필요한 일이고, 반드시 이루어야 하는 일입니다. 건강을 누리고, 좋은 친구를 많이 두고, 자유와 생명과 권세를 누리는 것도 좋은 일이지만 절대적으로 필요한 일은 아닙니다. 하지만 거룩해지는 것은 절대적으로 필요합니다. 세상적으로 성공하지 못해도 주님을 뵙는 데는 아무 지장이 없습니다. 하지만 거룩하지 못하면 절대 주님을 볼 수 없습니다. 세상적인 영예와 칭송을 못 얻어도, 천국에 갈 수 있고 복락에 이를 수 있습니다. 하지만 거룩함이 없이는, 결코 천국에 이르지도 못하고 행복할 수도 없습니다. 이 땅에서 거룩하지 못하면 천국도 없습니다. "무엇이든지 속된 것이나 가증한 일 또는 거짓말하는 자는 결코 그리로 들어가지 못하되 오직 어린양의 생명책에 기록된 자들만 들어가리라"(계 21:27).

오 여러분, 거룩은 본성이라는 토양에서는 결코 자라지 못하는 꽃입니다. 사람이 태어날 때 그 입에 혀를 가지고 태어나는 것처럼, 마음에 거룩을 가지고 태어나지는 않습니다. 거룩은 하나님의 소산입니다. 거룩은 인간의 자연적 본성에서는 절대 발견될 수 없고, 오직 새롭게 된 본성에서만 찾을 수 있는 값진 진주입니다. 자연인의 마음에서는 절대 찾을 수 없고, 오직 성화된 마음에서만 찾을 수 있습니다. 세상에 있는 자연인에게서는 실오라기 같은 한줄기 거룩한 빛조차 찾아볼 수 없습니다. "그의 마음으로 생각하는 모든 계획이 항상 악할 뿐임을 보시고"(창 6:5). "여자에게서 난 자가 어찌 깨끗하다 하랴"(욥 25:4). 욥과 친구들의 대화를 보면 인간 본성은 결코 거룩하지 않다고 말합니다. "어찌 깨끗하다 하랴." 무슨 말입니까? 여자에게서 난 사람은 누구나 다 깨끗하지 못하다는 말입니다. 여자에게서 난 자는 모두 다 죄 가운데서 잉태되었고, 진노와 저주 아래 태어난다는 말입니다. "누가 깨끗한 것을 더러운 것 가운데에서 낼 수 있으리이까"(욥 14:4). "무릇 우리는 다 부정한 자 같아서 우리의 의는 다 더러운 옷 같으며"(사 64:6). "기록된바 의인은 없나니 하나도 없으며 깨닫는 자도 없고 하나님을 찾는 자도 없고"(롬 3:10-11). 모든 사람은 본성적으로 거룩에 대해 외인이고 원수입니다(롬 8:7). 이 세상에 태어나는 모든 사람은 하나같이 하나님과 거룩을 등지고 죄와 지옥을 향해 있습니다.

우리의 본성은 너무도 타락해서 하나님의 선한 것을 아무리 쥐어 줘도 물이 불을 대하듯이, 젖은 나무가 불에 반응하듯이 전혀 반응하지 못할 뿐 아니라 오히려 그것을 꺼뜨려 버립니다. 악한 것을 주어 보십시오. 짚을 삼키는 불같이 일어날 것이며, 어리석은 사티로스satyr*같이 불에 입을 맞추려고 달려들 것입니다. 자신을 살라

---

* 그리스 신화에 나오는 말의 귀와 꼬리를 가진 반인반수의 숲의 신으로, 술과 여자를 좋아한다—옮긴이.

버릴 불을 끌어들이는 기름처럼 악한 것을 움켜잡을 것입니다. 모든 사람은 죄인으로 태어납니다. 이런 사람을 성도로 만들기 위해서는 무한한 능력이 필요합니다. 거룩하면 모두가 행복할 수 있음에도, 본성적으로 사람은 거룩을 혐오합니다. 육신과 본성적 삶을 위해서 음식이 필요한 것 이상으로, 영혼의 구원과 보존을 위해서 거룩이 절대적으로 필요합니다. 만약 어떤 사람에게 솔로몬의 지혜와 삼손의 힘과 여호수아의 용기와 아히도벨의 모략과 하만의 위엄과 아하수에로의 권세와 아볼로의 달변이 있다 해도, 거룩이 없으면 이 모든 것으로도 구원에 이르지 못합니다. 우리가 살고 있는 이 시대가 큰소리로 거룩을 부르짖고 있습니다. 만약 여러분이 이때를 은혜의 때라 부른다면, 하나님께서 거룩하라고 많은 은혜의 방편과 도움을 부어 주시는 시대에 사는 우리보다, 더 거룩에 힘쓰고 더 높은 거룩에 다다라야 할 사람이 또 있을까요? 하나님께서 우리를 거룩하게 하기 위해 얼마나 큰 고통과 대가를 치르고 계신지요! 얼마나 세심하게 우리를 보살피고 돌보십니까! 하나님은 여러분을 거룩함으로 불러일으키기 위해 부지런히 애쓰는 사역자들을 보내 주셨고, 지금도 보내고 계시지 않습니까! 여러분의 영혼을 거룩으로 이끌기 위해 그들이 얼마나 많은 시간과 정력을 쏟아 부었습니까! 여러분의 거룩을 위해 온 영으로 자신의 삶을 바치지 않았습니까! 거룩한 규례들이 무엇이라고 외치고 있습니까? 거룩한 마음과 거룩한 삶 아닙니까? 빛의 시대가 무엇을 요구하고 있습니까? 빛 가운데 행하고 모든 어두움의 일을 버리라는 것 아닙니까? 모든 은혜의 방편이 무엇이라고 속삭입니까? 은혜로운 것에 더욱 힘쓰라는 것 아닙니까? 성령께서 무엇이라고 하십니까? 힘써 거룩에 매진하라고 하지 않습니까? 하나님께서 이제까지 여러분에게 베풀어 주신 모든 자비의 기적들이 여러분의 양심에 '거룩하라. 너는 제발 거룩하라'고 애원하지 않습니까! 여러분의 거룩을 위해 주께서 하지 않으신 일이 무엇입니까? 거룩하도록 돕는 데 있어서는 여러분을 이미 천국에까지 들어올리시지 않았습니까? 이 시간까지 여러분을 따라오시며 거룩한 제안과 거룩한 호소와 거룩한 권면과 거룩한 격려와, 그외 여러분을 거룩하게 할 만한 모든 것을 주시지 않았습니까? 그런데도 여러분은 언제까지 여전히 냉담하고, 여전히 교만하고, 여전히 세속적이고, 여전히 악독하고, 여전히 시기하고, 여전히 다투고, 여전히 거룩하지 않을 것입니까? 하늘의 모든 광명을 꺼버리고 모든 선생을 거두어 버리고 여러분에게 있던 촛대와 하나님의 영원한 복음을 여러분에게서 거두어, 그것을 손꼽아 기다리고 열렬히 환영할 사람들, 그 복음을 끔찍이 사랑하고 담대히 지켜 내고 성실히 준행할 사람들에게 가져다주시도록 하나님을 촉발하는 것이 아니고 무엇입니까?(계 2:4-5, 사 43:25) 거룩을 추구하고, 거룩을 위해 힘쓰라고 이 시대가 우리 모두에게 너무나 분명한 소리로 부르짖고 있습니다. 때를 탓하지 말고, 악행을 그치고, 선을 행하려고 애써 보십시오. 모든 것이 잘될 것입니다. 더 좋은 마음으로 더 선한 삶을 살도록 하십시오. 조만간 더 나은 때를 보게 될 것입니다. "너희는 스스로 씻으며 스스로 깨끗하게 하여 내 목전에서 너희 악한 행실을 버리며 행악을 그치고 선행을 배우며 정의를 구하며 학대받는 자를 도와주며 고아를 위하여 신원하며 과부를 위하여 변호하라 하셨느니라. 여호와께서 말씀하시되 오라, 우리가 서로 변론하자. 너희의 죄가 주홍 같을지라도 눈과 같이 희어질 것이요 진홍 같이 붉을지라도 양털같이 희게 되리라. 너희가 즐겨 순종하면 땅의 아름다운 소산을 먹을 것이요"(사 1:16-19).

주

서론

1. 이 책은 논쟁적인 에세이로 구성되어 있고, 더블린의 대주교 리처드 웨이틀리 Richard Whately가 편집하여 발행했다. 이 책은 당시 트랙트 운동 Tractarianism(1833년에 옥스퍼드에서 시작된 성공회의 개혁운동으로 '옥스퍼드 운동'이라고도 한다. 성공회 내에서 전통적인 가톨릭의 가르침과 예전을 회복해야 한다고 주장한다)을 지지한 사람들이 그들의 소책자인 "Tracts for the Times"를 통해 제기한 많은 이슈를 다루고 있다.

2. 성공회 신학자, 시인, 찬송가 작가, 작가. 1841년부터 1861년까지, 20년 동안의 수고 끝에 출판된 *New Testament in Greek*(4 vols.)으로 큰 명성을 얻었다—옮긴이.

3. "우리는 하나님께로부터 이중적 칭의를 받는데, 하나는 권위적authoritative 칭의이고, 다른 하나는 선언적declarative 칭의다"(Thomas Goodwin, on "Gospel Holiness," *Works*, vol. 7, p. 181). 전자는 율법의 행위가 없이 믿음으로만 의롭게 된다는 사도 바울의 말을 가리키고, 후자는 사도 야고보가 말한 행함으로 의롭다 함을 받는 것을 의미한다.

4. 이 주제에 대한 논의를 살펴보고 싶은 독자는 앤드류 윌리트Andrew Willet나 찰머

주 661

스나 로버트 홀데인Robert Haldane의 주석이나, 존 오웬이 쓴 *Indwelling Sin*을 읽어 보기 바란다. (「내재하는 죄」 부흥과 개혁사)

5. 존 솔트마쉬John Salthmarsh는 1620년대에 일어난 구도자 운동English Seekers의 지도자 가운데 한 사람이다. 이들은 기존의 교회 질서가 타락했고 새로운 사도 그룹을 통한 새로운 교회 창설을 주장했다—옮긴이.

6. 이 운동은 19세기 영국 전역에서 일어난 거룩 운동으로, 윌리엄 보드맨William Boardman의 저서 *The Higher Christian Life*(1858)에서 이름이 유래했다. 오늘날까지 케직이라는 도시에서 집회를 갖고 있기 때문에 케직 운동으로도 일컬어진다. 이 운동에서는 그리스도인이 처음 회심 경험에서 그치지 말고 이차적 회심 경험으로 나아가야 한다고 말한다. 이런 하나님의 역사를 "완전 성화entire sanctification", "이차적 축복the second blessing", "두 번째 만져 주심", "성령 충만" 등의 여러 용어로 부른다. 하나님으로부터 이런 축복을 받은 사람은 죄를 덜 짓거나, 심지어 죄 없는 삶까지도 살 수 있다고 이들은 주장한다. 이런 생각은 존 웨슬리가 주장한 그리스도인의 완전 교리에 뿌리를 박고 있다고 볼 수 있다—옮긴이.

7. 리처드 십스의 설교 "승리를 가져오는 침노Victorious Violence"를 읽어 보라 (*Works*, vol. 7, p. 30).

1장 죄

1. 조지 스탠리 패이버George Stanley Faber가 쓴 책으로, 원제는 *The Difficulties of Infidelity*(1824)다. 이 책은 "볼테르와 패인의 독에 대한 해독제"로 불렸다.

2. 후커의 「칭의에 대한 강론*Learned Discouse of Justification*」에서 인용. 후커는 성공회 사제로 유력한 신학자였다. 이성과 관용과 포용을 강조했는데, 그의 이런 성향은 성공회의 발전에 큰 영향을 미쳤다. 그는 매튜 파커Matthew Parker, 토머스 크랜머와 더불어 성공회 신학의 근간을 이룬 사람이다—옮긴이.

2장 성화

1. "성경은 두 가지 성화를 언급하고 있는데, 두 종류의 거룩이라고 말할 수 있다. 첫 번째는 사람과 사물 모두에게 적용되는 것으로, 하나님께서 친히 지명하심으로 하

나님을 섬기기 위해 특별히 구별하여 드려지는 것을 말하며, 이로 말미암아 그것들은 거룩하게 된다. 제사장과 구약의 레위인, 법궤, 성막, 성전 등이 성화되었고 거룩하게 되었다. 이렇게 구별된 것은 무엇이든지 모든 거룩으로 고유하게 구별되어 하나님께 드려졌다. 이런 의미에 있어서 첫 번째 거룩은 고독하고 외로운 것이다. 성별만 있을 뿐, 여기에 무엇이 더해지거나 어떤 영향을 불러일으키거나 하지 않는다. 하지만 두 번째 성화와 거룩은 하나님께 구별되는 것이 우선이 아니고 그 자체가 목적도 아니다. 중요한 것은 그로 인한 결과와 영향이다. 거룩의 원리가 우리의 본성에 전달됨으로 이루어지는 내면적이고 실제적인 것으로서, 하나님을 향한 거룩한 의무와 순종을 통해 발휘된다. 우리가 지금 살펴보는 것이 바로 이 두 번째 거룩이다"(John Owen, on "The Holy Spirit," *Works*, vol. 3, p. 370, Goold's edition). (「성령론」 여수룬)

2. "마귀와 싸우는 것이 마귀와 평화하는 것보다 낫다. 잠자코 있는 거룩dumb holiness은 의심해 봐야 한다. 문 밖으로 쫓겨난 개는 들여보내 달라고 아우성친다.······물과 불처럼, 서로 상반되는 것이 만나면 갈등을 일으킨다. 성화된 마음을 만난 사탄은 집요하게 유혹하여 넘어뜨리려고 한다. 하나님과 그리스도로 채워진 집일수록, 더 설득력 있고 그럴듯한 선동과 거짓이 창문으로 날아들어 많은 믿음을 의심에 빠지도록 유혹한다"(Samuel Rutherford, *The Trial and Triumph*, p. 403).

3. "삶이 청결하지도 않고 성화하지도 않고 거룩하지 않아도, 죽으면 하나님을 기뻐하는 복락의 상태에 다다르게 되리라고 생각하는 것을 보면, 사람은 참 어리석고 미련하고 사악하다. 그런 사람은 결코 하나님을 기뻐할 수 없고, 하나님도 그에게 상급이 되지 않으실 것이다.······ 거룩은 천국에서야 비로소 완전해진다. 하지만 분명히 이 땅에서만 시작된다"(Owen, on "The Holy Spirit," *Works*, vol. 3, p. 575, Goold's edition).

4. "복음서의 그리스도는 거룩함의 모범과 본으로 우리에게 제시되었다. 그러므로 그분의 삶과 죽음의 목적이 단지 그분이 가르치신 거룩의 교리를 우리에게 확인시켜 주고 예증하기 위한 것이라 여겨, 그분의 삶을 우리의 모범으로 삼기를 게을리 하고 그분께 순종하려고 애쓰지 않는 것은 치명적인 악이다. 그러므로 완전히 거룩하신 그리스도의 형상과 모습이 우리 마음에 새겨지고, 이로 말미암아 우리가 그분을 닮게 되기까지 그분이 어떤 모습이셨으며, 무엇을 하셨으며, 모든 의무와 시험 가운데 어떻게 행동하셨는지를 우리는 깊이 묵상해야 한다"(Owen, on "The Holy Spirit," *Works*, vol. 3, p. 513, Goold's edition).

5. 체험적이라는 말은 청교도들이 많이 사용했던 말로, 이는 은사주의자가 말하는 것과

는 전혀 다르다. 체험적인 지식이란, 계시된 그리스도를 성령 안에서 알고 누리고 드러나게 하는 계시 중심적이고 그리스도 중심적인 신자의 모든 경험을 가리키는 것으로, 전인적인 성화를 가져오는 실제적인 지식을 가리킨다―옮긴이.

3장 거룩

1. Benjamin Franklin, *Poor Richard's Almanack*(1745). (「가난한 리처드의 달력」 휴먼하우스).

4장 싸움

1. Sir James Mackintosh, *Vindiciae Gallicae*(1791)에서 인용.
2. 욥기 18:14에 나오는 말로 죽음을 은유적으로 표현한 말―옮긴이.
3. William Gurnall, *Christian Armour*. (「그리스도인의 전신갑주」 예찬사)

5장 비용

1. Franklin, *Poor Richard's Almanack*.

6장 성장

1. "참된 은혜는 본질상 발전하고 확산되고 자라가는 성향이 있다. 은혜는 햇빛과 같은 특징이 있다. 동이 트는 미명의 빛에서 시작하여 정오의 빛과 같이 된다. 성도는 그 빛 됨에 있어서 하늘의 별에 비유되기도 하지만, 그 자람에 있어서는 나무에 비유되기도 한다(사 61:3, 호 14:5). 뒤로 물러난 히스기야의 태양이나 그 자리에 멈춰 선 여호수아의 태양과 달리, 신실한 그리스도인은 거룩에 있어 항상 진보를 나타내고 하나님의 충만하게 하심을 따라 계속 자라간다"(Thomas Watson, *A Body of Divinity*, 1660).

2. "은혜 안의 성장은 그 은혜의 진리에 대한 최선의 증거다. 생명이 없는 것은 자람도 없다. 그림은 자라지 않는다. 울타리의 말뚝은 자라지 않는다. 하지만 생명이 있는 식물은 자란다. 은혜가 성장하는 것은 영혼에 자리 잡은 은혜가 살아 있다는 증거다"(Thomas Watson, *A Body of Divinity*).

3. "그리스도인이여, 다른 사람에게 좋은 영향을 끼치고, 그들로 은혜의 하나님을 찬양하게 하고 싶은가? 그렇다면 당신에게 있는 은혜의 역사를 따라 진보를 나타내라. 종으로 일하고 있는 사람이 집주인에게 있는 믿음과 사랑과 지혜와 인내와 겸손이 하늘의 별처럼 빛나는 것을 본다면, 그는 이런 귀한 가정에서 종으로 있게 된 것 때문에라도 하나님께 감사하게 될 것이다.…… 사람에게 있는 은혜가 모세의 빛나는 얼굴처럼 광채를 발하고, 그들의 삶이 요셉의 삶처럼 하늘의 별과 같은 무수한 덕으로 수놓아진다면, 많은 사람들이 선한 영향을 받아 하나님께 영광 돌리며 이렇게 외치지 않겠는가? '이들이야말로 진짜 그리스도인이다! 이들이야말로 자신이 믿는 하나님께 영광이 되고, 그리스도께는 면류관이며, 복음에 대한 살아 있는 증거다! 그리스도인이 된다는 것이 저들과 같이 되는 것이라면, 우리도 그리스도인이 되고 싶다!'"(Thomas Brooks, *Unsearchable Riches*, 1661)

4. "정상적으로 자라고 있는 사람의 눈에는 자신이 자라는 것이 잘 보이지 않는다. '나는 벌레요 사람이 아니라'(시 22:6). 자기에게 있는 타락과 무지를 더 잘 보는 그리스도인일수록 자신을 더 혐오하게 된다. 스스로 보기에 자신은 점점 사라져 가는 것이다. 욥은 재 가운데 앉아 자신을 혐오했다(욥 42:6). 자긍하는 습관에서 벗어나야 한다"(Watson, *A Body of Divinity*).

5. "우리가 죄에 대해 덜 힘들어 하는 것이야말로 은혜 안에 자라감이 없다는 표지다. 몇 가닥의 머리카락에 눈이 찔려 눈물이 나듯이, 아주 미미한 죄라도 그것 때문에 아파할 때가 있었다. 하지만 지금은 죄에 대해 그다지 힘들어 하지도 않기 때문에 거리낌 없이 죄를 먹고 마신다. 은밀하게 혼자 기도하는 시간을 빼먹은 것만으로도 슬퍼했던 때가 있었다. 하지만 지금은 가정예배도 무시하고 지나간다. 허탄한 생각에 가슴을 치던 때가 있었다. 하지만 지금은 나태한 삶에도 괴로워하지 않는다. 슬프게도, 신앙이 퇴보한 것이다. 참된 은혜가 전혀 자라지 않고 있다. 참된 은혜가 살아서 고동치는 맥박소리조차 거의 들을 수가 없다"(Watson, *A Body of Divinity*).

"은혜를 풍성히 누리고 싶다면, 자기 행실을 주의하여 살피라. 지식이 많고 말을 잘한다고 부요한 영혼이 아니다. 오히려 하나님과 동행하고 순종하는 영혼이 부요한 영혼이다. 많은 개념에 정통한 사람이라 해도, 하나님과 친밀히 동행하는 그리스도인이 갖는 영적 체험과 모든 거룩하고 신령한 은혜에 부요하지 못할 수 있다"

(Brooks, *Unsearchable Riches*).

6. "세상일에 더욱더 많은 시간을 빼앗기고 마음이 분산되는 것은 은혜 안에서 자라지 못한다는 표지다. 한때는 존귀한 삶을 살고, 위의 것에 마음을 두고, 천상의 말을 했을 수도 있다. 하지만 지금은 마음이 하늘에서 떠나 이 땅의 저급한 광산으로부터 만족을 캐내고 있고 사탄과 함께 지구를 두루 다닌다면, 이는 퇴락의 길에서 받은 은혜를 소진하고 있다는 표지다. 본성이 부패하고 죽음이 가까울수록 더욱더 세상 앞에 비굴해지고, 스스로의 힘으로는 결코 신령한 생각으로 회복되지 못한다. 설사 아직은 은혜가 죽어 없어지지 않았다 해도 거의 죽은 것이나 다름없다"(Watson, *A Body of Divinity*).

7. "하나님과 친밀한 교제를 지속적으로 지켜 가는 사람일수록 신자로서의 의무에 더 충실하다는 사실은, 모든 그리스도인이 경험을 통해 알고 있다. 제단 장작을 타오르게 할 불이 처음에는 하늘에서 시작되지만, 그 후로는 제사장이 주의를 기울이고 그 불을 힘써 지켜야 유지된다. 이처럼, 신령한 은혜의 습관 역시 하나님께서 주시고 매일 하나님의 도우심으로 유지되지만, 동시에 하나님을 섬기는 우리의 수고와 경건한 삶의 실천이 함께해야 한다. 자신을 단련하는 그리스도인일수록 더 강건하게 자라간다"(John Collinges, on "Providence," 1678).

8. "그리스도를 가장 친근히 누리는 사람을 친구로 사귀라. 사람의 외모에 너무 많은 관심을 두지 말고 그의 내면을 살피라. 그들이 가진 내면의 가치를 살피라. 많은 사람들이 신앙을 고백하는 사람의 외양을 주목한다. 내면의 가치에 주목하고, 하나님으로 충만한 사람을 가장 절친하고 귀한 벗으로 사귀는 그리스도인을 나에게 보여 달라"(Brooks, *Unsearchable Riches*).

9. "그리스도인은 자기가 알지 못하는 사이에도 자라고 있을 수 있다. '스스로 가난한 체하여도 재물이 많은 자가 있느니라'(잠 13:7). 은혜 가운데 있는 그리스도인이 자신의 부족함을 보는 시각 때문에, 또는 더 큰 은혜를 얻고 싶은 갈망 때문에 자기가 자라지 않고 있다고 여길 수 있다. 더 큰 은혜를 갈망하는 사람은 자신이 바라는 만큼의 은혜를 누리지 못하기 때문에 스스로를 가난하다고 여긴다"(Watson, *A Body of Divinity*).

"풍성한 은혜 가운데 있으면서도 그것을 알지 못하고 전혀 깨닫지 못할 수 있다. 면류관과 큰 기업을 받을 상속자이면서도 어린 자녀는 그것을 알지 못한다. 모세의 얼굴이 영광으로 빛났고 다른 사람은 다 그것을 알았지만, 정작 모세 자신은 알지 못했다. 풍성한 은혜 가운데 있는 존귀한 영혼들은, 다른 사람은 모두 그를 보고 아는 그것을 정작 자신은 알지 못한다. 이런 마음은 종종 그 영혼이 영적인 부요함을 너무나 간절히 원하고 있기 때문일 수 있다. 탐욕스러운 사람은 이 땅의 재물을 너무나 원하기 때문에 재물을 많이 쌓아 가고 있으면서도 그것을 알지 못하고 믿지도 않는다. 많은 존귀한 그리스도인도 마찬가지다. 영적 부자가 되고 싶은 갈망이 너무도 커서 신령한 일에 자라가고 있는 자신을 보지 못한다. 많은 그리스도인이 자기에게 엄청난 가치가 있음에도 그것을 보지 못한다. '주님께서 이곳에 계셨는데도 나는 그것을 알지 못했구나' 하고 말하는 사람이 이런 선한 사람이다. 많은 재물을 불리고 있으면서도 그것을 차분히 계산하고 정리하지 못해 모르는 사람도 있다. 또 너무 자주 계산하고 따져 보는 바람에 못 느끼는 사람이 있다. 일주일에 한 번, 또는 한달에 한 번씩 장부를 정리하고 계산하는 사람은, 일년에 한 번 하는 사람에 비해 자신이 얼마만큼 부자가 되었는지 실감하기가 쉽지 않다. 영혼도 마찬가지다. 때로는 잘못 계산해서 못 느끼는 경우도 있다. 급하게 서두르거나 너무나 성급하게 하는 바람에 100을 10으로 계산하고, 1,000을 100으로 계산하는 경우가 있다. 외식하는 자가 자기에게 있는 위폐를 금으로 여기고, 그램을 킬로그램으로 여기고, 항상 스스로에게 있는 것의 가치를 시장가격보다 높게 매기는 것처럼, 진실한 영혼들은 자기에게 있는 것을 달 때, 킬로그램을 그램으로 여기고, 1,000을 100으로 여기고, 자신이 가진 것을 시장가격보다 낮게 매기는 경우가 얼마나 많은가"(Brooks, *Unsearchable Riches*).

7장 확신

1. "그리스도는 바울을 정죄에서 건져 그리스도 안의 감사와 승리를 누릴 정도로 실제적이고도 온전한 확신으로 이끄셨다. 하지만 이런 바울도 자기에게 있는 죄 때문에 슬퍼하고 탄식했다. 이는 바울이, 확신을 누리는 자기 육신에 여전히 죄가 살아 역사하는 비참한 상황을 차마 두고 볼 수 없을 정도로, 실제적이고 온전한 확신을 가지고 있었다는 말이다"(Samuel Rutherford, *Triumph of Faith*, 1645).

2. "'성령의 증거'라도 가진 체하는 모든 허탄한 자를 옹호할 마음은 없다. 주제넘은 확신을 신앙고백인 양 하는 사람이 있다는 것도 안다. 하지만 이런 결과가 무섭다고 계시의 교리를 거부해서는 안된다"(Robinson, *The Christian System*).

"참된 확신은 성경의 기초 위에 세워진다. 어림짐작이나 추정은 성경적 근거가 없다. 그것은 봉인과 목격자가 없는 유언장과 같이 법적으로 아무런 가치도 없다. 추정은 하나님 말씀의 증거와 성령의 인침 두 가지 다 없다. 확신은 항상 마음을 겸손하게 한다. 하지만 추정은 자긍심이 자란 것이다. 깃털은 떠오르고, 금은 가라앉는다. 금 같은 확신을 가진 사람은 그의 마음이 겸손으로 낮아진다"(Watson, *A Body of Divinity*).

"자기 구원에 대해 어림짐작하는 사람은 나태한 삶을 산다. 그러나 자기 구원을 확신하는 사람은 부드러운 양심을 갖는다. 전자는 자기 구원이 분명하다고 믿기 때문에 죄도 마다하지 않는다. 후자는 자기에게 있는 확신을 잃어버릴까 봐 감히 죄를 짓지 못한다. 구원의 확신을 가진 사람은 너무도 사랑스러운 구주를 잃어버릴까 봐 죄를 짓지 않는다. 그러나 자신의 구원을 넘겨짚는 사람들은 은혜를 더하게 할 요량으로 죄를 짓는다. 겸손은 천국으로 난 길이다. 자신은 분명히 천국에 갈 것이라고 자만하는 사람은 지옥에 가는 것을 두려워하는 만큼이나 천국에는 얼씬도 하지 않는다"(Adams, on "Second Epistle of Peter," 1633).

3. "믿음과 겸손이 모순되는 것처럼 잘못 생각하는 사람들이 있다. 믿음과 겸손은 서로 조화를 이룰 뿐 아니라 결코 떨어질 수 없다"(Robert Traill).

4. "어거스틴은 말한다. '구원을 확신한다는 것, 그것은 오만한 용기가 아니라 믿음이다. 자긍하는 것이 아닌 헌신이다. 막연히 그럴 것이라는 추정이 아니라 하나님의 약속이다'"(Bishop Jewell, *Defense of the Apology*, 1570).

"우리가 가진 확신의 근거가 자기 자신에게 있다면, 그것은 주제넘는 짐작이지 확신이 아니다. 확신의 근거를 자기에게 두는 사람은, 확신의 근거가 되는 주님과 그분의 능력을 모르거나 과소평가하는 사람이다. 이런 사람이 주장하는 확신은 어림짐작일 뿐이다"(William Gouge, *Whole Armour of God*, 1647).

"이 세대는 오직 자기 자신에게 기반하고 있다. 하지만 모든 것을 견디게 하는 우리의 확신은 전적으로 하나님께 기반한다. 만약 우리 자신만을 본다면, 두려워하고 의심할 만한 것뿐이다. 그러나 하나님을 바라보면, 충분한 확신의 이유를 찾게 될 것이다"(Arthur Hildersham, on "John 4," 1632).

"우리의 소망은 '그럴 거야, 그랬으면 좋겠어' 하고 말하는 정도로 가느다란 실에 매달려 있지 않다. 우리의 닻을 단단히 붙잡고 있는 굵은 닻줄은 영원히 진실하신 분의 약속과 맹세다. 하나님의 강한 팔과 그리스도의 강력이 우리의 구원을 붙잡아 하나님의 변함없는 본성에 단단히 매어 두셨다"(Rutherford, *Letters*, 1637). (「새뮤얼 러더퍼드 서한집」 크리스챤다이제스트사)

5. "예수 그리스도를 믿는 신자는 천국으로 가는 긴 항해에서 결코 파선하거나 죽지 않는다. 그들 모두 시온 산에서 어린양과 함께 안전하고 온전한 모습으로 드러날 것이다. 그리스도는 그들 중 어느 누구도 잃어버리지 않으신다(요 6:39). 어느 누구도 전장에서는 신자의 뼈 조각 하나도 발견하지 못할 것이다. 그들 모두 자기를 사랑하시는 그분 안에서 넉넉히 이기기 때문이다"(롬 8:37)(R. Traill).

6. 이 부분에 대해 더 읽기 원하는 독자는 이 장 끝에 달린 첨언을 참고하기 바란다. 옛날 영국의 유명한 목사들의 저서에서 이 주장을 옹호하는 글들을 발췌했다. 여기에 인용하기에는 너무 길어서 뒤로 뺐다.

7. "예수님을 믿는 사람은 결코 당혹스러워하지 않을 것이다. 지금까지 누구도 그런 적이 없다. 당신이 믿는다면 당신도 마찬가지다. 사형을 언도받고 회심한 사람이 사형을 당하기 전에 했던 믿음의 말을 들어 보라. 마지막 순간에 그는 이렇게 외쳤다. '이제까지 그리스도 예수를 바라보면서 멸망당한 사람은 단 한 사람도 없었다'"(R. Traill).

8. "하나님의 영광 다음으로 우리가 갈망할 수 있는 가장 위대한 것은 우리 자신의 구원이고, 우리가 갈망할 수 있는 가장 달콤한 것은 구원에 대한 확신이다. 우리는 이 세상에서, 장차 누리게 될 것을 확신하는 만큼만 누린다. 이 땅을 떠나게 되면 모든 성도는 천국을 누린다. 그런데 어떤 성도는 이 땅에서부터 천국을 누린다"(Joseph Caryl, 1653).

9. "라티머 주교가 리들리에게 이런 말을 했다. '내 영혼의 상태를 분명히 확신할 때, 나는 사자처럼 담대했네. 모든 문제에도 웃을 수 있었고, 그 어떤 어려움도 나를 움츠러들게 하지 못했지. 그러나 나를 비추던 위로가 가려지자, 나는 겁에 질린 영혼이 되어 마치 쥐구멍에라도 들어갈 정도가 되었다네'"(Christopher Love가 인용, 1653).

"확신은 우리의 모든 의무를 이행하는 데 큰 도움이 될 것이다. 모든 시험에 대적하도록 우리를 무장시키고, 우리를 막아서는 모든 것에 대답을 주고, 엄청난 슬픔이 우리를 몰아간다 해도 견딜 수 있게 할 것이다. '하나님이 우리를 위하시면, 누가 우리를 대적하겠는가?'"(롬 8:31)(Bishop Reynolds, on "Hosea 14," 1642)

"확신이 있는 사람은 자기에게 닥치는 그 어떤 일도 잘못 받아들이지 않는다. 하나님이 그의 하나님이시다. 친구를 잃어버렸는가? 아버지께서 살아 계시지 않는가! 독자를 잃어버렸는가? 하나님께서 독생자를 주시지 않았는가! 양식이 부족한가? 하나님께서 생명의 떡을 주시지 않았는가! 위로를 상실했는가? 보혜사가 계시지 않는가! 풍랑을 만났는가? 어디에 정박해야 할지 그분은 다 알고 계시지 않는가! 하나님은 그의 기업이고, 천국은 그의 피난처다"(T. Watson, 1662).

10. 사형에 처해지기 바로 전, 존 브래드퍼드는 이런 말을 했다. "내가 바랄 것은 아무것도 없다. 메리 여왕이 나를 살려 준다면 고맙겠지만, 나를 추방한다 해도 나는 그녀에게 감사할 것이다. 나를 화형에 처한다 해도 감사할 것이고, 무기징역에 처한다 해도 감사할 것이다."

애버딘에 유배를 가게 된 러더퍼드도 같은 말을 했다. "나를 외국으로 추방하지 않고 주님과의 향연을 만끽할 수 있는 이곳으로 보내다니, 내 대적은 정말 뭘 잘 모르는구나." "내게 감옥은 궁선이고, 그리스도와 누리는 잔칫집이다"(Letters).

11. 휴 매케일Hugh Mackail은 에딘버러의 교수대에서 죽음을 기다리며 이렇게 말했다. "나는 이제 영원히 끝나지 않을 우리 하나님과의 교제로 들어간다. 아버지와 어머니, 벗들과 친척들아, 잘들 있으시라. 세상과 그 속에 있는 모든 즐거움아, 나는 떠난다. 고기와 음료들아, 잘 있거라. 해와 달과 별들아, 잘들 있거라. 하나님, 나의 아버지, 반갑습니다. 오 사랑스런 주 예수님, 새 언약의 중보자이시여, 뵙고 싶었습니다. 복된 은혜의 성령, 모든 위로의 하나님, 반갑습니다. 영광아, 반갑다. 영생아, 반갑다. 사망아, 어서 오라. 오 주님, 주님의 손에 내 영혼을 맡깁니다. 진리의 주 하나님, 주께서 내 영혼을 구속하셨습니다!"

12. 러더퍼드는 임종을 맞으며 이렇게 말했다. "그동안 내가 어떤 주님을 섬겨 왔고, 지금 또 내가 어떤 평화를 누리는지 모든 형제들은 다 안다! 이제 그리스도 안에서 잠드는 나는, 그분의 형상으로 깨어 만족할 것이다"(1661).

　　백스터도 임종을 맞으며 이렇게 말했다. "영원한 복락에 대한 확신이 내게 있고, 위대한 평화와 위로가 내 안에 있으니 하나님을 찬양합니다." 그의 생명이 막바지에 이르렀을 때 그의 지나온 삶이 어떠했는지 묻자, 그는 이렇게 대답했다. "대부분 좋았습니다"(1691).

13. "미약한 믿음이라도 사망의 쏘는 것을 없앨 수 있다. 왜냐하면 죄책을 없애 주는 것은 믿음이기 때문이다. 하지만 믿음의 온전한 확신은 사망이 주는 공포와 두려움을 사라지게 하여 사망의 턱과 이빨을 부스러뜨린다"(Fairclough, Sermon in the *Morning Exercises*, 1660).

14. "확신을 통해 신자는 하나님을 섬기는 일에 있어 더 능동적이 되고 생기 있게 된다. 더 기도하고 순종한다. 믿음은 우리로 걷게 하지만, 확신은 달음박질치게 한다. 확신하는 신자는 하나님을 위해 아무리 많은 일을 해도 턱없이 부족하다고 생각한다. 확신은 모든 순종의 수레바퀴를 굴린다. 시계를 움직이는 추와 같고, 새의 날개와 같다"(T. Watson).

"확신은 주님의 일을 할 때 사람을 열정적이고 부지런하고 많은 결실을 맺도록 한다. 확신에 찬 그리스도인은 한 가지 일을 마치고 나면 곧 바로 다음 일을 생각한다. '주님, 다음에는 무엇을 할까요?' 하고 확신에 찬 영혼은 여쭙는다. 확신에 찬 그리스도인은 그리스도를 위해 어떤 일이라도 마다하지 않고, 어떤 멍에에도 자신의 목을 내민다. 어떤 일이 있어도 할 만큼 했다고 여기지 않는다. 오히려 너무나 작게 했다고 여길 뿐이다. 자신이 할 수 있는 모든 일을 다 마치고도 이렇게 생각한다. '나는 무익한 종일 뿐이다'"(T. Brooks).

15. Issac Watts, *Hymns and Spiritual Songs*, bk. Ⅱ, hymn 65.

16. "성령 하나님께서 구원의 참된 확신을 그 마음에 새기게 되면, 그 사람은 이 확신으로 인해 나태한 삶을 물리치고, 세상에 다른 것은 없는 것처럼 하나님을 향한 사랑과 순종으로 마음을 동여맨다. 세상에 만연한 모든 방탕함은 하나님의 사랑을 믿는 믿음과 확신의 결여, 그리고 이에 대한 그릇된 육신적인 확신에 그 진정한 원인이 있다"(Hildersam, on "The 51st Psalm").

    "하나님의 사랑을 확신하는 사람만이 항상 하나님과 동행할 수 있다. 믿음은 순종의 어머니다. 이 신뢰가 분명할수록 그 삶도 엄격하다. 그리스도와 느슨해진 사람은 자신의 의무에 있어서도 느슨하게 된다. 요동하는 믿음은 일관성 없고 불안정한 삶으로 드러난다. 자기가 의심하는 일을 위해 민첩하게 달려드는 사람은 없다. 이처럼, 하나님께서 우리를 받으실지도 잘 알지 못하고 믿음에 있어서도 오락가락한다면, 우리의 삶도 그럴 수밖에 없고, 하나님을 섬기는 일에 있어서도 간헐적이고 돌발적일 수밖에 없다. 세상은 확신을 어리석은 교리라고 비난한다"(Thomas Manton, *An Exposition of James*, 1660).

    "누가 더 순종하려고 하겠는가? 누가 순종할 의무를 더 깊이 절감하겠는가? 아버지와 친밀한 관계를 누리고 아버지의 사랑을 잘 아는 아들이겠는가, 아니면 그것을 의심할 만한 종이겠는가? 두려움은 사랑에 비하면 연약하고 무능한 원리일 뿐이다. 공포는 각성하게 하고, 사랑은 살아나게 한다. '공포에는 가까스로 설득되지만', 사랑에는 완전히 압도된다. 그렇게 사랑하는 분이 곧 자신의 것이고, 자기는 곧 그분의 것(아 6:3)이라는 신자의 지식은 주 예수께 충성과 신실함으로 나아가고자 하는 강하고 분명한 의무감을 통해 드러난다. 신자에게 그리스도는 보배다(벧전 2:7). 하지만 자신이 믿음 가운데 있음을 확신하는 신자에게 그리스도는 더욱더 소중한 보배로서, '만인 가운데 으뜸이다'"(아 5:10)(Fairclough, Sermon in the *Morning Exercises*).

    "자기 의무에 항상 주목하는 신중한 사람이 되고자, 끊임없는 정죄의 두려움 가운데 있을 필요가 있는가? 정당한 근거를 갖고 천국을 대망하는 것이 이보다 훨씬 더 낫지 않겠는가? 사랑은 가장 고상하고 가장 강력한 순종의 원리다. 우리를 향한 하나님의 사랑을 아는 것만이, 하나님을 기쁘시게 하려는 갈망을 우리 안에 불러일으킬 것이다"(Robinson, *The Christian System*).

17. "매우 당혹스러운 사실은 하나님께서 정하신 순서를 우리가 뒤바꾼다는 것이다. 어떤 사람은 이렇게 말한다. '그 약속이 내게 주어졌고, 그리스도께서 나의 구주인 줄 알았다면 나는 처음부터 믿었을 것이다.' 이 말은 먼저 보고 그 다음에 믿는다는 것

이다. 하지만 참된 방법은 이와는 정반대다. 다윗은 말한다. '여호와의 은혜 볼 것을 믿지 않았다면, 아무 힘도 없었을 것이다.' 다윗은 먼저 믿었고, 후에 보았다"(Archbishop Leighton).

"좀더 거룩해지고 자격을 어느 정도 갖출 때까지는 천국을 기대하거나 영원한 영광을 위해 그리스도를 신뢰할 면목이 없다는 무지하고 나약한 생각이 그리스도인 사이에 만연해 있다. 하지만 우리 본성의 처음 성화는 우리를 용서하시는 그리스도를 믿는 믿음과 신뢰로부터 비롯된 것처럼, 그 이후로 계속 성화되고 영광스럽게 되는 것 역시 그분을 믿는 믿음을 반복해서 새롭게 발휘함으로써 이루어진다"(R. Traill).

18. 웨스트민스터 신앙고백에 칭의에 대한 설명이 잘 나와 있다. "하나님께서는 유효하게 부르신 자들을 또한 값없이 의롭다고 칭하신다. 이 칭의는 의를 그들에게 주입해 줌으로써가 아니라, 그들의 죄들을 용서해 주시고 그들의 인격을 의로운 것으로 간주하여 용납해 주심으로써 되는 것이다. 또한 그들 안에서 이루어진 어떤 것이나, 또는 그들에 의해서 되어진 어떤 것 때문이 아니라 오직 그리스도 때문이며, 믿음 자체, 믿는 행위, 또는 어떤 다른 복음적인 순종을 그들의 의로 돌림으로써가 아니라 그리스도의 순종과 속상贖償을 그들에게 돌림으로써, 부르심을 입은 그들은 그리스도와 그분의 의를 믿음으로 받아들이고 의존할 때 의롭다 함을 받는 것이다"(웨스트민스터 신앙고백 11장 1절).

19. "당신이 그리스도를 마음 중심에 모시지 않는다면, 그것은 누구의 잘못인가? 그리스도인이 더욱 자기를 돌아보고, 하나님과 더 가까이 동행하고, 믿음의 삶에 더 친밀한 교제가 있다면, 이 부끄러운 어두움과 의심은 순식간에 사라질 것이다"(R. Traill).

"게으른 그리스도인은 항상 위안, 만족, 자신, 확신이라는 네 가지를 원한다. 하나님은 게으름과 기쁨을 갈라놓으셨고, 확신과 게으름도 갈라놓으셨다. 그러므로 하나님께서 나누신 것을 사람이 짝 지을 수 없다"(T. Brooks).

"자신의 상태가 어떤지, 하나님의 용서에 마음이 있기나 한지 잘 몰라 깊은 의심과 불확실함과 동요 가운데 있지는 않는가? 희망과 두려움 사이를 쉴 새 없이 오르내리면서도 평안과 위로와 안정을 바라는가? 왜 거기 그렇게 엎드려 있는가? 일어나라. 깨어 기도하고, 금식하고, 묵상하고, 마음에 있는 정욕과 타락을 공격하라. 두려워 말고, 살려 달라는 그들의 울부짖음에 전혀 당황하지도 말라. 기도와 간구와 도고와 부단한 간청으로 은혜의 보좌로 헤치고 나아가라. 이것이 바로 하나님 나라를 취하는 길이다. 물론 이것이 평화나 확신은 아니지만, 하나님께서 정하신 평화와 확신으로 가는 방편이다"(John Owen, on "The 130th Psalm").

20. "굳센 소망을 갖고 싶은가? 양심을 깨끗하게 지켜라. 둘 중 어느 하나가 약해지면 다른 것도 약해질 수밖에 없다. 경건한 사람이 부주의하고 느슨하게 거룩한 삶을 추구하면, 이내 그 속에 있는 희망이 사그라지는 것을 볼 것이다. 모든 죄는 영혼을 두려움으로 몰아넣고 마음이 흔들리게 한다"(William Gurnall).

"비탄에 빠지는 중요하고 매우 평범한 원인은, 죄인 줄 알면서도 그것을 은밀히 계속하기 때문이다. 이런 죄는 영혼의 눈을 뽑아 어둡고 미련한 영혼이 되게 한다. 이렇게 된 영혼은 자신의 상태를 보지도 못하고 느끼지도 못한다. 특히 이런 죄는 하나님을 격노하게 하여 성령의 도우심과 위로를 거두고 떠나가시게 한다"(Richard Baxter, *The Saints' Everlasting Rest*).(「성도의 영원한 안식」세복)

"북극성에 가장 가깝게 있는 별일수록 가장 작은 궤도를 그리며 공전한다. 세상에 마음이 가장 적게 빼앗긴 영혼은 항상 하나님께 가장 가깝게 있고, 하나님이 베푸시는 호의를 확신함에 있어서도 가장 가깝다. 세상적인 그리스도인은 기억하라. 당신과 세상이 맺고 있는 고리를 반드시 끊어야 한다. 그렇지 않으면 확신과 당신 영혼은 영영 끊어지게 될 것이다"(T. Brooks).

21. "정함이 없는 시대에 살면서, 천국이든 이 땅이든, 영원한 것이든 일시적인 것이든, 신뢰할 만한 것을 아무것도 소유하지 못한 사람은 이중적으로 불행한 사람이다"(T. Brooks).

22. "항상 확신에 넘치는 사람은 아무도 없다. 해가 밝게 내리쬐는 날 숲 속의 그늘진 길을 걸을 때면, 아주 밝은 곳이 있는 반면 어떤 곳은 여전히 매우 어둡다. 우리의 여정도 이와 같아서 어떤 곳은 해같이 밝게 빛나고, 어떤 곳은 여전히 어둡다. 가장 확신에 찬 그리스도인의 삶 역시 그렇다"(Bishop Hopkins).

"항상 똑같은 모양새를 유지하는 사람은 위선자일지 모른다. 그렇게 착하지 않은 척하도록 그냥 내버려 두라"(R. Traill).

8장 모세, 우리의 모범

1. 동방 국가에서는 혈육이 아닌 아이를 수양아들로 삼아 자식으로서의 모든 특권을 물려주는 관습이 성행했다.

2. 볼테르(1694-1778)는 계몽주의 시대를 대표하는 인물로, 이신론자로 알려져 있다. 18세기 유럽의 전제정치와 절대적 신앙에 저항하고, 이성에 기반한 범신론적 신앙과

진보의 이상을 고취했다. 종교의 자유를 주장하고 시민적 자유를 고취한 철학자로, 미국 혁명과 프랑스 혁명을 주도한 사상가들에게 큰 영향을 미쳤다―옮긴이.
3. 토머스 페인Thomas Paine(1737-1809)은 영국 태생의 미국 작가로, 미국 혁명에 큰 영향을 미쳤고 프랑스 혁명과 공화정을 옹호했다. "나의 마음이 교회다My own mind is my church"라는 그의 말에서 알 수 있듯이, 그는 이신론자였고, 자유주의 사상가였다―옮긴이.

10장 기억해야 할 여인

1. "다드 박사Dr. Dodd를 기억하자! 그가 자기 집에서 자신의 강의를 듣는 사람들에게, 그들의 영혼을 돕기 위해 시작한 이 강의를 더 이상 계속할 수 없다고 말하는 것을 들었다. 이로 인해 너무 많은 비난과 질책을 들어서 견딜 수가 없다는 것이다. 그렇게 사람들을 돌보는 것을 포기한 그는 자신의 타락한 본성을 하나, 둘 따라가기 시작했고, 말할 수 없는 치욕 가운데 생을 마감하였다!"(그는 화폐 위조범으로 교수형에 처해졌다)(Henry Venn, *The Life and Letters of Henry Venn*, p. 238. 1853 edition)

11장 그리스도인의 가장 위대한 트로피

1. "오 구주시여, 값없이 주시는 능력 있는 은혜가 아닐 수 없습니다! 우리의 무가치함이 아무리 크다 한들 그분이 주시는 그 자비를 돌아서게 할 수 있겠습니까? 그분이 부르시는 때를 마다할 수 있는 순간이 어디 있겠습니까? 아침나절에 지옥 문에 내걸려 있던 강도가 저녁에는 주님과 함께 낙원에 있을 수 있었다면, 누가 감히 주님의 선하심을 의심하고 절망할 수 있겠습니까?"(Bishop Hall)
2. "마지막에 회심하고 구원에 이른 강도를 위안 삼아 자신도 마지막 때에는 용서받을 것이라는 생각으로 회개를 미루는 사람은 하나님을 시험하는 것이다. 하나님께서 그들의 선한 결말을 위해 예비하신 것을 자신에게 독이 되게 사용하는 것이다.
   성경에 있는 하나님의 자비에 관한 사실은 사람들이 착각하라고 기록된 것이 아닐 뿐더러, 실패를 되풀이하라는 말도 아니다"(John Lightfoot, Sermon, 1684).

   "가장 미련하고 감사할 줄 모르는 행위는, 회심한 강도를 위안 삼아 임종 시까지 회개를 미루는 것이다. 가장 감사할 줄 모르는 행위는, 구속자의 은혜를 가지고 오히려 그분을 대적하는 기회로 삼는 것이다. 가장 미련한 짓은, 우리 주님께서 특별하게 하신 일을 일상적인 예로 착각하는 것이다"(Philip Doddridge).

3. 영국의 비국교회 목사인 다드리지 Philip Doddridge의 저서로, 원제는 *Rise and Progress of Religion in the Soul: Illustrated in A Course of Serious and Practical Addresses Suited to Persons with a Devout*이다—옮긴이.

4. John Gay, *Fables*, pt. 1, "The Sick Man and the Angel."

5. "창세 이래로 이보다 더 놀랍고 훌륭한 믿음의 예를 나는 보지 못했다"(John Calvin, *Commentary on the Gospels*).

"하늘을 뒤덮은 구름을 뚫고 해를 보는 위대한 믿음이다. 비참한 치욕과 멸시 가운데 처참하게 십자가에 못 박혀 죽어 가는 예수님 아래서 구원자인 그리스도를 발견할 수 있는 믿음이 있었기 때문에, 그는 그분을 주님이라 불렀다.

예수님의 십자가와 죽음과 무덤을 통해 그리스도의 나라를 볼 수 있었던 위대한 믿음이다. 그 나라에 대한 표지를 거의 찾아볼 수 없었음에도 불구하고 그 나라에서 기억되기를 기도했다"(Lightfoot, Sermon).

"회심한 강도는 그리스도의 하늘나라를 처음으로 고백한 사람이었다. 그리스도의 고난이 거룩한 것임을 증거한 최초의 순교자였고, 죄 없이 고난당하는 그분을 변호한 최초의 변증가였다"(Pasquier Quesnel, on "The Gospel").

"영광에 들어간 성도 중에서 죽어 가던 이 죄인이 그리스도를 영화롭게 한 것보다 더 탁월하게 그리스도를 영화롭게 한 성도는 그렇게 많지 않을 것이다"(P. Doddridge).

"이것이 주님의 제자의 목소리입니까, 아니면 강도의 목소리입니까? 오 구주시여, '이스라엘 중에서도 이만한 믿음은 만나지 못했노라' 하시던 그 말씀을 제게 빌려 주십시오. 십자가에 처참하게 달려 계신 모습을 보고서도 주님이라고 불렀습니다. 죽어 가는 주님을 보고서도 주님의 나라를 이야기했습니다. 자신도 죽어 가고 있었으면서도 여전히 미래에 기억될 것을 이야기했습니다. 오, 죽음보다 강한 믿음은 십자가 너머에 있는 면류관을 봅니다. 죽음 저편에 있는 생명과 영광을 내다봅니다! 열한 명의 제자 중 처참한 사망의 고통 가운데 계시던 주님께 이토록 은혜롭게 이야기한 사람이 누가 있었습니까?"(Bishop Hall)

6. "호기심을 못 참고 낙원에 대한 난해하고 막연한 논의에 빠지지 말아야 한다. 그리스도의 재림과 함께 천국에서 누리는 완전한 영광이 분명히 드러날 때까지는, 믿음으로 그리스도의 몸에 접붙인 자들은 생명에 참여한 자들이고, 죽은 후에 거기서 복락과

안식을 누리는 사실을 아는 것으로 만족해야 한다"(Calvin, *Commentary on the Gospels*).

7. "주님께 무한한 감사를 드립니다. 주님께서는 가련한 우리의 형제를 죄악으로 가득한 이 세상의 비참함에서 건져 주시기를 기뻐하셨습니다"(Church of England Burial Service).

"자네와 나눌 최고로 기쁜 소식이 있다네. 자네가 사랑해 마지않는 그분께서 집사람의 싸움을 그치게 하셨네. 주님께서 그녀의 기도를 받으셨고, 영원한 기쁨을 베고 쉴 수 있게 하셨네. 내 곁에서 지난 20년 동안 이 땅의 모든 위로의 원천이 되어 주었던 내 사랑하는 아내가 지난 화요일에 내 곁을 떠났다네"(Venn's Letter to Stillingfleet, 아내의 죽음을 알리는 편지에서).

13장 그리스도가 세우신 교회

1. 스코틀랜드 출신 작가이자 작사가 찰스 매케이Charles Mackay의 노래 'The Good Time Coming'에서 인용.

17장 영적 목마름

1. 블랙홀은 인도 캘커타 포트의 윌리엄Fort William에 있었던 작은 감옥을 일컫는 말로, 1756년 벵갈의 태수가 이 도시를 점령했던 당시 이곳에 갇힌 유럽 군인 몇 명이 갇힌 지 하룻밤만에 질식사한 것으로 유명하다.
2. 성공회 예식을 거행할 때, 마태복음 11:28, 요한복음 3:16, 디모데전서 1:15, 요한일서 2:1-2의 네 개의 말씀을 낭송하는데, 이것을 일컬어 네 가지 "위로의 말들"이라고 한다.
3. *Precious Bible Promises*(1750)로도 알려져 있다—옮긴이.
4. 영국의 복음주의 부흥가이자 찬송 작가. 스펄전은 자신의 탁월한 설교자 목록에 휴 라티머, 대니얼 버제스 등과 더불어 존 베리지를 포함시켰다—옮긴이.
5. 대니얼 롤런드는 윌리엄 윌리엄스William Williams, 하웰 해리스Howell Harris와 함께 감리교 부흥을 이끌었던 탁월한 지도자 가운데 한 사람이다—옮긴이.

18장 측량할 수 없는 그리스도의 풍성함

1. 토머스 그레이Thomas Gray의 송시ode '시의 진보The Progress of Poesy'에서 인용.
2. 퀘이커 교도와 플리머스 형제단이 목사의 직무를 전혀 중요하게 여기지 않는다는 사실을 아는 사람들은 다 안다.
3. 영국 시인 프랜시스 쾰스Francis Quarles의 시 '오래도록 수고했지만 이 땅에는 안식이 없네Long did I toil, and knew no earthly rest'에서 인용.

19장 때를 분별함

1. 2세기의 그리스 철학자 켈수스(67-130)는 자신의 저서를 통해 기독교 신앙을 직접적으로 공박한 최초의 인물이다. 또 다른 그리스 철학자 포르피리오스(234-305)는 "교부들이 보기에 가장 악랄하고 위험한 상대"였다(Philip Schaff). 우리에게 "배교자 율리아누스"로 알려진 로마 황제 율리아누스(331-363)는 세례 받았음에도 불구하고 자신의 재임중에 믿음을 팽개치고 그리스-로마의 이교주의를 다시 로마 제국에 도입했다. 교회사가 샤프에 따르면, 그는 로마 제국에 "신들을 위한 예배를 회복시키고, 예수 신앙을 억압하여 이 땅에서 완전히 박멸하는 것을 일생의 목적"으로 여겼다.
2. 버틀러Joseph Butler 주교의 *The Analogy of Religion* "서문"에서 인용.
3. 뉴먼과 오클리는 성공회 신부였으나, 로마 가톨릭으로 개종하여 로마 가톨릭 신부가 되었다.
4. 존 번연의 「천로역정」에서 교황을 냉소적으로 의인화해서 부르는 말이다. 나이가 들수록 점점 미치광이가 되어 가고, 관절 마디마디가 뻣뻣하게 굳어 가는 동굴에 사는 늙은이로서, 천성을 향해 가는 순례자를 미혹하기에는 너무나 노쇠한 것으로 풍자되고 있다―옮긴이.

21장 거룩에 관한 로버트 트레일과 토머스 브룩스의 글

1. 청교도적 용어인 "체험적 신앙experimental religion"이 오늘날 흔히 말하는 "신앙체험"과 가장 구별되는 점은, 말씀에 길들여진 지성이 의지의 안내자요 감정의 판단자로서 이 체험적 신앙의 중심에 있다는 사실이다. 성령이 신자에게 지식을 주실 때는 이런 지성과 감정을 동시에 불러일으켜, 성경을 통해 계시된 하나님과 그분의 경륜을 알게 하신다. 이런 점에서 체험적 신앙은 메마른 형식주의와도 구별되고, 무분별한 열광주의와도 대비된다—옮긴이.

2. Trail, Sermons on "1Peter 1:1-3," vol. 4, p. 71. Edinburgh edition of *Trail's Works*, 1810.

3. 여기서 저자가 말하고 있는 것은 칭의와 함께 성도에게 일어나는 "근본적인 성화definitive sanctification"라고 할 수 있다. 신학자들 가운데는 성화를 "근본적인 성화"와 "점진적인 성화"로 구분하는 사람들이 있다. "근본적인 성화"는 칭의와 함께 일어난다. 이 "근본적인 성화" 없이는 일생 동안 계속되는 "점진적인 성화"는 불가능하다. 우리가 익숙하게 이해하고 있는 성화는 일생 동안 계속되는 "점진적인 성화"다. 점진적인 성화와 달리 "근본적인 성화"는 칭의와 마찬가지로 일회적이고 온전하다. 그리고 "점진적인 성화"의 원천이 된다. 성경에 기록된 성화에 대한 권면과 명령은 그리스도 안에서 이미 근본적으로 변화되었다는 사실indicative에 근거한다. 거룩한 삶에 대한 요구와 지침은 "근본적인 성화"의 바탕에서 이루어질 수 있는 변화이기 때문이다. 그래서 성경이 요구하는 거룩한 삶은 "근본적인 성화"의 바탕을 전제하고 말하는 것이다. 그 후에, 변화된 사람에게 있는 새 생명이 일생 동안 자연적으로 표출되는 것이 "점진적인 성화"다— 옮긴이.

4. Brooks, "Crown and Glory of Christainity"; or "Holiness the Only Way to Happiness," *Brooks's Works*, vol. 4, pp. 151-153, 187-188, Grosart's edition, 1866.